大專用書

(增訂四版)
保險實務

胡宜仁　主編

三民書局　印行

國家圖書館出版品預行編目資料

保險實務 / 胡宜仁主編. - - 增訂四版一刷. - - 臺
北市；三民，民90
　　面；　公分

ISBN 957-14-2748-9　（平裝）

1.保險

563.7　　　　　　　　　　　　　86015729

網路書店位址　http://www.sanmin.com.tw

© 保　險　實　務

主編者　胡宜仁
發行人　劉振強
著作財
產權人　三民書局股份有限公司
　　　　臺北市復興北路三八六號
發行所　三民書局股份有限公司
　　　　地址／臺北市復興北路三八六號
　　　　電話／二五〇〇六六〇〇
　　　　郵撥／〇〇〇九九九八——五號
印刷所　三民書局股份有限公司
門市部　復北店／臺北市復興北路三八六號
　　　　重南店／臺北市重慶南路一段六十一號
初版一刷　中華民國七十七年十一月
修訂二版一刷　中華民國八十二年十一月
增訂三版一刷　中華民國八十七年一月
增訂四版一刷　中華民國九十年十一月
編　號　S 56068
基本定價　拾柒元陸角
行政院新聞局登記證局版臺業字第〇二〇〇號

有著作權·不准侵害

ISBN　957-14-2748-9　（平裝）

增訂四版序

　　為了因應保險市場之劇烈變動、保險法之最新修訂以及前次修訂之部份缺漏，利用這個難得的假期，特別商請本書第一章作者陳瑞先生將〈保險市場概況〉章作全面之翻修、第十二章作者劉政明先生將〈保險監理〉章作適時之修訂以及新增第二十一章作者莊慶崇先生特闢專章介紹〈工程保證保險〉。相信藉由此次之增修調整，將使本書更具可看性。

　　另者，由於印刷出版之時間壓力，使得此次修訂時間極為有限，謝謝陳瑞、劉政明等好友之協助，尤其感謝莊慶崇先生在極短時間內為我們新增精彩的單元。希望修訂後之新版，能對我國的保險市場更有貢獻。當然，不盡理想之處，仍祈各界賢達不吝指正。

胡宜仁

於淡江保險學系　90.7.23

增 訂 新 版 序

　　近兩年來，保險市場又有了較大之變動。首先，在財產保險方面，新制火災保險於民國八十五年五月開始施行，接著於七月間，新制汽車損失保險亦告問世，而到了十二月，更有強制汽車責任保險法之通過(預訂於民國八十七年元月一日起實施)。另在人身保險方面，民國八十六年五月，保險法之修訂，開放了十四歲以下未成年人之死亡保險，以致於七月間，業者迅即推出兒童保險，時至九月，則有年金保險之商品上市。此外，民國八十六年七、八月，東南亞各國之貨幣危機，加上九月間，政府鼓勵廠商赴中南美洲投資，皆使輸出保險之承保機構必須配合因應。凡此種種，使得本書之相關章節有修訂或增補之必要，以期跟上時代腳步。

　　再一次地修訂本書，適逢本人卸下十餘年來行政工作之第一個暑假，得有較充裕之時間與各章之作者溝通聯繫，感觸良多，亦真正體會到業界朋友們之強烈社會使命感。謝謝大家能在百忙之中，撥冗修訂各章內容，使其更加精彩。當然，更感謝林森洋先生與李國樑先生之參與，使得本書之內容愈形豐富。

　　群策群力之後，當期盡善盡美。惟恐心有餘而力不足，容或有疏漏誤植之處，尚祈賢達不吝指教！

胡宜仁

於淡江大學　保險學系

修 訂 版 序

　　初版至今，已屆五載。五年來，國內的保險環境有了重大的改變，舉凡主管機關之擴張，保險法令之修訂以及保險市場之開放等，在在都對保險業務之經營有著深遠的影響，加上來自同僑之精闢建議、讀者之熱誠反應與出版書局之再三催促，使得本書有了修訂的必要。

　　五年前，基於一股服務的熱忱，我們集合了國內廿二位保險業界之精英，大家不計代價，全心投入，合作完成了這本描述保險經營的書籍，實屬相當不易。五年後的今天，因為時空的變遷，原先參與編撰的成員，大多在職務上有了調整，更上層樓之餘亦相對擔負了更重的職責，使得本書的修訂，因為大家業務的繁忙，愈顯難上加難。還好皇天不負苦心人，每位成員都能本著多年的情誼與奉獻教育的精神，在百忙之中鼎力相助，先後於半年之間完成了各章之修訂。同時，為了反映實務的變動，在此次修訂中，我們增加了「保證保險」章，謝謝陳燦煌先生的熱心參與。

　　修訂版的完成，謹此衷心感謝每一位成員的精心撰寫。當然，書中容有疏漏之處，尚祈各界賢達不吝指正！

胡宜仁

於景文專校　訓導處

序

　　保險實務，顧名思義，乃為有關保險之市場、經營、管理與監督之總稱。對在校學生而言，它是一門既撲朔又複雜的學科；對業界人士而言，它則是一套深奧卻又必備的技術。所幸的是，多年以來國內的保險市場，因為先進經驗之帶領，加上國外創新觀念之引進，使得實務處理之技巧，有了長足的進步。然就學術立場觀之，對此門學科則普遍存在著共同的困擾，即師資之不易安排與教材之不易蒐集。有鑑於此，遂引發了吾等編撰本書之動機。

　　編者於民國七十一年八月接任醒吾商專銀行保險科主任之職後，立即針對上述困難，構思改進之道，適得幾位好友之建議與協助，嘗試性地將本項課程由傳統的教學方式改為專題講座，由科裏預先就實務範圍過濾內容重點，擬妥單元主題，然後分別聘請具備該項業務多年經驗之業界專家蒞校主講。五年以來，逐步調整修正，迄今可謂粗具規模。年初，在三民書局劉振強、劉秋涼二位先生之支持下，開始邀請每一單元主講人，將其上課資料，具體整理成稿，以便彙集成書，希望能因而擴大受惠的對象。

　　本書可約略分為兩大部份，一為總論、一為個論，總論包括保險市場概況、保單設計（產、壽險）、保險精算（產、壽險）、保險行消（產、壽險）、再保險、保險會計、保險公證（火、水險）及保險監理等章；個論包括火災保險、海上保險、汽車保險、工程保險、產品責任保險、其他意外保險、人壽保險、健康保險、團體保險等章；另為配合日益開放之市場趨勢，亦增加了保險市場展望一章，涵蓋之範圍，可說大致完整。

　　謝謝陳瑞、王志鏞、梁百霖、廖述源、洪鴻銘、黃益堂、羅振華、郭廷章、鄒政下、張鳴文、陳慎、劉政明、高榮富、詹正敏、戴英祥、

吳川、姚玉麟、陳端安、王貞琇、黃裕哲、康鴻誼、鄭濟世等先生於百忙中不計辛勞地來校上課與撰寫稿件，也謝謝多年來對本課程提供協助與關心之諸位師長及好友，因為大家之付出，使得醒吾商專銀行保險科有了今天的茁壯，更因為大家之投入，才有了本書的誕生，這是我們共同的成果。

此外，謝謝校長顧建東先生在五年前允諾我們將此課程彈性化，教務主任任遵時先生之鼎力支持，訓導主任盧德斌先生之多方包涵，本科講師姜麗智小姐之協助，使得本課程能順利進行，更強化了我們出版此書的信心。當然，編排過程中，或有不盡理想之處，尚祈賢達，不吝斧正！

胡宜仁

謹識於林口・射陽崗

作 者 簡 歷

陳　瑞

撰寫第一章〈保險市場概況〉

財政部保險司稽核

王志鏞

撰寫第二章〈保險單之設計（一）——財產保險〉

臺灣電力公司財務處科長

梁百霖

撰寫第三章〈保險單之設計（二）——人壽保險〉

國泰人壽保險公司綜合企劃室襄理

廖述源

撰寫第四章〈保險精算（一）——財產保險〉

淡江大學保險學系專任教授

洪鴻銘

撰寫第五章〈保險精算（二）——人壽保險〉

中國人壽保險公司精算部協理

黃益堂

撰寫第六章〈保險行銷（一）——財產保險〉

華南產物保險公司新竹分公司經理

羅振華

撰寫第七章〈保險行銷（二）——人壽保險〉

連興保險經紀公司總經理

郭廷章

撰寫第八章〈再保險〉

和諧保險經紀公司總經理

鄒政下

撰寫第九章〈保險會計〉

中國產物保險公司火險部協理

張鳴文

撰寫第十章〈保險公證（一）——火災保險〉

華南產物保險公司火險部協理

陳　慎

撰寫第十一章〈保險公證（二）——海上保險〉

大正公證公司總經理

劉政明

撰寫第十二章〈保險監理〉

財政部保險司前科長，現任醒吾技術學院專任副教授

高榮富

撰寫第十三章〈火災保險〉

臺灣產物保險公司駐會董事

詹正敏

撰寫第十四章〈貿易保險（一）── 海上保險〉

德商慕尼黑再保險公司顧問

胡宜仁

撰寫第十五章〈貿易保險（二）── 輸出保險〉

淡江大學保險學系專任教授兼系所主任

戴英祥

撰寫第十六章〈汽車保險（一）── 汽車損失險與任意責任險〉

華南產物保險公司常務董事

林森洋

撰寫第十七章〈汽車保險（二）── 強制汽車責任保險〉

華僑產物保險公司個人保險承保部暨行銷部協理

吳　川

撰寫第十八章〈工程保險〉

工程保險協進會前主任工程師

姚玉麟

撰寫第十九章〈產品責任保險〉

曾任《產險季刊》、《保險資訊》、《再保險資訊》主編

陳燦煌

撰寫第二十章〈保證保險（一）──員工誠實保證保險〉

富邦產物保險公司副總經理

莊慶崇

撰寫第二十一章〈保證保險（二）──工程保證保險〉

中國產物保險公司意外險部科長

陳端安

撰寫第二十二章〈其他意外保險〉

德商格寧環球再保險公司臺北聯絡處首席代表

王貞琇

撰寫第二十三章〈人壽保險〉

美商保德信人壽保險公司行政部協理

李國樑

撰寫第二十四章〈年金保險〉

國泰人壽保險公司淡水教育中心研究員

黃裕哲

撰寫第二十五章〈健康保險〉

富邦人壽保險公司契約部經理

康鴻誼

撰寫第二十六章〈團體保險〉

美商喬治亞人壽保險公司臺灣分公司前鋒營業處經理

鄭濟世

撰寫第二十七章〈保險市場展望〉

財政部保險司參事

姜麗智

本書助編〈協助修訂第十九章〉

醒吾技術學院銀行保險科科主任

保險實務　目　次

增訂四版序

增訂新版序

修訂版序

序

作者簡歷

第一章　保險市場概況　　　　　　　　　　　陳　瑞

第二章　保險單之設計（一）──財產保險　王志鏞

第三章　保險單之設計（二）──人壽保險　梁百霖

第四章　保險精算（一）──財產保險　廖述源

第九章　保險會計　　　　　　　　　　　　　　鄒政下

第十章　保險公證（一）──火災保險　　　　張鳴文

第十八章　工程保險　　　　　　　　　　　吳　川

第十九章　產品責任保險　　　　　　　　　姚玉麟

第二十三章　人壽保險 王貞琇

第二十四章　年金保險 李國樑

第二十五章　健康保險 黃裕哲

第一章 保險市場概況

第一節 保險市場體系

保險市場係由保險購買者、保險中介者、保險銷售者所共同產生，僅分述如下：

一、保險購買者

含括個人、家庭、社會或工商企業及政府對危險事故發生對保障有需求者皆屬之。危險猶如空氣般散佈我們生活四周，偶發的危險事故往往造成個人、家庭與企業財產不可預期的損失，甚而帶來社會、國家穩定成長中沉重的負擔。通常危險事故發生的根源有下述三種：(一)自然現象：如地震、颱風。(二)社會經濟的變動。(三)人或物本身所引起。危險事故所致財產的損失除包括標的本身外，尚包括收益損失及其他費用損失。家庭與企業及社會面臨不確定性之危險，危機意識與危險管理之訴求日益提高，保險屬危險管理方法中轉嫁方式之一種，將危險所致損失之不確定性，藉大數法則透過分散危險及分擔損失之運用，支付確定性的保險費來增進安全保障。保險購買需求，產生了保險供給。

二、保險中介者

含括保險代理人、保險經紀人與保險業務員。保險購買者與保險銷售者透過對保險市場需求與供給有認識的專業保險代理人、經紀人、業務員,將雙方需求做居中之工作者,可稱為保險業中介人。我國保險法第八條「所稱保險代理人,指根據代理契約或授權書,向保險人收取費用,並代理經營業務之人」。第九條「所稱保險經紀人,指基於被保險人之利益,代向保險人洽訂保險契約,而向承保之保險業收取佣金之人」。第八條之一「本法所稱保險業務員,指為保險業、保險經紀人公司、保險代理人公司,從事保險招攬之人」。產物保險銷售大多透過保險經紀人與保險代理人來洽訂保險契約,人壽保險銷售則兼採業務員制度來協助推展,按「人壽保險業務約聘業務員暫行規則」內所指業務員為「與壽險公司(處)訂約代理招攬保險,按其招攬金額比例向所屬壽險公司(處)領取佣金及津貼之人」。

保險中介者之規範,依九十年六月廿六日立法院三讀通過保險法修正條文第一百七十七條規定「代理人、經紀人、公證人及保險業務員之資格取得、登錄、撤銷登錄、教育訓練、懲處及其他應遵行事項之管理規則,由主管機關定之」辦理。

三、保險銷售者

含括保險公司與保險合作社。我國保險法第一百三十六條:「保險業之組織以股份有限公司或合作社為限。但依其他法律規定設立者,不在此限。」前述可指其他法律規定設立者,如簡易人壽保險法等。另按保險法第一百三十八條第一項規定:「財產保險業經營財產保險,人身保險業經營人身保險,同一保險業不得兼營財產保險及人身保險業務。但法律另有規定或財產保險業經主管機關核准經營傷害保險者,不在此限。」我國現行保險制度依經營目的之不同和政策性的執行上,可分為商業保險和政策性保險,在商業保險方面,於人壽保險公司有國內人壽保險與國外人壽保

險公司。於產物保險公司有國內產物保險、國外保險公司。另有臺灣省漁船保險合作社及專業性之中央再保險公司。在政策性保險方面有依簡易人壽保險法設立之郵政儲金匯業局開辦簡易人壽保險業務。尚有臺閩地區勞工保險局承辦勞工保險，中央信託局人壽保險處承辦公務人員保險，軍人保險處承辦軍人保險，中國輸出入銀行輸出保險處承辦輸出保險。本文探討範圍係以商業性保險為主，保險業之經營種類係按保險法第十三條：「保險分為財產保險及人身保險。財產保險，包括火災保險、海上保險、陸空保險、責任保險、保證保險及經主管機關核准之其他保險。人身保險，包括人壽保險、健康保險、傷害保險及年金保險。」規定敘述。

　　僅將前述現行保險市場體系再圖示如下：

表 1-1　現行保險市場體系

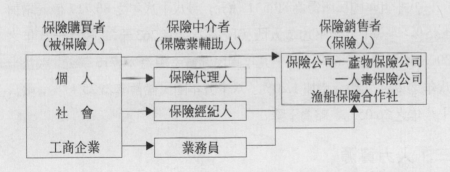

第二節　經濟及保險發展概況

　　美國近年因拜資訊科技進步之賜，生產力大幅提升，被譽為新經濟的典範，惟受聯邦準備理事會自八十八年五月起連續六次升息及國際油價飆漲影響，八十八年下半年以來景氣急速降溫，衝擊其進口胃納與各國經濟成長，影響所及我國外貿擴張速度明顯趨緩。

一、經濟成長率與國民生產毛額

　　八十九年前三季全球經濟強勁成長及世界貿易量大幅提高，帶動我國出口顯著擴增，工業生產亦創佳績，平均經濟成長率達 6.7％，惟第四季起隨國際景氣降溫，加以國內股市表現不佳，內需成長明顯趨緩，經濟成長率降為 4.08％，全年經濟率中度成長為 5.98％，略低於 6.1％之經建目標，較上年度增加 0.56％，在亞洲地區中僅次於新加坡 9.8％、南韓 9.1％及中國大陸 8.0％（日本 2.0％），並略高於全球經濟成長率 4.3％。國民生產毛額為 98,203 億元，較八十八年之 93,758 億元增加 4.74％。

二、國民所得與國民儲蓄毛額

　　八十九年國民所得為 89,531 億元，較八十八年之 85,717 億元增加 4.45％；八十九年平均每人國民所得為 404,763 元，較八十八年之 390,466 元增加 3.66％。八十九年國民儲蓄毛額為 24,718 億元，較八十八年之 24,424 億元增加 1.20％。八十九年國民儲蓄率為 25.17％，較八十八年之 26.05％，略為下降。

三、人力資源

　　八十九年勞動力人口為 9.78 百萬人，勞動力參與率為 57.68％，其中服務業占就業人口比率為 54.98％，失業率為 2.99％，較八十八年之 2.92％增加 0.07％。八十九年金融、保險及不動產業每人每月平均工作時數 187.6 時，較八十八年之 175.7 時增加 6.77％；每人每月平均薪資為 59,210 元，較八十八年之 56,634 元增加 4.55％。

四、物價指數

　　八十九年在美國經濟外溢效果顯現刺激國際景氣活絡下，全球貿易大幅擴增，國際原物料需求殷切，加以國際原油價格漲幅逾五成，致主要國家躉售物價指數年增率普遍上升，其中以新加坡上漲10.6％最為明顯；我國和南韓一反上年跌勢分別上漲1.8％、2.1％。各國消費者物價指數年增率亦呈上揚態勢，我國、南韓、新加坡、美國及歐盟分別上漲1.3％、2.3％、1.4％、3.4％及2.1％，日本則仍呈通貨緊縮現象。

第三節　保險市場發展

一、保險業在金融市場之地位

　　八十九年我國全體金融機構之資產總額為244,394億元，較八十八年之230,353億元增加6.07％，其中保險業資產總額為27,440億元，占有率為11.23％，較八十八年之10.29％增加，顯示保險業於金融市場地位愈形重要。財產保險業資產總額為2,122億元，占有率為0.87％，較八十八年微幅下降0.01％；人身保險業資產總額為25,318億元，占有率為10.36％，較八十八年上升0.96％。

二、國民生產毛額與保費收入

　　八十九年保險業保費收入為7,141億元，較八十八年之6,433億元增加11.01％，占國民生產毛額之比率為7.27％，較八十八年之6.86％為高。八十九年財產保險業的保費收入為878億元，較八十八年852億元增加3.08％；人身保險業的保費收入為6,263億元，較八十八年之5,581億元增加12.23％。

三、投保率、普及率、保險滲透度、保險密度

　　人壽保險及年金保險投保率為人壽保險及年金保險有效契約件數對人口數之比率，八十九年人壽保險及年金保險投保率為121.41％，較八十八年投保率108.68％增加12.73％。人壽保險及年金保險普及率為人壽保險及年金保險有效契約保額對國民所得之比率，八十九年人壽保險及年金保險普及率為245.87％，相較於八十八年之235.29％增加10.58％。

　　保險滲透度為保費收入對國內生產毛額之比率，八十九年財產保險之保險滲透度為0.91％，較八十八年的0.92％略降0.01％；八十九年人身保險之滲透度為6.47％，較八十八年的6.01％增加0.46％。

　　保險密度為保費收入對人口數之比率，亦即每人平均保費支出，八十九年財產保險之保險密度為3,941元；人身保險之保險密度為28,114元。

第四節　保險產業概況

表1-2　保險市場概況

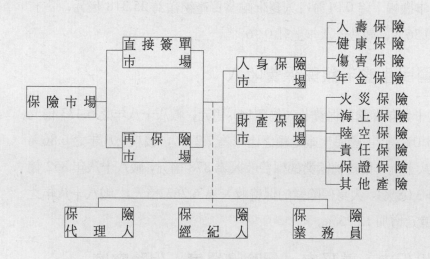

一、財產保險業

(一) 家數

八十九年底我國財產保險業已領照營業者共計 29 家，其中本國保險業 17 家及保險合作社 1 家，外國保險業在臺分公司 11 家。

本國保險業部分：臺灣省漁船產物保險合作社為唯一保險合作社且僅承作漁船保險業務，自八十年度開放國內保險公司設立以來，新設的依序為東泰產物、統一安聯產物及新安產物保險公司。

外國保險業在臺分公司部分：本年度增設法商佳迪福產物保險公司臺灣分公司及英商商聯產物保險公司臺灣分公司，整體外商仍以美商居多，共計 5 家，英商 2 家，法商 2 家，香港商及日商各1家。

(二) 人力

八十九年財產保險業經財政部核准之精算人員（含助理精算人員）共計 26 人，核保人員 674 人，理賠人員 576 人，保險業務員 31,916 人。為因應保險商品自由化、多樣化過程中精算人員日益重要，並考慮部分財產保險業培育精算人員尚需時日之事實，八十七年六月實施之財產保險精算人員六年培訓計畫持續加速推動。

(三) 財產保險商品

1.商業性保險

依據保險法第十三條第二項規定：財產保險包括火災保險、海上保險、陸空保險、責任保險、保證保險及其他財產保險。目前市場上銷售之財產保險商品，以火災保險、汽車保險為主，另責任保險及其他財產保險則呈快速成長，茲簡介如下：

⑴火災保險：為提供建築物所有人完整之保障，使其有多重選擇，於財產損失保障方面核准火災保險附加地層下陷、滑動或山崩險、住宅內動產火災與竊盜保險。另為保障居家人員身體生命，核准火災保險附

加傷害保險，同時亦核准住宅綜合保險，以提供全面性保障。

⑵汽車保險：為因應消費者規劃汽車保險時能作多重選擇，分別核准汽車車體損失險或竊盜損失險附加臨時費用保險、汽車保險全損免折舊附加條款、道路救援費用保險。另為加強汽車駕駛人身安全之保障，先後核准多種汽（機）車保險附加駕駛人傷害保險。

⑶責任保險：近年來由於政府重視人民生命財產安全，諸多法案中漸漸納入責任保險的機制，強制相關業者需投保責任保險，主管機關亦配合該法令之修訂，積極輔導財產保險業者開辦各式責任保險商品，如公寓大廈管理條例要求危險行業應投保公共意外責任保險等。

⑷其他財產保險：國人旅遊活動已相當普及，為提供消費者旅遊活動期間財產、人身安全、及因旅遊可能發生責任及額外費用補償之完整保障，已核准多家保險業承作旅行綜合保險、刷卡付費可提供旅遊相關保險保障之信用卡綜合保險。此外，為提供購屋者買賣交易之保障，核准成屋買賣綜合保險。另針對我外貿導向之經濟發展特質，核准業者開發貿易信用綜合保險，配合現行國際貿易實務運作，提供出口廠商多重保障。

　2.政策性保險

⑴強制汽車責任保險：為使汽車交通事故之受害人迅速獲得基本保障並維護道路安通安全，於八十六年通過強制汽車責任保險法，並自八十七年首將汽車納入實施，八十八年擴及機車納入承保，八十九年汽車承保件數為 5,379 千件，而機車則為 5,357 千件。此外，財政部會同交通部報行政院核定自八十九年八月十二日起，將該險死亡及殘廢給付標準自原新臺幣 120 萬元提高為 140 百萬元。

⑵輸出保險：　輸出保險主要在保障國內出口廠商於從事輸出貿易時，　因輸入國家或地區之政治危險及國外進口商之信用危險所致之損失，俾增加出口廠商之國際競爭力，同時出口廠商亦可經由輸出保險權益轉讓之方式，向國內商業銀行申請外銷融資，增強其業務拓銷能力。

但因其風險不易掌控，財產保險業承辦意願不高，故目前多由中國輸出入銀行辦理，計已開辦「託收方式 (D/A、D/P) 輸出綜合保險」、「中長期延付輸出保險」、「輸出融資綜合保險」及「海外投資保險」等。

⑶其他政策性保險：旅行業、娛樂漁船業及電子遊藝場業等之相關目的事業主管機關，為保障該等行業消費大眾之安全，亦均在個別管理法令明定應投保責任保險，因之擴大財產保險之營運空間。

　3.商品發展之趨勢

火災保險為財產保險商品中普遍為社會大眾接受且甚為重要的一項業務，為配合個別消費者需求，保險業已開發結合責任保險及附加傷害保險之住宅火災綜合保險商品，另對於一般企業，則依各行業特性開發符合其需求的商業火災保險商品，同時結合公共意外險或產品責任險，形成綜合保險商品。

汽車保險在財產保險業務中所占比重最大，與消費大眾關係最為密切，過去採用從車因素作為車險保費計算的依據，現已改為從車兼從人因素，更強化其公平性。另新制強制汽車責任保險之開辦，亦可望擴大汽車業務規模，有利汽車保險業務之長期發展。

自消費者保護法施行後，企業經營者面臨「無過失責任」賠償責任風險增加，受害者的求償意識亦日漸提高，更凸顯投保責任保險的重要。據統計，我國責任保險市場近年成長快速，八十五年簽單保費為 1,575 百萬餘元，至八十九年則大幅增加為 3,366 百萬餘元，年成長率約在 15％以上，惟責任保險保費收入占財產保險總保費收入之比率尚低，於八十九年僅占 3.75％，由此可見，我國責任保險仍有極大之發展空間。

近年來政府及民間進行大眾捷運系統及電廠等各項重大工程，均有助於工程保險的快速成長，財產保險業陸續開辦鍋爐保險、機械保險、營建機具保險及電子設備保險等，並修訂營造暨工程綜合保險通用條

款、附加條款，以配合實務所需。

　　另由於配合公共政策或相關法規之修訂，各種保險商品乃應運而生，例如配合八十八年一月一日開辦之「強制機車責任保險」而開發之「機車強制責任保險附加駕駛人傷害保險」，配合勞動基準法而開發補足職業災害賠償之「職災補償保險」等。此外，九二一集集大地震造成國人生命財產之重大損害，已喚醒大眾對地震保險之重視，財政部除陸續規劃適合民眾需求之地震保險制度外，並將鼓勵保險業開發相關新保險商品，及加強宣導大眾購買，以保障社會大眾財產安全。

　　（四）業務概況

　　1.保費收入

　　八十九年財產保險業保費收入達 87,835 百萬元，較八十八年之 85,207 百萬元增加 2,628 百萬元成長 3.08％，財產保險業保費收入仍以汽車保險為主占 57.65％，其次為火災保險占 19.00％。自留保費收入為簽單保費收入減除再保費支出加上再保費收入，八十九年財產保險自留保費收入為 47,179 百萬元，占簽單保費收入為 53.71％，其中以汽車保險自留比率最高為 66.74％，其次為海上保險 46.16％。另外，八十九年國內再保費收入為 9,770 百萬元，較八十八年之 10,561 百萬元減少 791 百萬元，國外再保費收入為 334 百萬元，較八十八年之 1,206 百萬元減少 872 百萬元。

　　自七十六年開放外國保險業來臺設立分公司以來，外國保險業保費收入已有增加之趨勢，八十九年外國保險業在臺分公司保費收入占有率為 2.68％，與八十八年之 2.25％略增加 0.43％。市場集中比率為市場占有率前五名財產保險業之保費收入占全體財產保險業保費收入之比率，八十九年為 47.50％，較八十八年之 47.62％減少 0.12％。

　　2.保險賠款

　　八十九年財產保險業保險賠款達 50,144 百萬元，較八十八年之

70,171 百萬元減少 20,027 百萬元約 28.54％，主要係因火災保險賠款大幅減少所致。另在保險賠款中以汽車保險所占比率最高為 60.06％約 30,166 百萬元，其次為火災保險占 13.79％約 6,915 百萬元。

　3.綜合成本率(Combined Ratio)

　　綜合成本率為損失率加上費用率，八十九年財產保險業綜合成本率為 87.71％，與八十八年之 120.77％相較大幅減少約 33.06％，其中主要因八十八年發生九二一地震支付巨額保險賠款導致當年度損失率攀升至 95.03％，八十九年因無重大事故發生及財產保險業嚴予控制業務風險所致。

　4.共保業務

　⑴強制汽車責任保險共保：強制汽車責任保險係屬政策性保險，財產保險業為穩定市場之經營，融合業務品質，力求損失之平衡，遂採共保方式辦理強制汽車責任保險。現行之「強制汽車責任保險共保組織」之成員，至八十九年止計本國保險業 18 家，外國保險業在臺分公司 5 家，共計 23 家。目前其運作方式為各共保公司將所承保之強制汽車責任保險業務悉數納入共保，共保比例分配採簽單公司自留 40％，其餘則按基數及強制汽車險業務成長比例分配。

　⑵核能保險共保：為因應臺灣電力公司核能電廠建立而組成之「中華民國核能保險聯合會」（簡稱核能會），業務分為直接業務與國外分進業務二種。直接業務係承保臺電三座核能電廠，分財損及責任險二項，目前係以中國產物保險公司名義承保並由會員公司共保，而後透過核能會轉分國外，國外分進業務亦由核能會代表會員公司接受轉分。

　⑶工程保險共保：為安定工程保險市場及分散危險，並提高業務自主性由國內財產保險業共同成立「財團法人工程保險協進會」負責經理共保業務，目前辦理之共保業務計有工程保險，營造綜合保險與安裝綜合保險附加僱主意外責任保險及工程保證保險。就共保件數而言，最近五年呈現成長趨勢，自八十五年之 31 千件逐年增加至八十九年之 80 千

件，平均每年成長率約為27％，但就工程保險共保業務之保費收入方面分析，除八十六年之保費收入較八十五年成長約21％外，八十七及八十八年之保險費均較八十五年負成長約9.5％，惟八十九年之保費收入則較八十五年成長12.65％，較八十八年成長24.11％。另依業務類別占保費收入比重分析，國內長期以來仍以營造綜合保險與安裝工程綜合保險為主，最近五年平均所占保費收入比重約為全部工程保險保費之88％。

⑷漁船保險共保：為謀國內漁船保險市場之安定，並促進業務健全經營發展，由國內產物保險公司組成漁船保險共保。國內承保二十噸以上一千噸以下漁船險業務均納入共保，每一漁船之最高共保保險金額為120百萬元，其超過部份由簽單公司自行安排再保險，國內共同自留額為每一漁船保險金額之65％，其餘35％轉分由國外再保險公司承受。

⑸大宗物資共保：財產保險業對關係國計民生之黃豆、玉米、大麥、小麥及高粱等大宗物資進口辦理之海上貨物保險業務共保，其運作方式為核保簽單由各共保會員公司自行處理，各以公司名義直接簽單，共保設置理賠小組，負責賠款案件之處理事宜。

（五）財務概況

1.資產負債

八十九年財產保險業資產總額為212,199百萬元，較八十八年之204,046百萬元增加4.00％；負債總額為1,315,811百萬元，較八十八年增加2.28％；業主權益總額為80,618百萬元，較八十八年增加6.50％。近五年來財產保險業負債與業主權益比率呈現遞減趨勢，由八十五年之247％下降至八十九年之163％；資本占業主權益比率則呈升高走勢，由八十五年之59％提高至八十九年之69％，顯示財產保險業財務結構逐年改善；固定資產占業主權益比率則逐年下降，由八十五年之23％，降低至八十九年之14％，顯示資金運用於購置固定資產之比率已顯著下降。

2.損益情形

八十九年財產保險業收入總額計 192,419 百萬元，支出總額計 189,313 百萬元，稅前純益為 3,106 百萬元，與八十八年收入總額 212,398 百萬元，支出總額 207,018 百萬元，稅前純益 5,380 百萬元相較，收入總額減少 9.41％，支出總額減少 8.55％，稅前純益減少 42.29％。近五年來財產保險業之損益狀況，八十六年獲利最佳，八十七年受亞洲金融風暴影響，投資收益大幅下降，稅前純益因之較八十六年大幅減少，但仍維持在八十五年水準之上，八十八年因業務收入增加，獲利較八十七年為佳，惟仍不及八十六年之水準，八十九年則因整體經濟成長已趨緩，投資收益不如往年理想。

3.資金運用

八十九年財產保險業資金運用總額為 126,884 百萬元，以銀行存款及有價證券為主，依次為銀行存款 53,320百萬元占 42.02％，有價證券為 55,453 百萬元占 43.70％，不動產投資 13,729百萬元占 10.82％，擔保放款4,381 百萬元占3.45％。近五年來財產保險業資金之運用，銀行存款占資金運用總額之比率由八十五年之 51.96％略降至八十九年之 42.02％；有價證券占資金運用總額之比率則逐年提高，由八十五年之 31.19％提高至八十九年之 43.70％；不動產投資占資金運用總額之比率近五年來均維持在 12％左右，至於擔保放款約在 3.36％左右。資金運用率為資金運用總額與資金總額之比率，近五年來財產保險業資金運用率約維持在 77.96％左右，相較於人身保險業之資金運用率維持在 95.87％左右，顯示財產保險業資金運用效率尚待加強。

二、人身保險業

（一）家數

八十九年底我國人身保險業已領照營業者共計 32 家，其中本國保

險業16家，外國保險業在臺分公司 16 家。

本國保險業部分：除中央信託局人壽保險處係依據該局組織條例設立外，其餘均為股份有限公司組織，南山、保誠及統一安聯人壽保險公司均為一半以上股權外國人所持有之中外合資公司。

外國保險業在臺分公司部分：整體外商仍以美商居多，共 10 家，澳商 2 家，瑞士商 2 家，荷商及法商各 1 家。

（二）人力

八十九年人身保險業經財政部核准之精算人員共計 102 人，核保人員 613 人，理賠人員 392 人，保險業務員 216,647 人，均較八十八年略有增加。

（三）人身保險商品

1.保險商品之種類

依據保險法第十三條第三項規定：人身保險包括人壽保險、健康保險、傷害保險及年金保險，其中除年金保險因尚處萌芽階段，僅有個人年金保險外，其餘三種類型之保險，均包含個人及團體保險契約。八十九年人身保險業面臨市場利率走低，為了避免人壽保險商品利率風險的攀高，紛紛調降保單的預定利率，茲將人身保險商品簡介如下：

⑴人壽保險：依其給付內容及保險期間，可分為生存保險、生死合險、定期保險及終身保險等四種，部分人身保險業將還本終身保險，加上被保險人身故時將身故至一〇五歲的生存還本金總和一併給付，增加身故保險金的給付。

⑵傷害保險：傷害保險之給付內容包括意外保險金、意外殘廢保險金及意外醫療、住院保險金等，商品以傷害保險、旅行平安保險為主，部分人身保險業推出特定傷害事故加倍給付，針對海外傷害、公共場所傷害事故、大眾運輸工具傷害事故等，依契約約定加倍給付，使得被保險人多一層保障。

⑶健康保險: 分實支實付型及日額型二型, 保險範圍依其給付內容包括住院醫療保險金、在家療養保險金、門診醫療保險金、外科手術保險金、癌症醫療保險金、病房及膳食費用保險金等。

⑷年金保險: 年金保險分為遞延年金及即期年金, 其給付內容可包括保證期間之年金, 保證金額之年金及生存年金等, 為因應高齡化社會結構之來臨, 部分人身保險業推出人壽保險與年金保險組合性商品, 在照顧保戶老後生活的同時, 亦可保障年輕時的財務風險。

　2.商品發展之趨勢

　近年來, 人身保險業引進國外商品設計新觀念及全民健康保險之實施, 引導社會大眾對健康保險之重視。另因應高齡化社會的來臨, 年金保險, 將可能成為人身保險之重要業務。展望人身保險新種商品開發的趨勢如次:

⑴針對婦女需求所設計的綜合性保單: 近年來女性消費意識日漸抬頭, 女性消費決策時扮演角色日益重要, 人身保險業在企業形象塑造及商品行銷之考慮下, 陸續開發以女性族群為訴求的保單。其主要內容除有傳統保單的身故及生存給付外, 尚有重大疾病保障、婦女疾病保障、懷孕保障及幼兒保障等。

⑵投資型保險商品: 國內金融市場利率持續走低, 人身保險業所銷售之商品因採固定利率計算保費, 長期而言, 恐有影響其穩健經營之虞, 財政部積極引進投資型保險商品, 以有助於國內保險市場及保險業之持續穩健發展及競爭力之提昇。然因投資型保險商品之引進, 涉及分離帳戶之設立、管理及其投資資產之運用等保險法令之變更, 為期在現行傳統型保險商品及未來投資型保險商品之過渡階段, 先行引進指數連結型商品以為市場適應接納。目前財政部八十九年已核准美商宏利人壽保險公司臺灣分公司設計推出上述投資型保險商品, 該商品之設計為一指數連結型保單, 保費累積之保單價值隨公司設定之投資標的市值之變動而

變動，類似指數基金之計價方式。

(四) 業務概況

1.承保件數

⑴新契約：八十九年人身保險新契約共計 40,614 千件，較八十八年 42,330 千件減少 4.05％。

A.人壽保險：共 5,473 千件，占新契約件數 13.48％，較八十八年之 4,822 千件增加 13.52％。

B.傷害保險：共 19,880 千件，占新契約件數 48.95％，較八十八年之 20,366 千件減少 2.39％。

C.健康保險：共 15,261 千件，占新契約件數 37.58％，較八十八年之 17,141 千件減少 10.97％。

D.年金保險：共 541 件，占新契約件數 0.0013％，較八十八年之 612 件減少 11.60％。

⑵有效契約：八十九年人身保險有效契約共計 124,747 千件，較八十八年之 103,437 千件增加 20.60％。

A.人壽保險：共 27,046 千件，占有效契約件數 21.68％，較八十八年之 24,008 千件增加 12.65％。

B.傷害保險：共 43,921 千件，占有效契約件數 35.21％，較八十八年之 38,968 千件增加 17.15％。

C.健康保險：共 53,780 千件，占有效契約件數 43.11％，較八十八年之 40,460 千件增加 32.92％。

D.年金保險：共 1,278 件，占有效契約件數 0.0010％，較八十八年之 752 件增加 69.95％。

2.保費收入

⑴初年度保費收入：八十九年人身保險初年度保費收入共計 143,812 百萬元，較八十八年之 128,284 百萬元增加12.10％。

A.人壽保險: 共 100,183 百萬元，占初年度保費收入 69.66％，較八十八年之 91,177 百萬元增加 9.88％。

B.傷害保險: 共 16,556 百萬元，占初年度保費收入 11.51％，較八十八年之 15,655 百萬元增加 5.76％。

C.健康保險: 共 26,601 百萬元，占初年度保費收入 18.50％，較八十八年之 20,716 百萬元增加 28.41％。

D.年金保險: 共 472 百萬元，占初年度保費收入 0.33％，較八十八年之 736 百萬元減少 35.87％。

⑵總保費收入: 八十九年人身保險保費收入共計 626,617 百萬元，較八十八年之 558,074 百萬元增加 12.23％。

A.人壽保險: 共 491,900 百萬元，較八十八年之 449,008 百萬元增加 9.55％，其中個人人壽保險為 486,423 百萬元，占保費收入 77.65％，團體人壽保險為 5,576 百萬元，占保費收入 0.89％。

B.傷害保險: 共 51,776 百萬元，較八十八年 46,777 百萬元增加 10.69％，其中個人傷害保險為 44,545 百萬元，占保費收入 7.11％，團體傷害保險為 7,231 百萬元，占保費收入 8.27％。

C.健康保險: 共 82,082 百萬元，較八十八年 61,517 百萬元增加 33.43％，其中個人健康保險為 79,124 百萬元，占保費收入 12.63％，團體健康保險為 2,958 百萬元，占保費收入 0.47％。

D.年金保險: 共 559 百萬元，較八十八年 772 百萬元減少 27.59％，其中個人即期年金保險為 389 百萬元，占保費收入 0.06％，個人遞延年金保險為 170 百萬元，占保費收入 0.03％。

八十九年國內再保費收入為 1,479 百萬元，占簽單保費收入 626,317 百萬元之 0.24％，較八十八年 1,460 百萬元增加 1.30％，國內再保費支出為 3,457 百萬元，較八十八年之 2,943 百萬元增加 514 百萬元，國外再保費收入為 24 百萬元，較八十八年 4.8 百萬元增加 400.00％。

自七十六年開放外國保險業來臺設立分公司，八十九年外國保險業在臺分公司保費收入市場占有率為 11.85％，較八十八年之 10.38％增加 1.47％。市場集中比率為市場占有率前五名人身保險業之保費收入與全體人身保險業保費收入之比率，八十九年為 78.49％，較八十八年之 78.46％增加 0.03％，較八十五年之 84.34％減少 5.85％。

　3.保險給付

八十九年人身保險業保險給付共計 224,187 百萬元，較八十八年之 207,146 百萬元增加 8.23％，其中個人保險為 214,248 百萬元占 95.57％，團體保險為 9,939 百萬元占 4.43％。

⑴人壽保險：共 180,285 百萬元，較八十八年之 168,842 百萬元增加 6.78％，其中個人人壽保險為 176,602 百萬元，占保險給付 78.77％，團體人壽保險為 3,683 百萬元，占保險給付 1.64％。

⑵傷害保險：共 20,737 百萬元，較八十八年之 20,315 百萬元增加 2.08％，其中個人傷害保險為 17,265 百萬元，占保險給付 7.70％，團體傷害保險為 3,472 百萬元，占保險給付 1.55％。

⑶健康保險：共 23,048 百萬元，較八十八年之 17,945 百萬元增加 28.44％，其中個人健康保險為 20,264 百萬元，占保險給付 9.04％，團體健康保險為 2,784 百萬元，占保險給付 1.24％。

⑷年金保險：共 117 百萬元，較八十八年之 44 百萬元增加 165.91％，其中個人即期年金保險為 83 百萬元，占保險給付 0.04％，個人遞延年金保險為 34 百萬元，占保險給付 0.02％。

（五）財務概況

1.資產負債

八十九年人身保險業資產總額為 2,531,778 百萬元，較八十八年之 2,171,139 百萬元增加 16.61％；負債總額為 2,351,402 百萬元，較八十八年之 1,993,837 百萬元增加 17.93％；業主權益總額為 180,376 百萬

元，占資產總額之 7.12％，較八十八年之 177,302 百萬元增加 1.73％。
近五年來人身保險業負債與業主權益之比率有逐年提高之趨勢，由八十
五年之 994％，提高至八十九年之 1,304％。資本占業主權益之比率由八
十五年之 77％，提高至八十九年之 83％，顯示近五年來人身保險業財
務結構逐年改善；固定資產占業主權益之比率則逐年下降，由八十五年
之 30％降至八十九年之 27％，顯示固定資產投資之比率已逐漸降低。

　　2.損益情形

　　八十九年人身保險業收入總額為 990,484 百萬元，支出總額為
979,899 百萬元，稅前純益為 10,585 百萬元，與八十八年之收入總額
870,646 百萬元，支出總額 852,021 百萬元，稅前純益 18,625 百萬元相
較，收入總額增加 13.76％，支出總額增加 15.01％，稅前純益減少 43.17
％。近五年來人身保險業之損益狀況，八十六年獲利最佳，八十八年因受
九二一地震肇致保險給付增加，稅前純益因之減少，八十九年稅前純益亦
不及於八十八年之水準。

　　3.資金運用

　　八十九年人身保險業資金運用總額為 2,345,389 百萬元，以銀行存
款、有價證券及企業投資與擔保放款為主，依次為有價證券為 806,890
百萬元占資金運用總額之 34.36％，擔保放款 469,159 百萬元占 19.98％，
銀行存款計有 357,370 百萬元占 15.22％，壽險貸款 332,212 百萬元占
14.15％，不動產投資 185,281 百萬元占 7.89％，國外投資 108,405 百萬
元占 4.62％，專案運用及公共投資 86,072 百萬元占 3.67％。近五年來
人身保險業資金運用，　銀行存款占資金運用總額之比率由八十五年之
30.43％，下降至八十九年之 15.22％；有價證券則有逐年提高之趨勢，
由八十五年之 22.73％，提高至八十九年之 34.36％；不動產投資與擔保
放款均呈下降情形，分別由八十五年之 9.08％及 21.57％，下降至八十
九年之 7.89％及 19.98％；資金運用率為資金運用總額與資金總額之比

率，近五年來人身保險業資金運用率均維持在95.87％左右，顯示人身保險業資金運用效率尚可。

三、再保險業

（一）家數

至八十九年底共有七家外國專業再保險公司在臺設立聯絡處，其中日商東亞再保險公司來臺設立聯絡處為新增設。為因應國際化及自由化之發展，將持續引進國外知名再保險公司來臺設立分公司。

我國專業再保險業僅中央再保險公司一家，該公司依據中央再保險公司條例，承受國內產、壽保險公司的再保業務，發揮分散危險與保障巨災的基本功能，對我國保險業配合國家經濟發展與安定，扮演相當重要的角色。該公司經多次增資，目前資本額已達30億元，對提升國內承受及自留能量甚有助益，其主要大股東為財政部，經配合政府公營事業民營化政策，自八十九年七月六日起，中央再保險公司股票業於臺灣證券交易所掛牌交易，並順利完成第一階段之公股釋出計畫，釋股後財政部持股比率降為71.27％、公營金融機構占0.11％、民營企業及個人占28.62％，該公司預計於九十年六月完成民營化。

（二）業務概況

為便該公司新舊會計制度銜接，其會計年度自八十八年七月一日至八十九年十二月三十一日止，為期十八個月，八十八年下半年及八十九年再保費收入為18,703百萬元，其中財產再保費收入為13,661百萬元，占73.04％，人身再保費收入為5,042百萬元占26.96％。財產再保費收入中屬國外分入部分為552百萬元，其中以火災保險業務居多約398百萬元，占再保費收入為2.13％；屬國內分入部分為13,109百萬元，其中以火災保險業務居多約1,675百萬元，占再保費收入之8.96％。在人身再保費收入中屬國外分入部分為12百萬元，均為人壽再保險，占再保費收入為

0.06%；屬國內分入部分為 5,030 百萬元，其中以傷害保險居多約 3,010 百萬元，占再保費收入之 16.09%。另八十八年下半年及八十九年自留再保費收入為 11,662 百萬元，自留比率為 62.35%，較八十八年之 58.59% 為高，主要因資本額增加，自留能量擴大，故各險自留比率均因之提高。

（三）財務概況

八十八年下半年及八十九年會計年度決算日再保險業資產總額為 13,753 百萬元，較八十八年之 11,956 百萬元，增加 15.03%，主要係營業準備增加所致，其中銀行存款 4,694 百萬元占 34.13%，有價證券 2,870 百萬元占 20.87%；負債總額為 10,417 百萬元，較八十八年增加 20.39%，主要係營業準備增加所致，占資產總額 75.75%；業主權益總額為 3,335 百萬元，占資產總額 24.25%，較八十八年增加 0.93%。八十八年下半年及八十九年度再保險業營業收入為 13,034 百萬元，營業成本為 11,799 百萬元，由於自留賠款率下降及撙節各項費用所致，稅前純益為 523 百萬元。

四、保險中介人業

所稱保險中介人係指保險法第一百六十三條所稱之保險代理人、經紀人及公證人，保險輔助人得申請以個人或公司組織執行業務。

（一）家數

1.公司組織及家數

八十九年底以公司組織型態經營之保險輔助人，計本國業者為746家，外國保險中介人在臺分公司 7 家，其中

⑴保險代理人：共 364 家，均為本國公司，財產保險代理人為 257 家，其中由銀行業轉投資設立者計有 11 家，而人身保險代理人為 107 家，其中由銀行業轉投資設立者計有 17 家。

⑵保險經紀人：本國業者計 382 家，包含財產保險經紀人 122 家及

人身保險經紀人 260 家，其中財產保險經紀人由銀行轉投資設立者 1 家，銀行成立保險經紀人專部經營者 8 家；外國分公司計2家，其中財產保險經紀人 1 家，人身保險經紀人 1 家。

⑶保險公證人：本國業者計 92 家，其中一般保險公證人 44 家、海事保險公證人 48 家；外國分公司計 5 家，其中一般保險公證人 3 家、海事保險公證人 2 家。

2.個人執業人數

截至八十九年底個人執業之保險中介人計 110 人，其中保險代理人 28 人（財產保險代理人 6 人、人身保險代理人 22 人）、保險經紀人 82 人（財產保險經紀人 23 人、人身保險經紀人 59 人）、保險公證人 1 人（一般保險公證人）。

（二）人力

八十九年保險代理人經紀人公司所屬保險業務員共計 27,141 人，其中屬於保險代理人公司者為 10,241 人（財產保險代理人公司 4,334 人、人身保險代理人公司 5,907 人），屬於保險經紀人公司者 16,900 人（財產保險經紀人公司 168 人、人身保險經紀人公司 16,732 人）。

（三）業務概況

依據保險中介人公（協）會彙報之保險輔助人業務統計報表，其業務概況分析如下：

1.保險代理人

八十九年保險代理人之代理費收入計6,679百萬元，其中財產保險代理人 4,745 百萬元，人身保險代理人 1,934 百萬元，較八十八年代理費收入 10,609 百萬元減少 37.05％；八十九年保險代理人簽單保費收入計 67,956 百萬元，其中財產保險代理人 62,442 百萬元，人身保險代理人 5,514 百萬元，保險代理人在財產保險市場占有率為 73.28％，人身保險市場為 4.30％，較八十八年之市場占有率各增加 13.38％及 3.20％；平均

代理費用率為代理費收入占保費收入之比率，八十九年為 9.83％，其中財產保險代理人為 7.60％，人身保險代理人為 35.07％。

　　2.保險經紀人

　　八十九年保險經紀人佣金收入計 3,905 百萬元，其中財產保險經紀人 984 百萬元，人身保險經紀人 2,921 百萬元，較八十八年佣金收入 3,124 百萬元增加 24.99％。八十九年保險經紀人簽單保費收入計 16,068 百萬元，其中財產保險經紀人 10,473 百萬元，人身保險經紀人 5,595 百萬元，保險經紀人在財產保險市場占有率為 12.30％，在人身保險市場為 4.36％，較八十八年市場占有率各增加 0.79％及 3.36％；平均佣金比率為佣金收入占保費收入之比率，八十九年為 24.30％，其中財產保險經紀人為 9.39％，人身保險經紀人為 52.20％。

　　3.保險公證人

　　八十九年保險公證人公證費收入計 797 百萬元，較八十八年 657 百萬元增加 20.96％，其中一般保險公證人 440 百萬元，較八十八年 419 百萬元增加 4.76％，海事保險公證人 357 百萬元，較八十八年 237 百萬元增加 50.15％。

表 1-3　保險市場構成圖

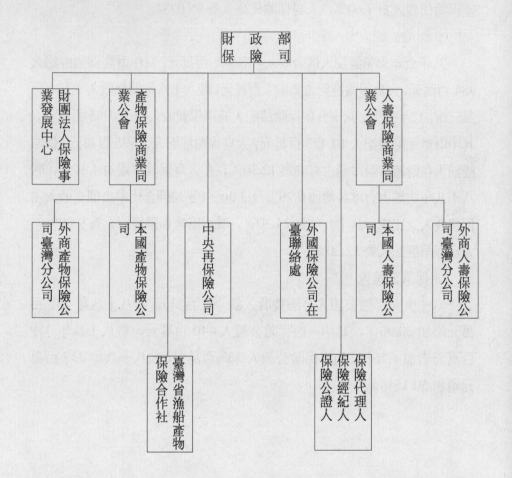

表1-4　重要指標　　　幣別：新臺幣

項　目	單位	八十五年	八十六年	八十七年	八十八年	八十九年
經濟成長率	%	6.10	6.68	4.57	5.42	5.98
國民生產毛額GNP	億元	77,876	84,174	90,066	93,758	98,203
平均每人國民生產毛額	元	364,115	390,103	413,582	427,097	443,968
國內生產毛額GDP	億元	76,781	83,288	89,390	92,899	96,859
總人口數（臺閩地區戶籍登記）	千人	21,525	21,743	21,929	22,092	22,277
國民所得	億元	71,424	77,140	82,579	85,717	89,531
平均每人國民所得	元	333,948	357,503	377,202	390,466	404,763
國民儲蓄毛額	億元	20,817	22,211	23,416	24,424	24,718
國民儲蓄率	%	26.73	26.39	26.00	26.05	25.17
失業率	%	2.60	2.72	2.69	2.92	2.99
消費者物價指數（85年＝100）	%	100.00	100.90	102.60	102.78	104.07
躉售物價指數（85年＝100）	%	100.00	99.54	100.14	95.58	97.32
股價指數（55年＝100點）	點	6,003	8,410	7,737	7,426	4,739
保險業家數（以營業執照核發為準）	家數	61	58	61	62	62
本國財產保險業家數（含合作社）	家數	17	17	18	18	18
本國人身保險業家數	家數	16	16	16	16	16
外國財產保險業家數	家數	12	9	9	10	11
外國人身保險業家數	家數	15	15	17	17	16
本國再保險業家數	家數	1	1	1	1	1
本國保險業海外分支機構家數	家數	17	21	24	27	24
財產保險業	家數	15	16	19	21	18
人身保險業	家數	2	5	5	6	6
外國保險業在臺聯絡處家數	家數	25	25	22	22	20
財產保險業	家數	23	23	20	19	11
人身保險業	家數	2	2	2	3	2
再保險業	家數	----	----	----	----	7
全體金融機構資產總額	億元	180,136	196,702	214,323	230,353	244,394
保險業資產總額	億元	14,680	17,485	20,376	23,751	27,440
財產保險業資產	億元	1,399	1,671	1,799	2,040	2,122
人身保險業資產	億元	13,281	15,814	18,577	21,711	25,318
保險業資產占全體金融機構資產比率	%	8.15	8.86	9.49	10.29	11.23
財產保險業資產占全體金融機構資產比率	%	0.78	0.85	0.84	0.88	0.87
人身保險業資產占全體金融機構資產比率	%	7.37	8.01	8.65	9.40	10.36

保費收入占國民生產毛額之比率	%	5.54	5.88	6.27	6.86	7.27
保費收入	億元	4,314	4,953	5,651	6,433	7,141
財產保險保費收入	億元	730	727	759	852	878
人身保險保費收入	億元	3,584	4,226	4,892	5,581	6,263
財產保險與人身保險保費收入之比		1：4.91	1：5.81	1：6.45	1：6.55	1：7.13
財產保險保費收入年增率	%	−2.25	−0.40	4.46	12.23	3.08
人身保險保費收入年增率	%	15.53	17.91	15.76	14.08	12.23
外國財產保險業市場占有率	%	1.69	1.85	2.26	2.25	2.68
外國人身保險業市場占有率	%	6.81	7.68	8.61	10.24	11.84
財產保險市場集中比率	%	53.89	52.15	50.21	47.62	47.50
人身保險市場集中比率	%	84.34	82.76	80.49	78.46	78.49
保險賠款及給付	億元	1,790	1,972	2,278	2,773	2,743
財產保險保險賠款	億元	520	474	484	702	501
人身保險保險給付	億元	1,268	1,484	1,794	2,071	2,242
保險密度	元	20,042	22,780	25,770	29,119	32,055
財產保險密度	元	3,391	3,344	3,461	3,857	3,941
人身保險密度	元	16,650	19,436	22,308	25,263	28,114
保險滲透度	%	5.62	5.95	6.32	6.92	7.37
財產保險滲透度	%	0.95	0.87	0.85	0.92	0.91
人身保險滲透度	%	4.67	5.07	5.47	6.01	6.47
人身保險新契約件數	千件	31,845	43,572	40,939	42,330	40,614
人身保險新契約保額	億元	333,309	699,033	522,971	453,847	443,822
人壽保險有效契約件數	千件	15,024	17,800	21,713	24,009	27,046
人壽保險有效契約保額	億元	126,230	148,614	179,426	201,686	220,126
人壽保險及年金保險投保率	%	69.80	81.87	99.02	108.68	121.41
人壽保險及年金保險普及率	%	176.73	192.65	217.28	235.29	245.87
人壽保險平均分紅利率	%	6.09	6.13	5.91	5.22	5.16

保險業家數以已領照營業者為準
保險業海外分支機構包含子公司、分公司、代表處及辦事處等
保險業從業人員為財產保險業與人身保險業所登錄保險業務員及內勤人員之總和
保費收入為簽單保費收入
外國保險業市場占有率：外國保險業保費收入占保險業保費收入之比率
市場集中比率：市場占有率前五名保險業之保費收入與保險業保費收入之比率
保險密度：每人平均保費支出
保險滲透度：保費收入對國內生產毛額之比率
人壽及年金保險投保率：人壽及年金保險有效契約件數與總人口數之比率
人壽及年金保險普及率：人壽及年金保險有效契約保額與國民所得之比率

附　錄

保險機構一覽表

本國財產保險業簡表

公司名稱	設立日期	董事長總經理	地　址	電話傳真	網址 http://www.
中國產物保險股份有限公司	20.11	劉勝彥 劉正義	臺北市吉林路100號(10–12樓)	25513345 25414046	cki.com.tw
台灣產物保險股份有限公司	35.06	李文勇 張乃雄	臺北市館前路49號8–11樓	23317261 23145287	tfmi.com.tw
台灣中國航聯產物保險股份有限公司	37.08	方敏生 黃望修	臺北市館前路2號11–12樓	23757676 23756363	cman.com.tw
太平產物保險股份有限公司	40.01	董大勇 李耀鈿	臺北市忠孝東路4段550號3–5樓	27582700 27295681	taiping.com.tw
富邦產物保險股份有限公司	50.04	蔡明忠 石燦明	臺北市建國南路1段237號	27067890 23254360	fubon-ins.com.tw
蘇黎世產物保險股份有限公司	50.04	蔣德郎 陳潤瀉	台北市敦化北路56號	27316300 27416004	zurich.com.tw
泰安產物保險股份有限公司	50.04	陳朝亨 李松季	臺北市館前路59號2樓	23819678 23816057	taian.com.tw
明台產物保險股份有限公司	50.09	林博正 陳曉堂	臺北市仁愛路4段1號	27725678 27726666	mingtai.com.tw
中央產物保險股份有限公司	51.03	佘憲光 黃清江	臺北市忠孝西路1段6號15樓17–19樓	23819910 23116901	cins.com.tw
第一產物保險股份有限公司	51.09	李正漢 賴義龍	臺北市忠孝東路1段54號	23913271 23412864	firstins.com.tw
國華產物保險股份有限公司	51.12	王錦標 王錦標	臺北市長安東路2段166號	27514225 27817802	kuohua.com.tw
友聯產物保險股份有限公司	52.02	金水和 王事展	臺北市忠孝東路4段219號12樓	27765567 27118610	unionins.com.tw
華南產物保險股份有限公司	52.04	廖欽福 黃依仁	臺北市忠孝東路4段560號5樓	27588418 27298022	south-china.com.tw
新光產物保險股份有限公司	52.05	吳東賢 李義雄	臺北市建國北路2段13號7–12樓	25075335 25046312	shnkon.com.tw
中央再保險股份有限公司	61.11	林青賢 楊誠對	臺北市南京東路2段53號	25115211 25235350	crc.com.tw
臺灣省漁船產物保險合作社	70.09	楊聰吉 黃鋤荊	臺北市民生東路1段25號4樓之7	25603948 25223833	尚未建制
東泰產物保險股份有限公司	82.07	范光煌 馬萬居	臺北市仁愛路4段296號5樓	27551299 27093699	tong-tai.com.tw
統一安聯產物保險股份有限公司	85.11	林蒼生 布魯斯	臺北市民生東路3段69號11樓	25157177 25157246	azpg.com.tw
新安產物保險股份有限公司	88.02	嚴凱泰 陳忠鏗	臺北市信義路4段456號6樓	27205522 87891190	newa.com.tw

註：以下各表（含本表）均為最新資料。

本國人身保險業簡表

公司名稱	設立日期	董事長總經理	地　　址	電話傳真	網址 http://www.
中央信託局人壽保險處	30.03	黃榮顯 蔡滿雄	臺北市敦化南路2段69號6樓	27849151 27052214	ctclife.com.tw
台灣人壽保險股份有限公司	36.12	朱炳昱 林政道	臺北市許昌街17號18樓	23116411 23310475	twlife.com.tw
保誠人壽保險股份有限公司	51.05	梁家駒 鄭林經	臺北市忠孝東路4段550號12樓	27582727 27586758	prudential-uk.com.tw
國泰人壽保險股份有限公司	51.08	蔡宏圖 劉秋德	臺北市仁愛路4段296號	27551399 27551222	cathaylife.com.tw
中國人壽保險股份有限公司	51.04	辜振甫 辜啟允	臺北市敦化北路122號5樓	27196678 27125966	chinalife.com.tw
南山人壽保險股份有限公司	52.07	謝仕榮 林文英	臺北市民權東路2段144號	25013333 25012555	nanshanlife.com.tw
國華人壽保險股份有限公司	52.07	張貞松 王文博	臺北市中山北路2段42號	25621101 25423832	khl.com.tw
新光人壽保險股份有限公司	52.07	吳東進 鄭弘志	臺北市忠孝西路1段66號37樓	23895858 23758688	skl.com.tw
富邦人壽保險股份有限公司	82.06	鄭本源 角本田	臺北市敦化南路1段108號	87716699 87715522	fubonlife.com.tw
國寶人壽保險股份有限公司	82.06	曾慶豐 郭功彰	臺北市北投區中央南路2段18號	28967899 28958306	glic.com.tw
三商人壽保險股份有限公司	82.06	陳河東 劉中興	臺北市信義路5段150巷2號6樓	23455511 23456616	mli.com.tw
幸福人壽保險股份有限公司	82.07	簡松棋 簡松棋	臺北市忠孝西路1段6號8樓	23817172 23817162	shinfu.com.tw
興農人壽保險股份有限公司	82.07	洪博彥 賴本隊	臺中市自治街155號紐約財經大樓11樓	04-3721653 04-3722008	sinonlife.com.tw
遠雄人壽保險事業股份有限公司	82.11	趙藤雄 趙藤雄	臺北市基隆路1段200號18樓	27583099 23563927	fglife.com.tw
宏泰人壽保險股份有限公司	83.07	許東隆 楊諭傑	臺北市承德路1段70號7樓	25595151 25562840	hontai.com.tw
統一安聯人壽保險股份有限公司	83.10	莊南田 何力生	臺北市民生東路3段69號12樓	25151888 25151777	allianz.com.tw

外國財產保險業在臺分公司簡表

公司名稱	設立日期	負責人	地　址	電　話 傳　真	網址 http://www.
美商北美洲保險股份有限公司臺北分公司ACE-INA	71.01	張嘉麟	臺北市敦化南路1段362號5樓	27000929 27056616	ace-ina.com.tw
美商美國環球產物保險股份有限公司臺灣分公司AIU	71.01	陳　強	臺北市民權東路2段144號8樓	25014793 25091275	aiui.com.tw
美商聯邦產物保險股份有限公司臺北分公司CHUBB	76.02	梁愛雲	臺北市民生東路3段129號606室	27181580 27139097	chubb.com.tw
美商恒福產物保險股份有限公司臺灣分公司Hartford	79.01	杜劍虹	臺北市敦化南路2段71號7樓	27035503 27033373	尚未建制
香港商亞洲保險有限公司臺灣分公司Asia	85.10	宋安樂	臺北市長安東路1段18號9樓	25683080 25638246	尚未建制
法商安盛產物保險股份有限公司臺灣分公司AXA I.A.R.D.	86.01	林平裕	臺北市民生東路3段138號6樓A室	25475566 25140466	尚未建制
英商皇家太陽聯合產物保險股份有限公司臺灣分公司Royal	86.04	偉堅信	臺北市敦化北路150號12樓	27188857 27197107	royalsun.com.tw
日商三井海上火災產物保險股份有限公司臺北分公司Mitsui Marine & Fire	88.05	吉　永 惠　一	臺北市敦化北路167號5樓	87121350 87121370	mitsuimarine.com.tw
英商商聯產物保險股份有限公司臺灣分公司CGU	89.06	鄧偉祥	臺北市民生東路3段129號7樓	25149755 25149581	cgu.com.tw

外國人身保險業在臺（分）公司簡表

公司名稱	設立日期	負責人	地址	電話傳真	網址http://www.
美商美國安泰人壽保險股份有限公司臺灣分公司Aetna	76.07	石寶忠	臺北市基隆路1段176號8樓	27692666 27556123	aetna.com.tw
美商大都會人壽保險股份有限公司臺灣分公司Metlife	77.10	王天運	臺北市仁愛路4段85號11樓	27751175 27417810	metlife.com.tw
美商喬治亞人壽保險股份有限公司臺灣分公司ING	77.10	吳志盛	臺北市信義路4段460號19樓	87881100 87881133	inglife.com.tw
保德信國際人壽保險股份有限公司	78.09	克萊曼韋司曼	臺北市南京東路3段70號11樓	25046699 25045500	尚未建制
美商康健人壽保險股份有限公司臺灣分公司Connecticut General	78.10	瑋晶升Robert Anthony Wilkinson	臺北市民生東路3段115號7樓	27185191 27193765	尚未建制
美商全美人壽保險股份有限公司臺灣分公司Transamerica	79.11	陳汝亮	臺北市延平南路110號10樓	23610800 23616500	transamerica.com.tw
美商美國人壽保險股份有限公司臺灣分公司American	79.11	陳鼎中	臺北市南京東路5段108號15樓	27563456 27615633	尚未建制
美商宏利人壽保險股份有限公司臺灣分公司Manulife	80.08	何達德Michael Edward Huddart	臺北市敦化南路1段2號4樓	27409080 27409081	尚未建制
美商紐約人壽保險股份有限公司臺灣分公司New York Life	81.08	朱立明	臺北市民生東路3段133號14樓	27195277 27129896	nyliac.com.tw
荷商亞太全球人壽保險股份有限公司臺灣分公司Aegon	81.09	劉先覺	臺北市基隆路1段200號10樓	27582277 23452042	aegon.com.tw
瑞士商環球瑞泰人壽保險股份有限公司臺灣分公司Winterthur	81.09	吳家懷	臺北市敦化南路2段97號25樓	27030306 27030299	winterthur.com.tw
澳大利亞商安盛國衛人壽保險股份有限公司臺灣分公司National Mutual	82.03	帖敬之	臺北市中山北路2段44號12樓B	25311199 25112725	axa-chinaregion.com.tw
瑞士商蘇黎世人壽保險股份有限公司臺灣分公司Zurich	82.08	張文偉	臺北市敦化北路56號6樓	27785950 27785960	zurich.com.tw

法商佳迪福人壽保險股份有限公司臺灣分公司 Cardif	85.11	貝文生 Vincent Pacaud	臺北市忠孝東路2段88號7樓707室	23923456 23963953	cardif.fr
澳大利亞商花旗人壽保險股份有限公司臺灣分公司 Citicorp	87.03	貝克俊	臺北市信義區松仁路89號3樓	87808280 87255066	(90.04.已停業)
美商全國人壽保險股份有限公司臺灣分公司 Allnation	87.08	吳福山			(90.04.申請停業中)

外國財產保險業在臺聯絡處

公司名稱	負責人	地　　址	電　話 傳　真
美商國際海上貨運保險股份有限公司臺灣聯絡處	柯白斯	臺北市敦化北路168號15樓	27157252 27169250
美商瑞萊士產物保險股份有限公司臺北聯絡處	李祖得	臺北市民生東路3段156號11樓	25471580 25471936
美亞保險有限公司中華民國地區聯絡處	梁紹洪	臺北市民權東路2段144號8樓	25014793 25091275
法國得茂保險公司中華民國聯絡處	許績堅	臺北市忠孝東路2段130號8樓之6	23225400 23914061
日本火災海上保險公司臺北聯絡處	田丸雅浩	臺北市敦化南路1段205號1403室	27766484 27725456
日本日產火災海上保險公司臺北聯絡處	菊川孝治	臺北市忠孝東路1段85號14樓A室	23569823 23975640
千代田火災海上保險公司臺北聯絡處	安彦信胤	臺北市基隆路1段333號31樓3110室	27576300 27576095
安田火災海上保險公司臺北聯絡處	吉田周衛	臺北市松江路146號5樓C室	25612761 25622134
東京海上火災保險公司臺北聯絡處	川西憲二	臺北市松江路111號14樓	25064507 25064506
住友海上火災保險公司臺北聯絡處	春山道夫	臺北市敦化北路260號7樓	27122068 27122069
澳商興業保險公司臺北聯絡處	黃靜嘉	臺北市忠孝東路4段563號9樓	27460868 27642448

外國人身保險業在臺聯絡處

公司名稱	負責人	地　　址	電　話 傳　真
日本生命保險公司臺北聯絡處	榮福研一	臺北市仁愛路4段296號12樓	27051784 27051789
日本第一生命保險公司臺北聯絡處	宮田和明	臺北市南京東路2段123號6樓	25175027 25042240

外國再保險業在臺聯絡處

公司名稱	負責人	地　　址	電　話 傳　真
瑞士商瑞士再保險股份有限公司臺北聯絡處	陳嘉美	臺北市民生東路3段156號9樓之5及之6	27161388 27135774
德商漢諾威再保險股份有限公司臺北聯絡處	周克高	臺北市仁愛路4段296號12樓A2室	27011096 27048117
德商科隆再保險股份有限公司臺北聯絡處	陳健慶	臺北市敦化南路2段71號20樓	27074515 27074270

德商格寧環球再保險股份有限公司臺北聯絡處	陳端安	臺北市信義區基隆路1段333號2211室	27460968 27642448
德商慕尼黑再保險股份有限公司臺北聯絡處	詹正敏	臺北市民生東路3段109號16樓	27177231 27124959
日商東亞再保險股份有限公司臺灣聯絡處	王興鏜	臺北市民生東路3段128號4樓之2	27151015 27151628
美商美國再保險股份有限公司臺灣聯絡處	蘇瓊瑛	台北市信義路5段150巷2號4樓401室 http://www.rgare.com	87892217 87892220

保險公會、協會及學會

單位名稱	負責人	地 址	電 話 傳 真
財團法人保險事業發展中心	江朝國 張育宏	臺北市南海路3號6樓 http://www.iiroc.org.tw	23972227 23517508
財團法人汽車交通事故特別補償基金	郭本厚	臺北市館前路49號7樓	23883545 23329523
中華民國產物保險商業同業公會	王事展 沙克興	臺北市南京東路2段125號13樓 insurance.tradevan.com.tw	25071566 25074095
中華民國人壽保險商業同業公會	蔡宏圖 張仲源	臺北市松江路152號5樓 www.lia-roc.org.tw	25612144 25613774
中華民國產物保險核保學會	石燦明 黃益堂	臺北市南京東路2段125號13樓	25065941 25075245
財團法人工程保險協進會	石燦明 張乃雄	臺北市忠孝西路1段39號9樓後座	23820051 23820001
中華民國核能保險聯合會	劉勝彥 劉正義	臺北市吉林路100號12樓	25514235 25611176
中華民國風險管理學會	邱展發 王肖卿	臺北市復興南路2段237號13樓 www.rmst.org.tw service@rmst.org.tw	27058393 27549459
中華民國精算學會	羅文浩 葉順山	臺北市敦化北路122號	27169947 27169920
中華民國人壽保險管理學會	許星鴻 董少波	臺北市中山北路2段42號	25117090 25366774
中華民國保險學會	王傳通 林裕祖	臺北市敦化北路56號12樓	27316300-1 250
中華民國保險代理人商業同業公會	黃俊華 趙金聲	臺北市松江路439號3樓	25055891 25155390
中華民國保險經紀人商業同業公會	沙昌達	臺北市中山區民權東路3段45號4樓	25174939 25174857
中華民國保險經紀人協會	黃 範 朱海萍	臺北市林森北路85巷58號3樓之2	25642809 25642814
臺北市公證商業同業公會	陳國民 廖維萍	臺北市重慶南路1段43號7樓705室	23707617 23755407
高雄市公證商業同業公會	謝萬發	高雄市苓雅區三多二路224號8樓之2	07-7132207 07-7131853

第二章 保險單之設計（一）
—— 財產保險

第一節 引 言

早期社會經濟制度並不複雜，保險商品亦較單純，降至近代，社會結構逐漸改變，經濟生活轉趨多元，保險商品亦隨之不斷推陳出新。由於新興保險商品陸續開辦結果，保險商品之分類漸顯不易。通說約有下列三種分類方法：

一、二分法

二分法係將保險分為人壽保險 (Life Insurance) 及非人壽保險 (Non-Life Insurance)，或者海上保險 (Marine Insurance) 及非海上保險 (Non-Marine Insurance)，或者財產保險及人身保險❶。

二、三分法

三分法係按保險標的之不同而將保險分為財產保險 (Property Insurance)、責任保險 (Liability Insurance) 及人身保險 (Personal Insurance)。

---

❶ 請參閱我國保險法第十三條規定。

三、四分法

四分法係以保險之發展順序作為標準之分類方法。此法將保險分為海上保險、火災保險 (Fire Insurance)、人身保險及意外保險 (Casuality Insurance or Accident Insurance)。

前述四種分類方法均各有其優劣，因非本文探討目的所在，茲不贅論。本文所稱財產保險係指三分法中之財產保險及責任保險，但海上保險並不包括在內。因海上保險大多採行倫敦保險人協會 (The Institute of London Underwriters) 及勞依茲保險人協會 (Lloyd's Underwriter's Association) 設計之保單格式及協會條款。

財產保險簡稱產險，財產保險單則簡稱產險保單。產險保單設計之牽涉範圍相當廣泛。始自選定險種，終於釐訂費率，每一環節均得審慎為之。下文謹就產險保單設計之幾項要點逐項分述於次。

第二節　設計原則

一、適法原則

產險保單設計之適法原則可就下列兩方面述之：

（一）合乎有關法律規定

1.保險契約乃我國保險法第一條所明定,同法第四十三條復規定：「保險契約應以保險單或暫保單為之。」 準此以觀，產險保單設計必須合乎保險法規定，因保險法屬於一種商事法，亦即係一種特別民事法，基此保險法未規定者，自得以民法補充適用。

2.又法律未規定者依習慣，無習慣可資依據者,得運用法理解釋之。職是之故，產險保單設計，除應注意保險法及民法規定外，尚應顧及習

慣及法理，以免有違規定。

（二）不違反公序良俗

1.不違反公序良俗，即不得以非法利益作為保險標的。例如贓物、走私貨品等。雖然保險法對此並無特別規定，但保險契約屬於法律行為之一種，保險法第一條已有明文規定，自應適用我國民法第七十二條規定：「法律行為，有背於公共秩序或善良風俗者無效。」

2.其次，產險保單設計必須避免誘發道德危險 (Moral Hazard) 及怠忽危險 (Morale Hazard) 之產生。蓋保險制度之宗旨，本在分攤損失消化危險，苟因購買保險反而滋生其他危險，當非創設保險之目的，因此於設計時應先防患未然。

二、需要原則

（一）從保險人立場觀之

1.合乎社會大眾需要：保險係一種基於需要而創造之產物。按各種保險莫不依此原則為之。但社會大眾包括各種不同階層之被保險人，該等被保險人之需要迥不相同，因此產險保單設計必須針對所選定之階層研擬，方能為彼等所接納，否則恐怕難以大量推廣，無法達到促銷目標。

2.保險費率必須足夠：產險保單設計旨趣，不僅希望能夠擴張業務數量，而且希望能夠獲取利潤。雖然獲取利潤與否，並非完全取決於保險費率，但與保險費率關係密切，則係不容否認之事實。因此保險費率必須足夠，不然非特無利可圖，而且所收保費不足應付賠款支出，勢將影響經營安全。

（二）從被保險人立場觀之

1.承保範圍適合所需：所謂承保範圍包括保險標的、保險事故及損失型態三者。前述三者均須配合保險人所選定之階層研擬，不宜限制過苛。限制過苛結果，被保險人所期待投保者，保單不保。反之，保單所

承保者，被保險人不須投保。如此產險保單設計目的何在。

2.保險費率儘量低廉：產險保單設計，固然必須針對被保險人之需要而研擬承保範圍，但仍應視被保險人經濟負擔能力訂定保險費率。超出被保險人經濟負擔能力以上之保險費率，縱令承保範圍相當完備，亦難以激發社會大眾之購買慾。

三、簡明原則

簡明原則適用於使用文字、保單結構及投保手續三方面，茲分述於後：

（一）使用文字必須簡明

往昔保單條文所使用文字均由保險人一方採用專業術語擬定，除非一般社會大眾認識保險，否則甚難了解保單內容，因而彼等投保意願不高。職是之故，保單條文所使用文字應儘量採用一般社會大眾能夠了解之通俗文字。美國保險服務社 (Insurance Service Office) 所設計之商業一般責任保單 (Commercial General Liability Policy)，即一採用通俗文字擬定之保單。

（二）保單結構必須簡明

保單結構必須簡明乃產險保單設計之另一要務。保單結構前後紊亂，直接極易導致解釋上之困難，間接則會導致展業人介紹保單內容之不便。有鑑於此，保單結構應力求合乎邏輯，順序井然。有關保單結構容待下文述之。

（三）投保手續必須簡明

過份繁瑣之投保手續最為被保險人所詬病。甚至令被保險人望而止步排斥投保。例如於投保時保險人常常會要求被保險人提供為數頗眾之投保資料，有時尚須填寫無數投保文件，而致被保險人厭煩至極，索性放棄投保，因此簡化投保手續亦應予列入考慮。

四、競爭原則

產險保單設計對於競爭原則亦須加以注意，所謂競爭包括下列兩項：

（一）承保範圍之寬窄

就產險保單銷售之觀點而言，如保險費率相同時，承保範圍寬者，自較具競爭力，反之，則否。目前產險市場上之多項事故保單 (Multiple Peril Policy)、多項險種保單 (Multiple Line Policy)、組合式保單 (Package Policy) 及全益險保單 (All Risks Policy) 即是承保範圍寬者，其中全益險保單又稱綜合性保單 (Comprehensive Policy)，由於此一名詞常受誤解，近年在美國已有學者改稱其為概括式保單 (Open-Perils Policy)。

（二）保險費率之高低

保險費率之高低亦係影響所開發之產險保單能否順利且大量銷售之重要因素之一。即使承保範圍極為寬廣，惟其保險費率十分高昂，勢難誘發潛在被保險人之購買慾，亦很容易為其他同性質產險保單而保險費率較低者所排擠，因此產險保單設計務必講求「物美價廉」，始符市場競爭態勢。

五、互補原則

互補原則云者，乃新興產險保單之開發係在填補現有產險保單之不足，此一原則旨在擴張業務數量。所謂互補包括下列兩者：

（一）承保範圍能夠前後銜接

即前一產險保單之保險期間終了後由後一產險保單隨即接續承保，目的乃在避免承保範圍發生脫節，以迎合被保險人不欲斷保之需要，例如運輸保險單銜接工程保險單及工程保險單銜接火災保險單。承保範圍能夠前後銜接係一橫式互補。

（二）承保範圍能夠相互結合

即某一產險保單不保部分藉合併 (Combination) 或組合 (Package) 由另一產險保單予以彌補，目的乃在避免承保範圍發生漏失，俾擴張被保險人之投保需要，例如火災保險單結合營業中斷保險單或火災保險單結合機械保險單，此外營造工程財物損失險與營造工程第三人意外責任險組合而成之營造綜合保險單亦是。承保範圍能夠相互結合係一直式互補。

第三節　保險契約之構成

保險契約，除須經要保人之要約與保險人之承諾外，尚須簽訂一定書面始能成立。前述書面通常包括要保書、暫保單、保單及批單四者。產險保單設計自不應僅以保單為限，其他三種書面亦應予列入考慮。茲分述如後：

一、要保書

依我國保險法第四十四條第一項規定：「保險契約，由保險人於同意要保人聲請後簽訂。」此項聲請即要約，要約多以要保書為之。要保書之主要作用有二：

（一）作為核保之依據

通常保險人於接獲要保人之要約以後，本應立即派員前往勘查保險標的及危險狀況。但限於時間因素，地域限制及案件眾多諸等關係，保險人實際上不可能一一前往勘查。此際保險人每多僅憑要保書上所載資料，逕行決定承保與否、承保多少及承保費率。

（二）作為理賠之依據

按我國各類保單上均訂明：「被保險人同意本保險單及其所載基本

條款、特約條款、批單暨交存本公司之要保書，均為本保險契約之一部份。」因此要保人所填報各項投保資料，均須翔實無訛，絕無隱匿或偽報情事，否則保險人得據以解除保險契約。

綜觀上述，要保書乃要保人提出要約之書面憑證。當保險人接受要保時，即構成保險契約之一部份，嗣後保單上所記載事項如有任何疑義均以要保書上所載資料為準。是故產險保單設計必須將要保書列入考慮。

二、暫保單

暫保單係指保險人簽發正式保單以前，證明承諾保險責任之一種臨時書據。倘保險標的在正式保單簽發以前發生保險事故因而受損，暫保單與正式保單具有相同效力，保險人仍須負賠償責任。但暫保單之有效期間較短，通常僅有一個月。簽發暫保單之原因有五：

（一）危險情況尚未確定，必須派員進行勘查。

（二）投保資料不全，短期間內無法釐訂費率。

（三）要保條件超過核保人員授權範圍，必須報請層峰裁定，始能簽發正式保單。

（四）保險契約雙方當事人對於保單條款尚未達成一致，仍待進一步磋商。

（五）再保險尚未安排完妥，不敢貿然簽發正式保單起保。

基於上述原因，保險人礙於限制無法立即簽發正式保單。但要保人又迫切要求即刻獲得保險保障。為防阻要保人另尋其他保險人投保，保險人不得不簽發暫保單予以暫保。因此暫保單亦須備齊以應付不時之需。

三、保　單

我國保險法第四十三條規定：「保險契約，應以保險單或暫保單為之。」按保險契約之成立，通常由要保人出具要保書，經保險人同意後再

簽發保單。前者為要約，已如前述，後者為承諾。準此以觀，保險人簽發保單，不僅係保險契約之成立要件，而且亦為保險契約之成立證明。因此產險保單設計應以保單為首要工作重點。有關保單之結構，容待下節述之。

四、批　　單

批單乃為適合特殊情形需要，對於保單內基本條款、附加條款或保證條款內容有所修正時，黏貼於保單上之紙條。批單之作用有三：

（一）擴張或減少保單上之承保範圍。

（二）更正保單上之錯誤資料。

（三）補充或改變保單上規定之權利及義務。

至於批單之適用優先秩序如後：

（一）批單與保單規定事項，如有相互牴觸情事，應以批單所載內容為準。

（二）如有數張批單同時存在，日期在後批單之效力優於日期在先批單之效力。

（三）同一張批單內包括有手寫、打字及印刷三種文字，則手寫部分效力優於打字部分效力，而打字部分效力優於印刷部分效力。

批單有標準格式及非標準格式兩種，標準格式之批單多見諸於火災保險附加險及各種工程保險。此種批單可事先設計完妥，遇有被保險人需要時，隨時黏貼於保單簽發承保，是故批單之設計亦不應予忽視。

第四節　保單之編排

產險保單編排因險種不同而稍有差異。基本上可以分為聲明事項，或稱主文 (Declaration)、承保範圍 (Coverage, Insuring Agreements)、不

保事項 (Exclusions) 及承保條件 (Condition) 四項述之：

一、聲明事項

聲明事項乃保單之開始部分。我國保單通常採用下列文字：

「立□□□保險單人□□產物保險股份有限公司（以下稱本公司），於被保險人交付保險費後，在保險期間內，因保險事故所致保險標的之毀損、滅失或賠償責任，依據本保險單所載及簽批之條款，對被保險人負賠償之責。本保險單所載基本條款，特約條款，批單暨繳存本公司之要保書，均為本保險契約之一部份，特立本保險單存證。」

於前述文字後面，並有一附表。附表內資料包括被保險人、保險種類、保險標的、保險金額、保險期限、總保險費、保單號碼、被保險人地址及保險標的物所在地址等等資料。

聲明事項所載內容均係投保危險之資料，並用以作為簽發保單及核訂費率。某些險種其聲明事項若已載於要保書上者，簽單時則逐將要保書黏貼在保險單上。反之，如無要保書者，則在保單上另列一附表。我國各類產險保單均有附表。

承接附表後面即保險人或其指定負責人簽署之欄位。最後即簽發保單之年月日及地點。

二、承保範圍

承保範圍乃在說明在何種情況下保險人始對被保險人負賠償責任。說明項目包括保險事故、被保險人、承保財產、承保地域及保單期間。例如我國汽車保險中之車體損失保險甲式條款對於承保範圍之規定如下：

「被保險汽車在本保險契約有效期間內，因下列危險事故所致之毀損滅失，本公司對被保險人負賠償之責：

（一）碰撞、傾覆。

（二）火災。

（三）閃電、雷擊。

（四）爆炸。

（五）拋擲物或墜落物。

（六）第三者之非善意行為。

（七）不屬本保險契約特別載明為不保事項之任何其他原因。」

部分險種因內容較為複雜，承保範圍多分為數條予以詳盡規定。例如安裝工程綜合保險，對於自負額、不足額保險及保險金額所涵括項目均另立條文予以規定。此外，部分險種對於某些名詞之定義亦於承保範圍內訂明。例如鍋爐保險基本條款第三條對於鍋爐、容器、爆炸及壓潰之規範。

三、不保事項

不保事項乃在規定在何種情況下保險人對被保險人不負賠償責任。保單上訂定不保事項之理由有五：

（一）便於管理實質及道德危險 (Physical and Moral Hazard)。

（二）排除重複保險。

（三）排除一般被保險人不需要之承保範圍。

（四）排除不保事故。

（五）排除保險人能力無法承保之特定承保範圍或需要特殊核保技術或費率之承保範圍。

保單上訂定不保事項之目的，主在維持保險費率於一合理且適當之水準，以免過高影響促銷。至於不保事項約可分為下述四類：

（一）不保事故

保單上會列明不保事故係因：

1.某些危險事故基本上即無法承保。

2.某些危險事故在其他保單業已承保在內。

3.某些危險事故如須承保在內必須加繳額外保費。

（二）不保損失

由於損失型態包括直接損失及間接損失兩種❷。為使承保範圍更為明確，以及避免保險責任過重，保單上通常會特別訂明某些損失不保在內。例如僅保直接損失，而將間接損失除外。

（三）不保財產

保單上將部分財產除外不保係因：

1.此類財產係由其他特別保單承保。

2.此類財產極易導致實質或道德危險發生，或者極易遭受損失。

3.此類財產若發生損失不易精確計算價值。

（四）不保地區

為期控制危險,保單對於承保財產一般會限制其放置於某一地區，以世界各地作為承保地區者較少，所以不保地區在保單上均會訂明。

四、承保條件

承保條件係用以規範被保險人及保險人雙方之權利及義務。保單上常見之承保條件包括：

（一）損失發生後被保險人應盡之義務。

（二）支付保險賠款之時間限制。

（三）對保險人提起訴訟之時間限制。

（四）有關其他保險分攤賠償方法之規定。

（五）有關保單之變更、轉讓及註銷之規定。

---

❷　請參閱 Denenberg, *Risk and Insurance*, 2nd ed. (U. S. A.: Prentice-Hall, Inc., Englewood Cliffs, A. D. 1974), pp. 443–446.

（六）有關代位求償、告知義務及仲裁方式之規定。

（七）損失發生後被保險人提出索賠之程序。

（八）有關理賠選擇之規定。

第五節　保險費率之訂定原則

保險乃集合具有相同危險可能之經濟單位，共醵資金，藉以彌補少數遭受損失之經濟單位之制度。因此凡加入保險之經濟單位，為安定經濟所須之資金，應分擔醵出，此種資金之分攤額即為保險費。保險費係指要保人為取得保險保障而付與保險人所提供保障之報酬。其係由每一個承保單位之費率 (The Rate Per Unit of Coverage) 乘上購買單位數 (The Units Purchased) 得之❸。因此訂定費率之問題，實乃產險保單設計之中心課題所在。

關於保險費率如何合理訂定之問題，學者間通說應遵循下列原則為之：

一、足夠原則 (Adequacy)

足夠原則云者，係指保險人按保險費率向要保人洽收之保險費，必須足以應付賠款支出及各種經營費用而言。假設保險費率不足夠，入不敷出，可能導致保險人缺乏清償能力，造成被保險人之損失。是故保險費率不得有不足夠情形發生。然而保險費率足夠與否？如何判斷？一般只須將實際損失率 (Actual Loss Ratio) 與預計損失率 (Assumed Loss Ratio) 加以比較即可獲知。如果實際損失率高於預計損失率，則表示保險費率偏低，保險人可能無法承擔約定之保險賠償責任。

---

❸　同❷所引書 p. 509.

二、無不公平之區別原則 (Not Unfairly Discriminatory)

　　無不公平之區別原則，即須講求公平原則。公平原則云者，係指所有要保人均能公平分擔預估賠款及費用而言。但實務處理上相當困難。蓋除非按個別被保險人之危險等級作為訂定保險費率之標準，絕無兩個被保險人具有相同之損失機率。因此當危險等級不同時，欲透過眾多同質單位 (Homogenious Units) 來預估全部損失金額，不僅事實上無法作到，而且互相矛盾。

三、不偏高原則 (Not Excessive)

　　依前述第一項原則判斷，如預計損失率高於實際損失率，即表示保險費率偏高。固然保險費率偏高可使保險人獲得較多利潤，但過高保險費率交由被保險人負擔，彼等必定不願加入保險行列，若被保險人不願加入保險行列，大數基礎即不夠穩定。就保險人而言，保險費率偏高，一方面可能阻礙保險業務之推展，另一方面則可能釀成激烈之業務競爭，對其並無利益可圖。

四、經濟上可行原則 (Economic Feasibility)

　　除前述三個主要原則外，保險人尚須考慮保險費率是否具備經濟上可行原則，亦即根據此一保險費率所推出之保單具有銷售可能(Salable)而言。如某一保險之保險費率較高，顧及銷售可能起見，在保單上可以考慮訂定損失自負額條款，規定一定金額或一定成數之損失，由被保險人自行負擔，保險人不予賠償，或者規定超過一定金額或一定成數以上之損失，保險人始負賠償責任。如此，一則可以降低保險費率減輕要保人負擔，二則可以激發要保人之購買慾。

五、誘導損失預防原則 (Inducement for Loss Prevention Activities)

俗云:「事前預防優於事後補救。」尤其今日,保險人對於損失預防措施日益重視,理想保險費率應有裨於要保人或被保險人從事損失預防活動。因此在保險費率結構中,如能讓被保險人認識損失預防之重要,則發生損失之機會將較毫無防範為少。就社會安全觀點而論,誘導損失預防原則更為重要,因經事先預防,足以減少意外事故發生之頻率,有效減少社會實際損失。

以上所述五原則中,前面三個原則乃法律所強行規定保險人應固守之基本原則,後面兩個原則,則為達到理想保險費率之目標,並非法律所要求之必要條件。另外,尚有所謂穩定性原則 (Stability) 及伸縮性原則 (Flexibility) 等。前者即於保險費率訂定後,短期間內,不應多所變動。因為費率如常變動,將使要保人或被保險人之負擔不能確定,徒增彼等反感。後者即在長期間中,因經濟發達及社會進步,保險成本勢必隨之改變。於經過相當期間後,應根據實際統計資料加以調整,藉以配合實際情形,不可只求保險費率穩定,而長期維持欠缺合理之保險費率。

第六節　保險費率之訂定方法 (一)

保險費率之訂定即釐訂費率 (Rate-Making),又稱為保險定價 (Insurance Pricing)。在保險界所謂費率 (Rate) 係指保險人對每一危險單位 (Unit of Risk) 所治收之價格。就被保險人而言,費率乃被保險人對每一危險單位所付出之代價。危險單位亦稱為投保單位 (Exposure Unit)。危險單位之衡量方式,因險種之不同而異,通常係以一百元或一千元作為基準。

保險費乃被保險人對其保險所支付之金額，其係以費率乘上危險單位總數得之。例如某一保險其費率為一角五分（亦即每一百元為一角五分），保險金額為二萬元，則保險費為三十元 (0.15×200＝30)。

保險費（簡稱為保費），又稱為總保險費 (Gross Premium)，一般包括兩部分：一為淨保費 (Net Premium)，財產保險通稱為純保費 (Pure Premium)，係用以應付賠款及理賠費用支出；一為附加保費 (Loading)，係用以應付各種營業費用支出及預期利潤。

關於保險費率之訂定方法，約可分為評價法 (Judgment Rating)、分類法 (Manual Rating) 及增減法 (Merit Rating) 三種。三者並不相互排斥，而且可以兼容並存。茲分述於次：

一、評價法

評價法係採用個別方式單獨訂定費率。每一危險單位按其特性分別訂定費率，而不涉及任何危險等級、表定危險或計算公式。雖然評價法極不科學，但評價法仍受採用，尤其在海上保險方面，以及沒有充分之可靠統計資料可資選用時。究諸實際，評價法並非完全不合科學，費率訂定人員亦常引用其他粗略統計資料評價每一危險單位。如無評價法用以訂定費率，則其他方法可能無從建立。

二、分類法

分類法即將相同之危險併入同一等級課以相同之費率。此法又稱為等級或綜合法 (Class or Blanket Rating)，多在火災保險及意外保險方面採用之。

前曾述及，保費包括淨保費及附加保費。採用此法訂定費率時，其淨保費之計算方法有下述兩種：

（一）純保費法 (Pure Premium Method)

　　純保費法係以每一危險單位之平均損失頻率 (Average Frequency of Loss) 乘上平均損失幅度 (Average Severity of Loss) 得之。其公式如後所示❹：

$$S = \frac{L}{N}$$

$$F = \frac{N}{U}$$

$$P.P = S \times F$$

$$= \frac{L}{N} \times \frac{F}{U}$$

$$= \frac{L}{U}$$

$S=$ 平均損失幅度。

$F=$ 每一投保單位之平均損失頻率。

$L =$ 期內發生之賠款總金額 (Total Dollar Amount of Losses Incurred)。

$N=$ 期內發生之賠款總次數 (Total Number of Losses Incurred)。

$U=$ 投保單位總數 (Total Number of Exposure Units)。

$P.\ P =$ 每一投保單位之純保費 (Pure Premium Per Unit of Exposure)。

純保費法廣泛用在汽車保險及其他責任保險。

（二）損失率法 (Loss Ratio Method)

　　所謂損失率或譯為賠款率❺係指某一特定期間賠款加上理賠費用除以滿期保費 (Earned Premiums) 之比例。因此損失率係一比例而非金

---

❹　同❷所引書 p. 529.

❺　請參閱拙著，〈損失率的計算方法〉，《醒吾銀保》，醒吾商專銀行保險學會發行，民國七十四年十月出版，p. 32–35.

額。其與純保險費不同，按後者係一金額。例如某一賠案，賠款加理賠費用為六十五萬元，滿期保費為一百萬元，則其損失率為百分之六五。由於吾人必須至保險期間屆滿以後方能計算損失率。因此現有費率俟保險期間屆滿以後始再調整之。至其調整公式如後所示❻：

$$M = \frac{A - E}{E}$$

$M=$費率修正係數。

$A=$實際損失率。

$E=$預期損失率。

如費率修正係數為正值表示現有費率應增加百分比。反之，如為負值則係表示現有費率應減少百分比。

第七節　保險費率之訂定方法（二）

第三種保險費率之訂定方法稱為增減法，或稱為修正法 (Modification Rating)。增減法乃就屬於同一等級危險，根據被保險人於保單期間之實際損失經驗或預期損失經驗或兩者，對被保險人課以不同之保險費率。增減法又可再細分為表定法 (Schedule Rating)、經驗法 (Experience Rating) 及追溯法 (Retrospective Rating) 三種。茲分述於次：

一、表定法

表定法必須先就分類表中之各種危險等級設定一客觀標準，再按要保人要保之危險性質上下調整保險費率。換言之，表定法必須先依分類法訂定分類費率，如要保人要保之危險性質比分類費率所設定之客觀標準為佳，則予減費；反之，則予加費。例如某一危險其分類費率為〇・

❻　同❷所引書 p. 8.

六八，應予減費○‧一六，另應予加費○‧一一，則其表定費率為○‧六三。

表定法主要用在火災保險方面。有時亦用在責任保險、竊盜保險或玻璃保險方面用以修正經驗費率。表定法之優缺點如後：

（一）優點

1.可以適用任何大小之危險，而其他種類之增減法僅適用經營規模較大之被保險人。

2.具有鼓勵被保險人採行損失預防措施之作用，蓋排除危險可以降低保險費率，被保險人自願意為之。

（二）缺點

1.對於變動較大危險，必須時常測定，因此管理費用較高。

2.基於競爭關係，部分保險人藉此任意降低保險費率。

3.過分重視具體之物質因素，反而忽視抽象之人為因素，產生偏廢情形。

二、經驗法

經驗法乃根據被保險人之過去經驗來計算其未來應負擔之保險費率。因為係以過去經驗修正未來費率，此法又稱為預期法 (Prospective Rating)，其與下述追溯法 (Retrospective Rating) 並不相同。

經驗法係用以修正分類法。如被保險人之經驗資料越充分，修正後之分類費率越準確。依經驗法分類費率係按照下列公式加減費率❼：

$$修正係數 = \frac{實際賠款 - 預期賠款}{預期賠款} \times 可信度係數$$

實際賠款表示被保險人在過去某一期間之賠款經驗，前述期間通常

---

❼　請參閱 Mehr & Cammack, *Principles of Insurance*, 6th ed. (U. S. A.: The Richard D. Irwin, Inc., 1976), p. 613.

為二至三年。預期賠款係指一般被保險人將來可能發生之賠款經驗。可信度係數介於零與壹之間。如可信度係數為零，表示缺乏可信度。茲舉一例說明之。假設某一被保險人其要保危險之分類保費為新臺幣四、〇〇〇元，並可採用經驗法調整保費。又其實際賠款為三、〇〇〇元，預期賠款為六、〇〇〇元，可信度係數為百分之五十。則其修正係數為：

$$\frac{\$3,000 - \$6,000}{\$6,000} \times 50\% = -25\%$$

綜上以觀，被保險人之應繳保費應修正為三、〇〇〇元（$4,000 - \$4,000 \times 25\%$）。如被保險人之實際賠款提高至一二、〇〇〇元，而其他條件維持不變，則被保險人之應繳保費可以調整為六、〇〇〇元。

$$\frac{\$12,000 - \$6,000}{\$6,000} \times 50\% = 50\%$$

$$\$4,000 \times \$4,000 \times 50\% = 6,000$$

三、追溯法

前曾述及，經驗法乃根據被保險人之過去經驗來計算其未來應負擔之保險費率。而追溯法係用以調整某一特定期間之保險費率，藉以反映被保險人於該一期間之賠款紀錄。採用此法時保險人必須洽收預繳保費，俟保險期間終了時再按被保險人之賠款紀錄加收或退還保費。通常期末繳付保費不得低預繳保費之某一比例，此一保費稱為最低保費（Minimum Premium）。亦不得高於某一比例，此一保費稱為最高保費（Maximum Premium）。

追溯法係用以進一步修正分類法。其計算公式如後所示❽：

追溯保費（介於最高保費與最低保費之間）

　　＝〔基本保費＋(期內發生賠款×賠款轉換係數)〕×稅負乘數

---

❽　同❼所引書 p. 614.

基本保費包括一般管理費用、招攬費用及保險費用，通常為標準保費之某一比例。標準保費係按經驗法計算出來之保費。期內發生賠款係指某一特定期間所發生之賠款，包括已經賠付賠款及已經發生尚未賠付賠款。賠款轉換係數係指隨賠款變動之費用。稅負乘數係備以應付課稅之用。

如被保險人不願意將巨災損失列入追溯保費內，保險人通常會對被保險人加收額外賠款保費 (Excess-Loss Premium)，其計算公式如後：

追溯保費＝〔基本保費＋(標準保費×額外賠款保費係數
　　　　　×賠款轉換係數)＋(付費賠款×賠款轉換係數)〕
　　　　　×稅負乘數

付費賠款 (Rateable Losses) 係指達到某一最高金額之單一賠款。

第八節　產險保單之未來發展方向

新興產險保單不斷開發，陸續上市推廣促銷，乃近數十年之事。蓋因工商企業日益進步，經濟逐漸開放，社會生活亦趨多元，舊有保險商品因而再也不能滿足社會大眾之需要。有鑑於此，保險人遂窮精殫智相繼推出新興產險保單，期能滿足求新求變求好求全被保險人之需要。因此新興產險保單之開發，大多係依據完備周全及簡化單純原則進行設計。盱衡今後產險保單設計之主流不外以下幾種：

一、綜合性保單 (Comprehensive Policy)

近代產險保單之分類，如以危險事故為準，約可分為列舉式保單 (Named Perils Policy) 或約定式保單 (Specified Perils Policy)；及綜合性保單或全益險保單兩種。由於列舉式保單所承保之危險事故僅限於保單上所列舉者，往往不能符合現代社會大眾之需要，因此此等保單之銷售

情形並不太理想。時至今日，綜合性保單已占據大半產險市場。蓋因

（一）從被保險人立場而言

1.購買一張保單即可獲得多種危險事故保障，不必逐件洽保，投保手續可以簡化。

2.由於只有一張保單，營業費用可以減少，保險費率因而降低，被保險人經濟負擔減輕。

3.既可不必按不同需要分別投保各種不同保險，又可避免承保範圍前後重疊或無法銜接。

4.保單之張數減少，比較容易管理及保存。

（二）從保險人立場而言

1.綜合性保單對於承保範圍之界定比較簡單，理賠上之爭議可以減少。

2.僅簽發一張保單代替多張保單，簽單費用可以減少，間接提高公司利潤。

3.通常綜合性保單比列舉式保單之保險費率稍高，保險人所收保費比較多，可以帶動業務成長。

二、團體財產責任保險 (Group Property-Liability Insurance)

晚近工商企業經營規模急遽擴充，動輒僱用成千上萬員工。略具危險管理 (Risk Management) 觀念之雇主，基於為其員工謀福利起見，挾其雄厚談判力量，利用群體作為後盾，集合具有投保意願之員工，由其出面代表全體員工向保險公司磋商，以爭取優惠之投保條件。例如鳩合擁有汽車之員工，集體向保險公司投保汽車保險，以期享受團體折扣之優待。此種投保方式在國內部分大型企業機構正方興未艾極力推動中。推展團體財產責任保險之優點有三：

（一）簡化投保手續

由於加入團體財產責任保險之個別被保險人，其投保範圍大致相同，保險人僅須簽發一張保單，再補送一張保險證即可，可以減少逐件簽發保單之麻煩，投保作業手續可以大量簡化。

（二）壓低保險費率

集體投保，一方面可減少作業手續，另一方面又可擴張業務數量，因此保險人之費用降低收入增加，保險費率自可壓低，保險費率壓低結果，尚可增加保險人與其他保險人競攬業務之能力。

（三）提高服務品質

集體投保之業務數量勢必龐大，保險人可以設立專人司掌服務工作。對被保人而言，不但可以獲得更快捷、更直接及更圓滿之服務，而且可以獲得專業性服務，服務品質應可提高。

團體財產責任保險受到工商企業大量促銷計劃 (Mass Merchandising Plans) 之影響，日後必定受到大、中型企業之重視，不久將來十分可能成為產險保單之開發主流，實不容忽視。

三、儲蓄性保險 (Savings Insurance)

國內產物保險業界引進儲蓄性保險乃近幾年之事。儲蓄性保險介入國內產物保險市場導源於社會大眾求新求變之心理，其基本架構係套用人壽保險之理論，並無殊異之處，因此儲蓄性保險只是一時風尚下之產物，此類保險能夠問世之主要原因乃在：

（一）能夠迎合部分貪小便宜社會大眾之需要

按一般儲蓄性保險均規定保單期間屆滿以後，被保險人可以領回部分或全部保費，甚至所繳保費之某一倍數。頗能迎合部分貪小便宜社會大眾之心理。蓋傳統性產物保險於繳付保費以後，若無損失發生，不能自保險人獲得任何補償。對講求回饋之被保險人而言，保費一旦付出，

有去無返，所換回來者只是一紙對未來可能履行之允諾，反而增加不確定性。因此將來如能退費，可以增加被保險人之安全保障。

（二）能夠滿足部分求新求異社會大眾之心理

喜新厭舊係一般社會大眾之通病。因此新興保險商品往往能夠吸引部分社會大眾之注意。儲蓄性保險之最大特色，在於保單屆期以後，能夠退費領回當初繳付之保費，其與傳統性產物保險大不相同，頗能博取求新求異被保險人之好感。職是之故，儲蓄性保險雖然不能作為保險人推展業務之主力險種，但至少能夠獲取少數被保險人之喜愛，進而輔助其他險種之促銷。

目前國內保險人所銷售之長期住宅優惠退費火災綜合保險及住宅店舖火災還本保險即係儲蓄性保險。

第九節　結　論

隨著經濟開放，社會轉趨複雜，保險人對於新興產險保單之開發不遺餘力，然而產險保單設計牽涉甚廣，自選定險種、成立小組、蒐集資料、草擬條文、釐訂費率、以迄上市推廣，每一環節均須審慎為之。有關保單設計及費率訂定上文已作說明。至於成立小組方面，吾人亦不應輕視，首先小組成員應包括法務、統計、商學、保險及各種工程等專業人員；其次前述人員應具備相當外國語文能力及保險實際工作經驗；最後保單設計過程中更應隨時邀請展業人員提供促銷意見及告知市場情形。

此外，產險保單設計完妥上市推廣以後，尚須隨時注意有無窒礙難行之處，以備試辦期滿進行修訂，或者決定續辦與否。蓋成功之產險保單設計，一則必須符合被保險人之需要；二則必須業務推展情形良好。倘若僅有符合被保險人之需要，但無人願意購買，仍不得謂為成功。綜

此觀之，現行產險保單設計應不再侷限於保單條文之擬就及保險費率之訂定，更應擴及保單設計完成以後之市場行銷問題。

最後產險保單設計尚應時時注意社會輿論及資訊蒐集，每隔一段期間即予檢討修訂，不宜固守傳統，抱殘守缺，俗云：「不進步即退步」，落後潮流之保單即失敗之保單。

第三章 保險單之設計（二）
—— 人壽保險

第一節 前　言

壽險保單可分為廣義和狹義的來說明。廣義的壽險保單係指保險契約的構成，舉凡保險單所載的條款、聲明或批註，以及和保險契約有關的要保書、復效申請書、健康聲明書、體檢報告書及其他約定書與保險單所載之各節都是保險契約的構成部分。而狹義的壽險保單僅指壽險商品之設計，包括壽險新種保險送審主要項目及其契約條款之內容。本節所談之壽險保單係指狹義的商品設計而言。

本篇分成下列幾項來說明：

一、壽險商品的特性

二、我國壽險商品之演變

三、壽險商品設計時需考慮的幾項因素

四、範例

五、結論

第二節　壽險商品的特性

一、消費性商品之分類

依消費者之購物習慣，消費性商品可分為下列四種❶：

（一）便利品

消費者較常購買、購買的時間很短，且不太費心去比較的消費品，可分為下列三種：

1.日常用品：如肥皂、牙刷、洗衣粉等。

2.衝動購買品：如口香糖、雜誌等。

3.緊急需要品：如雨傘。

（二）選購品

係經合用與否、品質、價格和式樣比較後才購買的商品。可分為下列二種：

1.同質品：品質一樣但價格不同，如電器用品。

2.異質品：品質因素較價格重要，如衣服。

（三）特殊品

具有特色及特殊品牌，消費者願意特別用心去購買的商品，如汽車、音響組合、攝影器材等。

（四）未覓求商品 (Unsought Goods)

指消費者目前已知道或尚不知道但仍未有興趣購買的商品。

1.不知道的商品：新產品。

2.已知道的商品：如人壽保險、百科全書、金山安樂園等。

---

❶　王志剛編譯，(Philip Kotler 原著)《行銷學原理》初版（臺北：華泰書局，民國七十一年），pp. 528-530。

二、壽險商品的特色

由於人壽保險係屬於一種未覓求的商品，雖然消費者皆已知道「人壽保險」商品的存在，但大部分消費者對於人壽保險大都存在著下述的看法❷：

（一）認為死亡是遙遠的事，購買壽險並非很急切需要的事。

（二）寧可花錢購買自己所需要的東西，而不願為他人購買保險。

（三）認為壽險並非必需品，如本身不幸身故，其家人總有辦法自求多福。

再說，壽險商品原本就是一種無形的服務性商品，繳了那麼多的保險費，所得到唯一有形的東西，僅是一紙保單。而消費者亦未真正瞭解壽險的功能，無法將壽險運用到日常生活上。因此大多數的消費者不會主動向壽險公司投保，而必須經由壽險業務人員的勸服才會投保。

三、壽險商品所涵蓋的三個層次 ❸

壽險商品有三種不同的層次，如下圖所示：

（一）核心商品

此乃是最基本的層次，係顧客購買壽險真正所要求的東西如：其可能為了表示對家庭的責任與愛心，表示個人的經濟能力與社會地位，現更被視為一種高效率理財投資、節稅的工具。

（二）有形商品

商品設計人員必須把核心商品轉換成有形的商品，壽險商品在此一

---

❷ 曾憲政譯，（LOMA 原著）《壽險經營》， 國泰人壽發行，民國六十九年，p. 131。

❸ 梁百霖，〈壽險加入者之購後行為與壽險有效經營策略之研究〉， 臺大商學研究所未出版之碩士論文，民國七十四年七月， pp. 141–143。

層次提供了生活保障、子女教育、結婚資金、退休養老、游資儲蓄、保單分紅、傷害醫療和疾病住院等功能。

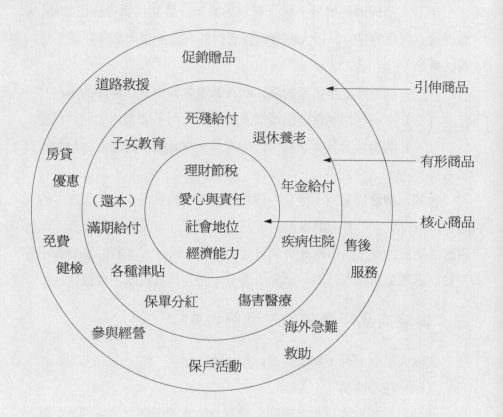

圖 3-1　壽險商品的三個層次

（三）引申商品

　　商品設計人員除了提供各項有形商品的服務外，也需提供售後服務、促銷贈品、保戶福利等活動，如：道路救援、海外急難救助，以提高壽險商品的價值感。

　　處於行銷導向的時代裏，一切均以顧客為依歸，滿意的顧客和合理的利潤是企業經營的目標，因此商品設計人員必須要了解顧客的需求和

外在的環境，再配合行銷組合的運用，設計適時、適合顧客需要的商品，發揮壽險商品三個層次的功能。

第三節 我國壽險商品之演變

我國人壽保險商品之演變大致可分為六個時期❹：

一、生存保險時期

商品著重於儲蓄且為短年期，完全未重視保障功能，民國五十一年～五十五年的保單大致如此。

二、養老保險時期

短期生存險資金累積困難，乃非正常之壽險經驗，於是主管官署加以限制，自民國五十六年起商品轉向一倍型生死合險，並附加傷害死亡給付特約。

三、定期養老保險時期

民國五〇年代末期，壽險商品著重於生死合險再搭配一倍型的定期死亡保險。

四、多倍保障養老保險時期

民國六〇年代的商品偏重於一倍型生死合險搭配多倍型的定期死亡保險或多倍型傷害死亡保險。

---

❹ 財政部保險業務發展專案小組〈第一次全國保險會議議題研究報告（壽險組）〉，民國七十二年，pp. 2-4。

五、多樣化保險時期

近年來商品設計日趨多樣化，如增值型、還本型、婦女與青春市場區隔型等的保險。

六、外商與本土加入經營保險時期

七十六年政府開放外商設立保險公司，終身保險大量引進，頗獲消費者認同；八十二年政府又開放本土保險公司之設立，在 30 家保險公司的競爭下，符合消費者需求的產品，逐漸推出，如：特定重大疾病保險金給付，生命末期保險金給付，未到期保費退還保戶等。

第四節　壽險商品設計時需考慮的幾個因素

由前二節可以了解壽險商品的特性。由我國壽險商品的演變來看，亦可窺知壽險商品已由銷售導向逐步邁向顧客導向。在這行銷導向的時代下，壽險商品又怎能例外。整體行銷之基本架構如圖 3–2 所示❺

整體行銷係以顧客為中心，因此我們必須要了解顧客的需求，然而顧客的需求又直接或間接受到壽險公司在商品、價格、通路及推廣等行銷策略的影響，而行銷策略之擬訂又受到經濟、政治、社會、文化、技術及法令等環境之影響。前已提到人壽保險係屬於一種未覓求的商品，需投入大量的廣告和人員銷售等推廣活動，也需要組織健全的行銷網路，唯在價格方面，由於法令對於保險費之構成—預定危險發生率、預定利率及預定附加費用率皆有詳盡的規定，因此價格因素在行銷組合策略中較缺乏彈性。商品設計是商品策略中的一部分，不但要滿足顧客的需求，也需要配合行銷組合策略之運用，更需要了解經濟、政治、社會、文化、

❺ 王志剛博士推廣策略之授課資料。

技術及法令等周遭環境之變遷並作適度的預測與調整，以設計未來一、二十年顧客所需要的商品。

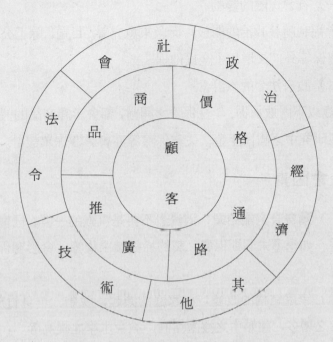

圖 3-2　整體行銷之基本架構

　　從事商品設計時需考慮的幾項因素：

一、經濟因素

　　（一）國民所得的高低。

　　（二）通貨膨脹的壓力。

　　（三）投資錢潮的流向及長期利率之趨勢。

　　（四）人口結構的改變，平均壽命的延長及老年化人口的激增。

二、政治因素

（一）社會保險的變動

社會福利隨著政治的開放，而愈來愈完善。目前，除了公保、勞保、軍保、農保等外，又增加了全民健保。

（二）政府法令的修訂

14歲以下開放承保、年金保險之開辦，都會影響商品的設計，除外，政府尚在研究中之國民年金、失業保險等亦會影響保單設計。

三、社會因素

（一）消費者意識抬頭：消費者不再是沉默的一群，已懂得爭取自己的權益。如退還未到期保費、契約撤銷請求權等，會影響保單條款的訂立。

（二）家庭結構的改變：小家庭的興起，晚婚、單身貴族之流行，職業婦女之增多，離婚率之逐漸增高，教育水準之提高等。

（三）癌症及意外事故的增加：癌症是疾病身故的最大殺手，車禍則是意外事故最主要的原因。

（四）尊重保戶，維護生命尊嚴：如生命末期保險金之給付，特定重大疾病的給付等。

四、技術因素

（一）各種醫療技術的提升，有助於人類生命的延長。

（二）國外投資性商品的引進，如變額保險、萬有保險等。

（三）分紅保險之開辦及契約轉換制度之建立，皆需突破精算技術的瓶頸。

五、法令因素

保單設計有關之法令規定如下所述：

（一）保險法、保險法施行細則及保險業管理辦法有關之規定如附件一。

（二）送審主要項目中有關之法令規定，如附件二。

（三）人身保險商品審查要點，如附件三。

（四）臺灣壽險業經驗生命表。

六、其他因素

（一）同業競爭。

（二）業者本身的政策。

（三）銷售人員與保戶間之均衡。

（四）國外壽險同業所銷售的商品。

此外，對於商品生命週期與新生命表之使用，在我們商品設計時皆需要考慮的。

第五節 範 例

新種保險商品之設計，主管官署審核最重要的文件有兩項：

壹、新種保險商品之計算基礎。

貳、新種保險之契約條款。

現擬對普通壽險和傷害保險各舉一例說明如下：

壹、新種保險商品之計算基礎

〔例一〕 養老保險

一、新險名稱：養老保險

二、保險性質

（一）險種：為一倍生死合險。

（二）保險期間：分為 6、10、15、20、25、30 年滿期等六種。

（三）繳費期間：全期繳納。

（四）繳費方法：分為年繳、半年繳、季繳、月繳等四種。

三、保險範圍

（一）給付內容

1.被保險人於契約期滿仍生存時，按保險金額給付滿期保險金。

2.被保險人於契約有效期間內身故或全殘廢時，按保險金額給付身故（殘廢）保險金。

（二）投保年齡限制：自15歲至60歲，滿期年齡未超過75歲者。

（三）投保金額限制：新臺幣1,000萬元。

四、計算基礎

（一）預定危險發生率

身故部分：採用臺灣壽險業第三回經驗生命表之死亡率的 90％。

全殘廢部分：由預定死亡率彌補之。

（二）預定利率：採用年利率 6％。

（三）預定附加費用率為下列總保費與純保費的差額對總保費的比例。

五、純保費計算公式（附費率表）

$$P_{x\,=\,\overline{n}|} = \frac{\overline{M}_x - \overline{M}_{x+n} + D_{x+n}}{N_x - N_{x+n}}$$

$$n = 6, 10, 15, 20, 25, 30$$

六、總保費計算公式（附費率計算說明表）

（一）年繳

$$P'_{x\,=\,\overline{n}|} = M_{in}\left[\frac{1}{1-\gamma}\left(P_{x:\overline{n}|} + \frac{\alpha}{\ddot{a}_{x\,\overline{n}|}} + \beta\right); \frac{P_{x:\overline{n}|}}{1-L}\right]$$

$\alpha = 0.04 \qquad \beta = 0.006 \qquad \gamma = 0.03$

$6 \leqslant n < 10; \; L = 0.17$

$10 \leqslant n < 20; \; L = 0.23$

$20 \leqslant n \leqslant 30; \; L = 0.29$

（二）半年繳

$$\frac{1}{2} \cdot P'^{(2)}_{x:\overline{n}|} = 0.52 \cdot P'_{x:\overline{n}|}$$

（三）季繳

$$\frac{1}{4} \cdot P'^{(4)}_{x:\overline{n}|} = 0.262 \cdot P'_{x:\overline{n}|}$$

（四）月繳

$$\frac{1}{12} \cdot P'^{(12)}_{x:\overline{n}|} = 0.088 \cdot P'_{x:\overline{n}|}$$

七、責任準備金計算公式（附責任準備金表）

（一）責任準備金修正制：採用修正責任準備金將來法計算，若保單之純保費較同年齡之二十年繳費，二十年滿期生死合險為大時採用二十年滿期生死險修正制，其餘保單一律採一年定期修正制。

（二）責任準備金計算公式

$$_{t}V_{x} = \overline{A}_{x+t:\overline{n-t}|} - P^{(2)}_{x:\overline{n}|} \cdot \ddot{a}_{x+t:\overline{n-t}|}$$

1.二十年修正制：$(P_{x:\overline{n}|} > P_{x:\overline{20}|})$

$$P^{(1)}_{x:\overline{n}|} = P_{x:\overline{n}|} - P_{x:\overline{20}|} + \overline{C}_{x}/D_{x}$$

$$P^{(2)}_{x:\overline{n}|} = P_{x:\overline{n}|} + (P_{x:\overline{20}|} - \overline{C}_{x}/D_{x})/a_{x:\overline{n-1}|}$$

2.一年定期修正制：$(P_{x:\overline{n}|} \leq P_{x:\overline{20}|})$

$$P^{(1)}_{x:\overline{n}|} = \overline{C}_{x}/\overline{D}_{x}$$

$$P^{(2)}_{x:\overline{n}|} = P_{x:\overline{n}|} + (P_{x:\overline{n}|} - \overline{C}_{x}/D_{x})/a_{x:\overline{n-1}|}$$

3.年終決算提存責任準備金公式：

$$(t-1)+\frac{2\,t'-1}{2m}V_x = {}_{t-1}V_x+\frac{2t'-1}{2m}({}_tV_x - {}_{t-1}V_x)+\frac{1}{2m}P^{(\alpha)}$$

此處 ${}_tV_x$＝第 t 年度末之責任準備金

　　　$P^{(\alpha)}$＝修正後之第一年度或第二年度以後之年繳純保費

　　　t＝經過年度

　　　t'＝該年度繳費次數

　　　m＝每年應繳保費次數

八、解約金計算公式（附解約金額表）

　　${}_tV_x$ 表本險第 t 年末之保單價值準備金（本保險之保單價值準備金＝責任準備金）

　　則解約金為：

　　1.$n<10$

$$\quad {}_tU_x = {}_tV_x\times(\frac{4}{5}+\frac{1}{5}\times\frac{t}{n})$$

　　2.$n\geq10$

　　　①$t<10$

$$\quad {}_tU_x = {}_tV_x\times(\frac{4}{5}+\frac{1}{5}\times\frac{t}{10})$$

　　　②$t\geq10$　　　　　　　n＝繳費年期

　　　${}_tU_x = {}_tV_x$　　　　　　　t＝保單經過年期

九、契約之變更

　　（一）繳清保險：（附繳清保險金額表）

　　變更時每萬保險金額收 100 元之維持費用，則變更為繳清保險後之

保險金額為:

$$_tW_x = \frac{_tV_x - 0.01}{\overline{A}_{x+t:\overline{n-t}|}}$$

（二）展期保險: 變更時每萬保險金額收100元之維持費用。

1.展期死亡保險

如果 $_tV_x \leq \overline{A}\frac{1}{x+t:}\overline{n-t|} + 0.01$

則以等式 $_tV_x = \overline{A}\frac{1}{x+t:}\overline{T|} + 0.01$ 計算

上式中之"T"為變更後之保險期間，如"T"有尾數時，即以下式計算日數 K。

$$\overline{A}\frac{1}{x+t:}\overline{T + \frac{K}{365}}\Big| = \overline{A}\frac{1}{x+t:}\overline{T|} + (\overline{A}\frac{1}{x+t:}\overline{T-1|}$$
$$- \overline{A}\frac{1}{x+t:}\overline{T|}) \cdot \frac{K}{365}$$

2.展期生存保險

如果 $_tV_x > \overline{A}\frac{1}{x+t:}\overline{n-t|} + 0.01$

則 $Z = \frac{_tV_x - \overline{A}\frac{1}{x+t:}\overline{n-t|} - 0.01}{_{n-t}E_{x+t}}$

十、本險保單紅利之計算公式

本契約有效期間內，本公司依規定於每一保單年度終了，以本保險單計算保險費所採用之預定利率（年息6厘）及預定死亡率（臺灣壽險業第三回經驗生命表90%）為基礎，按當時財政部核定之應分配保單紅利計算公式計算保單紅利。對於保單紅利，要保人可選擇以下列方式給付:

1.現金給付

2.購買增額繳清保險

3.抵繳保險費

4.儲存生息

紅利之計算公式如下：

$$_tD_x^s = \{k_1 \times [r-i] \times \frac{t-1}{2}V_x + k_2 \times (q_{x+t-1} - Q'_{x+t-1})$$

$$\times (_tS_x - _tV_x)\}$$

其中　$\frac{t-1}{2}V_x = \frac{1}{2}(_{t-1}V_x + _tV_x)$

$_tD_x^s \geq 0 \qquad ; \ t \geq 1$

$_tD_x^s$：第t保單年度應分配之保單紅利金額。

r：保單紅利分配年利率，以臺灣銀行、第一銀行、合作金庫與中央信託局四家行庫每月初（每月第一個營業日）牌告之二年期定期儲蓄存款最高年利率加權平均計算，且不低於i值。

i：計算保險費之預定利率。

k_1：等於1，但本公司於特殊情形下，得報部核定其他數值。

q_{x+t-1}：計算保險費之預定死亡率，惟預定死亡率以臺灣壽險業第一、二回經驗生命表或臺灣省居民生命表計算者，並按財政部臺財融第七五四一一一三及第七八○一六三三六四號函辦理者，得以臺灣壽險業第三回經驗生命表死亡率之90％計算。

Q'_{x+t-1}：實際經驗死亡率，每年依人壽保險業最近五年之經驗資料按最近採用的經驗生命表製作原理，製作完成之年度經驗粗死亡率為基礎計算，且其值不高於q_{x+t-1}值。

$_tS$：第t保單年度之死亡保險金額。

k_2：等於1，但本公司於特殊情形下，得報部核定其他數值。

若要保人選擇以保單紅利購買「增額繳清保險」時，則此「增額繳清保險」：

1.保險金額計算公式

$$W' = \frac{S_t}{\overline{A}^d_{x+t-1} + A^s_{x+t-1}}$$

（註）S_t：第 t 年度初保單紅利

2.保單價值準備金計算公式

$$_h V'_{x+t} = \overline{A}^d_{x+t+h} + A^s_{x+t+h}$$

3.解約金計算公式

$$_h CV'_{x+t} = {_h}V'_{x+t}$$

4.責任準備金計算公式

⑴責任準備金計算公式：

$$_h \widetilde{V}'_{x+t} = \overline{A}^d_{x+t+h} + A^s_{x+t+h}$$

⑵年終決算提存責任準備金計算公式：

$$_{h+1/2} \widetilde{V}'_{x+t} = \frac{1}{2}({_h}\widetilde{V}'_{x+t} + {_{h+1}}\widetilde{V}'_{x+t})$$

十一、精算人員評估意見

〔例二〕傷害保險

一、新險名稱：傷害保險

二、保險性質

（一）險種：意外死亡，殘廢與醫療保險。

（二）保險期間：一年。

（三）繳費方法：年繳。

三、保險範圍

（一）給付條件

1.意外死亡給付：被保險人因意外事故蒙受傷害，並自傷害之日起180日以內死亡者，本公司按保險金額給付死亡保險金。

2.意外殘廢給付：被保險人因意外事故蒙受傷害，並自傷害之日起180日以內致成殘廢者，本公司按其殘廢程度給付保險金額25％～100％之殘廢保險金。

3.失蹤給付：被保險人因意外事故而失蹤或下落不明於戶籍登記失蹤之日起滿一年仍未尋獲者，本公司按死亡給付之約定，先行墊付死亡保險金。

4.意外傷害醫療定額給付

①住院部分：被保險人因意外事故蒙受傷害，必須住院治療者，按其住院日數給付保險單所記載之「醫療保險金日額」，但每次傷害給付日數不得超過90日；如傷害為骨折，則雖未住院治療者，亦得視骨折之情形及部位，按規定給付醫療保險金。

②門診部分：被保險人因意外事故蒙受傷害，經門診治療者，按其門診日數乘保險單所記載之「醫療保險金日額」的1/2給付醫療保險金。

5.意外傷害醫療實支實付：被保險人因意外事故蒙受傷害必須治療者，就其必須且合理的實際費用，給付醫療保險金。但每次傷害給付總額不得超過保險單所記載之「每次傷害醫療保險金限額」。

（二）投保年齡限制

自年滿15歲至70歲止，其間各年齡投保者之危險相差無幾，故保費不分年齡計算。

（三）被保險人職業及資格限制

被保險人職業按「臺灣地區傷害保險個人職業分類表」分為六類。

四、計算基礎

（一）預定危險發生率

1.意外死亡：q_a＝每年 0.8155‰。

2.意外殘廢：為意外死亡預定發生率 q_a＝0.8155‰ 之 40％並以保險金額之 40％為殘廢之平均賠款額。

3.意外傷害醫療定額給付

住院部分：q_b＝26.3‰，平均住院日數為20天。

4.意外傷害醫療實支實付：q_d＝19.2‰，平均給付40％。（具社會保險身分）

（二）預定利率：年利率10％。

五、純保費計算公式

被保險人之各項保費率，按意外死亡及殘廢保險金額一萬元，醫療保險金定額給付日額100元，實支實付每次限額一萬元，計算如下：

（一）意外死亡及殘廢

$$P_A = 10,000 \times [q_a \times v^{\frac{1}{2}} + 0.4 \times (q_a \times 0.4) \times v^{\frac{1}{2}}] = 9.02 \text{ (元)}$$

（二）定額給付

住院部分：

$$P_B = 100 \times q_b \times 20 \times v^{\frac{1}{2}} = 50.15 \,(元)$$

（三）實支實付

$$P_D = 10,000 \times q_d \times 40\% \times v^{\frac{1}{2}} = 73.22 \,(元)$$

六、營業保費費率

（一）結構

1. 預期損失率：63%

2. 特別準備金：3%

3. 營業、管理費用及預期利潤：34%

（二）年營業保費

$$P' = \frac{P}{1 - 0.37}$$

費率比　　　職業分類 給付項目	一 1	二 1.25	三 1.5	四 2.25	五 3.5	六 4.5
年繳保費 死亡及殘廢（保額10,000元）	14.32	17.9	21.48	32.22	50.12	64.44
醫療實支實付（每萬限額） （具社會保險身份者）	116	145	174	261	406	522
住　　　　院 醫　療　定　額 給　付　日　額 （日額：100元）	79.6	99.5	119.4	179.1	278.6	358.2

七、年末責任準備金計提公式

（一）特別準備金之提存

1. 營業保費×3％

2. (預期損失－實際損失)×50％

（二）未滿期責任準備金之提存

(保費收入＋再保費收入－再保費支出)×50％

八、短期費率表

期　　　間	1個月	2個月	3個月	4個月	5個月	6個月
對　*P'*　比	20％	30％	40％	50％	60％	70％

期　　　間	7個月	8個月	9個月	10個月	11個月	12個月
對　*P'*　比	75％	80％	85％	90％	95％	100％

貳、新種保險契約條款

〔例一〕養老保險

保險契約的構成　　第　一　條　本保險單條款、附著之要保書、批註及其他約定書，均為本保險契約（以下簡稱本契約）的構成部分。

本契約的解釋，應探求契約當事人的真意，不得

拘泥於所用的文字；如有疑義時，以作有利於被保險人的解釋為準。

保險責任的開始及交付保險費　第　二　條　本公司對本契約應負的責任，自本公司同意承保且要保人交付第一期保險費時開始，本公司並應發給保險單作為承保的憑證。

要保人在本公司簽發保險單前先交付相當於第一期保險費而發生應予給付之保險事故時，本公司仍負保險責任。

契約撤銷權　第　三　條　要保人於保險單送達的翌日起算十日內，得以書面檢同保險單親自或掛號郵寄向本公司撤銷本契約。

要保人依前項規定行使本契約撤銷權者，撤銷的效力應自要保人親自送達時起或郵寄郵戳當日零時起生效，本契約自始無效，本公司應無息退還要保人所繳保險費；本契約撤銷生效後所發生的保險事故，本公司不負保險責任。但契約撤銷生效前，若發生保險事故者，視為未撤銷，本公司仍應依本契約規定負保險責任。

名詞定義　第　四　條　本契約所稱「總保險金額」，係指保險單上所記載的保險金額及選擇第二十六條第二項第二款之增額繳清保險金額的總額。

本契約所稱「總解約金」，係指保險單上所記載的保險金額之解約金及選擇第二十六條第二項第二款之增額繳清保險之解約金的總額。

本契約所稱「總保單價值準備金」，係指保險單上所記載的保險金額之保單價值準備金及選擇第二十六條第二項第二款之增額繳清保險之保單價值準備金的總額。

第二期以後保　第　五　條　分期繳納的第二期以後保險費，應照本契約所載
險費的交付、　　　　　　　交付方法及日期，向本公司所在地或指定地點交
寬限期間及契　　　　　　　付，或由本公司派員前往收取，並交付本公司開
約效力的停止　　　　　　　發之憑證。第二期以後分期保險費到期未交付
　　　　　　　　　　　　　時，年繳或半年繳者，自催告到達翌日起三十日
　　　　　　　　　　　　　內為寬限期間；月繳或季繳者，則自保險單所載
　　　　　　　　　　　　　交付日期之翌日起三十日為寬限期間。

　　　　　　　　　　　　　約定以金融機構轉帳或其他方式交付第二期以
　　　　　　　　　　　　　後的分期保險費者，本公司於知悉未能依此項約
　　　　　　　　　　　　　定受領保險費時，應催告要保人交付保險費，其
　　　　　　　　　　　　　寬限期間依前項約定處理。

　　　　　　　　　　　　　逾寬限期間仍未交付者，本契約自寬限期間終了
　　　　　　　　　　　　　翌日起停止效力。如寬限期間內發生保險事故
　　　　　　　　　　　　　時，本公司仍負保險責任。

保險費的墊繳　第　六　條　要保人得於要保書或繳費寬限期間終了前以書
　　　　　　　　　　　　　面聲明，第二期以後的分期保險費於超過寬限期
　　　　　　　　　　　　　間仍未交付者，本公司應以本契約當時的總保單
　　　　　　　　　　　　　價值準備金（如有保險單借款者，以扣除其借款
　　　　　　　　　　　　　本息後的餘額）自動墊繳其應繳的保險費及利
　　　　　　　　　　　　　息，使本契約繼續有效，但要保人亦得於次一墊
　　　　　　　　　　　　　繳日前以書面通知本公司停止保險費的自動墊
　　　　　　　　　　　　　繳。墊繳保險費的利息，自寬限期間終了的翌日
　　　　　　　　　　　　　起，按當時財政部核定的利率計算。

　　　　　　　　　　　　　前項每次墊繳保險費的本息，本公司應即出具憑
　　　　　　　　　　　　　證交予要保人，並於憑證上載明墊繳之本息及本
　　　　　　　　　　　　　契約總保單價值準備金之餘額。總保單價值準備
　　　　　　　　　　　　　金之餘額不足墊繳一日的保險費且經催告到達
　　　　　　　　　　　　　後逾三十日仍不交付時，本契約效力停止。

本契約效力的 恢復	第 七 條	本契約停止效力後，要保人得在停效日起二年內，申請復效。

前項復效申請，經本公司同意並經要保人清償欠繳保險費扣除停效期間的危險保險費後之餘額，自翌日上午零時起恢復效力。

停效期間屆滿時，本保險效力即行終止，本契約若累積達有保單價值準備金，而要保人未申請墊繳保險費或變更契約內容時，本公司應主動退還剩餘之總保單價值準備金。

告知義務與本 契約的解除	第 八 條	要保人或被保險人在訂立本契約時，對於本公司要保書書面詢問的告知事項應據實說明，如有故意隱匿，或因過失遺漏或為不實的說明，足以變更或減少本公司對於危險的估計者，本公司得解除契約，其保險事故發生後亦同。但危險的發生未基於其說明或未說明的事實時，不在此限。

前項解除契約權，自本公司知有解除之原因後，經過一個月不行使而消滅，或自契約開始日起，經過二年不行使而消滅。

本公司通知解除契約時，如因要保人死亡、居住所不明，致通知不能送達時，本公司得將該項通知送達受益人。

契約的終止	第 九 條	要保人繳費累積達有保單價值準備金而終止契約時，本公司應於接到通知後一個月內償付總解約金。逾期本公司應加計利息給付，其利息按給付當時財政部核定的利率計算。

前項契約的終止自本公司收到要保人書面通知開始生效。本契約歷年解約金額例表如附表。

滿期保險金的	第 十 條	被保險人於本契約有效且在保險單所載繳費期

給付		間屆滿時仍生存者，本公司按當時的總保險金額給付滿期保險金。
身故保險金的給付	第十一條	被保險人於本契約有效期間身故時，本公司按當時總保險金額給付身故保險金，本契約即行終止。
殘廢保險金的給付	第十二條	被保險人於本契約有效期間內致成下列殘廢之一者，本公司按診斷確定當時總保險金額給付殘廢保險金。

殘廢保險金的給付　　第十二條　被保險人於本契約有效期間內致成下列殘廢之一者，本公司按診斷確定當時總保險金額給付殘廢保險金。

一、雙目失明。

二、兩手腕關節缺失或兩足踝關節缺失。

三、一手腕關節及一足踝關節缺失。

四、一目失明及一手腕關節缺失或一目失明及一足踝關節缺失。

五、永久喪失言語或咀嚼機能。

六、四肢機能永久完全喪失。

七、中樞神經系統機能或胸、腹部臟器機能極度障害，終身不能從事任何工作，為維持生命必要的日常生活活動，全須他人扶助。

被保險人同時有前項二種以上殘廢者，本公司只給付一種殘廢保險金。

本公司依第一項約定給付殘廢保險金後，本契約即行終止。

保險給付的限制　　第十三條　被保險人於本契約有效期間內，因戰爭（不論宣戰與否）、內亂、武裝變亂致成身故或殘廢時，本公司以該被保險人於本公司所投保之人壽保險（含主契約及附約）之當年度給付金額給付，但合計以新臺幣貳佰萬元為限；若當年度總保單價值準備金超過新臺幣貳佰萬元者，本公司以當

年度總保單價值準備金之數額給付。

| 保險事故的通知與保險金的申請時間 | 第 十 四 條 | 要保人或受益人應於知悉本公司應負保險責任之事故後十日內通知本公司，並於通知後儘速檢具所需文件向本公司申請給付保險金。 |

本公司應於收齊前項文件後十五日內給付之。逾期本公司應按年利一分加計利息給付。但逾期事由可歸責於要保人或受益人者，本公司得不負擔利息。

失蹤處理　第 十 五 條　被保險人在本契約有效期間內失蹤時，如經法院宣告死亡者，本公司根據判決內所確定死亡時日為準，依本契約第十一條規定給付身故保險金；如要保人或受益人能提出證明文件，足以認為被保險人極可能因意外傷害事故而死亡者，本公司應依意外傷害事故發生日為準，依本契約第十一條規定給付身故保險金。但日後發現被保險人生還時，受益人應將該筆已領之身故保險金於一個月內歸還本公司。其在失蹤期間如有應行給付其他保險金者，本公司應依約給付，但有欠繳保險費者，應予扣除。

滿期保險金的申領　第 十 六 條　受益人申領「滿期保險金」時，應檢具下列文件：

一、保險單或其謄本。

二、保險金申請書。

三、受益人的身分證明。

身故保險金的申領　第 十 七 條　受益人申領「身故保險金」時，應檢具下列文件：

一、保險單或其謄本。

二、被保險人死亡證明書及除戶戶籍謄本。

三、保險金申請書。

四、受益人的身分證明。

残廢保險金的 第十八條 受益人申領「殘廢保險金」及「殘廢安家療養金」
申領 時,應檢具下列文件:

一、保險單或其謄本。

二、殘廢診斷書。

三、保險金申請書。

四、受益人的身分證明。

受益人申領殘廢保險金時,本公司得對被保險人
的身體予以檢驗,其一切費用由本公司負擔。

除外責任 第十九條 被保險人有下列情形之一者,本公司不負給付保
險金的責任。

一、受益人故意致被保險人於死,但其他受益
人
仍得申請全部保險金。

二、要保人故意致被保險人於死。

三、被保險人在契約訂立或復效之日起二年內
故
意自殺或自成殘廢。

四、被保險人因犯罪處死或拒捕或越獄致死或殘
廢。但在契約訂立或復效之日起二年以後因
而致死或殘廢者,本公司按第十一條或第十
二條的約定給付一般身故或殘廢保險金。

前項第一、二款情形致被保險人殘廢時,如其殘
廢情形符合第十二條所列殘廢程度之一者,本公
司按該條約定給付殘廢保險金。

第一項各款情形,本契約累積達有保單價值準備
金時,依照約定退還總保單價值準備金予要保
人。但有第一款及第四款但書或第二項情事經給
付保險金者,不在此限。

欠繳保險費或未還款項的扣除	第二十條	本公司給付各項保險金、總解約金或返還總保單價值準備金時，如要保人有欠繳保險費（包括經本公司墊繳的保險費）或保險單借款未還清者，本公司得先抵償上述欠款及扣除其應付利息後給付。

減少總保險金額　第二十一條　要保人在本契約有效期間內，得申請減少總保險金額，但是減額後的總保險金額，不得低於本保險最低承保金額，其減少部份視為終止契約。

本公司對於申請減少的總保險金額，按下列順序依序減去：

一、因分紅而購買之增額繳清保險。

二、保險單上所記載的保險金額。

減額繳清保險　第二十二條　要保人繳足保險費累積達有保單價值準備金時，要保人得以當時總保單價值準備金的數額作為一次繳清的躉繳保險費，向本公司申請改保同類保險的「減額繳清保險」，其保險金額如附表。

要保人變更為「減額繳清保險」後，不必再繳保險費，本契約繼續有效。其給付條件與原契約同，但保險單上所記載之保險金額改以減額繳清保險金額為準。

要保人選擇改為「減額繳清保險」當時，倘有保單紅利、保單借款或欠繳、墊繳保險費的情形，本公司將以總保單價值準備金加上本公司應給付的保單紅利扣除欠繳保險費或借款本息或墊繳保險費本息後的淨額辦理。

展期定期保險　第二十三條　要保人繳足保險費累積達有保單價值準備金時，要保人得以當時總保單價值準備金的數額作為一次繳清的躉繳保險費，向本公司申請改為「展

期定期保險」，要保人不必再繳保險費，其展延
期間如附表，但不得超過原契約的滿期日。

如當時總保單價值準備金的數額超過展期定期
保險至滿期日所需的躉繳保險費時，其超過款額
作為一次躉繳保險費，購買於本契約原訂繳費期
滿時給付的「滿期保險金」。

要保人選擇改為「展期定期保險」當時，倘有保
單紅利、保單借款或欠繳、墊繳保險費的情形，
其保險金額為原保險金額扣除保險單借款本息
或墊繳保險費本息後之餘額，本公司將以總保單
價值準備金加上本公司應給付的保單紅利扣除
欠繳保險費或借款本息或墊繳保險費本息後的
淨額辦理。

辦理減額繳清保險或展期定期保險後契約權利之限制	第二十四條	本契約改為減額繳清保險或展期定期保險後，第二十一條及第二十六條第二、三項的權利亦即行喪失，其紅利給付方式以第二十六條第二項第四款（儲存生息）的方式辦理。
保險單借款	第二十五條	要保人繳足保險費累積達有保單價值準備金時，要保人得在總保單價值準備金範圍內向本公司申請保險單借款，借款到期時，應將本息償還本公司，未償還之借款本息，超過其總保單價值準備金時，本契約效力即行停止。但本公司應於效力停止日之三十日前以書面通知要保人。
保險單紅利的計算及給付	第二十六條	本契約有效期間內，本公司依規定於每一保單年度終了，以本保險單計算保險費所採用的預定利率（百分之六）及預定死亡率（臺灣壽險業第三回經驗生命表之死亡率的百分之九十）為基礎，按當時財政部核定的應分配保險單紅利計算公

式（如附件）計算保險單紅利。

前項保險單紅利，本公司依要保人申請投保時所選擇下列四種方式中的一種給付：

一、現金給付。本公司應按時主動以現金給付，若未按時給付時，應依第四款加計利息給付。

二、購買增額繳清保險。

三、抵繳應繳保險費。若要保人於繳費期滿前，未通知本公司選擇繳費期滿後的保險單紅利給付方式時，本公司以第四款（儲存生息）方式辦理。

四、儲存生息：以財政部核定之紅利分配利率（加權平均）依據複利方式累積至要保人請求時給付，或至本契約滿期，被保險人身故、殘廢或本契約終止時，由本公司主動一併給付。但在本公司給付受益人保險金而終止契約的情形，要保人未請求的部分由保險金受益人受領。

要保人得於本契約有效期間，以書面通知本公司變更前項給付方式，同一保單年度有一次以上之變更時，以最後到達本公司之書面通知的下一保單年度起，變更保險單紅利給付方式。

要保人如未選擇保險單紅利之給付方式，本公司應以書面通知要保人限期選擇，逾期不選擇者，保單紅利以儲存生息方式辦理。

年齡的計算及錯誤的處理　第二十七條　被保險人的投保年齡，以足歲計算，但是未滿一歲的零數超過六個月者加算一歲，要保人在申請投保時，應將被保險人出生年月日在要保書填

明。如果發生錯誤應依照下列規定辦理。

一、真實投保年齡較本公司保險費率表所載最高年齡為大者，本契約無效，其已繳保險費無息退還要保人。

二、真實投保年齡較本公司保險費率表所載最低年齡為小者，本契約自被保險人到達最低承保年齡當日起開始生效。

三、因投保年齡的錯誤，而致溢繳保險費者，本公司無息退還溢繳部份的保險費。如在發生保險事故後始發覺且其錯誤發生在本公司者，本公司按原繳保險費與應繳保險費的比例計算總保險金額。

四、因投保年齡的錯誤，而致短繳保險費者，應補足其差額；如在發生保險事故後始發覺者，本公司得按原繳保險費與應繳保險費的比例計算總保險金額，但錯誤發生在本公司者，不在此限。

前項第一款、第三款前段情形，其錯誤原因歸責於本公司者，應加計利息退還保險費，其利息按財政部核定之保單分紅利率計算。

受益人之指定　第二十八條
及變更

要保人於訂立本契約時或保險事故發生前，得指定或變更受益人。

前項受益人的變更於要保人檢具申請書及被保險人的同意書送達本公司時生效，本公司應即批註於本保險單。受益人變更，如發生法律上的糾紛，本公司不負責任。

受益人同時或先於被保險人本人身故，除要保人已另行指定受益人外，以被保險人之法定繼承人

為本契約受益人。

變更住所	第二十九條	要保人的住所有變更時，應即以書面通知本公司。

要保人不做前項通知時，本公司按本契約所載之最後住所所發送的通知，視為已送達要保人。

時效	第三十條	本契約所生的權利，自得為請求之日起，經過兩年不行使而消滅。

批註	第三十一條	本契約內容的變更，或記載事項的增刪，除第二十八條另有規定外，非經要保人與本公司雙方書面同意且批註於保險單者，不生效力。

管轄法院	第三十二條	本契約涉訟時，約定以要保人住所所在地地方法院為管轄法院，但要保人的住所在中華民國境外時，則以本公司總公司所在地地方法院為管轄法院。

附　　件		本契約有效期間內，本公司於每一保單年度終了應分配之保單紅利計算公式如下：

當年度之保單紅利係利差紅利及死差紅利二項之和。

一、利差紅利：以「該保單年度臺灣銀行、第一銀行、合作金庫與中央信託局四家行庫局每月初（每月第一個營業日）牌告之二年期定期儲蓄存款最高利率計算之平均值與計算保險費之預定利率（年利率百分之六）之差」乘以「期中保單價值準備金」計算。

二、死差紅利：以「計算保險費之預定死亡率與經財政部核准適用於該年度的業界實際經驗死亡率之差」乘以

「該保單年度一般身故保險金
與期末保單價值準備金之差」計
算。

說明：1.當年度利差紅利及死差紅利均不得為負
　　　　值。

　　　2.上述利差紅利及死差紅利之分配比率，
　　　　現行均為百分之百，但本公司於特殊情
　　　　形下，得報經財政部核定採用其他數值。

　　　3.上述保單紅利分配計算公式，係奉財政
　　　　部八○.十二.三十一臺財保第八○○四
　　　　八四二五一號函核定，爾後財政部變更
　　　　保單紅利之規定時，上述紅利計算公式
　　　　將配合調整。

〔例二〕傷害保險

依臺財保第 852370068 號函
85.9.10 財政部頒佈之「傷害保險單示範條款」修訂之。

第　一　條　〔保險契約的構成〕
　　　　　　本保險單條款、附著之要保書、批註及其他約定書，均為本保險契
　　　　　　約（以下簡稱本契約）的構成部分。

第　二　條　〔保險範圍〕
　　　　　　被保險人於本契約有效期間內，因遭受意外傷害事故，致其身體蒙
　　　　　　受傷害而致殘廢或死亡時，依照本契約的約定，給付保險金。
　　　　　　前項所稱意外傷害事故，指非由疾病引起之外來突發事故。

第　三　條　〔保險期間的始日與終日〕
　　　　　　本契約的保險期間，自本契約保險單上所載期間的始日午夜十二時
　　　　　　起至終日午夜十二時止。

第　四　條　〔身故保險金的給付〕

被保險人於本契約有效期間內遭遇第二條約定的意外傷害事故，自意外傷害事故發生之日起一百八十日以內死亡者，本公司按保險金額給付身故保險金。

第　五　條　〔殘廢保險金的給付〕

被保險人於本契約有效期間內遭遇第二條約定的意外傷害事故，自意外傷害事故發生之日起一百八十日以內致成附表所列二十八項殘廢程度之一者，本公司給付殘廢保險金，其金額按該表所列之給付比例計算。

被保險人因同一意外傷害事故致成附表所列二項以上殘廢程度時，本公司給付各該項殘廢保險金之和，最高以保險金額為限。但不同殘廢項目屬於同一手或同一足時，僅給付一項殘廢保險金；若殘廢項目所屬殘廢等級不同時，給付較嚴重項目的殘廢保險金。

被保險人因本次意外傷害事故所致之殘廢，如合併以前（含本契約訂立前）的殘廢，可領附表所列較嚴重項目的殘廢保險金者，本公司按較嚴重的項目給付殘廢保險金，但以前的殘廢，視同已給付殘廢保險金，應扣除之。

被保險人於訂立本契約前或因第九條、第十條規定之除外責任所致附表所列之殘廢，於本契約有效期間內再受傷害，致殘廢程度加重時，如其殘廢為非同一目、同一手、同一足者，適用本條第二項、第三項的規定；如其殘廢係加重於同一手或同一足者，對以前殘廢部分視同已給付殘廢保險金，應由加重後的殘廢保險金內扣除之。但加重後的殘廢程度屬同一等級不同項目之殘廢時，不再給付殘廢保險金。

第　六　條　〔傷害醫療保險金的給付〕

醫療保險金的給付得經契約當事人的同意，以特約條款方式附加本保險單，特約條款分甲、乙兩種。（詳見附件）

被保險人於本契約有效期間內遭遇第二條約定的意外傷害事故，自意外傷害事故發生之日起一百八十日以內，本公司仍按前項規定，

給付醫療保險金。

第 七 條　〔保險給付的限制〕

本契約殘廢及身故保險金的給付合計最高以保險金額為限，其給付
合計達保險金額時，本契約即行終止。

第 八 條　〔保險給付的削減〕

被保險人於本契約有效期間內遭遇第二條約定的意外傷害事故時，
因其本來的身體障礙或疾病影響，致成傷情加重時，本公司得依未
受該項身體障礙或疾病影響的應有傷情審核給付保險金。

第 九 條　〔除外責任（原因）〕

被保險人直接因下列事由致成死亡、殘廢或傷害時，本公司不負給
付保險金的責任。

一、受益人的故意行為，但其他受益人仍得申領全部保險金。

二、要保人、被保險人的故意行為。

三、被保險人「犯罪行為」。

四、被保險人飲酒後駕（騎）車，其吐氣或血液所含酒精成份超過
　　道路交通法令規定標準者。

五、戰爭（不論宣戰與否）、 內亂及其他類似的武裝變亂。但契約
　　另有約定者不在此限。

六、因原子或核子能裝置所引起的爆炸、灼熱、輻射或污染。但契
　　約另有約定者不在此限。

前項第一、二款情形（除被保險人的故意行為外）， 致被保險人傷
害而殘廢時，本公司仍給付殘廢保險金。

第 十 條　〔除外責任（期間）〕

被保險人從事左列活動期間，致成死亡、殘廢或傷害時，除契約另
有約定外，本公司不負給付保險金的責任。

一、被保險人從事角力、摔跤、柔道、空手道、跆拳道、馬術、拳
　　擊、特技表演等運動期間。

二、被保險人從事汽車、機車及自由車等的競賽或表演期間。

第十一條　〔契約的無效〕

本契約訂立時，僅要保人已知保險事故發生者，契約無效，本公司不退還所收受保險費。

第十二條　〔告知義務與本契約的解除〕

要保人在訂立本契約時，對本公司要保書書面詢問的告知應據實說明，如有故意隱匿、過失遺漏或為不實的說明，足以變更或減少本公司對於危險的估計者，本公司得解除契約，不退還所收受的保險費，其保險事故發生後亦同。

前項契約解除權，自本公司知有解除原因後，經過三十日不行使而消滅。

第十三條　〔契約終止〕

要保人得以書面通知本公司終止本契約，本公司應從當期已繳保險費扣除按短期費率計算已經過期間之保險費後，將其未滿期保險費退還要保人。

第十四條　〔職業變更的通知義務〕

被保險人變更其職業或職務時，要保人或被保險人應即時以書面通知本公司。

被保險人所變更的職業或職務，依照本公司職業分類其危險性減低時，本公司自接到通知之日起按其差額比率退還未滿期保險費。

被保險人所變更的職業或職務，依照本公司職業分類其危險性增加時，本公司於接到通知後，自職業變更之日起，按差額比率增收未滿期保險費。但被保險人所變更的職業或職務依照本公司職業分類在拒保範圍內者，本公司於接到通知後得終止契約，並按日計算退還未滿期保險費。

被保險人所變更的職業或職務，依照本公司職業分類其危險性增加；未依第一項約定通知而發生保險事故者，本公司按其原收保險費與應收保險費的比率折算保險金給付。但被保險人所變更的職業或職務在本公司拒保範圍內，概不負給付保險金的責任。

第十五條　〔保險事故發生的通知與保險金的申請時間〕

被保險人於本契約有效期間內遭受第二條約定的意外傷害事故時，要保人、被保險人或受益人應於知悉意外傷害事故發生後十日內將事故狀況及被保險人的傷害程度，通知本公司。並於通知後儘速檢具所需文件向本公司申請給付保險金。

本公司應於收齊前項文件後十五日內給付之。逾期本公司應按年利一分（保險公司得另訂較高之利率）加計利息給付。但逾期事由可歸責於要保人或受益人者，本公司得不負擔利息。

第十六條　〔失蹤處理〕

被保險人因第二條所約定的事故失蹤，於戶籍登記失蹤之日起滿一年仍未尋獲，或要保人、受益人能提出之文件足以認為被保險人極可能因本契約所約定之意外傷害事故而死亡者，本公司按第四條約定先行墊付死亡保險金，若被保險人於日後發現生還時，應將該筆已領之死亡保險金於一個月內歸還本公司。

第十七條　〔身故保險金的申請〕

受益人申領「身故保險金」時應檢具左列文件：

一、保險金申請書。

二、保險單或其謄本。

三、意外傷害事故證明文件。

四、相驗屍體證明書或死亡診斷書。

五、被保險人除戶戶籍謄本。

六、受益人的身分證明。

第十八條　〔殘廢保險金的申請〕

受益人申領「殘廢保險金」時應檢具左列文件：

一、保險金申請書。

二、保險單或其謄本。

三、意外傷害事故證明文件。

四、殘廢診斷書。

五、受益人之身分證明。

受益人申領殘廢保險金時，本公司得對被保險人的身體予以檢驗，其費用由本公司負擔。

第十九條　〔受益人的指定及變更〕

要保人於訂立本契約後保險事故發生前，得指定或變更死亡保險金受益人，未指定受益人者，其保險金額視為被保險人之遺產。

前項受益人的變更，應檢具申請書及被保險人的同意書送達本公司時生效，本公司應即批註於本保險單。受益人變更，如發生法律上的糾紛，本公司不負責任。

殘廢保險金及傷害醫療保險金的受益人，為被保險人本人，本公司不受理其指定或變更。

受益人同時或先於被保險人本人身故，除要保人已另行指定受益人，以被保險人之法定繼承人為本契約受益人。

第二十條　〔時效〕

由本契約所生的權利，自得為請求之日起，經過兩年不行使而消滅。

第二十一條　〔批註〕

本契約內容的變更，或記載事項的增刪，除第十九條另有規定外，非經要保人與本公司雙方書面同意且批註於保險單者，不生效力。

第二十二條　〔管轄法院〕

本契約涉訟時，約定以要保人住所所在地地方法院為管轄法院，但要保人之住所在中華民國境外時，則以本公司總公司所在地地方法院為管轄法院。

附表　殘廢程度與保險金給付表

等　　級	項別	殘廢程度	給付比例
第一級	一	雙目失明者。❶	100%
	二	兩手腕關節缺失或兩足踝關節缺失者。	
	三	一手腕關節及一足踝關節缺失者。	
	四	一目失明及一手腕關節缺失或一目失明及一足踝關節缺失者。	
	五	永久喪失言語❷或咀嚼❸機能者。	
	六	四肢機能永久完全喪失者。	
	七	中樞神經系統機能或胸、腹部臟器機能極度障害，終身不能從事任何工作，為維持生命必要之日常生活活動，全須他人扶助者。❹	
第二級	八	兩上肢、或兩下肢、或一上肢及一下肢，各有三大關節中之兩關節以上機能永久完全喪失者。❺	75%
	九	十手指缺失者。❻	
第三級	十	一上肢腕關節以上缺失或一上肢三大關節全部機能永久完全喪失者。	50%
	十一	一下肢踝關節以上缺失或一下肢三大關節全部機能永久完全喪失者。	
	十二	十手指機能永久完全喪失者。❼	
	十三	十足趾缺失者。❽	
第四級	十四	兩耳聽力永久完全喪失者。❾	35%
	十五	一目視力永久完全喪失者。	
	十六	脊柱永久遺留顯著運動障礙者。❿	
	十七	一上肢三大關節中之一關節或二關節之機能永久完全喪失者。	
	十八	一下肢三大關節中之一關節或二關節之機能永久完全喪失者。	
	十九	一下肢永久縮短五公分以上者。	
	二十	一手含拇指及食指有四手指以上之缺失者。	
	二一	十足趾機能永久完全喪失者。	
	二二	一足五趾缺失者。	
第五級	二三	一手拇指及食指缺失，或含拇指或食指有三手指以上缺失者。	15%
	二四	一手含拇指及食指有三手指以上之機能永久完全喪失者。	
	二五	一足五趾機能永久完全喪失者。	
	二六	鼻缺損，且機能永久遺留顯著障礙者。⓫	
第六級	二七	一手拇指或食指缺失，或中指、無名指、小指中有二手指以上缺失者。	5%
	二八	一手拇指及食指機能永久完全喪失者。⓬	

❶失明的認定：

(1)視力的測定，依據萬國式視力表，兩眼個別依矯正視力測定之。

(2)失明係指視力永久在萬國式視力表0.02以下而言。

(3)以自傷害之日起經過六個月的治療為判定原則，但眼球摘出等明顯無法復原之情況，不在此限。

❷言語機能的喪失係指下列三種情形之一者：

(1)指構成語言之口唇音、齒舌音、口蓋音、喉頭音等之四種語言機能中，有三種以上不能發出者。

(2)聲帶全部剔除者。

(3)因腦部言語中樞神經的損傷而患失語症者。

❸咀嚼機能的喪失係指由於牙齒以外之原因所引起之機能障礙，以致不能做咀嚼運動，除流質食物以外不能攝取之狀態。

❹為維持生命必要之日常生活活動，全需他人扶助者係指食物攝取、大小便始末、穿脫衣服、起居、步行、入浴等，皆不能自己為之，經常需要他人加以扶助之狀態。

❺關節機能的喪失係指關節永久完全僵硬或關節不能隨意識活動而言。

❻(1)手指缺失係指近位指節間關節（拇指則為指節間關節）缺失者。

(2)若經接指手術後機能仍永久完全喪失者，視為缺失。足趾亦同。

(3)截取拇趾接合於拇指時，若拇指原本之缺失已符合殘廢標準，接合後機能雖完全正常，拇指之部份仍視為缺失，而拇趾之自截部份不予計入。

❼手指機能永久完全喪失，係指自遠位指節間關節缺失，或自近位指節間關節永久完全僵硬或關節不能隨意識活動而言。

❽足趾缺失係指自蹠趾關節切斷而足趾全部缺失者。

❾聽力喪失的認定：

(1)聽力的測定，依中華民國工業規格標準的聽力測定器為之。

(2)聽力永久完全喪失係指周波數在500、1,000、2,000、4,000赫(hertz)時的聽力喪失程度分別為a、b、c、d dB（強音單位）時，其 $(a+2b+2c+d)$ 之六分之一的值在80dB以上（相當接於耳殼而不能聽懂大聲語言）且無復原希望者。

⑩脊柱顯著運動障礙係指頸柱完全強直，或在於胸椎以下前後屈、左右屈及左右迴旋三種的運動之中，二種的運動被限制在生理範圍二分之一以下者。

⑪鼻部殘廢的認定：

　⑴鼻缺損係指鼻軟骨二分之一以上缺損的情況。

　⑵機能永久遺留顯著障礙係指兩側鼻子呼吸困難或嗅覺永久完全喪失而言。

⑫所謂機能永久完全喪失係指經六個月以後其機能仍完全喪失者。

傷害保險醫療保險金特約條款（甲）

　　被保險人於本契約有效期間內遭受第二條約定的意外傷害事故，自意外傷害事故發生之日起一百八十日以內，經登記合格的醫院或診所治療者，本公司就其實際醫療費用，超過社會保險給付部分，給付「實支實付醫療保險金」。但同一次傷害的給付總額不得超過保險單所記載的「每次醫療保險金限額」。

傷害保險醫療保險金特約條款（乙）

　　被保險人於本契約有效期間內遭受第二條約定的意外傷害事故，自意外傷害事故發生之日起一百八十日以內，經登記合格的醫院或診所治療者，本公司按其住院日數給付保險單所記載之「醫療保險金日額」。 但每次傷害給付日數不得超過九十日。

　　被保險人因前項傷害蒙受骨折未住院治療者，本公司按下列骨折別所定日數乘「醫療保險金日額」之二分之一給付。

　　下列所稱骨折是指骨骼完全折斷而言。如係不完全骨折，按所定標準二分之一給付。如係骨骼龜裂者按所定標準四分之一給付。如同時蒙受下列二項以上骨折時，僅給付一項較高等級之醫療保險金。

　　1.鼻骨、眶骨…………………………………………………十四天

　　2.掌骨、指骨…………………………………………………十四天

　　3.蹠骨、趾骨…………………………………………………十四天

4.下顎（齒槽醫療除外）……………………………………二十天

5.肋骨……………………………………………………………二十天

6.鎖骨……………………………………………………………二十八天

7.橈骨或尺骨……………………………………………………二十八天

8.膝蓋骨…………………………………………………………二十八天

9.肩胛骨…………………………………………………………三十四天

10.椎骨（包括胸椎、腰椎）…………………………………四十天

11.骨盤（包括腸骨、恥骨、坐骨、荐骨）………………四十天

12.尾骨……………………………………………………………四十天

13.臂骨……………………………………………………………四十天

14.橈骨及尺骨……………………………………………………四十天

15.腕骨（一手或雙手）………………………………………四十天

16.脛骨或腓骨……………………………………………………四十天

17.踝骨（一足或雙足）………………………………………四十天

18.股骨……………………………………………………………五十天

19.脛骨及腓骨……………………………………………………五十天

20.大腿骨頸………………………………………………………六十天

附加門診給付批註條款

凡經批註本條款者，被保險人雖未依傷害保險醫療保險金特約條款（乙）之規定住院治療，本公司按其實際門診日數乘要保書所載之「醫療保險金日額」之1/2給付醫療保險金。但被保險人所蒙受之傷害係屬骨折者，仍按特約條款（乙）之規定給付醫療保險金，不適用本批註條款。傷害醫療保險金附加方式以要保書所載為準。

第六節　結　論

我國人壽保險商品之未來發展可能追隨美國和日本保險先進國家

的商品發展，其發展方向將是由傳統的壽險商品轉變為一種兼具投資性的商品，以提高社會大眾的投保興趣。

附件一

（一）保險法有關之規定

第一一七條　保險人對於保險費，不得以訴訟請求交付。

保險費如有未能依約交付時，保險人得依前條第四項之規定終止契約，或依保險契約所載條件減少保險金額或年金。

保險契約終止時，保險費已付足二年以上者，保險人應返還其責任準備金。

以被保險人終身為期，不附生存條件之死亡保險契約；或契約訂定於若干年後給付保險金額或年金者，如保險費已付足二年以上而有不交付時，僅得減少保險金額或年金。

第一一八條　保險人依前條規定，或因要保人請求，得減少保險金額或年金。其條件及可減少之數額，應載明於保險契約。減少保險金額或年金，應以訂原約時之條件，訂立同類保險契約為計算標準。其減少後之金額，不得少於原契約終止時已有之責任準備金，減去營業費用，而以之作為保險費一次交付所能得之金額。

營業費用以原保險金額百分之一為限。

保險金額之一部，係因其保險費全數一次交付而訂定者，不因其他部分之分期交付保險費之不交付而受影響。

第一一九條　要保人終止保險契約，而保險費已付足一年以上者，保險人應於接到通知後一個月內償付解約金，其金額不得少於要保人應得責任準備金之四分之三。

償付解約金之條件及金額，應載明於保險契約。

第一四四條　保險業收取保費之計算公式，由主管機關核定之；但健康保險及傷

害保險費率中所含之利潤率，應低於其他各種保險。

　（二）保險業管理辦法有關之規定

第廿五條　各種保險費率、保險單條款、要保書及財政部指定之相關資料，均應
　　　　　先報經財政部核准始得出單；其變更修改時，亦同。但有國際性質且
　　　　　情形特殊之保險，應於出單前報財政部備查。

　（三）保險法施行細則有關之規定

第十一條　人壽保險計算責任準備金所依據之利率，不得低於年息四厘、高於年
　　　　　息一分。

第十二條　人壽保險期間超過一年之生死合險、定期死亡保險及終身保險之純保
　　　　　險費，較同年齡之二十年繳費二十年滿期生死合險為大者，其最低責
　　　　　任準備金之提存，以採用二十年滿期生死合險修正制為原則。但在民
　　　　　國六十六年底以前，保險期間超過一年之生死合險、定期死亡保險及
　　　　　終身保險，最低責任準備金之提存，得採用十五年繳費十五年滿期生
　　　　　死合險修正制。其餘保險，一律採用一年定期修正制。
　　　　　健康保險最低責任準備金之提存，採用一年定期修正制。但具特殊性
　　　　　質之健康保險，其提存標準由財政部定之。
　　　　　生存保險及年金保險最低責任準備金之提存，採用平衡準備金提存方
　　　　　式。人身保險業變更責任準備金之提存時，應事先報經財政部核准。

第十三條　前條所稱之生死合險，指保險人於被保險人在契約規定年限內死亡或
　　　　　屆契約規定年限仍生存時，保險人依照契約均須負給付保險金額責任
　　　　　之生存與死亡兩種混合組成之保險。

第十四條　健康保險及傷害保險，應提存之未滿期保險費準備金，不得低於當年
　　　　　自留總保險費收入百分之五十。
　　　　　以附加方式附加於人壽保險者，不適用前項之規定。

第十五條　一年定期壽險應提存之未滿期保險費準備金，不得低於當年自留總保
　　　　　險費收入百分之五十。

第十六條　第四條至第七條及第十四條、第十五條所稱自留總保險費收入，指保
　　　　　險費收入加再保險費收入減再保險費支出。

前項保險費及再保險費，均指未扣減佣金或再保險佣金之毛保險費及毛再保險費。

第十七條　人身保險業於年終結算時，其自留部分業務，應按險別依左列規定提存特別準備金：

一、一年定期壽險、健康保險及傷害保險，除應按財政部核定之費率計算公式之特別準備金比率提存外，如實際賠款率低於預期損失率時，其差額部分之百分之五十仍應提存。

二、各險之實際賠款率超過預期損失率百分之百時，其超過部分，得就已提存之特別準備金沖減之。

三、各險特別準備金累積提存總額超過其當年度自留毛保險費時，超過部分，應收回以收益處理。

人身保險業處理特別準備金時，除依前項第二款及第三款規定辦理外，應先報經財政部核准。

第廿一條　人身保險業計算保險費率所依據之生命表、年金表及各種相關經驗表，由財政部依下列資料定之：

一、政府主管機關依據各地區人口資料編製公布之居民生命表。

二、財政部指定之機構所編製之經驗生命表、年金表及各種相關經驗表。

三、其他經財政部認可之國內外各種相關經驗表。

附件二

送審主要項目中有關法令及規定

一、臺財保第 842037573 號函（84.12.30）

（二）人身保險費率結構

一、人壽保險：應先根據規定之生命表及利率計算純保費，其每年平均營業管

理費用及預期利潤等之附加費用，按總保費依下列標準附加之：

甲、生存保險：

1.未滿十年之保單不得高於總保費百分之八。

2.未滿二十年之保單不得高於總保費百分之十二。

3.滿二十年以上之保單不得高於總保費百分之十四。

4.保險費採一次交付之保單不得高於總保費百分之五。

乙、死亡保險：

1.一年以上定期保險不得高於總保費百分之三十二，保險費採一次交付之保單不得高於總保費百分之二十五。

2.終身保險不得高於總保費百分之三十二，如為限期繳費者，應按下列標準計算：

⑴繳費期間未滿十年之保單不得高於總保費百分之十九。

⑵繳費期間未滿二十年之保單不得高於總保費百分之二十五。

⑶繳費期間滿二十年以上之保單不得高於總保費百分之三十一。

⑷保險費採一次交付之保單不得高於總保費百分之十六。

3.死亡保險含生存給付之保單，應按生死合險標準計算。

丙、生死合險：

1.繳費期間未滿十年之保單不得高於總保費百分之十七。

2.繳費期間未滿二十年之保單不得高於總保費百分之二十三。

3.繳費期間滿二十年以上之保單不得高於總保費百分之二十九。

4.保險費採一次交付之保單不得高於總保費百分之十四。

人壽保險以附加契約方式出單者，附加費用率應低於其為主契約時之附加費用率。

二、一年定期壽險、健康保險及傷害保險：應先根據核定之損失率及利率計算總保費，其營業管理費用及預期利潤等之附加費用（不包含特別準備金提存率），按總保費依下列標準附加之：

甲、附加費用率：

1.一年定期壽險：

(1)個人保單不得高於總保費百分之三十六。

(2)附加於人壽保險單者不得高於總保費百分之二十四。

(3)團體保單不得高於總保費百分之二十九，不得低於總保費百分之十五。

2.健康保險：

(1)個人保單不得高於總保費百分之三十六。

(2)附加於人壽保險單者不得高於總保費百分之二十四。

(3)團體保單佔總保費百分之十四。

3.傷害保險：

(1)個人保單不得高於總保費百分之三十三。

(2)附加於人壽保險單者不得高於總保費百分之二十一。

(3)團體保單佔總保費百分之十四。

乙、預期利潤率之計算應按保險法第一百四十四條之規定辦理。

丙、特別準備金提存率定為總保費百分之三。

人壽保險各險計算保險費所依據之利率照保險法施行細則第十一條之規定辦理。

二、(56) 臺財錢發字第 00566 號 (56.1.24)

「統一規定人壽保險責任準備金提存方式」

年終決算責任準備金提存採用各種繳費別期中式責任準備金率

一般公式：

$$V_{t-1+\frac{2t'-1}{2m}} = V_{t-1} + \frac{2t'-1}{2m}(V_t - V_{t-1}) + \frac{1}{2m} \cdot P^{(\alpha)}$$

註：　　　V_t＝第 t 年度末之責任準備金

$P^{(\alpha)}$＝修正後之第一年度及第二年度以後之年繳純保費

t＝經過年度

t'＝該年度繳費次數（實繳）

m＝每年應繳保費次數

三、臺財保第 852365846 號函 (85.5.29)

人壽保險單最低解約金之計算公式

第　一　階　段	第　二　階　段
適用對象：自民國八十六年起簽發之人壽保險單。 一、躉繳保險單： 　　(解約金)$_t$＝(保單價值準備金)$_t$ 二、分期繳費保險單： 　（一）繳費期間內： 　　1.當繳費年期 $(n)<10$ 者， 　　　(解約金)$_t$＝(保單價值準備金)$_t$× 　　　(0.8＋0.2×t/n) 　　2.當繳費年期 $(n)\geq10$ 者， 　　　(1)當 $t<10$， 　　　　(解約金)$_t$＝(保單價值準備金)$_t$× 　　　　(0.8＋0.2×$t/10$) 　　　(2)當 $t\geq10$， 　　　　(解約金)$_t$＝(保單價值準備金)$_t$ 　（二）繳費期滿後： 　　　(解約金)$_t$＝(保單價值準備金)$_t$	適用對象：自民國八十八年起簽發之人壽保險單。 一、躉繳保險單： 　　(解約金)$_t$＝(保單價值準備金)$_t$ 二、分期繳費保險單： 　（一）繳費期間內： 　　1.當繳費年期 $(n)<10$ 者， 　　　(解約金)$_t$＝(保單價值準備金)$_t$× 　　　(0.8＋0.2×t/n) 　　2.當繳費年期 $(n)\geq10$ 者， 　　　(1)當 $t<10$， 　　　　(解約金)$_t$＝(保單價值準備金)$_t$× 　　　　(0.8＋0.2×$t/10$) 　　　(2)當 $t\geq10$， 　　　　(解約金)$_t$＝(保單價值準備金)$_t$ 　（二）繳費期滿後： 　　　(解約金)$_t$＝(保單價值準備金)$_t$

備註：「保單價值準備金」係指以計算各壽險契約保險費之預定利率及生命表為準，並依保險法施行細則第十二條規定之方式計算之責任準備金。
(解約金)$_t$，係指第 t 保單年度末之解約金。
(保單價值準備金)$_t$，係指第 t 保單年度末之保單價值準備金。

四、臺財保第 811758442 號函 (81.3.19)

財政部核定之「壽險業人壽保險保單紅利分配處理要點」。

壽險業人壽保險保單紅利分配處理要點

自民國八十一年度起，凡人壽保險單有效契約及新契約（包括次標準體契約）內所列之保單分紅條款,係依照財政部 67.1.9 (67) 臺財錢第 10144 號函示計算公式及財政部 78.6.13 臺財融第 780163356 號函規定，計算應分配保單紅利者，一律改適用本要點計算應分配之保單紅利。所謂「民國八十一年度」係指保單年度，惟若依原保單條款規定計算能較有利於保戶者，應依原保單條款規定辦理。

壹、保單紅利計算公式及各項目內容定義

⑴人壽保險單應分配保單紅利計算公式

投保年齡 X 歲者，其第 t 保單年度應分配保單紅利金額，以 D^3_{tx} 表示,

$$D^3_{tx} = \{ k_1 \times [r-i] \times \tilde{V}_{tx} + k_2 \times (q_{x+t-1} - Q_{x+t-1}) \times (S_{tx} - V_{tx}) \}$$

$$D^3_{tx} \geq 0, \ t \geq 1, \ r \geq i, \ q_{x+t-1} \geq Q_{x+t-1}$$

⑵計算公式各項目內容定義

r: 表保單紅利分配年利率,指依照主管機關核定之三至五家公營銀行(目前為臺灣銀行、第一銀行、合作金庫及中央信託局四家行庫) 十二個月每月初（每月第一個營業日，以下同）牌告「二年期定期儲蓄存款最高年利率」計算之平均值（採二位小數四捨五入），即

$r = \{$主管機關核定之三至五家銀行十二個月每月初牌告二年期定期儲蓄存款平均年利率總和$\} /12$

配合各公司處理紅利分配採行事前計算及通知之實務作業，上開計算保單紅利分配年利率之「十二個月」每月初牌告二年期定期儲蓄存款年利率，係以紅利分配日當月（不含）起算，往前推算之十二個月，參見下圖示。

計算保單紅利分配年利率之十二個月

紅利分配日當月

i：指計算保險費之預定年利率。

$\tilde{V}_{tx}$：表投保年齡 X 歲者，其第 t 保單年度的期中保單價值準備金，即

$$\tilde{V}_{tx} = ({}_{t-1}V_x + {}_t V_x)/2, \ t \leq 1$$

此處：　${}_{t-1}V_x$ 指投保年齡 X 歲者，其第 $t-1$ 保單年度末的保單價值準備金，但還本型壽險保單不包括第 $t-1$ 保單年度末應付生存保險金部份。

${}_t V_x$：投保年齡 X 歲者，其第 t 保單年度末保單價值準備金。

${}_t S_x$：第 t 保單年度之疾病死亡保額，且包括因臺灣壽險業第二、三回經驗生命採用增加之疾病死亡保障金額。

q_{x+t-1}：計算保險費之預定死亡率，惟預定死亡率以臺灣壽險業第一、二回經驗生命表或臺灣省居民生命表計算者，保戶疾病死亡時應增加之保障金額，仍分別按財政部 75.4.4 及 78.6.19 臺財融第 7541113、780163364 號函規定辦理者得以臺灣壽險業第三回經驗生命表死亡率之90%計算。

Q_{x+t-1}：依壽險公會每年以各會員公司（處）最近五年的經驗資料，按最近採用之經驗生命表（目前為臺灣壽險業第三回經驗生命表）製作原理製作完成之年度經驗死亡率為基礎計算。

上開「最近五年的經驗資料」以民國八十一保單年度之保單紅利於八十二年度分配為例，依臺灣壽險業第三回經驗生命表製作原理為七十五、七十六、七十七、七十八及七十九觀察年度。

K_1：等於1，但各公司（處）於特殊情況下，得報請財政部核定採用其他數值。

K_2：等於1，但各公司（處）於特殊情況下，得報請財政部核定採用其他數值。

貳、異動處理

人壽保險單於第 t 保單年度中（非保單週年日），契約發生異動或終止時，該第 t 保單年度應分配保單紅利計算方法如下：

⑴死亡（全殘）保件

人壽保險單於第 t 保單年度中（非保單週年日），按該保單年度經過保險期間之日數比例計算應分配保單紅利，以 $_tDD_x$ 表示，即

$$_tDD_x=\{ 第t保單年度死亡(全殘)時經過日數/365 \}\times(r'-i)\times_{t-1}V_x$$

此處，i：指計算保險費之預定年利率。

r'：為按保單年度經過保險期間，以前開主管機關核定之三至五家公營銀行每日初牌告二年期定期儲蓄存款最高利率計算之平均值（採二位小數四捨五入）。

$_{t-1}V_x$：指投保年齡 X 歲者，其第 $t-1$ 保單年度末的保單價值準備金，但還本型壽險保單不包括第 $t-1$ 保單年度末應付生存保險金部份。

⑵增加保險金額保件

人壽保險單於第 t 保單年度中（非保單週年日）增加保險金額，其應分配之紅利，為原保險金額之保單紅利加增額部份之保單紅利。原保險金額應分配之保單紅利，依計算公式計算；增額部份應分配之保單紅利，以該增額部份所經過保險期間之日數比例計算。

增額部份應分配保單紅利以 $_tDI_x$ 表示，即

$$_tDI_x=\{ 增額部份經過保險期間日數/365 \}\times[(r'-i)\times_tV'_x+$$

$$(q_{x+t-1}-Q_{x+t-1})\times(_tS'_x-_tV'_x)]$$

此處，i：指計算保險費之預定年利率。

r'：為按保單年度經過保險期間，以前開主管機關核定之三至五家公營銀行每日初牌告二年期定期儲蓄存款最高年利率計算之平均值（採二位小數四捨五入）。

$_tV'_x$：表指投保年齡 X 歲者，其增額部份第 t 保單年度末保單價值準備金。

$_tS'_x$：指於第 t 保單年度中所增加之保險金額。

(3)減少保險金額保件

人壽保險單於第 t 保單年度中（非保單週年日）減少保險金額，以減額後之保險金額，依計算公式計算應分配之保單紅利；減少部份當年度不予分配保單紅利。

(4)變更為繳清或展期保件

人壽保險單於第 t 保單年度中（非保單週年日）變更為繳清或展期保險，以變更後之保險金額，依計算公式計算應分配之保單紅利。

(5)停效、失效及解約保件

人壽保險單於第 t 保單年度中（非保單週年日）停效、失效或解約，該停效、失效或解約保件，當年度不予分配保單紅利。

叁、給付處理

人壽保險單當年度應分配之保單紅利，應依保單條款或保戶依保單條款選擇，於下一保單年度開始時辦理。有關給付處理如下：

(1)採現金給付者，應於下一保單年度開始即辦理給付。

(2)採累積儲存生息者，應於下一保單年度開始即時轉入累積儲存生息帳戶。

(3)採購買躉繳增額保障者，應即時辦理。

(4)採分期抵繳應繳保險費者，其尚未抵繳之紅利餘額應依各期別所經過之期間加計利息（以儲存生息利率計算）， 分期抵繳應繳保險費。但為方便計算之作業，亦可採各該保單報經財政部核准之繳費方法中所列各繳費期別之繳費係數計算該年度保單紅利於下一保單年度各分期可抵繳保險費之金額。但契約變更為繳清保險、展期保險或契約終止時，其尚未抵繳之紅利餘額應即時一次給付。

附件三

人身保險商品審查要點

臺財保第 842024552 號函 (84.1.28)　　　　　　　　　　　84.3.1 實施

壹、人身保險商品審查要點

一、為便利人身保險商品審查，依據保險業管理辦法第二十五條之規定，訂定本要點。

二、人身保險應依險別特性檢附左列文件送財政部核准後始得出單。

　　㈠保單內容說明書。（如附表一）

　　㈡保單送審聲明書。（如附表二）

　　㈢契約條款四份。

　　㈣要保書四份。

　　㈤計算說明書、費率表及相關報表四份，其內容包含下列項目。但其中第十六目至十八目僅團體險適用，十九目至二十五目僅長期險適用，二十六目至二十八目為短期險適用之。

　　　1.險種及名稱。

　　　2.繳費期間及方法。

　　　3.保險期間。

　　　4.給付內容及條件。

　　　5.投保年齡限制。

　　　6.投保金額限制。

　　　7.附約附加之限制。

　　　8.預定危險發生率（如係引用國外或本身經驗資料須附影印本及國外資料之中文翻譯摘要）。

　　　9.預定利率。

　　　10.預定附加費用率（如有集體彙繳及高保額差別費率，應予分列）。

　　　11.純保費計算公式。

　　　12.總保費計算公式。

　　　13.賠款準備金計算公式。

　　　14.精算人員之評估意見（格式不限，由精算人員依其專業決定之）。

　　　15.總保險費率表及集體彙繳總保費率表（均須區分純保費及附加費用）。

　　　16.團體與被保險人資格限制及訂定決定個別金額之方式。

17.團體保費調整計算公式。

18.團體經驗分紅公式。

19.保單紅利分配公式。

20.解約金計算公式。

21.契約變更（繳清或展期保險）計算公式。

22.提存責任準備金及保單價值準備金計算公式（含修正制度及計算公式）。

23.責任準備金表及保單價值準備金表。

24.解約金表。

25.繳清保險保額表或展期保險期間表及生存給付表。

26.未滿期保費準備金提存公式。

27.特別準備金提存公式。

28.短期費率表。

29.經驗統計表格（健康險檢附之）。

前項所指責任準備金表及保單價值準備金表、解約金表、繳清保險保額表、展期保險期間表及生存給付表，以三十五歲為代表年齡送審（前五年度為全部資料，以後每三年或五年為間隔方式列示），必要時財政部得視需要要求補送其他相關資料（如資產額份表）。

三、送審公司（局）對所送之人身保險商品，應由各相關權責人員於保險單送審聲明書簽署確認之。

各相關權責人員應由部門主管（職階不低於副經理或經理者）或具核保、理賠、精算人員資格者擔任之。

四、人身保險商品，財政部得視險種特性（如定期壽險或附約、終身壽險、儲蓄或養老壽險、意外傷害保險或附約、團體一年定期壽險、團體一年意外傷害保險等）及保險市場發展狀況，僅就其所送聲明之聲明內容加以審查後，逕予核准。

五、在不變更保險給付內容及計算基礎之原則下，已核准銷售之人身保險，如變更下列內容時，得僅提具聲明書及所需附件向財政部提出申請。

㈠保險期間變更。

㈡繳費期間變更（可修改附加費用率）。

㈢繳費方法變更（可修改附加費用率）。

㈣投保年齡限制變更。

㈤投保金額下限的變更。

㈥因法令變更所做之變更。

㈦被保險人職業及資格限制變更。

㈧保險給付內容增設計劃別，但僅限給付倍數增加以利於保戶選擇之增加（可修改附加費用率）。

㈨附加費用率調降；但變動幅度不大於原附加費率之百分之十五者。

㈩因組合銷售人身保險而降低附加費用率。但原個別每一保險單之降幅不得超過原附加費用之百分之二十，且調降總和不得超過該組合原個別附加費用之和之百分之十五。

六、人身保險於銷售時，應將下列資料標示於保險單首頁、保險單條款及簡介之明顯處：

㈠財政部之核准文號及日期。

㈡依第五點申請者，其新舊核准文號及日期。

㈢在險種名稱下標註該人身保險之主要給付項目。

㈣如為人身保險之組合，其各保險單之核准文號及險種名稱。

人身保險出售前，應將下列文件檢送財政部。

㈠保險單條款樣本五份。

㈡要保書及簡介各五份。

㈢費率表及計算說明書各一份。

㈣所送文件與送審內容相符之聲明。

七、人身保險之送審內容，如經查核發現有重大錯誤、聲明不實、或違反法令之情形，除依相關規定處罰外，並得停止按第四、五點規定審查。

前項情事，有損要保人、被保險人或受益人權益者，送審公司（局）應依法負責。

附表一

<table>
<tr><td colspan="8" align="center">保單內容說明書</td></tr>
<tr><td colspan="8">險種名稱：</td></tr>
<tr><td colspan="4">送審日期：</td><td colspan="4">連絡人：</td></tr>
<tr>
<td rowspan="2">給付項目</td>
<td colspan="2">純　保　費</td>
<td rowspan="2">預定利率</td>
<td rowspan="2">附加費用率</td>
<td rowspan="2">純　保　費
安全加成</td>
<td rowspan="2">預定危險
發　生　率
計算基礎</td>
<td rowspan="2">備　註</td>
</tr>
<tr><td>男</td><td>女</td></tr>
<tr><td></td><td></td><td></td><td></td><td></td><td></td><td></td><td></td></tr>
<tr><td></td><td></td><td></td><td></td><td></td><td></td><td></td><td></td></tr>
<tr><td></td><td></td><td></td><td></td><td></td><td></td><td></td><td></td></tr>
<tr><td></td><td></td><td></td><td></td><td></td><td></td><td></td><td></td></tr>
<tr><td></td><td></td><td></td><td></td><td></td><td></td><td></td><td></td></tr>
</table>

本險之設計是 1.□自行設計
　　　　　　　2.□參考本公司＿＿＿＿＿＿＿＿＿＿＿＿＿＿設計
　　　　　　　3.□參考他公司＿＿＿＿＿＿＿＿＿＿＿＿＿＿設計
　　　　　　　4.□除費率外與＿＿＿＿＿＿＿＿相同或大致相同
　　　　　　　5.□其他＿＿＿＿＿＿＿＿＿＿＿＿＿＿＿＿＿＿

| 其 他 說 明
事　　　　項 | |

保險給付純保費計算單位對照表
投保年齡：30歲（無 30 歲者以 20 或 10 歲）
標準體，職業分類第一類

給付項目	計算單位
身故、全殘保險金	10年期每萬元保額
生存、滿期保險金	10年期每萬元保額
生育保險金	每萬元保額
重大疾病保險金	10年期每萬元保額
祝壽金	105歲每萬元（或95歲）
身故、全殘時退還所繳保費	每萬元保費
第一次罹患癌症保險金	每萬元保額
特定手術醫療保險金	每萬元保額
手術費用保險金	每萬元保額
每日病房費用保險金	每日1,000元
出院在療養保險金	每日1,000元
放射線醫療保險金	每萬元保額
傷害住院醫療保險金	每萬元保額或每日1,000元
醫療及雜項金額	每萬元保額
住院醫療項目金額	每日1,000元
復健門診醫療保險金或復健住院醫療保險金	每萬元保額或復健住院醫院每日1,000元
傷殘裝置保險金	每萬元保額
失能保險金	每月1萬
全部失能保險金	每月1萬
重大疾病豁免保費	每萬元保費
豁免保費	每萬元保額

給付項目	計算單位
滿期保險金	10年繳費10年滿期
意外身故、全殘保險金	每萬元保額
殘廢保險金	每萬元保額
生存保險金	依設計而定
疾病末期保險金	依設計而定
生日年金	每年1萬元保額
癌症住院醫療保險金	每萬元保額或每日1,000元
癌症身故、全殘保險金	每萬元保額
外科手術保險金	每萬元保額
病房及膳食費用保險金	每萬元保額或每日1,000元
每日加護病房費用保險金	每日1,000元
醫師診查與會診費保險金	每萬元保額
傷害醫療保險金	每萬元保額
傷害住院醫療日額保險金	每日1,000元
住院醫療費用保險金	每日1,000元
門診醫療保險金	每次1,000元
眷屬喪葬保險金	每萬元保額
喪失工作能力保險金	每萬元保額
失能所得補償金	每月1萬元
部分失能保險金	每月1萬元
失能豁免保費	每萬元保費

附表二

○○○○人壽保險公司（局）保險單送審聲明書

　　　　險種名稱：

　　　　送審日期：　　　　　　　　連絡人：

保險單條款部分		送審條款		聲明		簽署人
	條次	條款名稱（人壽保險範例）		本條款同標準條款	雖非標準條款但已符合相關法令之規定	姓名　職級
第一類	核保類條款	保險責任開始及交付保險費 契約撤銷權 保險效力的恢復 契約的解除 年齡的計算及錯誤的處理 保險人之查詢權				
第二類	理賠類條款	契約的解除 保險事故的通知與保險金的申請 保險人之查詢權 欠繳保險費或未還款項之扣除 失蹤處理 除外責任				
第三類	精算類條款	保費的墊繳 保險效力的恢復 保險契約之轉換 契約內容的變更 保險單紅利的計算及給付				
第四類	保全類條款	契約撤銷權 第二期以後保險費的交付 寬限期間及契約效力的停止 保費的墊繳 保險效力的恢復 契約的終止 保險單貸款 保險契約轉換 批註 欠繳保險費或未還款項的扣除 契約內容的變更				

第五類	法務類條款	保險契約的構成 受益人的指定及變更 保險契約的轉換 變更住址 時效 管轄法院 失蹤處理 除外責任			
第六類	其他				
計算說明部分		本險之計算說明書中，所列之計算公式及計算費率所選之基礎，均已與上述條款相符，且已遵守相關法令規定，並已盡專業義務及充分考慮保險暨精算原理，特此聲明。			

＊保險單送審聲明書說明

一、各公司（局）得依職掌，將保單條款自行分類，但至少應就條款之性質，分為核保、理賠及精算等三類，亦可再予細分（如範例所列）。 並由符合條件之人負責審閱後簽署之。簽署人並應載明其職稱。

二、條款如涉及二部門以上，得重複填列，如範例「契約的解除」即是。

三、各類條款，應由不同部門主管或不同之專業人員簽署。

四、「條次」一欄，係指送審商品之條款條次，非標準條款之條次。

五、如送審條款同標準條款，即以"V"表示。若非標準條款，須由送審公司（局）自行審酌，並確實符合相關法令及本險特性後，以"○"表示之。如須說明，得另附表說明之。

六、計算說明書部分，須由報經財政部核准在案之精算人員簽署之。

七、各簽署人應依其專業及職業，審慎填具，如有重大錯誤或不實聲明之情事，依保險業負責人應具備資格條件準則第十條之規定解任或依保險法第一百七十一條撤換或依相關法令議處。

第四章 保險精算（一）
—— 財產保險

第一節 產險精算之概說

一、產險精算之沿革

十七世紀中期，人壽保險基於經營上之需要，精算科學 (Actuarial Science) 遂逐漸發展而成，其涉及主要科學範疇包括：數學、經濟、統計、會計及保險理論，其對日後壽險經營技術提升影響甚大。降至二十世紀初期，產險經營日益複雜，精算科學領域更擴大至產險經營方面，一九一四年第一個產險精算學會 Casualty Actuarial Society 成立，一九五七年產險精算研究會 (Actuarial Study in Non-Life Insurance, ASTIN) 於紐約成立第一個分會，一九六八年 Casualty Actuarial Society 正名為 American Academy of Actuary (A. A. A.) 積極從事精算教育與訓練工作，此後，產險精算逐漸為產險經營者所重視。

觀乎我國，一九六九年成立中華民國精算學會，初期僅以壽險精算研究為範疇，及至一九八〇年，中華民國精算學會鑑於產險精算對產險經營之重要性，遂將產險精算納入研究範疇內，使我國產險精算研究繼壽險精算後逐漸在國內生根、開花、結果。

二、產險精算之內容

（一）產險精算之主要研究內容，可歸納為下列三大項

1. 準備金 (Reserve)

2. 費率釐訂 (Rate-Making)

3. 利潤 (Profit)

（二）就經營部門別分析之工作職責如下

1. 業務部門

①商品設計

②佣金或費用決定

③成本分析

2. 企劃或精算部門

①保險費率釐訂

②責任準備金提存

③利潤分析

④自留額決定

⑤資金運用

⑥營運計劃擬訂

3. 投資部門

①投資策略

②資產估算

③賠款處理

④紅利分配

三、精算師之具備條件

精算師除依考試取得精算師資格外，必須精通數理機率理論，以其

數理方法規劃、分析並解決複雜之保險經營問題，由於精算工作對保險經營影響深遠，精算師亦應有良好之品德。要成為一位精算師必須有良好數學根基，此是不容置疑，但其絕不是一位天才之數學家，基此，國際名精算師林喆博士認為想成為優秀精算師應具備下列四個基本條件（即 4 I）：

(一) Intelligence（智慧）

(二) Industry（勤勞）

(三) Integrity（廉潔）

(四) Image（想像力）

根據上述，茲以下列方程式來定義精算師：

$$精算師 = \frac{1}{4}數學家 (Mathematican) + \frac{1}{4}統計家 (Statistican)$$
$$+ \frac{1}{4}企業家 (Businessman) + \frac{1}{4}人性 (Human)$$

第二節　財產保險費率方程式

一、財產保險費率方程式

財產保險費率取決於保險金額與保險費率雙重架構上，然因保險金額為一固定常數，故保險費之大小，則受保險費率多寡而定。在財產保險費率中純保險費以及附加費用是其構成二大要素，以我國而言，財政部曾在財產保險費率結構有明確之規定，使危險成本及經營費用均能有效控制且維持某一固定比例關係，茲為詳加說明起見，今依序試愛關係式如下：

(一) 保險費結構

$$P' = P + L \text{ ……………………………………（公式 1）}$$

P'：表總保險費，$P' > 0$

P：表純保險費，$P>0$

L：表附加費用，$L \geq 0$

（二）保險費率結構

$$r' = r + e_1 + e_2 + e_3 + e_4 \quad \cdots\cdots\cdots\cdots\cdots\cdots\cdots\cdots\text{（公式 2）}$$

r'：表（財產）保險費率， >0

r：表純保險費率（或預期損失率），$r>0$

e_1：表賠款特別準備金，$e_1>0$

e_2：表佣金率，$e_2>0$

e_3：其他費用率，$e_3>0$

e_4：預期利潤率，$e_4 \geq 0$

$$\Rightarrow 1 = \frac{r}{r'} + \frac{e_1}{r'} + \frac{e_2}{r'} + \frac{e_3}{r'} + \frac{e_4}{r'} \quad \cdots\cdots\cdots\cdots\cdots\cdots\text{（公式 2a）}$$

$\Rightarrow$ 即為保險法第一百四十四條結構式

Let: $j = \dfrac{r}{r'}$, $k_1 = \dfrac{e_1}{r'}$, $k_2 = \dfrac{e_2}{r'}$, $k_3 = \dfrac{e_3}{r'}$, $k_4 = \dfrac{e_4}{r'}$

$$\Rightarrow 1 = j + k_1 + k_2 + k_3 + k_4 \quad \cdots\cdots\cdots\cdots\cdots\cdots\cdots\cdots\text{（公式 2b）}$$

令 $k = k_1 + k_2 + k_3 + k_4$

$$\Rightarrow 1 = j + k \quad \therefore \quad j = 1 - k \quad \cdots\cdots\cdots\cdots\cdots\cdots\text{（公式 2c）}$$

（三）保險費計算公式

$$P' = I \times r' \quad \cdots\cdots\cdots\cdots\cdots\cdots\cdots\cdots\cdots\cdots\cdots\text{（公式 3）}$$

I：表保險金額，$I>0$

$$\Rightarrow r' = \frac{P'}{I} \quad \cdots\cdots\cdots\cdots\cdots\cdots\cdots\cdots\cdots\cdots\cdots\text{（公式 3a）}$$

$$\Rightarrow r' = \frac{\dfrac{P}{1-k}}{I} \quad \text{.............................} \quad （公式\ 3b）$$

$$\therefore \quad P = E(x) \quad \text{...................................} \quad （公式\ 3c）$$

$E(x)$：表期望值

$$\Rightarrow r' = \frac{\dfrac{E(x)}{1-k}}{I} = \frac{1}{(1-k)I} \cdot E(x) \quad \text{.................} \quad （公式\ 3b）$$

（四）期望值與保險金額、損失金額之關係

1.當 $E(x/0 < L \leq I)$ 時

　　①$E(x/0 < L \leq 1) = \int_0^1 Lf_s(L)dL$ .... （公式 $4a_1$）連續函數

or

　　②$E(x/0 < L \leq 1) = \sum_1^I Lf_s(L)$ .... （公式 $4a_2$）非連續函數

2.當 $E(x/I < L \leq \infty)$ 時

　　①$E(x/I < L \leq \infty) = If\left[1 - \int_0^1 Lf_s(L)dL\right]$

　　　　.. （公式 $4b_1$）連續函數

or

　　②$E(x/I < L \leq \infty) = If\left[1 - \sum_1^I s(L)\right]$

　　　　.. （公式 $4b_2$）非連續函數

　　③當 $E(x/I < L \leq \infty)$ 時

　　$\because$　$E(x/I < L \leq \infty) = E(x/0 < L \leq I) + E(x/I < L \leq \infty)$

　　　　.. （公式 4c）

$$\therefore (1) E(x/0 < L \leq \infty)$$

$$= \int_0^1 L f_s(L) dL + If \left[1 - \int_0^1 s(L) dL\right]$$

$$= f\left(\int_0^1 L_s(L) dL + I \left[1 - \int_0^1 s(L) dL\right]\right)$$

....（公式 4c$_1$）連續函數

or

$$(2) E(x/0 < L \leq \infty)$$

$$= \sum_1^I L f_s(L) + If \left[1 - \sum_1^I s(L)\right]$$

$$= f\left(\sum_1^I L_s(L) + I \left[1 - \sum_1^I s(L)\right]\right)$$

....（公式 4c$_2$）非連續函數

L：表損失金額，$0 < L \leq \infty$

$s(L)$：表損失金額為 L 時，佔全部損失金額之百分比

$\quad 0 \leq s(L) \leq 1$

$E(x/a < L < b)$：表損失金額介於 a、b 間之期望值

（五）財產保險費率方程式

將（公式 4c$_1$），（公式 4c$_2$）分別代入（公式 3b）即得財產保險費率程式

1. $r' = \dfrac{1}{(1-k) I}\left(\int_0^1 L f_s(L) dL + If \left[1 - \int_0^1 s(L) dL\right]\right)$

....（公式 5a$_1$）連續函數

or

2. $r' = \dfrac{1}{(1-k) I}\left(\sum_1^I L f_s(L) + If \left[1 - \sum_1^I s(L)\right]\right)$

....（公式 5a$_2$）非連續函數

二、實例說明

〔問題〕

　　假設在火災保險單中隨機抽樣 100,000 件，其每件保險金額均為 NT$1,000,000，觀察過去一年來之損失統計如下表所示，試依上述之財產保險費率方程式，求其應有保險費率若干？

表 4-1　火災保險損失統計表

Size of Loss $X_1 < L \leq X_2$		No. of Losses	Arithmetic Mean Loss	Percentage of Losses	Loss Amount
0	$100,000	400	$40,000	40	$16,000
100,000	200,000	40	200,000	4	8,000
200,000	300,000	100	250,000	10	25,000
300,000	400,000	50	400,000	5	20,000
400,000	500,000	60	450,000	6	27,000
500,000	600,000	50	600,000	5	30,000
600,000	700,000	100	650,000	10	65,000
700,000	800,000	100	750,000	10	75,000
800,000	900,000	60	900,000	6	54,000
900,000	1,000,000	40	950,000	4	38,000
Total		1,000		100	358,000

〔解〕：

1.依保險費率結構知

　　$k = 0.45$

2.由題目知樣本之損失率為

$$f = \frac{1,000}{100,000} = 0.01$$

3.　　　$r' = \dfrac{0.01}{(1-0.45) \times \$1,000,000}(\$358,000)$

　　　　　$= 0.651\%$

三、財產保險費率方程式之主要應用

上述實例僅是財產保險費率方程式之典型代表，觀察財產保險費率方程式之應用，至少可適用於下列幾項：

（一）該財產保險費率方程式不僅可適用於連續函數，同時更可以應用於非連續函數，此由（公式 $5a_1$）、（公式 $5a_2$）得知。

（二）由（公式 $4c_1$）、（公式 $4c_2$）知 L 之範圍為：$0 \leq L \leq \infty$，其範圍頗為廣泛，其方程式不僅適用於有形實體財產損失 (Physical Damage) 保險，同時對無形之責任保險 (Liability Insurance) 亦可引用。

（三）該財產保險費率方程式，祇經細微修正，即可對損失自負額條款、共保條款下之費率扣減係數分別求出。

（四）由以下之財產保險費率方程式之導函數，可驗證知當保險金額變動時，其費率將隨反比例之變動，且亦知其保險費曲線為一遞減函數，

$$\because r' = \frac{1}{(1-k)I}(\int_0^1 Lf_s(L)dL + If[1-\int_0^1 s(L)dL])$$

$$\therefore \frac{dr'}{dI} = (\frac{1}{1-k})(\frac{1}{I^2}) + I[I_s(I) + (1-\int_0^1 s(L)dL - s(I)I)]$$

$$- (\frac{1}{1-k})(\frac{1}{I^2}) + [\int_0^1 L_s(L)dL + I(1-\int_0^1 s(L)dL)]$$

$$= [\frac{1}{(1-k)I^2}] + [I_s^2(I) + I - I\int_0^1 s(L)dL - I^2 s(I)]$$

$$- [\frac{1}{(1-k)I^2}] + [\int_0^1 L_s(L)dL + I - I\int_0^1 s(L)dL]$$

$$= \frac{f}{(1-k)I^2}[I^2 s(I) + I - I\int_0^1 s(L)dL - I^2 s(I)$$

$$-\int_0^1 L_s(L)dL - I + I\int_0^1 s(L)dL]$$

$$= -\frac{f}{(1-k)I^2}\int_0^1 L_s(L)dL < 0$$

$$(\because 1-k > 0,\ I^2 > 0,\ f > 0,\ \int_0^1 L_s(L)dL > 0)$$

$$\therefore \frac{dr'}{dI} < 0,\ \text{由微分性質知：}$$

1.當 $dI\nearrow \Rightarrow dr'\searrow$，亦即保險金額增加時，其保險費率將隨之減少。

2.當 $dI\searrow \Rightarrow dr'\nearrow$，亦即保險金額減少時，其保險費率將隨之增加。

3.由 $\dfrac{dr'}{dI} < 0$　知，該保險費曲線是遞減函數。

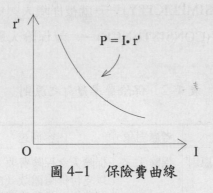

圖 4-1　保險費曲線

第三節　保險費率釐訂之原則與方法

一、保險費率釐訂之原則

　　保險費率釐訂原則，隨保險監理或保險經營立場之不同，可分為基本原則及引申原則，亦分述如下：

　　（一）基本原則──基於保險監理立場而言

　1.充分性之原則(ADEQUACY)──就保險人方面考慮。

　2.適當性之原則 (REASONABLENESS)──就被保險人方面考慮。

　3.公平性之原則(FAIRNESS)──就保險人與被保險人方面考慮。

　　（二）引申原則──基於保險經營立場而言

　1.穩定性原則(STABILITY)──就被保險人方面考慮。

　2.損失預防誘導性原則 (INDUCEMENT OF LOSS PREVENTION)──就被保險人方面考慮。

　3.競爭性原則(COMPETITION)──就保險人方面考慮。

　4.彈性原則(FLEXIBILTY)──就保險人方面考慮。

　5.簡明性原則(SIMPLICITY)──就被保險人與保險人方面考慮。

　6.一致性原則 (CONSISTENCE)──就保險人與被保險人方面考慮。

表 4-2　保險費率釐訂之原則

觀點	原則	考慮對象	內容簡述	備註
基本原則（就保險監理立場）	（一）充分性原則	保險人	保險人之保險費收入足以支付保險賠款（合理賠費用）及營業費用。	
	（二）適當性原則	被保險人	被保險人所繳之保險費不應偏高。	
	（三）穩定性原則	保險人 被保險人	依保險人依標的危險性之高低決定被保險人之保險費率多寡。	

引申原則（就保險經營立場）	（一）穩定性原則	被保險人	實際損失率在預期損失率合理變動範圍（一般為5%）內。	從充分性原則引申而得
	（二）損失預防誘導性原則	被保險人	評估損失預防措施給予費率±x%之增減。	從適當性原則引申而得
	（三）競爭性原則	保險人	量之競爭——視費率之高低。 質之競爭——視服務品質。（即被保險人之效用）	從適當性原則引申而得
	（四）彈性原則	保險人	當(實際損失率－預期損失率)≧5%時，費率要調整。	從充分性原則引申而得
	（五）簡明性原則	保險人 被保險人	就保險人而言要易用——使用成本低。 就被保險人而言要易懂——避免雙方爭執。	從公平性原則引申而得
	（六）一致性原則	保險人 被保險人	就保險人而言：觀察費率長期發展趨勢。 就被保險人而言：前後期比較。	從公平性原則引申而得

二、財產保險費率釐訂之方法

一般而言，財產保險費率釐訂方法主要有：

（一）觀察法 (JUDGEMENT METHOD)

（二）分類法 (MANUAL OR CLASS METHOD)

1.損失率法 (Loss Ratio Method)

2.純保費法 (Pure Premium Method)

（三）增減法 (MERIT METHOD)

1.表定費率法 (Schedule Rating Method)

2.經驗費率法 (Experience Rating or Prospective Rating Method)

3.追溯費率法 (Retrospective Rating Method)

在上述方法中，每一種皆有特性，在財產保險費率釐訂中各有其依據基礎，茲扼要說明如圖：

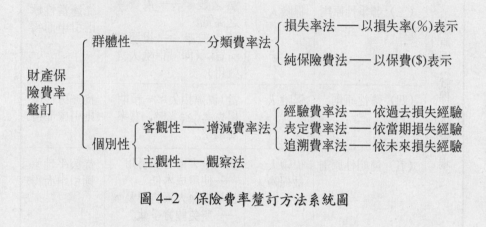

圖 4-2　保險費率釐訂方法系統圖

第四節　觀察法與分類費率法

一、觀察法 (JUDGEMENT METHOD)

觀察法是費率釐訂最早且最簡單之一種方法，此法在釐訂費率時無須以統計為基礎，而係根據核保人主觀之經驗判斷而得，在保險發展早期，由於損失暴露數量極為有限，加上核保人員統計觀念無法形成，使觀察法自然而為當時費率釐訂之應用方法。

降至今日，科技文明發展，費率釐訂方法有顯著之改變，但對於若干業務量較小，以致大數法則未能應用，以及若干損失暴露單位變化太大，亦無法應用統計資料加以分析釐訂，唯有仰賴核保人員長期經驗累

積及主觀判斷以資救濟。例如：海上保險、內陸運輸保險及若干意外保險，迄今仍沿用觀察法來釐訂保險費率，祇是核保人員本身之專業素養與前相較，實不可同日而語。

評估觀察法之最大優點在於簡易性，此類費率可隨核保人員對危險單位評估而變動，較具彈性。惟因觀察法取決核保人員直覺判斷，故失之客觀。同時又因仰賴核保人員核保經驗累積及專門技術，故其核保人員培訓成本費用將大幅增加，此外，又因核保人員之累積經驗及直覺判斷常受時空地域影響，使同一保險標的在不同時空下難以維持應有一致性；如此，更易造成保險人與被保險人間之雙方爭執所在。

二、分類費率法 (CLASS METHOD)

所謂分類費率法係指將一群眾多之損失暴露單位，依其危險性質，分為若干不同等級，然就每一等級中之危險單位性質相同或相似者，求取各等級之平均費率，供為該等級中各危險單位之適用費率稱之。基本上，分類費率法係一種大數法則之典型運用。

實務上，根據分類費率法釐訂出各等級之分類費率，如編印成表冊，即為常見之費率指南 (Rating Guide)，此者常用於住宅火災保險。分類費率法最大優點在其應用簡單，且其使用成本亦相對低廉，核保人員祇要按圖索驥；不必具備專業技術及受過嚴格訓練，即可順利完成，故分類費率法為保險費率釐訂方法中最為常用之一，此外分類費率法亦是增減費率法釐訂之基礎。

由於釐訂分類費率法之先決條件，在於每一分類等級必須擁有大量同質或性質相似之危險暴露單位，故而在釐訂分類費率之前，必須先經危險鑑定 (Risk Identification) 及危險衡量 (Risk Measurement) 等步驟，然後決定分類等級標準數目多寡，然由於若干等級之同質危險單位，數量不符合大數法則要求，實務上遂將若干不同分類等級予以合併，藉以

增大危險單位數，期使大數法則能靈活運用，然就另方面而言，勢必擴大分類等級中危險性質之差異性，使該等級中之危險單位形成或高於平均費率或低於平均費率之情事，一旦要求該等級中各危險單位全部以平均費率為其適用費率，實有欠公允合理，此正是分類費率之最大缺點。

一般而言，常見之分類費率法有：（一）純保費法 (Pure Premium Method)，（二）損失率法 (Loss Ratio Method)。前者以貨幣型態為其單位，後者以百分比為主，茲略述如下：

（一）純保費法 (Pure Premium Method)

純保費法為分類法中較新穎且較準確之費率釐訂方法，此法不僅可達成保險費率應有之適當性，同時亦能顧及保險費率之公正性，加上此法是以損失暴露單位數除以已發生賠款求得，故可擺脫傳統資料來源之困難，無需藉舊有費率水準及損失經驗資料。一般而言，純保費法之基本公式有二，即

$$(1)\ R = \frac{L}{N}$$

  R: 純保險費率

  L: 賠款支出（含理賠費用）

  N: 損失暴露單位

$$(2)\ GP = AP(Z) + EP(1-Z)$$

  GP: 新純保費

  AP: 實際純保費

  EP: 預期純保費

純保費法其因搜集之統計資料較損失率法更具深度及廣度，且其分析方法亦具有科學化及邏輯化，較易獲得主管機關及被保險人接受。一般而言，純保費法常應用於責任保險。

（二）損失率法 (Loss Ratio Method)

損失率法係僅次於觀察法之最早費率釐訂方法。析言之，損失率法係擺脫憑核保人主觀判斷，而以客觀統計為基礎之一種科學費率釐訂方法，損失率法之基本理論係對實際損失率與預期損失率相互比較，來決

定保險費率變動與否及其變動之大小。一般而言，損失率法有二個基本
計算公式：

$$(1) M = \frac{A}{E}$$

$$(2) M = \frac{A - E}{E} \times C$$

M：費率調整係數

A：實際損失率

E：預期損失率

C：信賴度

基本上，損失率法祇是以原保險費率為基準，然後配合實際情況，
將偏離之原保險費率調高至合理之價位，然由於損失率法使用資料較小，
且無須保有損失暴露單位之損失記錄，故其管理維持成本較低。一般而
言，損失率法常應用於火災保險。

第五節　表定費率法 (SCHEDULE RATING)

一、表定費率法之意義

所謂「表定費率法」係以分類費率為基礎，核保人員評估危險單位
之若干實質或人為措施，認為較同級之平均危險為優者，則予以減費，
藉以降低平均費率，減輕被保險人保險費之負擔，以資鼓勵。例如：對
採危險管理之損失預防措施等均可享有減費之優待；反之，當核保人員
評估各危險單位之若干實質或人為措施認為較同級之平均危險為劣者，
則予以加費，藉以提高平均費率，加重被保險人保險費之負責，促請注
意改善。一般而言，加減分幅度大小，由核保人依其核保經驗加以判斷，
但加減幅度以不超過保險費某一百分比（通常為 25%）為限。

就理論而言，表定費率之加減費因素，可分「質」與「量」兩方面
分析，前者為加減費之項目，後者為加減費之幅度。一般而言，加減費
項目影響損失頻率，加減費幅度影響損失幅度，茲列舉美國伊利諾州火

災保險之表定費率加減費項目與幅度如下：

表 4-3　美國伊利諾州火險表定費率之加減費項目與幅度

加減費項目	加減費幅度
建築物 —— 條件、維護	－10%～＋10%
醫療設備	－ 5%～＋ 5%
員工訓練	－10%～＋10%
管理	－10%～＋10%

二、表定費率法之常用方法

　　表定費率法是增減費率法中最簡單且較具彈性之一種費率釐訂方法，此法以分類法之平均費率為基礎，具有統計客觀性，再以觀察法依據核保人員主觀專業性核保經驗，給予若干幅度之加減費調整，使所釐訂之費率更較觀察法或分類法之費率接近事實，故謂表定費率法是增減費率中最具典型之一種費率釐訂方法。然因表定費率法中存有若干主觀因素，以致表定費率法無法如追溯費率法、經驗費率法有固定公式可循，使表定費率法亦被視為增減費率法中較不科學之一種費率釐訂法。

　　基本上，表定費率法應用於火災保險較為常見，其較常用之方法有：

　　(一) 通用商業表定費率法 (UNIVERSAL MERCANTILE SCHEDULE RATING)

　　(二) 丁氏表定費率法 (DEAN'S ANALYTIC SCHEDULE RATING)

　　(三) ISO 表定費率法 (INSURANCE SERVICE OFFICE SCHEDULE RATING)

三、通用商業表定費率法(UNIVERSAL MERCANTILE SCHEDULE)

「通用商業表定費率法」又稱「商業危險之標準通用表定費率法」(Standard Universal Schedule For Rating Mercantile)，此法係於西元一八九三 年由美國摩爾 (F. C. Moore) 指導設計完成，通用商業表定費率法亦是最早之表定費率法之一。

(一) 通用商業表定費率法之基本架構

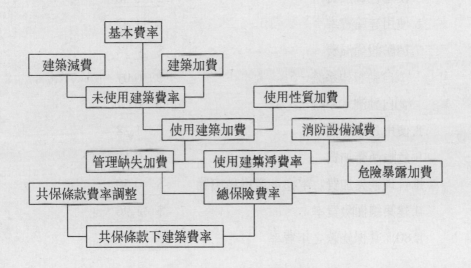

圖 4-3　通用商業表定費率法之基本架構

(二) 通用商業表定費率法之範例

1.基本費率		$　0.25
2.加費項目		$　0.48
⑴牆　壁	$　0.15	
⑵劣質泥磚泥瓦	$　0.20	

(3)地板厚度不及 2 吋	$ 0.05
(4)建築面積超過 19,000 平方公尺	$ 0.05
(5)木頭屋簷	$ 0.03
3.減費項目	
(1)建築物減費	$−0.11
(2)沒有地下室−10%	$−0.07
(3)金屬板條−5%	$−0.04
4.未使用建築費率	$ 0.62
5.使用性質加費	$ 0.80
6.使用建築費率	$ 1.42
7.消防設備減費	$ 0.14
(1)自動警報系統−5%	$−0.07
(2)自動灑水系統−5%	$−0.07
8.使用建築淨費率	$ 1.28
9.危險暴露加費	$ 0.18
10.管理缺失加費：電梯走道堆積廢物	$ 0.50
11.建築總保險費率	$ 1.96
12.80％共保條款之年費率	$ 1.67

四、丁氏表定費率法(DEAN'S ANALYTIC SCHEDULE)

　　丁氏表定費率法又稱「火災危險因素測定分析制」(The Analytic System for the Measurement of Relating Fire Hazard)。此法係於一九五〇年由美國丁恩 (A. F. DEAN) 設計而成，在 ISO 表定費率法未發表前，美國約有半數以上州採用，此制度之主要關鍵在於將核保經驗集中於標的之最終費率 (Final Rate) 是否適當，而不在於影響費率釐訂各種變數

之相對重要性。理論上，此法已對個別建築物之實質性之測度，建立一套客觀的方法，其中包括每一建築物之使用性質、建築結構、防護措施、座落位置等變數，這些因素足以影響建築物潛在之損失頻率及損失幅度。

（一）丁氏表定費率法之基本架構圖

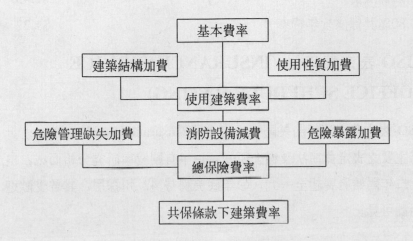

圖 4-4 丁氏表定費率法之基本架構

（二）丁氏表定費率法之範例

1.基本費率（一層樓房） $0.54

2.建築結構加費：

  ⑴建坪過大   10%

  ⑵牆壁建材不合標準   20%

  ⑶屋頂建材不合標準   5%

  ⑷煙囪設備不合標準   15%

3.使用性質加費：

  起火媒介   60%   0.59

4.加費項目（$0.54×110%＝$0.59）   110% $1.13

5.減費項目

　　防火設備之消防減費　　　　　　　　　　－5％　　　　－0.06

6.危險暴露加費　　　　　　　　　　　　　　　　　　　　0.30

7.危險管理缺失加費　　　　　　　　　　　　　　　　　　0.06

8.總保險費率　　　　　　　　　　　　　　　　　　　　$1.43

9.80％共保條款年費率　　　　　　　　　　　　　　　　$1.22

五、ISO 表定費率法 (INSURANCE SERVICE OFFICE SCHEDULE RATING)

　　ISO 表定費率法係由美國保險服務局 (Insurance Service Office) 針對當時主要之表定費率法及過去所做一連串有關費率研究分析而成，自一九七二年開始發展起至一九八〇年底美國有 42 州採用，其普受歡迎程度由此可見。

（一）ISO 表定費率法之基本架構圖

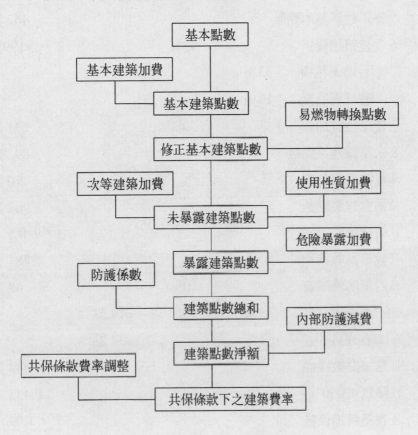

圖 4–5　ISO 表定費率法之基本架構

（二）ISO 表定費率法範例

1.基本點數	50 點
2.基本建築加費	370 點
⑴六吋泥土牆	60 點
⑵牆上附著易燃框條	20 點
⑶易燃地板及樓板	290 點
3.基本建築點數	420 點

4.室內易燃性物轉換係數		×） 1.1
5.修正建築基本點數		462 點
6.次建築加費	43％	199點
⑴易燃天花板	33％	
⑵建坪與高度	10％	
7.使用性質加費	50％	231 點
8.未暴露建築點數		892 點
9.危險暴露加費		70 點
10.暴露建築點數		962 點
11.防護係數		×） 0.5
12.建築點數總和		481 點
13.內部防護減費	−10％	48 點
⑴滅火器	−3％	−14 點
⑵看守員	−7％	−34 點
14.建築點數淨額		433 點
15.除以 1,000		0.433
16.建築轉換係數		×） 1.02
17.80％共保條款建築年費率		$0.442

第六節　經驗費率法 (EXPERIENCE RATING)

一、經驗費率法之意義

　　所謂「經驗費率法」，係以群體危險之分類費率為基礎，再按群體中之個別被保險人過去特定期間（一般為三年）之實際損失經驗，據以調整而求取之一種費率釐訂方法。換言之，經驗費率法係以分類費率為

基礎，然後再考量個別被保險人過去損失實際狀況，加以調整之一種費率釐訂方法，期使求得之費率，適用於被保險人更趨於公平合理，又因經驗費率法係以被保險人過去之損失經驗為調整依據，故又稱「經驗費率法」為「過去經驗費率法」(Prospective Experience Rating)。

　（一）經驗費率法之基本公式

　1.EXPERIENCE PREMIUM

　　＝MANUAL PREMIUM×EXPERIENCE

　　　MODIFICATION FACTOR ………………………（公式一）

　2.EXPERIENCE MODIFICATION FACTOR

$$= \frac{\text{ACTUAL LOSS RATIO}}{\text{EXPERIENCE LOSS RATIO}} \times \text{CREDIBILITY}$$

　　………………………………………………（公式二）

　　　IF CREDIBILITY＝100％→

　　　EXPERIENCE MODIFICATION FACTOR

$$= \frac{\text{ACTUAL LOSS RATIO}}{\text{EXPERIENCE LOSS RATIO}} \quad \text{………………（公式二a）}$$

　3.EXPERIENCE MODIFICATION FACTOR

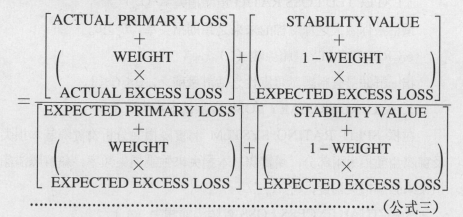

$$= \frac{\left[\begin{array}{c}\text{ACTUAL PRIMARY LOSS}\\+\\\left(\begin{array}{c}\text{WEIGHT}\\\times\\\text{ACTUAL EXCESS LOSS}\end{array}\right)\end{array}\right] + \left[\begin{array}{c}\text{STABILITY VALUE}\\+\\\left(\begin{array}{c}1-\text{WEIGHT}\\\times\\\text{EXPECTED EXCESS LOSS}\end{array}\right)\end{array}\right]}{\left[\begin{array}{c}\text{EXPECTED PRIMARY LOSS}\\+\\\left(\begin{array}{c}\text{WEIGHT}\\\times\\\text{EXPECTED EXCESS LOSS}\end{array}\right)\end{array}\right] + \left[\begin{array}{c}\text{STABILITY VALUE}\\+\\\left(\begin{array}{c}1-\text{WEIGHT}\\\times\\\text{EXPECTED EXCESS LOSS}\end{array}\right)\end{array}\right]}$$

　………………………………………………（公式三）

　　從（公式一）知，經驗費率法係依分類費率調整而得，分類費率之求取主要係依危險性質分類而核計每類危險期望值，（公式二）是求取經驗費率之基本公式之一，根據實際損失率與預期損失率差距調整，然後再考量損失資料之可靠性加以調整。基於「損失頻率」及「損失幅度」在經驗費率法中極具重要性，故採「損失分級制」(Split Rating System)將（公式二）修正而成（公式三）。

　　（二）符號說明

　　1.EXPERIENCE PREMIUM 經驗保費（P_e）

　　以分類費率為基礎，再針對個別被保險人之損失經驗調整係數加以調整而得，如（公式一），$P_e \geq 0$。

　　2.MANUAL PREMIUM 分類保費（P_m）

　　根據分類費率核算出之保費稱為「分類保費」，依此計算之分類保險將是該類中全體危險單位之唯一適用費率，$P_m \geq 0$。

　　3.EXPERIENCE MODIFICATION FACTOR 經驗修正係數（F）

　　根據被保險人過去損失經驗核算而得之修正係數一般而言，$F \geq 0$。

　　4.ACTUAL LOSS RATIO 實際損失率（L_a）

　　根據被保險人之過去實際損失經驗計算而得之損失率，$L_a \geq 0$。

　　5.EXPECTED LOSS RATIO 預期損失率（L_e）

　　預估被保險人之保險標的未來之預期損失率，$L_e \geq 0$。

　　6.CREDIBILITY 信賴係數（C）

　　指一群統計資料顯示可靠性之估計量稱之，$0 \leq C \leq 1$。

　　7.ACTUAL PRIMARY LOSS 實際基本損失（A_p）

　　在採 SPLIT RATING SYSTEM 將實際損失分析為實際基本損失及實際溢額損失兩部分，藉實際基本損失來強調損失頻率，藉實際溢額損失來強調損失幅度，$0 \leq A_p \leq L$。

　　8.ACTUAL EXCESS LOSS 實際溢額損失（A_e）

對於因採 SPLIT RATING SYSTEM 而超過實際基本損失之部分之實際損失即為實際溢額損失，故 ACTUAL EXCESS LOSS ＝ ACTUAL LOSS － ACTUAL PRIMARY LOSS。

9.EXPECTED PRIMARY LOSS 預期基本損失（E_p）

因 Split Rating System 下，對預期損失分析為預期基本損失及預期溢額損失兩部分，預期基本損失可由預期損失與依一定比例求得，$E_p \geq 0$。

10.EXPECTED EXCESS LOSS 預期溢額損失（E_e）

在預期損失金額中超過預期基本損失部分即為預期溢額損失。

11.STABILITY VALUE 穩定值（B）

為避免一次危險事故可能有巨額損失發生，故藉穩定值以減少變動，增加其穩定性，故稱之為穩定值，$B \geq 0$。

12.WEIGHT 權數（W）

權數係屬於信賴度之一種，在保險費率法中，權數係根據溢額損失之調整數，其範圍 $0 \leq W \leq 1$。當危險單位增加時，W 值隨之提高；當危險單位減少時，W 值隨之減少，W 與危險單位係正相關。

二、損失分級制之公式

損失分級制下，將每一損失分為「基本損失」及「溢額損失」，期能有效掌握「損失頻率」及「損失幅度」，進而控制損失成本。一般而言，損失分級制下之損失，僅限於超過約定金額之損失，對於低於該金額之任何損失，則視為基本損失，亦即溢額損失等於零。例如，規定損失在 $2,000 以下，不必區分為基本損失及溢額損失，今有損失 $1,500，則 $1,500 是為基本損失，其溢額損失為零。

再者，對基本損失亦有最高限額之規定，使任一損失之基本損失皆在其限額以內，藉以增加穩定性，其最高限額隨考量因素不同而異，故

針對基本損失之計算公式：

(一)實際損失部分

1.ACTUAL PRIMARY LOSS

$$= \frac{\text{ACTUAL LOSS} \times \text{MAXIMUM}}{\text{ACTUAL LOSS} + (\text{MAXIMUM} - \text{MINIMUM})}$$

.... (公式四)

(ACTUAL PRIMARY LOSS≦MAXIMUM)

2.ACTUAL EXCESS LOSS

＝ACTUAL LOSS－ACTUAL PRIMARY LOSS （公式四・a)

(二)預期損失部分

1.EXPECTED LOSS

＝EXPOSURE×EXPECTED LOSS RATIO ……… （公式五）

2.EXPECTED PRIMARY LOSS

＝EXPECTED LOSS×D RATIO ……………… （公式五・a)

$(0 \leq D \quad \text{RATIO} \leq 1)$

3.EXPECTED EXCESS LOSS

＝EXPECTED LOSS－EXPECTED PRIMARY LOSS

.... （公式五・b)

例如：茲規定每一損失金額超過$2,000，應將實際損失分級為基本損失及溢額損失，然而，基本損失最高限額不得超過$10,000，茲就各種不同損失之基本損失及溢額損失之計算列表如下：

計算過程：

⑴ACTUAL PRIMARY LOSS

$$= \frac{\text{ACTUAL LOSS} \times \$10,000}{\text{ACTUAL LOSS} + (\$10,000 - \$2,000)}$$

$$= \frac{\text{ACTUAL LOSS} \times \$10,000}{\text{ACTUAL LOSS} + \$8,000}$$

(2)ACTUAL PRIMARY LOSS$\leq$\$10,000

(3)ACTUAL EXCESS LOSS

　　=ACTUAL LOSS－ACTUAL PRIMARY LOSS

表 4-4　Actual Primary Loss 與 Actual Excess Loss 之關係

(1) 實際損失 (Actual Losses)	(2) 實際基本損失 (Actual Primary Loss)	(3)＝(1)－(2) 實際溢額損失 (Actual Excess Loss)
\$0～\$2,000	Actual Loss	\$　　0
3,000	\$　2,727	273
4,000	3,333	667
5,000	3,846	1,154
6,000	4,286	1,714
7,000	4,667	2,333
8,000	5,000	3,000
9,000	5,294	3,706
10,000	5,556	4,444
\$159,992,000	10,000	159,982,000

三、經驗費率法實例說明

（一）實例

　　茲有睿妘公司於一九八六年一月一日擬向翔傑保險公司繼續投保僱主意外責任險 (Employer's Liability Insurance)，資料如表 4-5，翔傑保險公司今查得過去三年資料（一九八二～一九八四年）如表 4-6，睿妘公司希望今年繼續保持以經驗費率法 (Experience Rating Method) 來核算保險費，翔傑保險公司應如何依據睿妘公司之損失經驗核算其應繳

保險費?

（二）實例表解

由實例解析得：睿妘公司若依經驗費率法來核算其應繳保險費為$1,183,200，如沿用過去分類費率法來核算其保費，則為$1,442,927，兩者方法相較，顯然採用經驗費率法來核計保費，將可節省保險費支出$259,727（即：$1,442,927－$1,183,200＝$259,727），茲將睿妘公司核算經驗費率列表如表 4-7。

表 4-5 RAYIN CORPORATION EXPOSURE

(1) TYPE OF BUSINESS	(2) CLASS CODE	(3) PAY ROLL	(4) MANUAL RATE(%)	(5)＝(3)×(4) MANUAL PREMIUM
營　建　部	7411	$ 39,395,202	1.15	$　453,045
紡　織　部	0673	9,287,104	0.83	77,083
百　貨　部	1015	34,379,039	0.55	189,085
汽車修護部	4201	70,952,370	1.02	723,714
合　　　計		$154,013,715		$1,442,927

表 4-6　RAYIN CORPORATION LOSS EXPERIENCE

(1) POLICY EFFECTIVE	(2) CODE NO.	(3) EXPOSURE	(4) MANUAL RATE (%)	(5)=(3)×(4) PREMIUM	ACTUAL INCURRED LOSS	
					(6) CLAIM NO.	(7) CLAIM AMOUNT
1-1-1982	7411	$ 24,387,615	1.15	$ 280,458	1	$ 264,300
	0673	6,702,312	0.83	55,629	0	0
	1015	25,833,105	0.55	142,082	0	0
	4201	52,354,284	1.02	534,014	1	346,500
1-1-1983	7411	$ 30,238,043	1.15	$ 347,737	1	$ 278,500
	0673	7,370,241	0.83	61,173	1	184,000
	1015	28,345,031	0.55	155,898	1	6,000
	4201	60,453,237	1.02	616,623	1	243,200
1-1-1984	7411	$ 33,425,612	1.15	$ 384,395	1	$ 158,430
	0673	8,045,234	0.83	66,775	1	10,000
	1015	30,710,743	0.55	168,909	1	61,035
	4201	65,773,737	1.02	670,892	1	253,500

表 4-7 睿坵公司僱主責任經驗費率表

(1) POLICY EFFECTIVE	(2) CODE NO.	(3) EXPOSURE	(4) MANUAL RATE	(5) ELR	(6) D RATIO	(7)=(3)×(5) EXPECTED LOSSES	EXPECTED (8)=(6)×(7) PRIMARY LOSSES	EXPECTED (9)=(7)−(8) EXCESS LOSSES
1-1-1982	7411	$24,387,615	1.15	0.86	0.35	$209,733	$ 74,407	$135,326
	0673	6,702,312	0.83	0.54	0.35	36,192	12,667	23,525
	1015	25,833,105	0.55	0.36	0.35	92,999	32,550	60,449
	4201	52,354,284	1.02	0.66	0.35	345,538	120,938	224,600
1-1-1983	7411	$30,238,043	1.15	0.86	0.35	$260,047	91,016	$169,031
	0673	7,370,241	0.83	0.54	0.35	39,799	13,930	25,869
	1015	8,045,234	0.83	0.54	0.35	43,444	35,715	66,327
	4201	60,453,237	1.02	0.66	0.35	398,991	139,647	259,344
1-1-1984	7411	$33,425,612	1.15	0.86	0.35	$287,460	$110,611	$176,849
	0673	8,045,234	0.83	0.54	0.35	43,444	15,205	28,239
	1015	30,710,743	0.55	0.36	0.35	110,559	38,696	71,863
	4201	65,773,737	1.02	0.66	0.35	434,107	151,937	282,170
TOTAL						$2,360,911	$837,319	$1,523,592

表 4-7（續）

(10) ACTUAL LOSSES	(11) PRIMARY LOSSES	(12)=(10)-(11) EXCESS LOSSES	(13) WEIGHT	(14) STABILITY VALUE	(15) EXPERIENCE MODIFICATION FACTOR	(16) EXPERIENCE PREMIUM
	ACTUAL					
$ 264,300	$ 74,598	$ 189,702				
0	0	0				
0	0	0				
346,500	79,381	267,119	0.60	100,000		
$ 278,500	$ 75,577	$ 202,923				
184,000	67,153	116,847				
6,000	6,000	0				
243,200	72,898	170,211	0.60	100,000	0.82	1,183,200
$ 158,430	$ 63,772	$ 94,658				
10,000	10,000	0				
61,035	40,411	20,624				
253,500	73,799	179,701	0.60	100,000		
$1,805,465	$563,680	$1,241,785	0.60			$1,183,200

第七節 追溯費率法 (RETRSPECTIVE RATING)

一、追溯費率法之意義

所謂追溯費率法，係指保險契約雙方當事人約定，被保險人應於保險契約生效時，先預繳「基本保費」(Basic Premium)，迨保險期間終了後，再按「當期」發生賠款情形，核算被保險人實際應繳之保險費而補足之。由於被保險人真正應繳之保險費，必須等到保險契約結束時方能追溯確定，故稱被保險人應繳保險費為「追溯保費」(Retrospective Premium) 或「最終保費」(Final Premium)。但由於追溯保費有不得超過事先約定之「最高保費」(Maximum Premium) 或低於「最低保費」(Minimum Premium)，倘追溯保費超過最高保費時，被保險人僅按最高保費繳納之；若追溯保費低於最低保費時，被保險人應按最低保費繳納之，在此雙重條件限制下，所計算之保險費，即稱之為「追溯保費」。

（一）基本公式

$$
\begin{aligned}
\text{1. RETROSPECTIVE PREMIUM} = &\left[
\begin{array}{c}
\text{BASIC PREMIUM} \\
+ \\
\left(
\begin{array}{c}
\text{INCURRED LOSSES} \\
\times \\
\text{LOSS CONVERSION FACTOR}
\end{array}
\right) \\
+ \\
\text{STANDARD PREMIUM} \\
\times \\
\text{EXCESS LOSS PREMIUM FACTOR} \\
\times \\
\text{LOSS CONVERSION FACTOR}
\end{array}
\right] \\
&\times \text{TAX MULTIPLIER} \quad\cdots\cdots\cdots\cdots \text{（公式一）}
\end{aligned}
$$

IF EXCESS LOSS PREMIUM FACTOR＝0 ⇒

2. RETROSPECTIVE PREMIUM $=\left[\begin{array}{c} \text{BASIC PREMIUM} \\ + \\ \left(\begin{array}{c} \text{INCURRED LOSSES} \\ \times \\ \text{LOSS CONVERSION FACTOR} \end{array}\right) \end{array}\right]$

$\times$TAX MULTIPLIER ············（公式二）

3.MINIMUM PREMIUM≤RETROSPECTIVE PREMIUM

≤MAXIMUM PREMIUM ·······························（公式三）

（二）符號說明

1.RETROSPECTIVE PREMIUM 追溯保費 (RP)

係指：在追溯費率制下，被保險人實際應繳納之保險費。通常追溯保費受有最低保費（即 Minimum Premium）及最高保費（即 Maximum Premium）之限制，其公式如上述。

2.MAXIMUM PREMIUM 最高保費 (MAP)

係指：在追溯費率制下，被保險人所應繳納保費之最高額度。一般而言，最高保費係以標準保費為基礎，亦即：

MAXIMUM PREMIUM

　＝MAXIMUM PREMIUM RATIO

　　×STANDARD PREMIUM

3.MINIMUM PREMIUM 最低保費 (MIP)

係指：在追溯費率制下，被保險人所應繳納保費之最低額度。一般而言，最低保費係以標準保費為基礎，亦即：

MINIMUM PREMIUM

　＝MINIMUM PREMIUM RATIO

　　×STANDARD PREMIUM

4.STANDARD PREMIUM 標準保費 (SP)

係指：根據分類費率法 (Manual Method) 計算而得，並用經驗費率法 (Experience Rating) 加以調整之保險費；通常此部分不得將保費折扣 (Premium Discount) 減除。

5.BASIC PREMIUM 基本保費 (BP)

係指：在追溯費率制下，被保險人於契約簽訂時，事先預繳給保險人之保險費。通常此部分應包括：佣金、營業費用、利潤以及限額加費 (Insurance Charge)。一般而言，基本保費係以標準保費為基礎，亦即：

BASIC PREMIUM

＝BASIC PREMIUM RATIO×STANDARD PREMIUM

6.BASIC PREMIUM RATIO 基本費率 (BPR)

係指：在追溯費率制下，被保險人於契約簽訂時，依標準保費所應計收基本保費之百分比，通常此部份應包括：費用率、佣金率……等。

7.INCURRED LOSSES 期內發生賠款 (IL)

係指：採行追溯費率制下之保單，在保險有效期間內發生之已決賠款及未決賠款之總和。

8.LOSS CONVERSION FACTOR 賠款換算係數 (LCF)

係指：在追溯費率制下，對一些僅隨賠款變動，而不隨標準保費變動之費用（如理賠處理費用）之調整係數。一般而言，賠款換算係數恆大於一，即 LCF≧1。

9.EXCESS LOSS PREMIUM FACTOR 超額賠款調整係數 (ELF)

係指：在追溯費率制下，對設有賠款限額 (Limitation) 須加以調整之係數。一般而言，賠款限額愈高，其超額賠款調整係數愈小；反之，賠款限額愈低，其超額賠款調整係數愈大。當無設定賠款限額時（即 Limitation→∞），則超額賠款調整係數等於 0（即 ELF＝0），如（公式二）所示。

10.TAX MULTIPLIER 稅負乘數 (TM)

係指：在追溯費率制下，保險人所應負擔之稅捐（如印花稅、營業稅……等等）之調整係數。一般而言，稅負乘數恆大於一，即 TM≥1。

二、圖形表示

依追溯保費基本公式，可簡繪出追溯保費曲線並說明如下：

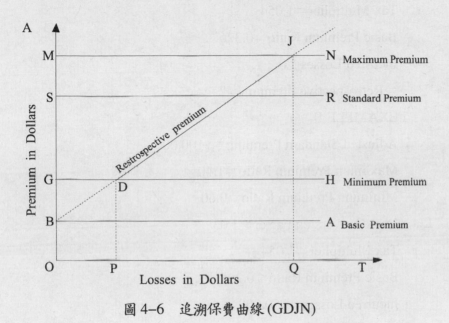

圖 4-6　追溯保費曲線 (GDJN)

三、追溯費率法之實例說明

（一）實例說明

為加強瞭解並便於說明起見，今舉實例四則，即 EXAMPLE A、B、C、D，EXAMPLE A 係假設在期內無任何賠款下加以探討，EXAMPLE D 係在有設定賠款限額前提下進行探討，EXAMPLE B 及 C 係假設在一般情況下針對不同之賠款加以分析，至於其他資料，分述如下：

1.EXAMPLE A

　　Adjusted Standard Premium＝＄100,000

　　Maximum Premium Ratio＝1.00

　　Minimum Premium Ratio＝0.60

Let:　Loss Conversion Factor＝1.03

　　Tax Multiplier＝1.054

　　Basic Premium Ratio＝0.326

　　Incurred Losses＝0

　　⇒Retrospective Premium＝?

2.EXAMPLE B

　　Adjusted Standard Premium＝$100,000

　　Maximum Premium Ratio＝1.40

　　Minimum Premium Ratio＝0.60

Let:　Loss Conversion Factor＝1.03

　　Tax Multiplier＝1.054

　　Basic Premium Ratio＝0.295

　　Incurred Losses＝$50,000

　　⇒Retrospective Premium＝?

3.EXAMPLE C

　　Adjusted Standard Premium＝$100,000

　　Maximum Premium Ratio＝1.40

　　Minimum Premium Ratio＝0.60

表 4–8　CALCULATIONS OF RETROSPECTIVE PREMIUM

ITEMS	EXAMPLE A	EXAMPLE B	EXAMPLE C	EXAMPLE D
(1)Adjusted Standard Premium	$100,000	$100,000	$100,000	$100,000
(2)Basic Premium Ratio	0.326	0.295	0.295	0.295
(3)Basic Premium (1)×(2)	$ 32,600	$ 29,500	$ 29,500	$ 29,500
(4)Actual Loss Incurred	NO LOSSES	$ 50,000	$120,000	$100,000
(5)Loss Conversion Factor	1.03	1.03	1.03	1.03
(6)Loss Converted (4)×(5)	0	$ 51,500	$123,600	$103,000
(7)Excess Loss Premium Factor	0	0	0	0.01
(8)Excess Loss Premium (7)×(5)×(1)	0	0	0	$ 1,030
(9)Basic Premium＋Excess Loss Premium ＋Converted Loss (3)＋(8)＋(6)	$ 32,600	$ 81,000	$153,100	$133,530

(10)Tax Multiplier	1.054	1.054	1.054	1.054
(11)Indicated Reprospective Premium (9)×(10)	$ 34,360	$ 85,374	$161,367	$140,741
(12)Minimum Premium Ratio	0.60	0.60	0.60	0.60
(13)Minimum Premium (12)×(1)	$ 60,000	$ 60,000	$ 60,000	$ 60,000
(14)Maximum Premium Ratio	1.00	1.40	1.40	1.40
(15)Maximum Premium (14)×(1)	$100,000	$140,000	$140,000	$140,000
(16)Earned Retrospective Premium				
(a)Indicated Retrospective Premium [if (11) between (13) and (15)]		$ 85,374		
(b)Minimum Premium [if (11) is less than (13)]	$ 60,000			
(c)Maximum Premium [if (11) is more than (15)]			$140,000	$140,000
(17)Differences between (16) and (1) [(1)－(16)]	$ 40,000	$ 14,626	－$ 40,000	－$ 40,000

Let: Loss Conversion Factor＝1.03

　　Tax Multiplier＝1.054

　　Basic Premium Ratio＝0.295

　　Incurred Losses＝ ＄120,000

　　⇒Retrospective Premium＝?

（二）實例表解

為期便於比較說明起見，今將 EXAMPLE A、B、C、D 四種實例及計算過程編成表 4-8 說明如下：

1.EXAMPLE A：因期內無損失發生，故追溯保費總金額為$32,600，較規定之最低保費$60,000 為少，故仍應按最低保費$60,000 繳納，其與一般標準保費$100,000 相較，將可節省$40,000 之保費支出。

2. EXAMPLE B：因期內賠款支出 $50,000 且最高保費設定為 $140,000 較 EXAMPLE A 為高，使基本保費$29,500 較 EXAMPLE A 為低（EXAMPLE C、D 亦在相同條件下），今依已知條件核算追溯保費總額為$100,000 相較，當可節省 ＄14,626 之保費支出。

3. EXAMPLE C:因期內賠款支出 ＄120,000 較 EXAMPLE B 高，使得核算追溯保費總額高達 ＄161,367 超過最高保費 ＄140,000，要保人僅按最高限額 ＄140,000 繳納即可。

4.EXAMPLE D：係在有設定賠款限額 ＄100,000 前提下，且在超額賠款轉換過程中，使得核算出追溯保費總額為 ＄140,741 超過最高保費 ＄140,000，要保人僅按最高保費 ＄140,000 繳納即可。

基本上 EXAMPLE A、B、C、D 實證知：在追溯費率法下，損失經驗愈佳，其保費負擔愈少；反之，在損失經驗欠佳，其保費負擔相對提高，要保人唯有加強損失控制措施，減少損失發生，方能節省保費支出，此為吾人所深信不疑的。

附件一

中華民國精算學會八十六年度第一次精算考試產險組保險數學考題

選擇題:

(單選,請列計算過程)

1.假設死力 $\mu_x = \dfrac{2}{100-x}$,$l_o = 10{,}000$,試求 $_{2|10}q_{30}$ 之值?(6分)

 (A) 1 (B) $\dfrac{36}{49}$ (C) $\dfrac{25}{49}$ (D) $\dfrac{16}{49}$ (E) $\dfrac{9}{49}$

2.利用下表,試分別求95歲者之平均餘命(完全生命期望值)$\mathring{e}_{95}$及中央死亡率 m_{95}等項之值?(6分)

年齡	x	95	96	97	98	99	100
生存數	l_x	30	24	16	12	6	2
死亡數	d_x	6	8	4	6	4	2

 (A) $\mathring{e}_{95} = 2.5$; $m_{95} = \dfrac{2}{9}$ (B) $\mathring{e}_{95} = 1.5$; $m_{95} = \dfrac{9}{2}$ (C) $\mathring{e}_{95} = 3.5$; $m_{95} = \dfrac{2}{9}$

 (D) $\mathring{e}_{95} = 2.5$; $m_{95} = \dfrac{9}{2}$ (E) $\mathring{e}_{95} = 1.5$; $m_{95} = \dfrac{2}{9}$

3.已知 $a_{40} = 11$,$a_{\overline{40.9|}} = 7$,$_{10}E_{40} = 0.5$,試求 $\ddot{a}_{50}$ 之值?(6分)

 (A) 7 (B) 8 (C) 9 (D) 10 (E) 11

4.在常數死力 (Constant Force) 假設下,死力 $\mu_x = 0.9$,$x \in [0,\infty]$,且 $\delta = 0.1$,

試求 $\overline{A}_{30}$ 之值？（6 分）

(A) 0.01　(B) 0.1　(C) 9　(D) 0.9　(E) 0.09

5. 現年 x 歲者，投保一保險期間為 n 年期之定期保險，其保險金額依契約規定為 $R_t=(1+i)^t$，$t=1, 2, \cdots, n$（即第一年之保險金額為 $(1+i)$ 元，第二年之保險金額為 $(1+i)^2$ 元，依此類推至第 n 年之保險金額為 $(1+i)^n$ 元）。若年利率為 i，保險金給付型態為被保險人死亡即時付保險金（Insurance Payable at the Moment of Death），且已知 ${}_nP_x=0.6$，試求此保險之精算現值（躉繳純保費 Net Single Premium）？（7 分）

(A) 0.8　(B) 0.6　(C) 0.4　(D) 0.2　(E) 0.1

6. 若死亡率在各年齡間皆呈均勻分配，亦即在均勻死亡分配 (U.D.D.) 假設下，已知 (1) $i=0.06$，$\delta=\ln(1.06)=0.0583$，$\dfrac{i}{\delta}=1.03$，(2) $A_x=0.5$，(3) ${}_{n|}A_x=0.45$，(4) $a_{x\overline{n}|}=8$，(5) $a_{x\overline{n-1}|}=7.25$，試求 $\overline{A}_{x\overline{n}|}$ 之值？（7 分）

(A) 0.75　(B) 0.7986　(C) 0.80　(D) 0.8015　(E) 0.8225

7. 現年 30 歲者，投保一保險期間為二年期之生死合險，其死亡保險金金額第一年為 a 元，第二年為 b 元 $(a\neq b)$，其生存保險金金額為 c 元（若該被保險人於保險期間屆滿時仍生存，則保險公司將給付保險金 c 元）。若死亡保險金給付型態為被保險人死亡當年年末支付（Insurance Payable at the End of Year of Death），並假設年利率 $i=0$，且已知 $q_{30}=0.3$，$q_{31}=0.5$，試求此保險之精算現值（躉繳純保費）？（7 分）

(A) $0.3a+0.5(b+c)$　(B) $0.3a+0.35(b+c)$　(C) $0.5a+0.35(b+c)$

(D) $0.5a+0.3(b+c)$　(E) $0.7a+0.15(b+c)$

8. 若已知年利率 $i=0.06$，試求 $\dfrac{5.15A_x}{1-(1+i)a_x+v\cdot\ddot{a}_x}$ 之值？（6 分）

(A) 1.5　(B) 2.06　(C) 2.5　(D) 3.9　(E) 5.15

9. 假設已知(1) $a_{30:\overline{9}|}=5$, (2) $_{1\alpha}\ddot{a}_{30}=4$, (3) $(Ia)_{30}=14$, (4) $i=0.06$, $d=0.0566$, 試求 $(IA)_{30}$ 之值? (7 分)

 (A) 8.6982 (B) 7.56 (C) 8.56 (D) 7.6416 (E) 8.6416

10. 假設已知(1) $_{10}P_{20}=0.05$, (2) $\ddot{a}_{20:\overline{10}|}=12$, (3) $A^1_{20:\overline{1}|}=0.01$, (4) $A^{\ 1}_{20:\overline{1}|}=0.95$, (5) $d=0.05$, 試求 之值? (7 分)

 (A) 0.082 (B) 0.075 (C) 0.019 (D) 0.1875 (E) 0.62

11. 已知(1) $\ddot{s}_{40:\overline{20}|}=25$, (2) $P^1_{40:\overline{20}|}=0.005$, (3) $P_{50:\overline{10}|}=0.05$, (4) $d=0.05$, 試求 $_{10}V_{40:\overline{20}|}$ 之值? (7 分)

 (A) 0.05 (B) 0.045 (C) 0.005 (D) 0.04 (E) 0.1

12. 現年 x 歲者,投保一保險金額 3 元,保險期間三年、繳費期間亦為三年期之全期繳費生死合險。若保險費於每年年初繳交且保險金於被保險人死亡當年年末支付,已知下列條件:

① 年利率 $i=0.2$。

② 第一保單年度的年末責任準備金為 0.66 元。

③ 第二保單年度的年末責任準備金為 1.56 元。

試求本險年繳純保費 $3P_{x:\overline{3}|}$? (7 分)

 (A) 0.3133 (B) 0.94 (C) 0.1733 (D) 0.52 (E) 0.6133

13. 假設已知(1) $_nP_x=0.04$, (2) $P^1_{x:\overline{n}|}=0.05$, (3) $A_{x+n}=0.4$, (4) $P_x=0.025$, 試求 $_nV_x$ 之值? (7分)

 (A) 0.01 (B) 0.045 (C) 0.07 (D) 0.1 (E) 0.9

14. 現年 x 歲者,投保一保險金額一萬元之人壽保險。若已知本險之年繳純保費為 500 元及下列各保單年度之年末責任準備金數額。

保單年度	1	2	3	4	5	6
年末責任準備金	800	1,200	1,800	2,500	3,400	4,500

試求第四保單年度之年中責任準備金及淨危險保額 (Net Amount at Risk)? (7分)

(A) 年中責任準備金：2,300；淨危險保額：7,500

(B) 年中責任準備金：2,300；淨危險保額：8,200

(C) 年中責任準備金：2,400；淨危險保額：7,500

(D) 年中責任準備金：2,400；淨危險保額：8,200

(E) 年中責任準備金：2,500；淨危險保額：7,500

15.假設已知(1) $i=0.06$, (2) $q_{46}=0.00424$, (3) $A_{47:\overline{18|}}=0.382$, (4) $\ddot{a}_{47:\overline{18|}}=10.918$,

試求 $_2V^{FP2}_{45:\overline{20|}}$ 之值? (7分)

(A) 0.1　(B) 1　(C) 3　(D) 0.3　(E) 0.03

附件二

中華民國精算學會八十六年度第一次精算考試產險組保險數學考題

1.假設長期火災保險費率結構如下：

①初年度新契約費用率：α

②每年度之事務及管理費用率：β

③每年度預期損失率：T

④預期利潤率：P

⑤佣金率：C

⑥預定年利率：i

(a)試導出 n 年期長期火災保險之躉繳保費係數 γ_n 之計算公式？(5%)

(b)若 $\alpha = 12\%$，$\beta = 8\%$，$T = 60\%$，$P = 8\%$，$C = 12\%$，$i = 10\%$，試求十五年期火災保險之躉繳保費係數 γ_{15}？(5%)

已知 $a_{\overline{14}|0.1} = 7.3667$，$a_{\overline{15}|0.1} = 7.6061$，$a_{\overline{16}|0.1} = 7.8237$。

2.假設在某產物保險契約中隨機抽取樣本 5,000 件保單，其每件保險標的價值均為 NT$1,000,000，觀察過去一年損失經驗，其損失機率為 2%（其次數分配如下表所示），試分別在 100% 及 60% 共保 (Co-insurance) 條款下，求其保險費率及各單保險費？（假設每件保單所附加之固定費用率 C 為總保費之 20%，變動費用率 V 為總保費之 25%）

(1) 損失等級 $X_1 < L \leq X_2$	(2) 損失次數 N	(3) 平均損失金額 L
\$ 0～ 100,000	70	\$ 40,000
100,000～ 200,000	5	200,000
200,000～ 300,000	5	250,000
300,000～ 400,000	4	400,000
400,000～ 500,000	3	450,000
500,000～ 600,000	3	600,000
600,000～ 700,000	2	650,000
700,000～ 800,000	4	750,000
800,000～ 900,000	3	850,000
900,000～1,000,000	1	950,000

3.假設火災保險費率為 0.06%，預期損失率為 60%，倘損失資料之信賴度為 0.9，試問實際損失率為 80% 及 50% 時，其調整後之合理費率應為多少？(10%)

4.(a)汽車車損險之實際損失可能有 95% 會落在預期損失 95% 至 105% 範圍內之信賴度，將有百分之百之可靠性，試求在此情況下至少需要多少理賠件數？已知 $\Pr[|Z| < 1.96] \geq 0.95$　(5%)

(b)在上述相同條件下，試求理賠件數分別為 1,400 件及 800 件時之信賴度各為多少？（5%）

5. 某產險公司於民國八十二年起販售一新險種，該險最近三年之簽單保費及理賠資料如下表：

金額：千元

年度	82			83		84	
簽單保費	1,100			1,400		1,800	
年底未滿期保費	600			750		900	
賠案號碼	賠案之簽單年度	已付賠款	未決賠款	已付賠款	未決賠款	已付賠款	未決賠款
#82001	82	400					
#82002	82		200	280			
#82003	82		240		260	160	
#83001	83			320			
#83002	83				340	300	
#84001	84					40	
#84002	84						80

試分別以日曆年度 (Calendar Year) 制、保單年度 (Policy Year) 制及意外年度 (Accident Year) 制求該新險種在八十三年度之損失率？（10%）

6. 假設預期損失率為80%，損失趨勢因子每年為5%，若意外事故八十四及八十五年的滿期保費及最終賠款資料如下：

年度	滿期保費	最終賠款
84	2,000,000	1,000,000
85	3,000,000	2,000,000

再者，假設可信度訂為100%，未來一年期保單的費率生效日期為八十六年七月

一日，在八十四及八十五年均採用相等權數(weights 50%, 50%) 之情況下，請計算費率變更的大小。(6.25%)

7.由以下的資料，計算每一保險單位的總保費：(6.25%)

每一保險單位純保費	$100
固定費用為每一保險單位	$100
變動費用為	10%
預期利潤為	3%

8.若 A 保險公司發行六個月及一年期保單，在八十五年時此二類保單的簽單保費數額如下：

保單類別	簽單保費
六個月	$24,000,000
一年期	$120,000,000

假設保單的簽發具有均勻性，請計算在八十五年十二月三十一日的滿期保費。(6.25%)

9.假定 Class A 為 base class, Class A 的舊費率為$100, Class A 的新費率為$125。若 Class C 對 Class A 的舊相對係數為 1.20，而 Class C 的費率調整幅度為+10%，請計算 Class C 對 Class A 的新相對係數 (Class relativity)。(6.25%)

10.若意外事故年度八十三年在八十四年十二月三十一日時的已發生賠款為 $1,000,000 由八十四年十二月三十一日至最終賠款的預估損失發展因子為 1.20；若八十三意外事故年度的預期損失為 $1,400,000，而已付賠款在八十四年十二月三十一日為$600,000，請計算：

⑴依照 Budgeted IBNR 方法，求出最終賠款金額。(6.25%)

⑵依照 Budgeted IBNR 方法，應提列的賠款準備金為多少。(6.25%)

11.請說明損失發展 (loss development) 調整與損失趨勢 (loss trending) 調整，是否使
　　得過去經驗的損失資料，經過此二項調整之後，會造成未來經驗期間所預估
　　出來的最終賠款有高估的現象。(6.25%)

12.請說明投資收益如何反應在費率計算上。(6.25%)

第五章　保險精算（二）
——人壽保險

第一節　前　言

　　保險制度在一個社會經濟體系裏扮演著非常的重要角色，一個國定的經濟愈發展，其社會對於保險的需求亦將更為殷切，因為保險事業能提供經濟社會安定的力量。同時，保險事業也是相當專業化的行業，在其專業特性裏精算學術更屬於專業的知識，因為在理論上保險非但涉及過去經驗的統計及數理大數法則的應用，其經營實務上有關的商品設計、費率擬訂、紅利計算、責任準備金提存、解約金標準訂定及經營管理上的問題等，皆需要透過精算技術去作精密的計算、分析，而也與保險消費者的權益息息相關。可見精算學術在壽險經營上的重要。

　　精算學術發展於十七世紀中葉，其演進係由單純的互助發展成精密考慮事故發生率、資金運用利率及費用分配等的複雜運算。而近年來隨著資訊工業的發達，如何將精密而複雜的運算透過電子計算機的處理而使保險消費者能極迅速、方便且準確的購買符合需要的保險商品，更是最新的趨勢。

　　本文即由最原始的精算理論——保險費的計收方式，來說明精算學術在壽險經營上的發展，其次再由精算人員在壽險公司內所擔負的工作

範圍來說明「壽險精算」的內容。而由於從事專業的精算工作必須有相當深厚的長期訓練——參加精算師資格考試,其訓練的課程內容如何?在取得精算師資格後其工作領域及工作職責等,本文亦將詳述。

第二節　人壽保險保險費計收方式的起源

保險費精算的最原始型態是英國「福利社團」(Benefit Society) 對其社員收取保險費的計算方式。該社團對社員之死亡保險金額及計收保險費採下列兩種方法。

（一）保險金額固定而於年底決定保險費

當社員在年度內發生死亡事故時,由社團支付原規定之保險金額 A,而至年底時再統籌計算該年度內所支付的總金額, 由其他仍生存的社員平均分攤, 此分攤的金額 P 即是該年度應繳納之保險費,以簡式表示如下:

$$P = \frac{\theta \times A}{L - \theta}$$

L: 表示年初時參加的社員人數。

θ: 表示該年度內社員的死亡人數。

（二）保險費固定而於年底決定保險金額

社團規定在年底時若社員仍生存, 則應繳交一定金額的保險費, 而將所有收到之保險費總額依照該年度內社員的死亡人數平均計算, 作為每一死亡社員之保險給付金額。以簡式表示如下:

$$A = \frac{P \times (L - \theta)}{\theta}$$

上述二種計收保險費的方式固然相當簡單,但是因為社團對於參加的社員並無年齡的限制,導致一些年輕社員發覺相當不利而紛紛脫離,而年齡較長者的人數則愈來愈多。於是, 採第一種方法者因為每年支付的金額逐年增加而使其他生存者負擔相當重;採第二種方式者因為每年

收取的保險費逐年減少，而使能分配到的保險金額給付相當的低。最後導致死亡社員之家屬對低額的保險金額給付迭有怨言，而生存社員則拒絕繳付高額的保險費，與原先社團設立之互助宗旨完全背離，也因此英國政府禁止該組織之繼續存在。這兩種保險費的計收方式可說是人壽保險精算保險費的最原始方式。

第三節　人壽保險保險費計收方式的發展

人壽保險保險費的計收方式，隨著承保技術的提昇，大體依下列程序發展：

一、均一賦課制

早期的人壽保險公司對於參加保險的客戶，不論其年齡的高低皆一律收取相同的保險費，此即均一賦課制。這種方式是假定投保群體中不斷的將會有新進年輕的被保險人加入，致群體的平均年齡不致大幅提高。但事實上已投保的被保險人因保險期間的經過而年齡將漸提高，投保群體為維持穩定的平均年齡，使平均死亡率不致昇高，必須不斷的承保較低年齡的被保險人，而這幾乎是無法做到的，故有分級賦課制的發展。

二、分級賦課制

此方式是將投保年齡分成數個年齡組，被保險人屬於高年齡組即繳付較高的保險費，而屬於同一年齡組則即使投保年齡不同仍皆繳付相同的保險費。這種方式雖比均一賦課制進步，但長期而言仍不能維持投保群體穩定的死亡率，只能延緩它的發生。

三、自然保費制

　　理論上每個人隨著年齡的增加，死亡率會愈高。壽險公司對較高年齡的被保險人課收較高的保險費，大體能為一般人所接受，此即自然保費制。這種方式解決了上述均一賦課制及分級賦課制未能穩定投保群體平均死亡率的缺點，但也產生如下缺失：

　　（一）被保險人在年輕時身體健康且生產力旺盛，但卻負擔較低的保險費，而老年時體力衰退生產力減弱，卻反而要負擔較重的保險費。

　　（二）每年因被保險人年齡的提高而課收不相同的保險費，對要保人及壽險公司而言皆較不方便。

　　（三）當保險費調整提高時，一些自認身體狀況較好的人常會退出不保，而留下一些身體狀況不佳者，這勢將破壞了投保群體死亡率的穩定性。

四、平衡保費制

　　為彌補自然保費制的缺點，道爾森 (Jams Dodson) 和辛普森 (Thomas Simpson) 首先引用平衡保費制來計算保險費，此方式即對每一投保年齡之被保險人，依其死亡率的高低而課收不同的保險費，但在保險繳費期間內則即使被保險人之年齡漸長，仍皆課收相同的保險費。現行我國各壽險公司也大部份採用這種方式。

五、彈性保費制

　　隨著經濟的成長以及一般社會大眾購買純粹保險保障，並將餘額參與投資 (Buy term and invest the difference) 觀念的進展，美、日的壽險公司為了迎合客戶日益增加的生活保障需求和追求高利潤投資的冀望，紛紛設計了變額保險 (Variable life insurance) 及萬能保險 (Universal life insurance)。這種新型態的壽險商品允許要保人在有較高繳費能力或較高保障需求時繳付較高的保險費，而在財務狀況較拮据時可繳交低額的保

險費，但卻仍能享有足夠的保險保障，此即彈性保費制。

第四節　精算人員在壽險公司的工作與職責

　　人壽保險在經營上的演進如同上述保險費計收方式的發展一般，是由經驗中去尋找錯誤，藉著不斷的改進而逐漸以科學的方法來解決經營上所產生的問題，其中精算科學 (Actuarial Science) 即是在演進的過程中扮演著重要的角色。精算人員在壽險公司的工作是以其數理方法來規劃、分析解決複雜的經營問題，並以其專業的保險素養來與核保、理賠、保全、業務、投資人員相互配合，俾達成保險契約所應付的責任，進而保障投保人的權益。吾人可歸納其工作與職責如下：

一、精算人員的基本工作

　　（一）新種商品的開發與設計 (New product design)

　　（二）費率之釐訂 (Pricing)

　　（三）市場調查研究 (Market research)

　　（四）紅利尺度的決定 (Determination of dividend scale)

　　（五）應提存責任準備金之計算及相關財務報表之編製 (Valuation and financial statement)

　　（六）展業報酬之擬訂 (Agency compensation)

　　（七）業務人員財務輔助計劃之成本分析 (Agent financing cost studies)

　　（八）展業人員脫落情形統計研究 (Agents termination studies)

　　（九）死亡率、罹病率、殘廢發生率之統計研究 (Mortality, morbidity and disability studies)

　　（十）業務失效率之統計研究 (Lapse studies)

（十一）費用分析 (Expense analysis)

（十二）損益及利源分析 (Gain and loss analysis)

（十三）風險測度及精算技術研究 (Risk theory and technical studies)

（十四）與再保險有關之精算工作 (Actuarial works of reinsurance)

（十五）與核保有關之精算工作 (Actuarial works of underwriting)

（十六）與保險監理機構、保險專責機構(如壽險公會、保險事業發展中心及各相關業務單位之聯繫 (Governmental, Professional and Public relations)

（十七）培育訓練精算人才及協助教育訓練中心的員工訓練 (Training and education of actuarial and non-actuarial Personnel)

二、精算人員的高階管理工作

（一）參與壽險公司整體經營規劃 (Planning and forecasting)

（二）預算編製與費用控制 (Budget and Controllership)

（三）投資策略規劃 (Investment strategy)

（四）業務推展計劃 (Sales Promotions)

（五）人事管理規劃 (Personnel management)

（六）電腦化系統規劃 (Electronic data processing)

精算工作對壽險公司的影響相當深遠，短期內常不能即時顯示績效，而常常在十年、二十年後始能看出其巨大的影響，也因此精算人員參與壽險公司高階層管理工作對公司之決策相當重要，若以參與之決策層次愈高則其對基本工作之考量將愈周詳，而壽險公司之決策也將因精算人員之參與而降低經營風險，更提高決策的正確性。

三、我國法令有關精算人員資格規定及其工作職責

（一）精算人員資格規定

依照財政部民國六十四年八月十三日臺財錢第一八二〇六號函頒佈的「保險業精算人員及助理精算人員資格」辦法轉錄如下：

1.精算人員 (Actuary) 之資格

⑴政府所認可國內外精算學會之正會員、或經國內外主管機關、或經政府認可保險學術機構所舉辦之精算人員考試及格取得證件者。

⑵國內外大專學校數學、統計、保險等科系畢業，並實際主管保險工作五年以上者。

⑶在本辦法實施前曾主持保險公司精算部門業務，並實際主管保險精算工作五年以上者。

⑷曾任保險公司助理精算人員八年以上者。

2.助理精算人員 (Assistant Actuary) 之資格

⑴政府認可國內外精算學會之準會員、或經國內外保險主管機構，或經政府認可保險學術機構所舉辦之助理精算人員考試及格取得證件者。

⑵國內外大專學校數學、統計、保險等科系畢業並實際從事保險精算工作二年以上者。

⑶國內外大專學校畢業並實際從事保險精算工作四年以上者。

⑷在本辦法實施前曾實際從事精算工作五年以上者。

各壽險公司如有符合前項資格之人員，得檢具各該員之學歷證件報請主管機關登記。

（二）精算人員之工作職責

依照財政部民國六十四年臺財錢第一八二〇六號函規定轉錄如下：

1.各壽險公司年終報表有關責任準備金等之簽證，得由各公司指定符合精算人員資格者一人簽證之。

2.各壽險公司簽證精算人員應本公正之原則，正確合理之方法負責

簽證，如簽證有虛偽不實之情事者，經查明除撤銷其精算人員資格外，其情節重大者並得追究其刑責。

　　3.各壽險公司簽證精算人員，如無正當理由並報經主管機關同意者，不得變更。

第五節　壽險精算師資格的取得及其工作領域

　　精算管理 (Actuarial Management)、契約管理 (Administration)、財務管理 (Financial Management) 及業務推展 (Sales Promotion) 是構成壽險公司經營的四大支柱，猶如桌子之四支腳，不能偏頗，亦缺一不可。而其中延攬精算人才，設置精算人員，專事計算服務、險種設計、業務經營之檢討分析與長期經營規劃等更與經營之成敗息息相關。

　　精算人員不僅需具備高深的數學、統計及壽險經營實務等學識，且於經濟、財政、會計、法律甚至醫務等各方面，均須有相當的修養，俾以其數理方法規劃、分析並解決複雜的社會問題和經營問題。此外，具備有良好的品德更是精算人員的基本素養。我國的國際名精算師林喆博士曾對「精算師」作了如下的詮釋：

　　要作為一位精算師，必須有良好的數學根基，但並不需要是位天才的數學家，想做位精算師必須具備下列四個基本條件（四 I）：智慧 (Intelligence)、勤勞 (Industry)、廉潔 (Integrity)、想像力 (Image)。也可以用下列簡式來說明什麼是精算師：

$$精算師 = \frac{1}{4} 數學家 (Mathematician) + \frac{1}{4} 統計家 (Statistician)$$
$$+ \frac{1}{4} 商人 (Businessman) + \frac{1}{4} 人性 (Human)$$

　　壽險精算師資格的取得，可經由下列三種途徑，唯以經由參加精算學會精算考試通過全部科目而取得正會員資格為正途。

　　（一）組織成立時取得會員資格 (Organizational membership)

開始組織精算學會時，依創始成員之實際經驗與年資於創始時取得資格，組織正常化後就取消此種資格之認定，而必須經由考試。

（二）依學位等級取得資格 (Academic achievement)

在美國有專門精算學院，依其學位等級而定，但在日本、我國則無此種學院。

（三）依考試取得資格

目前在美國、日本及我國的精算學會均有舉辦精算師資格考試，通過全部科目取得正會員資格者即為精算師。

一、如何通過美國精算師資格

美國精算學會 (Actuary Society of America) 成立於一八八九年，後因學會組成發生分歧於一九〇九年另成立 America Society of Actuary，直到一九四九年才又合併為 Society of Actuaries，通過其規定科目達四百五十點 (450 credits) 簡稱 F.S.A.。邇過其所訂基礎科目達二百點者，即授予 A.S.A. 資格。在產物保險方面，於一九一四年成立 Casualty Actuarial Society，到一九六八年該會以 American Academy of Actuary 之名要求政府承認，其組員簡稱 M.A.A.A.。Actuary Society of America所處理事項近乎教育訓練工作，American Academy of Actuary 則從事其他對外事宜。

美國精算學會每年春季 (Spring) 及秋季 (Fall) 約五月及十一月在臺北有舉辦會員精算考試。

（一）助理精算師資格 (Associateship Designation, A.S.A.)

通過下列科目之累積點數 (credits) 達二百點時，即取得助理精算師資格，其各科目代號、名稱、點數及形式如下：

科目代號	科　目　名　稱	點　數	形式
100	微積分及線性代數	30	必考
110	機率論及統計學	30	必考
120	應用統計方法	15	必考
121	應用統計方法密集研習會	10	選考
130	作業研究	15	選考
135	數值分析	10	選考
140	複利數學	10	必考
150	精算數學	40	必考
151	危險理論	15	必考
152	危險理論密集研習會	10	選考
160	生存者模式研究	15	必考
161	人口學數理	10	選考
162	精算相關統計表編製	10	選考
165	修勻數理	10	選考

通過必考科目點數達一五五點，選考科目點數達四十五點，合計點數達二百點即賦予助理精算師資格。

（二）正會員資格 (Fellowship Designation, F.S.A.)

會員在取得 A.S.A. 資格後，必須繼續通過共同課程 (Core Courses) 一百點及分項課程中之必考科目九十點、選考科目六十點，合計達二百五十點即正式取得正會員資格。而分項課程則可依團體福利課程 (Group Benefit Courses)、個人壽險及年金課程 (Individual Life and Annuity Courses)、退休金課程 (Pension Courses)或投資／財務課程 (Investment/Finance Courses) 等四種課程擇一逐次通過累積點數。

1.共同課程

科目代號	科　目　名　稱	點　數	形式
200	基本財務安全規劃	40	必考
210	基本精算實務	30	必考
220	基本資產管理及公司財務	30	必考
230	資產／負債管理原理	15	必考＊

＊資產／負債管理原理由一九九四年春季開始列為必考科目

2.團體福利課程

科目代號	科　目　名　稱	點　數	形式
G－320	團體福利設計與分配	30	必考
I－343U	美國人壽保險法及稅法	10	必考
G－421U	美國團體財務管理及監理	20	必考
G－422	團體保險費率釐訂	20	必考
G－520	醫療給付之成本控制	10	選考
G－522	退休及長期看護保險	10	選考
G－523	退休員工之非退休福利計劃	10	選考
G－525U	彈性福利計劃	10	選考
G－527	醫療保險單	10	選考

3.個人壽險及年金課程

科目代號	科 目 名 稱	點 數	形 式
Ⅰ－340	個人壽險及年金精算實務調查	30	必考
Ⅰ－343U	美國人壽保險法及稅法	10	必考
Ⅰ－441U	美國高級商品設計及費率釐訂	25	必考＊
Ⅰ－443U	美國負債評估及財務報表	25	必考
Ⅰ－445	個人健康保險	25	必考＊
Ⅰ－540	個人壽險及年金之行銷	10	選考
Ⅰ－542	危險選擇	10	選考
Ⅰ－550	再保險	10	選考

＊Ⅰ－441U及Ⅰ－445等兩科必考科目可擇一選擇必考

4.退休金課程

科目代號	科 目 名 稱	點 數	形 式
Ｐ－360U	退休金負債評估原理Ⅰ	15	必考
Ｐ－362U	退休計劃設計	15	必考
Ｐ－363	退休金提存方式	15	必考
Ｐ－365U	美國退休計劃之法令規定	25	必考
Ｐ－461U	退休金負債評估原理Ⅱ	20	必考
Ｐ－560	跨國性退休計劃問題	20	選考
Ｐ－562U	美國OASDI計劃	10	選考
Ｐ－564	精算專家之簽證	10	選考
Ｐ－566U	美國現行薪資制度	10	選考

5. 投資/財務課程

科目代號	科 目 名 稱	點 數	形 式
V－380	資產負債管理原理	20	選考
V－385	財務管理	15	必考
V－480	高級資產負債管理	15	選考
I －443U	美國負債評估及財務報表	25	必考
V －483U	高級財務管理及稅法	25	必考
V －485	高級投資組合管理	15	選考
V －580	公司財務管理	15	必考
V －590	公司策略及清償能力管理	10	必考

（三）西元二〇〇〇年考試方式的變革與轉換

美國精算學會目前預告在西元二〇〇〇年時，其精算考試科目將予以簡化為八大課程及職業發展 (Professional Development) 等。各課程內容如下：

課程	科目名稱
一	精算數學
二	利率理論、經濟及財務
三	精算模型
四	精算模型方法
五	基本精算原理運用
六	財務與投資
七	模型運用
八	高等精算實務
職業發展	職業發展

　　至於在現行考試方式下所取得的點數，其轉換成八大科目的對照表如下：

課程	科目名稱	轉換所需的現行科目代號或點數
一	精算數學	100、110
二	利率理論、經濟及財務	140及選修學分20點
三	精算模型	150、151
四	精算模型方法	120、160
五	基本精算原理運用	200、210
六	財務與投資	220、230
七	模型運用	選修學分50點
八	高等精算實務	必修學分50點及選修學分10點
職業發展	職業發展	選修學分50點

　　其中必修學分為精算考試五大領域，個人壽險、團體保險、退休金、財務及投資等所規定的科目。至於選修學分則可選擇跨領域之科目。

二、如何通過日本精算師資格

　　日本精算學會每年十二月中旬在臺北有舉辦會員精算考試，考試科目分為基礎科目及專門科目等二次試驗，其中基礎科目為共同必須通過之科目，而專門科目則分為保險課程及年金課程等二種，必須通過基礎科目六科後，再選擇專門科目各二科，共通過八科之科目始能取得正會員資格。

　　（一）基礎科目內容

1.數學（Ⅰ）：機率論。（包含機率分佈、平均值、中心極限定理等。）

2.數學（Ⅱ）：數理統計學、機率論的運用。

3.保險數學（Ⅰ）：保險數學的基本理論及計算。（單生保險、連生保險、生命表及純保險費、責任準備金等保險數學的基礎。）

4.保險數學（Ⅱ）：保險數學的應用。（營業保險費、解約退還金、保險費率釐訂及計算基礎率之變更影響等應用部份。）

5.年金數理：年金數理及基本年金財政。（包括年金數理的基本原理、計算基礎、財政處理方式、數理損益分析、責任準備金及過去服務債務。）

6.會計、經濟：會計及經濟學的基本原理。（會計學基本概念、企業會計制度、費用收益測度、資產評價、財務報表編製及經濟學基礎理論。）

（二）專門科目內容

專門科目分為保險課程及年金課程二項，每種課程各含二個科目，其內容如下：

1.保險課程

⑴保險1：保險商品實務。（營業保險費、解約退還金、計算基礎間之相互關係、變額保險、團體保險、醫療保險、再保險、契約稅制。）

⑵保險2：保險會計及決算。（人壽保險會計、人壽保險公司的決算、保險公司稅制、費用管理與分析、紅利分配。）

2.年金課程

⑴年金1：適格退職年金制度、年金稅務會計。（適格年金制度的設計、財政及營運、退職金制度及厚生年金基金稅務、會計。）

⑵年金2：公的年金制度及厚生年金基金制度。（厚生年金、國民年金等公的年金制度、年金基金之營運、厚生年金基金之制度設計與財務。）

三、如何通過中華民國精算師資格

中華民國精算學會成立於民國五十八年，以促進精算學術，培養精算人才，交流國際精算知識，健全發展中華民國精算事業為宗旨。嗣於民國六十九年開始，產險公司陸續加入精算學會為團體會員，更擴大了學術研究的層面。

中華民國精算學會考試類別共分為：1.壽險類（考試科目八科），2.產險類（考試科目八科），3.退休金類（考試科目六科），每年三月、八月分別於臺北、臺中兩個考區舉辦，茲分述各類別考試科目如下：

（一）壽險類：包含考試科目八科，其考試內容如下：

⑴基礎數學：分成兩部份，第一部份 1A 含微積分及或然率，第二部份 1B 含複利數學及數值分析。

⑵數理統計：含統計分配、抽樣理論、統計推定及檢定、變異數分析及迴歸分析等佔 60％，另危險理論佔40％。

⑶保險理論（Ⅰ）：含人壽保險的理論與實務、保險法及有關法規。

⑷保險數學（Ⅰ）：單生保險、連生保險、年金保險之保險費及責任準備金之有關理論及計算。

⑸保險理論（Ⅱ）：個人與團體人壽保險、個人與團體健康保險、退休年金計劃與企業保險、再保險、社會保險、核保。

⑹保險會計：個別財務及業務交易事項、資產、負債、股東權益、收益費用等評估或計算、財務報表之編製及分析、檢查報表之編製及分析。

⑺保險數學（Ⅱ）：利源分析、生命表及脫退表之製作（包含修勻原理、人口學）等佔50％，另含退休年金數學50％。

⑻保險經營：保險經營之理論及實務（含時事問題）。

（二）產險類：包含考試科目八科，其考試內容如下：

⑴基礎數學：分成兩部份，第一部份 1A 含微積分及或然率，第二部份 1B 含複利數學及數值分析。

⑵數理統計：含統計分配、抽樣理論、統計推定及檢定、變異數分析及迴歸分析等佔60％，另危險理論佔40％。

⑶保險理論（Ⅰ）：含保險學之總論部份、保險法及有關法規。

⑷保險數學（Ⅰ）：含單生年金保險之有關理論及計算、費率計算原理、計算資料及可信度理論。

⑸保險理論（Ⅱ）：火災保險、海上保險、陸空保險、責任保險、再保險、各種財產及意外保險。

⑹保險會計：保費、賠款費用之準備金，個別財務及業務交易事項，資產、負債、股東權益、收益費用等評估或計算，財務報表之編製及分析，檢查報表之編製及分析。

⑺保險數學（Ⅱ）：高等費率計算及個別風險率計算。

⑻保險經營：保險經營之理論及實務（含時事問題）。

（三）退休金類：包含考試科目六科，其考試內容如下：

⑴基礎數學：分成兩部份，第一部份1A含微積分及或然率，第二部份1B含複利數學及數值分析。

⑵數理統計：含統計分配、抽樣理論、統計推定及檢定、變異數分析及迴歸分析等佔60％，另危險理論佔40％。

⑶保險數學（Ⅰ）：含單生年金保險之有關理論及計算、費率計算原理、計算資料及可信度理論。

⑷退休金理論：退休制度設計及財務管理。

⑸退休金會計：含一般會計、退休金會計處理準則、退休金會計及退休制度相關法令規定。

⑹退休金數學：含精算成本法及相關精算假設。

四、精算師的工作領域

精算人員在經過漫長、艱辛而嚴格的精算師資格考試取得精算師資格後，其工作領域依服務性質可受聘於如下機構：

（一）保險公司：從事第四節所述之基本工作及高階管理工作，其工作品質亦將因地位的受肯定而更提昇。如在業務部門則從事商品設計、市場調查研究、展業報酬辦法擬訂及各項業務統計分析工作；如在精算部門則從事保險費、責任準備金、解約退還金等精算服務事項及長期計劃擬訂、利益分析、費用分析、承保、再保、清償能力評價、紅利分配、財務報表編製等事宜。

（二）再保險公司：從事再保險費率釐訂、再保險合約擬訂、再保險業務統計、簽單公司精算技術支援及指導等事宜及公司業務發展事項。

（三）政府保險監理機關：從事監理保險公司經營是否健全合法、審核新種保險商品的發行、費率是否合理等。而引導保險公司能對國家經濟發展有助益，為社會大眾謀取最大之福利是其目標。

（四）保險事業專責機構：如人壽保險商業同業公會、保險事業發展中心等，以從事於保險教育訓練、研究發展促進保險學術、經營技術之提昇及增進壽險同業間之共同利益等。

（五）學術研究及教育機構：如大專院校保險系所、應用數學系所及相關學會等，以傳授及研究精算課程，培養新生代精算人才為職志。

（六）精算顧問公司：為一些沒有聘請精算師的保險公司以及社會團體，解決經營問題或設立福利計劃、退休金制度等問題，並可為政府機構所遭遇之一些複雜問題提出解決方法之建議。

（七）社會保險機構：從事研擬保險制度規劃及保險內容、費率擬訂、保險條例及基金提存與分析等事宜。

（八）其他機構：如大企業之風險管理部門、銀行、信託公司、人

口統計單位 (demographic centers) 等。

第六節　壽險精算工作舉例

一、壽險商品設計

（一）精算人員設計新種商品的構思

壽險商品的偏好常因每個人的「需要」及「繳費能力」而不同，因而尋求商品種類的多樣化是各壽險公司在商品設計上努力的方向。而如何設計能受到社會大眾歡迎、展業人員樂於銷售，又壽險公司能有合理利潤的商品及費率，更是精算人員的目標。

精算人員對於壽險商品內容的構思通常可經由下列途徑：

1.透過市場調查瞭解當時、當地一般大眾的偏好。

2.透過展業單位的反應或與展業單位共同研究新商品內容。

3.經由自己的專業知識及經驗去創新商品。

4.因應法令的規定設計合乎潮流的商品。

5.配合壽險公司整體行銷政策設計。

6.修正或改良原銷售商品。

（二）人身保險新種商品送審的主要項目

精算人員在決定商品內容並加以命名後，即可著手研擬保單條款、釐訂保險費率、計算責任準備金、解約金、繳清保險金額等，設計過程中與法務人員研商條款內容及與展業單位說明保險內容、費率及佣酬結構，並與資訊部門系統建立人員講解險種特性等皆是重要的步驟。俟一切就緒即可依財政部頒訂之「人身保險商品審查要點」備妥必需之文件，向財政部辦理報核手續。茲列述人身保險商品審查要點如下：

1.為便利人身保險商品審查，依據保險業管理辦法，訂定本審查要

點。

　2.人身保險應依險別特性檢附下列文件送財政部核准後始得出單。

　⑴保單內容說明書。

　⑵保單送審聲明書。

　⑶契約條款四份。

　⑷要保書四份。

　⑸計算說明書、費率表及相關報表四份，其內容包含下列項目。但其中第⑯至⑱僅團體險適用，⑲至㉕僅長期險適用，㉖至㉘為短期險適用之。

　①險種及名稱。

　②繳費期間及方法。

　③保險期間。

　④給付內容及條件。

　⑤投保年齡限制。

　⑥投保金額限制。

　⑦附約附加之限制。

　⑧預定危險發生率（如係引用國外或本身經驗資料須附影印本及國外資料之中文翻譯摘要）。

　⑨預定利率。

　⑩預定附加費用率（如有集體彙繳及高保額差別費率，應予分列）。

　⑪純保費計算公式。

　⑫總保費計算公式。

　⑬賠款準備金計算公式。

　⑭精算人員之評估意見（格式不限，由精算人員依其專業決定之）。

　⑮總保險費率表及集體彙繳總保險費率表（均須區分純保費及附加費用）。

⑯團體與被保險人資格限制及訂定決定個別金額之方式。

⑰團體保費調整計算公式。

⑱團體經驗分紅公式。

⑲保單紅利分配公式。

⑳解約金計算公式。

㉑契約變更（繳清或展期保險）計算公式。

㉒提存責任準備金及保單價值準備金計算公式（含修正制度及計算公式）。

㉓責任準備金表及保單價值準備金表。

㉔解約金表。

㉕繳清保險保額表或展期保險期間表及生存給付表。

㉖未滿期保費準備金提存公式。

㉗特別準備金提存公式。

㉘短期費率表。

㉙經驗統計表格（健康險檢附之）。

前項所指責任準備金表及保單價值準備金表、解約金表、繳清保險保額表、展期保險期間表及生存給付表，以三十五歲為代表年齡送審（前五年度為全部資料，以後每三年或五年為間隔方式列示），必要時財政部得視需要要求補送其他相關資料（如資產額份表）。

3.送審公司對所送之人身保險商品，應由各相關權責人員於保險單送審聲明書簽署確認之。

各相關權責人員應由部門主管（職階不低於副經理或經理者）或具核保、理賠、精算人員資格者擔任之。

4.人身保險商品，財政部得視險種特性（如定期壽險或附約、終身壽險、儲蓄或養老壽險、意外傷害保險或附約、團體一年定期壽險、團體一年意外傷害保險等）及保險市場發展狀況，僅就其所送聲明書之聲

明內容加以審查後，逕予核准。

5.在不變更保險給付內容及計算基礎之原則下，已核准銷售之人身保險，如變更下列內容時，得僅提具聲明書及所需附件向財政部提出申請。

①保險期間變更。

②繳費期間變更（可修改附加費用率）。

③繳費方法變更（可修改附加費用率）。

④投保年齡限制變更。

⑤投保金額下限的變更。

⑥因法令變更所做之變更。

⑦被保險人職業及資格限制變更。

⑧保險給付內容增設計劃別，但僅限給付倍數增加以利於保戶選擇之增加（可修改附加費用率）。

⑨附加費用率調降；但變動幅度不大於原附加費率之百分之十五者。

⑩因組合銷售人身保險而降低附加費用率。但原個別每一保險單之降幅不得超過原附加費用之百分之二十，且調降總和不得超過該組合原個別附加費用之和之百分之十五。

6.人身保險於銷售時，應將下列資料標示於保險單首頁、保險單條款及簡介之明顯處：

①財政部之核准文號及日期。

②依第5點申請者，其新舊核准文號及日期。

③在險種名稱下標註該人身保險之主要給付項目。

④如為人身保險之組合，其各保險單之核准文號及險種名稱。

人身保險出售前，應將下列文件檢送財政部。

①保險單條款樣本五份。

②要保書及簡介各五份。

③費率表及計算說明書各乙份。

④所送文件與送審內容相符之聲明。

　7.人身保險之送審內容，如經查核發現有重大錯誤、聲明不實、或違反法令之情形，除依相關規定處罰外，並得停止按第 4、5 點規定審查。前項情事，有損要保人、被保險人或受益人權益者，送審公司應依法負責。

　（三）精算師對壽險商品設計應有的態度

　　精算師對於精算人員所設計的新商品及所釐訂的費率，不能僅由精算的領域去審視，而必須從壽險公司經營方針及整體行銷策略去作長期的利益分析。因此除了充分運用本身所具備的豐富精算學術外，還必須多吸收展業管理的知識，多參與展業管理的事務，並進而在展業管理決策上扮演重要角色。

　　對新商品的費率尤應堅守公平、充分、適當的原則。使客戶能在最低廉的保費下享有最高的保險保障；使展業人員能因新商品的利於銷售而有適切的報酬；使壽險公司能因業務的順利推展而達危險分散的效果，進而有合理的利潤；此三者的利益是相互衝突的，但謀求三者的均衡利益卻需要精算師的智慧。

二、壽險保單責任準備金評估

　（一）壽險保單責任準備金評估的目的

　　就會計原理而言，任何公司的財務報表若不能對該公司有較確實的負債評估則不能顯示該公司之經營績效。壽險公司亦然，惟與一般公司所不同者乃壽險公司負債常高達90％為責任準備金，亦即壽險公司對保單持有人死亡或生存的可能負債。而由於每個壽險公司的經營目的與情況的不同，往往一種責任準備金評估的方式會影響整個壽險公司的經營目標，且若採不適當的評估則往往會帶給壽險公司錯誤的經營印象，甚

至導致保戶及股東對該壽險公司喪失信心。簡言之，壽險保單之評估有如下目的：

1.能夠決定壽險公司財務狀況，以達足夠之清償能力。

2.使能合乎法定最低責任準備的標準，以達保險監理機構的要求。

3.使能顯示壽險公司的經營績效，進而適當決定如何分配紅利。

（二）責任準備金評估對壽險公司的影響

適當的責任準備金評估對壽險公司可有三方面的影響：

1.對新契約業務成長的影響：由於壽險保單在初年度的費用較高，必須由續年度的續繳保費來彌補初年的虧損。因此，若壽險公司採取較強而穩健的責任準備金評估時，則因新契約業務的成長將導致初年度的補貼費用過大而反而影響對新契約之投資；而若採取較弱的責任準備金評估時，對新成立的公司固然初年負擔較輕而新契約成長較不吃力，但卻會有缺乏清償能力之虞，利弊之間端視業者與監理機構如何制衡。

2.對壽險公司投資收益之影響：責任準備金是壽險公司的負債，其來源係保戶在年齡較低時的溢繳危險保費及儲蓄保費，而如何善為投資產生收益並將利潤與保戶共享是壽險公司對保戶的責任。在民國七十五年臺灣地區壽險公司計提之壽險責任準備金達一、二〇七億元，若有1％的投資差異則會有十二億元之差，故究竟對責任準備金評估應持保守或非保守的方式，精算人員應與財務管理人員能有充分而深入的協調。

3.對新險種保單設計的影響：通常保障性較高之險種其應提之責任準備金較低，而儲蓄性較高之險種則較大。就壽險公司之長期及中、短期經營政策言，若期望吸收短期資金則應促銷儲蓄性較高之商品，而若資金較浮濫或投資功能較受牽制則應改變行銷策略而設計較高保障之新險種。

（三）責任準備金的計算

責任準備金係由保戶所繳的保險費扣除營業費用及死亡成本逐年

累積本息而產生的一筆基金。在不考慮脫落率的前提下，該筆基金 (V) 加上未來保費收入的現值 (PVI)，務必要大於未來各項費用的現值 (PVE) 公司方得經營，以簡式表示如下：V＋PVI≧PVE，故該基金的最低提存額為 V＝PVE－PVI。

責任準備金的評估通常可採平衡純保費式準備金及修正式準備金。前者僅對於純保費全額提存而不考慮營業費用的問題。然而由於壽險保單初年度費用較高，在不變更總保費下計提責任準備金時，常需要將初年度及續年度的純保費加以修正俾提高初年度的可用費用，再由續年度來攤補，此即修正式準備金的來源。但保險監理機關為維繫壽險公司之清償能力以免業者提存過低之責任準備金皆訂有法定最低責任準備金之規定。而精算人員在採修正式準備金計算時，尤應注意各年度修正保費的現值必須等於各年度平衡保費的現值，且要避免負值準備金 (Deficiency Reserve) 的產生。

（四）精算師對壽險保單評估的態度

精算師如何判斷責任準備金的評估標準及評估方式，應該是能就整個公司的經營方針作通盤的考慮而非局部的，應該能具有相當的彈性，而非固定於某一評估標準及方式的；應該是對所有保戶負責而非僅對公司負責的。

三、年度壽險新契約目標的訂定

（一）訂定壽險新契約目標應考慮的因素

壽險公司經營管理的指標，有賴於短、中、長期目標的規劃。而年度壽險新契約目標係屬於短期規劃之一種，必需依據壽險公司的經營政策，配合業務行銷計劃、人力規劃及投資計劃等來訂定。其基本上應考慮下列因素：

　1.公司目前的財務狀況及未來累積資金的能力。

2.有效契約的品質及數量。

3.人力的分配。

4.其他業務如團體保險、意外保險、健康保險等之經營績效。

5.壽險商品所面臨的競爭能力。

6.再保險的安排方式。

換言之，壽險新契約目標的訂定，必須從公司最近幾年的業績狀況、人力成長情形及業務品質之統計資料等，依據公司的政策，配合資金的運用情形來訂定。

(二)年度壽險新契約目標的一種訂定方式

壽險公司年度新契約目標的訂定，需依各區管理處人員配備情形、地區性差異等而分別訂定，而各區管理處年度新契約目標之和即為整個年度目標。

區管理處的發展首須創造一個符合地區性的體制，進而孕育達成目標的環境。過程上可由下列三方面著手，而年度目標也依據這三要素的預期績效來訂定：①積極增員，使組織大型化。②激勵士氣，使提高人員實動率 (Activity Ratio)。③加強教育訓練，使瞭解提高舉績保費之重要性及好處。

1.業務員人數目標的訂定

⑴由於年度內業務員可能增入及脫落，故每月份業務員人數係變動因素。月別業務員可採當月期初人數加當月期末人數和之 1/2 估算。

⑵年末人員數約為年初人員數之 2/3 加上年度內新增入人員之 1/2 估算。

2.實動率目標的訂定

⑴實動率係依當月份內達成最低責任額以上之實動業務員人數除以當月業務人員數計算。

⑵年初實動率依上年度各月份之平均實動率減標準差之 1/4 倍估

算。年末實動率依年初實動率加 48％ 之和的 1/2 估算。

　3.平均舉績保費目標

　(1)平均舉績保費以區管理處當月份實動業務員所舉績保費之和除以當月份實動業務員人數計算。

　(2)年初之平均舉績保費依上年度各月份之平均舉績保費加標準差之 1/3 倍估算。

　(3)年末之平均舉績保費等於年初之平均舉績保費乘以 $(1+j_1+j_2)$，其中 j_1 為消費物價指數，j_2 指教育訓練所致之效果 (effect of training)。

　4.年度壽險新契約目標：各區管理處之年度內各月份目標可依下式表示：

$$\left[\frac{\text{當月期初}\atop\text{業務員數}+\text{期末業}\atop\text{務員數}}{2}\right]\times\frac{\text{實動業務員數}}{\left[\frac{\text{當月期初}\atop\text{業務員數}+\text{期末業}\atop\text{務員數}}{}\right]/2}$$

$$\times\frac{\text{實動業務員舉績保費和}}{\text{實動業務員數}}$$

　將各月份之目標加總即為該區管理處之年度目標，而所有區管理處年度目標之和即為年度壽險新契約之目標。

　（三）精算師在訂定年度目標的態度

　壽險公司年度目標的訂定須確實的根據統計資料來訂定，如果為尋求業務的成長而不兼顧業務的品質、費用的控制及投資計劃的確實執行，則勢將造成入不敷出的情形，影響整個公司的經營。如果人力的配備尚未健全，壽險商品缺乏競爭力，則訂定了較高的新契約目標，毋寧是空中樓閣。

　可見，精算師除了提出訂定目標的方式和研擬商品外，對所預訂出的年度新契約目標還必須作資金流程預測 (Cash flow projection)，以分析所有收入與所有支出將導致的財務結果，俾作經營決策之參考。俟年

度目標確定後估算年度資金的需求、年度費用預算的編列和研訂業務績效的測度標準等皆是精算師應貢獻所長之工作。

第七節　結　論

　　本章「壽險精算」，由人壽保險保險費計收方式的發展來說明壽險精算學術的發展是無止境的，不斷的研究、創新是精算人員的知識責任。本文亦列出精算人員在壽險公司的工作及職責，說明精算工作是富有變化而非刻板的。其次由於從事壽險精算工作需有相當的基礎訓練，而最紮實的方法是透過完整的精算考試課程訓練，故本文列出美國、日本、中華民國精算考試的內容告訴讀者那些課程是必備的。最後因限於篇幅，本文無法整體而有系統的詳列各項精算實務，謹以較具代表性的壽險商品設計、壽險保單責任準備金評估及年度壽險新契約目標的訂定等為簡例，希望能引起讀者對精算學術及其應用的興趣。

　　總之，人壽保險的經營是以精算學術為其基礎，而精算之正確則有賴精算人才之培植。又由於壽險精算所涵蓋的範圍幾乎牽涉到所有壽險公司經營的內容，故無論是從事精算行政管理或從事精算學術研究或參與保險事業之營運，皆必須由所有具備精算專業知識的精算人員藉著腦力激盪的研討方式來共同研擬創新的經營革新制度，以提供經營管理改進的參考，進而使壽險事業朝向科學合理化的途徑邁進。

參考資料

　　1.中華民國精算學會編印，《中國精算學會十年史》，民國六十九年。
　　2.保險業務發展基金管理委員會編印，《保險法令彙編》，民國七十二年。

3.美國精算學會編印,《A. D. 1997, 美國精算考試課程資料》。

4.日本精算學會編印,〈日本精算考試簡章〉, 民國七十六年。

5.中華民國精算學會考選委員會編印,〈中華民國精算學會七十六年度第二次精算考試簡章〉, 民國七十六年。

6.羅文浩、洪鴻銘,〈一般壽險保單評估之研究〉,《中華民國精算學會會報第四期》, 民國六十九年。

7.洪鴻銘,〈年度壽險新契約目標訂定的一種方式〉,《中華民國精算學會會報第六期》, 民國七十一年。

第六章　保險行銷（一）
──財產保險

第一節　前　言

　　產物保險因涉及高度專業性知識與技術，致使被保險人往往無法瞭解保險之真義何在。即使擁有了保險單，有時亦不知如何行使其權利或履行其義務。因此如何選擇適當之保險單，對被保險人言實是一大難題，也由於上述原因，產物保險並未能與社會之經濟繁榮及成長配合，反而常遭致一般人之抱怨！主要原因乃係「保險行銷」未能發揮其應有之功能！

　　綜觀過去產物保險行銷之方式多採以人情、血緣、宗親、應酬、放佣、放扣、錯價等方式促銷，此等作法往往影響到產物保險公司之健全經營，隨著金融國際化、自由化的來臨，外國產物保險公司併隨主管機關所頒布監督管理法令的制訂，准許其來臺設立分支機構，進入本地市場經營業務，提供服務，面臨此種業務競爭的衝擊，產物保險行銷勢必成為產物保險公司所面臨而必須探討的問題之一。

第二節　產物保險行銷之一般概念

一、行銷之定義、功能與沿革

（一）定義：美國市場協會 (AMA) 對「行銷」的定義是「生產者對消費者或使用者提供商品或服務，所作的經營活動。」 亦即經營者或生產者應對消費者所構成的市場狀況加以掌握，並依據所收集的資訊修正有關措施與技術，俾使產品更加符合客戶需求的經營活動。簡言之，即透過交易過程滿足人類需求之活動。

因此「保險行銷」亦可利用上述「行銷」之定義而解釋為以「保險」為產品，透過市場之交易機能加以銷售，亦即利用保險的銷售來滿足被保險人的需求。

（二）功能：產物保險行銷可使保險消費者及保險經營者雙方充份各取所需。就保險消費者言，即消費者能透過保險獲得多一層的保障，避免危險發生後，無法取得補償重建財富或須自行承擔應負之責；對保險人而言，將眾多被保險人所投保之危險，運用大數法則消化個別被保險人的危險，而保險經營者亦達到經營之安全與成本之降低，此乃保險行銷之功能。

茲以圖 6–1、圖 6–2 顯示一般企業可能面臨的火災、爆炸的危險及因瑕疵品的製造銷售所引起的危險。由此可知企業的危險所產生之影響並非僅對企業界本身所面臨的單純危險而言，尚涉及各項複雜的問題。若能透過適當的保險安排即可趨吉避凶，此亦賴產物保險業者透過行銷的手段，將各種產物保險產品介紹予被保險人以滿足其需求。

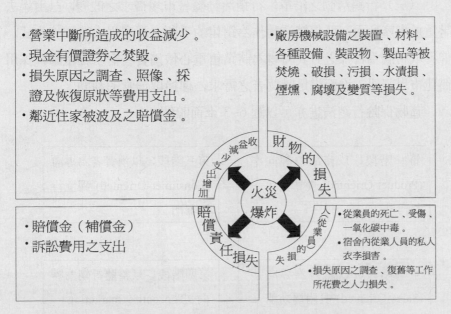

- 營業中斷所造成的收益減少。
- 現金有價證券之焚毀。
- 損失原因之調查、照像、採證及恢復原狀等費用支出。
- 鄰近住家被波及之賠償金。

- 廠房機械設備之裝置、材料、各種設備、裝設物、製品等被焚燒、破損、污損、水漬損、煙燻、腐壞及變質等損失。

- 賠償金（補償金）
- 訴訟費用之支出

- 從業員的死亡、受傷、一氧化碳中毒。
- 宿舍內從業人員的私人衣李損害。
- 損失原因之調查、復舊等工作所花費之人力損失。

圖 6-1　火災、爆炸危險所引起的損失形態

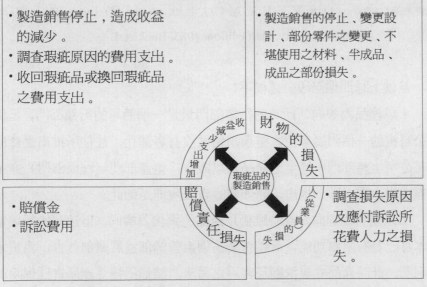

- 製造銷售停止，造成收益的減少。
- 調查瑕疵原因的費用支出。
- 收回瑕疵品或換回瑕疵品之費用支出。

- 製造銷售的停止、變更設計、部份零件之變更、不堪使用之材料、半成品、成品之部份損失。

- 賠償金
- 訴訟費用

- 調查損失原因及應付訴訟所花費人力之損失。

圖 6-2　瑕疵品的製造銷售所引起的損失形態

（三）行銷活動之沿革：行銷活動隨著市場需求之改變，已由過去著重於生產方面，憑促銷活動作為銷售的手段，及利用大量銷售方式，俾獲取利潤為目標之方式轉變為將銷售重心依消費者需求為依歸，採用簡化市場資訊，進而滿足購買者之需求，俾換取適當的利潤。

產物保險行銷演進亦可以圖 6-3 進而瞭解。

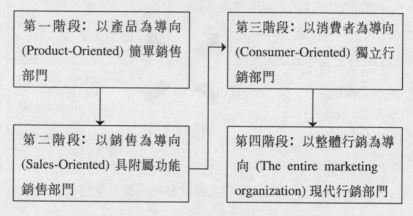

圖 6-3　產物保險行銷部門演進

資料來源：Charles Duft, F. L. I. A. A. C. I. I., *Insurance Marketing*, Swiss Reinsurance Company, First edition, 1983, Booklet 4.

茲就上述四個階段分述如下：

1. 以產品為導向：此時的行銷部門只是一個簡單的行銷部門，是保險公司裡的一個附屬單位，整個銷售並沒有專業化，往往所推出之產品只依公司生產部門所產生之產品加以販賣，生產部門（技術部門）亦不考慮市場之需求即予推出，諸如醫師責任險即是如此。

2. 以銷售為導向：此時雖仍以產品的銷售為導向，但這時的行銷單位本身已具有附屬功能，而銷售業務則由營業部或展業部負責，為追求高利潤，此時產品亦無法顧及客戶之需求，諸如不接受產品責任保險即是。

3.以消費者為導向：在此階段，行銷單位已是一個獨立的行銷部門，例如保險公司在行政上將核保人員與銷售人員分開來，核保人員不管業務上銷售，只作核保簽單的工作以及承保標的危險之評估審核，而行銷部門之地位業已提高，銷售人員專門作行銷的工作，由於行銷部門的受重視，所以此時擔任管理的經理人必須具有更專業的知識和技術，以及行政管理的方法，並且必須具有銷售某一險種之經驗，才能進而瞭解到客戶的需求。同時亦需兼具創新與外交能力以管理內外勤人員，且擁有闊達的胸襟，來適應屬下所帶回的各種對外問題與內部之協調工作。

4.以整體行銷為導向：為適應社會、經濟的變遷，現行之銷售不再僅賴行銷部門來實施。更需保險公司運用其所有的資源，包括人員及財務，擬訂適當的行銷計劃，對訂價、配銷、促銷、客戶溝通等方面加以釐訂方針，做好與客戶間之溝通工作，對市場環境亦需加以調查瞭解與掌握，俾利產品之推展。茲以圖6-4表示產物保險行銷流程如下：

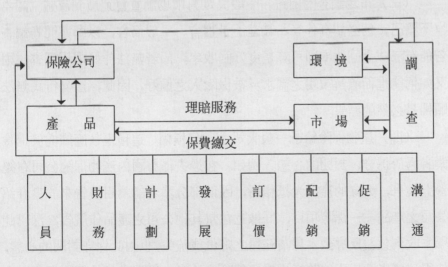

圖6-4　產物保險行銷流程圖

參考資料：陳定國《有效經營》初版，臺北，天下經濟叢書V，民國七十二年二月，P. 27-31。

二、產物保險行銷之特性

產物保險之行銷具有下列幾項特性，茲分述如下：

（一）產品的無形性：保險單只不過是一張紙，卻代表了產物保險公司之信用，一旦出險時，即成為補償之憑證。對客戶而言，無法見到保險單的立即收益及效果，常造成客戶對保險產品無具體之概念，產生信心，導致不易行銷。

（二）大眾缺乏購買慾：由於傳統農業社會上互相救濟的觀念仍深植人心，一切的災厄困難往往仰賴社會大眾、親朋好友的接濟救助來解決，諸如煤礦之災變、琳恩颱風所造成之水災，因而不易建立以購買保險來保障因危險所造成損失的現代觀念。而且又因保險所承擔之危險大多牽涉不幸事件，先天上即遭到大眾的排斥忌諱，而不願公開且理性地談論保險的觀念，同樣的亦導致行銷困難。

（三）市場調查的困難：一般民眾對市場調查普遍感到反感，認為事不關己，何必認真作答，甚至不予理會。一般而言，以郵寄問卷調查若能有三成之回收率即可算是良好回收率。設若無法作好市場調查，則又如何能進而瞭解市場之需求及被保險人之偏好，因此，產險行銷無法順暢是必然的結果。

（四）產物保險給予一般大眾之印象模糊：這種現象應歸究於保險業者過於保守、封閉的心態。例如，在過去僅有國內產物保險公司在經營上競爭，大家的產品大抵相同，因而部分業者認為用廣告來詳盡介紹公司之產品——保險項目，好像也在幫其他公司之產品作廣告，深恐此舉未收到效益反導致本身業務量之降低或流失，也因此保守封閉的心態，使得消費者非但不能瞭解投保何種險才恰當，更混亂了他們對保險真意的瞭解。未能取得共識溝通，將如何銷售？

（五）被保險人對理賠處理的不滿意：其實這種不滿意的造成，有

不少情況係因保險人、被保險人均未盡到有關的告知義務。如保險人過去在業務掛帥之旗幟下，為爭取保費收入，承保銀行貸款之建築物時，配合銀行要求將土地之價額列入保險金額計收保險費，由於火災保險採不定值保險，一旦發生火災事故，在理賠估算時，因土地未受損失，土地價額不予賠償，造成被保險人對賠款產生懷疑，投保並未能得到投保價值之補償，由此例可知保險人在行銷時應加以解釋，提供服務，避免理賠時客戶之不滿。又如被保險人對保險單之規定未加以詳細閱讀，當被保險人之營業項目變更，或出國旅遊等，造成空屋，這種危險之變更皆應盡通知的義務，讓保險人作適當的批改，否則一旦遭遇火災，為保險人所拒賠時，必定對保險公司之賠款處理產生不滿。總之，理賠為保險工作重要之一環，與被保險人之權益息息相關，唯有在理賠處理上符合合理、迅速之原則，才能表現保險行銷之功。

（六）保險單過於複雜難懂：保險所販賣的商品藉保險單之記載將雙方之權利與義務加以契約化，然此固定型之契約，往往僅由保險公司片面訂定，文字複雜難懂，印刷字體密密麻麻，使人望而生厭，讀之索然無味，保險公司對外勤員工亦少施以教育訓練，使其充分瞭解保險單內容，再者保險單對共通性的條款所用字詞亦不盡相同，然此現象近年來臺北市產物保險商業同業公會，為配合行政院金融會報決議「務使保險契約合理化」，除對通用條款儘量加以統一外，另對重要條款要求於印刷時予以套紅，字體放大等等，力求改善複雜難懂現象，另臺北市產物保險核保人協會所編纂之《產物保險名詞詞典》亦對保險名詞用語之翻譯解釋有所助益，此等均為扭轉產物保險行銷之劣勢的積極作法。

（七）不良仲介人造成的影響：由於部份仲介業務人對產品的特性內容沒有充分的瞭解，再加上消費者對條款的不清楚，以致在招攬業務時，對消費者的要求未詳加溝通，而在發生事故後，才發現某些損失無法由保險承保範圍加以承擔，所以消費者對仲介人常感到反感，所以如

何建立健全之保險行銷體系，為當務之急。

（八）保險無法立即顯示實質利益：一般購買保險無法像購買貨品一樣，即可享有貨品所能提供之實質利益，如吾人從市場上買回烤箱，即可利用它烤雞，買回電視即可有視覺享受，保險單取得後僅能獲得一種心理上之保障，人們擁有它卻不希望用到它，如此心理因素使人們對它之需求即無法像一般貨品一樣地明確。

（九）保險所保障之事項與不幸事件的關連：由於大多數保險所保障事項均與不幸事件有所關連，譬如火災、汽車碰撞等，在招攬時，勢必與被保險人談及此等不幸事情，一般國人對不幸之事均避免談及，此與人的心理因素有相當關連，如何轉換人們此種心態，實有待現代保險觀念之建立。

（十）保險成本無法預知：一般保險費之收取是按過去的損失經驗和費用加以預估的，但這種預估的費率是否合理，需待事後實際資料的印證。在一適當期間後即需作適當的調整，由於目前採費率規章制度，每家保險公司僅作表面的一致，私下卻以放佣、放扣等方式競爭，各種統計資料也因統計單位之電腦設備老舊、容量不足、人員不足造成統計資料之緩慢，無法適時反應業者正確的損失率，業者的盈虧亦無法立即得知，如此更難正確地評估費率是否合理。即使費率經評定為不合理，要加以調整時又需要保險監理機關之核准，待一切調整核定完成後，費率可能又再變動，所以保險成本無法讓業者預知及消費者滿意。

綜觀上述產物保險行銷特性，可瞭解現行保險之行銷所面臨之劣勢，如何克服此種劣境，實為當前產物保險行銷之一大挑戰！

三、行銷部門與其他部門之關連性

我們可由圖 6-5 瞭解行銷部門之工作實與其他部門之關連密不可分。現分述如下：

　　（一）核保部：核保部在保險公司為一相當重要的部門，功能在掌握費率的動向和危險的評估取捨，然而當銷售員在招攬業務時，可能因不瞭解保險成本或遭遇到費率之競爭，必須再與核保部門聯繫，取得合理、可競爭之價格或較寬廣之承保範圍，若未能事先獲取核保單位之支持，往往招攬之業務無法出單，進而影響到業績之達成，所以銷售部門往往與核保部門因立場互異致有爭論，現有的公司為避免此現象之發生，進而促使行銷之成長，皆採派曾在核保部門有相當工作經驗之核保人員至行銷部門擔任第一線的工作。經過一段時間，

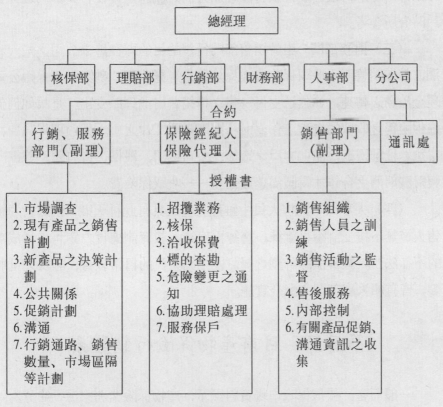

圖 6-5　銷售活動管理體系圖

參考資料：同圖 6-4。

從事行銷工作之核保人員再重返核保部門從事核保工作，由於經過行銷之洗禮，對市場之需求更加瞭解，亦不致造成兩部門之摩擦。

（二）理賠部：承保之標的一旦失吉，保險公司之理賠人員即按所承保之保險單加以處理理賠事宜，客戶對理賠是否滿意，往往影響到往後之投保意願，是否所有的客戶皆感滿意，實未必盡然，為消弭此等不滿，行銷部門協助理賠處理之服務實扮演著相當重要之角色，諸如申請理賠文件是否齊全、保險單條款之解釋等，皆有賴行銷部門從旁協助。理賠部除提供前述之技術服務外，另應隨時將客戶理賠工作之進度，讓行銷部門瞭解，最好能提供有關理賠方面之訊息，俾使行銷部門選擇客戶時有所參考。

（三）財務部門：由於銷售部門行銷的目的即在追求公司之最大利潤，若僅銷售而不收取保險費或保險費之遲延收取，勢必影響保險公司現金流動之轉速，亦無法支付一般之行銷費用或理賠支出。是故如何促進保險費之收取的管理工作為財務部門重要工作之一。然收取保險費亦常遭遇種種困難，諸如客戶之遷徙、公司倒閉、殺價，皆有賴銷售部門與財務部門之合作才得圓滿達成任務──收取保險費。

（四）人事部：銷售人員中雖然有些人具有此種天賦，但成功的銷售人員無不接受訓練再訓練，磨練再磨練，教育訓練實為銷售人員成功的不二法門。教育訓練計劃之擬訂、推銷人員的日常教育、師資之延聘等，皆有賴人事部門之配合實施。

第三節　目前產物保險行銷體系

一般而言，根據保險市場資料顯示，產物保險業務來源，約分為兩大類別，一為直接行銷，即由業務員（或稱外務員）招攬、櫃臺業務、政府機構直接投保；另一為間接業務，即透過保險經紀人、保險代理人

等輔助組織仲介而得。無論直接業務抑間接業務，此均為保險公司爭取業務之主要管道，其重要性自不容忽視。若純就發展業務，擴大行銷空間，以達到業務成長之立場而言，建立良性行銷管道，均蒙其利；但如過分遷就或倚重，則難免有養癰貽患之虞，實足影響保險市場健全發展頗巨。

有關保險業務員、保險經紀人、保險代理人之法律地位、分類、資格取得、登錄、執業等規定，茲分述如下：

一、保險業務員

（一）定義

保險業務員，係指為保險業、保險經紀人公司、保險代理人公司，從事保險招攬之人。

（二）資格之取得及登錄

保險業務員非依財政部於八十一年十月十五日臺財保字第八一一七六四六三九號令發布之保險業務員管理規則之規定辦理登錄，領得登錄證，不得為其所屬保險業、保險代理人公司、保險經紀人公司招攬保險。至於保險業務員可得從事招攬之保險種類，由其所屬公司定之。但財政部規定應通過特別測驗始得招攬之保險，不在此限。

凡年滿二十歲，具有國中以上學校或同等學歷者，應經由所屬公司向財政部指定之有關公會報名，參加其舉辦之業務員資格測驗。測驗合格者，得填妥登錄申請書，由所屬公司為其辦理登錄。

二、保險代理人

（一）定義

保險代理人，係指根據代理契約或授權書，向保險人收取費用，並代理經營業務之人。

（二）分類

1.保險代理人分財產保險代理人及人身保險代理人。

2.保險代理人依其代理保險業家數分為專屬代理人及普通代理人；專屬代理人以代理特定一家保險業為限，普通代理人得代理二家以上之保險業。

（三）資格證書之取得及執業

凡年滿二十歲，具有國內外高中（職）以上學校畢業或同等學歷者，得報名參加保險代理人資格測驗。取得保險代理人資格證書者，得以個人名義或受公司組織之僱用執行業務。

以公司組織申請經營保險代理人業務者，應向財政部辦理登記，並應聘有具備申領執業證書資格之保險代理人至少一人，報財政部核准，擔任簽署工作。

三、保險經紀人

（一）定義

保險經紀人，係指基於被保險人之利益，代向保險人治訂保險契約，而向承保之保險業收取佣金之人。

（二）分類

保險經紀人分財產保險經紀人及人身保險經紀人。

（三）資格證書之取得及執業

凡年滿二十歲，具有國內外高中（職）以上學校畢業或同等學歷者，得報名參加保險經紀人資格測驗。取得保險經紀人資格證書者，得以個人名義或受公司組織之僱用執行業務。

以公司組織申請經營保險經紀人業務者，應向財政部辦理登記，並應聘有具備申領執業證書資格之保險經紀人至少一人，報財政部核准，擔任簽署工作。

四、外國保險代理人、經紀人

財政部得視需要，核准外國保險代理人、經紀人在中華民國境內設立分公司經營其本國業務種類相同之業務，但以該公司所屬之國家給予中華民國之保險代理人、經紀人相同待遇者為限。

（一）條件

申請在中華民國境內設立分公司之外國保險代理人、經紀人應具備下列條件：

1.在國外經營同類業務十年以上。

2.預定駐中華民國之代表具有該國認可從事保險代理人、經紀人業務者，或領有中華民國同類執業證書者。

（二）申請許可

依規定申請許可者，應檢附下列文件：

1.在國外經營同類業務十年以上之證明。

2.預定駐中華民國之代表之國籍證明文件及資格證明。

3.本公司營業執照影本及保險代理人、經紀人之資格證明。

4.本公司章程、最近一年之資產負債表、損益表及執行業務之重要職員清冊及履歷書。

前述文件須經中華民國駐外單位之簽證，但該國未有中華民國駐外單位者，得由鄰近國家之駐外單位為之。

（三）登記執業

依規定取得財政部之許可者，應依我國公司法規定，向經濟部辦理外國公司之認許及分公司之登記。

辦妥認許及登記手續者，應依財政部規定之辦法繳存保證金後，再向財政部申領執業證書，取得執業證明書，其營業登記依有關法令辦理。

外國保險代理人、經紀人公司在中華民國境內設立分公司經營業務

者，應聘領有中華民國保險代理人、經紀人執業證書之人執行業務。

綜上所述，有志之士欲取得保險代理人、經紀人資格者，依現行規定仍須接受資格測驗，在取得資格證書後，可得以個人名義或受公司組織之僱用執行業務。目前參與之個人或公司逐漸增多，但與現行各類保險的業務量之快速成長，未能並駕齊驅，且無法維持一定比例，如何健全保險行銷體系與落實、茁壯保險代理人、經紀人制度，實息息相關，相輔相成。

五、保險經紀人、代理人管理規則、辦法之沿革

（一）民國三十三年財政部頒行「保險業代理人、經紀人、公證人登記領證辦法」。

（二）民國四十九年財政部依戰時保險業管理辦法施行細則制定「保險業代理人、經紀人、公證人管理辦法」。

（三）民國五十二年修改前項辦法為「產物保險業代理人、經紀人、公證人管理辦法」。

（四）民國五十八年復修改前法並改稱「保險業代理人、經紀人、公證人管理規則」。

（五）民國六〇年、六十二年、六十三年、六十七年、六十九年、八〇年、八十一年歷次修正。

（六）民國八十一年發布「保險業務員管理規則」。

六、檢討與建議

（一）指定專責機構負責辦理資格測驗

主管機關財政部於民國八十年十二月卅一日修正發布管理規則，並決定八十一年六月二十日委託行政院青年輔導委員會代辦資格測驗。

依保險代理人、經紀人、公證人管理規則第二十六條、第五十二條

規定：

「本規則修正前領有財政部核發代理人、經紀人、公證人執業證書者，應於該執業證書有效期間屆滿前，依本規則第二十六條第二項之規定申請換發執業證書，始得繼續執行業務。但執業證書有效期間在本規則修正後一年內屆滿者，於申請核發執業證書，得免依第二十六條第二項第二款之規定，檢附在職教育訓練結業證明。但應於換發執業證書後一年內，補附在職教育訓練結業證明。逾期未能補附者，應撤銷其執業證書。」

綜上所述，資格測驗係委託行政院青年輔導委員會辦理，委員會為臨時性任務編組，據悉青輔會將有被裁併之可能，為長久計，似可參照核保人員、理賠人員資格考試方式，由財政部授權中華民國產物保險核保人學會，倚重其歷次辦理資格考試的經驗與成效，借箸代籌當可勝任。

（二）妥善運用保險業務發展基金實施教育訓練

保險業務發展基金係按每一保險單所定之保險費千分之三或千分之五收取，由財政部設置保險業務發展基金管理委員會加以監督管理，並運用於研究發展、教育訓練及統計業務。

關於保險代理人、經紀人、公證人在職教育訓練係經由主管機關委託財團法人保險事業發展中心代辦，每期授課時數為三十三小時，凡修畢全部課程，經測驗合格者，於結訓後發給結訓證書。

按保險事業發展中心開辦各類教育訓練，規劃周詳，教學認真，頗具績效，繼續偏勞，藉以提高保險代理人、經紀人之品學素養，進而加惠消費者。

（三）經營保險代理人、經紀人業務之最低資本額問題

於民國八十年十二月卅一日前，保險代理人、經紀人之最低資本額為新臺幣伍拾萬元，修正後管理規則第十九條：「公司組織申請經營保險代理人、經紀人之業務者，其最低實收資本額為新臺幣貳佰萬元。」復依

同規則第二十條規定:「保險代理人、經紀人經核准登記後,應向中央銀行或其委託之銀行繳納保證金,取具收據,送請財政部核發執業證書。其為個人執行業務者,應繳存新臺幣二十萬元;其為公司組織者,保證金應按實收資本總額百分之十五繳存,但繳存金額不得低於新臺幣六十萬元。」細按之,實際可運用之資金僅二百四十萬元,按保險代理人或經紀人受保險人之授權代收保險費者,保險費之數額,可能成千上萬,遇有財務糾葛,此類風險亦為保險代理人、經紀人專業責任保險所除外不保者,資金、保證金一旦不敷抵償時,如何善後?頗費周折,為健全其經營狀況及財務結構,實宜再酌予提高最低資本額或調整其經營項目,俾臻妥善。

(四)投保保險代理人、經紀人專業責任保險,藉以保障善意第三人

依保險法第一六三條規定:「保險業之經紀人、代理人、公證人,非向主管機關登記,繳存保證金或投保責任保險,領有執業證書,不得執行業務。」本條所稱責任保險,係指專門職業保險範疇,其承保範圍係承保保險代理人、經紀人於執行業務時,因過失行為、錯誤或疏漏、違反專業上之義務,致第三人受有損失,而負責賠償之保險契約而言。所謂「第三人」, 在保險代理人言,係指其授權委託其經營業務之保險人;在保險經紀人言,則指委託其接洽投保之客戶。學界有謂此處所謂之第三人係指廣義者,不僅限於保險代理人、經紀人所委託之客戶而言。

惟本條規定係採雙軌制,即保險代理人、經紀人可得就繳存保證金或投保責任保險兩者任擇其一。析言之,繳存保證金與投保責任保險之目的與性質不盡相同,繳存保證金乃在保險代理人、經紀人失卻清償能力或違反法令處分罰鍰不繳時,以之代為扣繳償付;而投保責任保險,其目的則側重在防止保險代理人、經紀人因執行業務之錯失行為,導致第三人受有損失,應負賠償責任而無賠償資力時,由保險公司代為賠付,

但對於一般債務及罰鍰均不保在內。

至於保險金額以如何為適當？則是仁智互見，惟應不可脫離設立責任保險之宗旨，保障社會大眾安全，藉以維持和諧和平衡的觀念。

（五）加強對外國保險經紀人之監理

我國積極計劃參加國際關稅貿易總協定組織 (GATT)，國際間基於互惠原則，勢須開放國內保險市場，因此，世界各地信譽卓著之保險公司相繼來華經營業務，隨之外國保險經紀人公司勢必接踵而至，希望主管機關秉承政府既定政策，加強監督、管理。

第四節　產物保險行銷管理

如何使現有的產物保險行銷體系運作活動發揮應有的功效，實有賴於建立一套完整的行銷策略與管理制度。

如何建立一套完整的行銷策略與管理制度，應就整個行銷活動之過程加以研討。諸如分析市場機會、選擇目標市場、擬訂行銷組合、執行與控制等皆為重點所在。茲分述如下：

一、分析市場機會

分析市場機會即在建立行銷資訊系統，將來自被保險人、保險經紀人、保險代理、政府機關、輿論界等所傳遞之訊息加以蒐集，作有系統地整理與分析，並配合行銷環境之現況如目標市場、行銷通路、競爭者、社會總體環境等資訊訂定行銷計劃，進而作為執行經營政策之指針。

目前產物保險公司對市場分析之工作僅限於利用財團法人保險事業發展中心所出版之統計資料，就整體市場之營業狀況，加以分析以了解各險種之市場結構，各公司之占有率、成長率、損失率、近二年或近五年之業務比較表等，此種市場分析可說是產險市場內部之分析。至於

對客戶之反映，政府機構未來政策上之趨勢等之外部分析僅有片段的刊載尚未有經常性的分析。

近年來，產險業對市場分析逐漸重視。已由臺北市產物保險商業同業公會委託臺灣大學管理學院商學研究所分別專案研究「工商企業購買火災保險行為之研究」、「一般消費者購買汽車保險行為之研究」，前項之研究係在探討排名前二千名之大企業購買火災保險之動機，對現行火災保險單之認知程度，以及產物保險業之形象等方面，進而提供建議幫助產險業者火災保險行銷；後者之研究係想瞭解一般社會大眾對汽車保險之承保、理賠之滿意程度，不滿之原因何在？購買汽車險保險單之動機，進而促使產險業者能製作更符合社會大眾需求之汽車保險單。

二、選擇目標市場

一般而言，「選擇目標市場」即是對每一市場機會進行研究其市場大小與市場結構。通常研究的項目包括市場需要之衡量與預測、市場區隔、市場選擇與市場定位等。

目前產物保險公司中真正採行市場區隔項目之業者並不多，一般業者之觀念不認為市場可完全受制於消費者，無需主動進行市場調查。

茲就海上貨物保險及汽車保險之選擇目標市場為例，加以說明：

（一）海上貨物保險：海上貨物保險所承保之進出口貨物項目不下千萬種，為了選擇目標市場進行開發客戶，並使產險公司由承保獲取利潤，似可利用行政院主計處或國貿局所發行之統計資料將目前進出口排列前二十名之貨品名稱、數量、輸入輸出之國家名稱予以列明而與目前產險業界所承保貨物類別加以對照分析，進而比照各產險公司所承保之前二十名貨品種類，配合各種物品之損失率就可瞭解自己公司應努力追求之市場目標。如紡織品類、電子產品類，近幾年皆為我國出口之主力，在產險業界之承保貨品種類亦排在前幾位，如自己公司所承保之貨品種

類中的紡織類、電子產品類皆無法進入前十名，甚至在業界中之占有率亦少，再詳查近年來之損失率尚良好時，即應檢討所報價之費率是否偏高，以致此等貨品無法承保，唯有時時修訂，調整選擇目標市場才能使行銷順利。

（二）汽車保險：汽車保險所承保之車輛廠牌、車輛行駛之區域亦常影響到汽車險損失率之良窳，若能善加利用汽車廠牌並配合行駛之區域加以分析相關的損失頻率、損失幅度、損失成本等項目，用以選擇於何種區域承保何種廠牌類型之車輛，俾利汽車保險承保利潤之獲取。

所謂損失頻率＝賠款件數÷承保件數

損失幅度＝賠款金額÷賠款件數

損失成本＝損失幅度×損失頻率

假定由上述統計資料，得知高雄地區與苗栗地區之大貨車第三人意外責任險之損失頻率、損失幅度相較時，高雄地區顯而較苗栗地區偏高甚多，則應將高雄地區之大貨車第三人意外責任險之承保金額予以降低或嚴加選擇投保之車行，或放棄承保大貨車之第三人意外責任險，另加強苗栗地區之業務拓展，以收互補之效益。

總之，選擇目標市場實賴確實之統計資料，因此為了建立正確且具時效性的統計資料應責成財團法人保險事業發展中心及時提供，至於所需之經費亦應由保險業務發展基金管理委員會予以撥付，俾使基金取之於保險業而用之於保險業。

三、擬訂行銷組合

一般言產險行銷組合即包含產品、價格、配銷通路、促銷等四種要素，茲就此四種要素分述如下：

（一）產品：開發並供應適當的產品，以符合消費者的需要，實為任何產險公司推展業務應注意之事項。目前國內所販賣之產物保險種類

亦為了配合社會大眾及工商業之需要，約有五十餘種險種。按保險業管理辦法第二十八條規定：「除情形特殊有關國際性質之保險外，均應先報經財政部核准始得出單。」因此產險公司之產品，大多相同。但並不因產品相同，產險公司即可忽視產品之開發，近幾年來先後有許多產險公司如中國、華僑、富邦、友聯、新光、明台等均陸續開發新的商品，唯此等商品推出並不易，很難為被保險人接受，此實有賴保險行銷，讓被保險人獲充分之保障。

產物保險公司對所承保之商品亦可由質與量方面加以評估，使公司之業務趨於穩健，現由質與量兩方面分述如下：

　1.質的方面

　⑴產險公司對所承保契約應加以分析何種業務屬良質業務，何種為劣質業務，不宜業務掛帥！來者不拒而忽視損失率之控制，影響到保險公司經營成果。

　⑵對承保高危險性之業務如保利龍工廠、籐器工廠、爆竹工廠，或對承保巨大金額之標的物如貨輪、核能發電廠、飛機機體等是否妥當安排好再保險，將高危險性、高金額之危險予以轉嫁分散，此亦是需考慮到質方面之因素。

　⑶另對專業性、長尾性之保險業務是否已於年終時提存相當之責任準備金，以保障經營之穩定性。

　⑷現今綜合險之業務已逐漸發展為保險業務行銷之利器，因綜合險能提供被保險人較完整之承保範圍，保險公司亦可減少出單費用成本，而被保險人自然負擔較合理之保險費，此為提昇高品質商品最佳方式。

　2.量的方面

　產險公司業務量隨著經濟發展呈大幅成長，汽車保險保險費收入亦隨著汽車數量之增加而大幅提高，此險種所占之業務結構率，有的公司幾乎高達百分之七十，汽車險業務雖然可有較多之保險費作為資金運用，

但因汽車險是屬於損失頻率較高之險種，故亦需配備相當的人力提供核保、理賠服務，又因汽車保險經營涉及汽車修理廠、零件廠商、社會大眾之駕駛習慣、道路交通狀況等因素，要由汽車保險賺取核保利潤實屬不易，是故汽車險業務量不宜過重，易言之產物保險公司對業務量之比重應有適當比例分配。

（二）價格：通常決定價格方式有二：一為以生產者採購時的生產原價為基礎，加上毛利率以決定銷售價格，另一種方法依據市場調查瞭解商品目前的價值，再配合採購之預算，而制定出合宜的銷售價格。目前產物保險公司因限於保險法第一四四條與保險業管理辦法第二十八條之規定除海上貨物保險外，費率皆依費率規章，價格均相同，由於費率規章之制定與修正不易，又缺統計資料，常使現行之費率未能適時反映真正之價格，致使產險市場常有放佣、放扣、錯價等惡性競爭存在，甚而以延期收取保險費長達數月之「優惠辦法」爭取業務，面對此等價格競爭之事情，財政部應責由財團法人保險事業發展中心扮演當初成立目的之一保險費率局之角色，使保險人、被保險人均有一公平合理的費率可資遵循。

至於我國財產保險費率基本結構所含各項目之百分比是否合理尚有爭議。尤以各險之預期損失率之所占比率自六十六年核定迄今未能適時調整，對業界言，一旦實際損失率超過預期損失率，因未能平衡收支，即採變相加價方式，反之實際損失率低於預期損失率，即採脫序之競爭，由汽車險之例即可知，在汽車新制費率核定前，業界對汽車險之賠款高居不下，採變相加價，甚至對某些廠牌之車輛予以拒保，實施後，由於業界可獲合理利潤，為拓展更大的市場占有率，不惜採折扣競爭，或核保時以自負額方式收費，卻在出險時免除自負額之負擔，如此競爭方式嚴重扭曲原有費率結構，無異殺雞取卵，飲酖止渴。

畢竟產險之商品異於一般商品可由各項已確定之成本釐訂價格，產

險商品之無形性，係取決於未來發生損失之預期，致保險費之釐訂即屬不易，若能按實際損失率予以適時調整，將有助於保險市場之安定性與合理化。

（三）配銷通路：由第三節目前產物保險行銷體系知今產物保險之銷售人力之通路有三：外務員、代理人、經紀人；但實務上一般產險公司為減輕成本，亦鼓勵在職職員招攬業務。

至於區域配銷方面，目前產險公司多以地區為中心，分別予以預算額度，責成各分支機構衝鋒陷陣，很少先作銷售預測，頂多按去年之實際銷售加一定成數分配之；為求分配量之公平合理化，實應先考慮各分公司或通訊處在各地區各險種之市場占有率及損失率。若該單位之某險種已占該地區之市場占有率達百分之五十，其損失率百分之八十，實不宜增加該單位對該險種之預算額度。通常在此競爭市場下，單位之市場占有率若能超過該區域市場之平均占有率即屬不易；另對各險種在各區域之比率亦需考慮，否則執行單位不易達成，如貨物水險在東部地區承保之比率偏低，則不應給予高額之預算量。此外應對景氣變動、社會變動等做一番分析，如此配銷計劃所預定之額度方不致遭到執行單位之排斥。

（四）促銷：通常促銷活動不外以廣告、銷售推廣、宣傳報導、人員推銷等方式讓消費者瞭解其商品，茲就上述方式加以分述產物保險公司促銷活動如下：

1.廣告：宣傳廣告之製作在產險公司可謂少之又少，其因在於產品之共通性，及市場之寡占，業者均認為廣告之推出有助於其他公司產品之推廣，且無需此項之支出亦可獲得客戶，而產險所承保之事故均與災害有相當關連，一旦推出廣告不易讓消費者所接受，所幸近年來，業界亦注意到廣告之重要性，在此方面由臺北市產物保險商業同業公會先後推出公益性廣告，分別刊登報章雜誌、公車車體外、戶外電腦看板、臺

北火車站、松山機場等地，用以宣導防火、謹慎駕駛等損害防阻之觀念予消費者，此舉深獲社會好評，此項廣告亦榮獲時報金像獎中之公益性廣告金像獎之殊榮；另印製汽車防撞反光貼紙，分贈汽車駕駛人以預防車禍之發生，此外又分別印製各險種簡介，分就各險種之損害預防、承保範圍、核保須知、出險後之注意事項、理賠事項一一詳加介紹，更編印損害預防手冊如火災預防、安全駕駛等手冊，除使消費者對產險業之商品能深入瞭解，更能建立損害預防之觀念。

　　2.銷售推廣：此項工作不應僅限予推銷人員紅利獎金之鼓勵或舉辦消費者繪畫、徵文（此法常見於壽險業界）等，亦可由下列數種方式加強銷售推廣：

　　⑴被保險人財產之危險管理分析：一般被保險人之財產所面臨的危險不僅只限於可投保之危險，如何建議被保險人就其財產所面臨之危險加以分析、評估，而後選擇適當的對策為產險行銷人員一項新的挑戰！唯有提昇服務之層面，才能保障被保險人之財產。

　　⑵損害預防之建議：目前常見於火災保險中的有推銷人員為被保險人提供加一道防火牆之建議或於新建廠房之前建議加寬防火巷之距離等，俾達減費之目的。若以日本安田火災保險公司對汽車保險之損害防阻為例言，他們不僅派員到各大汽車公司對汽車駕駛員施以交通安全、汽車機械原理、保養工作等課程講解，另對汽車駕駛者之精神狀態、身體狀況亦加以分析，如用駕駛人之生辰八字輸入電腦預測該員於最近一個月內，可能面臨生理或心理低潮之日，特以紅圈註明該日為注意日(attention day)建議該員屆時避免開車，如此之損害預防之作法，無怪乎汽車保險之業務一直是該公司最大之業務。

　　⑶保費洽收之便捷：今日一般家庭均以小家庭為多數，白天夫婦上班無法繳納保險費，保險公司若能以夜間收費方式或以郵政劃撥方式將有助於業務之行銷。

⑷保險單之品質：對保險單之格式，應以簡明之文字讓被保險人容易懂，此外尚可於重要條款或權利義務之字句上以套紅方式提醒被保險人。

⑸售後服務：售後服務為現代商業倫理之一，包含保險單之批改、保險資訊之提供、理賠之處理，均和被保險人之權益相關，若能加強售後服務，可避免被保險人評議保險業業務員於要保前後判若兩人之譏。

⑹保險專欄或講座：若能提供保險專欄或講座，使被保險人瞭解保險，或將減少被保險人不必要之誤會。近來，臺北市產物保險商業同業公會，每週三於臺灣省警察廣播電臺開闢單元節目——保險大道，即是朝此目標進行。該會舉辦防災系列講座，供社會大眾、學校、企業、機關團體申請，派學者、專家前往演講，藉以宣導損害防阻觀念，減低社會成本之支出，此亦有益銷售推廣工作。

3.宣傳報導：除了前述在報章雜誌刊登廣告外，實宜多加利用廣播、電視，或運動會看板加以宣傳報導，甚至可拍攝宣傳短片在電視、電影上宣導保險之重要性。

4.教育訓練：產物保險之推廣，非以龐大人力不能盡其功，要使人員之推銷工作順利進行，首重於教育訓練，為建立完善之教育訓練應先擬定一套完整的教育訓練計劃。它不但需選擇具有推銷經驗的人為講師，印製有關資料及手冊外，儘可能採取小班制、配合照片、幻燈片、電影等教學器材作促銷之訓練，甚可採詢答、研習方式以達推銷人員之培育。

四、執行與控制

若僅有詳盡之行銷策劃而未加以執行與控制，就如空中樓閣一般。通常一套完整的行銷管理須充份利用所蒐集之資訊加以分析市場，進而選擇目標市場，透過行銷組織執行所訂的行銷組合，再對所實施之計劃予以衡量成果，分析成果，而後依據分析結果對原計劃採取修正，再執

行，如此周而復始的進行，產物保險公司之行銷管理亦不脫此等模式，唯目前產物保險公司尚停滯於以產品為導向之階段，應及時運用行銷管理，並依據客戶需求為導向拓展產險業務，俾使產險公司之經營更趨向穩健。

第五節　結　論

近年來，產物保險公司簽單保費之年成長率以兩位數在成長，此種成長實乃拜業者之努力及經濟繁榮所賜，當今社會環境之變遷，造成消費者權益意識之高漲，無不注重生命財產之安全。又美國產險公司挾其高品質服務、新種業務、行銷管理，勢必造成本國之產險公司相當衝擊！唯有賴產險公司確立正確的行銷概念，配合有效的行銷管理，才能導引產物保險公司步向康莊之道。

參考資料

1.王昭明，《保險事業與經濟發展》，中華民國七十七年四月二十六日。

2.林治平譯，Arthur Meidan 原著，《保險之行銷策略、組織與績效控制》，保險專刊第七輯，保險事業發展中心編印。

3.陳定國，《有效經營》，初版，臺北，天下經濟叢書V，民國七十二年二月。

4.陳瑞，《產險行銷》，民國七十六年九月。

5.雷媄嵐，《財產保險行銷之研究》，民國七十六年六月。

6.廖述源，《財產保險費率釐訂方式》，豪峰出版社，民國七十五年九月，初版。

7.《企業管理百科全書》，哈佛管理叢書。

8.《企業經營實務大典》，哈佛管理叢書。

9.《行銷企劃與市場戰略範例》，哈佛管理叢書。

10.高慶國等著,《廣告與銷售》，工商實務集刊之九，經濟日報。

11.謝繼森,《服務行銷管理》，創意工商叢書。

12. Charles Duft, F. L. I. A. A. C. I. I., *Insurance Marketing*, Swiss Reinsurance Company, First edition, 1983, Booklet 4.

13.Nigel Dyer and Roger Anderson, *Marketing Insurance a Practical Guide*, 1986.

14.Philip Kotler, *Principles of Marketing, Third edition*.

第七章　保險行銷（二）
── 人壽保險

第一節　前　言

　　行銷活動之發生應遠溯人類有交易行為開始，而行銷觀念的廣受重視則是一九五〇年代以後的事，在國內壽險業者對行銷的重視更是近十幾年的事。

　　人壽保險是現代工商社會下的一種，社會互助經濟制度，在我們生活的環境裡天有不測風雲、人有旦夕禍福，舉凡與人身有關的生、老、病、死、殘、醫等偶發事故，隨時隨地都有發生的可能，這些無法預料且可能遭遇之偶發事故，輕者造成身體的傷殘，重者奪走了生命，進而增加家庭經濟的負擔、或影響經濟生活的安全。在今天經濟發達的時代新的危險不斷的增加，使得現代人隨時都處於危險環境裡，因此科學文明愈進步的社會，就愈離不開人壽保險。可是這種優良的社會互助經濟制度，所要互助的事故都是一般人們認為、最忌諱最不想發生的事，像是死亡、生病、意外造成的傷殘等，誰都不希望發生在自己的身上，可是想歸想，但事實上這些事故卻天天都在發生。因此如何將這種良好的制度，推廣到整個社會各階層，就成了當前人壽保險業共同努力的課題。

　　國內壽險業的發展時間甚短，從開放民營至今亦不過將近 40 年歷

史，早期的壽險經營，由於消費者對人壽保險功能不甚瞭解，民眾又忌言「死」字，同時社會才開始進入工商化的雛型，因此對人壽保險的需求並不是非常殷切，加上早期業者處於寡佔的狀態，業者的觀念一直停留在「生產導向」和「銷售導向」的階段，這段時間根本無所謂行銷可言。

自民國七十六年美國人壽保險業者進入國內，才開始帶動國內業者對行銷的重視，因此在目前市場競爭激烈、產品和產品間實質差異愈來愈小，消費者教育水準提高、辨識能力增加、所得增加、購買力擴大的環境下，如何秉持「行銷觀念」、集中精力探討顧客需求滿足顧客需求，正是壽險業者應該重視的一環。

人壽保險經營與一般企業一樣，有其時代背景所產生的經營法則，可是壽險商品的特殊性，更使行銷在現代的壽險凸顯其重要性。

第二節　壽險經營的特性

在第一節前言，我們談到壽險商品有其特殊性，因此壽險在經營上與一般企業比較，具有如下特性：

（一）服務商品之提供：壽險公司所提供的商品是一契約，一張載明未來不確定事故時給付一定金額的承諾契約。並不像一般商品有具體的形象，一般商品由於實體之存在，當消費者付出金錢時，可換回一實體商品可供消費，其效用可期，但壽險商品則不然，當消費者付出貨幣時，所交換的僅是一紙對未來給付的承諾，並無具體形體的存在，因此，在銷售時便較一般實體商品更為困難。

又壽險經營在理論上，乃是基於危險分攤基礎，任何損失之給付都是由保戶分攤，壽險公司僅為客戶辦理保險金支付的工作，提供一種行政上的服務。

　　因此壽險所提供的商品乃是一無形服務商品。消費者所購買的，除了壽險公司所提供的勞務貢獻外，即是購買壽險公司的商譽。由於壽險所提供的是未來的承諾給付，因此，承諾是否能兌現是為消費者所重視，再加上此種給付之發生，往往是在被保險人身故或數十年後。屆時給付是否足以因應當時所需，亦為消費者所重視，因此在實際上消費者所購買之商品，為公司的信譽及業務人員的專業服務。

　　（二）成本決定於未來：一般行業的商品經過製造、運送過程到出售之際，成本已可確定。壽險商品則不然，壽險商品的訂價乃是基於過去經驗，所產生對未來的預測，包括死亡率、利率、投資報酬率、費用率……等。而實際發生的情況未必與預測相同。壽險給付卻是按照未來實際的情況給付，因此壽險商品銷售時成本多寡仍未決定。

　　因此壽險公司對於各種費用的撙節相當重要。對業務品質的控制，更要儘量與假設相符合，以免屆時成本與假設相距太大而導致虧損，加以現行的壽險公司之收費乃採取「釀出制」，即事先收費屆時收費不足，並不能再向要保人要求補費，而成為壽險公司的營業損失。因而對於核保及費用控制更突顯其重要性。

　　以社會變遷之快速，往往在保單設計時所擬之假設，與未來實際狀況相去甚遠，舉例而言，現行業界所採用之生命表為 1989 TSO 表，可是 1989 TSO 表所採用之觀察值為一九八二至一九八六年，到現在適用時（一九九七年）已是十一年後的事。以現在瞬息萬變的社會，更使我們瞭解壽險經營困難之所在。

　　（三）長期契約：壽險契約年限動輒十幾二十年，終身險更長達四五十年。在保單購買時的狀況，至發生事故或滿期時經過如此漫長的時間，必然滄海桑田變化甚大。因而就被保險人的觀點而言，為謀求日後給付的安全性及保障的足夠性，對於壽險公司的信譽以及從業人員的專業素養，不得不加以重視。

　　就壽險公司而言，本身則因契約期間長，而能累積大量的有效契約數量，使得壽險公司的資產基礎得以擴大。一方面有效契約量的累積，而使得長期資金得以累積，進而能使壽險公司的財務經營更形穩健及有利。

　　(四) 大數穩定法則的應用：誠如所知，壽險經營乃運用大數法則，使損失得以合理分攤，因而壽險欲達到經營穩定的要求，首要大量的業務。並且壽險本身即存擴大性的需求，必須有大量的危險單位參與，方能使業務經營持續下去。

　　基於上述特性，使得壽險業務推展必須仰賴大量的人員招攬，為達到經營所需的大量業務,壽險經營需要大量的人力資源投入在行銷工作。更因壽險公司所提供的是長期無形商品，使得從業人員的工作相形困難，面對客戶日益需求更專業的服務，未來的行銷工作將是一大挑戰。

第三節　壽險市場業務成長概況

　　臺灣光復後接收十四家生命保險會社，改組成立臺灣人壽保險公司，除清理舊契約外，新開辦之業務仍極有限。在民國四十九年九月，財政部解除新設保險公司限制前,國內之壽險公司僅有二家且皆為公營，一家為臺灣人壽另一家為中信局人壽處，至民國五十一年十二月，財政部再度限制新公司設立時，壽險公司增為九家，即第一 (現更名慶豐)、新光、國泰、國光 (六十年停業)、 國華、南山、華僑 (現更名中國)、臺灣、中信局人壽處。民國七十六年財政部開放美國壽險業者，在國內設立分公司，八十一年再度開放國人設立新公司，八十三年六月二十八日財政部以臺財保第 832054291 號令，發佈「外國保險業許可標準及管理辦法」，並同時停止適用「美國保險公司申請在我國境內設立及增設分公司審核要點」。 國內壽險市場完全開放，這段期間陸續有外商公司在

臺成立分公司，亦有國人成立新的壽險公司，目前已有31家國內外壽險公司，在國內營業，業務競爭益趨明顯。

　　壽險市場之演進頗受當時社會背景之影響，近四十年來，壽險市場所銷售險種足以代表，國內各時期經濟環境之變化。茲略分五階段說明。

　　（一）第一階段：自民國四十年代至五十年代中期，由於社會大眾對保險之認識有限，尤其人之生存、死亡為被保險標的更難為大眾接受，兼以曾經歷惡性通貨膨脹，對未來幣值存有懷疑，因此針對當時社會之需求而設計之險種，多以短期儲蓄性為主，例如儲蓄平安保險或二至五年的儲蓄險等。

　　（二）第二階段：自五十年代中期至六十年代中期，由於社會型態已漸由農業社會轉向工商業社會。此一時期因工業化帶來之意外事故逐漸增加，因此原有之儲蓄平安險外，附加意外死亡及殘障、醫療等保障已能被大眾所接受。且六十四年第一回壽險經驗生命表編製完成，使保險費率降低甚多，各壽險公司業務均得以迅速成長，惟民國五十九年發生國光人壽經營不善而停業，為社會大眾帶來的負面影響極深，而業者間各種業務競爭方式更難為社會接受，本階段險種特色是附加方式的傷害給付特約，及一倍型的養老保險。

　　（三）第三階段：由於六十年代先後兩次石油危機，使國內物價大幅上揚，壽險業再度面臨通貨膨脹之威脅。加以經濟成長隨之國民所得及生活水準提昇，個人對於壽險所提供的保障需求不一致，市場開始區隔化，因而本階段產品其特色在於設計以複利遞增保險金額之生死合險，多倍給付型之生死合險及針對青年及婦女等而設計的綜合儲蓄、結婚、生育、醫療及意外死亡等保障為主。

　　（四）第四階段：民國七十年代以還，由於社會結構之改變，高齡人口逐漸增加，消費者意識抬頭以及面臨國內市場的對外開放，競爭更趨激烈已可預期，因此針對個人需求之多樣化商品、年金型商品逐漸增

多，而服務品質亦將成為業務競爭之手段，社會大眾得以享受低廉保費及充分之保障。

（五）第五階段：民國八十年代以後，由於美商大量的投入市場，財政部再度開放國人成立新公司，使整個市場競爭白熱化，商品方面除了延續七十年代以還多樣化趨勢外，一方面市場區隔愈加細緻化，另一方面商品內容又多功能化。除此之外，業者更強調商品的附加價值，諸如海外急難救助、道路救援、會員卡等。讓消費者在商品上有更多的選擇外，更能享受商品所附加的非商品功能服務。市場上的競爭可見一斑。

有關壽險歷年經營（保費收入）概況分析如表 7-1。

由表 7-1 可知壽險市場提供之業務仍以個人壽險為主，歷年平均約佔市場之 86.16％，其中又以生死合險業務為最大宗，但從歷年的佔率觀察，生死合險卻年年下降中，以七十六年和八十五年做比較，10 年之間佔率足足下降 25％。再以死亡險佔率觀察，10 年之間佔率上升了 17％，如以保費收入金額來看，八十五年是七十六年的 23 倍。從這兩種險種佔率變化，可以看出國人對壽險的觀念已在改變中，八十六年起業者已開始推出年金保險，可預見的，未來生死合險與死亡險的一消一長會更明顯，至於生存險也因年金保險的推出而產生替代效用。除了個人壽險外，個人傷害險都維持一定的佔率，可以看出它在國人的心目中，已成了生活上不可缺乏的一項保障。個人健康險方面，雖然政府從八十四年起實施全民健保，但佔率還是平穩的在成長，從這點可以看出，健康險與全民健保具有互補作用，健康險市場未來還是有相當大的空間。至於團體險，近年來被各壽險公司視為極具發展潛力之險種，並大力推展業務，然因受到勞基法規定影響及強制性勞工保險之實施，迄今成效仍不顯著。

表7-1　我國人壽保險市場歷年經營（保費收入）概況分析表

年度	合計	%	個人壽險								個人傷害保險	%	個人健康保險	%	團體保險	%
			生存保險	%	生死合險	%	死亡保險	%	小計	%						
76	80,084	100.00	128	0.20	67,783	84.60	3,370	4.20	71,282	89.00	5,481	6.80	1,043	1.30	2,276	2.90
77	100,806	100.00	123	0.10	83,905	83.30	5,362	5.30	89,392	88.70	7,092	7.00	1,434	1.40	2,886	2.90
78	124,843	100.00	102	0.10	100,373	80.40	9,165	7.30	109,641	87.80	8,980	7.20	2,042	1.70	4,178	3.30
79	145,543	100.00	98	0.10	115,358	79.20	12,525	8.60	127,982	87.90	11,082	7.60	2,779	2.00	3,698	2.50
80	168,543	100.00	1,082	0.60	126,358	75.60	18,509	11.00	146,982	87.20	13,000	7.80	4,449	2.60	4,025	2.40
81	198,103	100.00	2,285	1.15	141,149	71.25	27,237	13.75	170,671	86.15	16,284	8.22	6,288	3.18	4,860	2.45
82	232,387	100.00	3,260	1.40	156,197	67.22	38,146	16.41	197,603	85.03	19,448	8.37	9,375	4.03	5,961	2.57
83	273,344	100.00	3,675	1.35	176,354	64.52	49,483	18.10	229,512	83.97	22,483	8.23	13,997	5.12	7,352	2.68
84	310,238	100.00	3,938	1.27	191,339	61.68	62,956	20.29	258,233	83.24	25,651	8.27	18,197	5.86	8,157	2.63
85	358,415	100.00	4,315	1.20	213,742	59.64	77,985	21.76	296,042	82.60	27,961	7.80	23,894	6.67	10,518	2.93
平均比率		100.00		0.75		72.74		12.67		86.16		7.73		3.39		2.72

第四節　壽險行銷環境的改變

　　國內壽險業的發展歷經近四十年的成長過程，其間或有某些環境上的衝擊，但從來沒有像近十年改變那麼大。茲將壽險行銷所面臨的環境變化簡述如下：

一、市場的完全開放

　　國內壽險市場的開放，可分為閉關時代、半開放時代、開放時代三個階段，以時間來說：分界點是民國五十九年、七十六年、八十一年，以事件來說：則是國光人壽事件、開放美商保險分公司設立、及開放國人設立保險公司三個轉捩點。

　　國光人壽事件導致政府對壽險市場態度趨於保守，停止壽險公司的設立申請，我國壽險市場遂進入閉關時代，是第一個階段。直到民國七十六年，中美貿易談判，美方幾乎動用三〇一條款，我方同意對美國開放來臺設立分公司，長達17年的閉關時代終告結束，也為我國保險法修訂埋下一顆種子，但未對國人及其他國家開放，所以只能稱為半開放時代，是我國壽險市場的第二階段。

　　民國八十一年六月一日，財政部公佈新「設保險公司標準」，當時國人紛紛申請新壽險公司，先後成立了八家。接著財政部又在八十三年六月二十八日公佈「外國保險業許可標準及管理辦法」，同時，停止適用「美國保險公司申請在我國境內設立及增設分公司審核要點」。因此少數透過美商名義成立分公司的業者，亦認祖歸宗申請原國籍名稱。此刻，壽險市場終於進入全面開放時代，是第三階段。

二、法令的修訂

我國保險法，自民國六十三年十一月三十日修正以來，其間有17年沒有修訂過，由於環境的變遷已無法適應當前保險發展。財政部雖早有準備修訂，但各界意見不一遲遲無法送審，直到民國八十一年二月六日及四月二十日兩次修訂後公佈。接著八十三年又有部分條文修正草案送立法院審查，直到八十六年五月九日才三讀通過。此三次增修重要內容如下：

（一）明訂保險業務員定義：業務員是指保險業、保險經紀公司、保險代理人公司從事保險招攬人。

（二）增加年金保險及保證保險。

（三）修改第六十四條：將原屬「危險估計說」精神改為「危險估計」與「因果關係說」的折衷立法。只要投保人證明危險的發生不是基於其說明或未說明的事實時，保險公司就不得解除契約。

（四）授權財政部訂立保險業設立標準，外國保險業許可標準及管理辦法。

（五）授權財政部設立認許資產的標準及評價準則，而且規定認許資產減除負債餘額未達保證金三倍時，要以現金增資補足。

（六）刪除第一百零七條：不再限制14歲以下未成年人購買死亡保險。

（七）規定年金給付期間，不得終止契約或質押借款，使年金保險得以上市販賣。

（八）產壽險業不得兼營，但經主管機關核准得以附加方式兼營。

（九）規定產壽險分別提撥安定基金。

（十）允許保險業將資金辦理財政部核准專業運用資金及公共投資。

（十一）放寬保險業資金購買股票標的（公司）最近三年稅後淨利平均為6％。

（十二）保險業投資不動產總額除自用外不得超過其資金的 19％。

（十三）保險業海外投資最高為保險業資金的 20％。

（十四）加重業者的違規處罰。

（十五）授權財政部訂定代理人、經紀人、公證人及保險業務員管理規則。

保險法的修訂，使壽險業者在經營上有更多的規範及管理，當然也直接影響到行銷環境的改變。

三、同業的競爭

早期國內壽險業者只有第一（現更名慶豐）、國泰、國光（已停業）、南山、國華、新光、華僑（現更名中國）、中信局人壽處、臺壽等九家，惟國光因經營不善，民國五十九年被財政部勒令停業，實際上是八家。自民國七十六年對美國開放市場，又有美家、安泰、喬治亞、大都會、保德信、康健、美國、宏利、全美、紐約、瑞泰、國衛、全球、寰宇、丘博等十五家陸續加入市場。由國人所籌設的新公司，從八十二年起亦陸續有富邦、國寶、三商、興農、幸福、中興、宏福、統一等八家進入市場。小小的國內市場，人口才二千一百多萬，竟然有三十一家業者在經營，市場的競爭是無可避免的。

市場的開放同業間的競爭，固然帶給消費者更多的選擇機會，也帶動了業者在商品和服務品質的提昇，但就業者而言卻要面臨過去所未有的衝擊。

（一）經營利潤的降低：早期的市場僅有八家，業者間沒有太多的競爭形成寡佔的局面，彼此之間，誰都不想打破那種相互依存又競爭的狀態，當然業者的默契使經營利潤保持較高的水準。可是現在整個市場開放了，財政部在法令上的管理亦比過去周延。譬如，修改保險法，要保人終止契約而保費已繳足一年以上就有解約金,修改保險法施行細則,

責任準備金提存由「二十年養老修正制」漸近式的改到「二十年終身修正制」，修改人身保險費率結構，降低附加費用比例，修改保單紅利計算公式，採利差、死差分別計算保單紅利。基本上業者的利潤空間已縮小了，何況還有 31 家同業在爭食這塊市場。各業者的精算師可要好好的精算，不然顧客貨比三家就被比下來，同時業務人員的待遇又不能差同業太多，不然跳槽跳不完，由此可知業者的獲利必然降低。

（二）管理人才的不足：市場開放短短幾年壽險公司增加了好幾倍，壽險人才面臨斷層現象，蓋管理人才的培養不是一朝一夕可以養成，而壽險經營的複雜又非局外人所能了解，舉凡公司籌設，組織規劃，保單設計，銷售推廣，核保理賠，財務運作，各部門環環相扣缺一不可，因此造成業者之間挖角之風盛行，可見人才的不足。

對新成立的業者這種現象更形嚴重，新公司成立單有公司名稱沒有人無法運作，為了短期間內能籌設起來，於是開始招兵買馬，一時間業者人才交流不斷，一次遷徙加官一級或二級，再跳槽一次已晉階高級主管了。這種情況，對壽險從業同仁當然提供不少的晉升機會，但是快速的晉升或許會漏掉必要的訓練和經歷，至於對業者經營會不會有負面影響，幾年後就會慢慢反應出來。

（三）小公司經營困難：早期成立的公司因為在市場上長期不開放的保護下，大都累積不少的資產和客戶，而開放後成立的新公司則一開始就得面臨激烈競爭，不管在資金、業務量都難與老公司匹敵。在外商方面，八十六年五月九日通過的保險法修訂，規定業者認許資產減負債餘額未達保證金三倍要現金增資補足，老外公司又要補得哇哇叫，國人新成立的公司，除拜股市好轉，少數公司略有斬獲外，大部分也面臨增資的困擾。同時，在營業收入方面更是不能比，一些老公司單一項非營業收入中的租賃收入，一年就有幾十億元，說不定新公司三年的保費收入都抵不上。因此規模小、財力不足的公司，在經營上確有其困難之處。

（四）市場佔率的重新排列：新公司在經營上固然有其困難之處，但一些老字號的業者也未必都是高枕無憂，市場上強烈的競爭，幾年下來也慢慢分出高下，有些新公司的業績快速的竄升，也有些老公司的業績遠遠的被拋在後面，再過幾年，整個市場經過重新洗牌，屆時，不知道那些業者要退出市場或被合併了。

四、消費者水準提昇

近年來國民教育程度普遍提高，社會風氣開放，出國機會多見識也廣，保險的知識愈來愈普及，更重要的是壽險從業人員的專業水準也提昇，不斷的教育消費者使消費者愈來愈精明，更具有保險觀念和辨識能力，消費者意識的抬頭可從下面幾點獲得證明：

（一）消費者組織的茁壯：例如消費者文教基金會就設有保險糾紛申請單位，以協助保戶權益的保障。未來將會有更多類似保護團體出現。

（二）保險司申訴科的設立：這代表政府監理機關更重視顧客權益的保護。

（三）媒體與輿論的報導：大眾傳播工具漸趨開放，消費者常透過媒體的報導而造成輿論制裁的力量。近年來，有線電視常有介紹或討論保險的節目，甚至還提供觀眾現場扣應詢答方式，又臺北三重市某地下電臺，三年來天天播放「保障找保險、儲蓄找銀行」，同時也提供聽眾現場扣應，保險問題回答、定期險保費查詢等，這種報導也相當影響一部分人對保險的認知，這又是消費者力量的證明。

（四）民意代表議會質詢：現在的民意代表背負選票壓力，選民也常透過民意代表的管道，把消費者的聲音帶到議堂，而對政府或業者造成壓力。

（五）行銷通路的改變：國內壽險行銷通路，向來是公司直接業務員招攬制度。直接業務員制度優點是公司易於掌握人員和業務員，是創

造業績快速成長的好方法，但缺點是人員大量引進，造成人員訓練不足，專業知識及職業道德低落，以致影響到契約品質不良，更使社會大眾對壽險形象不佳。

因此，近年來政府有關單位及社會，對如何提高業務人員專業水準的呼聲不斷，終於在民國八十一年修訂保險法時，給予業務人員法律地位，並採登錄管理制度。同時也開放關閉多年的保險輔助人考試，除了八十一年第一次是財政部委託青輔會考試外，現在是由考試院收回自行舉辦考試，幾年下來已有近二千名從業人員獲得壽險經紀人、代理人執業資格，輔助考試，打破過去壽險界直接業務員招攬方式，使不少的壽險業者開始與經紀人、代理人接觸，對壽險市場行銷通路是一項變革。

第五節　行銷在壽險市場的應用

在本章第一節前言我們就談到，行銷活動是遠自人類有交易行為即開始。可是行銷又是什麼？暫且讓我們聽聽專家的定義：

1. 美國行銷學會

行銷為引導產品及服務，由生產者流向消費者其過程中所從事之企業活動。

2. 行銷學者柯特勒 (Philip Kotler)

行銷是指透過交換的過程，來滿足需求及欲望的人類活動。

3. 行銷學者普瑞德 (Wiliam Pride)

行銷乃動態環境中所有為便利、及加速交易行為之個人及團體活動。

行銷定義雖是短短幾個字，但卻包含豐富的內容。

在李永振先生的《壽險行銷概要》對行銷有這樣的敘述：「行銷乃指用研究、分析、預測、產品發展、訂價、推廣、交易及實體配銷技術，

來發掘擴大及滿足社會各階層；對商品或服務需求的一系列人類活動」。

　　行銷 (marketing)，與市場 (market)、銷售 (sales)、推銷 (selling)、交易 (transaction)、配銷 (delivery) 等名詞是不同的，行銷包括後者所有名詞，但後者任何一名詞，都不能全然包括行銷。由行銷一詞之英文 (marketing) 與靜態之市場 (market) 比較，可領悟出「行銷」兼有「行」（協助、推動）及「銷」（買賣雙方交換各標的物之所有權）之積極含義，而所強調之"ing"這些「行」的活動遠比「銷」的單純過程為複雜及深奧。所以「行銷」一詞，實含有將產品或服務賣給顧客，向顧客取回報償之一切「事前」、「事中」（銷售活動）及「事後」活動，以引導公司內部有關之生產、財務等其他企業活動。

　　可見行銷的概念，遠比一般人所想像的內容來得廣泛，行銷技術除應用於商業外，舉凡政治選舉、宗教傳播、政令宣導也都借重行銷知識，使整個活動更能發揮效果。

　　接著我們要來探討，行銷在壽險市場所扮演的策略功能。

　　在現今「顧客導向」時代，行銷的理論技術一樣可以應用於壽險市場上。在行銷觀念引導下，所有的壽險業者應努力尋求：如何利用自身的資源，比競爭者更有效地滿足市場的需求，同時達成企業目標，這種針對滿足市場需求同時達成企業目標的對策，就叫做行銷策略。更確切的說，包括三個項目：(一) 為選擇目標市場，(二) 為發展適當的行銷組合來滿足目標市場的需求，（三）為勝過競爭對手。這三者分別稱為「目標市場策略」、「行銷組合策略」、「競爭策略」。以下將一一加以介紹。

一、目標市場策略

　　目標市場策略，主要在選擇適當的顧客作為公司的目標市場。所謂目標市場，是指一群經過區隔後公司所要服務一群顧客。

一般而言，選擇目標市場有三種方式。

（一）大量行銷 (Mass marketing)

大量行銷是僅設計單一保單，就該保單集中全力去配銷促銷，企圖以一種商品來滿足所有顧客的行銷方式。國內壽險業者也有此種行銷方式，譬如美國家庭人壽就是一個例子，該公司僅設計防癌保障一種商品行銷整個市場。大量行銷有其優點，可使成本及價格較低因而發展最大的潛在市場。

（二）產品差異化行銷 (Product-differentiated marketing)

產品差異化行銷，是同時設計銷售兩種或多種具有不同特色，或不同訴求的保單，而這些保單不是為各區隔市場需求而個別設計，僅是提供多樣的保單來滿足消費者選擇。近年來國內市場流行「你有我也要有」的風氣，只要有一種新保單出現，不出幾個月就有類似保單跟著上市，壽險公司幾乎像百貨公司，只要別人有的我也不能少，產品差異化的行銷經過不同的保單組合，也許產生目標行銷的效果。

（三）目標行銷 (Target marketing)

目標行銷，是指將整個市場區分成許多不同部分後，從中選擇一個或數個小區隔市場，針對目標市場擬定產品及行銷策略。

目標行銷包括三個主要步驟。第一為「市場區隔」(market segmentation) 即將市場區分為幾個不同的購買群，各有不同的保單設計與行銷組合。第二為「市場選擇」(market targeting) 即衡量各區隔市場之吸引力，選定一個或多個區隔市場為目標。第三為「市場定位」(market positioning) 即決定產品之競爭性定位和行銷組合策略。

大體上說，目標行銷具有下列優點：

1.易於發掘新的行銷機會。

2.可以發展符合各區隔市場需求的商品。

3.可以調整價格、配銷通路及廣告等行銷組合，以有效的打入目標

市場。

業者在選擇目標市場，通常要考慮營業、利潤、資源、經營宗旨、競爭者等因素。換句話說，必須對以下幾項問題有充分的思考。

1.進入此市場對公司營業額有何影響：例如甲公司準備開發未婚女性市場，那麼甲公司一定要考慮有多少潛力，會不會影響正在促銷的還本終身壽險。又該未婚女性市場如果開發，利潤是否比現有目標市場利潤來得好。

2.公司是否具有足夠資源，來構成滿足市場需求的行銷組合；甲公司經過市場調查評估後，認為這個市場值得開發，那麼進一步要考慮公司是否能設計出這個目標市場能接受的保單？如何定價？現有的通路是否足以配合？促銷方面有沒有創新的策略？

3.進入市場是否符合公司的經營宗旨：例如甲公司的經營宗旨是什麼市場生意都作，就是不作女性市場生意，如果是這樣的話，這個目標市場就不用開發。

4.公司有無把握和競爭對手相互抗衡：當甲公司想進入這個目標市場，乙公司也準備進入這個市場，這時候甲公司要考慮是否有足夠的競爭條件？如果有，就可進入市場，如果沒的話，就得再尋找屬於自己的競爭優勢，再找不出任何優勢就可能要被迫放棄市場。

在國內市場，除了美國家庭人壽走的是單一保單大量行銷方式，大部分業者還是採產品差異方式，也許市場區隔不是很明顯，只要同業一有新商品出來，大家就一窩蜂抄襲，每一家業者就像百貨公司，各種商品應有盡有任君挑選，真正採目標市場方式的倒是不多見，這是壽險業者有待努力的地方。今後業者應多做目標市場選擇，以開發新的市場，才可能發掘新的行銷機會，也才能在市場爭得一席之地。

當目標市場選定後，接著要去發展一套能滿足目標市場需求的行銷組合。

二、行銷組合策略

行銷組合策略，是指用來滿足目標市場內，顧客需求之綜合行銷作法。這些作法包括產品策略、定價策略、通路策略、推廣策略等，現逐項說明如下：

（一）產品策略

商品是行銷重心，不僅在公司成立階段須有新商品，在公司持續經營中亦須陸續開發新商品，以因應競爭者、主管官署、或消費者生活形態改變所帶來的需求，並取代那些「過時」的商品，繼續為公司帶來延綿不絕的收益。

在壽險產品策略中商品開發與商品組合是策略重點。

1.商品開發：商品開發不僅要根據公司的經營目標，同時還要考慮保戶同業競爭及外在環境的影響，包括社會、經濟、法律環境的變動，亦即整個行銷環境變動因素均須加以考慮。

業者要開發一種新商品，首先考慮的是公司經營宗旨及目標，所以商品應顧及公司在推銷通路、利潤、紅利分配、訂價、投資準備之要求等各方面的期許。

除了公司因素外，行銷的主要功能即在發掘創造顧客潛在需求，準保戶的需求亦不可忽視。還有同業在費率、商品特性、承保條件及售後服務，對新商品推出所造成的影響，以及政府在商品設計所訂的規範、資金市場利率水準，都須納入新商品設計的考慮。

同時商品在開發過程中還得相關部門的參與，從商品構思開始，就要經過各部門不同觀點的審核修正，才能使商品設計趨於成熟。也須外勤組織的配合才可能有理想的銷售成績。在整個過程中外勤組織、業務主管、行銷研究部門、法務部門、教育訓練單位都是不可或缺的一環，唯有他們同心協力的配合，新商品才能與市場密切結合在一起。

以下商品開發過程：

表7-2　商品開發過程

商 品 構 想	內 容 商 品 化	有關事項評估	構 想 確 定
·外野情報 ·國內外資料 ·市場調查 ·經營主管指示	·設計人員整合 ·聽取外野意見 ·商品開發小組討論	·現有外野組織能否販賣 ·尋找市場定位 ·可能平均保額 ·可能銷售數額	·提經營決策委員會討論 ·修訂商品內容 ·決定商品名稱

⇒

費 率 計 算	撰 寫 條 款	向主管官署申請	開辦協調會
·選定各項預定值(利率、死亡率、費用率) ·費率試算 ·擬定支給架構 ·資產額份分析	·參照標準條款 ·與數理基礎一致 ·提小組討論	·計算說明書 ·保單價值準備金 ·保單條款	·工作分配 ·意見溝通

⇒　　核準⇒開辦

販 賣 準 備	商 品 講 習	販 後 評 估
·擬定支給標準 ·設計簡介、保單、要保書 ·擬定承保規定 ·編寫招攬話術	·行文通知 ·招攬須知 ·招攬資料分發 ·廣告促銷活動設計	·銷售績效 ·修訂不當的假設 ·同業的反應

⇒

（本過程表轉錄於李永振壽險行銷概要）

　　國內壽險商品發展演變情形，在第三節壽險市場業務成長概況已介紹過。今後商品設計為因應目標行銷的趨勢，勢必朝多樣化方向發展，以配合各種不同目標市場需要，由於國人愈來愈重視健康問題，因此防癌保單、高額型醫療保單、重大疾病保單等，及實施健保後，日額式醫療保單，都是近年來市場上暢銷的商品。另外由平準型終身險所衍生出來的退還保費式的商品，內容更加綜合化，除退還保費外，還有殘廢給付、生命末期給付、重大疾病給付、豁免條款等功能。

　　八十六年五月九日，立法院通過了保險法訂正案，廢除第一百零七條，不再限制 14 歲以下未成年人購買死亡保險。相信未來兒童市場商品將被業者所重視。還有等待多年的年金保險，也在修訂第一百三十五條之四，加上「但於年金給付期間，要保人不得終止契約或以保險契約為質，向保險人借款」，而得以正式上市，八十六年六月三十日財政部以臺財保第 862397037 號函，訂定「個人即期年金保險單示範條款」、「個人遞延年金保險單示範條款」，及「年金保險費率相關規範」。目前已有業者商品送審中，至於年金保險是否能在壽險市場快速成長，還要看稅法上能否給予優惠，否則難與其他金融商品相抗衡。

　　2.產品組合：所謂「產品組合」就是商品搭配，一般商品組合，是根據公司所選擇的目標市場而有不同的組合設計，同時，也考慮到該公司之企業經營特性及從業人員素質，而有不同的組合設計。

　　有些業者由於業務人員眾多素質平平，因此在商品上除了基本商品外，一般都採用「套裝式」的商品組合，由公司統一做媒體廣告或促銷活動，其優點是商品組合簡單，業務人員不用有太多的組合設計，加上公司媒體廣告很容易就可以銷售出去。但缺點是比較不能適應客戶差別需求，致使商品組合保障不夠周延。

　　也有一些業者，則基本險種齊全商品採比較單樣化設計，再由業務人員自行根據客戶需求做不同組合。此方式優點是，商品組合比較能滿

足客戶差別需求，缺點是組合複雜須較專業的人員方能勝任。

產品組合除以上兩種方式，近年來由於市場的競爭，亦常有其他服務提高，例如銀行轉帳繳費、保單中途轉換、保單期中增加保額，及海外急難救助等服務措施，這些服務未必樣樣實用，但對商品的包裝卻有極大的幫助。

一般壽險業者在做產品組合時可能要考慮到以下兩個原則：

(1)合適的原則：壽險業者要推出一種新的商品，都經過慎重的開發過程，商品的設計不能說不好，只能說合適與否，商品組合不適合常造成客戶對保險功能的誤解，致使社會大眾對壽險有不必要的排斥，保險契約首重誠信原則，如果社會大眾對壽險抱持不信任的心態，試問還談得上彼此誠信對待嗎？早期壽險銷售不當，常使一些人認為保險是騙人的，保險是不划算的，這種現象與商品組合不當有密切關係。

(2)完整的原則：壽險的功能從原始的分散危險，發展到現在儲蓄、投資、節稅、養老、保障遺產等多元性功能，因此在保單組合上，就要考慮客戶的年齡、經濟能力、婚姻、子女及有無其他社會保險等因素，把有限的保費做最佳分配，使保單的功能趨於完整。有太多的保單讓客戶覺得買保險沒有什麼用，是因為保單組合沒有考慮到保單的完整性，致使危險事故發生後，保單無法發揮保障的功能，因此沒有完整性的保單和沒有買保險一樣令人擔憂。

(二) 定價策略

壽險商品的價格就是保費，而保費是根據以下幾個要素：

1.危險因素 (risk factors)：包括預定發生率，預定費用率及預定失效率。

2.利潤因素 (profit factors)：包括所設計之商品對客戶是否有實質的利益？業務人員以此種商品招攬是否有利可得？保險公司是否有利潤可尋？

3.競爭者因素：在自由經濟市場企業經營以自由競爭為原則，欲引發消費者購買慾望，就必須商品比其他同業物美價廉，同理，壽險商品之設計亦須考慮這一點。

4.其他因素

壽險保費最簡單分析，可分為純保費和附加保險。

營業保費 { 純保費
　　　　　 附加保費

一般生死合險性質的養老保險，其營業保費結構更可分為：

營業保費 {

純保費
（保險金之財源）{ 死亡保險費
　　　　　　　　（死亡保險金之給付來源）
　　　　　　　　生存保險費
　　　　　　　　（滿期保險金之給付來源）

附加保費
（營業費用之財源）{ 預定新契約費用
　　　　　　　　　預定維持費用
　　　　　　　　　預定收費費用

在營業保險費結構裡，純保費是各項給付，此項成本之利率和發生率都有法令規定。譬如死亡率生存率是採用臺灣壽險業第三回生命表（表7-3），即 1989 TSO 表為依據。準備金提存以該表作基礎，而保費計算以該表死亡率 90％為基礎（表 7-4）。傷害險則依財政部七十九年十月十六日臺財融第 790196481 號函辦理，個人意外死亡率由 9.17‰ 調低為8.181‰（表 7-5），而預定利率是根據「保險法實施細則」第十一條規定：人身保險計算準備金所依據之利率，不得低於年息四厘高於年息一分。一般業者大多以 6％至 8％間做為預定利率。至於責任準備金提存

則依「實施細則」第十二條規定辦理（表 7-6）。紅利分配則依財政部八十一年十二月三十一日臺財保第 800484251 號函辦理,詳情請看表 7-7。

在預定營業費用方面，除先根據規定之生命表及利率計算純保費外，其每年平均營業管理費用及預期利潤等附加費用，則依八十四年十二月三十日，臺財保第 842037573 號函所修訂,「人身保險費率結構」辦理，各項費用都有上限（表 7-8）。

因此在行銷組合中定價策略是比較沒有彈性，一方面決定價格的大部分因素財政部都有明確規範，一方面還有那麼多同業在競爭，可知定價調整空間實在有限。

（三）行銷通路

在八十一年新修訂的保險法第八條之一規定：

本法所稱保險業務員，指為保險業、保險經紀人公司、保險代理人公司，從事保險招攬的人。在本條文中雖然沒有指明保險市場有那些行銷通路，但是可以看出行銷通路的基本成員——從事保險招攬的人，是分屬於保險公司、經紀公司、代理公司，因此我們說壽險行銷通路，分為直屬業務員制、代理人制、經紀人制。

1.直屬業務員制：直屬業務員制，即壽險公司任命領固定薪的分公司經理，代表總公司在一定地區與其他員工，一起為公司執行業務。其組織架構猶如金字塔式，總公司可設若干分公司，分公司中設若干通訊處，每處設若干組，組下面就是業務員。

2.代理人制：是根據保險法第八條規定，由壽險公司與代理人簽訂代理契約，授權代理人在某一地區代表壽險公司經營業務，依保險代理人經紀人公證人管理規則，代理人可分為專屬代理人及普通代理人，專屬代理人以代理特定一家保險業為限，普通代理人得代理二家以上保險業。

表7-3-1 臺灣壽險業第三回經驗生命表 (男性)

(民國七十一年至民國七十五年)

年齡	生存數	死亡數	死亡率	平均餘命	生存人年數	
x	l_x	d_x	q_x	$\overset{\circ}{e}_x$	L_x	T_x
0	10,000,000	102,500	0.010 250	69.57	9,948,750	695,748,918
1	9,897,500	23,259	0.002 350	69.29	9,885,871	685,800,168
2	9,874,241	15,009	0.001 520	68.45	9,866,737	675,914,297
3	9,859,232	9,958	0.001 010	67.56	9,854,253	666,047,560
4	9,849,274	7,091	0.000 720	66.62	9,845,729	656,193,307
5	9,842,183	5,807	0.000 590	65.67	9,839,280	646,347,578
6	9,836,376	5,410	0.000 550	64.71	9,833,671	636,508,298
7	9,830,966	5,309	0.000 540	63.74	9,828,312	626,674,627
8	9,825,657	5,306	0.000 540	62.78	9,823,004	616,846,315
9	9,820,351	5,107	0.000 520	61.81	9,817,798	607,023,311
10	9,815,244	4,809	0.000 490	60.84	9,812,840	597,205,513
11	9,810,435	4,611	0.000 470	59.87	9,808,130	587,392,673
12	9,805,824	4,805	0.000 490	58.90	9,803,422	577,584,543
13	9,801,019	5,489	0.000 560	57.93	9,798,275	567,781,121
14	9,795,530	7,435	0.000 759	56.96	9,791,813	557,982,846
15	9,788,095	10,072	0.001 029	56.01	9,783,059	548,191,033
16	9,778,023	13,631	0.001 394	55.06	9,771,208	538,407,974
17	9,764,392	18,455	0.001 890	54.14	9,755,165	528,636,766
18	9,745,937	19,823	0.002 034	53.24	9,736,026	518,881,601
19	9,726,114	20,649	0.002 123	52.35	9,715,790	509,145,575
20	9,705,465	21,003	0.002 164	51.46	9,694,964	499,429,785
21	9,684,462	20,977	0.002 166	50.57	9,673,974	489,734,821
22	9,663,485	20,651	0.002 137	49.68	9,653,160	480,060,847
23	9,642,834	20,105	0.002 085	48.78	9,632,782	470,407,687
24	9,622,729	19,428	0.002 019	47.88	9,613,015	460,774,905
25	9,603,301	18,707	0.001 948	46.98	9,593,948	451,161,890
26	9,584,594	18,038	0.001 882	46.07	9,575,575	441,567,942
27	9,566,556	17,507	0.001 830	45.16	9,557,803	431,992,367
28	9,549,049	17,179	0.001 799	44.24	9,540,460	422,434,564
29	9,531,870	17,091	0.001 793	43.32	9,523,325	412,894,104
30	9,514,779	17,250	0.001 813	42.39	9,506,154	403,370,779
31	9,497,529	17,684	0.001 862	41.47	9,488,687	393,864,625
32	9,479,845	18,400	0.001 941	40.55	9,470,645	384,375,938
33	9,461,445	19,405	0.002 051	39.62	9,451,743	374,905,293
34	9,442,040	20,678	0.002 190	38.70	9,431,701	365,453,550

表7-3-1(續一)　The Life Table of Taiwan Area (1982-1986) (Male)

年齡	生存數	死亡數	死亡率	平均餘命	生存人年數	
x	l_x	d_x	q_x	$\mathring{e}_x$	L_x	T_x
35	9,421,362	22,178	0.002 354	37.79	9,410,273	356,021,849
36	9,399,184	23,865	0.002 539	36.88	9,387,252	346,611,576
37	9,375,319	25,707	0.002 742	35.97	9,362,466	337,224,324
38	9,349,612	27,684	0.002 961	35.07	9,335,770	327,861,858
39	9,321,928	29,849	0.003 202	34.17	9,307,004	318,526,088
40	9,292,079	32,262	0.003 472	33.28	9,275,948	309,219,084
41	9,259,817	34,993	0.003 779	32.39	9,242,321	299,943,136
42	9,224,824	38,089	0.004 129	31.51	9,205,780	290,700,815
43	9,186,735	41,588	0.004 527	30.64	9,165,941	281,495,035
44	9,145,147	45,378	0.004 962	29.78	9,122,458	272,329,094
45	9,099,769	49,321	0.005 420	28.92	9,075,109	263,206,636
46	9,050,448	53,271	0.005 886	28.08	9,023,813	254,131,527
47	8,997,177	57,096	0.006 346	27.24	8,968,629	245,107,714
48	8,940,081	60,712	0.006 791	26.41	8,909,725	236,139,085
49	8,879,369	64,278	0.007 239	25.59	8,847,230	227,229,360
50	8,815,091	67,973	0.007 711	24.77	8,781,105	218,382,130
51	8,747,118	71,980	0.008 229	23.96	8,711,128	209,601,025
52	8,675,138	76,489	0.008 817	23.16	8,636,894	200,889,897
53	8,598,649	81,627	0.009 493	22.36	8,557,836	192,253,003
54	8,517,022	87,453	0.010 268	21.57	8,473,296	183,695,167
55	8,429,569	93,973	0.011 148	20.79	8,382,583	175,221,871
56	8,335,596	101,186	0.012 139	20.02	8,285,003	166,839,288
57	8,234,410	109,106	0.013 250	19.26	8,179,857	158,554,285
58	8,125,304	117,695	0.014 485	18.51	8,066,457	150,374,428
59	8,007,609	126,929	0.015 851	17.77	7,944,145	142,307,971
60	7,880,680	136,753	0.017 353	17.05	7,812,304	134,363,826
61	7,743,927	147,104	0.018 996	16.34	7,670,375	126,551,522
62	7,596,823	157,892	0.020 784	15.65	7,517,877	118,881,147
63	7,438,931	169,057	0.022 726	14.97	7,354,403	111,363,270
64	7,269,874	180,591	0.024 841	14.31	7,179,579	104,008,867
65	7,089,283	192,474	0.027 150	13.66	6,993,046	96,829,288
66	6,896,809	204,663	0.029 675	13.03	6,794,478	89,836,242
67	6,692,146	217,080	0.032 438	12.41	6,583,606	83,041,764
68	6,475,066	229,619	0.035 462	11.81	6,360,257	76,458,158
69	6,245,447	242,161	0.038 774	11.22	6,124,367	70,097,901

表7-3-1(續二)　臺灣壽險業第三回經驗生命表（男性）

（民國七十一年至民國七十五年）

年齡	生存數	死亡數	死亡率	平均餘命	生存人年數	
x	l_x	d_x	q_x	$\mathring{e}_x$	L_x	T_x
70	6,003,286	254,539	0.042 400	10.66	5,876,017	63,973,534
71	5,748,747	266,569	0.046 370	10.11	5,615,463	58,097,517
72	5,482,178	278,001	0.050 710	9.57	5,343,178	52,482,054
73	5,204,177	288,566	0.055 449	9.06	5,059,894	47,138,876
74	4,915,611	298,019	0.060 627	8.56	4,766,602	42,078,982
75	4,617,592	306,068	0.066 283	8.08	4,464,558	37,312,380
76	4,311,524	312,404	0.072 458	7.62	4,155,322	32,847,822
77	3,999,120	316,694	0.079 191	7.17	3,840,773	28,692,500
78	3,682,426	318,622	0.086 525	6.75	3,523,115	24,851,727
79	3,363,804	317,920	0.094 512	6.34	3,204,844	21,328,612
80	3,045,884	314,354	0.103 206	5.95	2,888,707	18,123,768
81	2,731,530	307,734	0.112 660	5.58	2,577,663	15,235,061
82	2,423,796	297,955	0.122 929	5.22	2,274,819	12,657,398
83	2,125,841	285,005	0.134 067	4.88	1,983,339	10,382,579
84	1,840,836	269,011	0.146 135	4.56	1,706,331	8,399,240
85	1,571,825	250,227	0.159 195	4.26	1,446,712	6,692,909
86	1,321,598	229,047	0.173 311	3.97	1,207,075	5,246,197
87	1,092,551	205,993	0.188 543	3.70	989,555	4,039,122
88	886,558	181,702	0.204 952	3.44	795,707	3,049,567
89	704,856	156,892	0.222 588	3.20	626,410	2,253,860
90	547,964	132,334	0.241 501	2.97	481,797	1,627,450
91	415,630	108,786	0.261 738	2.76	361,237	1,145,653
92	306,844	86,943	0.283 347	2.56	263,373	784,416
93	219,901	67,370	0.306 364	2.37	186,216	521,043
94	152,531	50,452	0.330 763	2.20	127,305	334,827
95	102,079	36,392	0.356 505	2.03	83,883	207,522
96	65,687	25,194	0.383 550	1.88	53,090	123,639
97	40,493	16,677	0.411 860	1.74	32,155	70,549
98	23,816	10,512	0.441 397	1.61	18,560	38,394
99	13,304	6,281	0.472 130	1.49	10,164	19,834
100	7,023	3,540	0.504 033	1.38	5,253	9,670
101	3,483	1,871	0.537 078	1.27	2,548	4,417
102	1,612	921	0.571 235	1.16	1,152	1,869
103	691	418	0.605 373	1.04	482	717
104	273	175	0.639 737	0.86	186	235
105	98	98	1.000 000	0.50	49	49

表7-3-2　臺灣壽險業第三回經驗生命表（女性）

（民國七十一年至民國七十五年）

年齡	生存數	死亡數	死亡率	平均餘命	生存人年數	
x	l_x	d_x	q_x	$\overset{\circ}{e}_x$	L_x	T_x
0	10,000,000	87,200	0.008 720	74.85	9,956,400	748,454,034
1	9,912,800	19,627	0.001 980	74.50	9,902,987	738,497,634
2	9,893,173	12,169	0.001 230	73.65	9,887,089	728,594,647
3	9,881,004	7,411	0.000 750	72.74	9,877,299	718,707,558
4	9,873,593	4,838	0.000 490	71.79	9,871,174	708,830,259
5	9,868,755	3,553	0.000 360	70.83	9,866,979	698,959,085
6	9,865,202	3,157	0.000 320	69.85	9,863,624	689,092,106
7	9,862,045	3,057	0.000 310	68.87	9,860,517	679,228,482
8	9,858,988	2,958	0.000 300	67.89	9,857,509	669,367,965
9	9,856,030	2,858	0.000 290	66.91	9,854,601	659,510,456
10	9,853,172	2,857	0.000 290	65.93	9,851,744	649,655,855
11	9,850,315	2,955	0.000 300	64.95	9,848,838	639,804,111
12	9,847,360	3,151	0.000 320	63.97	9,845,785	629,955,273
13	9,844,209	3,445	0.000 350	62.99	9,842,487	620,109,488
14	9,840,764	4,153	0.000 422	62.01	9,838,688	610,267,001
15	9,836,611	4,997	0.000 508	61.04	9,834,113	600,428,313
16	9,831,614	6,017	0.000 612	60.07	9,828,606	590,594,200
17	9,825,597	7,251	0.000 738	59.11	9,821,972	580,765,594
18	9,818,346	7,717	0.000 786	58.15	9,814,488	570,943,622
19	9,810,629	8,025	0.000 818	57.20	9,806,617	561,129,134
20	9,802,604	8,215	0.000 838	56.24	9,798,497	551,322,517
21	9,794,389	8,315	0.000 849	55.29	9,790,232	541,524,020
22	9,786,074	8,367	0.000 855	54.34	9,781,891	531,733,788
23	9,777,707	8,409	0.000 860	53.38	9,773,503	521,951,897
24	9,769,298	8,499	0.000 870	52.43	9,765,049	512,178,394
25	9,760,799	8,687	0.000 890	51.47	9,756,456	502,413,345
26	9,752,112	9,030	0.000 926	50.52	9,747,597	492,656,889
27	9,743,082	9,568	0.000 982	49.56	9,738,298	482,909,292
28	9,733,514	10,347	0.001 063	48.61	9,728,341	473,170,994
29	9,723,167	11,269	0.001 159	47.66	9,717,533	463,442,653
30	9,711,898	12,227	0.001 259	46.72	9,705,785	453,725,120
31	9,699,671	13,124	0.001 353	45.78	9,693,109	444,019,335
32	9,686,547	13,832	0.001 428	44.84	9,679,631	434,326,226
33	9,672,715	14,306	0.001 479	43.90	9,665,562	424,646,595
34	9,658,409	14,642	0.001 516	42.97	9,651,088	414,981,033

表7-3-2(續一)　The Life Table of Taiwan Area (1982–1986) (Female)

年齡	生存數	死亡數	死亡率	平均餘命	生存人年數	
x	l_x	d_x	q_x	$\overset{\circ}{e}_x$	L_x	T_x
35	9,643,767	14,957	0.001 551	42.03	9,636,289	405,329,945
36	9,628,810	15,396	0.001 599	41.09	9,621,112	395,693,656
37	9,613,414	16,102	0.001 675	40.16	9,605,363	386,072,544
38	9,597,312	17,170	0.001 789	39.23	9,588,727	376,467,181
39	9,580,142	18,624	0.001 944	38.30	9,570,830	366,878,454
40	9,561,518	20,443	0.002 138	37.37	9,551,297	357,307,624
41	9,541,075	22,622	0.002 371	36.45	9,529,764	347,756,327
42	9,518,453	25,138	0.002 641	35.53	9,505,884	388,226,563
43	9,493,315	27,977	0.002 947	34.63	9,479,327	328,720,679
44	9,465,338	31,046	0.003 280	33.73	9,449,815	319,241,352
45	9,434,292	34,275	0.003 633	32.84	9,417,155	309,791,537
46	9,400,017	37,572	0.003 997	31.95	9,381,231	300,374,382
47	9,362,445	40,839	0.004 362	31.08	9,342,026	290,993,151
48	9,321,606	44,026	0.004 723	30.21	9,299,593	281,651,125
49	9,277,580	47,223	0.005 090	29.36	9,253,969	272,351,532
50	9,230,357	50,527	0.005 474	28.50	9,205,094	263,097,563
51	9,179,830	54,060	0.005 889	27.66	9,152,800	253,892,469
52	9,125,770	57,912	0.006 346	26.82	9,096,814	244,739,669
53	9,067,858	62,133	0.006 852	25.99	9,036,792	235,642,855
54	9,005,725	66,579	0.007 393	25.16	8,972,436	226,606,063
55	8,939,146	71,057	0.007 949	24.35	8,903,618	217,633,627
56	8,868,089	75,370	0.008 499	23.54	8,830,404	208,730,009
57	8,792,719	79,345	0.009 024	22.73	8,875,047	199,899,605
58	8,713,374	82,960	0.009 521	21.94	8,671,894	191,146,558
59	8,630,414	86,856	0.010 064	21.14	8,586,986	182,474,664
60	8,543,558	91,783	0.010 743	20.35	8,497,667	173,887,678
61	8,451,775	98,463	0.011 650	19.57	8,402,544	165,390,011
62	8,353,312	107,557	0.012 876	18.79	8,299,534	156,987,467
63	8,245,755	119,357	0.014 475	18.03	8,186,077	148,687,933
64	8,126,398	132,964	0.016 362	17.29	8,059,916	140,501,856
65	7,993,434	147,183	0.018 413	16.57	7,919,843	132,441,940
66	7,846,251	160,903	0.020 507	15.87	7,765,800	124,522,097
67	7,685,348	173,082	0.022 521	15.19	7,598,807	116,756,297
68	7,512,266	183,127	0.024 377	14.53	7,420,703	109,157,490
69	7,329,139	191,804	0.026 170	13.88	7,233,237	101,736,787

表7-3-2(續二)　臺灣壽險業第三回經驗生命表（女性）

（民國七十一年至民國七十五年）

年齡	生存數	死亡數	死亡率	平均餘命	生存人年數	
x	l_x	d_x	q_x	$\overset{\circ}{e}_x$	L_x	T_x
70	7,137,335	200,138	0.028 041	13.24	7,037,266	94,503,550
71	6,937,197	209,025	0.030 131	12.61	6,832,685	87,466,284
72	6,728,172	219,197	0.032 579	11.98	6,618,574	80,633,599
73	6,508,975	231,082	0.035 502	11.37	6,393,434	74,015,025
74	6,277,893	244,329	0.038 919	10.77	6,155,729	67,621,591
75	6,033,564	258,405	0.042 828	10.19	5,904,362	61,465,862
76	5,775,159	272,720	0.047 223	9.62	5,638,799	55,561,500
77	5,502,439	286,683	0.052 101	9.07	5,359,098	49,922,701
78	5,215,756	299,739	0.057 468	8.54	5,065,887	44,563,603
79	4,916,017	311,557	0.063 376	8.03	4,760,239	39,497,716
80	4,604,460	321,783	0.069 885	7.54	4,443,569	34,737,477
81	4,282,677	330,015	0.077 058	7.07	4,117,670	30,293,908
82	3,952,662	355,802	0.084 956	6.62	3,784,761	26,176,238
83	3,616,860	338,694	0.093 643	6.19	3,447,513	22,391,477
84	3,278,166	338,294	0.103 196	5.78	3,109,019	18,943,964
85	2,939,872	334,246	0.113 694	5.39	2,772,749	15,834,945
86	2,605,626	326,263	0.125 215	5.01	2,442,495	13,062,196
87	2,279,363	314,187	0.137 840	4.66	2,122,270	10,619,701
88	1,965,176	298,017	0.151 649	4.32	1,816,168	8,497,431
89	1,667,159	277,960	0.166 727	4.01	1,528,179	6,681,263
90	1,389,199	254,448	0.183 162	3.71	1,261,975	5,153,084
91	1,134,751	228,131	0.201 041	3.43	1,020,686	3,891,109
92	906,620	199,865	0.220 451	3.17	806,688	2,870,423
93	706,755	170,658	0.241 467	2.92	621,426	2,063,735
94	536,097	141,592	0.264 117	2.69	465,301	1,442,309
95	394,505	113,781	0.288 415	2.48	337,615	977,008
96	280,724	88,253	0.314 376	2.28	236,598	639,393
97	192,471	65,828	0.342 016	2.09	159,557	402,795
98	126,643	47,029	0.371 351	1.92	103,129	243,238
99	79,614	32,037	0.402 403	1.76	63,596	140,109
100	47,577	20,705	0.435 197	1.61	37,225	76,513
101	26,872	12,623	0.469 756	1.46	20,561	39,288
102	14,249	7,211	0.506 105	1.31	10,644	18,727
103	7,038	3,822	0.543 043	1.15	5,127	8,083
104	3,216	1,868	0.580 837	0.92	2,282	2,956
105	1.348	1.348	1.000 000	0.50	674	674

表7-4　臺灣壽險業第三回經驗生命表──計算保費之死亡率

（民國七十一年至民國七十五年）

年　齡	男	性	女	性
x	死亡率 q_x	平均餘命 $\mathring{e}_x$	死亡率 q_x	平均餘命 $\mathring{e}_x$
0	0.009 225	70.96	0.007 848	76.15
1	0.002 115	70.62	0.001 782	75.74
2	0.001 368	69.77	0.001 107	74.88
3	0.000 909	68.86	0.000 675	73.96
4	0.000 648	67.93	0.000 441	73.01
5	0.000 531	66.97	0.000 324	72.04
6	0.000 495	66.00	0.000 288	71.07
7	0.000 486	65.04	0.000 279	70.09
8	0.000 486	64.07	0.000 270	69.11
9	0.000 468	63.10	0.000 261	68.12
10	0.000 441	62.13	0.000 261	67.14
11	0.000 423	61.16	0.000 270	66.16
12	0.000 441	60.18	0.000 288	65.18
13	0.000 504	59.21	0.000 315	64.20
14	0.000 683	58.24	0.000 380	63.22
15	0.000 926	57.28	0.000 457	62.24
16	0.001 255	56.33	0.000 551	61.27
17	0.001 701	55.40	0.000 664	60.30
18	0.001 831	54.49	0.000 707	59.34
19	0.001 911	53.59	0.000 736	58.38
20	0.001 948	52.69	0.000 754	57.42
21	0.001 949	51.80	0.000 764	56.47
22	0.001 923	50.90	0.000 770	55.51
23	0.001 877	49.99	0.000 774	54.55
24	0.001 817	49.09	0.000 783	53.59
25	0.001 753	48.17	0.000 801	52.64
26	0.001 694	47.26	0.000 833	51.68
27	0.001 647	46.34	0.000 884	50.72
28	0.001 619	45.41	0.000 957	49.77
29	0.001 614	44.49	0.001 043	48.81
30	0.001 632	43.56	0.001 133	47.86
31	0.001 676	42.63	0.001 218	46.92
32	0.001 747	41.70	0.001 285	45.97
33	0.001 846	40.77	0.001 331	45.03

註：1.依財政部78.6.19.臺財融第780163364號函計算保費之死亡率以臺灣
　　壽險業第三回經驗生命表（男、女性）死亡率之百分之九十計算。

表7-4(續一)　臺灣壽險業第三回經驗生命表——計算保費之死亡率

（民國七十一年至民國七十五年）

年　齡	男	性	女	性
x	死亡率 q_x	平均餘命 $\overset{\circ}{e}_x$	死亡率 q_x	平均餘命 $\overset{\circ}{e}_x$
34	0.001 971	39.85	0.001 364	44.09
35	0.002 119	38.92	0.001 396	43.15
36	0.002 285	38.00	0.001 439	42.21
37	0.002 468	37.09	0.001 508	41.27
38	0.002 665	36.18	0.001 610	40.33
39	0.002 882	35.28	0.001 750	39.40
40	0.003 125	34.38	0.001 924	38.46
41	0.003 401	33.48	0.002 134	37.54
42	0.003 716	32.60	0.002 377	36.62
43	0.004 074	31.72	0.002 652	35.70
44	0.004 466	30.84	0.002 952	34.80
45	0.004 878	29.98	0.003 270	33.90
46	0.005 297	29.12	0.003 597	33.01
47	0.005 711	28.28	0.003 926	32.13
48	0.006 112	27.44	0.004 251	31.25
49	0.006 515	26.60	0.004 581	30.38
50	0.006 940	25.77	0.004 927	29.52
51	0.007 406	24.95	0.005 300	28.66
52	0.007 935	24.13	0.005 711	27.81
53	0.008 544	23.32	0.006 167	26.97
54	0.009 241	22.52	0.006 654	26.13
55	0.010 033	21.72	0.007 154	25.31
56	0.010 925	20.94	0.007 649	24.48
57	0.011 925	20.16	0.008 122	23.67
58	0.013 037	19.40	0.008 569	22.86
59	0.014 266	18.65	0.009 058	22.05
60	0.015 618	17.91	0.009 669	21.25
61	0.017 096	17.19	0.010 485	20.45
62	0.018 706	16.48	0.011 588	19.66
63	0.025 453	15.78	0.013 028	18.89
64	0.022 357	15.10	0.014 726	18.13
65	0.024 435	14.44	0.016 572	17.39
66	0.026 708	13.79	0.018 456	16.68
67	0.029 194	13.15	0.020 269	15.98
68	0.031 916	12.53	0.021 939	15.30
69	0.034 897	11.93	0.023 553	14.63

表7-4(續二)　臺灣壽險第三回經驗生命表──計算保費之死亡率
（民國七十一年至民國七十五年）

年　齡	男 性		女 性	
	死亡率	平均餘命	死亡率	平均餘命
x	q_x	$\mathring{e}_x$	q_x	$\mathring{e}_x$
70	0.038 160	11.34	0.025 237	13.98
71	0.041 733	10.77	0.027 118	13.32
72	0.045 639	10.22	0.029 321	12.68
73	0.049 904	9.68	0.031 952	12.05
74	0.054 564	9.17	0.035 027	11.43
75	0.059 655	8.67	0.038 545	10.83
76	0.065 212	8.18	0.042 501	10.24
77	0.071 272	7.72	0.046 891	9.67
78	0.077 873	7.27	0.051 721	9.13
79	0.085 061	6.85	0.057 038	8.60
80	0.092 885	6.44	0.062 897	8.09
81	0.101 394	6.04	0.069 352	7.60
82	0.110 636	5.67	0.076 460	7.12
83	0.120 660	5.31	0.084 279	6.67
84	0.131 522	4.97	0.092 876	6.24
85	0.143 276	4.65	0.102 325	5.83
86	0.155 980	4.34	0.112 694	5.44
87	0.169 689	4.05	0.124 056	5.06
88	0.184 457	3.78	0.136 484	4.71
89	0.200 329	3.52	0.150 054	4.37
90	0.217 351	3.28	0.164 846	4.06
91	0.235 564	3.05	0.180 937	3.76
92	0.255 012	2.83	0.198 406	3.48
93	0.275 728	2.63	0.217 320	3.22
94	0.297 687	2.45	0.237 705	2.97
95	0.320 855	2.27	0.259 574	2.74
96	0.345 195	2.11	0.282 938	2.53
97	0.370 674	1.96	0.307 814	2.33
98	0.397 257	1.81	0.334 216	2.14
99	0.424 917	1.68	0.362 163	1.96
100	0.453 630	1.55	0.391 677	1.80
101	0.483 370	1.43	0.422 780	1.63
102	0.514 112	1.30	0.455 495	1.46
103	0.544 836	1.15	0.488 739	1.26
104	0.575 763	0.92	0.522 753	0.98
105	1.000 000	0.11	1.000 000	0.01

表 7-5

財政部核定調整降低壽險業個人傷害保險費率暨其配合措施

財政部於 79.10.6. 以臺財融第 790196481 號函核定調整降低壽險業個人傷害保險費率暨其配合措施，自本 (79) 年十月十五日起實施，並指示新費率實施後配合措施中，有關有效契約部分應增訂退還未到期間保險費，以供保戶選擇。

有關本次個人傷害保險費率調整，係以最近五年（民國七十四年～民國七十八年）壽險業個人傷害保險之經驗損失率及觀察歷年（民國七十一年～民國七十七年）國內十五歲以上人口意外死亡率之趨勢，將個人意外死亡率由現行萬分之九‧一七調整降低為萬分之八‧一八一，仍依據財政部 67.8.28. (67) 臺財錢第 19369 號函及 68.3.12‧(68) 臺財錢第 12411 號函核定之統一費率計算基礎調整。案經奉財政部核定個人傷害保險統一費率標準如下：

1. 個人意外死亡率由現行萬分之九‧一七調整降低為萬分之八‧一八一。

2. 個人意外殘廢發生率為意外死亡率之 40%，並以保險金額之 40% 為殘廢之平均賠款金額。

3. 個人意外死亡及殘廢總保費之計算，上限係加計總保費 37% 之附加費，下限係加計總保費 15% 之附加費；附加於其他保險出售者其總保費之計算，上限係加計總保費 25% 之附加費，下限係加計總保費 15% 之附加費。

4. 調整後新費率以職業類別第一類為準如下：

⑴個人意外死亡及殘廢每十萬元保額之總保費，由原來上限 160 元，下限 120 元，調整降低為上限 144 元，下限 106 元。

⑵附加於其他保險出售者每十萬元保額之總保費，由原來上限 135 元，下限 120 元，調整降低為上限 121 元，下限 106 元。

調整後統一費率與原統一費率比較如下：

（每十萬元保額）　　　　　　單位：新臺幣元

項　　目	調整後統一費率		原　統　一　費　率		降　低　金　額	
	上　限	下　限	上　限	下　限	上　限	下　限
主契約	144	106	160	120	16	14
附加契約	121	106	135	120	14	14

5.前項保費係指職業類別第一類之費率，職業分類依「臺灣地區傷害保險個人職業分類表」分六類，有關類別與費率比如下：

職 業 類 別	1	2	3	4	5	6
費 率 比	1	1.25	1.5	2.25	3.5	4.5

為維護保戶權益，個人傷害保險費率（以下簡稱新費率）奉准實施後，本會以 79.10.12.(79) 壽會展青字第 358 號公告，於七十九年十月十五日分別在《中央日報》、《中國時報》及《聯合報》辦理公告，以下列配合措施辦理回饋保戶：

1.自本 (79) 年十月十五日起簽單之新契約，一律以「按新費率計收保費」辦理。

2.截至本 (79) 年十月十五日仍屬有效之保單，自下一次繳費日起，一律以「按新費率計收保費」辦理。

3.截至本 (79) 年十月十五日仍屬有效之保單，在下一次繳費日前，由貴保戶自即日起至十一月十五日止向所投保公司選擇以「按新費率提高死亡及殘廢保障金額」或以「按新費率退還未到期間保險費」方式辦理；若貴保戶未於限期內選擇，則一律以「按新費率提高死亡及殘廢保障金額」辦理。

表7-6

保險法施行細則

第十二條　保險期間超過一年之人壽保險契約，除生存保險外，其最低責任準備金之提存，應依左列方式辦理：

一、中華民國八十七年十二月三十一日以前訂定之契約，其純保險費較二十年繳費二十年滿期生死合險為大者，採二十年滿期生死合險修正制。

二、中華民國八十八年一月一日起訂定之契約，其純保險費較二十五年繳費二十五年滿期生死合險為大者，採二十五年滿期生死合險修正制。

三、中華民國九十二年一月一日起訂定之契約，其純保險費較二十年繳費終身保險為大者，採二十年繳費終身保險修正制。

四、前列各款條件以外之契約，採一年定期修正制。

健康保險最低責任準備金之提存，採用一年定期修正制。但具特殊性質之健康保險，其提存標準由財政部定之。

生存保險及年金保險最低責任準備金之提存，以採用平衡準備金制為原則；其方式由財政部另定之。

人身保險業變更責任準備金之提存時，應事先經財政部核准。

表 7-7

壽險業保單紅利分配之演變

我國壽險業各保單年度應分配保單紅利標準之演變，可區分為：1.民國五十一年至六十五年，2.民國六十六年至八十年，3.民國八十一年起等三個階段來說明，各階段保單紅利分配標準分述於後，部份公司保單規定之特別紅利不在本文範圍內。

（一）民國五十一年至六十五年保單年度

　　民國五十一年政府開放保險事業民營之後，各壽險公司所販售之保險契約多以人壽保險為主，迄六十六年一月一日以前，保單紅利之分配，悉依保險契約條款規定為之。

　　（二）民國六十六年至八十年保單年度

　　財政部於 67.1.9. 以 (67) 臺財錢第 10144 號函規定人身保險保單分紅辦法如下：

　　1. 人壽保險計算保險費之預定利率為年息八厘以上者，得不分配保單紅利。

　　2. 人壽保險計算保險費之預定利率低於年息八厘者，應自六十六年起按下列公式分配保單紅利。

　　〔中央銀行核定之二年期儲蓄存款最高利率(加權平均)－預定利率〕×期中責任準備金＝應分配保單紅利。

　　該保單紅利分配計算公式，歷來為業者所遵行，然自民國七十五年一月二十日中央銀行推動利率自由化後，已無中央銀行核定之二年期儲蓄存款最高利率之標準，經由本業建議主管機關核定自民國七十五年起為年利率 6.5 ％（參見《壽險簡訊》第 2 期 p. 3）；七十八年四月一日起為年利率 9.75％；並增訂「但計算保險費之預定利率低於保單紅利分配年利率時，仍應分配保單紅利」之但書（參見《壽險簡訊》第 38 期 p. 10）。

　　（三）民國八十一年保單年度起

　　財政部於民國八十年十二月三十一日以臺財保第 800484251 號函核定壽險業人壽保險應分配保單紅利計算公式，並規定人壽保險單自八十一保單年度起各保單於保單週年日所應分配之最低保單紅利按下列公式計算：

$$_t D_x^s = k_1 \times [r-i] \times {}_t \tilde{V}_x + k_2 \times [q_{x+t-1} - Q_{x+t-1}] \times [{}_t S_x - {}_t V_x]$$

　　式中 $_t D_x^s \geq 0$，$t \geq 1$。

$_t D_x^s$：第 t 保單年度應分配之保單紅利金額。

r：保單紅利分配年利率，以臺灣銀行、第一銀行、合作金庫與中央信託局四家行庫每月初（每月第一個營業日）牌告之二年期定期儲蓄存款最高年利率加權平均計算，且不低於 i 值。

i：計算保險費之預定年利率。

$_t\tilde{V}_x$：第 t 保單年度之期中保單價值準備金。

$$_t\tilde{V}_x = (_{t-1}V_x + _tV_x) / 2, \quad t \geq 1$$

此處：$_{t-1}V_x$ 指投保年齡 x 歲者，其第 $t-1$ 保單年度末的保單價值準備金，但還本型壽險保單不包括第 $t-1$ 保單年度末應付生存保險部份。

k_1：等於 1，但各公司（處）於特殊情形下，得報部核定其他數值。

q_{x+t-1}：計算保險費之預定死亡率，惟預定死亡率以臺灣壽險業第一、二回經驗生命表或臺灣省居民生命表計算者，並按本部臺財融第 7541113 及第 780163364 號函辦理者，得以臺灣壽險業第三回經驗生命表死亡率之 90％（以下簡稱第三回保費生命表）計算。

Q_{x+t-1}：實際經驗死亡率，每年依人壽保險業最近五年之經驗資料按最近採用的經驗生命表製作原理，製作完成之年度經驗粗死亡率為基礎計算，且其值不高於 q_{x+t-1} 值。

$_tS_x$：第 t 保單年度之死亡保險金額。

$_tV_x$：第 t 保單年度之期末保單價值準備金。

　：等於 1，但各公司（處）於特殊情形下，得報部核定其他數值。

（參見壽險簡訊第 68 期 p. 4。）

依上述規定知，保單紅利計算公式可區分為利差紅利與死差紅利兩部分，其中：

利差紅利為：$k_1 \times [r - i] \times _t\tilde{V}_x$

死差紅利為：$k_2 \times [q_{x+t-1} - Q_{x+t-1}] \times [_tS_x - _tV_x]$

其保單紅利分配實務作業處理準則，參見壽險簡訊第 71 期 p. 2。

（四）民國八十五保單年度保單紅利試算

現行壽險業保單紅利分配標準，係財政部於民國八十年十二月三十一日以臺財保第 800484251 號函核定，本文就民國八十五保險單年度保單紅利予以試算，並與八十四保單年度試算之保單紅利加以比較於後：

利差紅利中保單紅利分配年利率 r 之計算

保單紅利分配年利率標準之計算公式如下：

r ＝臺灣銀行、第一銀行、合作金庫與中央信託局等四家行庫局十二個月每

月初牌告二年期定期儲蓄存款平均年利率總和/12。（採二位小數四捨五入）查四家行庫局八十五年度一月至十二月每月初（第一個營業日）牌告二年期定期儲蓄存款最高年利率如下表，依上述公式計算得保單紅利分配年利率 r＝6.67%。

民國八十五年度四家行庫局每月初（第一個營業日）牌告二年期定期儲蓄存款年利率

行庫別	1月	2月	3月	4月	5月	6月	7月	8月	9月	10月	11月	12月
臺灣銀行	6.90	6.90	6.90	6.90	6.90	6.775	6.775	6.775	6.55	6.55	6.40	6.15
第一銀行	6.80	6.80	6.80	6.80	6.80	6.65	6.65	6.56	6.45	6.30	5.95	5.95
合作金庫	7.00	6.95	6.95	6.95	6.95	6.75	6.75	6.75	6.50	6.50	6.25	6.15
中信局	7.00	7.00	7.00	7.00	7.00	6.70	6.70	6.70	6.60	6.60	6.10	6.10
月平均利率	6.93	6.91	6.91	6.91	6.91	6.72	6.72	6.72	6.53	6.49	6.18	6.09

死差紅利中實際經驗死亡率 Q_{x+t-1} 之計算

死差紅利係每年以壽險業最近五年的經驗資料為基礎計算實際經驗死亡率，與計算保險費之預定死亡率──臺灣壽險業第三回經驗生命表死亡率之 90%（以下簡稱第三回保費生命表）計算。上開「最近五年的經驗資料」，以民國八十五保單年度言，為七十九、八十、八十一、八十二及八十三等五個觀察年度，本業以該五個觀察年度經驗資料研議後，案經報奉財政部以 85.12.18. 臺財保第851850813 號函核定分紅用實際經驗死亡率 Q_{x+t-1} 為：

男性 Q_{x+t-1}＝第三回保費生命表×90.97%

女性 Q_{x+t-1}＝第三回保費生命表×68.91%

表 7–8

財政部修訂「人身保險費率結構」

財政部（函）　　　　　　　　　　　　中華民國 84 年 12 月 30 日

受文者：本部保險司（三）　　　　　　　臺財保第 842037572 號

正　本：各人壽保險公司

　　　　外商人壽保險公司臺灣分公司

　　　　臺北市人壽保險商業同業公會

副　本：中央再保險公司

　　　　財團法人保險事業發展中心（均含附件）

　　　　本部賦稅署、保險司(一)(三)(四)(六)

主　旨：修訂「人身保險費率結構」如附件，請查照。

說　明：一、依據保險法第一百四十四條規定辦理。

　　　　二、自八十五年元月一日起送審之保單均應依主旨辦理。

　　　　三、現行經本部核准之各種保險商品，不符合主旨規定者應於八十五年
　　　　　　十二月三十一日前修正彙整報部備查；但分期交付保險費且不含生
　　　　　　存給付之死亡保險及一年定期壽險、健康保險與傷害保險等商品不
　　　　　　在此限。

　　　　四、本部六十六年四月廿二日 (66) 臺財錢第一三九五七號函所訂「人身
　　　　　　保險費率結構」自本案實施之日起同時廢止。

人身保險費率結構

　　一、人壽保險：應先根據規定之生命表及利率計算純保費，其每年平均營業
管理費用及預期利潤等之附加費用，按總保費依下列標準附加之：

　　㈠生存保險：

　　1.未滿十年之保單不得高於總保費百分之八。

　　2.未滿二十年之保單不得高於總保費百分之十二。

　　3.滿二十年以上之保單不得高於總保費百分之十四。

4.保險費採一次交付之保單不得高於總保費百分之五。

㈡死亡保險：

1.一年以上定期保險不得高於總保費百分之三十二，保險費採一次交付之保單不得高於總保費百分之二十五。

2.終身保險不得高於總保費百分之三十二，如為限期繳費者，應按下列標準計算：

⑴繳費期間未滿十年之保單不得高於總保費百分之十九。

⑵繳費期間未滿二十年之保單不得高於總保費百分之二十五。

⑶繳費期間滿二十年以上之保單不得高於總保費百分之三十一。

⑷保險費採一次交付之保單不得高於總保費百分之十六。

3.死亡保險含生存給付之保單，應按生死合險標準計算。

㈢生死合險：

1.繳費期間未滿十年之保單不得高於總保費百分之十七。

2.繳費期間未滿二十年之保單不得高於總保費百分之二十三。

3.繳費期間滿二十年以上之保單不得高於總保費百分之二十九。

4.保險費採一次交付之保單不得高於總保費百分之十四。

人壽保險以附加契約方式出單者，附加費用率應低於其為主契約時之附加費用率。

二、一年定期壽險、健康保險及傷害保險：應先根據核定之損失率及利率計算總保費，其營業管理費用及預期利潤等之附加費用(不包含特別準備金提存率)，按總保費依下列標準附加之：

㈠附加費用率：

1.一年定期壽險：

⑴個人保單不得高於總保費百分之三十六。

⑵附加於人壽保險單者不得高於總保費百分之二十四。

⑶團體保單不得高於總保費百分之二十九，不得低於總保費百分之十五。

2.健康保險：

⑴個人保單不得高於總保費百分之三十六。

⑵附加於人壽保險單者不得高於總保費百分之二十四。

⑶團體保單佔總保費百分之十四。

3.傷害保險：

⑴個人保單不得高於總保費百分之三十三。

⑵附加於人壽保險單者不得高於總保費百分之二十一。

⑶團體保單佔總保費百分之十四。

㈡預期利潤率之計算應按保險法第一百四十四條之規定辦理。

㈢特別準備金提存率定為總保費百分之三。

　　人壽保險各險計算保險費所依據之利率照保險法施行細則第十一條之規定辦理。

　　3.經紀人制：經紀人制是根據保險法第九條規定，經紀人是基於被保險人之利益，代向保險人（保險公司）洽訂契約，而向承保之保險業收取佣金之人。經紀人是客戶利益代表人，透過經紀人的專業能力，足以影響客戶向那家壽險公司購買保單，因此也是重要的行銷通路。

　　以上三種行銷通路各有其長短之處，至於採用那種須看業者的經營理念、策略走向，和當時的行銷而定。

　　在國內市場經紀人、代理人考試未開放之前，幾乎所有的市場業務都來自直屬業務員，經紀人、代理人僅聊備一格毫無輕重可言，市場上會有這種現象當然有其歷史背景。其一早期壽險行銷人才缺乏，業者為迅速開創市場發展業務，最便捷方式就是自己招聘人員加以培訓，其二自己栽培的人員容易管理，業務的掌握比較可靠，其三消費者對保險認識不深，市場又處於寡佔狀態，因此並沒有經紀人、代理人生存空間。

　　近年來，消費者意識抬頭，消費大眾要求更高的服務品質，加上市場開放了消費者有更多的選擇機會，這時，顧客需要有專業知識的輔助人當他們的顧問。因此經紀人、代理人才慢慢被重視，以致有要求財政

部開放經紀人、代理人考試的呼聲出現。民國八十一年元月保險代理人、經紀人、公證人管理辦法修訂通過，同年六月舉行經紀人、代理人、公證人資格考試，壽險經紀人、代理人部分竟有一萬多人報考，此次考試錄取率僅 15％，共計錄取 1,361 人。八十二年起，經紀人、代理人考試，由考試院收回自行舉辦，錄取率更低，八十三年、八十五年兩次考試只錄取 607 人，加上八十一年錄取者合計 1,968 人，八十六年六月考試院又舉辦了一次考試。

目前，31 家壽險業者中，與經紀人來往的有 14 家，與代理人來往的有 11 家，而國內現有的壽險經紀公司約 150 家，個人經紀人事務所約 30 人，壽險代理公司則約 80 家，代理人約 30 人，八十五年度經紀、代理旗下所登錄業務員約 10,000 人。從現有的家數與登錄業務員來看，這兩條通路在市場似微不足道，可是面臨保險產銷二元化趨勢和保險業要納入勞基法影響，經紀人、代理人應該會被更多壽險業者所接納。

從以上分析，可以看出國內壽險行銷通路改變是必然的，雖然直屬業務員制在未來市場仍居於重要地位，可是經紀人、代理人的崛起是指日可待。多元化的行銷通路，有助於國內壽險市場生態平衡，也提供了良性的競爭，使服務的品質得以提升，更能促進新市場開發機會。

（四）推廣策略

一般人總以為推廣就是打廣告或送贈品，事實上，推廣乃是說服顧客接受某一產品（或服務觀念）的溝通過程。它的精神，在於將企業所提供的產品中的優異性（或差別優勢），傳達給目標顧客並促使其採取行動。

從上面定義，可以看出推廣是行銷功能的重要部分，也是說服顧客採取行動（主要指購買行為）的作法，這些作法包括宣傳、廣告、促銷活動、人員推銷等四種方式。

1.人員推銷：人員推銷在行銷組合中，常扮演著一種無可取代的角

色，因為推銷人員在公司與顧客間居有「橋樑」作用，對顧客而言，往往把推銷人員視為公司「代表」。就壽險商品而言，本身既屬無形商品，缺乏具體形象和明確觀念，且涉及核保、理賠、精算、法律條款等專業知識，需要推銷人員當面解說、說服準保戶才會投保。

推銷人員主要任務，一般可歸納下列三點：

⑴招攬新契約業務。

⑵做好售後服務工作。

⑶收售情報，提供公司資訊及發掘保戶潛在市場。

壽險推廣以「人員推銷」為主力，但在進行招攬過程仍須廣告、促銷、宣傳等活動配合，才能使人員推銷做起來更輕鬆愉快。

目前國內壽險人員推銷方式不外乎：①緣故法②介紹法③直銷法，每種方法各有優點，如能因時因地因人交互應用，對人員推銷將有很大助益。但不管使用那種方法，推銷人員必須要有：①誠懇的態度②風趣的談話技巧③豐富的專業知識④被接納的能力。總之，做為成功的推銷人員應具備說服力、影響力、魅力。

2.廣告策略：廣告是現代企業經常運用的推廣工具，是指所有明確主辦者以有償方式，經由非人員通路向目標顧客傳達信息的所有活動。它可以利用大眾媒體、傳播文字、聲響或視象信息，來告知或影響社會大眾，使他們購買或信服某種商品、服務、觀念或機構，或者對購買採取有利的行動或態度。廣告的最終目的是創造銷售，但這並不是唯一的目標，某些情況下，廣告只是解決公司與顧客間的溝通了解問題。

一般壽險公司透過廣告活動來：

⑴建立公司企業形象。

⑵介紹新商品服務項目或行銷策略。

⑶突顯某些保險課題之社會輿論。

⑷鼓舞業務人員販賣公司商品。

(5)促使消費大眾接受業務人員拜訪。

　　為達到以上目的，壽險公司大都採用商品廣告與企業廣告方式進行。商品廣告主要著重於傳達特定商品的特性給準保戶，但由於壽險商品具有無形性，消費者對於保險內容不一定了解，所以廣告僅強調商品特點，刺激消費者認識商品，並接受業務員的面談，最後達成購買保單的目的。

　　企業廣告為壽險公司最常採用的廣告方式。企業廣告提供公司經營可資信賴的訊息，讓消費者心目中建立良好的形象。例如某壽險公司就曾經在報紙上刊登該公司一位女性業務員，在公司服務數年的感想，用很軟性的方式向讀者傾訴，間接對該公司建立一個好形象。

　　國內可資運用廣告媒體有電視、廣播、報紙、戶外廣告、月曆等，最常用的是電視，因為有活動畫像和聲音的聽覺，容易讓觀眾留下深刻印象，但費用高，至於其他媒體也在適當的時機被運用。

　　3.促銷活動：促銷活動是指包括各式各樣用以刺激市場，提前或採取較強烈反應之推廣工具。

　　壽險公司在推廣策略上，有時也會對準保戶或推銷人員做促銷活動，期使推銷人員招攬工作更順利。

　　促銷方式可以下列方式進行：

　　(1)公司推出商品時設計與商品有關之小紀念品，做推銷人員拜訪準保戶時贈送的禮物。例如推出子女教育年金保險時，製作印上商品的墊板，或商品推出的半年在業績上，給予推銷人員較優厚計算方式。

　　(2)招攬輔助性工具：精心設計記載重要事項通俗化的條款說明書、保單現金價值的小手冊，提供作為向準保戶解說工具，也可以留給準保戶參考。

　　(3)辦理競銷活動。

　　(4)利用公司刊物發表競賽成績，或在業務大會上頒獎表揚，使其成

就經由大家公認而獲得自我肯定。

　　4.宣傳報導：宣傳報導係指以不給付代價方式，取得公司顧客或潛在顧客，所能讀到、看到或聽到的所有媒體之編輯空間，期能對達成目標有所助益。其方式為：

　　⑴以新聞報導方式處理：以掌握社會關心之保險話題，在報紙上發表報導，例如報紙刊載有關十大死亡新聞，公司可以報導推出重大疾病保險消息以資呼應。

　　⑵配合公司活動加以報導：當公司發生巨額理賠或舉辦慈善捐贈時，及時提供資訊給業務同仁，透過他們的宣導，而達到社會談論的效果。

　　⑶製造事件：利用機會與其他機構合作舉辦活動，例如「舉辦音樂會」「登山健行」「兒童繪畫比賽」，再由推銷員攜帶參加券送給準保戶，順道拜訪並邀請參加，舉辦後再調查準保戶觀感，不但可增進舉辦單位之公共關係，且帶給推銷人員一連串拜訪機會，並增進準保戶對公司認識。

　　介紹過行銷組合策略，最後要來談談行銷的競爭策略。

三、競爭策略

　　壽險業者為了獲得成功，必須擬定一套競爭性行銷策略（簡稱競爭策略）， 以有效對抗競爭者，並維持長期競爭優勢，企業的競爭策略，決策其在同業中的競爭地位、企業目標、經營實力、市場機會等因素。現就競爭地位加以探討。

　　（一）競爭地位：競爭地位可以分成四類，①領導 (Leading)，②挑戰 (Challenging)，③跟隨 (Following)，④利基(Niching)。

　　1.市場領導者策略：市場領導者所採取的策略是⑴擴大總市場，⑵保護其佔有率，⑶擴大市場佔有率。

市場領導者擴大總市場，因其現有市場佔有率最大，所以它是銷售量增加的受益者，領導者也可經由尋找新的保戶新的促銷方法，及提高投保率來擴張其市場規模，同時領導者也經由各種防衛策略，來保護其市場佔有率。一個有經驗的領導者，永遠不留任何給予競爭者攻擊的機會。

2.市場挑戰者：市場挑戰者是指攻擊現有領導者、或其他的居次者或小型業者為手段，來擴張其市場佔有率的業者，市場挑戰者最常用策略，是正面攻擊、側翼攻擊、圍堵攻擊、游擊戰等方式，以達到吃甲克丙之目的。

譬如甲公司在某區隔市場最強，而乙公司想進入這個市場，對乙公司而言這是正面攻擊，這種競爭策略往往會遭到很大的反擊。因此乙公司也許考慮進入甲公司競爭力或服務較差的市場，這是側翼攻擊。乙公司還可以不直接與甲公司正面衝突的方式競爭，例如開發新的目標市場，這是迂迴攻擊。乙公司若無法對甲公司做正面挑戰，也可以在市場上做「選擇」性的削價，或犧牲打的促銷方式等，這是游擊戰。總之，挑戰者的策略是掠奪領導者地位併吞弱小者市場。

3.市場跟隨者：市場跟隨者是那些不願擾亂市場情勢的業者，通常是他們怕攪局結果得不償失。但跟隨者並非不需要策略，而是須設法運用特殊的能力，在市場成長時趕緊去分一杯羹。有些跟隨者較業界領導者享有更高的投資報酬率。壽險界也往往有業者在別家公司推出新商品之際，在很短的時間內推出類似商品加入市場，分享市場成長的成果。

4.市場利基者：市場利基者是選擇市場的某一部分去經營的小業者，這部分市場可能是一些比較專業，或經濟規模不夠大的市場，因此市場利基者是在這種夾縫中求生存。

（二）競爭地位與競爭策略互為因果：每一壽險業者在市場上，會利用或根據其競爭地位，決定採用特定的競爭策略，而在特定的競爭策

略下，業者將達到某種競爭地位。換言之，競爭策略與競爭地位互為因果，在動態的過程中是相互影響的。

　　既然競爭地位與競爭策略互為因果，那麼壽險業者如何根據自己的競爭地位，來擬定競爭策略？除了要考慮前面所提的經營目標、實力、市場機會外，下面四個原則也是重要考慮因素。

　　1.競爭者無法模仿：例如人海戰術。

　　2.競爭者不願採用：放寬承保、放寬理賠。

　　3.競爭者不得不追隨：宣佈採用更高的預定利率，採用更優惠分紅辦法。

　　4.使雙方均獲利：例如企業廣告改變壽險業形象。

　　競爭是壽險市場開放後不可避免的趨勢，也惟有如此才能使壽險業經營更有效率。如何在自己的競爭地位上，發展一套競爭性行銷策略，乃是行銷工作不可忽視的一環。

第六節　結　論

　　本章的探討到此將告一段落，從行銷看壽險我們肯定未來的遠景是光明的，近年來環境的改變固然業者增加競爭壓力，但也為業者帶來希望。市場的開放、業者的競爭、消費者水準提升、行銷通路改變，在在影響業者的經營策略。行銷只是手段不是目的，在顧客導向的時代，誰能抓得住顧客的心意、滿足顧客的心意，誰就是市場上的勝利者，行銷不能保證業者一定成功，但可以幫助業者邁向成功。

　　回顧近年來國內壽險市場蓬勃發展，投保率不斷的提高、有效契約不停在累積、保費收入也繼續在成長，但不可諱言的，市場經營的壓力也不斷在增加，如何在競爭激烈的市場爭得一席之地？我們由衷的期盼行銷扮演火車頭功能，帶動壽險業者衝破重重難關，走出一條康莊大道。

參考資料

1.王志剛、陳正男合譯，Philip Kotler原著《行銷原理》。（臺北：華泰書局）

2.余朝權,《競爭性行銷》。（臺北：臺灣英文雜誌社）

3.陳武宗,《人壽保險數理》。（保險事業發展中心）

4.李永振,《壽險行銷概要》。（保險事業發展中心）

5.邱靖博、涂念祖、葉明憲合撰,《我國保險市場之研究》。（保險事業發展中心）

6.李誠銘,《我國壽險外務員佣金之研究》。（逢甲保研所碩士論文）

7.《壽險簡訊》。（北市人壽保險商業同業公會）

8.《壽險研究》。（北市人壽保險商業同業公會）

9.《人壽保險業統計年報》。（北市人壽保險商業同業公會）

第八章　再保險

第一節　前　言

　　一般言之, 產物保險再保險可視為火災保險及其附加險之再保險。
我國現行火災保險費率規章所列之附加險種計有：爆炸險、地震險、颱
風險、航空器墜落險、機動車輛碰撞險、罷工、暴動、民眾騷擾、惡意
行為險、自動消防裝置滲漏險、竊盜險等七種。

　　依國際實務, 產物保險之再保險範圍並不包括戰爭、內亂等危險及
核子放射污染所造成的損失。因此, 再保險人與被再保險人間, 於簽訂
再保險合約時, 應詳細明訂, 列出可得分進再保險合約之業務種類、範
圍及除外條款, 此為再保險實務之最重要課題。

　　坊間有關於再保險研究之中英文著作甚多, 執筆者皆為國內外享有
盛名之學者專家。故本文所介紹者, 僅係筆者個人在產物保險方面之一
些微薄經驗。盼能對於有志於保險行業的「新手」, 在其從事再保險工
作時, 能有一份索驥之「圖」, 俾能對其工作有所體會, 進而順利進入
狀況。

第二節　再保險之定義

　　我國保險法第三十九條訂：「再保險，謂保險人以其所承保之危險，轉向他保險人為保險之契約行為。」 前述之保險人亦稱為被再保險人；其他保險人則稱為再保險人。而我國保險法第一條訂：「保險為當事人約定，一方交付保險費於他方，他方對於不可預料，或不可抗力之事故所致之損害，負擔賠償財物之行為。」條文中之交付保險費之一方為被保險人；於約定之損害發生時，負擔賠償之一方為保險人。

　　試將上述二條文相對照，可以發現保險人居中分散危險之位置。今以下列簡圖說明之：

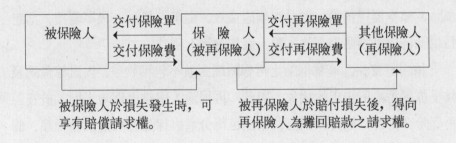

第三節　危險的移轉

　　上述保險人以其所承保之危險，轉向他保險人為再保險之行為，可以一部份責任的移轉或全部責任的移轉。

　　部份責任的移轉為部份再保險，即原保險人須自留一部份所承保業務之保險金額為條件，從事危險的移轉。其目的在於加強保險人與再保險人利害與共的關係。由於原保險人自留承擔一部份保險金額，對於業

務的選擇較能認真。

　　危險全部移轉為全部再保險，即原保險人將所承保業務之保險金額，全部移轉由再保險人來負擔，原保險人不負擔任何責任，僅想賺取再保險佣金或手續費。其地位實已淪為再保險經紀人。所以其對業務的選擇較不關心，已失去與再保險人共存共榮的精神。實務上，保險業間所交易的再保險大多數為部份再保險。

第四節　再保險之方式

一、臨時再保險

　　臨時再保險為最古老之再保險方式。顧名思義，於業務遇有需要時，始逐筆安排責任移轉。臨時再保險之真諦，在於再保險當事人，對於業務接受與否，具有完全自主權。亦即對於某一危險單位，保險人是否需要安排再保險，再保險多少，完全依其本身所承保危險之性質、累積情況及自留多寡來決定，逐次向再保險人接洽。而再保險人接受與否，接受多少，亦依危險之性質，本身承擔能力及已接受危險之累積情況來決定。同時亦應考慮其與原保險人之業務往來關係。

　　臨時再保險在火災保險業務上之運用，乃在於某一危險單位承保金額巨大時或同險範圍之累積金額，合約再保險仍無法全部予以消納時，需要藉臨時再保險以謀危險的分散。

　　一般需要臨時再保險之情形約有：

　　（一）危險性不良但仍不得不承保者；

　　（二）危險性不良，不願分進現有的合約，以保護合約，俾維持合約之優良，獲取較高之佣金及盈餘佣金；

　　（三）雖予拒保，但係因再保險分進業務，致仍須承擔者；

（四）交換業務；

（五）現有再保險合約之除外事項；

（六）新種險業務或不尋常之業務。

臨時再保險因需要逐筆辦理，手續繁瑣，易生錯誤。尤其在接洽過程中，保單有時已生效，保險人常在無保障狀態下。而再保險人因來洽者皆為金額巨大或危險性質特殊者，若持慎重，僅接受小額再保險，則再保險保費收入不敷各項費用支出。倘大額承受，又恐責任過重，危險過於集中。故有合約再保險之需要，臨時分保退居輔佐地位。

二、合約再保險

合約再保險為許多再保險方式之總稱，可分為下列三種：

（一）比率再保險

1.為原保險人將每一危險之保險金額，按約定之比率，向再保險人再保險之方式。再保險費與再保險賠款之攤回亦按約定之比率計算之。

2.本方式之再保險人，其人數不限，各人承受之比率亦可不必相等。但自留或再保險之比率於協議時，須洽商每一危險之最高額度，以控制原保險人與再保險人的責任，使限於一定的範圍，以免擔負巨額責任。

（二）溢額再保險

1.為原保險人對於每一危險，在超過其自留額之部份，以自留額之一定倍數分與再保險人負責。火災保險之溢額再保險合約，依標的物之使用性質與建築等級，分別訂有自留額。保險人於所承保業務之保險金額，在超過其自留額後，溢流出由再保險人來承擔。保險人於安排溢額再保險合約時，可同時備有二、三條溢額再保險合約，俾能應付日常所承保業務之需要。

2.溢額再保險與比率再保險係以保險金額為再保險之對象，且對於再保險費與賠償責任按比例辦理，為比例性再保險。

（三）超過損失再保險

超過損失再保險為非比例性之再保險型態。它是以損失為再保險的對象，而不涉及與每一危險單位之保險金額間的任何比例關係。在同一原因所造成的任何一次損失賠款，或自同一原因所造成各次損失賠款總額，或在某一特定期間內所發生賠款的全部損失金額超過自負額或自留額時，就超過部份由再保險人負責至某一約定比率或金額。

1.單一危險用之超過損失再保險 (Risk Excess)：每一保單或某一危險所造成的損失超過自負額時，就超過部份由再保險人負責。是以通常的賠款為保護目的而作的再保險安排。汽車險第三人責任險常採用之。

2.異常災害用之超過損失再保險 (Catastrophe Excess)：一個事故造成許多危險同時發生，其賠款總額超過自負額時，就超過部份由再保險人負責。是以異常的災害為對象，為防患萬一而備者，屬於附帶性質之再保險安排。地震、颱風、洪水等天然災害常採用之。

3.特定期間用之超過賠款率再保險 (Stop Loss)：為保險人與再保險人約定在某一特定期間內，通常為一年，對於賠款損失率超過約定的自負額時，由再保險人就超過部份負責至某一賠款率或金額。是以所有危險所致累積損失為對象之再保險安排。通常原保險人為求將某一年度之賠款損失率控制於一定標準內常採用之。

三、複合方式合約再保險

將上述各種方式之再保險合約，相互配合運用或與臨時再保險併用，得視業務之需要作妥善之調配。目前再保險市場以複合方式之合約再保險最為占有優勢。

四、預約再保險

臨時再保險與合約再保險之間，尚有預約再保險。預約再保險為預

為約定再保險之意。原保險人對於某一危險，可自由決定再保險與否，但再保險人對於原保險人逐分進預約再保險合約之業務，必須接受，不得拒絕。預約再保險由原文字義可得知，係指原保險人有自由安排再保險之權，而再保險人唯有接受的義務。因預約再保險合約僅對原保險人一方有利，除非原保險人與再保險人業務關係密切，互相信賴，否則斷不會被普遍安排利用。

五、合約再保險範例

（再保險市場深具國際性。我國保險公司在參加再保險活動，一般都以英文進行交易，所以本節範例以英文刊載。）

（一）比率再保險。

（二）溢額再保險。

（三）複合方式合約再保險。

（四）預約再保險。

（五）超過損失再保險。

Reinsurance Slip

Fire Quota Share R/I Treaty

Period
: Continuous contract in respect of business attaching on or after January 1, 1993 subject to 90 days cancellation notice to cancel on December 31, any year.

Scope
: To take all Fire business including business interruption as written by the Reassured's Fire Department.

Territory
: Taiwan incl. Pescadores, Kinmen, Matsu.

Conditions : Subject to the same terms, conditions, clauses, etc. as original. To pay as may be paid by the Reassured, liable or not liable.

Limit : 15％ each policy subject to the maximum limit of

Section A–Fire & Lightning NT$200,000,000.–

Section B-Fire Allied Perils NT$100,000,000.–

R/I Commission : Section A: Sliding Scale 50 ％ to 36 ％ for loss ratio 38 ％ to 59 ％. Variable by 1 ％ commission to each 1.5 ％ loss ratio Provisional Commission 45％.

Section B: Same Sliding Scale as above.

Taxes : Business Tax 1％ on O. G. R.

Profit Commission : 20％ on combined profit.

5％ Management Expenses.

Deficit carried forward 3 years.

Reserve : Premium–Nil

Loss–Nil

Cash Loss : NT$4,000,000.– or more for 100％ Treaty.

Bordereaux : Monthly Bordereaux.

Accounts : Monthly accounts within 60 days after end of each quarter.

Portfolio Transfer : Premium–1/24th System.

Losses–100％ of outstanding losses.

Exclusions : 1) War and Civil War.

2) Nuclear NMA 1975.

3) Excess of Loss Reinsurance.

Wording   : As agreed by Reinsurer.

E. P. I. for 1993 :

Share Accepted   :

....

Date:_____   Ref. No._____

Reinsurance Slip

Fire First Surplus R/I Treaty

Period   : Continuous contract in respect of business attach-
                    ing on or after January 1, 1993 subject to 90 days
                    cancellation notice to cancel on December 31, any
                    year.

Scope   : To take all surplus after Reassured's retention and
                    cessions to Central Reinsurance Corporation
                    (CRC) or direct after Reassured's retention on all
                    Fire business including business interruption as
                    written by the Reassured's Fire Department.

Territory   : Taiwan incl. Pescadores, Kinmen, Matsu.

Conditions   : Subject to the same terms, conditions, clauses, etc.
                    as original.   To pay as may be paid by the Reas-
                    sured, liable or not liable.

Treaty Limit   : 10 lines with maximum limit of
                    Section A−Fire & Lightning NT$200,000,000.−
                    Section B−Fire Allied Perils NT$100,000,000.−

Reassured's Max. : Section A: NT$20,000,000.−

Retention : Section B: NT$10,000,000.–

Underlying : Priority cessions to CRC, shares and limits as
Reinsurance agreed between CRC and Reassured.

R/I Commission : Section A: Sliding Scale 49 % to 38 % for loss
ratio 35 % to 60 %. Variable by 1 %
commission to each 2.5 % loss ratio.
Provisional Commission 44%.

Section B: Same Sliding Scale as above.

Taxes : Business Tax 1% on O.G.R.

Profit Commission : 20% on combined profit.
5% Management Expenses.
Deficit carried forward 3 years.

Reserve : Premium−25% with 4% interest less tax
Loss−Nil

Cash Loss : NT$6,000,000.– or more for 100% Treaty.

Bordereaux : Nil.

Accounts : Quarterly accounts within 90 days after end of
each quarter.
Subject to finance regulation governing remit-
tance.

Portfolio Transfer : Premium−1/24th System.
Losses−90% of outstanding losses.

Exclusions : 1) War and Civil War.
2) Nuclear NMA 1975.
3) Excess of Loss Reinsurance.

Wording : As agreed by the Leading Reinsurer only.

E. P. I. for 1993　　　: Section A:

Section B:

Share Accepted　　　:

- -

Date:＿＿＿＿＿＿＿＿＿＿＿　　Ref. No.＿＿＿＿＿＿＿＿＿＿

Reinsurance Slip
Fire Second Surplus R/I Treaty

Period　　　　　　: Continuous contract in respect of business attach-
ing on or after January 1, 1993 subject to 90 days
cancellation notice to cancel on December 31, any
year.

Scope　　　　　　: To take all surplus after Reassured's retention and
cessions to Central Reinsurance Corporation
(CRC) and 1st Surplus or direct after Reassured's
retention and 1st Surplus on all Fire business
including business interruption as written by the
Reassured's Fire Department.

Territory　　　　: Taiwan incl. Pescadores, Kinmen, Matsu.

Conditions　　　　: Subject to the same terms, conditions, clauses, etc.
as original. To pay as may be paid by the Reas-
sured, liable or not liable.

Treaty Limit　　　: 15 lines with maximum limit of
Section A–Fire & Lightning NT$300,000,000.–
Section B–Fire Allied Perils NT$150,000,000.–

Reassured's Max.	: Section A: NT$20,000,000.–
Retention	Section B: NT$10,000,000.–
Underlying	: 1) Priority cessions to CRC, shares and limits as
Reinsurance	agreed between CRC and Reassured.
	2) First Surplus Treaty 10 lines.
R/I Commission	: Section A:　Sliding Scale 49 ％ to 38 ％ for loss
	ratio 35 ％ to 60 ％. Variable by 1 ％
	commission to each 2.5 ％ loss ratio.
	Provisional Commission 44％.
	Section B:　Same Sliding Scale as above
Taxes	: Business Tax 1％ on O. G. R.
Profit Commission	: 20％ on combined profit.
	5％ Management Expenses.
	Deficit carried forward 3 years.
Reserve	: Premium–25％ with 4％ interest less tax
	Loss–Nil.
Cash Loss	: NT$6,000,000.– or more for 100％ Treaty.
Bordereaux	: Quarterly bordereaux to Leading Reinsurer only.
Accounts	: Quarterly accounts within 90 days after end of
	each quarter.
	Subject to finance regulation governing remit-
	tance.
Portfolio Transfer	: Premium–1/24th System.
	Losses–90％ of outstanding losses.
Exclusions	: 1) War and Civil War.
	2) Nuclear NMA 1975.

3) Excess of Loss Reinsurance.

Wording	: As agreed by the Leading Reinsurer only.
E. P. I. for 1993	: Section A:
	Section B:
Share Accepted	:

Date:_____   Ref. No._____

Reinsurance Slip
Fire & F. A. P.
Combined Q/S R/I Treaty

Period	: Continuous contract in respect of business attaching on or after January 1, 1993 subject to 90 days cancellation notice to cancel on December 31, any year.
Scope	: To take all Fire and Fire & Allied Perils business including business interruption as written by the Reassured's Fire Department.
Territory	: Taiwan incl. Pescadores, Kinmen, Matsu.
Conditions	: Subject to the same terms, conditions, clauses, etc. as original. To pay as may be paid by the Reassured, liable or not liable.
Limits	: Quota Share Section: 50 % of Maximum NT$20,000,000. and scaled down in accordance with the Table of Limits. All

cessions ceded will be on per risk basis subject to the maximum limit of NT$10,000,000.

Surplus Section:

NT$100,000,000.–comprising 5 lines of maximum NT$20,000,000.–per line surplus over to 15%.

Quota Share of each and every policy obligatory cession to Central Reinsurance Corp. (CRC) and Quota Share Section.

The Reassured may have his own discretion as to what constitutes one risk.

Reassured's Max.   : NT$10,000,000.– any one risk.
Retention

R/I Commission: Adjustable Formula (on gross premium) as follow:

A)   Quota Share Section:

Loss Ratio	Commission
55.00% or over	38%
52.50%–54.99%	39%
50.00%–52.49%	40%
47.50%–49.99%	41%
45.00%–47.49%	42%
42.50%–44.99%	43%
40.00%–42.49%	44%
37.50%–39.99%	45%
37.49% or below	46%
Provisional Commission	42%

B)　　Surplus Section:

52.50% or over	34%
50.00%–52.49%	35%
47.50%–49.99%	36%
45.00%–47.49%	37%
42.50%–44.99%	38%
40.00%–42.49%	39%
37.50%–39.99%	40%
37.49% or below	41%
Provisional Commission	38%

Taxes : Business Tax 1% on O. G. R.

Profit Commission : Nil

Reserve : Premium–Nil

Loss–Nil

Cash Loss : NT$5,000,000.– or more for 100% Treaty.

Portfolio Transfer : Premium–35%

Losses–90%

Exclusions : 1) War and Civil War.

2) Nuclear NMA 1975.

3) Excess of Loss Reinsurance.

Wording : To be agreed by Leading Reinsurer only.

E. P. I. for 1953 : Section A:

Section B:

Share Accepted :

- -

Date:_____　　　　Ref. No._____

Reinsurance Slip

Fire Fac. Obligatory Cover

Period
: Continuous contract in respect of business attaching on or after January 1, 1993 subject to 90 days cancellation notice to cancel on December 31, any year.

Scope
: To take all Surplus after Reassured's retention, cession to Central Reinsurance Corp. (CRC) and Fire 1st and 2nd Surpluses or direct after Reassured's retention and Fire 1st and 2nd Surpluses on all Fire business including business interruption as written by the Reassured's Fire Department.

Territory
: Taiwan incl. Pescadores, Kinmen, Matsu.

Conditions
: Subject to the same terms, conditions, clauses, etc. as original. To pay as may be paid by the Reassured, liable or not liable.

Treaty Limit
: 8 lines with maximum limit of
Section A–Fire & Lightning NT$120,000,000.–
Section B–Fire Allied Perils NT$80,000,000.–

Reassured's Max.
Retention
: Section A: NT$15,000,000.–
Section B: NT$10,000,000.–

Underlying
: 1) Priority cessions to CRC, shares and limits as agreed between CRC and Reassured.
2) First Surplus Treaty 10 lines.

3) Second Surplus Treaty 15 lines.

R/I Commission : Section A: Sliding Scale 46％ to 35％ for loss ratio 35％ to 60％. Variable by 1％ commission to each 2.5％ loss ratio.

Section B: Same Sliding Scale as above.

Taxes : Business Tax 1％ on O. G. R.

Profit Commission : 20％ on combined profit.

5％ Management Expenses.

Deficit carried forward 3 years.

Reserve : Premium–Nil.

Loss–Nil.

Cash Loss : NT$6,000,000.– or more for 100％ Treaty.

Bordereaux : Quarterly bordereaux to Leading Reinsurer only.

Accounts : Quarterly accounts within 90 days after end of each quarter.

Portfolio Transfer : Premiums–1/24th System.

Losses–90％ of outstanding losses.

Exclusions : 1) War and Civil War.

2) Nuclear NMA 1975.

3) Excess of Loss Reinsurance.

Wording : As agreed by the Leading Reinsurer only.

E. P. I. for 1993 : Section A:

Section B:

Share Accepted :

- -

Date:_____   Ref. No._____

Reinsurance Slip

Motor Third Party Liability

Excess of Loss Reinsurance

Period
: Losses occurring during the period commencing January 1, 1993 and ending December 31, 1993 both days inclusive.

Type
: Excess of Loss Reinsurance.

Class
: Motor Third Party Liability as written by the Re-assured's Motor Department.

Territory
: Taiwan incl. Pescadores, Kinmen, Matsu.

Limit
: To pay up to NT$4,500,000.- each and every loss and/or series of losses arising out of any one event.

in excess of

NT$3,000,000.- each and every loss and/or series of losses arising out of any one event.

Conditions
: Ultimate Net Loss Clause, including Costs.

Acts in Force Clause.

Local Jurisdiction Clause.

War & Civil War Exclusion Clause.

Nuclear Energy Risks Exclusion Clause 1984

NMA 1975 (Japanese Amendment).

Wording
: To be agreed by the Leading Reinsurer only.

E. P. I. for 1993
: NT$10,000,000.-

Share Accepted　　　：

- -

Date:_____　　　Ref. No._____

Reinsurance Slip
Catastrophe Excess of Loss
- -

Period　　　　　　: 12 months as at January 1, 1993 on loss occurring basis.

Type　　　　　　: Catastrophe Excess of Loss Reinsurance.

Class　　　　　　: All property business accepted by the Reassured by way of Facultative Reinsurance.

Territory　　　　: China, Guam, Hong Kong, Indonesia, Malaysia, Philippines, Thailand, Taiwan and elsewhere in the Far East and South East Asia Regions.

Limit　　　　　　: 1st Layer

US$2,000,000.– each and every loss or a series of losses arising out of any one event .

in excess of

US$3,000,000.– each and every loss or a series of losses arising out of any one event.

2nd Layer

US$5,000,000.– each and every loss or a series of losses arising out of any one event.

in excess of

US$5,000,000.– each and every loss or a series of

losses arising out of any one event.

Reinstatement　　　　: 1 at 100% Additional Premium.

Premium　　　　　　: 1st Layer

Minimum and Deposit US$_____

Payable Quarterly in Advance.

Adjustable at 1.25% of the Reassured's.

Gross Net Premium Income accounted during the

period.

2nd Layer

Minimum and Deposit US$_____

Payable Quarterly in Advance.

Adjustable at 1.875% of the Reassured's.

Gross Net Premium Income accounted during the

period.

General Conditions　: Ultimate Net Loss Clause.

Net Retained Lines Clause.

War and Civil War Exclusion Clause.

Nuclear Energy Risks Exclusion Clause 1984.

NMA 1975 (Japanese Amendment).

Extended Expiry Clause.

Currency Conversion Clause.

Hours Clause.

72 Hours–Tornado, Windstorm, Cyclone and/or

Hail.

72 Hours–Earthquake.

72 Hours–Riots, Strikes and Civil Commotion.

168 Hours–All other Catastrophe.

Excluding Treaty Reinsurance.

Two Risk Warranty.

Wording : Full Wording to be agreed by Leading Reinsurer only.

E. P. I. for 1993 : 1993 Estimated G. N. P. I. US$3,000,000.–

Share Accepted :

Date:_____ Ref. No._____

Reinsurance Slip

Stop Loss

Period : Losses incurred during the period commencing January 1 and ending December 31, 1993.

Type : Stop Loss Reinsurance.

Class : Treaty reinsurance business written by the Company including any run-off of the business covered in the previous years.

Territorial Scope : Losses wheresoever arising.

Limit : To pay in Excess of an Ultimate Net Incurred Loss of 100 % of the Reassured's gross net earned premium income.

Policy for 100 % of its gross net earned premium income or NT$20,000,000.– whichever the lesser.

Settlement, if any, hereon to be based on the 1993 Financial Year of Account.

If required, provisional settlements hereon to be made based on the settled claims only as at the end of each quarter of the 1993 Financial Year of Account.

Co-Reinsurance	: 5%
Warranties	: Not applicable.
Reinstatement	: Not applicable.
Premium	: Minimum & Deposit Premium NT$_____ Adjustable on expiry at 5 % of the Reassured's Gross Net Earned Premium Income during the period of 12 months at December 31, 1993.
General Conditions	: Ultimate Net Incurred Loss shall be the sum actu -ally paid by the Reassured in settlement of claims (whether under strict policy conditions or by compromise or otherwise and including ex-gratia payments and payment on account) plus known outstandings (excluding IBNR) as at the end of the 1993 Financial Year of Account (i.e. 1.1. 1993– 31.12.1993) and after making deductions and shall include all legal fees and costs and adjustment charges and other expenses arising from the set– tlement of claims other than the salaries of employees and office expenses of the Reassured, as received and paid by the Reassured.

Gross Net Earned Premium Income shall be understood to mean Gross Premiums Earned during the period of this contract less only Return Premiums and Premiums paid for reinsurances recoveries under which inure to the benefit hereof. Loss Settlements Clause.

This Reinsurance excludes loss or damage directly caused by War and/or Civil War, but only as regards those classes of business to which the War and Civil War Exclusion Agreement apply. Nuclear Energy Risks Exclusion Clause 1984 NMA 1975 (Japanese Amendment).

Nuclear Incident Exclusion Clauses-Liability and Physical Damage Reinsurance-U.S.A. & Canada. This Reinsurance shall follow all terms, clauses and conditions on original policies and/or contracts as far as applicable and also the original settlements and/or agreements of the Reassured in all respects.

Wording : Full Wording to be agreed by Leading Underwriter only.

Share Accepted :

Date:_____   Ref. No._____

第五節 自留額之釐訂──以保險金額為再保險之對象

自留額可分為基本自留額與調整後自留額。在溢額合約內，對於火災保險業務，於調整自留額後，以此調整後之自留額之某一倍數，分進合約。火災保險業務係以標的物之使用性質、建築等級、所在地等等因素，訂定自留額，印成限額表供再保險從業人員使用。我國火災保險再保險所使用之限額表，係依火險費率規章之使用性質分類，從業人員按公司核保之手冊，於計算自留額後，以倍數分進溢額及比率再保險合約之內。

一、定義

自留是指保險人對於所承保業務之全部或一部份責任，不安排再保險，而由自己來承擔。自留額為釐訂再保險限額之基本單位，稱為「線」。

二、決定基本自留額應考慮之因素

(一) 危險程度評估

每一筆業務是否可以承保係基於保險公司之核保理念及核保人自己對於危險之評估而定。我國火災保險係依財政部頒佈之火險費率規章，按其分類，核定費率，洽收保險費。

在評估危險度時，下列因素必須予以考慮：

1.標的物本身之所有權人，其信用狀況及風評、名譽等等。道德風險與此有關。

2.工廠管理：筆者個人以為，管理重於防護設備。好的管理可以防止任何不幸事件之發生，或由小災變釀成大損失。如果某廠房，其管理

鬆散，廠內雜亂無章，員工不遵守禁煙規定等等，保險公司於承保此等
業務時，應該減少自留額度。當然，如能不予承保，才是上策。

3.建築物結構：建築物本身是否設計得當，適宜某類型之工廠使用，
相當重要。近年來標準廠房普受歡迎。蓋完成一座此種廠房，所需時間
甚短。然廠房內無適當隔間，火災發生時，火易延燒到其他地區，造成
更大的損失。去年底，某紙廠於廠房完工不久，即因工人焊接不當引起
火災。更因廠房遷就工廠作業，無防火牆的阻隔，造成億元以上的損失。

4.四周環境：工廠所在地四周是否為空曠地或與其他建築物、廠房
等連接，應予考慮。如有其他使用性質之工廠緊臨，標的物暴露之危險
增加。

5.防護措施：消防用水、滅火器、預警器之配備與維護相當重要。
被保險人有義務於損失發生時，防止損失擴大。尤其消防用水之儲存更
為重要。水是滅火的最直接有效的工具。

6.廠房的年代：老舊廠房無法配合新型滅火設備的裝置。水管之更
新亦較為困難。

7.經濟景氣與否：在經濟蕭條時，道德危險非常高。保險人於承保
時，再保險人於接受再保險業務時，皆應預先了解景氣動態。

（二）保險金額

保險金額的大小與所承保的危險雖然沒有一定會出險的因果關係
存在，但在核保時，應注意所承保的標的物是否集中置存在一起。一般
而言，保險金額中，貨物的保險金額如果占著極大的比例，而這些貨物
又是集中置存在一幢建築物內，無適當的防火牆給予分隔，一旦發生火
災，全損的機率非常地高。保險公司都不太願意承保或祇願意承保一部
份，而要求被保險人找其他保險公司共同承保之，甚至於要求被保險人
也要自保一定的比例。同樣地，再保險人當然也不願意接受這種臨時再
保險的安排，或基於融通性質的考量，祇願接受與保險公司相同的自留

額。

民國七十六年十一月十五日，仁寶電子工廠發生火災。由於貨物占極高的比例，幾達 95％，而廠房又遷就生產作業的便捷，並無適當的防火牆來分隔危險。火勢一發不可收拾，整幢廠房就如同大火爐一般。在水源不足及太多的貨物助燃下，搶救無效，終至整幢廠房倒塌，損失慘重。

隨著科技不斷進步，自動化精密儀器設備的使用，以提高產能與品質。這些值高、精密的設備卻是易受意外事故而遭受重大的損害。這些標的物已成為保險公司與再保險公司的「最怕」。

民國七十七年十一月十三日臺元紡織火損案，焚燬整廠的自動無梭織布機，祇因天花板為易燃材料。整個天花板燒燬、倒塌，將所有機器之自動化控制系統燒壞，所有的機器設備頓成一堆廢鐵。民國七十八年十二月二十四日燁隆鋼鐵廠火損案，祇因控制系統受損，整座軋鋼機亦成廢鐵，致使保險公司初步估計損失金額與實際賠償金額相差一倍以上。

（三）承保件數

保險公司所承保業務之件數增加，此為分散危險之方法。承保件數的增加亦能增加保險費之收入，提高保險公司的清償能力。對再保險人而言，大數法則的應用，使得再保險的經營，較能獲取穩定的利潤。

（四）保險費率

火險費率規定，各類危險之費率，可以反映出各該危險之危險性。費率高者，危險性較高。於考慮自留額時，費率高的業務，自留額當然會降低。

（五）準備金

自留額與準備金有相當密切地關係。準備金累積後，保險業增強了業務承受能力，同時也提高自留額。兩者相輔相成，使保險業之經營更趨穩健。

三、如何計算調整後自留額及其運用

(一) 基本自留額

火險限額表中，依危險類別、建築等級等，分別列出各該自留額度，此為計算調整後自留額的基本金額。

(二) 承保標的物內容

依我國火險費率規章之建築等級分類，A 等級以上的建築物，其內所置存之標的物，按下列標準計算：

房屋：100％×基本自留額

生財

機器：75％×基本自留額

貨物

房屋/機器、貨物等：85％×基本自留額

二等及二等以下之建築物，則以 100％×基本自留額。蓋二等及二等以下之建築物，其基本自留額，早已降低矣。

(三) 自動消防設備加成

工廠廠房全部或部份裝配自動消防灑水設備，則應加成提高自留額度。通常以 15％～50％不等。依核保人員之經驗或按公司之核保手冊規定。

(四) 公共消防能力

我國火險費率規章訂有五大都市免地區加費。地區加費成數高者，表示公共消防能力欠缺。因此標的物之地址如於五大都市內，則可不必降低自留額。其他地區應按加費之多寡，降低自留額度。

(五) 附加險種

火災保險單擴大承保我國費率規章所列明之險種，每增保一項，風險就增加。因此附加險種愈多者，自留額應愈少。但以附加全部七種險

種，其扣減百分比亦不得大於 25 %，否則自留額將少到無意義的金額。
況且所附加承保的危險，亦可能同時發生。

（六）最大可能損失率

核保人員在評估最大可能損失率時，應採用較保守的態度，尤其在
環境限制下，欲求每筆分保業務，皆能到現場查勘，殊無可能。故在單
一廠房的情況下，最大可能損失率皆以 100 ％計算為宜。如果某工廠係
由數幢獨立廠房所組成，且每幢廠房之間距離達二十五英尺以上，最大
損失率可以承保金額最高的廠房與總保險金額之百分比來估算。例如最
大可能損失率為 50％，則可考慮倍數提高自留額。

（七）火險再保險調整後自留額計算書暨比率、溢額、預約、臨分
再保險之配合運用。

〔範例〕

火險再保險工作底稿

1.被保險人：來來大飯店

2.標的物地址：臺北市忠孝東路1段12號

3.查勘報告書編號：一

4.建築等級：A_1

5.使用性質：大飯店

6.承保範圍：火災、爆炸、地震、颱風、消防設備滲漏

7.保險金額：NT$1,000,000,000

自留額計算

8.基本自留額	100%	NT$10,000,000
9.標的物內容/建築等級	−15%	NT$8,500,000
10.自動灑水設備	+50%	NT$12,750,000
11.公共消防能力	−	NT$12,750,000
12.附加險種	−10%	NT$11,475,000
13.最大損失率50%	+50%	NT$17,212,500
14.調整後自留額		NT$17,212,500

再保險情況

15.比率再保險合約/每一保單18%	NT$50,000,000	MAX：NT$50M	
16.第一溢額再保合約	6線	NT$100,000,000	MAX：NT$100M
17.第二溢額再保合約	8線	NT$120,000,000	MAX：NT$120M
18.預約再保險合約		NT$ 50,000,000	MAX：NT$50M
19.臨時保險		NT$662,787,500	
20.總保險金額		NT$1,000,000,000	

〔範例〕　　　火險再保險工作底稿

1.被保險人：南亞塑膠公司

2.標的物地址：高雄縣仁武鄉水管路101號

3.查勘報告書編號：一

4.建築等級：B_1

5.使用性質：塑膠皮、塑膠管工廠

6.承保範圍：純火災

7.保險金額：NT$850,000,000

自留額計算

8.基本自留額	100%	NT$8,000,000
9.標的物內容/建築等級	−15%	NT$6,800,000
10.自動灑水設備	—	NT$6,800,000
11.公共消防能力	−10%	NT$6,120,000
12.附加險種	—	NT$6,120,000
13.最大損失率30%	+75%	NT$10,710,000
14.調整後自留額		NT$10,710,000

再保險情況

15.比率再保險合約/每一保單18%		NT$50,000,000	MAX：NT$50M
16.第一溢額再保合約	6線	NT$64,260,000	MAX：NT$100M
17.第二溢額再保合約	8線	NT$85,680,000	MAX：NT$120M
18.預約再保險合約		NT$50,000,000	MAX：NT$50M
19.臨時保險		NT$600,060,000	
20.總保險金額		NT$850,000,000	

（八）盈餘佣金及未滿期責任移轉

　　1.盈餘佣金為再保險人將自再保險合約所獲得利潤的一部分，退還與原保險人之款項。其目的在鼓勵原保險人謹慎核保，選擇優良業務。

　　2.茲以目前臺灣火災保險市場所安排之溢額再保險合約為例，採用截斷方式，將溢額再保險合約之盈餘佣金、未滿期保費移轉之處理過程，介紹於後：

〔範例〕　　　　　　　甲乙產物保險

火險第一溢額合約——未滿期再保費

19××

月份	險　　別	毛再保險費	二十四分之一法	未滿期再保費
1	純火險○	3,854,000	×1/24	160,583
	附加險△	572,000		23,833
2	○	2,680,000	×3/24	335,000
	△	320,000		40,000
3	○	2,845,000	×5/24	592,708
	△	260,000		54,617
4	○	4,810,000	×7/24	1,402,917
	△	563,000		164,208
5	○	3,501,000	×9/24	1,312,875
	△	580,000		217,500
6	○	3,980,000	×11/24	1,824,167
	△	168,000		77,000
7	○	6,820,000	×13/24	3,694,167
	△	220,000		119,167
8	○	4,980,000	×15/24	3,112,500
	△	780,000		487,500
9	○	4,180,000	×17/24	2,960,833
	△	237,000		167,875
10	○	3,802,000	×19/24	3,009,917
	△	187,000		148,042
11	○	3,120,000	×21/24	2,730,000
	△	686,000		600,250
12	○	5,655,000	×23/24	5,409,792
	△	620,000		594,167
合計		55,410,000		29,239,168

〔補　充〕

(A)　　　　NT＄55,410,000

－　　　29,239,168

NT＄26,170,832　滿期再保費（本年度）

(B)　未滿期保費含：

純火險：NT$26,545,459

附加險：NT$ 2,693,709

合　計：NT$29,239,168

甲乙產物保險有限公司

火險第一溢額合約——盈餘佣金

19××

毛再保費		55,410,000
上年度未滿期保費		28,964,115
上年度未決賠款準備金		12,521,250
支出項目：		
再保險佣金（按滿期保費計算）		
48%×49,941,300（純火險）	23,971,824	
44%×5,193,647（附加險）	2,285,205	
本年度賠款支出		
20,438,700		
1,458,800	21,897,500	
本年度未決賠款準備金		
10,148,000	10,191,220	
43,220	29,239,168	
本年度未滿期保費		
管理費用	2,756,747	
5%×55,134,947（滿期保費）		
再保費稅金		
1%×55,134,947	551,349	
盈　　餘：	6,002,352	
	96,895,365	96,895,365

〔說　明〕

(A)　本年度未決賠款準備金按預估未決賠款之90％列估。

(B)　過去三年盈虧：

19××　　　（NT$6,764,578）

19××　　　2,587,694

19××　　　6,002,352

NT$1,825,468

(C)　單一標準法：25％盈餘佣金

NT$1,825,468×25％＝NT$456,367

〔補　充〕

(D)　梯形標準法：

(D–1)　依賠款率計算：

例示I

盈餘佣金率	賠　款　率
15％	60％以上
16％	58％～60％
17％	56％～58％
18％	54％～56％
19％	52％～54％
20％	50％～52％
21％	48％～50％
22％	46％～48％
23％	44％～46％
24％	42％～44％
25％	42％以下

滿期保費：本年度保費＋上年度未滿期保費－本年度未滿期保費準備金

NT$55,134,947

已發生賠款：本年度已付賠款淨額＋本年度未決賠款準備金－上年度未決賠款準備

金

NT$19,567,470

賠款率：$\dfrac{\text{NT\$19,567,470}}{\text{NT\$55,134,947}}=35.49\%$

依例示 I 表，可得盈餘佣金 25%，故

NT$1,825,468×25%＝NT$456,367

(D-2)　依盈餘率計算：

例示 II

盈餘佣金率	賠　款　率
35%	30%以上
30%	25%～30%
25%	20%～25%
20%	15%～20%
15%	10%～15%
10%	10%以下

19××盈餘：NT$6,002,352

滿期保費：NT$55,134,947

盈餘率：$\dfrac{\text{NT\$6,002,352}}{\text{NT\$55,134,947}}=10.89\%$

依例示 II 表可得盈餘佣金 15%，故

NT$1,825,468×15%＝NT$273,820

甲乙產物保險有限公司

火險第一溢額合約——未滿期責任之終止

19××

本年度未滿期保費	29,239,168	
再保險佣金：		
48%×26,545,459（純火險）		12,741,820
44%×2,693,709（附加險）		1,185,232
再保費稅金：1%		292,392
本年度未決賠準備金	10,191,220	
再保險費準備金返還：20%		
第一季1,875,800+230,400=2,106,200		
第二季2,458,200+262,200=2,720,400		
第三季3,196,000+247,400=3,443,400		
第四季2,513,400+298,600=2,812,000		11,082,000
利息：		
第一季 2,106,200×6.25%×3/4=98,728		
第二季 2,720,400×6.25%×2/4=85,013		
第三季 3,443,400×6.25%×1/4=53,803		
第四季 2,812,000× － × － ＝ －		
237,544		
減：20%利息所得稅　　47,509		190,055
借差：		13,938,909
貴公司參加成份：%×13,938,909	39,430,388	39,430,388

甲乙產物保險有限公司

火險第一溢額合約——未滿期責任之移轉

19××

上年度未滿期保費結轉		29,239,168
再保險佣金：		
48%×26,545,459（純火險）	12,741,820	
44%×2,693,709（附加險）	1,185,232	
未滿期保費		
52%×26,545,459	13,803,639	
56%×2,693,709	1,508,477	
再保費稅金：1%	292,392	
未滿期賠款準備金		10,191,220
貸差：	9,898,828	
	39,430,388	39,430,388

〔說 明〕

(A) 貴公司參加成份：%×9,898,828

(B) 未滿期保費準備金之返還

	（純火險）	（附加險）
第一季	3,450,909	377,119
第二季	3,450,910	377,119
第三季	3,450,910	377,119
第四季	3,450,910	377,120
	13,803,639	1,508,477

　　未滿期責任移轉採用截斷方式，原保險人應於截斷日，將原再保險人未滿期之責任部份結清，按原再保險人所參加之成份，予以收回。而

新再保險人來接續時，應一併承受負責未滿期責任、未決賠款及收取再保險費。

（九）再保險佣金之調整

火災保險再保險合約之再保險佣金，若採用梯次方式代替單一佣金方式時，應於年度終了時調整再保險佣金。梯次方式係依照賠款損失率之高低，上下滑動；損失率低者，再保佣金高，反之，則再保佣金低。但對於最高及最低，則有限制。採用梯次方式之目的在鼓勵原保險人謹慎核保，選擇優良業務，使再保險人、原保險人雙方蒙利。茲將調整步驟略述於後：

溢額合約梯次佣金約定表：

再保險佣金	賠款損失率
48％	46％或46％以下
47％	48％～50％
46％	50％～52％
45％	52％～54％
44％	54％～56％
43％	56％～58％
42％	58％～60％
41％	60％～62％
40％	62％或62％以上

暫定再保險佣金率：44％

今有乙丙產物保險有限公司之再保險佣金相關資料如下：

本年度再保險費：NT$47,904,661

本年度未滿期保費：NT$22,780,085

上年度未滿期保費：NT$24,141,197

本年度已發生賠款：NT$20,178,380

本年度未決賠款準備金：NT$14,401,610（90％列估）

上年度未決賠款準備金：NT$3,202,642

賠款損失率： $\dfrac{\text{已發生賠款NT\$31,377,348}}{\text{滿期保費NT\$49,265,773}} = 63.69\%$

　　近年來，國內有些保險公司之火災保險合約，因連續數年之賠款損失率高居不下，致其合約內加有一「損失參加條款」，其大意即當賠款損失率超過某一約定之百分比時，原保險人須就超過部分承擔一約定比率，但以不超過滿期保費的某一百分比為限。

　　今假設乙丙產物保險公司之溢額合約內加有「損失參加條款」，規定損失率若超過55％時，原保險人須承擔超過部分之百分之二十，但以不超過滿期保費之百分之十三(13％)，則再保險佣金應作如下之調整：

NT$49,265,772×55％＝NT$27,096,174

約定原保險人承擔超過部分之起算金額

NT$31,377,348－NT$27,096,174＝NT$4,281,174

超過之部分

NT$4,281,174×20％＝NT$856,235

原保險人應再承擔之部分

依上列資料，可作調整佣金帳單如下：

乙丙產物保險公司
溢額合約佣金調整表
19ⅩⅩ（NT$）

	借　　方	貨　　方
暫定佣金：44%		31,700,177
適用佣金：40%	28,818,343	
損失參加金額：		856,235
貨　差：	3,738,069	
	32,566,412	32,556,412

貴公司參加成份：%

〔說　明〕原保險人須還原再保險人　NT＄3,738,069

第六節　自留額之釐訂──以損失金額為再保險之對象

　　自留額代表在每一保險事故所造成的賠款中，原保險人所願承擔的最大責任額。自留額不僅關係著原保險人所願承擔的最大責任額，亦對本身保費收入有很大影響。蓋自留額愈低，分予再保險人之比例勢必愈高，保費之支出就愈多，可資利用之資金就相對減少。因此決定自留額時，應先根據數理上的基礎，擬出一個大概的數目，然後再根據其他因素，如公司資金、準備金、未分配盈餘等因素，作彈性調整。

一、一般承保用超額賠款再保險

　　在表 8-1 中，有 90% 的危險單位低於新臺幣七十萬元，即在總共危險單位 5,636 個中，保險金額在新臺幣七十萬元以內的危險單位之保

險費收入，係依靠 5,200 個危險單位的保費收入。而分保公司對於每一保險事故可能造成的賠款，從新臺幣一元到新臺幣七十萬元以內者，已達 90 ％。在新臺幣七十萬元以內的保費收入與賠款支出幾可達平衡狀態，即保費收入足以支付賠款。因此，新臺幣七十萬元以內的預期賠款支出，已在分保公司控制之中，若將此一部分之業務分予再保險公司，則形成保費的浪費。

在賠款金額可能自新臺幣七十萬元到新臺幣一千萬元之間，該部分危險單位保險費的收入與可能賠款支出已不成比例。分保公司難以承擔，宜將此責任移轉於再保險公司。

由表 8-2 中，得知分保公司預期賠款額約為新臺幣六十一萬元。如分保公司力求該項業務之發展，則自留額可訂於新臺幣七十萬元到八十萬元之間；如為保守經營，則自留額可訂於新臺幣七十萬元以下，以求營運上的安全。

表 8-1

新臺幣

(1) 保　額	(2) 平均單位	(3) 危險單位	(4) 累加危險單位	(5) 累加百分比 (4)/5,636	(6) 自留額	(7) 累積自留額
1～200,000	100,000	1,000	1,000	17.74%	100,000	100,000,000
200,000～400,000	300,000	2,400	3,400	60.33%	300,000	720,000,000
400,000～600,000	500,000	1,200	4,600	81.62%	500,000	600,000,000
600,000～800,000	700,000	600	5,200	92.26%	700,000	420,000,000
800,000～1,000,000	900,000	200	5,400	95.81%	700,000	140,000,000
1,000,000～1,500,000	1,250,000	100	5,500	97.59%	700,000	70,000,000
1,500,000～2,000,000	1,750,000	60	5,560	98.65%	700,000	42,000,000
2,000,000～2,500,000	2,250,000	40	5,600	99.36%	700,000	28,000,000
2,500,000～3,000,000	2,750,000	20	5,620	99.72%	700,000	14,000,000
3,000,000～4,000,000	3,500,000	10	5,630	99.89%	700,000	7,000,000
4,000,000～8,000,000	6,000,000	5	5,635	99.98%	700,000	3,500,000
8,000,000～10,000,000	9,000,000	1	5,636	100%	700,000	700,000
						2,145,200,000

表 8-2

(1) 賠款金額	(2) 平均值	(3) 發生次數(n_1)	(4) 發生率 $\left(P=\dfrac{n_1}{n}\right)$	(5)=(2)×(4) 預期賠款額
1～ 100,000	50,000	10	0.0662	3,310
100,000～ 200,000	150,000	12	0.0795	11,925
200,000～ 300,000	250,000	15	0.0993	24,825
300,000～ 400,000	350,000	18	0.1192	41,720
400,000～ 500,000	450,000	20	0.1325	59,625
500,000～ 600,000	550,000	25	0.1656	91,080
600,000～ 700,000	650,000	20	0.1325	86,125
700,000～ 800,000	750,000	15	0.0993	74,475
800,000～ 1,000,000	900,000	10	0.0662	59,580
1,000,000～ 5,000,000	3,000,000	5	0.0331	99,300
5,000,000～10,000,000	7,500,000	1	0.0066	49,500
		151	1.0000	601,465

二、異常災害用超額賠款再保險

　　在火險附加險方面，颱風、地震所造成的損失可能非常巨大，非保險人所能承擔，甚至於數年之內尚無法彌補。保險人異常災害自留額取決於最大承保能量，亦即考慮公司資金、準備金、未分配盈餘之因素外，業務性質與公司歷年之綜合利潤率亦應一併考慮。

　　異常災害之發生與損失程度，雖然有些統計資料可供依循，但畢竟是難以預料的。因此異常災害之超額賠款再保險之自留額，憑藉分保公司有關人員之經驗及遠見來作決定。

第七節　費率的釐訂──超額賠款再保險

一、費率的概念

　　前已敘述之比率或溢額再保險，其再保險費是依照原始保險費來計收的。然而，超額賠款再保險則需要另行釐訂，此為超額賠款再保險的特性。

　　超額賠款再保險之再保險人認為，原保險人之賠款與再保險人所負擔的再保險金額之間有一定的關係。以此假設為基礎計算再保險費，就原保險人之保險費收入為之，亦即依照原保險人之保險費收入的若干百分比洽收之。此百分比是按賠款成本做基礎的。

二、固定費率及變動費率 (Flat Rate & Technical Rate)

　　超額賠款再保險費率的釐訂可以說是原始費率重分配的運用，也就是按原始費率計算出來的足額保險的保險費，就事先決定的超額賠款再保險的層次 (Layers) 分配之。

　　假設原始費率之適當差別比例可以獲得，則保險費與保險金額呈正向變動，我們稱之為固定費率。如圖 8-1 所示：

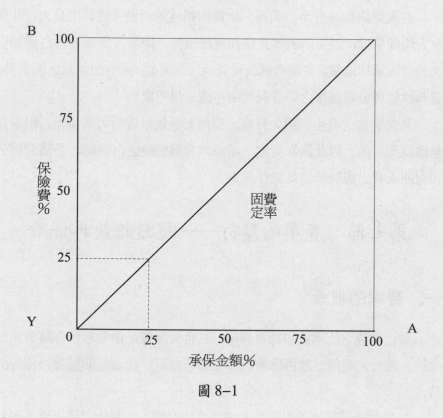

圖 8-1

　　在橫座標 **Y-A** 軸線上承保金額之 25％正相對應於縱座標 **Y-B** 軸線上保險費之 25％。顯然地，如果我們將單位危險的承保金額分成責任額相等的二個層次，即優先層自負賠款 (Primary Layer) 與第一層超額賠款 (1st Excess Layer)。一件損失賠款對於優先層的影響可能較第一層大，也就是可能遭受較高頻率損失的賠款。所以責任額相等的二個層次，優先層顯然較第一層應分配得到較多的保險費。

　　今再假設將單位危險的承保金額分成相同責任額的四個層次，且為了說明方便起見，我們將保險費分配如下：

1.優先層自負賠款：總保險費之 50%

2.第一層超額賠款：總保險費之 25%

3.第二層超額賠款：總保險費之 17.5%

4.第三層超額賠款：總保險費之 7.5%

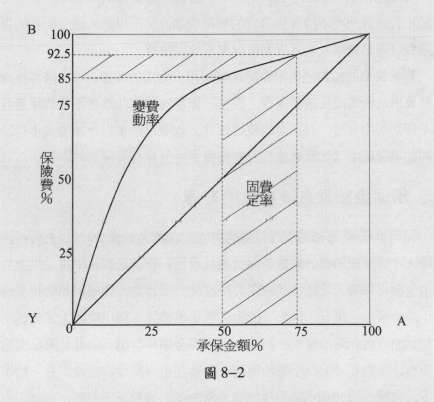

圖 8-2

這樣，我們從圖 8-2 可以發現一項變動費率分配給第一層的超額賠款再保險（圖 8-2 斜線部份），為總保險費的 17.5%。其計算方式為：

Y–A 軸 75% = Y–B 軸 92.5%

減　Y–A 軸 50% = Y–B 軸 75%

差　　　　　　 = 17.5%×原始保險費

以上計算方式的說明如下：

　　橫座標 Y–A 軸上的承保金額 92.5％處之點相對應於縱座標 Y–B 軸上保險費 75％處之點減去橫座標 Y–A 軸上承保金額 50％處之點相對應於 Y–B 軸上保險費 75％處之點得差為 17.5％乘上原始保險費為分配給這一層超額賠款責任額的保險費。

　　同樣地，再保險人也可以由圖 8–2 變動曲線計算出 1％到 99％承保金額相對應於 99％到 1％保險費的變動費率。又再保險人從分配到的再保險費（變動費率）也可以倒推出來原始保險費。

　　變動費率曲線為過去損失記錄連接起來而成的曲線，可以讓再保險人計算出來較準確的超額保費。但是一條變動費率曲線並不能夠涵蓋各個不同類別的危險，而不同的使用性質、危險單位承保金額的大小以及不同的承保範圍（危險事故）對變動費率的計算有著深遠的影響。

三、承保金額及危險事故的影響

　　依圖 8–2 之超額賠款再保險的層次，在損失超過 50％以上時，再保險人才需要對超過的賠償金額負擔其責任；也就是說伍佰萬元以上的賠償金額再保險人才會被此一損失所波及。換言之，如果財物的損失以每小時燒燬壹佰萬元，則火災的損失需要燃燒達 5 個小時以上才會波及到超額賠款再保險的層次。對於一件承保金額達壹億元的非危險品製造業而言，則需要 50 個小時的燃燒才會達到這一層次。但是，在一般情形下，這種燃燒50個小時的機率是非常的低，幾乎是不可能。所以，對於較高承保金額的危險，較多的保險費應分配給較低層次的超額賠款再保險。今以圖 8–3 來說明：

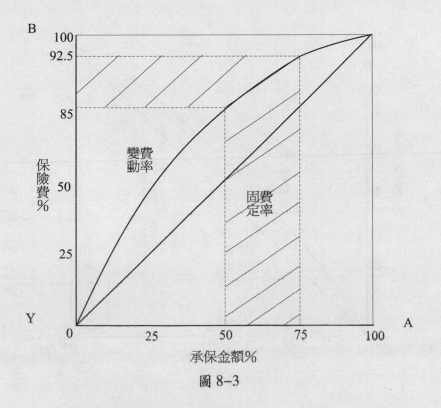

圖 8-3

圖 8-3 斜線部份的變動費率為總保險費的 7.5％。其計算方式為：

　　　　Y–A 軸 75％＝Y–B 軸 92.5％

　減　　Y–A 軸 50％＝Y–B 軸 85％

　差　　　　　　＝7.5％之總保險費分配給這一層次

　　除此之外，較寬廣的承保範圍，例如加保地震險，則考慮的因素與火災的燃燒完全不同。地震所帶來的損失可能在一瞬之間就全部摧毀被保險的標的物。圖 8-4 為加入地震的危險事故，其變動費率曲線呈現較均勻的弧度，此為火災的危險事故並沒改變保險費，但加收地震險的保險費則應更平均地分配給各個層次。

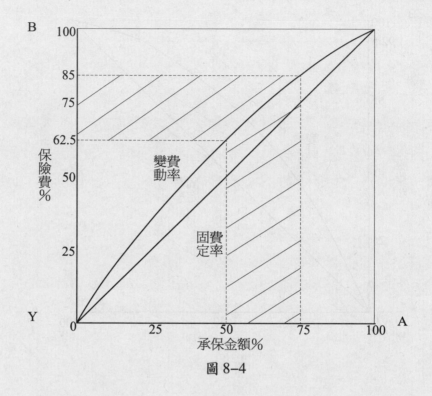

圖 8–4

在圖8–4 裡, 斜線部份所分配得到的保險費為原始保險費的22.5％,
其計算方式為:

$$Y–A 軸 75％ = Y–B 軸 85％$$

減 $\quad Y–A 軸 50％ = Y–B 軸 62.5％$

差 $\qquad\qquad = 22.5％ \times 原始保險費$

總之, 費率的釐訂涉及危險單位承保金額的大小, 承保的危險事故,
危險的性質等問題。同時, 國際保險市場的變化、競爭、飽和以及全球
經濟的榮枯等因素, 也都對費率變動有很大的影響。

第八節 後 記

筆者有幸應邀參加醒吾商專銀行保險科之再保險實務單元。本文係將在課堂內之報告整理為文發表。筆者雖然服務於產險界十餘年，然因工作層面非常狹窄，且平時對再保險方面之研究亦甚膚淺。今不揣簡陋，將個人之經驗發表，謬誤管見之處，尚祈業界賢者不吝指正。

參考資料

1. 陳繼堯，《再保險論》。

2. 凌氤寶，《談超額賠款再保險》。

3. 王新義，〈論火災保險再保險合約未滿期責任移轉制度〉。

4. CII Reinsurance Courses: Chapter 4 —Property Insurance.

5. The Insurance Institute of London: *Excess of Loss, Methods of Reinsurance*.

6. AFIA Worldwide Ins.: *Underwriting Guideline*.

第九章　保險會計

第一節　保險會計之意義

　　會計乃企業之語言，亦為企業管理資訊之產生來源，其主要目的在運用科學方法與技術，以貨幣單位來表示將企業在某一特定期間內之各項經營活動，予以記錄、彙總、分析，透過財務報表之方式，提供及時而正確之財務資訊 (Financial Information)，俾企業管理者及其他有關人員決策之參考。現代企業之經營管理，有賴健全之會計作業。

　　一般保險業，會計部門之業務範圍包括歲計、業務會計、審核、統計及資訊五項工作。歲計工作包括預算、決算及一般會計事務之處理；業務會計工作包括承保、理賠、再保等業務之會計事務處理；審核工作主要為會計審核、財務審核、預算審核等事項；統計工作涵蓋各險業務收支之統計分析、資產運用與業務成本分析及上級主管機關所需之各項統計資料；資訊工作旨在配合公司經營管理政策、發展各項資訊系統，以提高工作績效與服務品質。

　　保險業為具有高度技術性之專門行業，保險會計工作牽涉範圍既廣泛而複雜，因此，會計人員在業務處理上，必須具備良好之相關知識，充分瞭解法令規章，並熟悉作業程序，始能圓滿達成任務。

第二節　保險會計之功能

保險會計應對保險業之財務狀況、經營成果及財務狀況之變動提供客觀而真實之記錄與報導。根據中華民國會計師公會財務委員會於民國七十一年七月一日發布之第一號財務會計準則公報第一條即揭櫫，企業會計應能達到下列目的：

（一）幫助財務報表使用者之投資與授信決策。

（二）幫助財務報表使用者評估其投資與授信資金收回之金額、時間與風險。

（三）報導企業之經濟資源，對經濟資源之請求權及資源與請求權變動之情形。

（四）報導企業經營績效。

（五）報導企業之流動性、償債能力及資金之流量。

（六）評估企業管理當局運用資源之責任及績效。

（七）解釋財務資料。

美國「財務會計基金會」(Financial Accounting Foundation，簡稱FAF) 下之財務會計準則委員會 (Financial Accounting Standard Board，簡稱 FASB) 所發布之第二號聲明書 (Concept No. 2) 亦認為一般企業會計資訊之目的有三：

（一）提供現有或潛在之投資人、債權人及其他使用者有用之資訊，以供其決策之參考；

（二）提供現有或潛在之投資人、債權人及其他使用者，估計未來現金流動之金額、時間及不確定因素；

（三）提供資料以說明企業之經濟資源、外界請求權及其變動情形。

總之，保險會計之功能，可歸納如次：

一、評估保險業過去之經營績效

從保險業之財務報表分析，可瞭解其過去一段期間內之經營效果，藉供保險業之投資股東、管理者、政府主管機關、被保險人及其他相關人員決策之參考。

二、檢視現有缺失

保險業經常發生之弊端大致可歸納為：

（一）資產方面

1.投資結構不當，流動性及安全性不足

保險業之主要獲利來源不在於承保方面，蓋如承保利潤太高，顯係預期損失率大於實際損失率，政府主管機關為減輕被保險人之負擔，將降低保險費率。因此，保險業之利潤大部分係來自於資金運用收益。

保險業之資金運用，必須符合安全性、流動性及收益性三原則。惟上述三項原則頗難同時兼顧，安全性高、流動性強之投資，其收益性必低，反之，欲達到提高收益率則必須冒很大之風險。例如，存放銀行是最安全且最具流動之資金運用，惟與投資房地產及購買股票所獲利潤相比，則顯然偏低。

保險業投資結構不當，流動性及安全性不足，往往易於導致失卻清償能力。例如，某一保險公司將資金集中貸放某一企業，即容易受到此一企業經營不善之影響而本息無歸。又如，保險公司將資金購置不動產，一旦發生鉅額賠款，即無法轉換成流動性資產，或即使能夠轉換，亦須降價求售，如此，將嚴重影響保險業之財務。

2.應收帳款與應收票據過多

為爭取顧客投保，保險業往往採取延緩收費或接受遠期支票。惟如收款不力或應收票據退票過多，則會減少資金流量，降低投資收益，也

容易形成呆帳。美國紐約州保險法第七十條規定，對超過九十天以上之應收帳款及應收票據，概列為不認可資產 (Non-admitted Asset)，必須從資產總額中剔除，保險公司即有可能因而變成資產不足清償負債。

3.固定資產太多，生利資產不足，平均報酬率偏低

為建立保戶之信心，保險業一向都購置富麗堂皇之辦公大樓。惟如固定資產太多，將減少生利資產，導致平均報酬率偏低，如遇承保業務發生虧損，即無法以投資收益挹注，容易發生喪失支付能力。

（二）負債及業主權益方面

1.責任準備金提存不足

保險法第十一條對保險業應提之各種責任準備金規定為「責任準備金、未滿期保費準備金、特別準備金，及賠款準備金。」責任準備金及未滿期保費準備金係保險業收取保費在先，支付賠款或滿期給付在後，故在決算時依權責發生基礎之會計原則，必須予以提存。特別準備金，則係保險業在預期死亡率或損失率高於實際死亡率或損失率之年度，就差額部分按規定比率予以提存，俾在鉅額給付或賠款發生之年度予以挹注，以平衡該年度之死亡率或損失率，使保險業不致發生資產不足清償負債問題。

保險業除提存上述責任準備金以外，尚須估列未決賠款準備，以為賠案確定時支付之用。保險業如準備金提存不足，均會導致資產不足清償負債，嚴重者更將發生倒閉。

2.資本偏低，公積提存不足，保留盈餘過少

保險業之資本在開業初期，與承保能力有絕對關係，即或在經營數年後資本占業主權益比率逐漸縮小，惟資本額之大小對保險業之清償能力仍有重大影響，蓋資本為保險業維持清償能力之後盾，如過於偏低，一旦經營不當，極易被侵蝕而致宣告倒閉。

保險業與一般企業一樣，在有盈餘之年度，必須依法提存法定公積

及特別公積，俾營業發生虧損時予以優先彌補。此項公積之提存多寡，對資本之維護有重大貢獻。此外，保險業在有盈餘年度保留相當盈餘不作分配，亦可壯大業主權益，增強償債能力。如公積提存不足，盈餘未予保留，則資本易受營業虧損吞噬而發生倒閉。

(三) 收益及費用方面

1.超支佣金或費用

保險業為獲取業務，必須對招攬人員（保險代理人、經紀人或業務員）支付佣金或費用，該項佣金或費用比率，政府主管機關均有規定。保險業為加強競爭能力以擴大業務來源，如以超支佣金或費用為手段，將造成用以支付賠款或給付部份之保費不足現象，而發生承保損失。此時，主管機關並不允許調整費率，故如此項承保虧損無法獲致改善，必須依賴投資收益予以挹注，惟因超支佣金及費用結果，可資運用之資金亦相對地減少，投資收益勢必降低，故在經濟不景氣年度，極易因而破產。

2.核保及理賠鬆弛，損失率偏高

保險業擴大業務來源之另一方式為放鬆核保標準,提高理賠額度。惟此一方式將導致損失率偏高，故除非資金運用得宜，否則不足採行，以避免導致破產。

3.保單解約失效率偏高

在人壽保險，保險業簽發保單時，除須支付鉅額招攬費用外，更須花費體檢費用、簽單費用及繳納稅捐，往往第一年度保費收入尚不足以支付上述費用，不足之數有賴第二年以後所收保費來攤付，惟如保險契約中途解約，第一年多支付之費用即無法攤回。故保險業保單解約失效率偏高，非但保費收入減少，且無法收回所支付之費用，嚴重影響保險業之損益。

(四) 管理方面

1.業務量太少，危險不穩定

保險業務經營必須符合大數法則，始能穩定，如業務量太少，則無法運用大數法則，危險趨於不穩定，一旦巨災發生，則無法達到危險分散之原則，保險經營基礎亦會隨之動搖。

2.再保安排欠當

再保為分散危險之最佳工具。保險業對於超乎自己負擔能力之業務，必須透過再保安排，分予再保險人負擔，如此，才能達到穩定經營之目的。如再保業務安排欠當，好的業務未能自留，壞的業務無法分出，導致業務品質低落。此外，超過自己承擔能力部分未能完全分出，一旦承保事故發生，勢必無法承擔而宣告倒閉。

以上所述各項保險業喪失清償能力之原因，雖不完全是財務上之問題，惟如透過嚴格之財務報表分析，則不難發現弊端。

三、預測未來發展趨勢

對於保險業之管理階層而言，如何使保險業在激烈之同業競爭中求生存，成長壯大以至於提高市場占有率，以執同業之牛耳為其重要目標。由於保險業受內部因素及外界環境變化影響，保險業經營者必須重視長期之利益而有長遠之規劃，始能達成預定目標。透過保險業財務報表分析以預測未來發展趨勢，為最簡便而可靠之途徑。

第三節　保險會計之特質

會計制度是一個企業為處理其會計事務所訂定的一種管理辦法。各企業性質不同，業務不同，管理人的看法及做法也不同，故會計制度亦有所不同。保險業一般會計事務之處理，在原則上與一般企業大致相同。至於其間之差異，或因保險業本身的特質，或因法令的特別限制，或因

主管機關的監理政策而有所不同。

第一目　保險會計與一般商業會計之區別

一、保險業業務方面之特質

（一）保險業商品之無形性

保險業所提供之商品為無形的「安全保障」服務，與一般企業所出售之有形商品，在產銷過程方面有別，故保險業會計科目中無原料、在製品、製成品、進貨及存貨等。

（二）保險業之盈餘未必與銷售量成正比

保險業所販售之商品為保險契約之承保責任，此一責任是否成立，繫於承保事故發生與否，而承保事故之發生具不確定性，故如承保事故發生之頻率與幅度超過預期，則可能產生虧損。此外，人壽保險業新契約之訂立，其獲得新契約所支付之成本（如佣金）全歸當年度之營業成本，再加上責任準備金之提存，致所收取之第一期保險費無法支應上述兩項支出，結果呈現新契約成長愈快，當年度之盈餘愈少，甚至虧損之現象。此點與一般企業銷售量愈多，獲利也愈多之情形不同，故保險經營除須致力於業務量之成長外，尚須兼顧品質，並考量本身之財務能力，以尋求最佳之營運量。

由上述分析，以營業額大小作為衡量一般企業之獲利能力與經營績效，並不適用於保險業。

（三）保險商品價格之訂定與有形商品不同

1.有形商品價格之訂定係由成本加上利潤為依據，價格決定於成本發生之後，保險商品之價格——費率則決定於成本發生之前。

2.有形商品之成本可以依據實際支出計算而得，保險商品之成本

（大部分是賠款或保險給付）則決定於保險事故發生之不確定性，事先無法預知，只能憑過去危險發生經驗統計資料予以推測，而推測所產生之預期成本（包括賠款或給付及營業費用）， 畢竟無法與事後實際發生之成本，分毫無差，有時甚至受不尋常之巨災影響而呈現相當大之差距，故保險業有承保損益（或死差損益），費差損益之出現。

（四）保險業之資金運用收入不能單純視為利益

保險業費率釐訂因素中除依危險發生統計資料預估理賠或給付成本外，尚考慮利率因素，換言之，在計算保險費率之過程中，已將成本依預定利率貼現成現值，更明確地說，保險業已將利息預先在收取保費時支付予保戶，此乃保費收取在先，理賠或給付在後之故。因此，保險經營除須重視業務質量外，尚應善加運用保險資金，以產生資金運用收入，俾彌補利息支出成本。故當資金運用報酬率高於預定利率時，即產生利差益，反之為利差損。由此一特性可知，保險業之資金運用收入不能單純視為保險業之利益，而須在超過預支利息後始能算是利益。

二、在財務方面之特質

（一）保險業編製財務報表與一般企業有別

1.保險業編製財務報表應以主管機關所訂之統一會計制度為優先適用準則，統一會計制度未明定者始依一般公認會計原則；一般企業除特殊行業（如金融業）外，悉依一般公認會計原則編製財務報表。

2.保險業係站在保戶立場編製財務報表，故著重在清償能力之表達；而一般商業會計則站在股東立場編製財務報表，故著重在獲利能力及經營績效之表達。

（二）保險業嚴守穩健保守原則

一般企業編製財務報表，依一般公認會計原則應採保守穩健原則，保險業因以「受託人」之身份，管理保戶大眾之資金，故較一般企業更

嚴守保守穩健原則。例如對資產價值之評估，一般企業係以繼續經營觀念 (Going Concern Concept) 為基礎，但保險業為兼顧保障保戶及股東之權益，採修正清算價值觀念 (Modified Liquidation Value Concept) 將一般無法收回或超過時日之應收款項，及消耗性資產等，列為不認許資產 (Non-Admitted Assets) 而從資產總額中減去，以充分表達保險業財務報表之堅實性與穩健性。

（三）保險業財務報表負債項目中最重要之責任準備金為估計產生

保險業之責任準備金大部分為未決賠款（包括已報未決及未報未決），由於保險業年終辦理決算時，無法確知實際賠款金額，有些賠款（指長期業務）須延至數年方能確定，僅能依現有理賠資料及經驗估計。

壽險業之絕大部分負債為責任準備金，由於保單件數多，無法逐單詳加計算，且未來保險給付發生情況未知，究應提存多少準備金才夠支應，無法於決算時確知，故僅能由精算師依保單種類，期別、年齡、保額等資料，加以估算。不論產壽險業估算責任準備金均相當費時費事，故財務報表無法在決算當日即產生，通常拖延二至三個月。一般企業之負債項目均能於決算時確定，故決算當日即可產生財務報表，既迅速且確實。

（四）保險業之會計基礎採聯合發生基礎

一般企業依一般公認會計原則，商業會計法及所得稅法之規定，均採權責發生基礎作帳及編製財務報表。保險業因保單件數多，保費收入、佣金支出、保險賠款或給付等之處理，往往涉及大量文書作業，限於人力、物力，平時無法逐筆以權責發生基礎作帳，只能先採現金基礎，俟年終辦理決算時，再以權責發生基礎調整，故保險業之會計基礎，實係聯合現金基礎及權責發生基礎。基於此一特性，保險業在進行調整時，由於調整事項甚多，實無法依作分錄、過帳等一般會計處理程序處理，而僅依正常程序填列於所制定之統一表格中，至年終編製財務報表時，

再直接於工作底稿上加以調整（註：目前我國保險業仍依正常會計處理程序辦理），此類帳戶未列於總帳上，故稱為非帳載科目 (Non-ledger Account)，形成「表」有「帳」無現象；又由於資產區分為認許資產與不認許資產，年度報表中已將不認許資產剔除，即依「認許資產＝帳載資產＋非帳載資產－不認許資產」過程調整，故形成「帳」有「表」無現象。

（五）成本與收入配合原則不適用於保險業

保險業之保費收入平時採現金基礎，故當收到保費時，悉數列為保費收入，至年終調整時，再依保單經過日期採權責基礎提列「未滿期保費準備金」及「壽險責任準備金」，然而相對於保費收入之營業費用(如招攬費用、查勘費用、稅捐等)卻悉數列為當期營業支出，而非配合保單經過日期之保費收入，按比例認列支出，故一般商業會計所採行之成本與收入配合原則並不適用於保險業。

（六）依流動性大小將資產分類對保險業不具重大意義

一般企業之財務報表，為顯示償債能力通常依變現性大小將資產分為「流動資產」與「非流動資產」兩類；保險業保險契約責任多為長期(人壽保險業之長期契約占大部分，產險業占少部分)，其資金來源多為長期性之責任準備金，具有長期負債特性，故在其進行資金運用時，多重視長期利益為主要目標，而以短期利益為次要目標，故相對應之資產絕大部分為長期投資，如將之分類為「流動資產」與「非流動資產」，因流動資產所佔比例不大，故此一分類較不具意義。惟目前我國保險業統一會計制度仍循此一分類，乃因國內資金運用管道有限，保險業將資金存放銀行或購買短期票券占很高之比率所致。

（七）保險業之資產負債表以「保單持有者公積」(Policyholder's Surplus) 取代「業主權益」

一般商業會計，業主權益係資產減去負債之餘額，故可視為「業主」

所有而稱為「業主權益」； 保險業因負債科目屬估計而得，究竟保險契約滿期之前須支付多少賠款或給付，在決算時仍不確定，故難謂為資產減去負債後之剩餘即屬「業主」所有。

此外，保險法第一百二十四條明定：「人壽保險之要保人、被保險人、受益人，對於保險人為被保險人所提存之責任準備金，有優先受償權」；保險法第一百五十三條規定：「保險公司違反保險法令經營業務，致資產不足清償債務時，其董事長、董事、監察人、總經理及負責決定該項業務之經理，對公司之債權人應負連帶無限清償責任。前項責任，於各該負責人卸職登記之日起滿三年解除」。 由此觀之，保險業在未對保戶履行各種義務之前，資產負債表上資產減去負債餘額，並不代表「業主」所有。

為清楚表達此一觀念，美國全國保險監理官協會 (National Association of Insurance Commissioners) 訂頒之統一年度報表 (Annual Statement) 中，均以保單持有者公積來表達。我國統一會計制度則仍用「業主權益」科目。

（八）保險業財務報表之分析具行業特殊性

保險業本身即是很專門之行業，故其財務報表之分析，亦具行業特殊性，而無法完全以分析一般企業財務報表之方式來分析保險業之財務報表。

1.欲瞭解保險業之經營績效，必須以淨額的觀念取代總額的觀念

一般企業之投資收入對盈餘會產生絕對之助益，但就人壽保險業而言，因資產大部分係來自於保戶大眾，取得資金必須支付相當之代價，此一代價即計算保險費率時之預定利率，如果投資報酬率未超過預定利率，則投資收入對人壽保險業之盈餘不會產生絕對之助益，反會呈現利差損；又產物保險業經營必須透過再保險來分散危險，故再保險費之支出並不能單純以一般支出觀念看待，再保險費支出之增加，亦不能視為

會減少產物保險業之盈餘；同理，保險賠款支出亦不能視為會降低盈餘，而必須與保費收入相對應來比較，才能判定產物保險業承保利潤，如果保費收入超過保險賠款，對產物保險業之盈餘即會有貢獻。由此不難瞭解，保險業之經營，業務量之成長快速，並不代表經營績效良好。

2.保險業財務報表必須經精算師簽證

一般公開發行公司之財務報表必須經會計師簽證，保險業根據保險業管理辦法第十八條規定，亦須經財政部核准聘用之會計師查核簽證。此外，保險業之財務報表中涉及責任準備金提列問題，另須經精算師簽證。

3.分析保險業財務報表，應具保險專業知識

保險業之財務報表，涉及保險專業特性之處頗多，例如：保險費率結構，責任準備金之計提，解約金之計算，保單紅利之分配，保險契約轉換，再保險之安排等，分析保險業之財務報表之前，必須對保險業之基本理論、實務有正確之認識，才能使分析結果真實表達實際經營績效，不致產生錯誤判斷或誤解。

三、法令及政府監理政策影響會計事務之處理

由於保險經營成敗，攸關被保險大眾之權益，故政府不但訂有保險法規以為規範保險業之營業活動，抑且透過行政權對保險業實施嚴格監理，舉凡業務之經營、財務之運用管理、資產之評價、各種責任準備金之計提、收入之認列、費用之開支、財務狀況公開、稅捐之負擔、盈虧之處理等，均有明文規定，同時，主管機關每年對保險業亦實施檢查，凡此均對保險業會計事務之處理，產生重大影響，為一般企業所無之現象。

第四節　保險會計基本原則

一、基本會計假設

（一）企業個體假設

財團法人中華民國會計研究發展基金會所公布之「一般公認會計原則彙編」第三條揭示：「會計上視企業為獨立於業主以外之個體，能擁有資源並負擔義務」。企業之一切經營活動，與業主個人應分開處理，換言之，即企業之資產負債，應與業主獨立，企業之交易事項亦應與業主劃分，不能相混淆。

保險業亦為企業個體，其權利義務關係應與股東（或社員）分開，故企業個體之假設原則，亦適用之。

（二）修正清算價值假設

上述之「一般公認會計原則彙編」第四條揭示：「會計上視企業之經營綿延不斷，但與現況顯有不符者不在此限。」在會計上假定企業將繼續經營下去，除非法令或公司章程上訂有限期。

保險業基本上亦係希望永續經營下去，惟政府基於保障保戶大眾權利之必要性，在成本分攤、資產負債之評價方面，排除了一般企業繼續經營之假設，採用修正清算價值之假設。

（三）貨幣評價假設

同準則彙編第五條揭示：「企業會計所記載及表達者，為有關財務之數量化資訊，並以貨幣為衡量之工具。」此即說明企業之經濟資源、負債及經濟活動，表現在財務資訊上必須能夠量化並以貨幣來表示，凡不能以貨幣衡量者（例如經營者之管理能力）即不在帳上加以記錄，或在財務報表上予以表達。此外，企業財務資訊之表達亦假設幣值不變或變動

不大為原則，如物價水準變動太大，必要時亦得予以考慮調整（如土地增值、匯率兌換差價等）。

保險業在此一假定上與一般企業並無不同。

（四）會計期間假設

同準則彙編第七條揭示：「企業會計應劃分會計期間，分期結算損益以產生各期之財務報表。」基於永續經營之假設，企業之盈虧，非至營業結束辦理清算後方能顯現出來，惟就報表使用者之立場，通常需要獲得企業在一定期間內之經營狀況，以為評估績效，檢討缺失改進經營策略及決策之參考。因此，會計人員乃訂定一定期間作為會計期間，以為計算損益、編製報表之基礎。

保險業之會計期間，均為一年，公營保險業係自七月一日至六月三十日，稱會計年度制；民營保險業為一月一日至十二月三十一日稱曆年制，外國保險業亦採曆年制，惟為配合其本公司需要，通常在編製本公司所需財務報表時，亦依其習慣或規定辦理。

二、基本會計原則

（一）歷史成本原則

一般公認準則彙編第六條揭示：「會計衡量以歷史成本為原則。」

所謂歷史成本，係指資產或勞務之取得以取得時之原始成本作為評價或入帳之基礎，除非有新的交易發生或消耗，入帳之成本即不再調整。企業之採歷史成本作為依據，係因歷史成本由交易雙方所同意之價值，且第三者易於驗證，故較具客觀性。

保險業之承保責任具不確定性，故其成本難予精確計算，只能依過去之經驗統計資料透過精算估計而得。因此，保險業成本通常非由交易雙方共同認定，且由於保險種類繁多，計算過程甚具專業性，第三者亦不易驗證，故於此一原則之適用上不如一般企業。

(二) 收益原則

所謂收益原則，係指會計人員以決定何時認列收益之原則。一般公認會計原則彙編第四十三條揭示：「銷貨收入於銷貨完成時實現。但長期工程合約之收入得於完工前按完工比例法攤算列帳。分期付款銷貨收入除因帳款收現可能性極不確定者得按毛利百分比法攤算入帳外，仍應按普通銷貨方法認列收益。勞務收入於勞務提供完畢時實現。但依其性質得分段提供者，其勞務收入宜分期承認之。」由此可知，一般企業之收入認列應以銷貨或勞務收入已實現或完成為認列依據。

保險業因平時採現金基礎入帳，故其收益之認列係以收到現金為基準，期末再按權責發生基礎予以調整。人壽保險業統一會計制度「會計事務處理程序」第三十七條亦規定：「保險收入之實現以收到現金為準，其他各種收入以權責發生為準」。由於人壽保險契約多屬長期契約，其保費多採分期繳納方式，且依保險法第一百十七條規定：「保險人對於保險費，不得以訴訟請求交付。」故人壽保險業之保費收入，均以收到當期保費時入帳，而非於簽發保險單時，將所有保費列為當年度之收入。至於產物保險業因部分險種有「延緩收費特約條款」之約定，簽發保單時並未收到現金，惟仍以保費收入先行列帳，俟實際收現時再沖轉應收保費，此為實務上極特殊現象。

(三) 收入與成本配合原則

所謂收入與成本配合原則，係指某項收益在某一會計期間承認時，所有與該收益之產生有關之成本均應在同一會計期間配合轉為費用，以便正確計算損益。其配合情況通常有：(1)因果關係直接配屬，例如保費收入與佣金支出；(2)有系統而合理之分攤，例如財產之折舊；(3)直接認列之費用，例如薪津費用。就「權責發生基礎」之精神而言，企業為收到一筆收益，其該筆收益有關之成本，彼此間應予配合對應才能顯示此一收益之真實效果。

收入與成本配合原則適用於保險會計最顯著之例子為各種責任準備金之提存、折舊之提列，預計與應計事項之調整等。惟此一原則並不完全適用於保險會計上，蓋因保險會計對「穩健原則」之重視較一般企業為嚴，表現在會計處理上即有所修正，例如保費收入在年度終了時依權責發生基礎調整，將未滿期部分之保費從保費收入中沖減，因保費收入所支付之佣金或代理費用，卻未配合減列，而全數列為當年度之費用。

（四）穩健原則

所謂穩健原則，又稱保守原則，係指會計人員在資產評價與損益取決時，如有兩種以上的方法或金額可供選擇，應選擇對本期淨資產及純益較為不利之方法或金額。例如短期有價證券投資採成本與市價孰低法，不承認未實現投資收入，卻承認未實現投資損失。

一般公認會計原則彙編第九條揭示：「在不確定之情況下，企業會計應在合理範圍內對當期淨資產及純益，採用較為穩健之估計數字。」此一原則適用於一般企業，保險業因具有社會性，故要求更嚴，例如：一般企業對生財器具設備超過一定金額以上者以資本支出認列而不列為費用，惟保險業則可能將之認列為不認許資產，又如未決賠款之提列，除對已報未決案件必須計提外，對未報未決案件，亦須估提。此外，為避免巨災發生，另應提列特別準備金。又如前述之未滿期保費準備金之計提，並未將相對應之佣金支出按比例減列。

（五）充分揭露原則

會計人員為達到公平表達，對企業財務狀況及營業結果有關之重要經濟事項均應完整提供，充分揭露。一般公認會計原則彙編第八條揭示：「財務報表應對企業之各種重要財務資訊作適當之表達。」所謂重要財務資訊並無客觀標準而須視各行業情況而定，保險業管理辦法第十八條規定：「保險業每屆營業年度終了，應將其營業狀況連同資金運用情形及投放處所，作成報告書，併同資產負債表、財產目錄、損益表及盈餘分配

或虧損撥補之議案，由財政部核准聘用之會計師查核簽證……。」

又所稱充分揭露，可採取下列方式：(1)揭露於財務報表中，(2)揭露於財務報表之附註中，(3)利用其他特殊之表達方式揭露。目前常見之財務報表附註事項依一般公認原則彙編第五十五條揭示係指：

1.重要會計政策之彙總說明。

2.會計變更之理由及對於財務報表之影響。

3.債權人對於特定資產之權利。

4.重大之承諾事項及或有負債。

5.盈餘分配所受之限制。

6.有關業主權益之重大事項。

7.重大之期後事項。

8.其他為避免財務報表使用者之誤解，或有助於財務報表之公正表達，必須說明之事項。

（六）重要性原則

一般公認會計原則彙編第十條揭示：「會計上對於無損公正表達之事項，得為權宜之處理。」會計人員在處理會計事務及編製財務報表時，原則上應依一般公認會計原則辦理，惟當會計事項依該原則處理所產生之效益，不能抵償其會計處理之成本時，則可以採其他簡便之方法權宜處理之，惟須無損於公正表達方可。該原則彙編第四十六條對資本支出與收益支出之劃分原有「凡支出之效益及於以後各期者，列為資產。其效益僅及於當期或無效益者，列為費用或損失」之原則性規範，但為求帳務處理簡便起見，如無損於公正表達，對不重要之事項，亦可採「建立實用之標準，將資本支出逕列為費用」之權宜處理方式。

（七）一致性原則

一般公認會計原則彙編第十一條揭示：「會計處理應前後一致，若有正當之理由必須變更，且其變更對財務報表之比較性有相當影響時，應

將變更情形、理由及其影響於財務報表中予以說明。」

企業會計人員對會計事項之處理，可選擇不同之處理方法，如折舊之提列、股票之評價等。惟不同方法對資產負債之衡量及損益之計算會產生不同之影響，因此，會計人員只必須採取前後一致之方法，俾使財務報表具比較性。

惟一致性原則並非限制會計人員不能改變處理方法，如果會計人員認為改變處理方法更有助於表達企業之財務狀況與經營結果，改變亦無妨，惟必須於財務報表之中將改變之情形、理由及其影響說明，俾利報表使用者得以比較。此一原則主要目的在避免會計人員利用不同會計處理方法，歪曲財務報表之真實性。

（八）時效性原則

一般公認會計原則彙編第十三條揭示：「財務資訊必須適時產生，為顧及資訊之時效，必要時得採用適當之估計數字。」

財務報表資訊之提供必須注意時效性，亦即會計人員必須迅速提供及時之財務資訊，否則即喪失參考價值。惟為符合此一要求，會計人員在處理會計事項時，對於無法正確獲得之數據，必要時得採用適當之估計數字，而於正確數據獲得後再行調整。

保險業會計人員對符合時效性原則，較其他企業為差，主要原因為保險業之責任準備金無法及時獲得精確數據，而均採估計數字。另由於再保安排關係，在決算日常無法獲得國外再保險人所提供之再保有關資訊，延後二至三個月是常有之事。雖如此，並不表示保險業會計人員不必遵守時效性原則，仍須在最迅速之時效內，提供及時之財務資訊。

（九）實質重於形式原則

一般公認會計原則彙編第十五條揭示：「交易事項之經濟實質與其形式不一致時，會計應依其經濟實質處理。」

會計人員所記載之會計事項，通常是經濟實質與形式一致，但當兩

者間無法兼顧或發生矛盾時，會計人員為使財務報表顯現正確財務資訊，通常是經濟實質重於形式。保險業在適用此一原則上，與一般企業並無不同。例如保險法第五十五條規定：保險契約，除本法另有規定外，應記載左列各款事項：

1. 當事人之姓名及住所。
2. 保險之標的物。
3. 保險事故之種類。
4. 保險責任開始之日時及保險期間。
5. 保險金額。
6. 保險費。
7. 無效及失權之原因。
8. 訂約之年月日。

但在實務上常在正式保險單簽發前，為配合被保險人之要求，先簽發暫保單，暫保單在法律效力上與正式保險單無異，惟其內容卻未將上述八類事項全數納入，仍不影響其契約效力。

（十）行業特性原則

會計事項之處理與資訊之提供，以達會計目的為最高指導原則，為求資訊之公開化，企業之會計人員原則上應依一般公認會計原則處理會計事務，俾所產生之財務報表具可讀性，如會計人員不依一般公認會計原則處理，而採取自己之一套方法，其他人可能無法瞭解。惟在處理過程中，如因行業特性，必須採用特殊處理方法時亦可。此一原則與重要性原則，正好相互輝映。

保險業因其本身行業之特殊性及受政府法令規定影響，其會計事務處理，常無法完全依照一般公認會計原則辦理，而必須有所修正，此在責任準備金之提存、認許資產之評價等方面甚為明顯。

第五節 直接承保業務之會計處理程序

一、產險業直接承保業務之會計處理程序

（一）直接承保業務會計之範圍

係指由直接簽單承保之業務，以及與同業聯合承保共同簽單按比例承受之業務，暨上述兩項承保之業務所發生賠款等有關帳務處理程序而言。

（二）承保業務之會計處理

1.範圍：包括接受投保及加、減、退保在內有關之保險費及佣金等帳項之分錄登帳及帳單報表之編製等有關帳務處理等事項。

2.程序

⑴業務單位接受承保業務，應依照保險法及主管機關核定之有關規定辦理之，並以保險單或批單之簽發或批改為之。

⑵保險單或批單一經簽發或批改，業務單位應即編製簽單日報表，批改日報表或其他類似性質之紀錄請會計部門為帳項之記錄，上款之日報表或記錄所載內容包括依第1項規定計算之保險費及佣金在內。

⑶會計部門應於取得第2項之日報或記錄時，其會計分錄為：

①接受投保或批加：

借：應收保費

貸：保費收入

借：佣金支出——承保佣金支出

貸：應付佣金

借：業務費用——代理費用

貸：其他應付款

②被保險人直接向保險公司投保，得予保費折讓，其比率不得超過佣金率。分錄如下：

借：現金或應收保費

　　保費折讓

貸：保費收入

③批減或退保：

a. 原保險費未經收取及佣金及代理費均未經給付時，其分錄就應減列金額，以①項分錄之反方向分錄之。

b. 原保險費若已收取，則應貸記「其他應付款」以替代①項分錄之「應收保費」科目。

c. 原佣金或代理費若已給付，則應借記「其他應收款」以替代①項分錄之「應付租金」或「其他應付款」科目。

④幣別雙軌制：資產及負債科目分別以原幣記載之，①項之各項分錄，其外幣與臺幣帳均以「兌換」科目加以連繫。

⑷第④項所舉會計科目除「兌換」科目外，均應按險別設置明細分類帳，必要時仍得依需要就帳齡或承保年度別作更詳細之分類設置明細分類帳。

⑸佣金及代理費不得預付，以俟保險費收清後憑收取人出具之憑證支付為原則，但得由出納於收取保險費當日自保險費項下抵付，佣金及代理費以保險費抵付時，仍應取得佣金及代理費收取人出具之憑證。

⑹已收取保險費後始批減退保之應退保險費，於退還保險費時，應取得受領人出具之憑證，已支付佣金及代理費後始批減退保之應收回佣金及代理費，於收回佣金時，應出具憑證與對方。

二、壽險業直接承保業務之會計處理程序

（一）各項壽險業務，經依規定核准承保後，即由主辦業務單位簽

發保單，並填製保費送金單(收據)及傳票，經由各級有關人員核章齊全後，發交收費人員收費。

（二）保費經收人員收到各保險費後，應依下列程序處理：

1.經由出納人員直接收取之保費

⑴先檢出該筆保費送金單（收據）及傳票，依所載金額核實收款，並於送金單（收據）及傳票上加蓋收訖日戳及名章，再交由繳款人收執。

⑵將當日收到之保費，依號碼、險別、單位及金額等項，填製現金或單據收入清單一式四份，一份存查，一份送主辦業務單位，其餘二份連同傳票一併送會計部門或保費經管單位覆核列帳。

⑶外縣市或較遠地區，經由銀行、郵局劃撥之保費，出納人員收到解款憑單後，登記送至主辦業務單位檢出該號送金單（收據）及傳票核實收款，送金單（收據）交文書部門寄發。

⑷每日將所收現金及票據解存銀行，取得憑單，編製庫存現金、銀行存款或應收票據傳票，連同保費收入傳票等，一併送會計部門或保費經管單位覆核列帳。

2.經由業務人員向客戶收取之第一期保費

⑴業務人員持用總公司開發之繳費通知，向客戶收到第一期保費時，即取出送金單（收據），查明金額及各欄記載無誤後，加蓋收款人名章，交予客戶。

⑵所收款項，應即點交經辦收款人員簽收，並依前項第四款所訂辦法處理。

3.經由收費員向客戶收取第二期以後之保費

⑴主辦業務單位每日應填製收費員工作日報表或保費卡，連同保費送金單（收據）交由收費員持往收費。

⑵收費員收到保費，應將送金單（收據）金額及各欄記載詳予查對後，交予客戶。

⑶收費員每日應將收到之保費,逐筆記入工作日報表或保費卡內,先送由主辦業務單位查對簽查,再檢出保費收入傳票連同收到之現金、票據,一併送出納人員點收簽章。

⑷主辦業務單位對未收到保費之送金單（收據）, 隨時注意清理查對, 其超過規定寬限期限者, 應註明原因列表呈核處理。

（三）保費經收人員收到客戶繳交之各險保險費,經解存銀行取回憑單後,應按現金與票據分別編製借方傳票,連同保費收入傳票及收入清單等,一併送會計部門或保費經管單位覆核列帳。

　　　借：庫存現金、銀行存款或應收票據

　　　　貸：保費收入

如遇經紀人或業務員要求於保費內預借佣金或津貼時,應將扣除後現金淨額予以解存收帳,並作如下分錄：

　　　借：庫存現金或銀行存款

　　　借：其他預付款

　　　　貸：保費收入

（四）前述各種壽險業務,如係經由經紀人或業務人員招攬者,主辦業務單位於填製保費送金單（收據）及傳票後,應另製（借）承保佣金支出或外務員津貼,（貸）其他應付款。

（五）各險第一期保費繳費通知寄發後,如客戶延不繳費時,主辦業務單位應根據所存保險單,通知原招攬業務人員或逕洽客戶催繳,經催繳後如仍不繳納者,應敘明原因及處理方式簽請主管核辦。如係奉准辦理註銷者,應檢出原開保費送金單（收據）及傳票,加蓋註銷章後退還業務單位存查。

（六）收費人員向客戶洽收第二期以後保費無法收到時,主辦業務單位應按催告程序辦理,如經催告逾期仍不繳納者,依規定保單即行停放,應在要保書登記簿上註明停放日期,並將已填製保費送金單（收據）

及傳票等，一併簽請註銷。

（七）收到客戶繳來之保費，經主辦業務單位核算，如較應收數短少時，除按（三）一般收費手續分錄外，其差額保費，應加記（借）其他應收款科目，並通知補繳，俟補繳保費收到時，再以（借）庫存現金或銀行存款,（貸）其他應收款科目沖銷。

（八）收到之保費，如經核算發生溢繳情形，除應收數目按（三）一般收費手續分錄外，其差額應以（貸）暫收及待結轉帳項科目列帳，待沖轉時應作下列分錄。

　　1.如係退還保戶

　　　　借：暫收及待結轉帳項

　　　　　　貸：庫存現金或銀行存款

　　2.如係抵繳下次保費

　　　　借：暫收及待結轉帳項

　　　　　　貸：保費收入

（九）收到客戶繳來下期或下年度保費，應由主辦業務單位編製（貸）預收保費傳票交由出納收款。俟到期時，再由主辦業務單位編製（借）預收保費傳票，轉入（貸）保費收入科目列帳。

（十）各險依規定程序已繕製保單辦理承保，並收到第一期保費，如發生拒保或退保情事者，應由主辦業務單位簽會核准後，檢出原繕製之保單及收據等件予以註銷，並退還所繳保費及收回佣金或津貼。

　　　　借：保費收入

　　　　借：其他應付款

　　　　　　貸：庫存現金或銀行存款

　　　　　　貸：承保佣金支出或外務員津貼

　　如已預借佣金時

　　　　借：保費收入

　　　貸：庫存現金或銀行存款

　　　貸：其他預付款

　　（十一）凡已列收之保費，如發生承保變更事項，依規定而增減保費時，如為增收，應視為加保，另開收據及傳票收取列帳。如為減收或退費，經主辦業務單位簽會核准後，另開立收據及傳票退還之。其分錄同前條。

　　（十二）被保險人延遲繳納保費，超過寬限期間時，依規定應加收延滯利息，由主辦業務單位核計應收利息數額，簽會核准後，向客戶收取。

　　　借：其他應收款

　　　　貸：利息收入或保險手續費收入

　　如接到延滯利息時

　　　　借：庫存現金或銀行存款

　　　　貸：其他應收款

　　（十三）被保險人以支票繳納保費，到期如不能兌現發生退票，經催收無效時，主辦業務單位應簽明處理方式，送交會計部門呈經主管核准後予以註銷。

　　　借：保費收入

　　　　貸：應收票據

　　（十四）被保險人如以其應得之壽險紅利抵繳保費者，主辦業務單位應憑其領據，經查明簽會核准後，編製傳票轉帳。

　　1.已估計應付壽險紅利，尚未領取者

　　　借：應付壽險紅利給付

　　　　貸：保費收入

　　2.尚未估列紅利給付，而以其應得之紅利抵繳保費者

　　　借：保險給付——紅利給付

　　　　　貸：保費收入

　　（十五）被保險人繳納保險費滿兩年，已有現金價值，如逾期不繼續繳納保險費者，主辦業務單位可根據該戶已有之現金價值，予以代繳保費，並按規定之利率扣收利息。

　　　　　借：代繳保費

　　　　　借：其他應收款

　　　　　貸：保費收入

　　　　　貸：利息收入

　　　收到被保險人償還代繳保費及其利息時

　　　　　借：庫存現金、銀行存款或應收票據

　　　　　貸：代繳保費

　　　　　貸：其他應收款

　　（十六）主辦業務單位應依區組別設立業務員業績明細登記簿，逐筆登記業務員承攬業績資料，憑以編製各級督導、區、組、專員，業務員應領之業績津貼與獎金，並得視業務需要，設置業務員姓名索引卡，以資管理查考。

第六節　再保險業務處理程序

一、產險業再保業務之處理程序

　　（一）分進再保險業務之會計處理

　　1.範圍：包括國內外同業分入而間接承保之「分進再保業務」以及該項業務之「再保賠款與給付」等有關帳務處理程序而言。

　　2.程序

　　⑴再保業務單位接受「分進保險業務」，應設置再保登記卡或再保

明細卡，以為核對分進帳單之依據。

　　分進帳單依契約別作有系統之歸檔，並能就其檔案獲知業務之全貌者，其檔案得替代再保登記卡或再保明細卡。

　　⑵再保業務單位接受分進帳單，賠款明細表，及同業請付或給付帳款函件等，應依時序加以編號後，依據合約，以往紀錄與檔案詳為審核，並按第⑴項予以登記或歸檔，再隨即或按期，將分進帳單副本以及同業請付或給付帳款函件彙送會計部門製作傳票入帳。

　　⑶因分進業務由同業匯付入款項時，應由送出納單位收取，再由出納單位將有關文件送請再保業務單位依第⑵項程序處理。

　　⑷會計部門於取得第⑵項之各項資料時，其會計分錄為：

　①接受分進業務帳單

　　　　借：佣金支出 —— 再保攤付佣金

　　　　借：佣金支出 —— 再保佣金支出

　　　　借：業務費用 —— 分出再保業務費用

　　　　借：保險賠款與給付 —— 再保賠款

　　　　借：再保存出保證金

　　　　借：預付所得稅

　　　　借或貸：保險同業往來

　　　　　　貸：保費收入 —— 再保費收入

　　　　　　貸：再保存出保證金

　　　　　　貸：利息收入 —— 保證金利息

　②接受分出同業再保佣金調整帳單或是佣金計算書

　　　　借：佣金支出 —— 再保佣金支出

　　　　　　貸：保險同業往來

　③接受同業付款

　a. 於出納單位通知時

借：銀行存款或其他相關科目

　　　貸：暫收款

b. 於再保業務單位通知時

　　借：暫收款

　　　貸：保險同業往來

④接受同業請求付款時

　　　借：保險同業往來

　　　貸：銀行存款或其他相關科目

⑤現金攤付賠款之處理

a. 收到現金攤付賠款通知單時

　　借：保險賠款 —— 再保賠款

　　　貸：保險同業往來

b. 支付該攤付賠款時

　　借：保險同業往來

　　　貸：銀行存款或其他相關科目

c. 收到該分保帳單時

對帳單上有關該再保賠款與現金攤付項目之金額，應予核對並予對消，不另為會計分錄。

(5)再保業務單位審核再保賠款時，應依據合約情形查核有無轉再係情況，遇有轉再係之再保賠款，再保業務單位應以理賠單位之立場比照第四節之程序辦理。

(6)資產及負債科目分別以原幣記載者：第(4)項之各項分錄，其外幣與臺幣均以「兌換」科目加以連繫。

(7)「再保費收入」等損益科目，其明細帳之設置比照第五節一、(二)、(4)項辦理。

(8)未決賠款及未攤回賠款依照第八節之規定辦理。

　（二）分出再保業務之會計處理

　1.範圍

　包括分出與國內外同業承受之再保業務，以及該項業務之「攤回再保賠款」等有關帳務處理程序而言。

　2.程序

⑴本節（一）2.⑴⑵⑶⑹⑺⑻項於分出再保業務時比照適用。

⑵會計部門應於取得第1項之各項資料時，作下列會計分錄：

①接受分出業務帳單

　　　借：再保費支出

　　　借：再保存入保證金

　　　借：利息支出——保證金息

　　　借或貸：保險同業往來

　　　　　貸：再保佣金收入——再保攤回佣金

　　　　　貸：再保佣金收入——再保佣金收入

　　　　　貸：業務費用——分入再保業務費用：攤回數

　　　　　貸：攤回再保賠款或應攤回再保賠款

　　　　　貸：再保存入保證金

　　　　　貸：代收款項——代扣所得稅

②接受再保佣金調整帳單或盈餘佣金計算書

　　　借：保險同業往來

　　　　　貸：再保佣金收入——再保佣金收入

③接受同業付款及同業請求付款時，比照本節一、（一）、⑷③及④處理。

④向同業請求現金攤付賠款之處理

a.收到現金攤付賠款通知時

　　　借：保險同業往來

　　　　　貸：攤回再保賠款

　　b. 收到該攤付賠款時

　　　　　借：銀行存款或其他相關科目

　　　　　貸：保險同業往來

　　c. 收到該分保帳單時

　　對帳單上有關該攤回再保賠款與現金攤付賠款項目之金額，應予核對並予對消，不另為會計分錄。

二、壽險業再保業務之處理程序

（一）分出再保

　　主辦再保單位應於每月或每季終了時，將應付之再保費，應收之再保佣金，攤回之再保賠款，存入之再保責任準備金；應付之利息及代扣所得稅等項目，編成報表或帳單一式三份，一份送再保公司，一份查存，另一份送會計部門列帳。

　　　　　借：再保費支出

　　　　　借：利息支出

　　　　　　　貸：再保佣金收入

　　　　　　　貸：攤回再保賠款與給付

　　　　　　　貸：存入再保責任準備金

　　　　　　　貸：代收款——所得稅扣繳

　　　　　　　貸：保險同業往來

（二）分入再保

　　主辦再保單位於接獲再保公司分入再保報表或帳單後，即應覆核並送一份副本與會計部門列帳。

　　　　　借：再保佣金支出

　　　　　借：再保給付

借：存出再保責任準備金

借：其他預付款

借：保險同業往來

　　貸：再保費收入

　　貸：利息收入

（三）結清支付

主辦再保單位與再保公司於約定期間內共同核算往來帳餘額後，由主辦再保單位填製現金支付付款傳票，憑以支付並送會計部門列帳。

借：保險同業往來

　　貸：銀行存款

第七節　理賠業務之處理程序

一、產險業理賠業務之處理程序

（一）範圍

包括賠案之處理以及賠付後剩餘物資或代位追償等之處理暨向分入同業攤回賠款等之處理。

（二）程序

1.理賠單位對賠案之處理應保持完整之備查記錄。

2.保險事故發生，接受報案後，理賠單位應先向出單單位檢對單底批單底，並將事實記錄入備查記錄及分派承辦理賠人員。再向收費單位查詢保險費收取之情形。其次通知分保單位以便使其依分保契約之規定，為出險之通知。

3.理賠承辦員為賠案之處理，除應隨時為之記錄外，應隨時向其主管提出報告，結束時，應逐案製作保險賠款計算書，翔實記載被保險人、

保單及批單字號、承保內容、保險條件、出險情形、賠款及理賠費用金額又其計算方法與根據。

4.保險賠款計算書作成層呈核定後，除應予記錄於第1.項之備查記錄外，應分別通知會計單位及分保單位。

5.會計單位接受第4.項之保險賠款計算書後應作成如下之分錄：

(1)保險賠款及理賠費用部分

　　借：保險賠款——保險賠款

　　　　保險賠款——保險費用

　　貸：銀行存款及其他相關科目

(2)承受有殘餘物者

　　借：承受殘餘物

　　　　貸：應付承受殘餘物

(3)保留有追償權益者

　　借：追償權益

　　　　貸：應攤還追償權益

6.保險理賠因故必須先行支付部分賠款或賠款金額因故未能確定者，理賠單位得層呈核定後通知會計單位先行付款，其分錄為：

　　借：暫付款——暫付賠款

　　貸：銀行存款或其他相關科目

俟結案依第（四）項處理後，分錄為：

　　借：保險賠款

　　貸：暫付款——暫付賠款

7.承受殘餘物經出售或追償權益經追償完畢後應交由出納單位通知會計單位，會計單位除應製作第5.項(2)或(3)之相反分錄外，並應作成下列分錄：

　　借：銀行存款或其他相關科目

　　　　貸：保險賠款

　　8.分保單位接受第 4.項之通知後，應就保險賠款之分保情形調查清楚並予作詳細之記錄，並將其分攤計算分別通知理賠單位及會計單位，理賠單位獲悉分保單位之通知後，應即記入其備查記錄。

　　9.分保單位依分保合約規定製作帳單時，應將已付賠款自分出保險費項下扣除，帳單完成後仍應依第 8.項規定辦理。

　　10.會計單位接受分保單位第 8.項之攤回計算之通知後，得作如下之分錄：

　　　　借：應攤回再保賠款

　　　　　貸：攤回再保賠款

本項「應攤回再保賠款」應逐筆登入明細分類帳，俾供將來逐筆消帳之用。

　　11.會計單位接受分保單位第 9.項之帳單後，應作如下之分錄：

⑴已按第 10.項處理者：

　　　　借及貸：再保費支出及其他相關科目

　　　　　貸：應攤回再保賠款

本項之「應攤回再保賠款」應逐筆登入明細分類帳，其金額為與第 10.項所登入者相抵消為原則，金額與第 10.項有出入時，其差額於本項分錄時，以「攤回再保賠款」科目配合調整之。

　　⑵未按第 10.項處理者：⑴項之分錄均以「攤回再保賠款」科目替代「應攤回再保賠款」科目。

　　12.資產及負債科目分別以原幣記載者，上舉之各項分錄，其外幣與臺幣帳均以「兌換」科目加以連繫。

　　13.「保險賠款」及「攤回保險賠款」其明細分類帳之設置比照本節（二）4.項辦理。

　　14.未決賠款及未攤回賠款依照第八節之規定辦理。

二、壽險業理賠業務之處理程序

(一)人壽保險契約滿期接到受益人檢具有關文件申請給付，即應審核，並作成下列分錄入帳

借：保險給付

貸：庫存現金或銀行存款

貸：其他應付款或代收款

月底根據當月滿期給付總額作下列整理分錄：

借：壽險責任準備

貸：收回壽險責任準備

(二)人壽保險契約中途發生死亡、殘廢或附加傷害特約，接到受益人檢具有關文件申請給付時，應查核契約是否有效及有無除外責任，並作下列分錄入帳

1.死亡給付時

借：保險給付

貸：庫存現金或銀行存款

貸：其他應付款或代收款

月底根據當時已提責任準備作下列整理分錄：

借：壽險責任準備

貸：收回壽險責任準備

2.殘廢及附加傷害特約時

借：保險給付

貸：庫存現金或銀行存款

貸：其他應付款或代收款

3.保費到期未繳納，經催告在寬限期內發生事故時

借：保險給付

　　　貸：庫存現金或銀行存款

　　　貸：其他應付款或代收款

　　　貸：保費收入

　　月底根據當時已提責任準備作下列整理分錄：

　　　借：壽險責任準備

　　　　貸：收回壽險責任準備

　(三) 人壽保險契約給付若發生收回壽險貸款或墊繳保費時，應作

下列分錄入帳

　　　借：保險給付

　　　　貸：庫存現金或銀行存款

　　　　貸：壽險貸款

　　　　貸：代繳保費

　　　　貸：其他應付款或代收款

　　　　貸：利息收入或應收利息

　　月底根據當月滿期給付總額或當時已提責任準備作下列整理分錄：

　　　借：壽險責任準備

　　　　貸：收回壽險責任準備

　(四) 人壽保險契約繳清保險於給付時，應作下列分錄入帳

　　　借：保險給付

　　　　貸：庫存現金或銀行存款

　　　　貸：其他應付款或代收款

　　月底根據當時已提責任準備作下列整理分錄：

　　　借：壽險責任準備

　　　　貸：收回壽險責任準備

　(五) 保險給付時若發生預繳保費退回，作下列分錄入帳

　　　借：保險給付

借：預收保費

　　貸：庫存現金或銀行存款

　　貸：其他應付款或代收款

月底根據當時已提責任準備作下列整理分錄：

借：壽險責任準備

　　貸：收回壽險責任準備

傷害險或團體險發生死亡、意外傷害住院治療及其所致殘廢、疾病、結婚、生育等多種給付時，作下列分錄入帳：

借：保險給付

　　貸：庫存現金或銀行存款

　　貸：其他應付款或代收款

（六）要保人終止保險契約，而保費已付足二年以上者，保險人應於接到通知後一個月內償付解約金，給付時作下列分錄

借：解約金

　　貸：庫存現金或銀行存款

　　貸：其他應付款或代收款

月底根據當月解約金明細帳詳列明細作下列整理分錄：

借：壽險責任準備

　　貸：收回壽險責任準備

（七）解約金給付時，收回壽險貸款或墊繳保費應作下列分錄入帳

借：解約金

　　貸：庫存現金或銀行存款

　　貸：壽險貸款

　　貸：代繳保費

　　貸：利息收入或應收利息

月底根據當月解約金明細帳詳列明細作下列整理分錄：

借：壽險責任準備

貸：收回壽險責任準備

第八節　資金運用之會計處理程序

一、資金來源

保險業之資金，根據保險法第一四六條第二項規定，包括業主權益及各種責任準備金。前者稱為自有資金，後者稱為外來資金。而所稱業主權益，包括資本（或基金）、法定盈餘公積、特別盈餘公積、資本公積（或公積金、公益金）及未分配盈餘。

（一）自有資金

1.股份有限公司

⑴資本：根據保險法第一三九條規定：「保險業資本（或基金）之最低額由主管機關審酌各地經濟實況，及各種保險業務之需要，分別呈請行政院核定之。」財政部原於民國四十九年規定產物保險業最低資本額為新臺幣三千萬元，人壽保險業為二千萬元，嗣於民國六十五年產壽險業均提高至新臺幣一億元，民國八十一年更提高為新臺幣二十億元。

⑵盈餘公積：

①決定盈餘公積：依保險業管理辦法第十九條第一項規定，保險業分派年度盈餘時，應先提百分之十為法定盈餘公積。

②特別盈餘公積：依保險業管理辦法第十九條第二項規定，保險業得以章程規定或股東會或社員大會決議，另提特別盈餘公積。

⑶資本公積：依公司法第二三八條之規定，資本公積之來源包括：

①超過票面金額發行股票所得之溢額。

②每一營業年度自資產之估價增值，扣除估價減值之溢額。

③處分資產之溢價收入。

④自因合併而消滅之公司，所承受之資產價額減除自該公司所承擔之債務額及向該公司股東給付之餘額。

⑤受領贈與之所得。

⑷未分配盈餘

（二）合作社

1.股金及基金：依保險法第一五七條規定，保險合作社除依合作社法籌集股金外，並應依保險法籌足基金。該項基金非俟公積金累積至與基金總額相等時，不得發還。目前我國保險合作社僅臺灣省漁船產物保險合作社一家。財政部對合作社組織之保險業並未明文規定最低股金及基金額。該社目前股金及基金總額僅六千餘萬元。

2.公積金、公益金：依合作社法第二十三條規定，合作社盈餘除彌補累積虧損及付息外，保險合作社應提百分之十以上為公積金，百分之五以上為公益金。上項公積金已超過股金總額二倍時，合作社得自定每年應提之數。

（三）外來資金

保險學之外來資金係指依法應提存之法定準備及其他自由準備與負債。

1.法定準備金：依保險法第十一條規定，保險業應提存之法定準備金包括：

⑴責任準備金

⑵未滿期保費準備金

⑶特別準備金

⑷賠款準備金，包括：

①已報已決未付賠款

②已報未決未付賠款

③未報未決未付賠款

　2.其他各項準備金及應付未付負債，如存入再保責任準備金、員工退休準備金、應付佣金等。

二、資金運用範圍

　　根據保險法第一四六條規定，保險業資金之運用，除存款或法律另有規定者外，以下列各款為限：

　　（一）購買有價證券，包括公債、庫券、儲蓄券、金融債券、可轉讓定期存單、銀行承兌匯票、銀行保證商業本票、股票、公司債及經主管機關核准保險業購買之有價證券。

　　（二）投資能於二年內即時利用並有收益之不動產。

　　（三）辦理以公債庫券及最近三年課稅後淨利率，平均在百分之六以上公開發行公司之股票或公司債為質，不動產為抵押及銀行保證之放款。但產物保險業以辦理短期擔保放款為限。人壽保險業辦理以其本身所簽發之人壽保險單為質之放款。

　　（四）辦理國外投資。

　　（五）辦理專案運用及公共投資。

三、資金運用之原則

　　保險業為提供安全保障之金融服務業，其資金運用應合乎下列幾項原則：

　　（一）在最安全性中獲取最大利潤 (Maximum Security Combined with Optimum Yield)──獲利原則。

　　（二）選擇最正確之投資──最佳投資組合原則。

　　（三）維持適度之流動性──流動原則。

　　（四）注意投資分散──安全原則。

（五）配合國家經濟建設需要 —— 公益性原則。

四、資金運用之會計處理

（一）銀行存款

1.存入現金或即期支票時

借：銀行存款

貸：現金

2.存入遠期支票時

借：銀行存款

貸：應收票據

3.轉存時

借：銀行存款 —— 定期存款

貸：銀行存款 —— 支票存款

4.定期存款到期續存（本金續存，利息取現）時

借：銀行存款 —— 定期存款（或定期儲蓄存款）

現金

預付所得稅

貸：銀行存款 —— 定期存款（或定期儲蓄存款）

利息收入

應收利息（上年度已作應收利息之調整分錄）

5.定期存款到期續存（本息混存）時

借：銀行存款 —— 定期存款（或定期儲蓄存款）

貸：銀行存款 —— 定期存款（或定期儲蓄存款）

利息收入

應收利息（上年度已作應收利息之調整分錄）

6.領取利息時

借：現金
　　預付所得稅
　　貸：利息收入
　　　　應收利息（上年度已作應收利息之調整分錄）

7.年終決算時
　　借：應收利息
　　　　貸：利息收入

（二）購買有價證券（包括公債、國庫券、公司債、可轉讓定期存單、銀行保證商業本票及銀行承兌匯票）

1.透過貨幣市場買進短期流通之有價證券時
　　借：有價證券──公債、國庫券、公司債、可轉讓定期存單、銀行保證商業本票、銀行承兌匯票
　　　　貸：銀行存款──支票存款

2.向貨幣市場出售有價證券時
　　借：銀行存款──支票存款活期存款等
　　　　預付所得稅
　　　　買賣票券損益（售價低於帳面價值時）
　　　　貸：有價證券──公債、國庫券等
　　　　　　應收利息
　　　　　　買賣票券損益（售價高於帳面價值時）

3.因投資目的購買長期性之公債、公司債
⑴面值成交
　　借：長期債券投資
　　　　貸：銀行存款──支票存款
⑵高於面值成交
　　借：長期債券投資

　　　　　未攤銷投資溢價

　　　　　　貸：銀行存款 —— 支票存款

　　(3)低於面值成交

　　　　　借：長期債券投資

　　　　　　貸：銀行存款 —— 支票存款

　　　　　　　未攤銷投資折價

　　(4)非在付息購入時

　　　　　借：長期債券投資

　　　　　　應收利息

　　　　　　貸：銀行存款 —— 支票存款

　4.還本取息時

　　(1)面值成交

　　　　　借：銀行存款 —— 支票存款

　　　　　　預付所得稅

　　　　　　貸：長期債券投資

　　　　　　　利息收入

　　　　　　　應收利息（非於付息日購入）

　　(2)高於面值成交

　　　　　借：銀行存款 —— 支票存款

　　　　　　預付所得稅

　　　　　　貸：長期債券投資

　　　　　　　未攤銷投資溢價

　　　　　　　利息收入

　　(3)低於面值成交

　　　　　借：銀行存款 —— 支票存款

　　　　　　預付所得稅

　　未攤銷投資折價

　　貸：證券投資

　　　　利息收入

5.年終決算時之折溢價攤銷

　　借：應收利息（已滿期之利息收入）

　　　　未攤銷投資折價（低於面值成交）

　　貸：利息收入

　　　　未攤銷投資溢價（高於面值成交）

（三）投資股票

1.購入時

　　借：證券投資或企業投資

　　貸：銀行存款——支票存款

2.出售時

　　借：銀行存款——支票存款

　　　　證券投資或企業投資損失（售價低於帳面價值時）

　　貸：證券投資或企業投資

　　　　證券投資或企業投資收益（售價高於帳面價值時）

3.領取現金股息、紅利時

　　借：銀行存款

　　　　預付所得稅

　　貸：企業投資

（四）年終決算時，對所投資之發行股票公司無影響力（即所占普通股比率在20％以下）者，應依成本與市價孰低法提存準備。

1.短期投資

　　借：證券投資損失

　　貸：備抵損失——證券投資

2.長期投資

借：長期投資（未實現）跌價損失

貸：證券投資或企業投資

（五）購置不動產

1.投資不動產

⑴購入時

借：不動產投資（含所有購入成本）

貸：銀行存款 —— 支票存款

⑵出售時

借：銀行存款 —— 支票存款

不動產投資損失（售價低於帳面價值時）

貸：不動產投資

不動產投資收益（售價高於帳面價值時）

2.購置固定資產

⑴購入時

借：房屋基地

房屋及建築

貸：銀行存款 —— 支票存款

⑵年終計提折舊時

借：折舊

貸：備抵折舊 —— 房屋及建築

（六）放款

1.一般放款

⑴貸出時

借：擔保放款

貸：銀行存款 —— 支票存款

⑵繳本息時

　　借：現金

　　　　貸：擔保放款

　　　　　　利息收入──擔保放款

⑶到期轉期續貸時

　　　借：擔保放款（新放款）

　　　　　貸：擔保放款（原放款）

⑷年終決算時

　　　借：呆帳──擔保放款

　　　　　貸：備抵呆帳──擔保放款

⑸逾期達六月未付本息時

　　　借：催收款項

　　　　　貸：擔保放款

　　　　　　　應收利息

　　　　　　　短期墊款

⑹催收後收回貸款本息時

　　　借：銀行存款

　　　　　貸：催收款項

⑺無法收回時

　　　借：承受擔保品

　　　　　貸：催收款項

⑻拍賣擔保品時

　　　借：銀行存款

　　　　雜項支出（售價低於貸款餘額時）

　　　　　貸：承受擔保品

　　　　　　　雜項收入（售價高於貸款餘額時）

2.壽險保單擔保放款

(1)貸出時

　借：壽險貸款

　　　貸：銀行存款——支票存款

(2)收回貸款時

　借：銀行存款——支票存款

　　　貸：壽險貸款

　　　　應收利息

　　　　利息收入

(3)逾期不還時

　借：解約金

　　　貸：壽險貸款

　　　　應收利息

　　　　利息收入

　借：壽險責任準備金

　　　貸：收回壽險責任準備金

第十章　保險公證（一）
—— 火災保險

第一節　前　言

　　保險契約為雙務及有償契約，保險人收受要保人或被保險人所繳付之保費，而當所約定的保險事故發生導致損失時，被保險人有權向保險人索賠，要求其履行賠償責任，保險人此時依據其承保責任，對於因保險事故引起保險財產價值之損失，予以勘查，清點並估算後，賠付予被保險人，而上述之勘查，清點與估算賠款，在火災保險裏，相當複雜，尤其牽涉到一些專業性事務，更非一般保險公司理賠人員所能解決，因此除一般災情較單純之小額賠案，由保險公司理賠人員自行處理外，其他賠案，均委託公證人處理，包括現場之勘查、清點、賠案之計算、焚餘物之處理，與保戶洽談賠案等。但此部份工作，不論委託公證人，或由保險公司理賠人員親自處理，其過程都是一樣的，均屬火險理賠之一部份。

　　本篇重點，將著重於火險公證人在理賠上之工作項目，共分六節，第二節為火險之公證，第三節為火災保險損失現場之勘查，第四節為火災保險損失現場之清點與估算，第五節為火災保險之分攤，第六節為營業中斷保險損失之估計，第七節為公證報告之簡例。

第二節　火險之公證

一、何謂「公證人」

「向保險人或被保險人收取費用，為其辦理保險標的之查勘、鑑定及估價與賠款之理算、洽商，而予證明之人，謂之公證人」——保險法第十條。

（一）公證人為保險輔助之人，在保險事故發生時，不僅保險人可以聘請之，被保險人亦可以請求公證人之協助，以辦理賠款之請求。

（二）公證人之工作

1.保險契約簽訂前，對保險標的物予以實地查勘，鑑定保險標的物之實際價值，目的在於提供損失預防與火災防護、改進的措施，並對保險金額提出適當的建議，一方面使被保險人所繳付的保費適當，不至於不足而遭致低額保險比例分攤的懲罰，也不致過高而浪費了保費。另一方面，對保險人而言，則可防範道德危險。

2.保險契約簽訂後，於事故發生時，對火損現場予以查勘、鑑定及估價，並予以洽商、證明。

二、公證人之委託

（一）保險人為何委託公證人

由於火險所承保的物品，包羅萬象，幾乎所有看得到的物品，都可投保火險，因之在出險時，困難重重，尤其牽涉到專業性事務時，更非一般保險公司理賠人員所能輕易解決，因此除一些案情較單純，金額亦較小的案件由理賠人員親自處理外，較大之案件均委託公證人處理，舉凡所有現場之查勘，損失及總值之核定，賠案之計算，殘餘物之整理或

標售，與保戶洽談賠款金額，均由公證人代辦。

（二）委託公證人之優點

1.對保險人而言，由於公證人為多方面的專家，如由公證人處理，可節省保險公司的費用，不必為處理賠案而在公司聘請多位各方面的專家，雖然聘請公證人亦需費用，但相形之下卻較划算。

2.對保險人另一方面而言，由於公證人處理賠案之經驗非常廣泛與豐富，遠非保險公司之理賠人員所能及，例如處分殘餘物時，如何找到最好的市場價格，或能在火災發生後，對火災防護措施的改進，提供最佳的方法等等。

3.對被保險人而言，由於公證人的地位較為超然，被保險人較樂於接受而與其洽談。如由保險公司之理賠人員出面洽談，反較不易取得被保險人之信任。

三、公證人資格之取得

有下列資格之一者，得向財政部申請登記為保險公證人：

（一）應公證人考試及格者。

（二）曾任公證人，領有證照有案者。

（三）曾任各業工程師，領有證書，並執行業務五年以上者。

（四）曾任五千噸以上船舶船長五年以上者。

前項第三款所定之各業工程師，僅得辦理與其本業有關之公證業務，第四款所規定之船長，僅得為海上保險之公證人——保險代理人、經紀人、公證人管理規則第五條。

上述各項規定中，第一項，財政部曾於八十三年度舉辦過唯一的一次公證人考試。

第三項及第四項規定，尚稱合理，無奈財政部僅就公證人資格審核發照，對公證人執行業務範圍及業務狀況則未有過任何管理，以致目前

有許多公證人執行與其專長完全不相干的業務。

四、火險公證之效力

　　保險公證之效力與法院公證完全不同，法院之公證，具有公信效力，在法律上有其絕對效果，可是火險公證，乃至於一般海事公證，及貨物公證，其公證之性質，類似會計師查帳報告，僅供利害關係人決定賠款的參考，並無法律上的效力，惟可藉此達成當事人的協議。

五、火險公證報告之內容

　　公證報告之主要項目如下：

　　（一）承保內容：列出保險單號碼、要保人姓名、被保險人姓名、地址、保險標的物、保險金額、保險期間、建築結構、等級、使用性質、抵押權人姓名。附加之險種、自負額，若有共保，並應列出共保之情形。

　　（二）出險經過及現場情形：含出險時間、出險地點、出險原因、施救情形、損失情況，如有必要，並應繪出出險地點之詳情，以供保險人參考。

　　（三）被保險人請求之金額及項目。

　　（四）損失之查勘及理算：含勘查之日期，勘查現場之經過，損失認定之方式，起火時價值之調查，殘餘價值認定之方式，是否超額、足額或低額，有無代位求償權，保險人應負之賠償金額等。

　　（五）附件：損失理算表，損失清單，賠償申請書，賠款接受書，房屋所有權狀影印本，房屋稅單，起火原因證明書、照片等。

第三節　火災保險損失現場之勘查

　　保險公司之理賠人員於接獲被保險人或要保人遭受火災損失之通

知後，應儘速趕赴火災現場展開查勘工作，如認為損失不輕，應委託公證人同時趕赴現場，調查火災發生原因及火損狀況，以便於確定該項損失有無賠償責任，查勘內容如下：

（一）接獲報案後，首先應調閱保單副本，對承保內容先予詳盡瞭解，應注意是否包含特別條款，如百分之八十共保條款，或重置條款等等，然後攜帶保單副本或影本與公證公司趕赴現場查勘，如有共保，應與共保公司聯繫，瞭解雙方承保內容，並對公證人之委託，互相溝通，一般實務上，均由承保最多之公司指定公證公司。

（二）到達現場後，首先設法找到被保險人，先行慰問，然後查詢起火時日，起火原因，施救經過，有無外保及其保額，並核對受損地址，是否與保單相合。

（三）理賠人員或公證人員如能取得現場警衛人員的同意，應進入現場就有關處所一一拍照，但是現場任何物件均不得搬動，以免破壞現場，而影響憲警人員調查。

（四）如被保人為起火戶（火首）或累燒戶，保險公司理賠人員如認定無道德危險之虞，應儘速予以理賠結案。但是否有道德性危險，保險公司理賠人員應小心判斷，如有確切之理由，懷疑被保人有道德性之危險，則保險公司理賠人員可依據住宅火險基本條款第二十六條或商業火災保險基本條款第二十四條之規定：「如有必要時，本公司得要求要保人，被保險人或其他有保險賠償請求權之人提供相關證明文件或證據。」要求被保險人提供證明損失之相關文件，如法院判決書等。

（五）在一般情況，當保險公司理賠人員及公證公司人員到達火災現場時，火災幾乎都已被撲滅，但如果火正在燃燒或因附近發生火災而有可能被延燒時，而為保險公司所知悉，則應多派人員現場查勘，一方面可以明瞭火災現場當時情況，另一方面亦可以防範損失。住宅火災保險基本條款第二十四條及商業火災保險第二十二條規定：被保險人有防

範損失之義務，此時被保險人應盡最大努力予以搶救以減少損失，如發現有部分財物搶救出來，應於災後會同被保險人與公證人詳加清點，列表由被保險人簽字後，將財產交予被保險人保管。

（六）火災撲滅後，應要求被保險人保持火災現場之現況，未經保險人同意，不得進行整理與搬運，但如為了避免損失，則不在此限。同時保險人應研判下列各點：

1.如為起火戶，應辨別出險原因是否與保戶所稱者相同，進而研究是否有縱火痕跡，並訪問左右鄰居，起火時之狀況，是否有可疑之點。

2.清查被保財產之數量，尤其是帳冊、報表、單據等有關文件被焚毀時，可根據現場殘餘物及其他痕跡，做為推定貨物種類及數量之參考。

3.清查殘餘之設備及貨物是否與保單所載者不符。

4.清查經搶救而未受損財物的數量。

（七）同時，如有關帳冊未遭焚毀，應立即向被保險人取得帳冊，並註明於最後記載之一頁，或其他記載有關所保財物種類品質數量及其進價與售價之各種簿據憑證，一般廠商之簿冊如未經焚毀，均能提供。可是一般家族性工廠，地下工廠，無任何有關之帳冊、進出貨有關憑證，因此只有藉現場之清點來判斷貨物之多寡，由於有時甚難判斷，而引起不少爭執，有關此點，惟有承保時，加以注意，對於應拒保之貨物即予拒保，才能避免。

第四節　火災保險損失現場之清點與估算

一、損失現場之清點

一般而言，損失現場之清點，均由保險公司所委託之公證人來辦理，但不論由保險公司理賠人員或公證人員來處理，其方法均相同，如下：

（一）建築物及其裝修部份

1.丈量房屋未毀損前之建坪坪數，乃每層自地板至頂板或天花板之高度。

2.丈量房屋已毀損部份平面面積，及屋頂或天花板面積，以及牆壁毀損或污損之面積。

3.在保單承保範圍內，同一保險金額，無法區分金額之不同建築物，亦應予以丈量，並詳載其裝修情形及其使用之有關建材，以便於總值之核算。

4.查明房屋原始建築完成日期，一般均以房屋所有權狀內之建築完成日期為依據，但如能索取其建築圖樣說明書，更為恰當，對於裝修方面，則索取有關之造價單，發票，相關憑證，以便確定其折舊率。

5.檢定房屋及裝修原來所用之各種建築材料及尺寸，以便於計算恢復原狀所需之費用，並對於一些特殊建材及特殊裝修，根據火場殘餘之痕跡，丈量大小尺寸，並繪圖表明及記錄各種裝修所在地點。

6.有必要時，公證人可徵得保險人同意，邀請專家協助，或某些具有公信力之團體、協會，對損失狀況及修復方式，做一番評估。一般而言，均是對房屋之建築結構方面損失，保險人與被保險人有爭議時，方採此一措施，所請之專家，最具代表性的是全省各地之建築師協會，裝修方面較少此情形。

（二）機器設備方面

1.清點機器設備遭受毀損者若干件，未遭損失完好者若干件，並詳細記載所有機器名稱、編號及其相關之一切資料，並將安置地點繪圖記錄之。

2.將遭受毀損者，做詳細檢查，如只是輕微污損，只要做適度保養即可者，則要求被保險人立即著手保養，以免損失加重，此部份機器可即點交給被保險人，如需送廠，請專家修理者，即要求被保人與修理工

廠聯繫,儘速送廠。

　　3.要求被保險人儘速提供有關修復機器之估價單。

　　4.於必要時,公證人可徵得保險人同意,邀請專家協助,與修理人員對損失之情況,做一番評估與溝通,並予以評估損失之詳細情形。

　　5.查明各種機器設備原始購置之價格及現行之市價,以及開始使用及工作之年月,並索取有關之圖樣、說明書、購買憑證等,以便於確定折舊率。

　　(三)營業生財及建築物內動產(傢俱及衣李)方面

　　由於此一方面,其種類包羅萬象,如予以先清點,則怕有所遺漏,故實務上,均要求被保險人提供其損失清單,再依損失清單上之項目,一一清點之,如有完好部份,亦應清點之,以便於總值之核定,在某些火損情況嚴重時,有些項目,無法從現場實際情況清點到時,在營業生財方面,由於有財產目錄可資參考,再依現場實際火損痕跡,予以判斷,即可大略知曉,而傢俱衣李方面,甚為困難,此時應依被保險人經濟能力、身份地位、生活程度以及家庭人口之多寡,來做一番考量。

　　(四)貨物方面

　　1.首先應取得有關之帳冊,進出貨收發憑證等有關資料,查明所有貨物存貨情形,並查明保單承保情形,以決定是否需將所有貨物清點。

　　2.貨物可分為成品、半成品、原料、物料,將所需清點範圍內之貨物,按下列種類分堆,清點各堆數量,並將各種貨物原來置存之位置或堆存之地點,就地分別設以標記,並繪圖記錄之。

　　⑴未遭損失完好之貨物

　　⑵遭受輕微水漬之貨物

　　⑶遭受嚴重水漬之貨物

　　⑷遭受煙燻污染及破損之貨物

　　⑸遭受部份焚毀或焦灼之貨物

⑹全部焚毀貨物之殘餘物

⑺火場內，有關全損貨物燒毀之痕跡

等現場所有貨物整理完畢，應將每類每堆之貨物上，做一明顯之標籤，上記載著該類該堆貨物有關之資料，如數量、重量、種類等，然後再行拍照存證，拍完照後，立即先將未遭損失完好之貨物，全部現場點交給被保人或其代理人，並向其索取憑證。

3.有關水漬、煙燻、沾污、破損、部份焚毀、焦灼之貨物，應估算其損失程度，向保險人報告，並邀請其至現場參閱，同時與被保險人協商，有關殘餘物價值之認定及處理方式。

4.現場如有全部焚毀，無法從現場清點出數量及種類時，應要求被保險人提出有關進出貨憑證，並對火場之殘餘灰渣破片及地面，牆壁屋頂有關痕跡，丈量可能之儲存空間，以便核對有無此種貨物，數量之多寡及品質之高低。

二、損失之理算

經過現場清點後，就可以進行損失之理算，如果保險公司理賠人員認為損失輕微，經由自己理算後，與被保人洽商損失金額予以賠付結案，如認為損失不輕，則委託公證公司處理，但不論損失金額是保險公司理賠人員或由公證公司來理算，其基礎均是一樣的。

火災損失，大致可分為下列三種：

（一）保險標的物之實際損失：例如建築物及其裝修、機器、貨物遭火損毀，或因救火而導致保險標的物損失者，均屬此類，這一類損失，又可分為全部損失與部份損失。

（二）施救費用：住宅火災保險基本條款第二十四條第一、二款及商業火災保險基本條款第二十四條第一、二款之規定：「一、遇有本保險契約承保之危險事故發生時，要保人或被保險人應立即採取必要合理之

措施，以避免或減輕保險標的物之損失，並保留其對第三人所得行使之權利。二、要保人或被保險人履行前項義務所支出之費用，本公司於其必要合理範圍內負償還之責。」此項費用之賠付，其要件有四：

1.必須在損失發生時或發生後，

2.必須為要保人或被保人所做，

3.目的須為避免或減輕保險標的物之損失，

4.所做的措施，須為合理，否則保險人可視實際情況補償之。

例如為了搶救東西，而所花費之搬遷費，或遮蓋不能搬移之東西而所生之費用，或看守火場費用，或緊急整理物品之費用，均可算之，但如為火熄之後，犒賞消防人員，或祭神之費用，則不可算之。

（三）整理費用：此項費用大都發生在保險標的物部份損失時，如機器浸水，須予保養整理之費用。

保險標的物實際損失與總值估計之方法，因保單及標的物性質不同，可分為建築物，營業裝修，貨物，機器設備，建築物內動產等五種，茲分述如下：

1.建築物及特別裝修之估計

⑴商業火災保單

①建築物：指定著於土地，供被保險人經營業務或從事生產之建築物及公共設施之持分。

為使建築物適合於業務上之使用而裝置並附著於建築物之中央冷暖氣系統、電梯或電扶梯及水電衛生設備視為建築物之一部份。

②營業裝修：指為業務需要，而固定或附著於建築物內外之裝潢修飾。

計算損失與總值之核定，均以上述項目為標準，理算時，首先將投保範圍內之房屋及裝修繪製成圖，詳細勘查建築結構，丈量其面積，求出該建築物目前之重置價，再予以合理折舊，即是其實際總值，然後損

失範圍內之建築，按原來之建材及形式詳予核計，以算出恢復原狀所須之費用，再扣除合理折舊，即為其實際損失。

⑵住宅火災保單

建築物：指定著於土地作為住宅使用之獨棟式建築物或整棟建築物中之一層或一間，含裝置或固定於建築物內之冷暖氣、電梯、電扶梯、水電衛生設備及建築物之裝潢，並包括其停車間、儲藏室、家務受僱人房、游泳池、圍牆、走廊、門庭、公共設施之持分。

①於計算總值時

a. 以實際現金價值為基礎者（一年期保單及長期保單均適用）

⑴一年期保單

其保險金額如等於投保時「臺灣地區住宅建築造價參考表」所訂之實際現金價值則視為足額保險，不受低額保險比例分攤之限制，如不足，則視為不足額保險。

⑵長期保單

承保建築物之保險金額如已達該建築物於承保危險事故發生時之實際現金價值百分之八十者，即視為足額保險，不受低額保險比例分攤之限制，如不足百分之八十者，則視為不足額保險。

b. 以重置價值為基礎者（一年期保單適用）

其保險金額如等於投保時「臺灣地區住宅類建築造價參考表」所訂之重置成本，即視為足額保險。如不等於，則屬不足額保險。

②於計算損失時

以損失範圍內之建築，按原來之建材及形式詳予核計，算出恢復原狀所需之費用，如投保重置成本者，則此費用即為其實際損失，如投保實際現金價值者，則還需扣除折舊，方為其實際損失。

2.機器設備

「指作為生產用途所必需之機器及設備。」在核定總值時，應參考

被保人所提供之財產目錄，原始憑證作為依據，再求其目前實際價格，以便核算其總值，在計算損失時，如為全損，則以該機器之售價另加關稅、運費、安裝費用等之合計金額扣除合理之折舊，如為部份損失時，但核其修護費用已超過實際價值時，則可按全損予以計算，如尚可修復，則以修理費用扣除合理之折舊計算其實際損失,但不論全損或部份損失，如有殘值，理算時應扣除之，實務上，有時科技進步太快，常有些舊機器已不再生產，如發生全損，此時應按市場相同舊機器之售價，為估計實際損失之標準，或參考其往年維修所花之費用及目前之性能，做為估計之標準。

3.建築物內動產及營業生財

(1)建築物內動產:除本保險契約另有約定外,指被保險人及其配偶、家屬或同居人所有、租用或借用之傢具、衣李及其他置存於建築物內供生活起居所需之一切動產。但除特別聲明載明者外,不包括各種機動車輛及動、植物在內。

(2)營業生財：指經營業務所需之一切器具、用品,包括招牌及辦公設備,如在工廠,則係指機器設備以外之器具用品。

有關營業生財及建築物內動產總值之核定,均依重置價值減已使用期間之折舊,來核定重置,至於實際損失,則按損失清單及現場實際毀損情形來估計,再予以扣除合理折舊。

但有關建築物內動產方面,由於種類繁雜,新舊品質不一,折舊期間,無法求證,難求一客觀標準,在實務上,總值及損失核定,折舊方面,均抓大致方面之百分比為折舊標準,並放寬處理之。

4.貨物

「貨物：指原料、物料、在製品、半成品、成品及商品。」火災保險對貨物損失的估計與總值的核定,一般均因對象之不同,所採取之價格標準亦不一,例如零售商之貨物、批發商之貨物、製造商之貨物,其

估計方法均不相同。分述如下：

　　⑴零售商貨物損失的估計：不論全損或部份損失，均以該批貨物在火災發生時，進貨價格加上費用，為估計標準。

　　⑵批發商貨物損失的估計：不論是大盤、中盤、或小盤商，均以該批貨物在火災發生時，其廠商供應價或其上手之供應價另加進貨費用為估計標準，對於批發商之預期利潤不包括在內。

　　⑶製造商貨物損失之估計：製造商之貨物包括成品、半成品、原料，其中除原料按照進貨成本計算外，其餘二項，成品及半成品均按所需的原料、工資及費用計算，預期利潤不包括在內。

第五節　火災保險之分攤

　　在火災保險中，關於賠償的分攤，有所謂損失分攤條款 (Average Clause) 及賠款分攤條款 (Contribution Clause)，在賠款計算中，不能不談及這兩個條款，此兩條款之目的與對象均不相同。

一、損失分攤條款 (Average Clause)

　　乃指保險人與被保險人之間損失金額之分攤，其對象為保險人與被保險人，目的為防止被保險人之不足額保險，以獲得高於其所繳保險費合理之比例賠償，住宅火災保險基本條款第三十一條第三款第二項及商業火災保險基本條款第二十八條第三款第二項之規定：「於承保危險事故發生後，僅按本保險契約之保險金額對全部保險契約保險金額總額之比例負賠償責任。」此即所謂不足額保險。例如，同為 120 萬元之機器設備，同一費率千分之一，甲投保五萬元，保費五十元，乙投保十萬元，保費一百元，如發生損失二萬元，而甲、乙均能獲得二萬元賠償，有失公平，因乙所繳之保費較甲多出 1/2，故應按照上述之損失分攤條款

$$\left(賠款＝實際損失\times\frac{保險金額}{保險標的物實際價值}\right)$$

來計算，此時乙因為足額保險，可獲得二萬元之賠償，而甲因為不足額保險，只能獲得一萬元之賠償，被保險人自行負擔一萬元。

二、賠款分攤條款 (Contribution Clause)

乃指保險人與保險人間，對損失金額之分攤，其對象為不同之保險人，其目的在防止被保險人藉著複保險方式，獲得超過實際損失之賠償，住宅火災保險基本條款第二十七條第一款第二項及商業火災保險基本條款第二十五條第二款之規定：「保險標的物之保險金額低於承保危險事故發生時之實際現金價值者，本公司僅按保險金額與該實際現金價值之比例負賠償之責。」

本條款在實際賠案計算運用時，有時甚為單純，有時甚為複雜，現舉一較為複雜之例子，說明在實際理算時，本條款運用的情形，如下：

假設某工廠，有相連之甲、乙兩棟廠房，共向 A，B，C 三家保險公司承保，A 公司承保甲、乙兩棟房屋及裝修 NT$100,000，甲棟之機器設備 NT$300,000，甲、乙兩棟之貨物 NT$350,000，乙棟之營業生財 NT$50,000，B 保險公司承保甲棟房屋及裝修 NT$30,000，甲棟之營業生財 NT$10,000，C 保險公司承保乙棟房屋及裝修 NT$2,000，甲、乙兩棟機器設備 NT$800,000，乙棟之貨物 NT$300,000，出險時，查其各項總實值如下：

房屋及裝修：甲棟實際總值為 NT$30,000，乙棟 NT$80,000

機器設備：甲棟實際總值為 NT$400,000，乙棟 NT$700,000

營業生財：甲棟實際總值為 NT$80,000，乙棟 NT$50,000

貨物：甲棟實際總值為 NT$200,000，乙棟 NT$600,000

再核其實際損失，如下：

甲棟：房屋及裝修 NT$20,000，機器設備 NT$300,000

　　　營業生財 NT$60,000，貨物 NT$50,000

乙棟：房屋及裝修 NT$60,000，機器設備 NT$400,000

　　　營業生財 NT$40,000，貨物 NT$500,000

各家保險公司應分攤之賠償金額，按下列方式計算之：

（一）首先按其實值來分攤其保額，以決定是否足額：

A 保險公司：

⑴甲棟：

　房屋及裝修：$NT\$100,000 \times \dfrac{30,000}{110,000} = NT\$27,273$

　機器設備：NT$300,000

　貨物：$NT\$350,000 \times \dfrac{200,000}{800,000} = NT\$87,500$

⑵乙棟：

　房屋及裝修：$NT\$100,000 \times \dfrac{80,000}{110,000} = NT\$72,727$

　貨物：$NT\$350,000 \times \dfrac{600,000}{800,000} = NT\$262,500$

　營業生財：NT$50,000

B 保險公司：

⑴甲棟：

　房屋及裝修：NT$30,000

　營業生財：NT$10,000

C 保險公司：

⑴甲棟：

　機器設備：$NT\$800,000 \times \dfrac{400,000}{1,100,000} = NT\$290,909$

⑵乙棟：

　房屋及裝修：NT$2,000

　機器設備：$NT\$800,000 \times \dfrac{700,000}{1,100,000} = NT\$509,091$

　貨物：NT$300,000

將上列各家保險公司之實際保額列表如下：

保險標的物	A 保險公司	B 保險公司	C 保險公司	合　　計
房屋及裝修（甲棟）	NT$ 27,273	NT$30,000	0	NT$　57,273
房屋及裝修（乙棟）	72,727	0	NT$　2,000	74,727
機器設備（甲棟）	300,000	0	290,909	590,909
機器設備（乙棟）	0	0	509,091	509,091
貨　　物（甲棟）	87,500	0	0	87,500
貨　　物（乙棟）	262,500	0	300,000	562,500
營業生財（甲棟）	0	10,000	0	10,000
營業生財（乙棟）	50,000	0	0	50,000
合　　　　計	800,000	40,000	1,120,000	1,942,000

（二）損失之計算如下：

1. 房屋及裝修

⑴甲棟，因實值低於保額，故不予比例分攤：

　A 保險公司應分攤之金額為：

$$NT\$20,000 \times \frac{27,273}{57,273} = NT\$9,524$$

　B 保險公司應分攤之金額為：

$$NT\$20,000 \times \frac{30,000}{57,273} = NT\$10,476$$

⑵乙棟，因實值大於保額，故先予以比例分攤：

$$NT\$60,000 \times \frac{74,727}{80,000} = NT\$56,045$$

　A 保險公司應分攤之金額為：

$$NT\$56,045 \times \frac{72,727}{74,727} = NT\$54,545$$

　C 保險公司應分攤之金額為：

$$NT\$56,045 \times \frac{2,000}{74,727} = NT\$1,500$$

2. 機器設備

(1)甲棟，由於實值小於保額，故不予比例分攤：

A 保險公司應分攤之金額為：

$$NT\$300,000\times\frac{300,000}{590,909}=NT\$152,308$$

C 保險公司應分攤之金額為：

$$NT\$300,000\times\frac{290,909}{590,909}=NT\$147,692$$

(2)乙棟，由於保額小於實值，故先予比例分攤：

$$NT\$400,000\times\frac{509,091}{700,000}=NT\$290,909$$

C 保險公司應賠付金額為NT\$290,909

3.貨物

(1)甲棟，由於保額低於實值，故予比例分攤：

$$NT\$50,000\times\frac{87,500}{200,000}=NT\$21,875$$

A 保險公司應賠付之金額為NT\$21,875

(2)乙棟，由於保額低於實值，故予比例分攤：

$$NT\$500,000\times\frac{562,500}{600,000}=NT\$468,750$$

A 保險公司應分攤之金額為：

$$NT\$468,750\times\frac{262,500}{562,500}=NT\$218,750$$

C 保險公司應分攤之金額為：

$$NT\$468,750\times\frac{300,000}{562,500}=NT\$250,000$$

4.營業生財

(1)甲棟，由於保額低於實值，故先予比例分攤：

B 保險公司應賠付之金額為：

$$NT\$60,000\times\frac{10,000}{80,000}=NT\$7,500$$

(2)乙棟，由於恰為足額保險

A 保險公司應賠付金額為NT\$40,000

第六節　營業中斷保險損失之估計

　　營業中斷保險乃為間接損失保險，其主要目的是在於補償被保險人於保險期間內，在保險單所載明之處所，因發生保險事故致其財產遭受毀損或滅失引起營業全部中斷或部分中斷，所導致未來收益的損失，故其理算與估計方式與財產保險大不相同，故特闢此一章節，詳加說明。

　　營業中斷保險，在國內或者是美國，均以附約方式，加貼在基本火災保單上簽發，並不單獨出單，換言之，只有保火險保單才能附加營業中斷保險，否則不能附加，目前在美國保險市場上所採用之營業中斷保險批單，大致可分為下列五種：

　　（一）非製造業、服務業或商業危險毛收益批單。

　　（二）製造業或採礦業毛收益批單。

　　（三）非製造業或商業危險收益批單。

　　（四）製造業危險收益批單。

　　（五）營業中斷及額外費用合併式附約。

　　但在國內僅分為兩種：

　　（一）商業及非製造業適用之營業中斷保險批單。

　　（二）製造業適用之營業中斷保險批單。

　　本節將以實例介紹第一種國內所使用之商業及非製造業適用之營業中斷保險批單，有關第二種，大致類似，不再贅述。

實　例

　　被保險人：永安百貨商場

　　保單號碼：一〇〇〇——七Ａ八五一八二號

批單號碼：七七ＡＳ八七二號附加營業中斷保險

保險金額：營業中斷保險金額新臺幣陸萬元正

保險期間：自七十五年十二月三十一日起至七十六年十二月三十一日下午四時止

起火時間：七十六年六月二十一日清晨二時三十分左右。

起火原因：據警方調查，疑為電線走火，消防隊於二時四十分左右接獲報案，趕至現場灌救，至四時左右，完全撲滅。

損失情形：被保險人為一中小型之百貨商場，一部分出租予他人，一部分自行營業，為一磚水泥造肆層樓特二等建築，面積約五百坪，由於均為易燃物品，現場之貨品及裝潢全部毀損，所幸建築結構經檢查後，安全上沒有問題。

營業毛利估算表

承保前，被保險人填寫了壹張營業毛利估算表，如下：

	上年度實際金額 自74年12月31日 至75年12月31日	本年度估計金額 自75年12月31日 至76年12月31日
營業收入：		
1.銷貨淨額總數	NT$193,175	NT$231,810
2.來自企業之其他收益	38,000	45,600
3.營業收入總額（1＋2）	231,175	277,410
減除下列成本：		
4.商品之銷貨成本，並包括其包 　　裝材料成本	146,424	175,709
5.直接消耗在被保險人提供勞務 　　及供應品	0	0
6.為轉售目的而從他人（非被保 　　險人之受雇人）購進之勞務	128	154
7.各項成本總額（4＋5＋6）	146,552	175,863
營業毛利（3～7）	NT$84,623	NT$101,547

營業中斷保險損失之估算

　　一、首先要求被保險人提供七十五年一月至十二月之損益表，依據損益表之內容，詳加核算被保險人提供之營業毛利估算表，是否正確，損益表如下：

永安百貨商場損益表

74年12月31日～75年12月31日

銷售總額			NT$196,550
減：銷貨退回及折讓		NT$1,940	
銷貨折扣		585	
銷貨淨額			194,025
銷貨成本：			
12月31日存貨（74年）		NT$41,650	
購貨	NT$145,830		
減：購貨折扣	NT$1,210		
購貨退出及折讓	2,020	3,230	
購貨淨額		142,600	
購貨運費		6,284	
可供銷售之商品		190,534	
減：12月31日存貨（75年）		46,110	
銷貨成本			144,424
銷售毛利			
NT$49,601			
營業費用：			
一般店員薪資		NT$6,200	
一般管理人員薪資		1,200	

高級管理人員薪資	9,000	
壞帳損失	850	
物料及包裝費	2,000	
廣告費	200	
保險費	100	
房屋折舊	387	
運輸設備折舊	225	
運費（購貨運費除外）	380	
辦公用品消耗	210	
利息	88	
雜項推銷費用	128	
稅捐	1,210	
全部營業費用合計		NT$22,178
其他收益：		
租金收入	NT$38,000	
投資收入	17,000	NT$55,000
本期純益		NT$82,423

（一）從損益表中，我們逐項計算之

1.銷售淨額總數＝銷售總額－銷貨退回及折讓－銷貨折扣－壞帳 ＝NT$196,550－NT$1,940－NT$585－NT$850＝NT$193,175

2.來自企業經營之其他收益＝租金收入＝NT$38,000。這裏面所要注意的是投資收入要排除在外，因投資收入係以資金投資於其他事業或購置各種有價證券所生之收益，不屬於事業上所經營之收益。

3.商品之銷貨成本＋包裝材料成本＝期初商品存貨＋本期商品進貨淨額－期末商品存貨＋包裝材料成本＝NT$41,650＋NT$148,884（購

貨淨額＋購貨運費)－NT$46,110＋NT$2,000＝NT$146,424

4.直接消耗在被保人提供勞務之材料及供應品＝0

5.為轉售目的而從他人（非被保險人受雇人）購進之勞務,此項金額為NT$128,來自損益表中之雜項推銷費用,因此項費用之支出,乃被保人為了促銷商品,邀請歌星,在商店裏面表演歌唱,顧客完全免費欣賞,按此分析,應屬此項費用。

由以上計算,與被保人提供前一年度之營業毛利估算表互相對照,完全正確。

（二）由以上得知,被保人去年之營業毛利占營業收入總額之36.61％(NT$84,623/NT$231,175),再參考其前三年度之損益表,依同樣方式計算其營業毛利,發覺其前三年營業毛利對營業收入總額之百分比,與去年相當接近,故決定七十六年度一月至十二月營業毛利對營業收入總額之百分比為36.61％。

（三）按被保險人承保時,提供之營業毛利估算表中,預估七十五年十二月三十一日至七十六年十二月三十一日之營業毛利中算出,被保人預估營業成長率為百分之二十,參考其前三年營業成長率百分之十五,百分之十七,百分之十八,並查其七十五年十二月三十一日至七十六年六月十九日之營業收入,與去年同期比較,成長百分之二十一,經與被保人協商結果,決定營業中斷期間,營業成長率為百分之二十。

	1　月	2　月	3　月	4　月	5　月	6　月
75　年	31,850	29,080	21,050	17,212	15,318	16,418
76　年	44,209	33,551	24,565	19,799	17,611	18,688

	7　月	8　月	9　月	10　月	11　月	12　月
75　年	19,264	18,311	20,011	16,352	13,300	13,009
76　年						

二、營業中斷期間（又名補償期間）之計算

經建築師核定結果，建築結構安全上無問題，只要對內部裝潢及電氣、水電設備等，加以修復，重置即可，建築師估計結果，以最快速度重建，合理之期間為三個月又二十五天，又因警方封鎖現場七天，及因火災保單承保貨物，現場清點花費八天，故營業中斷期間估計為四個月又十天。

三、非持續性費用之計算

由於有些費用為持續性費用，有些費用為非持續性費用，又有些非持續性費用，亦有全部非持續及部份非持續之別，在計算時要謹慎小心，經根據其損益表及有關資料分析：

（一）一般店員及一般管理人員薪資，由於無特殊技能，經與被保人協商結果，於營業恢復前，支付一個月薪資，視為持續性費用，此乃考慮，如現在將其全辭退，未來營業恢復後，重新找人，恐將影響其服務品質，及銷售業績，故支付一個月薪資，營業恢復後，繼續僱用所有人員，至於高級管理人員薪資，視為持續性費用。

（二）有關房屋及運輸設備之折舊，由於房屋已無法使用，遭到嚴重毀損，故不須支付折舊費用，直至修護重建完好，故列為非持續性費用，至於運輸設備，由於無損，仍在使用，視為持續性費用。

（三）廣告費用，由於無任何理由可以完全註銷，經協商結果，以50％為持續性費用，50％為非持續性費用。

（四）保險費用，由於其他團體人壽保險及汽車險之保費仍須支付，

故此部份視為持續性費用，其他部份視為非持續性費用。

（五）利息費用，由於仍須支付，視為持續性費用。

下表乃以損失發生前十二個月之資料為依據，估算營業如不中斷，營業中斷期間所花之營業費用，該營業費用，按時間順序將每月費用分配於營業中斷期間。

營 業 費 用

	正常費用	持續性費用	非持續性費用
一般店員薪資	NT$2,711	620	2,091
一般管理人員薪資	525	120	405
高級管理人員薪資	3,935	3,935	0
廣告費用	88	44	44
保險費用	40	15	25
房屋折舊	141	—	141
運輸設備折舊	82	82	—
運　　費	172	—	172
辦公用品消耗	92	—	92
利　　息	38	38	—
稅　　捐	625	—	625
合　　　　計	8,449	4,854	3,595

四、由以上一、二、三，我們可求得被保險人其實際損失如下表：

	75年度之實際 營業收入總額	76年度之預估 營業收入總額
6月21日至6月30日	NT$ 5,473	NT$ 6,567
7　　月	19,264	23,116
8　　月	18,311	21,973
9　　月	20,011	24,013
10　　月	16,352	19,622
合　　計	NT$79,411	NT$95,291
營業毛利損失（營業收入總額×36.61％）		NT$34,886
減：非持續性費用		3,595
被保人實際損失		NT$31,491

五、由於本批單採用 80％共保條款，依條款規定，保險公司之賠償責任，將不超過保險金額對於營業毛利百分之八十比例，換言之，如保險金額低於營業毛利百分之八十，將予以低額保險比例分攤。

$$賠償金額＝損失金額×\frac{保險金額}{全年估計營業毛利×80\%}$$

上面之實例，我們很明顯的算出，被保險人為投保不足額保險，至此我們可算出保險人實際應賠付金額如下：

75年 1月～12月之營業毛利	NT$84,623
損失發生後12個月之預估營業毛利（營業成長預估 20％）	NT$101,547
依 80％共保條款規定，營業毛利 80％為	NT$81,238
保險金額	NT$60,000
實際損失	NT$31,491
由於為不足額保險，予以比例分攤	

$$NT\$31,491 \times \frac{NT\$60,000}{NT\$101,547 \times 80\%}$$

保險人實際賠付金額　　　　　　　　　　　　　　　　　NT$23,258

被保人應自行分擔金額　　　　　　　　　　　　　　　　NT$8,233

第七節　公證報告之簡例

被保險人：華友工業股份有限公司

保單號碼：華中保險公司：0800–7618

　　　　　明友保險公司：0900–2385

出險日期：民國七十七年二月十日

出險地點：高雄縣大社工業區工一路七號

本公司承蒙貴公司委託，經派員前往高雄縣大社工業區工一路七號華友工業公司，就上述現場予以勘查，估計損失，茲謹報告如下：

房屋：磚、鐵架造石棉板屋頂平房全棟，位於上述出險地點，為被保險人所有，作為皮包製造廠之用。

火災發生時日：民國七十七年二月十日上午二時許。

起火及其原因：據警方研判，認係電線走火引起火災，並將該公司總經理孫山明移送法辦，嗣經法院偵查結果，認係意外事變實屬無從防範，已予不起訴處分，依高雄地方法院偵字第十號不起訴處分書，可資證明。

火災發生後，當地消防隊據報立即出動消防車十輛馳赴現場施救，由於該工廠內置存甚多原物料及手提包成品及半成品等屬易燃物品，致火勢一發不可收拾，經消防人員奮力灌救約肆小時，始逐漸將火勢控制，

旋即撲滅。

保險金額：起火時有效之保險如下：

保險人	房屋及裝修	機器及設備	貨　物	共　計
華中	NT$1,500,000	NT$ 500,000	NT$4,000,000	NT$ 6,000,000
明友	1,500,000	500,000	4,000,000	6,000,000
共計	NT$3,000,000	NT$1,000,000	NT$8,000,000	NT$12,000,000

保險期間

華中保險公司：自七十六年三月八日至七十七年三月八日

明友保險公司：自七十六年五月九日至七十七年五月九日

賠償請求：被保險人提出下列之賠償請求

　1.房屋及裝修：　　　　　　　　NT$　5,000,000

　2.機器設備：　　　　　　　　　　2,634,180

　3.貨物：　　　　　　　　　　　10,872,809

　　合計　　　　　　　　　　　NT$18,506,989

　　檢查：本公司接受委託後，立即派員前往現場，由於火災現場尚在警方封鎖中，無法立即著手清理，僅能作初步勘查，拍攝若干照片存證，並請被保險人儘速提出損失清單，俾於現場開放後再往核驗。

　　迨現場開放後，本公司復於民國七十七年二月十八日增派工作人員前往，會同被保險人代表，對受損之各保險標的物分別詳予檢查，估計損失，並拍攝災後現場照片。

　　檢查結果：被保險人投保之各保險標的物損失情形如下：

　1.房屋及裝修：受損房屋係磚、鐵架造石棉板蓋屋頂平房乙幢，建築面積為 1,767 平方公尺，經受烈火焚燒後，其屋頂鐵桁大部份彎曲塌陷，石棉板破損殆盡，磚牆龜裂傾頹，地坪混凝土及壁面水泥粉刷均受高溫燒烤而脫落，天花板、隔間、門窗、PVC 地磚及水電照明設備亦遭焚燬，須予拆除重建。

2.機器設備：安裝於廠房內之切帶機、釘釦機、高頭機、雙針車、平車、封口機、打包機、量碼機、滾條機、裁斷機及沖臺等機器設備均受烈火焚燒而損毀，已無法修復使用，僅剩若干廢鐵殘餘價值而已，附屬之動力配電設備亦遭燒毀，須重新配設。

3.貨物：置存於廠內之各種手提包成品、半成品及柔麗皮、尼龍布、膠布、PE管條、拉鍊、五金零件等貨物均遭燒毀，僅餘少許廢鐵殘餘價值，另有部份內裡膠布幸未受損，經本公司詳細清理火災現場後，復向被保險人洽閱進、出貨帳冊，客戶訂單及製造通知單等有關資料，以憑理算其實際損失。

損失理算：本公司理算其損失如下：

單位：NT$

標 的 物	保 額	起火時實值	損 失（淨損）	低保比例分攤	共 計
房屋及裝修	3,000,000	3,620,942	2,534,433	2,099,812	2,099,812
機器設備	1,000,000	846,726	810,426	—	810,426
貨 物	8,000,000	4,844,248	4,492,380	—	4,492,380
共 計	12,000,000	9,311,916	7,837,239	—	

因火災所致損失總金額為新臺幣柒佰肆拾萬貳仟陸佰壹拾捌元正 (NT$7,402,618)。

各保險人應付賠償責任額分攤如下：

單位：NT

保險人	房屋及裝修	機器設備	貨 物	共 計
華 中	$1,049,906	$405,213	$2,246,190	$3,701,309
明 友	1,049,906	405,213	2,246,190	3,701,309
共 計	$2,099,812	$810,426	$4,492,380	$7,402,618

　　‧華中保險公司應付賠償金額為參佰柒拾萬壹仟參佰零玖元正 (NT$3,701,309)。

　　‧明友保險公司應付賠償金額為參佰柒拾萬壹仟參佰零玖元正 (NT$3,701,309)。

　　上述損失理算結果經報請貴公司理賠人員審核後，本公司即遵囑與被保險人先行洽商，茲已獲其同意接受，惟候貴公司最後認可。

　　接受書：經被保險人簽章之接受書乙份茲附上。

　　附件：

　　⑴損失計算詳明表

　　⑵賠償請求書

　　⑶火災證明書

　　⑷接受書

　　⑸照片

第十一章　保險公證（二）
——海上保險

第一節　海上保險公證之沿革

　　海上保險公證約萌芽於十三世紀英國，萌芽初期原僅隨著保險事業的發展而依附在保險理賠業務裏，當時保險事業亦僅限於海上保險，每遇有任何承保標的出險時均由保險理賠人員自行處理，由於保險理賠人員或因以主觀量計損失有失公平，常為被保險人不滿，致糾紛時起，於是仍有部份商人自動組織獨立公斷團體，以判斷是非曲直，是為公證事業之嚆矢。

　　殆至十七世紀初，英人EDWAR LLOYD 在倫敦塔街設立LLOYD'S COFFEE HOUSE，除供作航海人員及商人集會交易場所外，亦就海事糾紛，利害關係人雙方所提要求，協商理賠以獲公平解決，由於業務日增，隨後乃由塔街遷至倫巴地街並改組為 LLOYD'S INSTITUTE，於一八七一年登記成為法人，一九二九年自建新廈於李頌赫爾街，亦增設 LLOYD'S REGISTER OF SHIPPING，執行公證業務迄今，為國際性最大最久之公證公司。

　　我國公證事業開始於清末，初期多為外商經營，常以分公司或代理行名義設立於各通商港埠，除為保險公司提供理賠公證服務外，對於當

時大宗貨品，如桐油、茶葉、礦砂等出口檢量亦為主要業務，如怡和洋行、德記洋行等，國人經營者寥寥無幾。我國過去洋行之秤手以及各業公會之同行先生，其工作性質近乎公證業務，但無公司組織形態，亦無嚴格之管理及責任制度，直至民國十八年國人自辦保險公司以後，公證事業方漸發展趨向組織化。民國三十八年政府遷臺以後，為配合臺灣經濟發展，一再獎勵國人設立公證公司，就民國五十八年當時，由國人經營較具聲名之保險業公證公司除公證前輩陳樂琴先生所主持之美敦公證公司外，首推中央公證公司、正中公證公司及華商公證公司等三家，亦為日後保險公證界之三大主流。

第二節　海上保險公證之特性

由於國際商務多元化以及科技高度發展，進出口貨品種類日趨繁雜，運輸工具不斷改進，保險事業發展普及世界各地，使海上保險公證之特性越顯分明，茲經歸納列舉說明如下：

一、國際性

隨著商品流通速度日趨增高，保險業務廣及世界各地，公證業務當亦跟隨走向國際化，例如由他國保險公司所承保之貨品輾轉輸入本地發現損害時，常需委由本地公證公司協助調查並檢驗損失以為合理理賠，近年來公證報告亦常被作為國際間商務糾紛談判依據，均為公證國際性之表徵。

二、獨立性

公證人員在調查或檢量承保標的受損程度時，常居於保險人與被保險人雙方之仲介，因此必須有其不偏不倚的獨立立場，一切根據事實但

求公平合理,就如國際貿易實務上亦常要求驗貨單位應為獨立公證組織,即所謂 INDEPENDENT SURVEYOR,我國財政部公證人管理辦法第二十四條即規定:「公證人不得為其本身利益及有利害關係人之委託人執行公證業務」。

三、技術與經驗性

公證人員必須具備有純熟的檢量技術及累積的工作經驗,方能對保險標的受損程度作公平合理的估算,並尋求造成損失之可能原因以提供保險人處理賠案之參考,這不僅是公證事業的工作特性,亦且為公證事業之職責。例如散裝液態化學油品之公證,除了於檢量時具備液面油尺丈量、溫度、比重之計算等技術層面外,對於該貨品可能遭受污染之原因更需借助公證人員累積的經驗去研判,因此公證本身即為技術與經驗結合事業。

四、權威性

公證事業基於上述的獨立性及技術性結合工作所完成之公證報告,不僅是一種商業服務,更是一種權威性的技術服務,公證報告除了作為保險人及被保險人處理賠案的參考基準,同時亦常為商務訴訟及國際商務的重要證件,其具權威性可見一斑。

第三節　公證報告之形式及內容

公證報告並無統一或固定形式,除了 LLOYD'S 公證公司有其傳統格式即所謂 LLOYD'S FORM 外,通常均採事實直述法依公證標的不同的特性分別予以不同格式出具公證報告,例如一般進出口雜貨、散裝貨品、散裝液態化學品等,即因其貨品特性及公證方法不同,分具不同格

式的公證報告。

　　一份完整的公證報告雖因貨品性質及公證方法不同，其格式可有差異，但其內容通常均需以涵蓋 5w(即 who、what、when、where、why)為基本架構，列示主體名稱、相關時間及地點、公證經過，並對受損標的損失程度、損失原因，以及如何減少或防止損失擴大，包裝是否應予改良，適當的運送方式等，作明確且富建設性的建議，茲以一般公證報告主要內容分述如下：

一、基本資料 (Information)

　　貨品名稱、數量、包裝形式、船名等裝載相關資料，委託人、收貨人等相關主體，公證日期及地點，保險相關資料，例如保險人名稱、保單號碼、金額及承保條款及貨品轉運過程，一一詳細列明於報告上。

二、公證經過 (Survey)

　　將公證人員公證經過包括公證日期、地點，及會同公證人員，如收貨人、船方代表人員，或倉庫管理人員等，尤其詳細列明公證方式及過程，例如說明受損貨品數量的估算方式，取樣情形及經過等。

三、損失估計 (Loss Assessement)

　　就損失標的損害程度估算或計算損失數量及金額，包括修復費用，殘餘價值等。

四、損失原因 (Cause of Loss)

　　公證人員針對承保標的受損情形以及包裝情況、運送過程，提出造成損失之可能原因。

五、建議 (Recommendation)

公證人員以其現場情況及經驗，並參考貨品特性，常對貨物之包裝形式或運送方式提出改良建議，甚或對受損貨品復原價額及殘值處理方式，提出合理公平的估算建議。

第四節　海上保險公證執行原則

一、確認承保標的

公證人員在執行公證時應依據裝船文件及有關資料，如提貨單 (Bill of Lading)、國外發票 (Invoice)、包裝明細 (Packing List) 等先行核對標的品名 (Description of Goods)、嘜頭 (Marks & Nos.)、數量，各相關文件證號及船名等是否相符，若該標的以貨櫃為載運之方式，則應查對貨櫃及封鉛號碼以確認該批貨品為保單承保標的。

二、查詢貨品運送過程

承保標的之運送過程，對於公證人員尋求貨品損害原因及提供改良建議是一項重要的研判資訊，因此在執行公證業務時，對於該批貨品之運送過程包括何時何地裝船，是否有以駁船接轉或於異地他港轉船，何時抵達目的港，泊靠碼頭，儲存倉庫地點及環境狀況，卸貨情形，海關查驗方式，甚至有關裝卸貨及內陸轉運時之天氣概況，航程情況等均應予以充分了解。通常可參考下列文件：

(一) TALLY SHEET

(二) HATCH LIST

(三) LOG BOOK

（四）STOWAGE PLAN

（五）EXCEPTION LIST

（六）LOADING SURVEY REPORT

（七）SEA PROTEST

（八）DAMAGE REPORT

（九）EQUIPMENT AND INTERCHARGE REPORT

三、損失勘驗及估計

公證的目的為確定損失程度及金額、發生損失原因，以作為保險理賠參考依據，因此如何勘驗並估算損失為公證人員的主要職責。

由於承保標的種類及形態繁雜多元化，損失情況各有所異，一般歸納為質的變化與量的損失兩種形態。

（一）量的損失

貨品於運送過程可能發生下列情況而導致數量短少。

1.包裝破損致使內裝貨品流失，重量減少。(LEAKING)

2.被偷竊。(PILFERAGE)

3.散裝貨品於裝卸貨時造成數量短少或流失。

4.短卸。(SHORT LANDING)

5.短裝。(SHORT PACKING)

6.自然耗損。(NATURAL LOSS)

對於量的損失查驗較為單純，通常以過磅或計數方式核對數量是否短少，大宗散裝貨品則除過磅計數外，另有以丈量 (MEASURMENT OR GUAGING) 或水呎 (DRAFT SURVEY) 核對之。至於數量短少是否因由於原廠短裝 (SHORT PACKING)，或則自然耗損 (NATURAL LOSS)，公證人員執行業務時應特別予以查對研判。

（二）質的變化與損失

　　保險標的於運送中常因外來事故影響造成品質或形態變化，如破裂、變形、變質、發霉、生銹、水濕、火損及污染等損害情況。對於此類損害應參以標的特性的不同，分別予以勘驗損失，並以其損害程度推議為全損 (TOTAL LOSS)、推定全損 (CONSTRUCTIVE TOTAL LOSS) 或部份損失 (PARTIAL LOSS)。

　　在推議為全損或推定全損時，應注意該項受損貨品雖已無法為原訂用途 (CANNOT BE USED FOR THE PURPOSES ORIGINALLY DESIGNATED BY THE INSURED)，仍應尋求作為他項用途之可能。對於部份損失貨品則參以該貨品特性，分別針對整修細目及價金提出合理意見。

　　有些貨品對於損失程度或損失數量較難作明確勘驗，例如散裝貨品及農產品等，通常採以補償百分比估算 (ALLOWANCE FOR THE LOSS)。舉例說明：

　1.情況

　⑴以貨櫃裝載進口原棉50包，因貨櫃破漏致使10包原棉遭受部份水濕及結塊。

　⑵對於每包原棉損失重量，難以確定。

　2.處理說明

　⑴將受損原棉以外表可目視水濕情況，分類為二或三種程度。

　⑵從各個不同水濕程度原棉隨機抽取一或二包，分別予以開包。

　⑶由內部水濕面積所佔百分比，參以整理所可能花費工資費用，以及不良品部份之殘值等分別估算各不同損害程度原棉之補償百分比。

O'ty Damaged	Damage Condition	Allowance for the loss
3 Bales	Wet & Caked seriously	40% = 1.2 Bales
2 Bales	Wet & Caked partly	20% = 0.4 Bales
5 Bales	Wet slightly	5% = 0.25 Bales
Total 10 Bales		1.85 Bales

由於各種貨品損失原因及程度不一，其損失顯現情形亦不盡相同。

四、減低並防止損失擴大

一個成功的公證人員非但有純熟的檢量技術用以勘查損失程度，並應能以其經驗及對受損標的特性之認識，於公證時常應當機立斷採取必要措施，以減少並防止損失擴張，例如夾板水濕受潮時，盡可能立即打開包裝並盡快烘乾處理以防止損失擴大，再如紙袋包裝之貨品，常因包裝破損流失，如能予以重新改裝將可使損失減至最少。

五、損失原因

損失原因，為完整的公證報告上重要的一環，因此對於貨品造成損失的原因，公證人員應予以提出合理見解以作為理賠或對第三人責任求償之依據。

一般貨品常因由於貨品品質、運輸工具及人為不當等多項因素影響，造成損失原因各有所異，有賴於公證人員細心研判。經歸納下列幾種損失原因：

（一）可歸結於貨品本身固有瑕疵，例如因原廠設計或製造不當或不良所造成貨品損失。

（二）自然耗損，如農產品於長途運輸中，可能因含水量降低導致重量減少。

（三）因包裝不良或不充分，以致於不適於運送而造成損失。

（四）由於搬運或裝卸貨不當，傷及貨品，如工人搬運或使用搬運工具不慎等。

（五）因進出口兩地及航程中溫度及濕度的差異，如汗濕 (SWEATING) 等。

（六）因由化學變化造成損失，如魚粉等高磷貨品，常因儲存不當、通風不良可能因自燃而致損失。

六、第三人責任

損害原因有歸結於第三人責任時，如運送人責任、儲存倉庫管理人員未盡善良管理人之責任及裝卸貨工人不良作業等，應以書面通知責任第三人會同公證，並於會同公證時作成會同紀錄附於公證報告書上，以便保險人或被保險人為損失追償 (RECOVERY)。

第五節　海上保險公證實務

由於承保標的多元化，不同的標的各有不同的失損，勘檢方式難以一一列舉，茲擇舉部份貨品公證方式說明如下：

一、貨櫃運輸及裝載貨品之公證

（一）貨櫃種類

1.依貨櫃尺碼分類，一般可分為 35 呎、20 呎及 40 呎三種，其尺寸及容積如下表：(見下頁)

2.依貨櫃的形式分類，可分為：

⑴標準貨櫃: 該種貨櫃四周密閉, 基本上應為防水 (WATER PROOF), 四頂角均有通風蜂口, 為一般較易遭受外來因素直接影響之貨品, 如機件、化學品、原棉等, 有固定包裝貨物甚或如散裝魚粉、裸裝車輛等常用之裝載工具。

⑵開頂貨櫃:所謂開頂貨櫃 (OPEN TOP CONTAINER), 顧名思義, 即一種無頂的非密閉性貨櫃, 用以裝載超高或超大體積之貨品, 如化學工業用之聚合設備等, 通常於頂部加蓋帆布蓋。

⑶冷凍貨櫃 (REFREGERATOR CONTAINER): 此種貨櫃裝設有冷凍機具及溫度控制指示器, 用以裝載生鮮貨品如水果、蔬菜、冷凍肉品等, 其冷凍設備及各裝載貨品適溫明細附列如下頁:

⑷平板櫃 (BOSTER) 即全開貨櫃, 除底板外, 前後板僅一般貨櫃一半高度, 常見用以裝載夾板、卡車底盤或特大件貨品。

(二) 貨櫃之裝載及運送方式

1.貨品裝載於貨櫃方式: 可分為全櫃裝載及併櫃裝載二種。所謂全櫃裝載, 即整個櫃內所裝貨品均為同一提單 (Bill of Lading) 或裝船訂單 (SHIPPING ORDER) 之貨品。而併櫃裝貨方式乃將不同B/L或S. O., 不同收貨人 (CONSIGNEES) 之貨品因不足裝載於一個整櫃而由船方按排, 併裝於同一貨櫃充分利用裝載空間, 通常併櫃裝載之貨品按排上, 均為同一卸貨港, 但亦有特殊原因為例外。

2.貨櫃之運送方式: 因由貨品裝載貨櫃方法之不同, 貨櫃運送方式可歸納為 ON CY BASIS (On Container Yard Basis) 及 ON CFS BASIS (On Container Freight Station Basis) 二種, 再由出口港與進口港兩地以不同方式搭配為 CY TO CY, CY TO CFS, CFS TO CY, CFS TO CFS 等四種運送方式。

⑴CY (Container Yard) 方式:所謂 CY 貨櫃運送方式, 就進口而言, 即貨櫃運抵目的港轉至貨櫃集散場通關後, 直接托運至收貨廠商拆櫃卸

貨櫃材積表

CONTAINER SPC.	L	W	H	Cu ft³	Cu m³
CONTAINER	20'	8'	8'6"		
	$194\frac{1}{4}$"	7'8".5/8	7'10"	1,170 *1,000	33.1 *28
	5,899 mm	2,352 m	2,386 m		
CONTAINER SPC.	L	W	H	Cu ft³	Cu m³
CONTAINER	35	8"	8'6"		
	347"	7'8$\frac{1}{2}$"	7'10"	2,088 *1,800	58.9 *50
	10.54 m	2.34 m	2.39 m		
CONTAINER SPC.	L	W	H	Cu ft³	Cu m³
CONTAINER	40'	8'	8'6"		
	39.5".3/8	7'8".5/8	7'10"	2,383 *2,000	67.5 *57
	12.02 m	2.35m	2.38 m		

SCHEDULE A

Fresh Fruits and Vegetables Optimum Storage Temperatures Maximum

Storage Times

(with pre-cooled commodities)

COMMODITY	OPTIMUM STORAGE TEMPER-ATURES	AVERAGE FREEZE POINT	MAXIMUM STORAGE TIMES (DAYS)
Fruits			
Apples	34/36°	28.4°	30–150
Apricots	33/36°	28.1°	7–15
Avocadoes	44/55°	27.2°	28
Bananas	53/56°	48/50°	12–21
Cherries	32/34°	28°	10–16
Figs	32/33°	27.1°	10
Grapefruit	45/50°	28.4°	28–42
Grapes (California)	32/34°	25/27°	90–180
Lemons	55/58°	28.1°	30–120
Limes	48/50°	29.3°	45–60
Oranges (California)	35/37°	27.8°	35–60
Oranges (Florida)	33/36°	27.8°	35–60
Peaches and Nectarines	32°	29.4°	14–45
Pears	32°	28.5°	45–60
Pineapples	45/50°	29.5°	15–30
Plums	31/32°	28.0°	15–30
Berries (All)	31/32°	28/29°	5–10
Tangerines	34/38°	28°	14–30
Vegetables			
Asparagus	32/33°	29.8°	21–28
Beans (Green or Snap)	45/50°	29.7°	8–10

Beans (Lima)	32/40°	30.1°	5–28
Beets	32/33°	20.9°	10–45
Broccoli	32°	29.2°	7–10
Brussels Sprouts	32°	28.8°	21–28

SCHEDULE B

Optimum Storage Temperatures

Meats

COMMODITY	OPTIMUM STORAGE TEMPERATURE
Beef–Carcass	*32–34°
Lamb–Carcass	*32–34°
Pork–Carcass	*32–34°
Veal–Carcass	*32–34°
Beef–Fresh Cuts	33–36°
Lamb–Fresh Cuts	33–36°
Pork–Fresh Cuts	33–36°
Veal–Fresh Cuts	33–36°
Pork Sausage–Fresh Cuts	26–28°
Bacon–Slab	26–28°
Bacon–Sliced	32–35°
Hams, Tender Cured	32–35°
Dreid Beef	28–45°
Luncheon Meat	26–28°
Franks	26–28°
Bologna	26–28°

*Indicates Revision

SCHEDULE C

Miscellaneous

COMMODITY	OPTIMUM STORAGE TEMPERATURE
Candy	60°
Cheese	35°
Crude Rubber	60°
Eggs	38°
Frozen Foods	0°
Frozen Concentrate	−10°
Ice Cream	−15°
Pouitry−Frozen	0°
Yeast	28°

COMMODITY	OPTIMUM STORAGE TEMPER-ATURES	AVERAGE FREEZE POINT	MAXIMUM STORAGE TIMES (DAYS)
Vegetables (cont'd)			
Cabbage (Early)	34°	31.2°	21−45
Cabbage (Late)	34°	31.2°	90−120
Carrots (Topped)	33°	29.6°	120−150
Carrots (Bunched)	33°	29.6°	10−14
Cauliflower	33°	30.1°	14−21
Celery	33°	29.7°	60−120
Corn (Sweet)	33°	28.9°	7−14
Cucumbers	45/50°	30.5°	14−21
Eggplants	45/50°	30.4°	10
Endive or Escarole	33°	30.9°	14−21
Lettuce	33°	31.2°	14−21

Melons (Watermelons)	36/40°	29°	14–21
Melons (Cantaloupes)	40/50°	28.6°	7–14
Melons (Honey Dew)	45/50°	29°	14–21
Melons (Casaba)	45/50°	28.8°	21–45
Melons (Crenshaw & Persian)	45/50°	28.8°	7–14
Okra	50°	30.1°	14
Onions	33/35°	30.1°	6–8 months
Parsnips	33°	30.0°	60–120
Peas, Green	33°	30.0°	7–14
Peppers (Sweet)	45/50°	30.1°	8–10
Potatoes (Early Crop)	50°	28.9°	21–45
Potatoes (Late Crop)	45/50°	28.9°	3–5 months
Pumpkins	50/55°	30.1°	60–150
Radishes (Spring, Bunched)	33°	29.5°	10–14
Radishes (Winter)	33°	29.5°	60–120
Rhubarb	32°	28.4°	14–21
Spinach	33°	30.3°	10–14
Squash (Summer)	34/40°	29.0°	10–14
Squash (Winter)	50/55°	29.3°	4–6 months
Sweet Potatoes	55/60°	28.5°	4–6 months
Tomatoes (Ripe)	50°	30.4°	8–12
Tomatoes (Mature Green)	55/60°	30.4°	14–45
Turnips	33°	30.5°	120–150

Information partially developed from *USDA Handbook* No. 67.

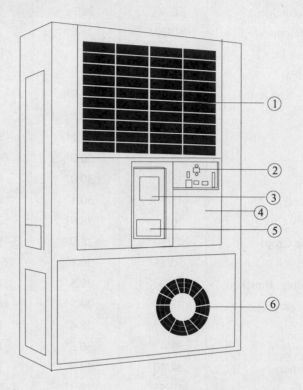

①Condenser   ②Control Box

③Thermometer Gagc ④Electric Motor Compartment

⑤Thermostat Box   ⑥Engine Section

貨。就出口而言，即將空貨櫃直接托至出口廠商，由出口廠商自行裝櫃後轉至貨櫃集散場裝船出口。其流程如下：

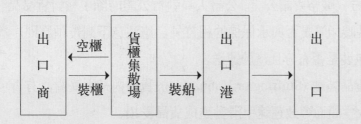

⑵CFS (Container Freight Station) 方式：所謂 CFS 運送方式，就出口而言，即出口商將貨品轉送至貨櫃集散場，由船方按排裝櫃再轉運出口。就進口而言，貨櫃抵達進口港後運至貨櫃集散場拆櫃進倉，於通關手續完成後，貨品再由收貨人以他種運送工具提領。

出口流程圖

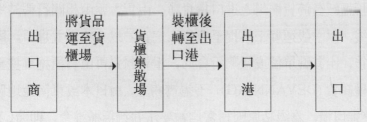

進口流程圖

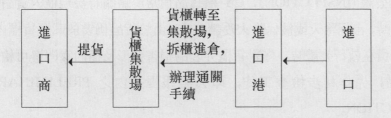

（三）公證執行

1.出口貨品：對於承保標的為出口貨品且以貨櫃為裝載工具時，通

常以CY方式較常委請公證。公證人員執行公證時除了核對貨品品名、數量、包裝嘜頭等是否與承保標的相符外，應注意下列幾項原則：

(1)包裝是否充分且適於運送。

(2)貨品裝載 (Stuffing or Vanning) 於貨櫃內是否妥當，有否可能因留存過大空間而導致運途中滑動造成貨品受損。

(3)裝完櫃後對於貨櫃封鉛 (SEAL) 應詳加檢查並將封鉛號碼列記參考。

(4)檢查貨櫃是否損壞，最簡捷方式通常在未裝貨前，入貨櫃內將櫃門關閉，由光線是否透進，查驗損壞處所。

2.進口貨品

(1)進口櫃之轉運：進口櫃於卸船後，以貨櫃托車托存貨櫃集散場以便辦理通關手續 (CUSTOMS CLEARANCE)。以 CFS 裝載方式之進口貨品則即拆櫃卸存於貨櫃場之進口貨倉庫，由貨主委由報關行報請海關驗貨放行後，以一般運輸工具提至收貨人處。若以 CY 方式進口，則於海關驗放後，由有關單位或報關行會同，重新封鉛再由貨櫃拖車拖至收貨人處拆櫃卸貨 (DEVANNING)，不過實務上，由日本或東南亞地區以CY方式之進口櫃，為緝私原因通常均被要求強行拆櫃進倉，即將CY改成 CFS 方式。

(2)公證 (INSPECTION)：CY 櫃貨品通常於驗關時發現櫃內貨品遭受損壞時，由保險人或被保險人委請公證。由於貨品仍裝於載運貨櫃內，公證人員在執行公證時，僅對貨櫃外表的損害情形及櫃內靠門邊可檢視之貨品，先作初步檢查工作，即公證報告書內之 PRELIMINARY INSPECTION。

貨櫃如發現有損壞,應立即通知船方會同檢驗 (JOINT SURVEY)，並查詢貨櫃集散場管制中心，有關該貨櫃進櫃記錄資料即所謂進站交櫃單 (INTERCHARGE EQUIPMENT REPORT)，作為貨品損害責任之確

認，以便收貨人易向有關責任單位，如運送人等，請求賠償，或保險人行使請求代位權 (RECOVERY) 對象之參考。此外對於貨櫃號碼及封鉛號碼是否合於裝船文件所載，封鉛是否完整，以為數量短少原因之研判。

DETAILED SURVEY，當在拆櫃卸貨時公證人員應注意貨品堆存方式是否恰當，例如以金屬桶裝之貨品常被以橫著堆放，又無防撞裝置再因運輸途中搖晃 (SHOCK AND/OR VIBRATION)，致貨櫃內貨品互撞破漏。此外在貨櫃外表並無顯著損壞時，對於櫃門之門檻及邊沿防水橡皮應詳加檢查是否老化或破裂。

冷凍貨櫃，貨品公證則應檢查冷凍機是否正常運作及溫度記錄表 (CHART) 之記錄流程是否合於標準儲存溫度，溫度高低不合於標準，常使櫃內貨品造成損害。

二、散裝液態貨品之公證

（一）卸貨方式

1.直接由船上儲槽經管路卸至岸邊儲槽，再由岸邊儲槽以油罐車 (TANK LORRY) 提運至收貨人處。

2.由船上儲槽接管卸至駁船 (BARGE OR LIGHTER) 接駁至碼頭岸邊，再轉卸至岸邊儲槽儲存或以油罐車提領至收貨人處。

3.將貨品自船上儲槽卸載於油罐車，直接以船邊提貨方式運至收貨人處。

（二）公證

1. 卸貨前

確定來貨數量：公證人員在貨船靠岸未卸貨前，會同該船負責人員，通常為大副 (CHIEF OFFICE)，丈量 (GUAGING) 船上之儲槽，以查驗裝載數量。液態貨品的丈量方式可分為兩種：

(1)SOUNDING：即丈量儲槽內液面儲存高度，作為計算儲存數量

基礎。

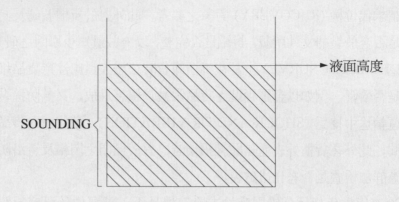

(2)ULLAGE：即以儲槽內儲存液面至儲槽滿槽時丈量點，作為儲存數量之計量基礎。

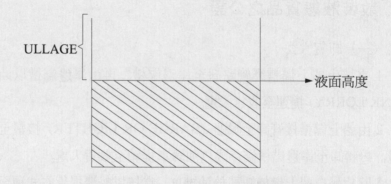

不論是以 SOUNDING 或 ULLAGE 為計量基礎，均應考量貨品比重、溫度變化、載運貨船吃水平衡等因素配合計算。舉例說明如下：

(1)TANK NO.   P1

(2)DRAFT   FORE: 7.17m

               AFTER: 8.45m

(3)CORRECTED GUAGING   2.483M

(4)VOLUME   947.982K/L

(5)S. G.　　　　　　　　　　　　1.1061

(6)TEMP　　　　　　　　　　　　29℃

(7)Q'ty ON BOARD　　　　　　　1,048.563M/T

說明：

(1)為船上儲槽的編號P1即為右舷第 1 儲槽

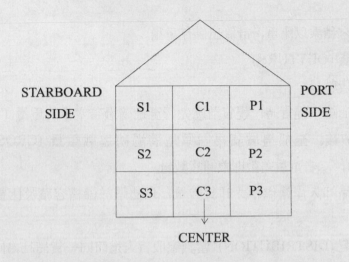

(2)DRAFT，通常稱為水呎即裝運貨船的吃水深度或稱排水量。

(3)考量裝載貨品之前後左右平衡因素修正後之液面高度。由於貨船前 (FORE) 後 (AFTER) 二者吃水深度的差異 (TRIM) 以及左右舷的斜度 (LIST) 直接影響貨品液面的準確性，應予以修正。

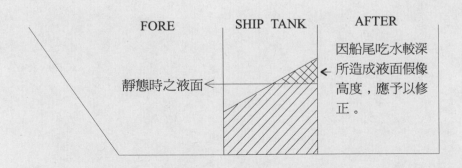

⑷依據儲存液面計算儲存容積。

⑸貨品標準比重因溫度的變化，使膨脹係數亦跟隨相對變化，應予以修正。

⑹丈量時之貨品溫度計指數。有些貨品如牛油之類，易於凝固需予先行加熱後才能卸貨，因此溫度的變化對於計量裝載數量具有相當大的影響。

⑺由容積乘以比重，計算出儲存重量。

2.卸貨 (OUTTURN)

⑴卸貨數量

①以油罐車提貨時，提貨前應先行至地磅過磅空車的重量 (TARE WEIGHT) 後，至船邊裝貨再回原地磅過磅總載重量 (GROSS WEIGHT)，二者重量差數即為卸貨數量。

②貨品卸入岸邊儲槽之卸貨數量，以丈量該儲槽容積及比重計算之。

⑵分配 (DISTRIBUTION)：當數家收貨人進口同一貨品且為同一卸貨港，合船裝載於同一儲槽時，於卸完貨後為求公平，通常應依據各收貨人提單數量對全船進口總數比例分配，舉例說明如下：

〔實例〕：

A、B、C、D 四貨主自沙烏地阿拉伯合船裝載進口乙二醇化學油，共計7,048.138M/T分別為：

B / L No.	Consignee	B / L Quantity
1	A	1,006.877 M / T
2	B	1,006.877 M / T
3	C	3,020.631 M / T
4	D	2,013.753 M / T
TOTAL		7,048.138 M / T

經各收貨人以油罐車於船邊提貨過磅後，實際卸貨數量如下：

Consignees	Lorries	Q'ty Actually Delivered
A	33	1,001.340 M / T
B	35	1,031.780 M / T
C	97	2,867.730 M / T
D	75	2,102.600 M / T
Total Q'ty Discharged	240 lorries	7,003.450 M / T

依提貨單數量比例分配及各收貨人多提或少提，如下表：

Consignees	B/L Quantity	Q'ty Distributed	Q'ty Delivered	Short (−) / over (+) Between Consignees
A	1,006.877 M / T	1,000.493 M / T	1,001.340 M / T	(+) 0.847 M / T
B	1,006.877 M / T	1,000.493 M / T	1,031.780 M / T	(+) 31.287 M / T
C	3,020.631 M / T	3,001.480 M / T	2,867.730 M / T	(−)133.750 M / T
D	2,013.753 M / T	2,000.984 M / T	2,102.600 M / T	(+)101.616 M / T
TOTAL	7,048.138 M / T	7,003.450 M / T	7,003.450 M / T	Nil.

3.損害防止

⑴卸貨前應先行檢查各接管路及承載器具（油罐車或岸上儲槽）是否清潔且適於貨品儲存，並會同大副自船上儲槽取樣備存送檢。

⑵開始卸貨時 SLOPING 部份貨品以確定貨品及卸貨管路是否遭受污染。

三、水呎公證 (DRAFT SURVEY)

某些貨品由於裝載進口數量龐大，通常以丈量載貨船隻之吃水深度為貨量計算，如黃豆、玉米、糖蜜、硫磺、肥料、煤、銅、鐵及礦砂等。

水呎 (Draft) 是一種以觀測船舶吃水深度計算排水重量 (Displacement)，用以求取船舶裝載或卸載貨品重量的一種計數方式，其作業程序如下：

（一）平均吃水深度計算 (Mean of Mean of Mean)

1.平均船首水呎及船尾水呎

分別觀測左舷 (Port Side) 及右舷 (Starboard Side) 吃水深度予以平均。

公式：

$$\frac{\text{Forward Draft}}{\text{(After Draft)}} = \frac{\text{Port Side Draft} + \text{Starboard Side Draft}}{2}$$

例：船首右舷水呎12.11M

　　船尾左舷水呎12.10M

則船首水呎應計為 $= \dfrac{12.10 + 12.11}{2}$

　　　　　　　　　$= 12.105$

2.俯仰差 (Trim) 之計算

即船首及船尾吃水深度之差異。

當船首吃水比船尾深時稱之為座頭或首重 (By Head)，反之則稱之為座尾或尾重 (By Stern)。

例：船首水呎12.50M

　　船尾水呎12.65M

則Trim＝12.65M－12.50M

　　　＝0.15M (By Stern)

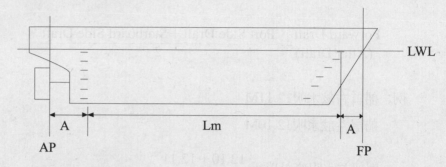

3.船首尾水呎修正

由於船首尾吃水不一失去垂直度應予以修正其計算公式如下：

$$\triangle d = \frac{T(\text{cm}) \times A}{\text{Lm}}$$

$\triangle d$：修正係數

T：船頭尾俯仰差 (Trim By Cm)

A：LBP－Lm

LBP：兩垂線間長度

Lm：兩水呎標誌間長度

當 By Stern 時 $\triangle d$ 加於船尾水呎，By Head 時則相反。

例：Trim：15cm By Stern

Lm：294M

LBP：300M

則 $\triangle d = \dfrac{15 \times (300 - 294)}{294\text{M}}$

$= 0.071$

船尾水呎應修正為＝12.65M＋0.071cm＝12.721

4.Mean Of Mean（船首尾平均吃水與船中左右舷水呎之平均）

船首吃水：12.50 M　　　　　船中左舷：12.90M

船尾吃水：12.721M　　　　　船中右舷：12.60M

平均吃水：12.608M　　　　　平均吃水：12.75M

則 12.608M＋12.75M＝12.679M

5.Mean of Mean of Mean

由於 List（左右舷傾斜度）及 Deformation（變形）所致之影響需以 (Mean of Mean of Mean) 修正水呎，計算式如下：

$$\begin{aligned} \text{Mean of Mean} \atop \text{of Mean} &= \frac{\text{Mean of Mean}＋\text{Mean Midship}}{2} \\ &= \frac{12.679\text{M}＋12.75\text{ M}}{2} \\ &= 12.7145\text{M} \end{aligned}$$

6.排水重量 (Displacement)

依 Mean of Mean of Mean 查船舶之 Hydrostatic Table 求取排水重量：

例：LBP：300M　Draft：12.7145

Draft	Displacement	TPC	MF
12.70M	161,984 M/T	133.73 M/T	＋1.295
12.71M	162,118 M/T	133.77 M/T	＋1.308
12.72M	162,253 M/T	133.81 M/T	＋1.323

則 12.7145 之排水量為：

162,118M/T＋(133.77×0.45)＝162,178.197M/T

7.海水比重 (Density of Sea Water)

Density 之確定以海水比重計測量，其基礎比重為 1,025kgs/m^3。

8.排水重量修正

(a)由於 Trim 所致排水重量差誤應予以修正如下：

$$
\begin{aligned}
\text{Trim Correction} &= \frac{\text{MF} \times \text{Trim(cm)} \times \text{TPC}}{\text{LBP}} \\
&= \frac{+1.308 \times 15 \times 133.77}{300} \\
&= +8.749
\end{aligned}
$$

則 Displacement After Trim Correction 應計為：162,178M/T ＋ 8.749M/T ＝ 162,186.749M/T 當 Trim 值大於 LBP 1 ％即俗稱 Large Trim 時需再作二次 Trim 之修正 (2nd Trim Correction) 其計算式為：

$$
\frac{T(\text{cm}^2) \times (+/-)50\text{cm Draft 時 MCTC 之差} \times 50}{\text{LBP}}
$$

(b)由於實際海水比重與基礎比重之差異至浮力不同所需排水重量之修正：

$$
\text{Density Correction} = \frac{1,025 - \text{Actual Density}}{1,025}
$$

若比重大於 1,025，則修正係數為＋

若比重小於 1,025，則修正係數為－

例：經測得海水比重為 1,010

則修正係數為：

$$
\frac{1,025 - 1,010}{1,025} = -0.0146
$$

其排水重量應再修正為：

162,186.749M/T $\times$ (1－0.0146)＝159,818.822M/T

（二）水呎丈量之目的

1.獲知裝載或卸載貨品數量

2.了解岸上數量與裝卸數間之差異

（三）水呎之正確性

水呎之正確性基於下列因素：

1.海面情況：愈平靜愈準確

2.人為因素：觀測吃水深度人員之素質，愈老成有經驗人員愈精確

3.測量時間：白天觀測比夜間觀測準確性高

4.測量方式：海面觀測比吊舷觀測較準確

5.船舶水呎計算數據表之正確與否以及計算時之差誤

綜觀上列所述水呎計算應非 100％準確，僅作參考。

大 正 公 證 有 限 公 司
Central China Superintendence Corp.

6TH-1 FL., GARDEN MANSION NO. 15,
LANE 135, FU HSING SOUTH ROAD
SEC. 1 TAIPEI, TAIWAN,
REPUBLIC OF CHINA

TEL: TAIPEI (02)7720848
KEELUNG (032)256397
KAOHSIUNG (07)3313493

Inspection Certificate
Liquid Gauging of Tankers

Port: Keelung

Date: March 18, 1997

Applicant   I Shuen Paints Co., Ltd.
Name of Vessel   m.t. "Silkyway" V-202
Port from and to   Ishigaki/Keelung
Place & Date of gauging   At W/# W-15, Keelung, on March 18, 1997.

Description of cargo (貨物品名)	Quantity on Invoice or B/L (發票或提單數量)	A. P. I. or S. G. (API或比重)		Remarks (摘要)
Paraffin Oil	1,761.458 M/T	Density; 0.8018 @ 20°C in Vac, or 0.8007 @ Kg/L		

We hereby certify that the following figures are correct to our best knowledge, based on the Tank Scales provided on board.

(I) Initial gauging, before loading or unloading:

Tank No. (槽號)	Gauging (測尺) M.	Corrected (修正尺) M.	Water (底水) K/L	App. volume (見掛液量) K/L	Temp. (液溫) °C	Correct Factor (補正係數)	Quantity (改正液量)
1-P	4.570	4.565		224.799	20.0	1.0000	
1-S	4.515	4.510		222.363	"	"	
2-P	4.720	4.715		292.662	"	"	
2-S	4.665	4.660		289.096	"	"	
3-P	4.728	4.720		290.271	"	"	
3-S	4.760	4.752		291.860	"	"	
4-P	4.860	4.856		296.472	"	"	
4-S	4.800	4.796		292.445	"	"	

XX(II)XXFinalXXgaugingXXafterXXloadingXXorXXunloadingXX

Tank No. (槽號)	Gauging (測尺)	Corrected (修正尺)	Water (底水)	App. volume (見掛液量)	Temp. (液溫)	Correct Factor (補正係數)	Quantity (改正液量)
				Total: 2,199.968 K/L x 1.0000 = 2,199.968 K/L or 1,761.514 M/T			
				VVVVVVVVVVVVVV			

(III) Total quantity delivered or Total quantity arrived on board (I-II, or II-I): (受渡量或到著量)

That is (即)   Total 1,761.514 M/T has stowed in ship's tank Nos.1 , 2, 3 & 4 P/S on arrival.

Correction Factor: Multipliers are taken from Volume Correction Table
(補正係數: 據厚溫度查換其係數表)

Weight conversion: (重量換算值)   0.8007 @ Kg/L

Ship's draft (吃水)   Initial (開尺時)   Final (進尺時)

Fore (船首)   4.30 M.
Aft (船尾)   4.80 M.
Port (左舷)
Stb'd (右舷)

m.t. "Silkyway" V-202

CHIEF OFFICER

GRAND CHINA SUPERINTEDENCE CORP.

SURVEYOR

大 正 公 證 有 限 公 司

Central China Superintendence Corp.

DRAFT READING REPORT

Date: May 8, 1995

Applicant: Taiwan Fertilizer Co., Ltd.

Name of Vessel: "Sine Great" Voy. No. 08E Register:

Arrived/Sailing on May 5, 1995 From/To Aqaba/Kaohsiung

Commodity: 7,207 M/T of Phosphate Rock in bulk

Port of Survey: Wharf No. 25, Kaohsiung

	BEFORE DISCHARGE/LOADING	AFTER DISCHARGE/LOADING
Date:	May 6th	May 8th
Density of sea water:	1.023	1.020
Draft: Fore:	9.657 M.	7.717 M.
Aft.:	10.065	8.215
Mean:	9.861	7.966
Mid-ship: port side.	9.920	7.840
Mid-ship: starboard.	9.980	7.860
Mean: Corr.	9.950 / 9.947	7.850
Mean of Means:	9.904	7.908
Mean Draft corrected:	9.9255	7.879
Displacement/Dead weight:	31,465.0 M/Tons.	24,310.69 M/Tons.
Correction for Density:	−61.41 /Tons.	−119.0 /Tons.
Correction for Stem/Trim:	9.50 /Tons.	−10.0 /Tons.
Corrected Displacement/Dead weight:	31,413.09 /Tons.(A)	24,181.69 /Tons.(B)
Non-Cargo Weight on board:	FO: 412.6	416.6
Fuel Oil:	123.9 M/Tons.	123.0 M/Tons.
Fresh Water:	168.09 /Tons.	156.09 /Tons.
Boiler Water:	/Tons.	/Tons.
Ballast Water:	74.0 /Tons.	74.0 /Tons.
Others: Total:	782.59 /Tons.	769.69 /Tons.
Total:	/Tons.(a)	/Tons.(b)

SUBJECT CARGO DISCHARGE/LOADING: _____ L/Tons or 7,218.500 M/Tons.

(Based on the ship's scales provided on board)

M/V "SINE GREAT"

CHIEF OFFICER   CHIEF CHECKER

第十二章　保險監理

第一節　緒　論

　　所謂保險監理，就是指政府對於保險事業及保險輔助人的管理而言；
監督 (Supervision) 一辭，係由英文之 "Super" 及 "Vision" 兩部分合併
而成。Super 有「位居上方」之意，Vision 有「觀察」之意❶。如依我國
辭典解釋，監督為監視督促。故監督與英文 Supervision 之解釋相似，
頗有位居上方者，臨下視察督責之意❷。管理 (Regulation) 一辭，指對
某種企業的經營訂立規範，　亦即企業對政府所施壓力反應的行為修正
(Modification of the behavior of business in response to pressures ap-
plied through government)，它包括政府或企業自願採取的各種步驟，以
約束企業之活動，如各種法律管制，與保險業者間協定之規定，以及保
險管理當局的行政措施等。因此，政府有責任去鼓勵、引導，以及在必
要時要求保險業對目前社會的需要有所反應以及予以適度的配合❸。十

---

❶　《牛津高級英漢辭典》，東華書局，民國五十八年十月初版，p. 1106，
　　p. 1223。

❷　《國語辭典》，國語辭典編輯委員會，臺灣商務印書館股份有限公司，
　　民國七十一年十一月，p. 2609。

❸　孫堂福《保險管理的研究與保險理論》，富信行印刷公司，民國六十六
　　年八月初版，pp. 1-3。

九世紀中葉以來，保險政策做為保險監督之策略，在歐美日等先進國家更有顯著之發展趨勢。在此之前，各國對保險監督是按當時之需要採消極之管制，現代則以整體性及未來性之發展為主，而使保險監理之領域更為廣泛及公平為原則，藉以保障被保險人之安全。

保險係從歐美先進國家引進之舶來品，因此，我國的保險監理制度之各種法規及措施，無不仿效各先進國家之優良制度以供參考。十九世紀中葉，我國海禁漸開，開埠與海外通商，保險業隨之引進，以後經濟不斷的發展，保險事業亦隨之蓬勃發展。保險事業之設立，由於各家之經營組織及營業體系不同，彼此間差別頗大，因此保險事業不免感到難於維持正常之營業及順利的發展。因此，國家對於保險事業之監督，應運而生，一方面係基於增大保險事業對於國民經濟之社會的意義；另一方面，乃為調整業務內部之不調和，藉以健全保險事業之發展。故各國自十九世紀後半期起至二十世紀初期，紛紛制定保險監督法，藉以建立國家的保險監督制度。最早建立保險監督制度者，首推一八五五年美國之馬薩諸塞 (Massachusetts) 州，奧國於一八五九年，英國於一八七○年，瑞士亦於一八八五年制定了保險監督法。由於各種保險特別法並非萬能，且保險事業在國民經濟上之重要性日趨增大，為彌補法律規定之不足，並確實保障保險加入者之利益及維持保險事業之健全發展，只有靠政府予以更多之關注，嚴格施行國家之管理監督，至屬必要❹。

因此，保險監理係指政府對於保險業之監督與管理，亦有稱之為政府對保險業經營活動之行政干預，俾使保險活動於一公平合理之遊戲規則下進行，促使其預期目標在前提利益下得以實現之。

---

❹ 陳雲中《保險學》，五南圖書出版公司，民國七十三年九月 3 版，pp. 189–190。

第二節　保險事業監理之理由

一、保險業之特質

　　保險業為金融服務業之一環，具有特殊之社會性與公共性，其經營成敗與個人或家庭生活之保障、社會安定，及經濟發展有密切之關係，是以世界各保險先進諸國，莫不將保險業視為特許事業，除對其設立及財務業務之經營，訂有法律規範外，主管機關亦採嚴格監督主義，從嚴管理。我國憲法第一百四十九條明文規定：「金融機構，應依法受國家之管理。」保險業亦是金融業之一，因此需受政府之監理應無庸置疑，此外，尚可基於保險業所具有之下列特質，了解保險監理之重要。

　　（一）保險業具有社會公共性

　　保險係集合多數具有同類危險之經濟單位，共同釀資形成共同準備，並於少數經濟單位遭受損害時予以經濟補償，使發生危險事故後所面臨之困境得以緩和或解除。換言之，基於損失分擔之原理，以小額且能負擔之確定損失（繳付之保險費），替代大額而可能無法承擔之不確定損失，經濟單位可因此種確定之代價，而排除種種不確定之危險因素，以增加從事經濟活動之能力。但就保險人而言，此種確定之代價，係屬預收代管性質，在契約未滿期前並非保險人所有，仍是保險人之負債及未了責任；特別是人壽保險，保險人更需長期的代被保險人或其受益人保管此項資金，以應付賠償之需。此項代管之資金，保險人必須妥為運用孳息，如運用不當，勢將損及被保大眾之利益。保險事業因之具有公共性，關係社會公眾之利益至深且鉅。

　　（二）保險契約具有特殊性

　　保險契約與一般商業契約有別，保險契約因具有下列特殊性，故政

府為保護弱小之被保險人，必須從嚴監理保險人，其理由如下：

1.保險契約為單務契約：十九世紀以來，經濟生活之快速進步，保險技術之高度發展，保險契約內容漸趨於定型化。惟保險契約均由保險人單方所訂定，而由對方予以接受，其重要文件包括要保書、保險單及批單等均經制訂定型之條款，不容變更，故保險契約有時稱為「附合契約」(Contract of adhesion)，其性質乃形成保險人與被保險人間「不平等交易能力」(Inequality of bargaining power) 之結果。

2.保險契約為附合契約：保險契約之訂立，係經過要保人要約，保險人承諾之程序而完成。前已提及保險契約之內容均係定型格式，由保險人單方制訂，要保人僅能就願不願意投保加以選擇，對契約之內容很難加以變更，因此，保險契約雙方當事人，實處於知識不相等、交易力量不相等之立場來訂立契約，政府基於保障被保險大眾之權益，對於保險契約之內容、保險費率等，必須嚴格審核，以達到公平合理之目的。

3.保險契約常有為他人利益而訂立：按要保人負有繳付保險費之義務，而未明確享有請求賠償之權利，此乃因要保人之訂立保險契約，有的固係為自己之利益，亦有的係為他人利益之故。為自己利益訂立之保險契約，要保人即有賠償請求權，當然仍有請求保險人向他人為賠償之權利，無論財產保險或人身保險，通常均有為他人利益而訂立保險契約之情形。尤以人壽保險之死亡保險，常有為他人利益之保險契約。是以甚多保險單之簽發，常係保障非參與保險契約之第三人，此亦為保險事業之一大特質，因其具有潛在道德危險因素，故為他人利益之保險契約，其訂立時非但需依照特別規定辦理，有時竟不得為之。

4.保險契約是射倖契約：一般契約，多屬交換契約，即當事人因契約所生之權利與義務，具有等值關係。保險契約則屬射倖契約，因保險契約雙方當事人因契約所生之權利與義務間，並不具有等值關係，假如保險事故不發生，要保人所繳之危險保費不予退回，而保險人亦無須負

擔賠償責任；假如保險事故發生，保險人依契約規定，履行賠償責任，其賠償金額與要保人所繳之保費可能相差數百倍，甚至數千倍、數萬倍。而保險人應否履行賠償責任，則繫乎危險事故發生之或然率。鑒於保險契約訂立具有「交換價值不相等」之現象，要保人對於所支付之保險費不容易評估，必須透過政府監理，才能確保保險契約之公平交易。

（三）保險業是具有複雜及專門技術性

保險承保之對象有財產及人身，舉凡各種財產、責任、利益及人身之死亡、疾病、殘廢等均在內，故對於保險法令、保險原理、實務或習慣，因其內容經常涉及專門之術語及慣例，常非一般被保險人所能完全了解。且保險契約之承保範圍，基於保險原理、原則之運用，保險人並非漫無範圍及標準地承保任何危險，必然有所限制，以使責任更為明確。易言之，被保險人取得保險單後必須詳加閱讀，謀求充分了解，俾能保障自身之利益，以杜絕爭議之發生，由此可知保險乃係一種複雜且具高度專業與技術之行業。

二、保險監理之目的

政府對一般經濟活動之監理，其目的有十❺，即：①消除不合理之獨占；②管理自然獨占；③確保公平競爭；④合理分配天然資源；⑤促使企業承擔社會成本；⑥促進經濟繁榮；⑦保障國民安全、健康與福利；⑧消除年齡、性別、婚姻狀態、種族、宗教之不合理差別待遇；⑨保護消費者及投資者；⑩管理與公共利益有關之企業。

保險業之所以需要監理，即在自由經濟之美國，亦不例外，其主要理由，不外乎防止產生不良後果，確保保險業之償付能力，以及維持保險人公平合理之競爭基礎外，尚有一重大意義，即為經營範圍與規模之

---

❺　Robert I. Mehr & Emerson Cammack, *Principles of Insurance*, Richard D. Irwin, Inc., 7 edition, p. 667.

管制，促其正常經營與健全發展。因此，監理保險業之目的，在於：

(一) 確保保險業之清償能力，以保障被保險大眾之權益

保險業係提供危險安全保障之企業，必須本身具有良好之財務結構始具有清償能力，如此才能保障被保險人之安全，增進被保險人之信心。償付能力之要求，存附於保險監理範圍中之每一部份，惟就保險業內部作業為範疇而言，首須具有足夠的資本，並維持資本之完整。雖然，保險的經營是以相互為基礎，由參加各份子中分散危險，資本只居於相當次要之地位，有如附加之緩衝器，以消解不能預計的鉅額損失。但是，保險業於開辦之初，資本即具有重大之作用，直到業者有足夠之資力以利用大數法則分散危險為止。站於政府監理之立場，確保保險業之清償能力，乃應盡之首要責任。假如保險業喪失清償能力，無論發生之原因為何，主管機關均難辭其咎，故如何維護保險業之清償能力，乃保險監理之首要工作。

(二) 合理對待被保險人及提供保險人公平競爭環境

保險契約之訂立，必須遵守最大誠信原則，要保人與保險人於訂立契約時，雙方對影響契約之重要事項均需盡告知之義務，亦即保險契約當事人必須基於公平合理之立場享受權利，克盡義務。惟以目前我國保險市場之實務處理情形觀之，通常僅由保險人要求要保人必須盡告知義務，而保險人對保險契約內容、費率計算方式及理賠應注意事項卻未能詳實告知要保人，因而常導致理賠糾紛，對保險人及被保險人均產生不利影響。政府主管機關為保障被保險人之權益，減少要保人因欠缺保險知識所可能受到之不平等待遇，必須加以監理。

保險監理之另一項工作為提供一公平之競爭環境，俾保險業作合理之競爭。在現代商業活動中，企業有競爭才會有進步，也才能刺激保險人如何替被保險人做更佳之服務，惟有過於惡性競爭，不但提高企業經營成本，形成無效率，抑且容易導致失卻清償能力。目前，我國產物保

險市場所存在之放佣、放扣、錯價及不按費率規章確實執行加減費之情形，均屬不合理之競爭，影響市場之安定並破壞保險業崇高之形象，惟有靠政府採行若干措施，業者本身團結合作，才能在同一規則下，做一公平合理之競爭。為配合國際化、自由化之世界潮流，及加入世界貿易及關稅組織，政府之費率管制勢將取消，鼓勵保險業者設計多元化之商品提供消費者選擇。

（三）配合國家經濟發展與社會政策需要

保險係時代之產物，深受時間空間之限制及影響，現代生活之工業化與都市化，伴隨著社會結構的變遷，帶來急待解決的種種社會問題。如欲以保險為有效解決問題之利器，則對保險業之監理更為重要❻。茲分別敘述如下：

1.擴大保險階層：保險已成為現代社會中不可或缺之安全保障制度，故政府時常採取強制保險或社會保險之推行，以擴大保障層面。至商業性保險，由於社會大眾對投保與否有選擇權，且保險制度涉及專業知識與技術，非一般人所能了解，故除由保險業採取各種行銷方式，爭取社會大眾投保外，政府主管機關對加強保險知識之宣導，亦有深遠之影響。為使社會各階層均能蒙受保險制度之利益，允宜雙管齊下，提高投保意願，以擴大保險範圍及保障之層面。

2.新種保單之設計：在消費者主義日趨抬頭之今日，行銷導向尤其重要。管理大師彼得・杜拉克 (Peter F. Drucker) 在其名著《管理學：工作、責任、實務》一書中曾指出，創造顧客是企業生存的不二法門，並特別強調，如果企業不能提供顧客希望，並願付出代價的產品或服務，則企業終將走向失敗之途❼。保險業亦然，在賺取合理利潤之前，應考

---

❻　季可渝《保險業之監理與檢查》，海島出版社印行，民國六十七年五月，
　　p. 7。

❼　Peter F. Drucker, *Management, Task, Responsibility, Practice*, N.Y.: Harp-

慮是否提供顧客滿意之服務。保險業為服務業,其所提供之服務,必須以保戶之需要為依歸,為使保戶於投保時有更多之保單可以選擇其最適合之保障與保費,政府主管機關應鼓勵保險業設計新種保險,尤其必須注意業務量之分配情形是否集中於較高利潤之險種,對於利潤少而符合保戶需要之險種亦應要求保險人設計推出,如此雙方才能共存共榮。

　　3.適度開放新保險業加入市場競爭:保險業係特許事業,因其較他企業富有社會公共性,保險業之設立是否宜自由開放,抑或有限度之開放,甚或停止設立,事涉保險政策問題。主管機關在考慮此一問題時,須斟酌當時國內外政治經濟環境,審慎處理。有些國家為財政收入或公共政策目的,採公營保險政策,有些國家則採公民營保險並存政策;有些國家將保險業視為獨占事業,有些國家則僅有少數幾家保險業,形成寡占市場,有些國家則採自由開放政策,保險業進出保險市場,政府均不加干預。實施自由經濟制度乃世界民主國家制定經濟政策之趨勢,採取保險獨占政策或限制保險新設而形成寡占市場,對保戶而言,均無法獲得合理競爭之利益。如何避免保戶權益遭受獨占或寡占之剝削,乃政府主管機關釐訂保險政策時,應考慮之重要課題。

　　4.累積資金之妥善運用:保險業大量之累積資金可轉為企業的投資,亦可帶動其他政策之推動。新社會問題需要大量之資金,保險業即為吸收資金之重要泉源。一九四〇年早期,保險公司如非承購大量的政府債券,美國政府因戰爭所致之財務困難勢將更為嚴重。 因此保險業之資金構成社會經濟中最有力之投資來源,為求確保業者之償付能力,對其資金之運用固不必過度強迫其投資於不合理或無利潤之資產, 惟保險業本身亦應配合國家與社會之需要,提供適當之貢獻,以回饋社會大眾。

　　(四) 督導保險業維持正常經營及健全發展

　　保險經營,必須遵守政府法令規定,善盡良好國民之社會責任,此為

現代企業經營上應有之體認。唯有保險業之負責人本著良知依法經營，才能健全保險事業之發展。政府主管機關監理保險業之目的，乃在督導保險業之正當經營與健全發展，以維護保戶、保險業投資人之權益。

三、保險監理主管機關

　　清宣統元年由憲政編查館釐訂並完成立法程序後頒布「保險法規」，是我國第一部監理保險業之法典，但宣統三年四月，革命風潮各地風起雲湧，社會動盪不安，法令雖有訂立，惟已無暇實施。民國建立以後，直至十八年十二月三十日由國民政府公布保險法，至二十六年一月十一日修正公布，但均未實施。後於民國三十二年十月二十五日為因應戰時需要及配合金融管理，制訂「戰時保險業管理辦法」及「戰時保險業管理辦法施行細則」公布實施。並於三十九年政府遷臺後一度修訂，成為我國監理保險業之基本法規。嗣後財政部於五十一年二月三日及五十二年三月十七日先後令頒「管理保險業補充規定」及「修訂管理保險業補充規定」，其中對有關保險費率及收費等之查核工作，均責由當時之中央信託局再保險處執行。迨五十二年九月二日保險法經總統令修正公布施行，再於六十三年十一月三十日經總統令修正公布。至保險法施行細則及保險業管理辦法，亦於五十七年二月十日由行政院公布施行，復於六十四年八月十九日由行政院修正公布施行，至此政府對保險業之監理，才有了完備的法律依據。

　　保險業係具有公共性之金融事業，依照我國憲法第一四九條規定，金融機構應依法受國家之管理，保險法第十二條明定財政部為保險（商業保險）之主管機關，因此我國保險業係由財政部直接管理監督，在財政部金融司下設保險科，專司全國保險業之監理工作。目前政府對保險業之監理，已漸趨積極，且有相當之成效，惟因金融司第五科限於編制及待遇問題，無法延攬更多之專門人才，致若干工作間有委交中央再保

公司或有關公會協助辦理情形。考諸歐美先進國家，多由特設之機構綜攬以收全面劃一之效。我國自七十六年開放美商保險公司來臺設立分支機構，八十一年開放本國保險公司申請設立及其他國家保險公司來臺設立分支機構後，保險公司由本來之二十二家激增至六十家，為因應增加保險機構之管理，保險科亦升格為保險司。

美國之保險業，向由各州政府自行監理，至一九四五年，國會通過了麥克卡倫法案 (McCarran Act) 正式認可州政府有權管制保險業，並向其課稅，但聯邦政府對各州有關保險費率、惡性競爭及虛偽宣傳之立法可以約束。目前美國各州皆有保險法，分別設有保險廳（局），設置保險監理官掌理保險行政工作。

英國係保險事業最先進且最發達之國家，但英國政府對保險業之監理採取放任態度，保險業者之經營，任其自由競爭，僅需將年度報告、資產負債表及損益表依照規定格式定期公告，對保險公司之組織章程、保單條款、投資方法等多不予過問。其主管機關為貿易委員會，除規定各公司之最低資本額外，特別注意各公司之償付能力，必要時得派員檢查，已逐漸走向嚴格監督主義。

德國之保險監理機關為聯邦保險監理局，負責全國保險監理事務，至於小規模及地方性之保險事業，則由各邦政府負責監理。又該國依據保險監理法設立保險諮議會，遇有核發營業執照、修改保險公司所提營業計畫，或勒令停業等，則由聯邦監理局及保險諮議會共同決定。再者對應聘審查保險公司帳務並簽證會計年度報告之會計師及公證人之資格，監理局得審查之，且可命其提出審查帳務後之書面報告。另法國設有保險管理局，受財政部長之監督，義大利之保險主管機關為工商部，下設民營保險管理局，瑞士由中央政府之聯邦司法警務部及聯邦保險管理局共同監理。日本由大藏省銀行局主管，銀行局下專設保險部，分設保險第一課主管壽險行政，保險第二課主管產險行政，至保險業務及財

務之檢查工作，則由大藏省銀行局檢查部負責，各地保險公司之分支機構及代理店，則授權各地財務局辦理❽。

四、我國保險監理之組織系統

保險科擴大編制為保險司後，其下分設保險法規與制度科、產物保險科、人壽保險科、保險檢查科、保險輔助人科、申訴科、汽車保險科等七科，成員編制有六十餘人，對於保險監督管理品質之改善，不無增益。

第三節　保險監理之方法

監理保險業之方式，各國採用之主義並不相同，惟歸納後，有下列三種方式。

一、公示主義

英國一九〇九年及一九四六年之保險公司法 (Assurance Company Act) 即採用此一主義，乃最寬鬆之監督方式。國家對於保險業之經營，並不作任何直接之監督，　僅規定保險業必須依照政府規定之格式及內容，定期將營業結果呈報主管機關並公告，其餘關於保險業之組織、保險契約及資金運用等，均由業者自律，政府不加過問與干涉。至於保險業之經營是否健全，則由保戶及一般大眾自行判斷。

此種監督方式之優點，為准許保險業自由經營，使保險業在自由競爭下，得以自由發展；其缺點則一般社會大眾對保險業之經營不甚了解，僅憑保險業之公告內容難以判斷良窳，對於經營不當者，無法防止，此一現象尤以保險業不甚發達之國家為然。因此，欲採公示主義之國家，必須：①國民保險知識水準較高，對保險業經營情形之良窳與否，具有

❽　同❻，參看pp. 9-12。

保險監理組織系統表

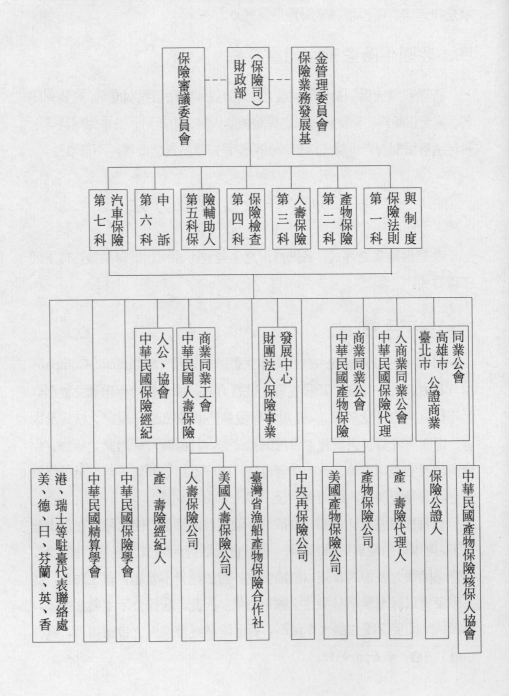

適當之判斷能力；②經濟已高度發展，保險機構已普遍設立，且均具相當自制力，保戶可從多數保險業中，選擇最優良者投保。

二、準則主義

又稱形式監督主義或規範主義，係由主管機關規定保險經營之一定準則，要求保險業遵守，政府對保險經營之若干重大事項，如最低資本額之規定，資產負債表及損益表之審核，法定公布事項之主要內容，以及違反法律規定之罰則，均有明確之規範，如有違反，則依法處罰。此種方式，較之公示主義監理方式，已較為嚴格，但政府主管機關對保險業是否健全經營，仍止於形式上加以審查是否符合法律規定而已，對形式合法，實質違法者，卻未能作有效之防止或糾正。例如，德國過去對民營疾病保險之監督，即為失敗實例。此一方式荷蘭自一九二二年以來即採用之。此一監理方式之優點為政府僅制定保險業健全之準則，供保險業遵守，只要保險業在合於該項準則之範圍內，可自由經營。惟其缺點則為只重形式監理，對實質違規者，仍缺乏有效管理。

三、實體監督主義

又稱為許可主義，舉凡保險業之設立許可、業務經營、財務結構，以迄發生清算倒閉等，均由國家訂定各種法律規定，隨時隨地予以有效監督。現今世界各國由於商業活動日趨複雜，保險業就逐漸走向技術化，保險業因經營不善而倒閉者日益增加，故政府為防止保險業倒閉，在監理上均採此種方式。瑞士於一八八五年開始採行，為實體監督主義之嚆矢，其後德國、奧地利、日本等國相繼採用。美國自十九世紀後半期亦採取此種方式，且為各國保險監督立法中最為周密者。

第四節　我國保險事業監督之內容

　　我國對保險事業之監督，前已述及係採實體監督主義。茲將保險事業監督之內容，說明如次：

一、保險業營業前（設立）之監督

　　保險法第一三七條規定：「保險業非申請主管機關核准，並依法為營業登記，繳存保證金，領得營業執照後，不得開始營業。」依此規定，保險業自申請設立至開始營業，須依下列程序辦理❾：

　　（一）申請核准

　　保險業之成立，須向主管機關申請特許。保險法第一二條規定：「本法所稱主管機關為財政部，但保險合作社除其經營之業務，以財政部為主管機關外，其社務以合作主管機關為主管機關。」因而保險業無論依公司組織抑或以合作社組織型態申請設立，均須在設立之初，經財政部核准。其申請內容包括組織型態、核保理賠人員、營業計畫等。

　　（二）營業登記

　　保險業在開始營業前，須依法分別向財政部及經濟部（合作事業管理處）申請營業登記並核發營業執照。

　　（三）繳存保證金

　　保險業於設立時，依保險法第一百四十一條及第一百四十二條規定應按資金或基金實收總額百分之十五繳存保證金於國庫。保證金以現金為之，但經主管機關核准者，得以公債或庫券代繳之。如保險業以現金繳納則無利息，若以公債或庫券抵繳，則可免除資金之凍結，尚有孳息以充收益。保證金目前以存放中央銀行國庫局為主，該項保證金非俟宣

---

　　❾　同❹，參看 p.p. 193-201。

告停業依法完成清算，不予發還。

（四）領取營業執照

保險業除須繳存保證金外，尚須繳付登記費及手續費與主管機關，登記費連同手續費繳交與財政部後，始發予營業執照，保險業於領得營業執照後，方得開始營業。

二、保險業營業中（經營）之監督

依據保險法第一四八條：「主管機關得隨時派員檢查保險業之營業及資產負債，或令保險業於限期內報告營業狀況。」茲分為財務、業務及人事三方面說明之。

（一）財務方面

1.各種責任準備金之提存：保險法第一一條規定：「本法所稱各種責任準備金，包括責任準備金、未滿期保費準備金、特別準備金及賠款準備金。」各種責任準備金提存是否適當，決定保險業經營是否穩健。又保險法第一四五條第一項規定：「保險業於營業年度屆滿時，應分別保險種類，計算其應提存之各種責任準備金，記載於特設之帳簿。」惟計算準備金不能漫無標準，故同條第二項又規定：「前項所稱各種準備金比率，由主管機關定之。」保險法施行細則第四～一六及第一七條規定產物及人壽保險各種責任準備金提存標準。倘保險業不依保險法第一百四十五條規定提存責任準備金，或不依規定計提者，依保險法第一百七十一條得處負責人六十萬元以上，三百萬元以下罰鍰；並得撤換其核保或精算人員。

2.資金及責任準備金之運用：保險業之資金及責任準備金之運用，是否符合安全性、流動性及獲益性之原則，對於保險加入者之權益，及整個社會經濟安定與繁榮，關係甚重。故各國政府對於資金運用範圍，常於法令中加以限制規定，我國保險法於第一百四十六條及第一百四十

六條之一至八對於運用之項目及運用比率均有詳細之規定，倘保險業對其資金及責任準備金之運用，超越規定範圍者，得處負責人各九十萬元以上，四百五十萬元以下罰鍰，或勒令撤換其負責人。同法第一六八條亦規定其情節重大者，並得撤銷其營業執照，或處行為人三年以下有期徒刑、拘役或科或併科新臺幣一千萬元以下罰金。

　　3.安定基金之設置：保險法第一四三條之一「為保障被保險人之權益，並維護金融之安定，財產保險業及人身保險業應分別提撥資金，設置安定基金。前項安定基金為財團法人，其基金管理辦法，由主管機關訂之。」保險業萬一失卻清償能力而有無法償還責任準備金或履行契約責任情事時，安定基金之設置可減輕或免除要保人或被保險人之損失，壽險業目前已有安定基金之設置，產險則無爰予增列。財政部前於八十一年十二月三十日臺財保第八一一七六七二一一號函發佈「保險安定基金組織及管理辦法」。新辦法將於九十年六月底通過之保險法公布後研擬實施。保險法第一四三條之二「安定基金由各保險業者提撥；其提撥比例與安定基金總額，由主管機關審酌經濟、金融發展情形及保險業務實際需要定之。」保險法第一四三條之三「安定基金之動用，以下列各款為限：（一）對經營困難保險業之貸款。（二）保險業因承受經營不善同業之有效契約，或因合併或變更組織，致遭受損失時，得請求基金予以低利抵押貸款。（三）保險業之業務或財務狀況顯著惡化不能支付其債務，主管機關依第一百四十九條第二項規定派員接管、勒令停業派員清理或命令解散時，安定基金應依主管機關規定之範圍及限額，代該保險業墊付要保人、被保險人及受益人依有效契約所得為之請求，並就其墊付金額代位取得該要保人、被保險人及受益人對該保險業之請求權。（四）其他為保障被保險人權益，經主管機關核定之用途。」

　　（二）業務方面

　　1.營業範圍之限制：保險業經營之成敗，涉及社會公益與安全，故

以專業為主；而其兼業，則為法所不許，茲說明如下：

(1)保障專業：保險法第一三六條第二項規定：「非保險業不得兼營保險或類似保險之業務。」亦即保險業務之經營僅以保險業者為限，其他業者不得經營之，否則依同法第一六七條規定：「處一年以上七年以下有期徒刑、得併科新臺幣二千萬元以下罰金。」日前有多數保全業者所經營之汽車保全業務，實際上就是類似保險業務，財政部亦曾派員取締並予處罰其負責人。

(2)禁止兼業：

①財產保險與人身保險不得兼營：保險法第一三八條第一、二項規定：「財產保險業經營財產保險，人身保險業經營人身保險，同一保險業不得兼營財產保險及人身保險業務。但法律另有規定者，或財產保險業經主管機關核准經營傷害保險者，不在此限。責任保險及傷害保險，得視保險事業發展狀況，經主管機關核准，得獨立經營。」

②保險業不得兼營法定以外之業務：保險法第一三八條第三項規定：「保險業不得兼營本法規定以外之業務。但法律另有規定或經主管機關核准辦理其他與保險有關業務者，不在此限。」此條在於強調，不是保險業務，保險人不得兼營；又雖屬保險業務而非本法所規定者，如簡易人壽保險業務或社會保險業務，亦不得兼營之。

③保險合作社僅限於合作社社員之業務：保險法第一三八條第四項規定：「保險合作社不得經營非社員之業務。」因保險合作社係以社員為結合之團體，法人組織不得參加，故保險合作社不得經營非社員之業務。

2.保險費率與保單條款之審核：保險業管理辦法第二十五條規定：「各種保險費率、保險單條款、要保書及財政部指定之相關資料，均應先報經財政部核准始得出單；其變更修改時，亦同。但有國際性質且情形特殊或經財政部核定之保險，得依財政部規定採備查方式辦理。」財政部在審核保單條款及費率時，為求其公平合理，得交由專家學者所組成

之保險商品審查會審核或交由其他適當機構研議。

3.保險金額之限制：保險法第一四七條：「保險業對於每一危險單位之保險金額扣除再保險金額後，不得超過資本金或基金、公積金、特別準備金及未分配盈餘總和之十分之一。」亦即規定保險業者對每一危險單位最高自留額的限制，其旨在穩固保險之基礎並加強其經營能力。超過自留額部份之危險，保險業者可以再保險之方式將危險轉嫁給其他保險人，以獲得危險之分散，如不加以限制保險業之每一承保危險單位之最高自留額，則易導致危險過分集中，其危險超過其負擔之能力而發生破產之情事。如自留額有變動時亦應呈報財政部核備。

4.超額承保之限制：由於超額保險，容易引起道德危險之發生，因此保險法第七十二條亦有規定：「保險金額為保險人在保險期間內，所負責任之最高額度。保險人應於承保前，查明保險標的物之市價，不得超額承保。」

5.分紅保險契約之限制：分紅保險契約多以長期之人壽保險為主，其他財產保險、健康保險、傷害保險等短期契約不能適用。保單分紅之計算基礎及方法應於保險契約中明訂之。此在保險法第一四○條有明文規定。

6.保險業務之檢查：主管機關為隨時了解保險業之經營狀況，得指派專人實施檢查。保險法第一四八條「主管機關得隨時派員檢查保險業之業務及財務狀況，或令保險業於限期內報告營業狀況。……」

（三）人事方面

保險業經營狀況是否良好、財務情況是否健全，均有賴其重要職員是否稱職。其中以核保、理賠，及精算人員最為重要。核保人員在於衡量及選擇保險標的之危險、測定其危險程度之大小，決定承保與否以及其適用之費率。理賠人員在於研判理賠責任，調查損失事實，估計損失金額，使被保險人遭受損失時，能適時的獲得合理之補償。精算人員在

於統計資料分析，以及編訂費率與費率計算程式。因此保險業在營業登記時，必須檢附上述人員之資歷證明文件，呈報財政部核准。理賠、核保及精算人員之資格由財政部訂定資格審查標準來加以審核，如合乎審查資格者，由財政部發給上述人員資格證書。自從中華民國產物保險核保人學會成立後，財政部即將產險部份交由該學會辦理，該學會為提升素質及公平合理起見，現每半年均以考試方式舉辦產物保險核保理賠人員資格考試。人壽保險部份目前授權中華民國人壽保險商業同業公會做資格之審核。精算人員部份仍由財政部自行審查。

三、關於清算方面之監督

保險業因經營不善、違反法令、或負債過多等，而停業或解散時，政府應注意監督其清算，選派清算人。對於財務發生困難之保險業，政府非到萬不得已時，仍應儘量使其重整或復業，助其度過危境，繼續營業，儘量避免監督其清算，如此對保險人及被保險人皆有利益，可防止金融風暴之發生，自我國保險業開業以來，僅有國光人壽保險公司因經營不善而被財政部勒令停業並予清算，並指定陳寬強律師為破產清算人。保險業管理辦法第二十二條對於保險業解散事由有下列七種：①章程所定解散事由之發生②股東或社員大會解散之決議③與他保險業合併④破產⑤保險契約全部轉讓⑥股東或社員不足法定人數⑦解散之命令或裁判。又我國保險法第一四九條第二項規定，保險業因查有違背法令，或其資產不足清償債務，並返還責任準備金之情事時，主管機關應視其情節輕重，分別為下列處分：①限期改正②限制其營業範圍或新契約額③命其補足資本或增資。保險業不遵行上列處分者，主管機關應視其情節輕重，分別為下列處分：①派員監管、勒令停業派員清理②撤換其負責人或其他有關人員③限期改組④命其停業或解散。

一般情形下，保險業解散時，其清算人之選任，應依公司法或合作

社法規定辦理之。保險業因違反保險法第一四九條第二項而解散時，由主管機關選派清算人，從事清算，並將其營業執照繳銷。另保險業管理辦法第二十一條訂有轉讓契約之規定。同辦法第二十二條亦有退還保險費或責任準備金之規定。由於法規無法將保險之監督做一詳細之規範，因此，如何適當的運用法規，乃是保險監理藝術之所在。

第五節　我國保險業財務暨業務之檢查制度

一、檢查機關及檢查目的

　　保險對國家經濟發展及社會安定影響深遠，而其契約之履行及成本之不確定，影響風險及利潤之評定，故各國政府對保險業之經營及其償付能力，莫不要加以監理。為避免保險市場開放而引起市場秩序的混亂，使保險市場雖然自由化，但仍能維持紀律化，另為促使我國保險業之健全發展及有效執行保險政策，保險業之檢查尤具重要性。按保險業之檢查係主管機關監理保險業工作重要之一環，其主要目的在查核保險業經營之合法性與安全性，用以糾正經營上的缺失，發揮監督功能，保障被保險人，一般社會大眾及保險公司本身的利益。

　　檢查保險業的目的主要如下：

甲、財務方面

　　（一）查核保險業之財務狀況是否良好。

　　（二）查核保險業之資金運用是否符合法令規定。

　　（三）查核保險業之資金運用是否穩健妥適。

　　（四）查核保險業帳載資產負債是否虛列不實。

（五）查核保險業之年度決算收支損益是否確實。

（六）查核保險業對其關係人是否有非常規交易。

（七）查核保險業之會計作業是否依據統一會計執行。

（八）查核保險業在某一特定時日是否能履行其契約所承諾之責任。

（九）查核保險業對主管機關規定核示事項是否遵行照辦。

乙、業務方面

（一）查核保險業經營業務是否遵照法令規定，有無不正常之實務操作。

（二）查核保險業是否依部核之費率計收保費。

（三）查核保險業對理賠案件之處理是否迅速誠實。

（四）查核保險業自留限額之訂定與再保險之安排是否適當。

（五）查核保險業是否惡性競爭而有錯價折扣之行為。

（六）查核保險業各種責任準備金之提存及沖轉是否符合規定。

（七）查核保險業對保戶之申訴是否妥善處理。

（八）查核保險業對主管機關規定核示之事項是否遵行照辦。

丙、上次檢查缺失複查

對於上次檢查之缺失事項是否確實依照主管機關之處理意見改善。

總之，發現保險業經營上之缺失加以糾正或處罰乃檢查之消極目的，積極的目的係藉實地檢查，了解保險業的實際經營狀況，以便作為監理、決策、修改不合時宜法令的參考，使法令更健全；另一方面，能及時發現問題、解決問題，防止保險業因失卻清償能力而使保戶大眾的權益受到損害。

二、檢查的範圍與分工

依據保險法第一百四十八條規定：「主管機關得隨時派員檢查保險業之業務及財務狀況，或令保險業於限期內報告營業狀況。」又依據同法第十二條規定：「本法所稱主管機關為財政部……」。故我國對保險業之檢查，其主管機關為財政部。

往年財政部設錢幣司主管金融保險事務，唯實際負責保險監理僅金融司下之保險科，其編制僅有六人，故檢查人才實有不足，但財政部為促進保險業之健全發展，加強保險業之監理，曾於六十年四月七日以 (60) 臺財錢第一二七一三號令頒「財政部授權中央再保險公司檢查保險業暫行辦法」，授權中央再保險公司檢查保險業，授權期間暫定為二年。六十二年及六十四年並曾分別以 (62) 臺財錢第一三〇四三號及 (64) 臺財錢第一二〇二九號函再度各延長授權期間二年，至六十六年起由財政部錢幣司自行主辦，但為借重中央再保險公司之專業技術與檢查經驗，歷年仍借調該公司稽核人員協助檢查。之後，財政部錢幣司改稱為金融司，因保險科之編制並未擴編，故稽查人員之編組仍循往例辦理。

另為借重中央銀行金融檢查處之檢查長才，財政部於五十一年二月二日公佈之授權中央銀行檢查金融機構業務辦法規定，保險業之授信業務由中央銀行負責檢查，後由行政院公佈之保險業管理辦法第十八條第二項規定：「保險業之授信業務得由中央銀行派員檢查。」

八十年七月一日，金融司之保險科擴編改制為保險司，編制為八十六人，並設第四科為檢查科，專職負責保險業之檢查工作。因檢查人員係新進人員，為使檢查經驗得以傳承，仍在同年及八十一年請中央再保險公司派員協助辦理，至八十二年起，除授信業務仍依往例請中央銀行派員協助外，檢查人員全部由保險司成員組成，以檢查科之人員為主幹，於年度檢查時，與各業務科組成聯合編組，負責保險業檢查工作。

檢查機關之職權，依據保險法第一百四十八條規定，其檢查範圍，包括保險業之業務經營及財務狀況，舉凡保險公司之簿籍帳冊報表單據，有關文件均可檢查，檢查人員於執行職務時，對應行檢查事項，均應詳加查核，被檢查之保險業者，不得藉詞拒絕或推諉其需編製必要報表或提供書面文件與口頭說明。

三、保險業應提供的各種財務及業務報表

為便於書面查核（即報表查核），檢查機關應設計各種財務及業務報表（統稱年度檢查報表）供保險業填報，並限期函送檢查機關審核。書面查核有下列優點：

（一）節省人力

如保險業所填報之報表確實可靠，則可就書面資料審閱查核，發現問題，即可請受檢單位改善，如有違法情形，例如報表顯示不動產超過法定比率，便可加以處罰並糾正。

（二）爭取時效

年度檢查因有時間及檢查人力之限制，且保險公司家數日益增多，如對每一業者逐一檢查，所需時間不貲，對於檢查時效，恐緩不濟急，若能先從檢查報表作一篩選，挑出有問題之公司先行或加強檢查，則可收事半功倍之效。

書面查核固然有節省人力及爭取時效等優點，但無法掌握全盤狀況，如報表之資料有疑問時，尚需進一步實地查證，故不能完全取代年度檢查或專業檢查，只能作為派員查核檢查的輔助方法之一。

依據保險業管理辦法第十八條規定：「保險業每屆營業年度終了，應將其營業狀況連同資金運用情形及投放處所，作成報告書，併同資產負債表、財產目錄、損益計算書及盈餘分配或虧損撥補之議案，由財政部核准聘用之會計師查核簽證，提經股東或社員代表大會承認後，十五

日內報請財政部查核審定，並由各該業者將資產負債表、損益表於指定之新聞報章公告之。」故檢查機關應切實要求保險業者除應依法將資產負債表、損益計算書公布於新聞報章上，且更應要求務必詳實填報年度檢查報表，如經發現有故意漏列填載不實之資料，除應處分相關人員外，並加強實地檢查，如增加檢查人員、延長檢查時間及增加檢查次數等，以收嚇阻之效。

檢查報表之設計應從二方面考量：

（一）能詳實表達資產及營業狀況。

（二）各種報表有互相勾稽的功能，如有填報錯誤，可立即發現。

年度檢查報表應每年不斷檢討、改進以加強書面查核的功能，並達到節省人力、爭取時效的目的。

目前所使用之年度檢查報表如下：

一、產險業年度檢查報表內容

（一）組織系統及人員概況表

（二）單位主管人員名錄

（三）核保、理賠、會計、財務人員名錄

（四）分公司及通訊處報告表

（五）資產負債表（與上年之比較表）

（六）損益表（與上年之比較表）

（七）平衡表

（八）損益表

（九）各險直接業務業績情形比較表

（十）再保險業務統計表（分出）

（十一）再保險業務統計表（分入）

（十二）分出再保業務分析表

（十三）分入再保業務分析表

（十四）重大已決賠案簡表

（十五）自留業務統計表

（十六）往來公證人概況表

（十七）最高自留額表

（十八）自留保費及已滿期保費表

（十九）已決賠款、未決賠款及自留賠款表

（二十）賠款特別準備金明細表

（二十一）佣金支出比較表

（二十二）代理人費用比較表

（二十三）資金運用分析表

（二十四）投資淨收益表

（二十五）本年度售出股票明細表

（二十六）本年末持有之股票明細表

（二十七）本年度售出、滿期之有價證券明細表

（二十八）本年末持有之有價證券明細表

（二十九）本年末未收回質（抵）押放款明細表

（三十）本年已收回質（抵）押放款明細表

（三十一）本年度售出不動產明細表

（三十二）本年末持有不動產明細表

（三十三）本年末持有營業用器具設備明細表

（三十四）本年度售出營業用器具設備明細表

（三十五）存款明細表

（三十六）費用明細表

（三十七）各項費用支出比較表

（三十八）各項比率表

（三十九）應收保費帳齡分析表

（四十）應收票據、應收帳款帳齡分析表

（四十一）經理級以上人員薪資及各項津貼明細表

（四十二）業主明細表

二、壽險業年度檢查報表內容

（一）組織系統及人員概況表

（二）單位主管人員名錄

（三）精算、核保、理賠、會計、財務人員名錄

（四）平衡表

（五）損益表

（六）利源分析表

（七）險別營業損益分析表

（八）保險契約報告表

（九）保費收入費招攬費用支出報告表

（十）各險停效率計算表

（十一）保險給付報告表

（十二）再保及轉再保業務報告表

（十三）壽險重大賠案及早期死亡賠案報告表

（十四）保險滿期給付費財源調配報告表

（十五）保單紅利明細表

（十六）應付保險給付明細表

（十七）保險給付明細表

（十八）總保費表

（十九）未滿期保費準備及賠款特別準備報告表

（二十）壽險有效契約責任準備金報告表

（二十一）費用明細表

（二十二）投資淨收益表

（二十三）資金運用分析表

（二十四）本年末持有之公債、庫券及公司債明細表

（二十五）本年度售出、滿期或贖回之公債、庫券及公司債明細表

（二十六）本年末持有之股票明細表

（二十七）本年度售出股票明細表

（二十八）本年末未收回質（抵）押放款明細表

（二十九）本年已收回質（抵）押放款明細表

（三十）本年末持有不動產明細表

（三十一）本年度售出不動產明細表

（三十二）本年末持有器具設備明細表

（三十三）本年度售出器具設備明細表

（三十四）存款明細表

（三十五）應收票據、應收帳款帳齡分析表

（三十六）經理級以上人員薪資及各項津貼明細表

（三十七）業主明細表

四、檢查計畫之擬訂、執行與考核

檢查計畫可分不定期之專案檢查計畫及定期之年度檢查計畫二種，可斟酌實際需要與現有檢查人員之多寡，擬訂檢查計畫，呈奉核定後依計畫執行。惟經奉核定之檢查計畫，並非一成不變，中途如遇有突發狀況或有實際需要，仍可酌情簽報修正，做有限度的彈性及靈活運用。

甲、檢查計畫之擬定

A.專案檢查計畫

（一）專案檢查之時機

1.人民舉發之案件需實地查證者。

2.其他單位通報之案件有必要實際查核者。

3.保險業呈送之報表經核有異常現象者。

4.媒體之報導保險業非常規消息有需要查證者。

5.主管首長臨時交辦專案檢查者。

（二）專案檢查計畫之內容

1.確立專案檢查工作之重點、方向。

2.專案檢查工作實施要點：

⑴檢查人員之調派──由檢查科會同主管之業務科一至二人組成專案檢查小組，指定其中職位較高者為領組，負責指揮協調之工作。

⑵預定檢查工作天數──以二至三天為原則，最長不宜超過七天。

⑶預定工作進度──行前由領組會同各檢查人員先就案情作一評析，確立檢查方向並預定工作進度。

⑷應確實注意保密──專案檢查通常具有時效性，尤需特別保密，否則效果將大打折扣。

（三）申請核發檢查函

檢查計畫擬定後，須呈奉核定並請核發檢查函，函須由領組親攜至受檢單位交予其負責人或可代表負責人之人以作為檢查之依據。

（四）檢查結束之後續作業

檢查工作結束後，各檢查人員應就其檢查之結果及檢查意見交予領組，由領組或領組指定之人彙總成檢查報告，檢查報告應於檢查工作結束後七天內撰寫完成並簽報，奉核定將檢查意見函請受檢單位改善具報。

B.年度檢查計畫

（一）年度檢查意義

年度檢查亦即例行性定期檢查，係於年度（曆年制）開始時，審酌

實際情形，作通盤及一般性的檢查。

（二）年度檢查之對象

1.選案之依據：因保險公司家數日益增多，檢查人力有限，無法每年對每一保險公司作全面性年度檢查，僅能作選擇性的查核，其選擇的依據有下列三項：

⑴上年度檢查有重大缺失且有複查之必要者。

⑵對主管機關所核示之事項不配合辦理者。

⑶市場佔有率相對較高者。

2.檢查對象：

⑴對各保險業總公司之檢查。

⑵對各保險業分公司之檢查。

⑶對各保險業通訊處之檢查。

3.檢查內容：

⑴全面查核：如時間及人力許可，應實施全面查核，其內容如下：

a.查核各保險業年度決算情形；

b.查核各保險業之業務經營情形；

c.查核各保險業之財務狀況；

d.查核各保險業之資金運用情形；

e.查核各保險業之未滿保費準備金暨賠款特別準備金之提存沖轉情形及未決賠款之估列情形，另壽險等責任準備金之提存沖轉情形亦一併查核。

f.查核各保險業內部稽核制度之執行績效。

g.查核各保險業對主管機關糾正事項之遵辦情形。

⑵重點查核：因保險業家數日益增多，若每年皆全面查核，時間及人力恐有不足，可就較易違規者採重點查核。

4.檢查計畫實施要點：

⑴檢查人員之編組及調配

a.分組：

（Ⅰ）檢查人壽保險業，分組進行，人員編組可視保險公司業務量大小而定，每組最少二人，最多不宜超過五人，另指定其中一人為領組。

（Ⅱ）檢查產物保險業，分組進行，人員之編組可視保險公司業務大小而定，因產險業務較為複雜，每組以三人至五人為宜，指定其中一人為領組。

b.領組的職責：領組通常為職位較高、經驗較豐富者擔任，負責和受檢公司的協調，及分配各檢查人員的工作，最後負責檢查報告的撰寫或指定相關人員撰寫。

c.壽險業與產險業之業務差異甚大，其業務檢查均需有高度之專業學識經驗者擔任，才得以勝任。

⑵工作準則：檢查人員應遵照保險業檢查手冊有關規定、呈奉核定之檢查計畫及主管首長之指示辦理。

5.檢查進度之安排：

⑴期前工作：

a.檢查人員之選任：由於主管機關檢查科編制人員有限，且為使各業務科人員有機會了解保險公司實際作業情形，年度檢查之檢查人員宜採檢查科及業務科任務編組方式，承辦人員應先簽報選定業務科支援之檢查人員。

b.期前訓練：為使檢查經驗得以傳承，且使檢查人員執行檢查工作時，能熟習檢查技術及瞭解保險業現行財務業務缺失事項等，並增進年度檢查效果，於年度檢查實施前，宜舉辦檢查人員訓練講習，其訓練內容得視當年度檢查目的而逐年調整。

⑵準備工作：

a.擬定工作計畫及選定受檢單位簽報核定。

　b.檢討現行之產壽險檢查報表格式是否需配合法令的修正而修訂，如有需要，應簽報奉核定且於檢查前一個月函送各公司限期填報，應讓受檢公司有充分時間填妥。

　c.檢查人員分組後由每組之領組分配工作，定期召集全組檢查人員舉行檢查前之工作會報，交換檢查意見。

　d.檢查前檢查人員應先調閱有關受檢單位前期之檢查報表、檢查報告、工作底稿、本部檢查意見、該受檢單位函報之缺失改進事項，並對有關資料予以蒐集整理分析。

　e.檢查人員應於檢查前，預先詳細研究分析該受檢單位函報之檢查報表，充分瞭解其內容，找出可疑問題並列為檢查重點。

　⑶檢查工作：

　a.保險業之年度檢查工作視其規模及業務之繁簡來訂定檢查日數，規模小者以五至十天、規模大者十至二十天為原則，檢查工作應於預定時間內併同檢查報告一併完成，惟仍可依實際需要縮短或延長。

　b.對受檢單位之查核優先次序，原則以計畫盈餘轉增資之保險業及平時列管經簽報奉准列入年度檢查時併案查核者優先查核。

　c.對保險公司分公司及通訊處等分支機構之檢查，應於總公司檢查完竣後，視實際情形於預定進度時間內一併辦理。

　6.協調配合：

　⑴保險業之檢查時間，宜與中央銀行金融檢查處對保險業授信業務檢查時間協調一致，儘可能配合會同進行查核。

　⑵檢查時間以星期一至星期五為原則，每星期六定期召集檢查人員會報，以資連繫協調，各組亦可自行召開檢討會，討論工作進行有無困難、能否依照工作計畫完成；另交換檢查心得、增進檢查技巧、累積經驗等。

　7.督導考核及獎勵：

⑴檢查工作之進度，如無其他緊急事故，應確實依工作計畫確實執行，主辦單位應定期掌握各組之工作進度，並督導及考評各組之查核績效。

⑵檢查人員之工作績效，根據考評結果，應分別予以獎勵。

乙、檢查計畫之執行

檢查計畫之執行，不論專案檢查或年度檢查，應機動秘密，主動靈活，茲將檢查計畫之執行敘述如下：

㈠檢查人員之選派調用之編組：

由主辦科視實際情形，先行簽報洽辦，每次檢查編組，年度檢查產、壽險各分二組同時進行檢查工作，每一受檢公司不宜派同樣之檢查人員連續擔負檢查工作。

㈡檢查函之請發，由主辦科依照規定程序簽辦。

㈢檢查前應注意事項：

（一）為了儘可能節省時間及增進工作成效，檢查人員必須參閱前次之檢查工作底稿，因自上次檢查之工作底稿中，可發覺應加以改進之處。

（二）檢查人員查閱上次之檢查報告，應注意之處應逐項予以摘錄，俾作為此次查核之參考，且為缺失追蹤考核之依據。

（三）準備檢查用之各項參考資料，保險相關法令、技術手冊等。

（四）由領組準備各項文具用品，如計算機、工作底稿等。

（五）領組應查點檢查函及相關證件是否攜帶齊全。

（六）領組與檢查小組成員討論檢查事宜，並分配工作，決定集合地點、時間等。

（七）若在外埠檢查，則需安排交通、膳宿事宜。

㈦檢查工作進行中所應注意事項：

（一）到達受檢公司時，領組除應立即出示檢查函並聯絡受檢單位主管外，並應立即將檢查處所及電話號碼電告主辦單位，以便隨時保持聯絡，檢查完畢時，亦應與主辦單位連絡，俾能控管檢查進度。

（二）各檢查人員根據預定日程及指定工作，分配檢查時間，如無法作詳細查核則應作重點抽查。

（三）領組應隨時告知檢查人員遵循已指定之計畫，同時使其瞭解工作的重點及進度。

（四）各檢查人員每日應撰寫檢查日誌，敍述每日之工作進度及查核情形。

（五）對已完成之報告草稿應予以檢討，以確定所提檢查意見均為真實情況，且均有工作底稿作為佐證。

（六）各檢查人員對於非尋常及有疑問項目必須予以注意，以便隨時與受檢公司相關人員進行討論。

（七）檢查期間，如發現重大事項，有必要請示時，應隨時由領組簽報核辦，迅速處理，以爭取時效。

（八）檢查期中，檢查人員於中午用膳休息時或下午下班返回時，應特別注意收拾及保管檢查資料或工作底稿，以免散失或遭塗改。

（九）查核工作底稿須加註索引，以方便檢查報告之撰寫及日後之查閱。

（十）當查核工作底稿業已完成，存疑事項均已登記在未決事項明細表時，尚有下列各點須加以考慮：

1.備註事項是否註釋清楚。

2.有疑問之查核工作底稿是否業經澄清。

3.不完整之相關資料是否均已補齊。

4.所有詢證函是否均已獲得確實回答。

㈤檢查工作完成後應注意事項:

（一）已完成之報告草稿，必要時應提出與受檢公司主管人員檢討，以免徒增日後之困擾。

（二）所有工作底稿應妥為裝訂，並加註索引，編製目錄。

（三）將受檢單位最近期之各項統計資料補充於受檢公司之永久性檔案以便日後參考。

（四）完成檢查工作天數之統計。

（五）將已完成之未決事項，作成報告表，以便瞭解所有待決疑難事項均已解釋清楚，且已列入報告。

（六）編製重大事項、查帳程序之改變等相關之備忘錄，以及其他有助於未來的檢查事項等亦應一併記載。

（七）報告主管，查帳工作業已完成，準備討論。

丙、檢查計畫執行進度之考核

檢查計畫經奉核定後，為求貫徹執行，主辦單位應擬定檢查工作進度考核表如次:

工作流程 受檢單位進度　　組別及檢查人員	×× 公司				×× 公司			
領組：×××　檢查人員：×××　×××	預定		完成		預定		完成	
第 × 組	日期	天數	日期	天數	日期	天數	日期	天數
進行檢查								
提出報告								
簽報								
核判								
核示函　日期／文號　發文								
受檢單位覆辦　日期／收文號								
缺失事項追蹤								
備註								

　　上項檢查工作進度考核表，旨在切實追蹤考核執行檢查工作之情形，隨時瞭解工作進度，如經發現無法如期達成，應追查其原因，採取適當措施，且此項檢查工作考核表，亦可作為將來擬定檢查計畫之重要參考。

丁、檢查報告之撰寫

A.查核工作底稿及其格式

　　查核工作底稿包括所有檢查工作過程中所蒐集之證據、採取之方法、查核之範圍、程序及獲得之結論。根據查核工作底稿，檢查人員才能提出檢查報告，列舉缺失事預，並作為處罰或糾正的依據，且證明檢查人員在進行檢查過程中所盡之責任。

　　查核工作底稿之內容應包括下列四項：

　　（一）查核項目：如核保、理賠、或各險種之查核。

　　(二) 查核範圍：係指查核的重點，如在傷害險方面，其查核範圍係指該險是否經報部核准、是否依部核之費率計收保費、核保作業是否嚴謹等。

　　(三) 查核程序：查核程序是指查核所採取之方法，抽樣標準、樣本、及調閱相關資料的範圍等。

　　(四) 查核結論：即查核過程中所發現之事項，有無違反保險相關法令或不合理之情事而需處罰或糾正者。

　　另查核工作底稿通常應有下列各種附件：

　　(一) 工作計畫、工作日程分配表。

　　(二) 每日檢查工作記錄、評語及資料摘要。

　　(三) 各項計畫分析表與有關人員洽談之記錄。

　　(四) 查核過程中所獲得之各項明細表。

　　(五) 有違反保險相關法令或有損保戶權益行為之相關資料影本。

　　(六) 檢查報表之補充資料。

　　(七) 會計師查核報告書。

　　(八) 會計師查核工作底稿之參考資料。

　　每一檢查人員自己應有一套查核工作底稿，各檢查人員將查核工作底稿整理並列出個人之檢查意見並於工作底稿簽名後，統交由組或由領組指定檢查人員彙總編號存卷。查核工作底稿之大小尺寸應予統一規定，於檢查出發前統一印製交由檢查人員使用，查核工作底稿事關各受檢公司之業務機密，檢查人員應妥為保存不得外洩。

　　B.檢查報告格式

　　(一) 專案檢查報告：專案檢查報告由於每次專案檢查之內容不一，不宜採用固定表格式，惟其內容仍應包括三大部份，即檢查目的、檢查內容及檢查意見。

　　(二) 年度檢查報告：為便於檢查報告之撰寫及主管之查閱，年度

檢查報告應以固定表格式為原則，其內容應包括七大部份：

1.檢查報告提要：其內容包括檢查人員、檢查時間、受檢單位最近三年財務狀況變動情形、最近三年損益變動情形及約略述明檢查發現之重大事項等。

2.檢查意見：乃檢查報告之最重要部份，包括受檢單位之缺失事項及檢查人員之處理意見等。

3.受檢單位概述：即對受檢公司作一簡單敘述，內容包括受檢單位負責人、資本額、分支機構數、組織系統、員工人數及經營險種等。

4.財務狀況及經營績效：包括資產負債及損益情形、資金來源及運用分析、重要比率分析及最近三年度利益來源分析（壽險業）等。

5.業務概況：在壽險業方面，有新契約、有效契約及各項給付（含短期死亡件）之分析；在產險業方面有各險種業務及損失率之分析，分出業務國外再保險人經紀人信用度之評估及年度各險分進再保及自留業務分析等，此外尚有費用分析。

6.缺失事項改善情形：即就往年檢查所發現之缺失複查是否確實改善，內容包括本部函請改善缺失事項，受檢單位已覆改善情形及本次檢查覆核結果。

7.內部稽核制度執行績效評估：即就受檢單位內部稽核之情形作績效評估，是否符合財政部頒布保險業內部稽核制度實施要點之規定。

C.撰寫檢查報告注意事項

（一）檢查工作完成後，領組或領組指定檢查人員應於規定期限內，提出檢查報告。

（二）檢查報告之措詞，應力求簡明扼要，對於特別重大之事項，如涉及違反保險法令須處罰者，務須對各項事實或數字再行核對，以確保證據明確，以免受檢單位事後抗辯或提起訴願，徒增困擾。

（三）檢查報告中最重要的部份是受檢單位缺失事項及檢查單位之

處理意見，根據檢查所得以公正客觀的立場，提出處理意見以供首長採擇，但對於無關緊要之小事，宜於檢查時即以口頭向單位主管糾正，不必列入檢查報告。

戊、檢查人員之養成

保險業財務業務檢查人員執行檢查工作時，係代表國家執行任務，職責重大。一個優秀的檢查人員，必須品行端正、態度謙和、頭腦靈敏、反應迅速，並具備豐富的會計、審計、管理、保險、法令等多方面之學識經驗以及積極努力的工作熱忱及敬業精神。倘能如此，檢查人員才能使受檢公司信服並獲得尊重，檢查任務方能圓滿達成。

A.檢查人員應具備之條件

（一）檢查人員之資格原則上應由主管機關或主辦單位加以規範，俾使檢查工作得順利而有效推進，下列各項基本條件，似應列為考慮之重點：

1.曾在保險公司或會計師事務所服務滿三年以上。

2.係保險相關科系畢業，且與保險有關類科之考試及格並於保險公司服務滿三年以上者。

3.曾擔任保險業務檢查工作二年以上者。

4.曾在主管保險行政工作部門服務二年以上者。

（二）檢查人員必須與受檢公司無瓜葛，否則應於檢查前自行簽報迴避，以保持檢查之中立性。

B.檢查人員之工作守則

（一）態度謙和、處事公正：執行檢查工作時，不得對某保險公司預設立場，應保持超然獨立的態度，公正無私、嚴守紀律、廉潔與敬業的精神。

（二）工作認真、勤奮努力：檢查工作前應有周密的準備，檢查時服從領組之指揮，不遲到、不早退，遵守工作時間，把握重點，詳加檢查。

（三）互相協調、注重時效：檢查期間，各組檢查人員應與領組密切協調，如有疑難之處，亦應共同商討，發揮團隊精神，如遇重大或緊急事項，並應儘速報告主管首長，以便及時處理。

（四）主動靈活、機動守密：檢查人員於檢查時，就報表稽核、實地檢查及與有關人員洽談等方式，靈活運用，重大事項並應主動採究可疑線索，逐步細心查證，對檢查時間、經手資料及檢查計畫等，均應負保密之責，檢查結果除呈報外，不得洩漏。

（五）虛心學習、增進經驗：檢查人員不斷研究現行保險法令制度及費率規章，充實有關業務、財務等方面知識，增進檢查技巧。

（六）意志堅定、操守廉潔：檢查是一項神聖的工作，且檢查人員係代表政府執行公權力，必須秉持廉潔的操守，不得接受受檢公司之招待或餽贈，以免破壞政府形象或觸犯法律。

　C.檢查人員之培育

檢查人員除應具備一般財稅、經濟、會計、審計、企業管理的學識外，並應充實下列專業知識，不斷加以研修：

（一）保險會計。

（二）保險實務。

（三）保險相關法令及費率規章。

（四）檢查方法及技術。

新進檢查人員，應予專業訓練，並安排至保險公司實習，以充實其專業知識及經驗。優秀之檢查人員得派赴國外進修，以吸收先進國家的新知與經驗。

總之，檢查工作係經驗的累積與傳承，檢查人員應於檢查期間，將

其心得記錄下來，將來作為修訂檢查手冊的重要參考，並使其檢查經驗得以傳承。

五、檢查單位查核品質之評核

檢查不只是保險監理工作重要的一環，亦為保險市場紀律化的推動力量，故檢查單位的查核品質應受到重視，必須建立一套制度與方法對檢查單位的查核成果作一評析與覆核。

查核品質的評核工作宜由職位較高且具有多年查帳經驗者擔任，其評核的程序及方法有下列四項：

（一）檢查人員檢查工作之出席率：即檢查人員是否依規定按時至受檢單位從事查核工作，是否有遲到早退之情形，有關檢查人員之出席率之統計宜由領組負責。

（二）檢查人員是否每日撰寫檢查工作日誌：從檢查工作日誌之內容亦可分析查核品質之良好與否。

（三）查核工作底稿之製作是否完整：查核工作底稿乃檢查人員工作的完整紀錄，可從其查核範圍是否詳細說明、查核程序或方法是否適當合法、查核結論是否合理等方面加以評核。

（四）檢查報告之評核：檢查報告是否如期撰寫完畢並呈閱，處理意見引用之法律條文是否恰適等。

查核品質評核後，對於表現良好之檢查人員，應予適當的獎勵。❿

六、檢查報告之處理

檢查報告提出後，領隊人員應在十天內安排召開檢討會，由檢查人員與受檢單位相關主管就所提缺失事項當面溝通說明後確認，其會議之

---

❿　張春雄等著《保險業務檢查手冊之訂定》，財政部保險司委託研究編印，民國八十二年十二月。

主持人由主管人員擔任，檢討後之報告及糾正事項應儘速依法處理，並於下年度檢查追踪改善情況。

第六節　我國保險業監理制度問題之商榷

我國現行保險法，自民國十八年公布並經數度修正施行以來，已有數十年，其間國內外經濟、社會等情況之變動、保險業務之不斷發展、經營技術之日益進步，各國政府對保險業監理之觀念，亦迭有更張。因此，我國保險法保險業章中若干規定，實有重加檢討之必要。有須經修法程序者，可能較迂緩，不易配合時代之需要與變遷；可於行政決策方面，似應作適度之修正，以適應環境。茲就有關保險業之組織、財務及業務三方面，討論之[11]。

一、保險業組織之監理問題

（一）保險市場開放

我國自民國五十一年十二月後，除特准漁船產物保險合作社予以政策性之設立外，已停止保險業之設立申請，使現有保險業獲得免於競爭之保障，助長寡占市場之形成。由於我國保險市場仍是一片待開發之處女地，美國保險公司看上了市場可觀之潛力，藉由中美貿易雙方之談判，迫使我開放美商保險公司來臺設立分公司，雖美商保險公司在臺設立分公司將會為國內保險業者帶來很大之衝擊，但基於藉由外商之來臺能引進國外新業務與新技術，增加競爭力量，提高保險商品品質；並希望外商公司能在我國保險市場樹立新風格，形成新氣象。財政部繼對外商公司開放我國保險市場後，也開放國內保險業之設立，使對有志從事經營

---

[11]　袁宗蔚〈我國保險業監理制度之重估〉，《保險專刊》10 輯，財團法人保險事業發展中心，民國七十六年十二月。

保險人士有發揮所長，提供服務社會大眾之機會，藉由開放市場，讓被保險大眾或要保人有更多選擇其商品與保險人之機會，並可藉由達爾文進化論之物競天擇觀念來淘汰缺乏經營效率之保險業。

(二) 組織型態之限制

依保險法第一三六條第一項之規定，保險業之組織型態以股份有限公司或合作社為限。惟考諸歐美日等許多先進國家之人壽保險公司有百分之八十皆為相互組織，且近年由於保險經營及計算技術之進步，相互公司之組織型態，在財產與責任保險方面亦已陸續被廣為採用。如有外國相互保險公司申請來臺設立分公司，是否適法，是一值得商榷之問題。

(三) 業務兼營之禁止

保險法第一三八條中規定同一保險業不得兼營財產保險及人身保險業務、保險業者不得兼營其他非保險業務及非保險業不得兼營保險或類似保險之業務，因保險業務之經營，有其特具之專門性與技術性，且各類保險業務性質不同，經營技術亦異，必須仰賴專門人才主持其事，始能增加經營效率，而確保被保險人之權益。因此，兼業禁止之規定，法意至善。然時至今日，由於保險經營技術之改善，計算科學之進步，上述各項規定之適用，已逐漸鬆弛，如目前許多火災綜合保險除承保火災保險及其附加險外，又包括個人責任保險、竊盜、醫療費用在內，已綜合財產、責任及人身保險之健康等保險於同一保單內。本次（九十年）修正通過之保險法已放寬財產保險業得經主管機關核准經營傷害保險業務，為財產保險業帶來不少商機。

二、保險業財務之監理問題

(一) 最低資本額之限制

保險法第一三九條規定，各種保險業最低資本額，由主管機關審酌各地經濟實況，及各種保險業務需要，分別呈請行政院核定之。財政部

於五十年開放保險公司設立，規定最低資本額為新臺幣三千萬元，後因基於保障被保險人之安全，於民國六十五年以行政命令規定保險公司最低資本額應為新臺幣一億元。但考諸美國各州保險法規中，除有最低資本額之規定外，尚有輸納盈餘 (Paid-in Surplus) 之規定，即保險業之組織成立，除資本外，尚須繳交輸納盈餘。其主要在增加保單初期費用之準備，以擴大吸收新契約之能力，同時資本公積較資本額具有彈性，有靈活運用之便利。此項規定，在開放國內保險業之設立申請，已規定最低資本額本國為二十億元，外商為五千萬元，在原有保險公司增資時，亦可作為參考，並規定原有公司應於九十一年底前完成增資至新臺幣二十億元。唯此一規定保險業者仍有爭議，主管機關似應提出檢討。

（二）保證金之繳存

保險法第一四一條規定：保險業應按資本或基金實收總額百分之十五，繳存保證金於國庫。其目的在確保保險人之清償能力，但繳存之比率是否足以提供被保險人之安全保障，又已繳存之保證金額，保險業對此一部分資金即無法加以投資運用，缺乏流動性。為彌補上述缺失，同法第一百四十二條規定保證金之繳存經主管機關核准，得以公債或庫券繳存之，藉以滋息，減少損失。究竟是以提高或廢止繳存保證金為見仁見智之看法，尚須詳加研究。

（三）資金運用之限制

保險法第一四六條、第一四六條之一至八對保險業資金及各種責任準備金之運用之投資項目及每一項目所占資金百分率，均有一定之限制，其限制雖可分散投資風險，健全保險公司之財務結構，但國內保險法對資金運用一項，似可參照美國各州保險法按人身保險與財產保險之特性，分別訂立投資項目及其分配百分率，並增列自由投資一項，使資金運用較具彈性。本次修法（九十年）財政部已加以放寬投資項目及比率之限制，相信可令保險業者帶來利多。

三、保險業務之監理問題

(一) 保險費率之核定

我國保險費率依保險法第一四四條規定必須事先報請財政部核准後始得出單，費率結構又有費率規章之統一規定，在保險事業發展初期固有其必要，但其最大缺失，即在寡占市場中，主管機關不易獲致保險業務之實際經驗，遂使保險費率居高不下，加重被保險人負擔。我國保險業深受政府扶植已久，今後應逐漸導向自由競爭之途徑。但求穩當起見，似可參照日本有關保險費率之規定，檢討現行之費率結構，由業者自行調整適用，然後逐漸放寬，以達成費率完全自由化。

(二) 惡性競爭之約束

保險法第一四八條及一四九條規定，主管機關對保險業之營業及資產負債，得隨時派員檢查，或令保險業於限期內改善營業狀況。財政部每年於年度檢查時，對於錯價、放佣、放扣之業者皆依法處罰，惟業者仍然無法根除惡習，要禁絕此一弊端，僅靠主管機關來做處罰乃是治標手段；其治本之方法仍需靠業者間坦誠合作無間，遵守費率規章來做業務，如此才能安定市場，提高保險人之形象。個人覺得應由業者訂定自律公約，遵守保險之最大誠信原則，才能達到共存共榮之境地，否則自相殘殺之結果，必是皆敗俱傷，毫無好處。

(三) 保單條款之審定

保險業管理辦法第二十五條規定，各種保單條款，除情形特殊有國際性質之保險外，均應報經財政部核准始得出單，其目的係財政部基於監督保險人所設計之保險單及費率是否公平合理的對待被保險人，以保障被保險人之權益。惟近年來，在若干情形下，國外規模較大之保險經紀公司，為順應顧客之特殊需要，往往自行擬訂保險單，用以代替保險公司原已印製之保險單。另有大企業之危險管理部門亦有自行擬訂保險

單，以適合其個別需要，與保險公司商訂保險契約❷。由此種情形所訂立之保險契約，所謂附合契約之性質，似須加以修正之必要，以符實際。

（四）聯營及共保制度之建立

有關巨災損失如地震、颱風、洪水、航空器、船舶、精密儀器、核能設施、工程保險等，其損失均非單一保險業所能承擔，政府推行之政策保險如強制汽車責任保險、漁船保險因具有高度風險不易覓得再保險。又公平交易法第四十五條規定，「事業依照其他法律規定之行為，不適用本法之規定」，基於此類契約及保險事業之特殊性，由保險業對所承保之危險標的；實屬必要，透過共保或聯營所聚集之承保能量，方可有效而快速達成政策目標及確保保險目的之解決。

（五）保險業國際化之推動

保險業國際化之推動，主管機關應協助國內保險業者拓展海外設立分支機構，放寬海外投資及加強再保險之運作，擴大保險經營基礎，提昇國內承保及自留能量，建立自主自立之保險市場。

四、保險法配合修正問題

由於社會結構改變、經濟型態轉變，為促進保險業之健全發展及社會實際需要，修訂部分不合時宜之法令確有需要，其修正重點如下：

1.加重負責人之責任。

2.建立保險業資產評估制度。

3.適度調整保險業資金運用之範圍及比率。

4.落實保險法令執行，調整適用順序。

5.評估最低資本額是否合理。

五、建立預警制度問題

---

❷ Mehr, Cammack and Rose, Ibid., pp. 137–138.

保險業管理辦法第十四條「保險業應於規定期限內，將業務及財務狀況詳細列表，彙報財政部或其指定之機構；其表式由財政部另定之。」為健全保險事業之發展，保險業清償能力預警制度之建立，實有其必要，它不但能及早發覺有問題之保險業，避免保險業失卻清償能力，因此，監理機構應隨時就保險人所送之財務報表加以分析、測試是否符合於安全正常範圍，以發揮監理之功能。

六、訂定統一會計制度問題

我國保險業有公、民營不同之背景，組織規模大小不一，主辦會計人員觀點互異，會計帳務及科目編排不同，會計報表格式內容參差不齊，分歧頗大，影響監理機構之統計分析，因此如何統一會計制度，為當務之急。

七、保險監理人才之培育

監理人員似應以在保險業對業務及財務有經驗之人員擔任，有豐富之實務經驗才能了解保險業之弊端所在，以收監理之效果。

附　件

（財產保險費率結構之修訂）

主旨：修訂「財產保險費率結構」如附件，並自本（八十四）年七月一日實施。

說明：一、依據保險法第一百四十四條規定辦理。

二、本部六十六年四月二十二日臺財錢第一三九五七號所訂「財產保險費率結構」自本案實施之日起同時廢止。（財政部八十四年六月廿六日臺財保第八四二○二九九三七號函）

財產保險費率結構

財產保險之營業管理費用及預期利潤等之附加費用及特別準備金，按總保費依下列標準附加之；其預期損失率為一減除附加費用率及特別準備金提存率之餘額。

一、火災保險

（一）一般火災保險：附加費用率不得高於總保費百分之四〇·五，特別準備金提存率定為百分之四。

（二）火災附加保險：附加費用率不得高於總保費百分之三五·五，特別準備金提存率定為百分之四。

（三）住宅綜合保險：附加費用率不得高於總保費百分之三五·五，特別準備金提存率定為百分之四。

二、海上保險

（一）船體保險：附加費用率不得高於總保費百分之二六·七，特別準備金提存率定為百分之三。

（二）海上貨物保險：附加費用率不得高於總保費百分之三六·五，特別準備金提存率定為百分之三。

（三）漁船保險：附加費用率不得高於總保費百分之二五·七，特別準備金提存率定為百分之四。

三、陸空保險

（一）汽車損失保險：附加費用率不得高於總保費百分之三一·五，特別準備金提存率定為百分之三。

（二）航空保險：附加費用率不得高於總保費百分之二〇·七，特別準備金提存率定為百分之四。

（三）其他：附加費用率不得高於總保費百分之三六·七，特別準備金提存率定為百分之三。

四、責任保險

（一）汽車（任意）責任保險：附加費用率不得高於總保費百分之三一·七，

特別準備金提存率定為百分之三。

（二）其他：附加費用率不得高於總保費百分之三一·七，特別準備金提存率定為百分之三。

五、其他財產保險

（一）工程保險：附加費用率不得高於總保費百分之三五·七，特別準備金提存率定為百分之四。

（二）保證保險：附加費用率不得高於總保費百分之二五·七，特別準備金提存率定為百分之四。

（三）其他：附加費用率不得高於總保費百分之三〇·七，特別準備金提存率定為百分之四。

人身保險費率結構

1.人壽保險：應先根據規定之生命表及利率計算平衡純保費，其每年平均營業管理費用及預期利潤等之附加費用，按總保費依下列標準附加之。

甲、生存保險

(1)未滿十年之保單不得高於總保費百分之十一。

(2)未滿二十年之保單不得高於總保費百分之十五。

(3)滿二十年以上之保單不得高於總保費百分之十七。

乙、死亡保險：一年以上定期保險或終身保險均不得高於總保費百分之三十三。

丙、生死合險：

(1)未滿十年之保單不得高於總保費百分之二十。

(2)未滿二十年之保單不得高於總保費百分之廿六。

(3)滿二十年以上之保單不得高於總保費百分之卅二。

前項乙丙兩款保險，如為限期繳費者，應按生死合險同一年期之標準計算。

2.一年定期壽險，健康保險及傷害保險：應先根據核定之損失率計算總保費，其營業管理費用及預期利潤等之附加費用按總保費依下列標準附加之：

甲、附加費用率

(1)個人保單佔總保費百分之三十七。

(2)附加於一般壽險保單者佔總保費百分之二十五。

(3)團體保單佔總保費百分之十五。

乙、利潤率之計算應按保險法第一百四十四條之規定辦理。

丙、特別準備金提存率定為總保費百分之三。

上列人身保險附加費用包括發展基金，按第一年新契約保險費百分之〇·五計收；人壽保險並應按本部訂頒之「人壽保險業安定基金設置及管理辦法」規定收取安定基金。人壽保險各險計算保險費所依據之利率照保險法施行細則第十一條之規定辦理。有關保險單之分紅辦法由本部另訂之。

一、財產保險業應根據各險最近五年實際平均損失率與本公式核定之預期損失率比較，逐年調整保險費率報部核定後實施，其每年各險類調整幅度不得超過全年度原費率百分之五，其實際平均損失率變動未達百分之五者，得免予調整。

二、受國際市場競爭之保險其計算公式得由業者敍明情形報經本部專案核定不受本公式規定之拘束。

第十三章　火災保險

第一節　火災保險的意義

火災保險 (Fire Insurance) 一般稱為火險，是財產保險的一種。它是以動產或不動產為保險標的，因火災或閃電雷擊等特定危險事故所致保險標的物之毀損或滅失，而由保險人予以補償的一種保險。

構成火災保險事故的火災，通常應具備下列要件：

（一）要有實質的燃燒

火災之發生應有燃燒 (Combustion) 作用並發生灼熱 (Glow) 與火焰 (Flame) 現象。因此單純的發熱或烤焦或自身醞釀發熱並不能視為火災保險所稱之火災。例如香煙燒焦地毯而破損或電熨斗過熱而烤焦衣物等。

（二）火力超出一定的範圍

火可分為善意之火 (Friendly Fire) 與惡意之火 (Hostile Fire)，火災保險所保之火為惡意之火。換言之，其火力超出原有設定燃燒之範圍，不應該燃燒而燃燒的場所。例如取暖、照明、烹飪之火即為善意之火，而溢出其燃燒範圍及其他物品之火，始為惡意之火。

（三）意外而不可抗力的原因所致

火災的發生事先絕不能確定與預知。易言之，絕不是故意的行為。

例如故意放火或火災發生而不予施救等是。

第二節　我國現行火災保險之承保作業規範

　　我國現行火災保險是採行規章費率制度，國內所有經營火災保險的產物保險公司都必須遵守火險費率規章之規範，火險費率規章之訂定與修改是由臺北市產物保險商業同業公會提出，報請主管官署財政部核准後實施。

　　我國現行火災保險由臺北市產物保險商業同業公會提出修正草案，於民國八十五年三月六日奉財政部財臺財保第八五二三六三六一四號函核定修正，自民國八十五年五月一日起開始實施。

　　現行火災保險依個人 (Personal) 及商業 (Commercial) 業務不同，保單條款劃分為「住宅火災保險」及「商業火災保險」二種。有關現行住宅火災保險暨商業火災保險之適用對象、保險標的物、承保範圍、保險金額約定基礎、保險費之計收及返還、理賠等之承保作業，以規章規定如下：

　　(一) 住宅火災保險

　1.實施日期：八十五年五月一日。

　2.適用對象：住宅者。

　3.保險期間：原則為一年期；要保人得依其需求保短期或一年以上之期間，但最長為三十年。

　4.保險標的物：

　⑴建築物。

　⑵建築物內動產。

　5.承保範圍：

　⑴承保之危險事故

①火災。

②爆炸。

③閃電雷擊。

④航空器墜落。

⑤機動車輛碰撞。

⑥意外事故所致煙燻。

⑵額外費用之補償：

①清除費用：需受不足額比例分攤之限制，其與賠償金額合計超過保險金額者，仍以保險金額為限。

②臨時住宿費用：每日最高 3,000 元，以 60 日為限。僅投保動產者不適用，不受不足額比例分攤之限制。

6.保險金額約定基礎

⑴建築物

①一年期保單：要保人或被保險人得依其需求選擇採下列其中之一基礎：

A. 實際現金價值基礎。

B. 重置成本價值基礎。

②長期保單：僅以實際現金價值為基礎。

③承保時除另有約定外，要保人或被保險人得參考由臺北市產物保險公會編製之「臺灣地區住宅類建築造價參考表」估算建築物之重置成本或實際現金價值，俾便決定保險金額。

⑵建築物內動產：以實際現金價值為基礎。

7.保險費之計收及返還

⑴保險費

①短期＝保額×一年期火險費率×短期費率係數

②一年期＝保額×一年期火險費率

③長期：

A. 建築物部分：保額×一年期火險費率×長期係數×1.06

B. 動產部分：保額×一年期火險費率×長期係數

⑵退費

①短期及一年期：

A. 按短期費率者：保險費×（1－短期費率係數）

B. 按日數比例者：保險費×未滿期日數/365

②長期保單按長期火災保險附加條款之約定辦理。

8.理賠

⑴建築物

①一年期保單：保險金額等於前述造價參考表所訂實際現金價值或重置成本之金額時，即視為足額，得不受不足額保險比例分攤之限制。

②長期保單：保險金額達承保危險事故發生時之實際現金價值之百分之八十以上者，即視為足額，得不受不足額保險比例分攤之限制。

⑵建築物內之動產：仍按實際現金價值基礎賠付。

9.特約條款

⑴現行特約條款 A1、A2、A3 及附加條款 SA 之 SA1 皆不再適用。

⑵長期保單者加貼長期火災保險附加條款，建築物設定抵押者可加貼

①抵押建築物之保險債權條款；或

②抵押權特約條款。

10.最低保險費：200 元。

11.其他事項依火險費率規章之規定辦理。

（二）商業火災保險

1.實施日期：八十五年五月一日。

2.適用對象：辦公處所、商店、倉庫、公共場所、工廠等之使用性

質。

3.保險期間：原則為一年期；要保人得依其需求保短期或一年以上之期間，但建築物最長為 20 年，機器設備及營業生財最長為十年。

4.保險標的物：

⑴不動產，分為：

①建築物。

②營業裝修。

⑵動產，除另有約定外指：

①營業生財。

②機器設備。

③貨物。

5.承保範圍：

⑴承保之危險事故

①火災。

②爆炸引起之火災。

③閃電雷擊。

6.保險費之計收及返還

⑴保險費

①短期＝保額×一年期火險費率×短期費率係數

②一年期＝保額×一年期火險費率

③長期＝保額×一年期火險費率×長期係數

⑵退費

①短期及一年期：

A. 按短期費率者：保險費×(1－短期費率係數)

B. 按日數比例者：保險費×未滿期日數/365

7.理賠：除另有約定外，以實際現金價值為基礎賠付之。

8.特約條款之適用：參照現行規定辦理。

9.最低保費：200 元。

10.其他事項依火險費率規章之規定辦理。

（三）「住宅火災保險要保書填寫說明」暨「臺灣地區住宅類建築造價參考表」

保險人在承保「住宅火災保險」時，其招攬人員或承保人員應提供「住宅火災保險要保書填寫說明」，及由臺北市產物保險商業同業公會編製之「臺灣地區住宅類建築造價參考表」，並同「住宅火災保險基本條款」讓要保人或被保險人事先審閱，俾便訂立保險契約。內容如下：

住宅火災保險要保書填寫說明

為便於您能正確填寫住宅火災保險要保書，以確保您的權益。請在填寫要保書之前，詳細閱讀本填寫說明。如有任何疑問或需深入瞭解事項，請向本公司業務代表或代理人，或您的保險經紀人，或臺北市產物保險商業同業公會洽詢。

一、要保書為保險契約重要構成部分之一，在訂立契約時，要保人對於保險公司書面詢問的事項應據實說明。如有故意隱匿或因過失遺漏或為不實之說明足以變更或減少本公司對危險之估計者，不論承保之危險事故是否發生，本公司均得解除契約。倘賠償金已給付者，本公司得請求被保險人退還。

二、本住宅火災保險僅適用於使用性質為住宅者，如有變更用途作為辦公、營業、加工或製造用時，則不適用本保險單，並請通知本公司。

三、要保人投保住宅火災保險時，應於要保書內填寫下列事項：

（一）被保險人：指對承保住宅的建築物及（或）動產所有權有保險利益，於承保的危險事故發生時遭受損失，享有保險賠償請求權之人。

本保險契約承保被保險人之配偶、家屬、受僱人、同居人或其他人所有之物時，該物之所有權人就該特定物視為被保險人。

例：某甲以其住宅建築物及所有動產投保住宅火災保險時，某甲為被保險人，其配偶及子女等家屬則對其個人所有之財物視同被保險人。

（二）要保人：指以自己或他人所有之物向本公司投保並負有交付保險費義務之人。要保人以自己所有之物投保，要保人即為被保險人。以他人所有之物投保，該物之所有權人為被保險人。

例一：某甲以其所有之房屋投保火險，則某甲為要保人亦為被保險人。

例二：房客基於租賃契約以房東之房屋投保火險，則房客為要保人，房東為被保險人。

（三）通訊處及電話：指要保人、被保險人之通訊處所及聯絡之（住）（公）電話。如有變更並請通知本公司。

（四）保險期間：要保人可依實際需求或意願選擇保險保障之起訖日期。保險期間之起訖時間自起保日中午 12 時開始，至到期日中午 12 時為止。

（五）保險標的物所在地址：指所投保之保險標的物置存地址或所在地址，填寫時並請註明郵遞區號。

（六）建築物：

1.本體及樓層數：指欲投保建築物或置存欲投保動產的建築物之本體及樓層數。

⑴建築物本體指建築物本身之主要建材及屋頂，請參考建物所有權狀有關建物標示之說明。

⑵樓層數：指建築物整棟之總樓層數。

2.使用面積：指欲投保建築物所有的使用面積，包括建物所有權狀所標示之總面積外，亦包括附屬建築物、公共設施。若只保動產者，本項可不必填寫。（1 平方公尺＝ 0.3025 坪）

3.建築物本體已使用年數：指欲投保建築物的屋齡。請參考建物所有權狀所標示之建造完成日期，填寫建築物已使用年數。若只保動產者，本項可不必填寫。

4.裝潢已使用年數：指建築物之室內裝潢至投保時所經過之年數。裝潢之折舊率若超過 50% 者，以 50% 為限。若只保動產者，本項可不必填寫。

5.保險金額約定基礎：指欲投保建築物保險金額之約定基礎。若只投保動產者，本項可不必填寫。

(1)所謂重置成本：指保險標的物以同品質或類似品質之物，依原設計、原規格在當時當地重建或重置所需成本之金額。

(2)所謂實際現金價值：指保險標的物在當時當地之實際市場現金價值，即以重建或重置所需之金額扣除折舊之餘額。

(3)保險期間為一年或一年以下者，要保人可依實際需求選擇採實際現金價值或重置成本基礎，約定保險金額。

(4)保險期間超過一年者，即長期保險，以實際現金價值為基礎，約定保險金額。

(七) 保險標的物及其保險金額：要保人可就其欲投保的建築物或建築物內動產，分別填寫欲投保之保險金額。

1.建築物：

(1)本保險契約所謂之建築物係指：定著於土地作為住宅使用之獨棟式建築物或整棟建築物中之一層或一間，含裝置或固定於建築物內之冷暖氣、電扶梯、水電衛生設備及建築物之裝潢，並包括其停車間、儲藏室、家務受僱人房、游泳池、圍牆、走廊、門庭、公共設施之持分。

建築物全部或一部分供辦公、製造、加工或營業用者，具不在本保險契約承保範圍以內。

(2)選擇以實際現金價值為基礎約定保險金額者，可參考由臺北市產物保險商業同業公會製訂的「臺灣地區住宅類建築造價參考表」（如附表）估算建築物的實際現金價值，決定欲投保的保險金額。

①保險期間為一年或一年以下之保單，依照上述參考表所訂之實際現金價值為保險金額，如遇有保險事故發生須予理賠時，不受不足額保險比例分攤限制。

②保險期間超過一年之保單，如遇有保險事故發生須予理賠時，其保險金額已達承保之危險事故發生時建築物之實際現金價值百分之八十者，不受不足額保險比例分攤之限制。

(3)選擇以重置成本為基礎約定保險金額者，可參考臺北市產物保險商業同業公會製訂的「臺灣地區住宅類建築造價參考表」（如附表）估算建築物的重置成本，決定欲投保的保險金額。

保險期間為一年或一年以下之保單，依照上述參考表所訂之重置成本為保險金額，如遇有保險事故發生須予理賠時，不受不足額保險比例分攤之限制。

(4)範例：某甲之房屋座落於臺北市，為七層樓之鋼筋混凝土大廈，已使用10年，計有四十坪，依參考表所訂該建築物本體目前每坪造價為 62,000 元，耐用年數為 55 年；另半年前曾重新裝潢，費用每坪 30,000 元，裝潢之耐用年數為 10 年，則重置成本及實際現金價之估算方式如下：

①建築物之重置成本＝建築物本體總造價＋裝潢總價

即：62,000 元×40 坪＋30,000 元×40 坪＝3,680,000 元

若某甲選擇重置成本基礎，並以 3,680,000 元投保，則不受不足額保險之限制。若其保額低於 3,680,000 元時，則為低保，需受不足額保險比例分攤之限制。

②建築物之實際現金價值

＝建築物本體總造價(1－折舊率)＋裝潢總價(1－折舊率)

$= 62,000 \text{元} \times 40 \text{坪} \times (1 - \frac{10}{56}) + 30,000 \text{元} \times 40 \text{坪} \times (1 - \frac{1}{11})$

＝2,037,143 元＋1,090,909 元

＝3,128,052 元

※折舊率＝$\dfrac{\text{已使用年數}}{\text{耐用年數}＋1}$

若某甲選擇採實際現金價值基礎，且為一年期保單，並以 3,128,052 元作為建築物之保險金額投保時，則不受不足額保險之限制。若其保額低於 3,128,052 元時，則為低保，需受不足額保險比例分攤之限制。

(5)以建築物作為抵押品向金融機構貸款時，應注意：

①火險之保額不包括土地價值，應將土地價值扣除，以免超額保險，多繳保費。

②貸款金額低於實際現金價值，仍應以實際現金價值之金額投保，以免低保，造成保障不足。

2.建築物內動產：

(1)本保險契約所謂建築物內動產，指被保險人及其配偶、家屬或同居人所有、租用、或借用之家具、衣李及置存於建築物內供生活起居所需之一切之動產。

(2)本保險契約對下列動產不包括在內。但要保人若有需求，可特別約定加保：

①供執行業務之器材。

②承租人、借宿人、訪客或寄住人之動產。

③受第三人寄託之財物。

④皮草衣飾。

⑤金銀條塊及其製品、珠寶、玉石、首飾、古玩、藝術品。

⑥文稿、圖樣、圖畫、圖案、模型。

⑦貨幣、股票、債券、郵票、票據及其他有價證券。

⑧各種文件、證件、帳簿或其他商業憑證簿冊。

⑨爆炸物。

⑩機動車輛及其零配件。

(3)本保險契約對下列動產皆不包括在內，且不得加保。

①供加工、製造或營業用之機器或生財器具。

②製造完成之成品或供製造或裝配之原料及半製品。

③各種動物或植物。

(4)本保險契約承保之動產,以動產之實際現金價值為基礎約定保險金額。

（八）複保險：保險標的物，如另向其他保險公司訂立同一保險事故之保險契約時，應填寫其他保險公司之名稱及保險金額。如保險金額超過保險標的物總價值者，要保人故意不為告知，或意圖不當得利而為複保險者，本保險契約無效。

保險事故發生時，本公司僅按本保險契約之保險金額對全部保險契約保險金額總額之比例負賠償責任。

四、承保範圍及附加險種：

（一）本保險契約危險事故（請詳閱保單基本條款第二條，至於不保的危險事故請參閱保單基本條款第三、四條）。

1.火災。

2.閃電雷擊。

3.爆炸。

4.航空器墜落。

5.機動車輛碰撞。

6.意外事故所致之煙燻。

（二）本保險契約對因承保的危險事故發生後所產生的下列額外費用亦予以補償。

1.清除費用：清除費用需受不足額保險比例分攤之限制；又清除費用與賠償金額合計超過保險金額者，以保險金額為限。

2.臨時住宿費用：每一事故補償限額每日最高 3,000 元，但以 60 日為限。僅保建築物內動產者，不得請求臨時住宿費用。

（三）要保人得經本公司同意，加繳保險費投保下列附加險：

1.地震險。

2.颱風及洪水險。

3.水漬險。

4.罷工、暴動、民眾騷擾、惡意破壞行為險。

5.恐怖主義險。

6.自動消防裝置滲漏險。

7.竊盜險。

8.第三人意外責任險。

五、要保書須經要保人簽章，惟要保書業經保險經紀人或要保人之代理人簽章者，不在此限。

六、對於保險標的物，本公司若有需要派員查勘時，請要保人協助配合。

七、本填寫須知僅供填寫要保書之參考，有關之權利義務，仍請詳閱契約條款之約定。

臺灣地區住宅類建築造價參考表

單位：新臺幣元／坪

樓 層 別		地　區　別				
地上層	地下層	臺北市	桃園縣、臺北縣、基隆市	苗栗、新竹、雲林、彰化、南投、臺中、嘉義	宜蘭、臺南、高雄、屏東	花蓮、臺東
1	0	35,000	33,000	30,000	29,000	31,000
2	0	37,000	35,000	32,000	31,000	33,000
3	0	40,000	38,000	35,000	34,000	36,000
4～5	1	52,000	50,000	43,000	42,000	44,000
6～8	1	62,000	58,000	51,000	50,000	52,000
9～10	1	65,000	60,000	53,000	52,000	54,000
11～12	1	70,000	65,000	58,000	57,000	59,000
13～14	1	72,000	67,000	60,000	59,000	61,000
15～16	2	80,000	75,000	68,000	67,000	69,000
17～18	2	82,000	77,000	70,000	69,000	71,000
19～20	3	90,000	85,000	78,000	77,000	79,000
21～24	4	100,000	90,000	83,000	82,000	84,000

說明：

一、建築物本體：

　　1. 上表每坪單價僅適用於加強磚造或鋼筋混凝土造之建築物，鋼骨造建築依上表每坪單價另加 20％計算；磚、木、石及金屬構造每坪單價 $20,000 元；其他構造之建築物另行約定。

　　2. 外島地區造價比照臺北縣造價標準計算。

　　3. 上表造價不含土地價格。

二、裝潢：

1.一般裝潢每坪加新臺幣 10,000 元至 50,000 元。

2.豪華型裝潢另行約定。

三、建築物之重置成本＝（上述各類建築構造每坪單價×各類建築物使用面積）＋裝潢總價。

四、建築物之實際現金價值為重置成本扣除折舊後之餘額。

1.建築物本體及裝潢之耐用年數參酌行政院公佈之固定資產耐用年數表規定辦理：

⑴建築物本體耐用年數：

a：鋼筋（骨）混凝土建造：耐用年數 55 年。

b：加強磚造：耐用年數 35 年。

c：磚石構造：耐用年數 25 年。

d：金屬建造：耐用年數 20 年。

e：木造：耐用年數 15 年。

$$建築物本體折舊率＝\left(\frac{建築物本體已使用年數}{建築物本體耐用年數＋1}\right)$$

⑵裝潢之耐用年數為 10 年，惟折舊率超過 50% 者，以 50% 為限。

$$裝潢折舊率＝\left(\frac{裝潢已使用年數}{10＋1}\right)$$

2.建築物之實際現金價值計算式：

〔建築物本體總造價×(1－建築物本體折舊率)〕＋〔裝潢總價×(1－裝潢折舊率)〕

五、製表單位：臺北市產物保險商業同業公會製定。

六、製表日期：中華民國八十五年五月。

第三節　火災保險契約文件

火災保險契約為要式契約，當事人對契約的內容須有詳細的瞭解，故應以書面訂定。在實務上其所訂立之書面資料有下列三種：

一、要保書 (Application)

乃要保人向保險人表達要保意思之書面說明。火災保險要保書之主要內容包括有：要保人姓名、被保險人姓名、保險期間、要保標的物、要保金額、保險標的物座落地點、建築物等級及使用性質、複保險情形、交付保費方式、抵押權人以及與要保標的物背景有關之事項，以作為保險人決定承保與否，及以何種條件承保的依據。

二、暫保單 (Cover Note)

又稱為臨時保險單，乃保險人於簽發正式保險單前，先行與要保人簽訂的臨時保險契約。暫保單的內容主要包括被保險人姓名、承保危險種類、被保險標的物、相關條款及有效起訖加期（通常有效期間為壹個月）等項目。

在火災保險之要保過程中，要保人向保險人要保，而保險人原則上已同意接受其要保，惟對於有關保險標的物之危險程度須再加衡量及實地查勘，或保險費率尚無法及時釐訂時，保險人會先行簽發暫保單，以表示保險契約業已成立。暫保單於正式保險單簽發後，即行自動失效。

三、保險單 (Policy)

為保險契約的書面憑證。火災保險單上所須記載之事項與其他險種之保險單大致相同，就我國保險法之規定，可細分為下列十一項：

1.當事人之姓名及住所。

2.保險之標的物。

3.保險事故之種類。

4.保險責任開始之日期及保險期間。

5.保險金額。

6.保險費。

7.無效及失權之原因。

8.訂約之年月日。

9.變更或恢復失效保險契約之規定。

10.當事人應通知他方之事項及其通知方式。

11.當事人因契約所生權利的時效。

第四節　火災保險簽單作業

一、要保手續

　　要保人或被保險人投保時，應填具火災保險要保書（格式請參閱第二節要保書附件），　其填寫內容應基於保險最大誠信原則，應就要保書詢問事項據實逐項詳填後交付保險人，以憑訂定保險契約。

　　通常保險之要保多經由專業之保險經紀人或保險代理人代為辦理訂定保險契約。要保人或被保險人亦可直接向保險人要求投保，此時保險人得給予直接投保優待。

二、查勘 (Inspection)

　　乃係保險人為選擇優良業務，維持營業利潤，於接受承保前派員前往保險標的物所在地，實際評估其危險性質並繪製承保範圍之平面圖，

作成查勘報告書以供核保人員作為核保依據的工作。換言之，即保險人為實際瞭解所要保業務之危險程度以及有關事項，俾供核定費率簽發保險契約依據的一種工作。因此，從事查勘工作之查勘人員不啻是核保人員的耳目，為簽訂火災保險契約的首要作業。

查勘作業之主要內容如下：

（一）房屋之建築結構：依據房屋四週之外牆厚度以及門窗、樑架、屋柱、屋頂所採用之材料，核定其建築等級。

（二）建築物之使用性質：就該房屋建築之用途，依住宅、店舖、倉庫、工廠等不同使用性質，評估其對火災之危險程度。

（三）商品之危險性質：依置存或貨品之危險程度，區分為普通品、危險品、特別危險品，並充分瞭解其安全管理及儲運情況，以評估其火災危險性。

（四）建築物間之距離：火災之危險除本身有燃燒之危險外，尚有延燒之危險。因此每幢建築物間之相隔距離應予測定，以瞭解是否同一危險單位或範圍。

（五）消防防護措施：火災發生後最重要的工作在於初期的滅火。因此火警警報系統、滅火機的配置、室內外消防栓、水源水壓、自動灑水系統、消防幫浦、消防車以及消防人員的訓練等之安全防火措施管理，應詳予勘查評估。

（六）四週環境及座落地點：建築物所使用材料之良窳除直接影響其火災危險外，環境的整齊、寬敞與否，亦足以使火災蔓延。又標的物所在地點，如街巷狹窄彎曲、木房毗鄰，其火災之危險相對地增加。

（七）其他有關資料之收集：上述六點事項乃火災之實質危險 (Physical Hazard)，至道德危險 (Moral Hazard) 之存在仍須賴查勘人員敏銳的眼光以及靈活之判斷。因此被保險人的社會關係、營業情況、危險之防範程度、保險金額之適當性等應予瞭解。

　　（八）查勘報告之製作：查勘人員對保險標的物之現場，除依上述查勘作業內容及原則詳予勘查外，並應作成查勘報告書，繪製平面查勘圖（詳附圖範例）。　其查勘報告書主要內容應包括建築結構、使用性質及危險、消防設備、安全管理、周圍環境、損失記錄、最大可能損失、附加險別、評語以及附件。

產物保險股份有限公司

Taiwan Fire & Marine Insurance Co., Ltd.

火險查勘報告

INSPECTION REPORT

被保險人
Insured _____

標的物地址
Location _____

接洽人（職稱）_____ 電話 _____
Person Interviewed (and Title)   TEL

查勘人員 _____ 日期 _____
Inspector   Date

一、建築結構
　　Construction

1. 廠房建於 ___ 年，開工於 ___ 年，最高建築 _____ 層樓，
   Constructed in   Started in   The Tallest Building Stories,

   樓高_____ 公尺，
   Height   M

   廠房為：　　□自用　□租用
   Building   Owned   Leased

2. 主建築結構
   Main Construction Materials

   (1)外牆 _____，(2)屋頂 _____
      Walls   Roofs

   (3)樓板 _____，(4)樑屋架支柱 _____
      Floors   Structural Support

3. 特一等建築佔 ___ %，特二等建築佔 ___ %，頭等建築佔 ___ %，
   Class A1   A2   B

   二等建築佔 ___ %，三等建築佔 ___ %。(總樓地板面積為主)

C　　　　　　　D　　　　　　　(Based on Total Floor Area)

4.內部隔間：　　□無　□易燃材料，佔 ___ %　□不易燃材料，佔 ___ %
Interior Partition　None　Flammable Material　　　Nonflammable Material

圖示區域
Area

5.天花板：　　　□無　□易燃材料，佔 ___ %　□不易燃材料，佔 ___ %
Suspended Ceiling　None　Flammable Material　　　Nonflammable Material

圖示區域
Area

6.平面防火隔絕：　□全部　　　　□主要區域　□少數區域　　□無
Horizontal Cut-offs　　Whole Area　Main Area　Limited Area　None

7.垂直開口防護（樓梯、電梯、管道間等）
Vertical Cut-offs (Stair Way, Elevator, and other Enclosures, etc.)

□適當　　□不適當
　Adequate　Inadequate

8.夾　　層：　　□無　□有，用途
Mezzanine　　　None　Yes Used

9.地下室：　　　□無　□有，用途
Basement　　　None　Yes Used

10.避雷針：　　　□無　□有
Lightning Rod　None　Yes

二、使用性質及危險
　　Occupancy and Risk

1.主要使用性質
Main Occupancy

2.原料（包括主、副原料）
Raw Material

3.產品（包括主、副原料）
Products

年產量
Yearly Output

4.製造過程
Production Flow Chart

5. 共同危險 --------------------------------------
Common Hazards

　(1)電力設備 ----------------------------------
　　Electrical Power

　(2)電氣配線 ----------------------------------
　　Electrical Wiring

　(3)空調系統 ----------------------------------
　　Air Conditioning System

　(4)鍋爐： 種類形式 -------------- ， 使用燃料 --------------
　　Boiler Type　　　　　　　　　　Fuel

　　　　　傳熱面積 -------- 平方公尺，最高使用壓力 --------------
　　　　　Heating Surface　　　m², 　　Maximum Pressure

　　　　　公斤／平方公分　實際操作壓力 -------- 公斤／平方公分，
　　　　　kg/cm²　　　　Operating Pressure　　kg/cm²,

　　　　　檢查日期 ------ 年 ----- 月 ---- 日
　　　　　Date of Checking　　　Year　　Month　　Day

6. 危險作業： □木　工 □乾　燥 □噴　漆 □禁水性物質 □粉　塵
　Hazardous　　　Wood　　Drying　　Spray　　Water Reactixe Dust
　Operation　　　Working　Process　Painting　Substance

　　□其他， -------------- 危險作業火災防護方式 --------------
　　Others　　　　　　　　　　Loss Prevention & Protection

三、消防設備
　Fire Protection

1. 滅火器　　泡沫 --- 支，二氧化碳 --- 支，乾粉 --- 支，鹵化烷 --- 支，
　Portable　　Foam　 Pcs, CO_2　　Pcs, Dry　Pcs, Halon　Pcs,
　Extinguishers　　　　　　　　　　　　Chemical

　其他 --- 支
　Others　Pcs

　數量、形式與配置是否適當 --------------------------
　The Numbers, Types, & Locations-Adequate or Inadequate

　有效狀況 --------------------------------------
　Condition

2. 消防栓

Hydrant

⑴消防管系：□專用　　　　　　　□共用，主管徑 ＿＿＿＿＿＿＿＿＿
Piping　　　　for Fire fighting only　Commom Diameter of Main Pipe

＿＿＿＿＿＿ 公釐　　□鍍鋅鐵管　　　　□其他 ＿＿＿＿＿＿＿＿＿
　　　　　　　mm　　　　Galvanized Iron Pipe　Others

⑵固定式消防幫浦：□柴油引擎 ＿＿＿＿ 馬力，□汽油引擎 ＿＿＿＿ 馬力，
Fixed Fire Pump　　Diesel　　　　HP　　　Gasolin　　　　HP

　□電動馬達 ＿＿＿＿＿＿ 馬力
　　Electrical Motor　　HP

　啟動方式：□自動　　□手動，
　Started by　　Automatic　Manual,

　幫浦出水量 ＿＿＿ 公升／分鐘，揚程 ＿＿＿ 公尺
　Capacity　　　LPM　　　Head　　　M

⑶室內消防栓：　消防栓口徑 ＿＿＿＿ 公釐，數量 ＿＿＿ ，水壓 ＿＿＿＿＿＿＿
Indoor Hydrant　Diameter　　　　mm,　Numbers　　Water Pressure

公斤／平方公分，有效消防面積 ＿＿＿%，消防栓周圍有無阻礙物
kg/cm^2　　　Area Covered　　　　Accessing Obstacles

□有　□無
　Yes　None

消防箱配置水瞄及水帶情形 □適當　□不適當　□無
Fire Box, Nozzles & Hoses　　Adequate　Inadequate　None

⑷室外消防栓：　□單口出水　□雙口出水，消防栓口徑 ＿＿ 公釐，
Outdoor Hydrant　Single　　Double　　Diameter　　mm
　　　　　　　　　Outlet　　Outlet

數量 ＿＿＿＿ 水壓 ＿＿＿ 公斤／平方公分，有效消防面積 ＿＿＿ %，
Numbers　Water Pressure　kg/cm^2,　　Area Covered

消防栓周圍有無阻礙物 □有　　□無
Accessing Obstacles　　Yes　　None

消防箱配置水瞄及水帶情形 □適當　□不適當　□無
Fire Box, Nozzles & Hoses　　Adequate　Inadequate　None

⑸緊急電源（備用發電機）：　　　□無　　　□有
Emergency Power (Stand-by Generator)　None　　Yes,

發電量 ＿＿＿＿ 千瓦

Capacity   KW

3.移動式消防幫浦: □無   □有 __ 臺 __ 馬力，水帶 ___ 條
Portable Fire Pump   None   Yes   Units   Hp   Number of Hoses

維護狀況 _____
Maintenance Condition

4.水源   消防專用 _____ 噸，其他 _____ 噸
Water Supply for   Fire Fighting   m³, Other Supply   m³

5.火警自動警報系統
Fire Alarm System

受信總機裝置於_____，_____迴路 _____
Control Panel Installed in   Circuits

探測器: □定溫型   □偵煙型   □差動型   □其他
Auto Detector   Heat   Smoke   Rate & Rise   Others

探測器裝設於: □全廠   □主廠房   □倉庫
Installed in   Whole Area   Main Building   Warehouse

□其他_____
   Others

性能評估: □適當   □不適當 _____
Function   Adequate   Inadequate

6.自動滅火設備種類 _____
Automatic Sprinklers

設置區域 _____ 有效面積 _____ %
Installed in   Area Covered

7.機動消防車: □水箱型   □乾粉化學型   □泡沫化學型   □無
Fire Engine   Water   Dry Chemical   Foam   None

8.工廠員工消防編制及訓練 _____
Employee Fire Fighting Organization and Training

9.公設消防隊名稱
Public Fire Brigade

消防車 ____ 輛,   距本廠 ____ 公里
Number of Enginees   Distance   KM

四、安全管理
   Management

1. 員工人數 ＿＿＿＿ 人，　　每日工作 ＿＿＿＿ 班，　　每週工作 ＿＿＿＿ 天
   Numbers of Employees　　Work Shifts/Day　　　　Days/Week

2. 警衛狀況：守衛共 ＿＿＿＿ 人，　　　夜間 ＿＿＿ 人，＿＿＿ 小時巡邏一次，
   Watchman Service Total No. of Watchman Night-time Time Lapse/Round

   巡邏站數 ＿＿＿ 站，
   (hour) Patrol Stations

   記錄方式：□打卡　□登卡　□無，　　人員出入管制：
   Record　　　Punch　　Sign-in　None　Entry & Exit Control

   □無　□有
   　No　　Yes

3. 吸煙管制：　　□無　□有，專設吸煙區於 ＿＿＿＿＿＿＿＿＿＿＿＿＿＿＿＿＿＿
   Smoking Control　　No　　Yes Smoking Area at

4. 電、氣焊管制：　　□無　□有，單位及負責人 ＿＿＿＿＿＿＿＿＿＿＿＿＿＿＿＿
   Welding Control　　　　No　　Yes Permitted by

5. 內部管理
   Internal Environment

   ⑴廠內清潔：　□良好　□尚可　□不良 ＿＿＿＿＿＿＿＿＿＿＿＿＿＿＿＿＿＿
   House Keeping　Good　　Fair　　Poor

   ⑵貨物存放：　□整齊　　□尚可　　□擁擠　　□零亂
   Stock Storage　Ordererly　Fair　　Congested　Disorderly

   ⑶廢料處理：　□集中堆放　□零散堆放，□定期處理　□不定期處理
   Waste Disposal　Accumlated　Disorderly,　Regular　　Irregular

   ⑷貯槽區防護情形 ＿＿＿＿＿＿＿＿＿＿＿＿＿＿＿＿＿＿＿＿＿＿＿＿＿＿＿
   Loss Protection of Tank Area

   ⑸危險品及特別危險品存放於：　　　□獨立建築物
   Hazardous Materials are Stored at　　Independent Building,

   □主廠內隔離　　　　　　□主廠內無隔離
   　Main Plant with Cut-offs　　　Main Plant Without Cut-offs

   □其他 ＿＿＿＿＿＿＿＿＿＿＿＿＿＿＿＿＿＿
   　Other Places

   防護情形 ＿＿＿＿＿＿＿＿＿＿＿＿＿＿＿＿＿＿＿＿＿＿＿＿＿＿＿
   Loss Protection

6. 機器維護　　　　　　定期保養：□有　□無，　　狀況：

Machinery Maintenance　Regular　　Yes　　None,　Condition

□良好　　　□尚可　　　□不良
Good　　　Fair　　　Poor

五、周圍環境
Surroundings & Environment

1.本廠位於：　□工業區　　　□商業區　　　□農業區　　　□住宅區
Located in　　Industrial　　Commercial　Agricultural　Residential
　　　　　　　　Area　　　　　Area　　　　　Area　　　　　Area

　□其它 _____
　　Others

2.鄰接危險情形
　Neighboring Exposures

	距離（公尺） Distance(M)	建築結構 Construction Material	使用性質 Occupancy
東 East	_____	_____	_____
西 West	_____	_____	_____
南 South	_____	_____	_____
北 North	_____	_____	_____

危險程度：　　　□無　　　□輕微　　　□普通　　　□嚴重
Degree of Risk　　None　　Slight　　Moderate　Severe

防護方式 _____
Prevention & Protection

3.廠外主要道路寬約 ____ 公尺
　Width of Main Road　　M

六、損失記錄
Loss Record

1.發生時間：_____
　Date of Loss

2.原　　因：_____

Cause of Loss

3.發生地點：
Area

4.損失情形及損失金額：
Loss Description & Loss Amount

5.改善情形：
Loss Improvement

七、最大可能損失
Probable Maximum Loss, PML

1.承保內容
Coverage

危險區域 建築 等級 標 保 的 險 金 額 物	區 Area	區 Area	區 Area	區 Area
房 屋 及 裝 修 Bld. / F.				
機 器 及 設 備 M. & E.				
營 業 生 財 B. & E.				
貨 物 Stocks				
合 計 （NT$） Total				

*以上危險分區乃依據產險公會火核圖面分區標準，化學工廠除外。
The above division of risk areas are in accordance with the specification of
the Fire Tariff Rate Plan approved by TIA, excluding Chemical Factory.

2.PML 之計算：以上表估損失金額最高的區域作評估

PML Calculation: Predicted on the highest loss amount of the above chart.

標 的 物 Property Insured	保 額 Insured Amt(1)	最高損失率 PML (%)(2)	最高損失金額 Loss Amount (3)＝(1)×(2)	備 註 Remark
房屋及裝修 Bld. / F.				
機器及設備 M. & E.				
營業生財 B. & E.				
貨 物 Stocks				
合 計（NT$） Total				

全廠總保險金額 (b) ＿＿＿＿＿＿， PML 評估 (a)/(b)＝ ＿＿＿＿＿ %
Total Insured Amount

3.其他說明 ＿＿＿＿＿＿＿＿＿＿＿＿＿＿＿＿＿＿＿＿＿＿＿＿
Remark

＿＿＿＿＿＿＿＿＿＿＿＿＿＿＿＿＿＿＿＿＿＿＿＿

＿＿＿＿＿＿＿＿＿＿＿＿＿＿＿＿＿＿＿＿＿＿＿＿

八、附加險別：□爆炸　　□地震　　□颱風　　□洪水　□竊盜
Extended　　Explosion　Earthquake　Typhoon　Flood　Burglary
Coverage

　　　　　□航空器墜落或車輛碰撞
　　　　　Falling Aircraft or Vehicle Impact Damage

　　　　　□罷工、暴動民眾騷擾、惡意破壞行為
　　　　　S.R.C.C. & Malicious Damage

　　　　　□自動消防設備滲漏　□營業中斷　□租金收入損失
　　　　　Sprinkler Leakagee　　B. I.　　　Rental Income

☐其他＿＿＿＿＿
　　Others

危險評估＿＿＿＿＿＿＿＿＿＿＿＿＿＿＿＿＿＿
Risk Condition
＿＿＿＿＿＿＿＿＿＿＿＿＿＿＿＿＿＿＿＿＿＿＿
＿＿＿＿＿＿＿＿＿＿＿＿＿＿＿＿＿＿＿＿＿＿＿

九、評語
　　Comments
＿＿＿＿＿＿＿＿＿＿＿＿＿＿＿＿＿＿＿＿＿＿＿
＿＿＿＿＿＿＿＿＿＿＿＿＿＿＿＿＿＿＿＿＿＿＿
＿＿＿＿＿＿＿＿＿＿＿＿＿＿＿＿＿＿＿＿＿＿＿

十、附　件
　　Appendix
＿＿＿＿＿＿＿＿＿＿＿＿＿＿＿＿＿＿＿＿＿＿＿
＿＿＿＿＿＿＿＿＿＿＿＿＿＿＿＿＿＿＿＿＿＿＿

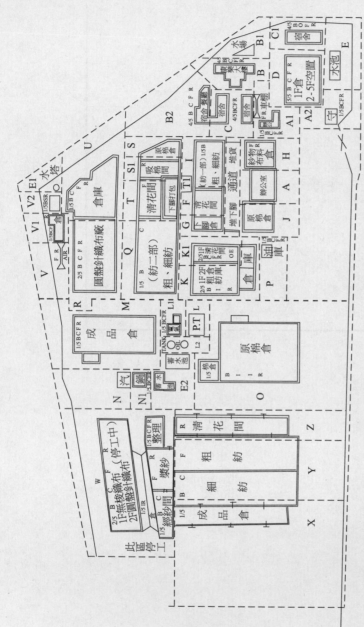

表 13-1 紡織工廠費率及平面圖

A.A₁.A₂:(S0004A9)D.1″A2″ 1.05‰σ+15%σ(L)
B.B₂:(S0003A1)C.1″A2″ 1.56‰σ+15%σ(L)
C.C₁:(S0004B7)D.2″A2″ 0.88‰σ+15%σ(L)
D:(R0201A4)3.A″A2″ 3.29‰σ+15%σ(L)
V.B₁.E.E₁.E₂:(S0001A7)A.1″B″ 1.87‰σ+15%σ(L)
F.T.S₁.K₁.Z:(Q0101B3)1.A″A2″ 3.72‰σ+15%σ(L)
.G.H.J:(R0103A3)1.C″A2″ 5.01%σ+15%σ(L)
I.Q.Y:(Q0102A2)1.B″A2″ 3.21%σ+15%σ(L)
K:(Q0102A2)1.B″B″ 3.85‰σ+15%σ(L)
L:(R0505A0)E 4.13%σ+15%σ(L)

L.N₁:(S0001A7)A.1″A2″ 1.56‰σ+15%σ(L)
V₁.U.M.X:(R0101A9)1.A″A2″ 2.12%σ+15%σ(L)
N:(S0001A7)A-1″C″ 2.89%σ+15%σ(L)
L₂:(R0301B8)4.A.2″ 4.03‰σ+15%σ(L)
O:(R0102A6)1.B″B″ 5.26‰σ+15%σ(L)
R:(Q0103A0)1.C″A2″ 1.65‰σ+15%σ(L)
P.S:(R0102A6)1.B″A2″ 4.38‰σ+15%σ(L)
V₂.W:(R0101A9)1.A″C″3.92‰σ+15%σ(L)

三、出單作業

（一）簽發保單

依要保人或被保險人所填送之要保書及查勘人員查勘所得資料從事核保工作。其程序為：(1)訂定費率：依據查勘報告資料就其實質危險程度釐定費率核算應收保險費。(2)評估危險之高低分散危險(再保作業)。(3)依照使用性質、危險類別、貼附特約條款作為保險單之特別約定事項。(4)簽發保險單並經主管簽署。

（二）批單作業

保險標的物之遷移，使用性質之變更，建築物之改建，保險金額之增減，被保險人之變更等，保險人就原簽發之保險契約內容以批單批改。批單為該保險契約之一部份，其內容效力優於原簽發保險契約。

四、再保作業

再保險 (Reinsurance) 乃是保險人將其所承保之業務轉由其他保險人承保之行為，藉以達到分散危險之目的。也就是保險之保險。一般實務作業可分為合約再保險 (Treaty Reinsurance)、預約再保險 (Open Cover Reinsurance) 及臨時再保險 (Facultative Reinsurance) 。合約再保險又分為溢額再保險 (Surplus Reinsurance) 與比例再保險 (Quota Share Reinsurance)。溢額再保險係以限額表設定自留額再按第一溢額，第二溢額再保。比例再保險係將每一危險單位之保險金額按約定比例分與再保險人。預約再保險係原承受業務之保險人享有相當的選擇權分與再保險人，再保險人不得拒絕。臨時再保險係合約再保險所無法容納之業務，臨時而個案向各再保險人洽訂之再保險。

再保工作係依保險資料按地區地段歸類釐定，同一危險單位參照限額表或自留能力設定金額辦理溢額再保及臨時再保。

第五節　火災保險理賠

一、保險事故的發生

要保人或被保險人應於知悉發生損失後五日內通知保險人，並保持發生損失時之現場。保險人接獲損失通知後應即查閱有關承保資料，確定出險當時契約的內容以明賠償責任並派員馳赴現場初步估算其損失情況，瞭解出險原因，現場拍照存證。同時會同被保險人做各種防止擴大損失之措施。

二、受理索賠

保險人依據現場之實際情況，繕製出險初步報告書成立賠案。要保人或被保險人應於三十天內或經保險人書面同意之展延期內自行負擔費用提出賠償申請書及損失清單。如有必要時，保險人得要求被保險人提供相關證明文件或證據，如保險標的物之各項詳細圖面、說明書、簿冊、憑證、帳單等證件，以作理賠之依據。

三、現場處理作業

為估理賠償金額之基本工作。動產方面應就其損失之保險標的物詳予分類整理並加清點。其分類方式通常為：未遭受損失而仍完好的物品，遭受輕微水漬之物品，遭受嚴重水漬之物品，遭受煙燻沾污及破損之物品，遭受部份焚毀或灼損之物品，全部焚毀之殘餘灰渣破片，火場內焚毀之灰燼痕跡等。

保險標的物整理分類後即就被保險人所提供之損失清單一一核對並拍照存證。至殘餘物品或未受損之物品應即點交被保險人簽收保管。

不動產之建築物，應先認定其損失範圍、建材材料，測估損失面積及裝修狀況，使用年限等以估算其修復或重置費用。

四、賠償金額的理算

（一）損失之估算

1.就保險標的物之水漬、煙燻、破壞、焚毀之損失情況估算係部份損失或全部損失。

2.整理費用係指損失之保險標的物加以整理或修復，所支之各項費用。

3.施救費用：即要保人或被保險人為避免損害擴大之必要行為所生之費用。

（二）賠償之理算

1.損失之分攤：在不定值保險的前提下，保險標的物之實際現金價值高於保險金額者，為不足額保險。保險人僅按保險金額與保險標的物實際現金價值之比例計算賠償金額。

2.複保險之分攤：保險標的物如另有其他保險人承保同一危險事故之保險契約存在，保險人僅負按照保險金額之比例攤賠其損失。

五、損失金額爭議之仲裁

保險人與被保險人對於賠案之處理存有爭議時，得以仲裁方式解決，其程序及費用依商務仲裁條例及相關法規規定辦理。

六、保險公證人之委託

保險公證係以各種保險事故所致損失之調整及賠款之理算與事宜為執業範圍，其公證報告僅供利害關係人決定賠款之參考，並無法律效力，惟可藉此達成當事人之協議。通常火災保險事故發生後，其公證人

之委託多由保險人為之，其公證費用係在估理費用項下支付。

七、賠款之給付

保險人依據各項申請賠款資料及火損現場情況理算為賠償金額並獲被保險人同意簽訂賠償接受書後即予理付。保險契約如有抵押貨物、機器設備或建築物等保險債權條款或抵押權特約條款時，應依條款規定在債權範圍內優先賠付給債權人或抵押權人。

第六節　火災保險附加險

一、火險附加險 (Fire and Allied Perils)

就是原來之火災保險單除特約外不予承保之危險事故，另以批單方式加批承保者。單獨承保附加險，保險人不予接受，它一定要保有火險才能附加。要保人或被保險人可就其附加險種自由選擇全部或部份附加。是故火災保險契約是主契約，附加險係其附屬契約。

二、我國火災保險附加險

（一）附加險種類

1.爆炸險 (Explosion)：保險標的物直接因爆炸所致之毀損或滅失，保險人負賠償責任。

2.地震險 (Earthquake)：保險標的物直接因地震震動或地震引起火災所致之毀損或滅失，保險人負賠償責任。

3.颱風及洪水險 (Typhoon & Flood)：保險標的物直接因颱風或洪水所致之毀損或滅失。

4.航空器墜落、機動車輛碰撞險 (Falling Aircraft and Vehicle

Impact)：保險標的物直接因航空器及其墜落物或在陸地或軌道上行駛之機動車輛所致之毀損或滅失。

5.罷工、暴動、民眾騷擾及惡意行為 (Strike Riot Civil Commotion and Malicious Damage)：保險標的物直接因下列危險事故所致之毀損或滅失：①任何人參加擾亂公共安寧之行為。②治安當局為鎮壓前項擾亂或為減輕其後果所採取之行動。③任何罷工者為擴大其罷工或被歇業之勞工為抵制歇業之故意行為。④治安當局為防止前項行為或減輕其後果所採取之行動。⑤任何人非因政治目的之故意或惡意行為。

6.自動消防裝置滲漏險 (Sprinkler Leakage)：保險標的物直接因自動消防裝置意外滲漏或噴射水或其他物資或因其水源倒塌崩潰所致之毀損或滅失。

7.竊盜險 (Burglary)：保險標的物直接因竊盜所致之毀損或滅失及置存保險標的物之建築物，遭受竊盜所致之損失。

8.恐怖主義險 (Terrorism)：保險標的物直接因恐怖主義份子為其組織或團體，運用爆炸或其他任何破壞行動所致之毀損或滅失。

9.煙燻險 (Smoking)：保險標的物因意外煙燻所致之直接損失。

10.水漬險 (Water Damage)：保險標的物因下列危險事故所致之毀損或滅失：①水槽、水管或其他儲水設備破損或溢水。②一切供水設備、蒸氣管、冷暖氣及冷凍設備之水蒸氣意外滲漏。③雨水、雪霜由屋頂、門窗或通氣孔進入屋內。

11.第三人意外責任險：保險標的物因火災或爆炸所致第三人體傷、死亡或財物損害，依法應由被保險人負賠償責任而受賠償請求時，對被保險人負賠償責任。

12.營業中斷保險：保險人對於被保險人因發生承保在內之危險事故，致財產遭受毀損或滅失直接所引起之營業中斷損失負賠償之責任。其批單又分為製造業與非製造業適用二種。

13.租金損失保險：保險人對被保險人因發生承保在內之危險事故致其財產遭受毀損或滅失直接所引起之租金損失負賠償之責任。

（二）承保的對象及方式

1.凡保有火災保險之標的物均可加保附加險。保險人依據要保人或被保險人所申請要保之資料除實地勘查保險標的物所在地之實質危險外，更應審慎分析評估其危險，尤需注意者要避免被保險人有逆選擇投保之情形。實務上附加爆炸險應瞭解保險標的物本身發生爆炸之危險程度，在生產流程中所產生之熱度和壓力以及化學反應等。附加地震險應查閱是否保險標的物座落在地震帶分佈地區，其建築結構耐震設計等。附加颱風險應注意保險標的物座落地點之環境、建築材料、地勢、排水系統以及過去淹水記錄等。附加竊盜險應勘查瞭解其安全防竊措施、值班人員、監視系統、被保險人之生活水準及社會地位等。

2.保險標的物之保險金額應分項載明，其內容原則上與火災保險單相同，但竊盜險之保險標的物僅限於動產部份。

3.訂定適當的自負額，以排除小額之損失賠償，減少理賠費用，減輕被保險人保險費之負擔。尤有進者，藉此自負額更可提高被保險人對保險標的物安全防護之警惕。通常自負額之訂定可視個人或企業經營規模而調整。一般而言危險事故發生後之損失並不影響其經濟生活或營業中斷情形下，做適當之訂定。

4.附加險之加保應將其批單貼附火災保險單上。

第七節　火災防護

俗云：「預防勝於治療。」保險事故之發生能事先加以防範，實勝於事故後之補償。因此火災的預防 (Prevention) 和防護 (Protection) 在火災保險實務作業上更顯重要。

一、火災之預防

（一）初期火災的防止

星星之火可以燎原。火災的發生，其過程是火源遇到著火物質起火而擴及板壁裝潢傢俱貨品等而竄昇天花板。當溫度到達盈燃點 (Flash Over) 後火焰開始向外擴展蔓延上層樓或向水平方向伸展。因此起火之防止乃是預防火災之先決條件。通常防火之基本原則是不讓著火物質在時間和空間上同時存在或儘量減少其共存的機會。基於此，對於建築物之設計及結構，有關用火之器具設施以及暖氣熱爐之固定裝置，除其周圍不可放置易燃性物質外，應配置適當之消防器材，以供初期滅火之需要。

（二）防止著火

由於人類之疏忽或過失，火災之發生時所難免。但萬一起火即能防止火勢之擴大亦可消滅災害之發生。其防止著火措施應注意下列事項：

1. 建築物內部裝潢應儘量減少使用易燃材料。
2. 傢俱衣李之置放應儘量遠離火源及發熱器。
3. 分散易燃物質，延遲盈燃點，易能及時撲滅。

（三）火災燃燒後之防阻

一般而言，火災燃燒蔓延係由於傳導、對流、輻射及墜落物而引起。通常的對策是以耐火材料為建築物以牆壁隔間，並設防火門窗而劃分防火區域，以期封閉火源，分散危險。

二、火災的防護

火之發生必須具備三要素，即：燃料、氧氣及熱源，所謂燃燒者，係指物質發生氧化作用，溫度上升而發生熱和光。根據此種燃燒著火之理論；其滅火之法則有三種方式：1. 除去燃料之來源。2. 隔絕助燃之氧

氣。 3.冷卻熱源之溫度。因此要達到其滅火之效果，實有賴乎消防器材之輔助。

消防防護器材可分為火警警報系統及滅火系統。茲敘述如下：

（一）火警警報系統

指火災發生時，能夠自動感應而產生警報之設備。包括火災探測器 (Detector)、受信總機 (Control Panel) 及火警信號。

1.火災探測器之種類

⑴熱感式探測器：係利用溫度之變化感應動作，依其使用效果可分為：

①定溫型：裝置點室內溫度上升至一定溫度時，即生動作。多用於鍋爐間、乾燥室、廚房。

②差動型：裝置點室內溫度以平均每分鐘 10℃上升時，應在四分鐘以內即行動作。但通過探測器之氣流較裝置點處所定溫高出 20℃時應在 30 秒內即行動作。適用於對室溫當火災發生時會急速上升之場所。

③補償型：兼具定溫型與差動型之功能。

⑵煙霧式探測器：係燃燒後生成物的感應式探測器。可分為：

①遮光型：對較大的煙粒具敏感性，裝置點其煙之濃度到達 8％遮光程度時，在 20 秒內即行動作。適用於易生濃煙之可燃物質。

②散射型：對悶燒生成之白煙較為敏感。適用於飯店旅館之房間。

③離子型：對煙離子進入時，離子電流產生變化而動作。適用於有通風系統之場所。

⑶感光式探測器：係利用火焰產生之輻射能，在其不可見之波長產生感應。適用於火災危險性高的地方。可分為：

①紫外線型：用於探測波長較短之火焰。適用於具有爆炸危險的處所。

②紅外線型：用於探測波長較長之火焰光波。適用於發火性液體儲

槽。

2.火警受信總機

一般多裝設於警衛室或值日室以便管理與監視，為消防設備之心臟。火災探測器等裝置係由總機控制，如收到訊號時能即刻發出警響並明確指示火災發生地區，以利迅速採取滅火行動。一般都附有全自動充電式預備電源設備，並備有斷線檢知設備以便逐段測試總機對外之迴路線有無斷線故障，並以斷線指示燈及斷線音響表示斷線地區。

（二）消防滅火系統

1.消防栓：分為室內消防栓與室外消防栓。將水帶、水瞄及其接頭裝置於金屬鐵箱內，配置於適當地點，使用配管接到加壓送水裝置和水源。一旦火災發生即可將水帶拉出，並啟動加壓送水裝置予以救火。

2.滅火器：分為手提式及輪架式滅火器，再依其添裝滅火劑之不同有水槽泵式、酸鹼、強化液、泡沫、蒸發性液體、二氧化碳、乾粉等滅火器。該項滅火器之配置應以其滅火作用適用於各種不同火災類別。

3.固定式滅火設備：有自動灑水設備、水噴霧滅火設備、泡沫滅火設備、二氧化碳滅火設備、蒸發性滅火設備、乾粉滅火設備。依其使用之滅火劑適用於各種不同之火災類別，為最好之初期滅火設備。它係全自動式，夜間無人看守時亦能探測發揮滅火之效能。

4.消防車：可分為水箱幫浦消防車、泡沫化學消防車、乾粉化學消防車、雲梯車、救護車等。它為機動消防最佳之配備。

5.其他消防設施：如水桶、消防水源、消防人員之編制以及訓練使用等。

三、發生火災之主要原因

依據統計資料顯示，最常見的火災原因，百分之四十都是由於不小心而引起。因此對原因之探討研究以提高警覺和防範乃是預防火災損失

之重要課題。

（一）發熱裝置物引起之災害：諸如家庭用之瓦斯、暖氣設備或工業上用來加熱、乾燥或酯化等裝置，由於個人之疏忽操作、維護不當而造成火災。

（二）金屬鎔接和焊接：由於火焰或電弧的直接作用產生高溫和熱能以及熱量的傳導火花飛散，金屬小球粒穿入鄰近可燃性物質而引發火災。

（三）吸煙：亂丟煙蒂一遇可燃性物質極易引起火災。

（四）電器原因：電器引火之原因主要是電線本身及其附屬裝置。因使用過度、短路或電壓過高等。

（五）其他：烹調、玩火、爆炸、自燃、烘焙亦是發生火災之原因。

四、防火材料與試驗

火災防阻工作為火災保險實務上之積極作業。歐美國家莫不投入大量心血處心積慮地研究試驗規劃推行。如美國防火協會 (NFPA) 所研訂之火災預防叢書：《火災預防手冊》德國 Allianz Ins. Co. 之防火試驗室，瑞士之 BVD 火災預防中心以及法國之 CUPP 防火材料試驗中心等，專門研究各種防火措施培育訓練防火人才。

物質材料依其本身防火性質之燃燒性、傳熱性、發煙性及溶解性，可分為不燃材料、準不燃材料及耐燃材料。依據德國慕尼黑再保公司 (Munich Reinsurance Co.) 曾就建築材料以標準時間之溫度曲線方法測試各種構成牆壁材料之耐火時間為：

（一）15 公分厚的鋼筋混凝土牆耐火時間為 4 個小時。

（二）12 公分厚的鋼筋混凝土牆耐火時間為 2 個小時。

（三）30 公分厚的磚牆耐火時間為 10 個小時。

（四）24 公分厚的磚牆耐火時間為 8 個小時。

（五）19 公分厚的中空混凝土牆耐火時間為 4 個小時。

（六）2 公分厚的木板耐火時間為 15 分鐘。

（七）鋼柱加護 4.4 公分厚的水泥防護層耐火時間為 4 個小時。

（八）鋼柱加護 2.5 公分厚的水泥防護層耐火時間為 3 個小時。

　　世界各國之火災保險業者，對於具有優良的火災防護措施，皆賜於相當保費之優待。我國現行火災保險費亦可依消防設備減費辦法如具有合格之室內或室外消防栓設備可減費 10 ％，火警自動警報器設備 5 ％，自動灑水設備 15 ％，自備機動消防車輛 10 ％，合計可達 40 ％優待率。更可依據火災保險特別費率承保規則依公設消防、延燒危險範圍、機動消防車、動力消防幫浦、室外室內消防栓設備、自動灑水設備、火警警報器及最大可能損失率之狀況核定最高優待率達 50 ％。由此可見，火災防護措施在火災保險保險費之支出上佔何等重要的因素。

第十四章　貿易保險（一）
—— 海上保險

第一節　貿易與海上保險

出口商為履行交付貨物義務，通常假手專業之運送人 (Carriers)，由出口商所在地，運至進口商指定之目的地倉庫或儲存處所。在運送期間，往往因天然災害、海難、戰爭、或人為疏失，致貨物遭受毀損或滅失，或竟不能送達目的地，或因而應負法律上責任，形成進出口商之財務損失。為維持財務上之穩定，確保其企業體之永續經營，進出口商遂須購買海上保險，藉以轉嫁上述因貨物運送所生損失之風險。

其次，進出口商之間結付貨款，輒委託銀行以跟單信用狀 (Documentary Credits) 讓購（即俗稱押匯）或託收 D/P（付款交單）或 D/A（承兌交單）方式處理。海上保險單據 (Insurance Documents) 已成為銀行押匯與託收作業所處理的主要文件之一，其重要性實不亞於商業發票 (Commercial Invoices) 或載貨證券 (Bill of Lading)；而其理論基礎之廣泛，法律色彩之濃厚，則有過之而無不及。

一、誰該購買貨物海上保險

（一）依買賣契約之價格條件決定：國際貿易業者，關於交易商品

價格之約定，恒以 FOB、CIF 或 FAS 等專有名詞表示。該等用語，不特表示商品之價格結構（故亦稱為價格條件）， 復界定買賣雙方之權利與義務，以及交易標的物（即貨物）危險轉移的時機。由於危險轉移的時機，係決定被保險人有無保險利益 (Insurable Interest) 之重要依據，特作進一步說明。

目前，國際間貿易商締結貿易契約時，其用語的主要來源有三：

1.華沙牛津規則 (Warsaw-Oxford Rules for CIF Contract, 1932)：為國際法學會 (International Law Association) 所制定，專就 CIF 交易條件為詳細之說明，共有廿一條條文。

2.一九四一年美國對外貿易定義 (Revised American Foreign Trade Definition, 1941)：係由美國商會、美國進出口商協會與美國外貿協會共同制定，解釋下列六種貿易條件：

(1)EX (point of origin)

(2)FOB

(3)FAS

(4)C&F

(5)CIF

(6)EX DOCK

其中，FOB 復分為六種不同情況。

3.一九九〇年修訂之國際商用語 (INCOTERMS)，或稱國貿條規；係國際商會 (International Chamber of Commerce；簡稱 ICC) 所制定，共有十三種，它們又可歸納為"E"、"F"、"C"、"D" 四組 (Group)。茲列示如下：

1990 INCOTERMS

Group（組別）	TERMS（用語）
E	EXW; Ex Works（工廠交貨條件）
F	FCA; Free Carrier（指定地點交貨條件） FAS; Free Alongside ship（船邊交貨條件） FOB; Free On Board（船上交貨條件）
C	CFR; Cost and Freight（含成本及運費之條件） CIF; Cost,Insurance and Freight（含成本、保險費和運費之條件） CPT; Carriage Paid To（含成本和運費支付至指定地點之條件） CIP; Carriage and Insurance Paid To（含成本及保險費與運費支付至指定地點之條件）
D	DAF; DeliveredAt Frontier（邊境交貨條件） DES; DeliveredEx Ship（到岸船上交貨條件） DEQ; DeliveredEx Quay（碼頭交貨條件） DDU; DeliveredDuty Unpaid（未付稅交貨條件） DDP; DeliveredDuty Paid（付稅交貨條件）

　　依據華沙牛津規則，接受 CIF 條件之賣方有購買貨物海上保險之義務。若採美國對外貿易定義，則交易條件為 CIF 或 EX DOCK 時，賣方有購買貨物海上保險之義務；交易條件為 FAS、FOB 與 C&F 時，該項義務屬於買方。一九九〇年修訂之 INCOTERMS 規定僅於交易條件為 CIF 或 CIP 時，賣方有購買貨物海上保險之義務。

　　（二）依風險轉移的界限決定：上述各種交易條件用語，一方面表明貨物價格的結構，另一方面規範了安排海上保險義務的歸屬。然貿易商除應履行契約上的義務外，尤不能忽略自己所承擔之風險。譬如，1990

INCOTERMS 中 FAS、FOB、及 CFR 條件下,買賣雙方對於貨物在海上運送階段可能遭遇之危難,雖均無購買保險之義務;然因前述各項交易條件用語,對於交易標的物風險轉移之界限,均有明確之劃分,故買賣雙方均應基於風險管理,以及企業經營安全之理由,各就本身所承擔之風險,購買海上保險資為轉嫁。須加陳明者,出口商交付貨物不論係採海運、陸運、空運或郵遞,實務上均可投保海上保險。故晚近漸多學者主張,海上保險宜稱為運輸保險,亦非無見。

二、 保險利益

我國保險法第十七條規定:「要保人或被保險人,對於保險標的物無保險利益者,保險契約失其效力」。在貨物運送之場合,所謂保險利益,係指被保險人於貨物安全抵達預定之目的地時,可享有經濟上之利益;倘貨物於運送途中發生危險事故,則將蒙受經濟上之損失 (MIA 1906❶第 5 條參照)。 準此,在 FOB 與 CFR 條件下,賣方對海上運送階段之貨物不具保險利益。賣方倘以自己為被保險人購買海上保險,該保險依上述保險法第十七條之規定,應「不具」或「喪失」效力。同理,買方亦不得以自己為被保險人,就貨物裝載於承運船舶前之內陸運輸或儲存,投保海上保險;更不得於危險事故發生後,將該保險單轉讓與賣方。

例外之情形為,付款條件若經約定採取承兌交單 (D/A) 或付款交單 (D/P),雖價格條件為 FOB 或 CFR,賣方仍可為自己之利益,就海上運送階段投保海上保險。蓋萬一買方拒絕承兌或付款時,貨物之所有權仍屬賣方,賣方對該貨物自仍具有保險利益,稱為「可能性利益」或「或有利益」(Contingent Interest)。惟保險人於簽發此類保險單時,均明定該保險單不得轉讓。

依照 1990 INCOTERMS, CIF 條件下,買賣雙方風險轉移之點為

---

❶ MIA 1906: 乃英國海上保險法 (Marine Insurance Act 1906) 之縮寫。

貨物有效越過承運船舷欄杆之時 (at such time as they (= goods) have passed the ship's rail...)。自危險負擔與保險利益之觀點而言，買賣雙方分別對於貨物裝船前（通過船舷欄杆前）與裝船後之運送有保險利益，其保險契約自可分別安排；惟在 CIF 條件下，實務上，進口商均容許出口商，將裝船前與裝船後兩階段運送之保險合併，而以出口商為原始被保險人，並由出口商於押匯或託收之直前，在保單上背書轉讓給進口商或其指定之銀行或其他受讓人（英國 MIA 1906 第 15、50 及 51 條參照）。

中外法律均規定，被保險人對保險標的物具有保險利益乃保險契約之生效要件。其目的在防止與保險標的物無經濟上或法律上利害關係者，藉保險而為賭博，使保險淪為投機之工具，因而喪失其補償損失之原意。

三、　如何計算保險費

保險費 (Insurance Premium) 為購買保險所支付之費用，習慣上以保險金額 (Insured Amount; Sum Insured) 之百分率表示，稱為保險費率 (Rate of Premium)。保險金額通常為商業發票金額 (Commercial Invoice Value) 之 110％（參閱 ICC Publication 500；國際商會一九九三年修訂之信用狀統一慣例 Article 34–f. ii）。其計算方法，可以下列三式表明：

$$I = \text{I. A.} \times R \quad 或 \quad I = \text{Invoice Value} \cdot K \cdot R \quad \cdots\cdots\cdots\cdots (A)$$

$$I = \frac{C + F}{1 - K \cdot R} \cdot K \cdot R \quad \cdots\cdots\cdots\cdots\cdots\cdots\cdots\cdots (B)$$

$$\text{CIF} = \frac{C + F}{1 - K \cdot R} \quad \cdots\cdots\cdots\cdots\cdots\cdots\cdots\cdots\cdots (C)$$

說明：

I: 表保險費；

I. A.: 表保險金額，若為商業發票金額之 K 倍，交易條件為

CIF 時，可寫成 I. A.＝$(C+I+F) \cdot K$；

K：表 I. A. 與發票金額之比例；

R：表保險費率，通常以百分率（％）表示，由保險人依貨物之特性、包裝、航程、承運船之性能、保險條件與承保經驗等因素決定（詳見第五節）。

〔例 1〕手工具乙批之 CIF Hamburg 總價為 US\$10,000，如保險金額為商業發票金額（即 CIF Hamburg 總價）之110％，保險條件為全險 (All Risks) 或協會貨物險條款 (A) 式 1/10/82❷。今與保險公司洽知保險費應為 0.2％，則應付之保險費為：

採上述公式 (A)

$$I＝\text{Invoice Value} \cdot K \cdot R$$

$$I＝\text{US\$10,000} \times 110\% \times 0.2\% ＝\text{US\$22}$$

〔例 2〕某貿易商擬出電腦元件乙批，已知其 FOB Keelung 價為 US\$9,000，自 Keelung 至 New York 運費為 US\$1,000。今自保險公司詢得，若投保全險 (All Risks) 或協會貨物險條款 (A) 式 1/10/82，其保險費率應為 0.25％。假設保險金額為 CIF New York 價之 110％，則該貿易商計算該批貨物之 CIF New York 價之方法如下：

(i) 依前述公式 (B)

$$I＝\frac{C+F}{1-1.1 \cdot R} \cdot K \cdot R＝\frac{9,000+1,000}{1-1.1 \cdot 0.25\%} \cdot 110\% \cdot 0.25\%$$

$$I＝\text{US\$27.58}$$

$$\text{CIF}＝\text{US\$9,000}+\text{US\$1,000}+\text{US\$27.58}$$

$$＝\text{US\$10,027.58}$$

或 (ii) 逕運用公式 (C)

$$\text{CIF}＝\frac{C+F}{1-K \cdot R}$$

---

❷ 詳見第四節。

$$=\frac{9,000+1,000}{1-110\% \cdot 0.25\%}$$

$$=US\$10,027.58$$

上述兩方式自以後者較為簡易，兩者併用，則可校驗計算是否正確。

四、 何時投保

購買保險俗稱投保，乃被保險人與保險人締結保險契約之意。本來保險契約為諾成契約，一旦保險人對被保險人投保之要約表示承諾，保險契約即屬成立。然實務上，被保險人投保海上保險時，例須填寫要保書（Application）（參閱附件一——貨物運輸險要保書），載明被保險人、保險標的物、保險金額、承運船舶名稱、發航日期及保險條件等資料，供保險人審閱，俾憑決定是否承保及應收保險費。近年來，電話傳真機之使用已極普遍，被保險人常以傳真機將填妥之要保書傳送給保險人，堪稱便捷。

購買海上保險，原則上應於貨物啟運前（即風險開始前）為之。在FOB 或 CFR 條件下，進口商如以信用狀為付款方式，開狀銀行通常會要求開狀申請人（即進口商）， 於開發信用狀之直前，提供保險單，以確保其債權，故進口商較能遵守此一原則。

在出口之場合，由於國人習慣於貨物已裝船，並自運送人取得載貨證券（或稱提單）之後，始行投保。而載貨證券往往須於貨物完成後兩三天方能取得，因此自貨物運離出口商之工廠或倉庫，迄出口商辦妥投保手續，其間數天均無保險，實為極端危險之實務。數年前，有一船名為「鑽石輪」（"Diamond Fruits"）者，在高雄港裝載貨物期間翻覆，即有若干出口商未及投保海上保險，致蒙受不少損失，可資殷鑑。

國際商會一九九三年修訂之信用狀統一慣例（Uniform Customs and Practice for Documentary Credits）第 34 條 e 項規定：「除信用狀另有規

定外，或……銀行將不接受其簽發日期遲於運送單據上所示裝載、發送或接管之日期❸之保險單據」。貿易商、銀行與保險公司對此規定，均應瞭解。

歐美保險先進國家，大型企業殊少就各航次貨物，逐一投保；而係與保險公司訂立較長期之保險契約，約定在某特定期間內，凡該企業所託運進口或出口之貨物，均由該保險公司負保險責任，以防被保險人因遲延或遺漏投保而自行承擔損失。此種安排保險之方式稱為預約保險，在後述第三節中將有較詳細之說明。

第二節　海上保險之損失

貨物自出口地啟運，經海上、陸路或空中，交付進口商指定之目的地，亙運送之全程，所可能遭遇之危險事故與其所導致之損失，其型態與程度不一而足。其概念甚多業經保險法律加以界定，亦有若干已成為保險業界專技語言。茲擇其重要者說明如下，俾有助於學者，瞭解後述保險單之內容，以及有關之保險條款。

一、　依損失程度分

（一）全損 (Total Loss)，復可分為：

1.實際全損 (Actual Total Loss)：指保險標的物實體已毀損或滅失，譬如紙製文具遭火焚毀；或標的物雖仍存在，然已喪失原有之屬性或效用❹，譬如茶葉沉入海底，雖經撈救，其原有之效用已然失去；或標的

---

❸ 指載貨證券或收貨收據，所載裝船、收貨或簽發日期（詳見一九八三年修訂之信用狀統一慣例）。

❹ 學理上稱為種屬的喪失 (Loss of Species)，至於種屬喪失之認定，應基於商業觀點；如效用或品質雖受損嚴重，然如可於整理後，以次級品貨物出售，

物已脫離被保險之掌握，顯然無法收回，如鋼板隨承運船舶沉沒深海，鋼板實體雖仍存在，亦未喪失其屬性，卻因沉沒地點水深無法撈救，亦屬實際全損（參見 R. H. Brown 著《海上保險》卷一，第 90 頁）。

2.推定全損 (Constructive Total Loss)：保險標的物似已無法免於實際全損，或為保全標的物所需費用將高於獲保全貨物之價值，或修復受損貨物並將其運抵目的地之全部費用，超過該貨物送達目的地之價值。例如花五百萬美元之費用，去營救遇難之貨物，若獲救之貨物竟不及五百萬美元。在此情況下，英國海上保險法允許被保險人將貨物委付 (Abandon) 與保險人，而請求全損之補償，稱為推定全損。我國海商法第一百八十二、一百八十四、一百八十八及一百九十三條亦有類似規定。

（二）部份損失，亦稱分損 (Partial Loss; Average)：凡損失非為全損者，即屬分損。分損可分為兩類：

1.共同海損 (General Average)：我國海商法第一五〇條規定：「稱共同海損者，謂在海難中，船長為船舶及貨物之共同危險所為處分，而直接發生之損害及費用」。 一八〇一年英國法院曾將共同海損定義為：「凡為維護船舶與貨物共同安全，所作非常之犧牲 (Sacrifice) 與所生費用 (Expenditure) 均屬共同海損，應由所有受益者依比例分攤 (must be borne proportionally by all those interested)。」準此，共同海損行為可引致兩種型態之損失：一為共同海損犧牲 (G. A. Sacrifice)，最典型者為投棄 (Jettison)，以及引水滅火，致同艙內尚未著火貨物受水漬損失❺；一為共同海損費用 (G. A. Expenditures)，如承運船舶擱淺，為使船舶浮起，僱用駁船卸貨以減輕船貨重量，所生費用。依上述共同海損犧牲與費用應由所有受益之船東與貨主分攤，稱為共同海損分攤 (G. A. Contribu-

---

仍不能視為全損，只能以部份損失求償。

❺ 遭火燒毀之貨物，不能計為共同海損，因其不具備共同海損行為之各項要件──其毀損非以維護船舶與貨物共同安全為目的，即其一端。

tion)。

2.單獨海損 (Particular Average)：英國海上保險法第 64 條第一項規定:「單獨海損，係保險標的物因約定承保之危險事故，所致非共同海損之部份損失。」易言之，部份損失凡不具共同海損要件者，為單獨海損。

二、 依損失之性質分

（一）貨物本身之毀損或滅失：包括貨物實體上受毀損，如焚燬 (Burning)、破裂 (Breakage)、生鏽 (Rusting)、受潮 (Wetting)、發汗 (Sweating) 或污染 (Contamination) 等形態；以及數量（個數、件數、重量、容量、長度等計算單位）之短少 (Shortage in quantity)，不論為一部或全部之喪失均屬之。

（二）因海事法律或習慣而生之責任：如前所述，貨主分攤共同海損之犧牲與費用，係屬海事法律之規定。貨主若拒絕分攤，則船東依法有對託運貨物之留置權。不過，共同海損之理算，多數國家採安特衛普規則 (York Antwerp Rules)。該規則並非法律，而係世界航運業普遍遵守之習慣。

另一項貨主可能因託運貨物而引起之海事責任，源自雙方過失碰撞條款 (Both to Blame Clause)。依據美國法律，兩船碰撞而雙方均有過失時，不論雙方過失程度為何，雙方應平均負擔碰撞責任，即兩船各負50%之責任❻。在承運船與他船碰撞致貨物受損時，貨主計有三條途徑可資採取:

1.向承運船 (Carrying Vessel) 請求 100% 之賠償；

2.向承運船與他船 (Non-carrying Vessel) 各請求貨損之 50%；

3.向他船請求 100% 之賠償（基於共同侵權行為人，應負連帶賠償責任之原理）。

---

❻ 按英國法，兩船應依過失之程度、比例分擔責任；我國海商法之規定亦同。

美國自一八九三年頒佈赫特法案 (The Harter Act 1893) 以來，海上運送人 (Sea Carrier) 得就「航海技術過失」主張免責；因此，貨主若圖採取上述第一或第二途徑，向承運船或他船求償，均將發生困難。

美國法律復允許，承運船舶向他船請求全部之貨損賠償，然後，由他船於履行賠償義務後，將所賠償之金額，列為其碰撞損失之一部，請求原承運船舶分攤其半數。此一原則，於一八九六年及一八九八年經美國法院在"The Delware"及"The Chatta Choochee"兩案中確立。於是航運界紛紛在載貨證券上增訂「雙方過失碰撞條款 (The Both to Blame Collision Clause)，約定承運船舶循上述反覆請求過程，最終所須分攤之貨損賠償責任，應由貨主償還。適用之結果，貨主須負擔承運船貨損之50%❼。至是，貨主苟欲採取上述第三途徑，亦感此路不通，而須另闢途徑。

（三）費用

1.損害防止費用 (Sue and Labor Charges)：我國海商法第一百七十二條規定：「保險人對於要保人或被保險人，為避免或減輕損失之必要行為所生之費用，負償還之責。其償還數額與賠款金額，合計雖超過保險標的之價值，仍應償還……。」旨在要求被保險人在危難時，應竭力營救或減免貨物因所承保危險事故遭受損害，其因而發生之費用稱為「損害防止費用」。我國保險法第三十三條亦有類似之規定，惟語意欠明確，易滋生疑義，實立法技術之疏漏。一九九七年，雖加修正，惟未切中時弊，良屬可惜。所幸我國保險法規定有關海上保險事項，適用海商法，後者第一百七十二條效力自較優先，與國際實務較為接近❽。

---

❼　協會貨物險條款遂訂有雙方過失碰撞條款 (The Both to Blame Collision Clause)，目的即在補償貨主（即被保險人），依運送契約之雙方過失碰撞條款，所須負擔之損失——承運船舶貨損之一半。

❽　損害防止條款乃一附約，因之，如被保險人營救行動無效，標的物仍不免全

2.單獨費用 (Particular Charges)：與損害防止費用同為被保險人為減免保險標的物發生毀損或滅失，所生之費用。所不同者，單獨費用係於標的物抵達目的地之後發生，如發霉或受污漬皮製品之擦拭與整理所需費用。損害防止費用，則發生於標的物運抵目的地之前。例如，貨物因承保之危險事故被迫在中途港卸貨、儲存並繼續運往原定之目的地所生之費用。須加注意者，單獨費用與損害防止費用，均係單獨對貨物而發生；如係為維護船貨共同安全而發生，則屬共同海損。

3.施救費用 (Salvage Charges)：指未經締約，自願施救致生費用，依海事法律所得請求之報酬。該等費用視情況，可列為單獨海損或共同海損（詳請參閱英國海上保險法第 65 條）。

4.額外費用 (Extra Charges)：被保險人為勘定損失程度、原因，並理算得向保險人請求補償之金額,例須延聘公證公司 (Surveyor) 處理。所請求補償，若經保險公司審查，認定為約定承保之損失，其因而發生之公證費用 (Survey Fee)，可與貨損一併獲償。此項公證費用，即屬額外費用。

第三節　保險單 (Insurance Policy)

保險單乃保險契約之書面證明，我國保險法第四十三條規定：「保險契約，應以保險單或暫保單為之。」 同法第五十五條規定保險契約應記載之事項包括:(一) 當事人之姓名及住所,(二) 保險標的物,(三) 保險事故,(四) 保險責任期間,(五) 保險金額,(六) 保險費,(七) 無效及失權原因,(八) 訂約之年月。學者主張保險契約為要式契約者本

損，保險人除給付全損補償外，尚須補償損害防止費用。英國海上保險法亦明文規定，被保險人有義務採取一切合理之步驟，以求減免標的物之損失 (MIA 1906第78條參照)。

此❾。

　　暫保單 (Binder; Cover Note)❿，乃保險人與被保險人雖已同意成立保險契約，在正式簽發保險單之前，為證明保險契約之存在所開立之文書，上載保險契約主要事項；一俟正式保險單簽發，該暫保單即予作廢。

　　英國海上保險法 (MIA 1906) 第 22 條規定:「非依本法簽訂之保險單，不得作為保險契約成立之證據。」可見英國法院僅採保險單，而不採用暫保單，以認定保險契約之內容與效力。

　　暫保單之使用，在我國並不普徧，故進出商既有購買海上保險之需要，實宜儘早與保險公司接洽，取得正式保險單，或預先訂立較長期之保險契約，例如預約保單（詳見後述）。

一、 貨物海上保險單之種類

　　保險單之分類方法甚多，茲就與貨物運送有重要關係者，說明如下:

　　(一) 依是否承保單一航程區分:

　　1.航程保單 (Voyage Policy): 每一保單僅承保單一航程 (one Single Voyage)，被保險人須就所有貨載，逐一投保，國內貿易商習於此方式者頗多。在美國此種保單稱為特別保單 (Special Policy)，以示與後述之保險證明書與預約保險單有別。

　　2.流動保單 (Floating Policy): 保險人承諾，就特定貨物在一定數量與保險金額內，負保險責任。保險復允許被保人，將承保之貨物分為若干航次運送，直至累計之貨物數量或保險金額達約定之總額為止。進口商已向出口商訂購貨物，並允出口商分批託運，然各航次所運送貨物之確實數量與承運船舶資料，尚不齊全時，可採此種保單。被保險人一旦獲悉各批貨載 (Shipment) 之細部資料，應立即通知保險人。國內實務

❾　參閱桂裕著《保險法論》增訂十版，第114–122頁。

❿　坊間有譯為投保通知單或分保單，均欠妥。

所稱之進口「TBD 保單」， 即與此種保單甚為接近。所謂"TBD"係(若干事項，如船舶名稱、發航日期等資料容日後通知 (to be declared)) 之意。

3.預約保單 (Open Cover; Open Policy)：保險人與被保險人約定於一定期間內（通常為一年），被保險人所有輸出或輸入貨載，甚至不論啟運地點與目的地為何，凡因約定之事故所致之損失，被保險人均可自保險獲得補償。被保險人僅於合約生效時，支付預估之全年度保險費之一部；俟合約期滿時，被保險人應提供合約生效期間內，全部貨載之明細，俾保險人憑以核算實際應收之保險費，多退少補。此種預約保單，在美國已被廣泛使用。不僅如此，被保險人尚且獲得授權，允許其依預約保單簽發保險證明書 (Insurance Certificate) 或保險聲明書 (Declaration under an open cover) （國際商會一九九三年修訂信用狀統一慣例第34條d 項參照），對保險人與被保險人而言，均極經濟方便。可惜，國內融資或開狀銀行尚不熟悉此一實務，故目前僅少數較大型企業採用，且多半只應用於輸入貨載而已，輸出貨載則仍採航程保單❶。

（二）依保險單是否載明標的物之保險價值區分：

1.不定值保單 (Unvalued Policy)：此種保險單上雖載有保險金額 (Amount Insured)，卻未載明標的物之保險價值 (Insurable Value)，須至危險事故發生後始行估定（保險法第五十三條第二項參照）。 發生全損 (Total Loss) 時，以損失發生時，全部貨物之保險價值請求補償，但以保險金額為最高補償額度。發生部份損失時，以該受損部份之保險價值受償。若保險金額低於保險值，則以保險金額與保險價值之比例補償（英國海上保險法第 70 與 71 條參照）。

2.定值保單 (Valued Policy)：係指保險契約明示保險標的之價值（英國海上保險法第 27 條參照），我國保險法第五十條第三項規定：「定

---

❶ 航程保單在美國之所以被稱為特別保單，即因航程保單之簽發，並非常態也。

值保險契約，為契約上載明保險標的一定價值之保險契約」。因保險價值業經保險人與被保險人約定，故發生全損時，如為足額之保險 (fully insured)❷，可獲之補償，即為保險金額或保險價值之全部。如為部份損失，則先計算受損部份之保險價值與約定之全部貨物保險價值之比例，將之應用於全部貨物之保險金額，即可求得可獲補償之金額（參見 Dover 著 *A Handbook to Marine Insurance*，第 452 頁及 Templeman 著 *Marine Insurance*，第184–185頁）。

二、海上保險單之內容

（一）勞依茲保單 (Lloyd's S・G Form)

一九八二年以前，海上保險單之內容，多半以勞依茲保單為藍本，依據個別情況需要，附加各種由倫敦保險人協會 (Institute of London Underwriters) 所制定之條款，予以補充或修改。

附件二乃我國保險市場所採用保險單之一實例，其內容即是仿自勞依茲保險單。該保單分為上下兩部，中央部份有一黑線將之隔開。下半部復分為左右兩欄，右欄為保單之本文 (Body)，左欄文字稱為邊列條款 (Marginal Clause)，用以補充與修改本文之內容。本文與邊列條款，國際間所使用之保單幾乎完全相同。邊列條款之底部，尚有數行紅色印刷條款。旨在提醒被保險人，於遇有貨損時，應立即通知保險人指定之理賠代理人 (Claim Agent)，以及其他應注意事項。

保單本文上端，有"Cargo Policy"，表明本保單適用於貨物 (Cargo) 海上保險。蓋勞依茲 S・G 保單，原本既可用以承保船舶 (Ship)，亦可承保貨物 (Cargo 或 Goods)。

保險單本文首段 "Be it known that......in the schedule hereto." 記載保險之當事人、保險標的物、保險責任期間等事項。保險人為便於製作

---

❷　保險金額不低於保險價值之情況。

保險單，將該等事項集中處理，列成表格 (Schedule)，置於保險單之上半部。在本文中，僅以「如附表所示 (as specified in the schedule)」交代。茲將附表所記載之事項列示如下，請與附件二對照：

①保單號碼 (Policy Number)；

②被保險人 (Assured; Insured)；

③-a 保險金額 (Amount Insured)；

③-b 保險價值與保險金額同 (Valued at the same as Amount Insured)⑬；

④貨物名稱、數量及包裝 (Goods and Merchandises, Quantity, and Packing)；

⑤承運船舶 (Carrying Vessel or Ship)；

⑥航程起點與終點 (At and from...to...)；

⑦發航日期 (Sailing Date)；

⑧保險條件 (Conditions)，通常以顯著顏色或字體，註明所適用之協會貨物險條款。必要時，另以文字酌加補充或修正；

⑨付款地與使用幣別 (Claim, if any, payable at (place) in (Currency))；

⑩理賠代理人 (through (claim agent))；

⑪保單簽發地點與時間 (Policy signed at...on...)；

⑫保險保險費率 (Rate of Premium)；

⑬保險單正本 (Original) 之標示，如為第二正本，則以"Duplicate"標示。本附件，因屬範本，故另有"SPECIMEN"之標示。

次段首句 "Touching the adventures...acceptance of abandonment"列舉所承保之各項災害 (Perils insured against)，包括海上危難 (perils of

---

⑬ 如前所述，保單明示保險標的物之價值者為定值保單。實務上，貨物海上保險單，幾乎均為定值保單，即採此記載方式。

the seas)、軍艦 (Men-of-War)、火災 (fire)、敵人 (enemies)、海盜 (pirates) 等以及其他一切（類似）的危險 (and all other perils of the like kind) 稱為危險事故條款 (Perils Clause)。

次句 "And in case of any loss or misfortune, it shall be lawful...to sue, labor..."約定被保險人於保險標的物遭受損失或不幸時，應竭力進行訴訟、營救以圖保存或回復；其因而發生之合理費用，保險人負補償責任，此即損害防止條款 (Sue and Labor Clause)。

第三段採斜體字書寫，其內容可分為三小節：

1.捕獲扣押不保條款 (F. C. & S. Clause)：將捕獲 (Capture)、扣押 (Seizure)、拘管 (Arrest)、禁制扣留 (restraint or detainment)、敵對或類似戰爭的行為所致損失 (consequences of hostilities or warlike opera-tions) 惟不含海盜 (piracy excepted) 除外不保，又稱為戰爭險不保條款。

2.罷工暴動不保條款 (F. S. R. & C. C. Clause)：將因罷工 (strike)、停工 (lock-outs)、工潮 (labor disturbances)、暴動 (Riots) 或民眾騷擾 (civil commotions) 所致損失除外。本小節與上小節同係對本文第二段危險事故條款之修正。

3.航程受阻不保條款 (Frustration Clause)：前述捕獲扣押不保條款如被刪除，則第二段承保與戰爭有關之危險，即獲恢復，然仍須受航程受阻條款之拘束——即對國家（或王國）之謀篡者之拘管、禁制或扣留，致航程受阻無法完成之補償請求，保險人免負責任。

第四段，約定關於保險補償責任及其處理，悉照英國法律及其實務習慣。

本文結尾："N. B. Corn, Fish, Salt, Fruit, Flour, and Seed are warranted from Average...or the ship be stranded or burnt."一段文字，係於一九四九年加註於勞依茲保單，稱為「附註 (Memorandum)」。文中約定，除非承運船舶沉沒、擱淺、焚毀或共同海損，若干特定貨物，如穀

類、鹽、水果、麵粉等之單獨海損 (particular average) 未達百分之三或五者，保險人免責；若損失達約定之成分，則可全部獲償。此種約定稱為起賠額 (Franchise)。

（二）協會貨物險條款之採用與勞依茲保單之修改

勞依茲保單沿用已歷三百多年，其間，為應實際需要，倫敦保險人協會 (Institute of London Underwriters，簡稱 ILU) 之技術及條款委員會 (Technical & Clauses Committee) 自一九一二年起，先後擬定若干種「標準化」條款，附加於勞依茲保單，以補充或修改其內容。其中最常用者計有：

①協會貨物全險條款 (Institute Cargo Clauses, All Risks)

②協會貨物水漬險條款 (Institute Cargo Clauses, W. A.)

③協會貨物平安險條款 (Institute Cargo Clauses, F. P. A.)

④協會戰爭險條款 (Institute War Clauses)

⑤協會罷工暴動險條款 (Institute Strikes, Riots, and Civil Commotions Clauses)

⑥協會失竊及短交條款 (Institute Theft, Pilferage and Non-delivery Clauses)

⑦協會重置條款 (Institute Replacement Clauses)

⑧協會危險藥品條款 (Institute Dangerous Drugs Clauses)

所有條款左上角，均載有制定日期，以免使用時發生錯誤，引起爭議。

（三）一九八二年協會貨物保險條款與新格式保單

由於勞依茲保單，所使用文字古老，含義晦澀，體裁陳舊，難為保險消費大眾所接受。於是，聯合國貿易及發展會議 (UNCTAD) 遂促請倫敦保險人協會簡化保單及條款內容，於一九八二年一月一日推出新格式保單與新條款，取代傳統之勞依茲保單以及一九六三年制訂之協會貨

物全險、水漬險與平安險等條款。倫敦保險市場並宣佈：一九六三年修訂之協會貨物全險、水漬險與平安險條款，一九八〇年修訂之協會戰爭險條款，以及一九六三年修訂之協會罷工暴動險條款與勞依茲保單，自一九八三年三月三十一日起停止使用。不過，事實上國際貿易與銀行業，至今尚有寧採舊保單舊條款者，而呈新舊兩式並用之局面。

1.新格式保單：附件三為國內保險市場中所使用新格式保單之一實例，保單右下角為本文，僅寥寥數語，說明該保單所應記載事項悉如保單上半部之附表 (Schedule)。不若舊保單本文所約定事項，經附註，邊列條款，再加上協會貨物險條款之反覆修改，保險契約之原來面目易趨模糊。新保單之結構單一化，保險契約之主要事項，幾全由所附加之新條款界定。故新格式保單本文，只是聊備一格而已。

2.一九八二年協會貨物險條款：新舊條款主要不同之處為：(1)新條款增列陸上運送的災害，如地震、火山爆發、車輛傾覆等；(2)英國海上保險法所明示除外不保事項，原未列入舊條款中，新條款則予明示，如：(a) 出於被保人之故意所造成損失，(b) 正常損耗，(c) 船東或傭船人失卻償債能力等，以增強法定除外責任之效力；(3)新條款內容之整理與編排，較合邏輯，文字亦較簡明，可謂一大進步。

最常用之一九八二年協會貨物險條款，計有下列數種：

①協會貨物險條款 (A) (Institute Cargo Clauses (A), 1/1/82)

②協會貨物險條款 (B) (Institute Cargo Clauses (B), 1/1/82)

③協會貨物險條款 (C) (Institute Cargo Clauses (C), 1/1/82)

④協會（貨物）戰爭險條款 (Institute War Clauses (Cargo), 1/1/82)

⑤協會（貨物）罷工險條款 (Institute Strikes Clauses (Cargo), 1/1/82)

⑥協會（空運）貨物險條款 (Institute Cargo Clauses (Air) excluding sendings by post, 1/1/82)

⑦協會（郵件）戰爭險條款 (Institute War Clauses (sendings by post),

1/1/82)

⑧協會（空運貨物）罷工險條款 (Institute Strikes Clauses (Air Cargo), 1/1/82)

除此之外，倫敦保險人協會尚針對煤炭、玉米、冷凍肉類等貨物之特性，制定特別條款，專供保險人承保該等貨物時使用。

第四節　保險條件及其分析

自協會貨物險條款被採用以後，勞依茲保單之內容，實質上已受到重大修改，以致保險人與被保險人間，洽訂保險契約時，均使用所擬適用的協會條款名稱，以明保險人所承保之危險事故及除外責任，統稱為「保險條件 (Insurance Conditions)」。

無論保險人與被保險人之間所議定之保險條件為何，欲瞭解其實質內容，均應從下述三方面著手：

一、保險責任期間 (period of insurance)

（一）依據勞依茲保單本文，保險責任自貨物裝載於承運船舶時開始，迄承運船舶抵達目的地，安全繫纜二十四小時止。

（二）一九六三年制定之協會貨物全險、水漬險與平安險條款，將保險責任期間，展延為自貨物運離保單所載被保險人之倉庫時開始，迄貨物運抵被保險人在保單所載目的地倉庫或儲存處所為止。如被保險人在貨物運送途中，將其儲存或運往目的地以外之其他處所，保險責任期間立即終止。又如貨物在最終卸貨港卸貨滿六十天，保險責任期間，亦立即終止。以上三種情形，以何者先行發生者為準。

（三）一九八二年協會貨物險 (A)、(B) 及 (C) 式，關於保險責任期間之約定，與一九六三年協會全險、水漬險與平安險條款相同（參見前

者第八條）。

二、承保的危險或災害 (risks covered；perils insured against)──承保範圍 (Scope of Coveage)

（一）勞依茲保單：第三節第二小節中，曾述及「危險事故條款」(Perils clauses)，如將其中所列舉災害加以整理，應可歸納如下：

1.海上的危難 (perils of the seas)

⑴惡劣天候 (Heavy Weather)：如風暴或豪雨。

⑵擱淺 (Stranding)：承運船舶觸地並定著於該處達相當時間。

⑶碰撞 (Collision)：承運船舶與他船強力接觸或撞擊。

⑷接觸 (Contact)：承運船舶與水以外之物質相接觸。

⑸沉沒 (Sinking)：承運船舶全部沒入海中。

2.火災 (Fire)。

3.共同海損 (G. A.)：如投棄。

4.船長船員之惡意行為 (Barratry)。

5.其他一切（類似）災害 (All other perils)。

6.戰爭 (War)：軍艦、敵人、暴力搶劫等。絕大部份危險均因 F. C. & S. Clause 而除外。如欲加保或恢復需洽得保險人之同意。

（二）一九六三年協會貨物險條款

1.協會水漬險條款 (ICC, W. A. 1/1/63) 所承保之危險事故，與勞依茲保單之約定完全相同，僅增加一項與碰撞之海事責任──即第十一條雙方過失碰撞條款（見前述第二節第二項第二款）。此外，該條款第五條規定:「除非共同海損或承運船舶擱淺、沉沒或焚毀外，未達約定百分比之海損不賠。」此處所謂「約定之百分比」，係指前述勞依茲保單附註 (N. B.) 所示之百分比，亦即「起賠額 (Franchise)」。因實務上保險契約中，常約定「不計（損失）百分比賠償 (claims payable irrespective of percentage)；I. O. P.)，遂有保險人逕將保單中之附註刪除。其效果為凡因承保之災害所致損失，不論其程度為何，均可全數獲得補償，而無起賠額之適用。

2.協會平安險條款 (ICC, F. P. A. 1/1/63) 所承保之危險事故與水漬險條款 (ICC, W. A. 1/1/63) 完全相同。惟一例外，為惡劣天候所致之單獨海損 (Particular average)，可依水漬險條款獲償，平安險則否。

3.協會貨物全險條款 (ICC, All Risks 1/1/63) 將勞依茲保單所承保範圍予以擴大，至包括一切偶發之危險事故 (fortuitous accidents)，凡平安險與水漬險所承保者，全部涵蓋在內。所除外者，僅有兩項: (a) 遲延 (Delay) 所致之損失，譬如承運船舶與他船碰撞，航程因而延滯，致貨物運抵目的地時，已腐敗或已喪失市場; (b) 貨物固有瑕疵或性質所致之損失 (Inherent Vice or nature of the subject matter)，譬如魚粉自燃❹。

（三）一九八二年協會貨物保險條款 (A)、(B) 及 (C) 式

約而言之，一九八二年制定之協會貨物險 (A)、(B) 及 (C) 式中, (A) 式與一九六三年制定之協會貨物全險條款幾乎完全相同，(B) 式近似水漬險，(C) 式則較接近平安險。

新條款 (A)、(B) 及 (C) 之第一至三條均以列舉方式記載所承保之危險事故。為便於瞭解，特列表比較如後（參見附表四、五及六）。

三、保險單內容之補充與特別條款

上述制式化之保險單與各種條款，固能滿足多數情況之需要，然保險人與被保險人往往基於事實上的需要，在保險單上另立文字，為特別之約定，擴大或縮小承保範圍。譬如承保散裝之液態石化原料時，約定被保險人之自負額為 3 %；或承保金屬製品時，約定「生鏽或氧化除外

---

❹ 惟因自燃而起火所致損失，仍可獲償。此一理論，並不難理解，唯發生事故以後，如何區分自燃與自燃之後延燒之損失，技術上不免有其困難。

不保」；或保證「貨物係裝艙內」（"Warranted shipped under deck"）。

協會貨物險條款，不論新舊，種類繁多，所涉問題亦多，惟限於篇幅，本章僅就與保險條件有關條文，擇其最基本者為簡要之說明。學者若擬從事專業性研究，自應就各重要條款作更深入之探討。

四、　保險單之文字解釋

保險單文字解釋，應本下述原則為之：

（一）保險單文字，語意含混或有歧義時，應對被保險人作有利之解釋。

（二）文字部份效力之優先順序為，繕寫文字優於打字，打字及章戳效力優於印刷文字。

（三）附賠條款優於邊列條款，邊列條款優於（本文）基本條款。後者就新格式保單而言，應不具實質意義。

又英國海上保險法之附錄 A (Appendix A)── 保單用語解釋規則 (Rules for Construction of Policy) 亦具參考價值。

五、　補償額度 (Measure of Indemnity)

貨物海上保險單之為定值保單，幾無例外。故發生全損時，可獲全部保險金額之補償；發生分損時，則按實際受損部份之保險金額受償，已如前述，茲不贅。

在有附註 (N. B.) 之勞依茲保險單，若適用協會水漬險 (W. A.) 條款，並約定起賠額 (franchise) 為全部貨載之 3％；當貨損不及 3％時，分文不能獲償；倘損失已達或超過 3％，則可獲得 3％或 3％以上之充份補償。

另一種約定，與起賠額相似卻不相同，稱為自負額或扣除額 (Deductible or Excess)。依該約定，損失須先扣除一定之百分比或金額，

就其餘額請求補償。譬如，約定自負額為 3%，損失若為 3% 或不及 3%，因須扣除 3% 之自負額，故損失悉由被保險人自行承擔；倘損失為 5%，則扣除自負額 3% 後之餘額 2%，被保險人可獲全部之補償。

必須注意者，決定損失是否達於約定之起賠額或自負額，只考慮貨物本身之損失，共同海損、單獨費用與損害防止費用不得計入。

第五節　保險費率之核定

保險費之計算，係以保險金額乘以保險費率而得，已如前述。惟保費率之決定，在國內並無統一之費率規章❶，可資遵循，而任保險公司之核保人員 (Underwriters)，憑其經驗與對未來之預測，自行決定。

保險公司之核保人員，核定保險費率時，應考慮之因素通常包括:

一、 貨物之易損性 (Suceptibility of Cargo)

指貨物本身固有之物理或化學性質，具有發生損失之傾向，或者因裝載、下卸或運送作業而增大發生毀損或滅失之機率。如魚粉、煤炭具自燃 (Spontaneous Combustion) 之特性；陶瓷製品化學性質雖甚安定，運送中卻易於破裂；穀類、豆類、礦砂等散裝貨物，於惡劣天候中航行，易在艙內滑動 (Shifting)，致船舶失去重心而傾覆。

二、包裝 (Packing)

貨物之包裝，除為便於運送人搬運、堆積、儲存及裝卸外，旨在保護貨物之安全，避免貨物遭受濡濕、污染、滲漏、破損或竊盜等損失。

---

❶ 我國火險與汽車險採用財政部核可之費率規章 (Tariff)，與海上保險有別。惟為便於核保人作業，臺北市產險公會所屬水險委員會，訂有各類貨物之參考費率 (Advisory Rates) 供會員公司查閱。

然出口商往往因缺乏經驗或為節省成本，未使用適當包裝材料或技術，再加上裝卸及運送作業不慎，貨物運抵目的地時已發生損失，事所恒有。故核保人員於釐訂保險費率時，必先詢明保險標的物之包裝情形，酌為加減。承保貨物如為機器設備或易碎品，則其包裝材料與包裝方式是否適當，尤宜審慎評估。

三、　貨櫃之使用 (Containerized Shipments)

使用貨櫃運送之優點甚多，如裝卸簡便、防火與防水效果顯著、貨物損失機會大為減少。然亦有其缺點，如貨櫃內貨物，因貨櫃內壁結露 (Condensation) 而遭濡濕、運送途中發生之損失無法立即發現，須俟貨櫃運抵目的地後，始能察覺。加以出口商，每因貨物既已使用貨櫃運送，貨物之包裝與櫃內貨物之積載，有意無意間處理較為草率。因此，使用貨櫃運送之貨物，是否應予較優惠之保險費率，尚不能一概而論，而宜就各別情況，予以認定。

四、　承運船舶 (Carrying Vessel)

船舶之性能、新舊與大小，攸關航行安全。各國海運界為鑑別各型船舶之性能，決定其是否具備適航能力 (Seaworthiness)，均有驗船機構，專司檢驗船舶工作，並賦予等級 (Classification)，如勞依茲之 LR Class，日本之 NK Class，美國之 ABS Class，我國之 CR Class 等是。

保險人為正確評估所承保貨物之危險，通常於釐訂費率前，先行查閱有關承運船舶之資料，包括船齡、船籍、噸位、船級以及船東背景等。英國勞依茲 (Lloyd's) 收集全球之船舶資料，編成勞依茲船名錄、船東名錄等刊物，供航運界保險業使用。

保險人以預約或流動保單承保貨物時，因承運船名稱尚不得而知，例均採用協會（貨物險）船級條款 (Institute Classification Clause)，約

定承運船舶需為一千噸 (GRT) 以上，船齡為 15 年以下，具備經指定之驗船協會賦予船級等條件，否則應另行議定保險費。

五、航程 (Voyage)

保險費率因貨物之裝載港與卸貨港而異，以其碼頭設施、裝卸貨物及倉儲作業管理成效，各有不同，足以影響保險標的物之安全。貨物於裝船前或下卸後，如有內陸運送或內河航行，通常應加收保費。如數年前，運往西非洲奈及利亞之拉哥斯港 (Lagos) 之貨物，因港口極度壅塞 (Port Congestion)，往往須等候數月方能卸貨。且當時該港口竊盜猖狂，保險費率十分高昂。又晚近航運界發展出陸橋運送，以及聯合或複式運輸 (Combined Transport) 之廣泛被採用，對海上保險費率之核定，亦產生相當程度之影響。

貨物於運送途中，倘有轉船 (transhipment) 作業，自會增加貨物受損機率；等候轉船期間，遭遇天災或失竊之機會與誤裝、誤卸、短卸之可能性亦相對提高。

六、保險條件 (Insurance Conditions)──承保範圍 (Coverages)

保險條件所界定者為保險人承擔之補償責任，因而上述各項因素個別之重要性，實取決於承保範圍之廣狹。保險條件為平安險 (F. P. A.) 時，主要之考慮因素為：(一) 航程，(二) 承運船舶，(三) 貨物之易損性三者。水漬險 (W. A.) 時，則考慮事項側重貨物遭海水浸漬之可能性，包裝若屬良好，則箱裝貨物就 F. P. A. 與 W. A. 而言，其風險並無多大區別。

實務上，一般商品僅投保水漬險或平安險者並不多，絕大多數均加保其他危險事故 (Extraneous Risks)，或逕投保全險 (All Risks)。此時，

承運船舶之船級與管理之重要性相對增加。承保條件包括破損與失竊時，包裝與貨物本身之易損性與價值，則成考慮之重點。

　　承保戰爭或內亂及罷工險時，重點則在貨物之啟運地與目的地之政經情勢，以及轉船之可能性。

第六節　貨損補償請求

一、補償請求程序

　　（一）損失之通知與勘定：被保險人受領貨物時，一經發現損失，應立即通知保險人或其代理人 (Claims Agent)，其連絡地址與電話通常均載明於保單上，由其派遣代表或委請公證公司 (Surveyor) 前往查勘貨損性質、原因、程度及應負責任之第三人 (third party)，作成書面報告，俗稱公證報告 (Survey Report)。於運送人 (Carriers) 可能涉有貨損賠償責任之場合，公證公司尚應照會運送人，請其會同實施公證。

　　（二）向運送人、受寄託人或其他第三人請求賠償：所有海上保險單，幾無例外，均於顯著之地位，記載下列事項，要求被保險人遵守：

　　1.貨物數量短少時，應立即向運送人、港務當局 (port authorities) 或受寄託人 (bailees) 索賠，取得損失證明 (Damage, Shortage and Short-delivery Report)。

　　2.貨物狀況疑有瑕疵，除應以書面就該瑕疵主張異議外，不得簽署清潔收據 (Clean Receipt)。

　　3.貨物以貨櫃交付時，被保險人（即受貨人 (Consignees)）應令其負責受領貨物之人員，檢視貨櫃表面與其封條 (Seal) 是否完好。如交貨時，貨櫃已毀損或其封條已毀壞、遺失或號碼與載貨證券所記載者不符，應於交貨收據上註明，並保留該有瑕疵之封條，供日後查證。

4.貨物毀損或滅失不顯著時，應於受領貨物三日內，以書面通知運送人或其他受寄託人。

上列事項，旨在防止被保險人因保險契約之存在，而放棄或怠於行使其對運送人或其他第三人（以下簡稱「運送人等」）之一切有關貨損賠償請求權。故不論是一九六三年抑是一九八二年制定之貨物險條款，均設專款約定，被保險人應於其所能控制之情況下，採取合理迅速之行動，竭力減免損失；並確保日後保險人依保險契約給付補償金額後，依法取得對運送人等請求賠償之代位權（保險法第五十三條參照）。

依英美法律，此原係被保險人之義務。今既列於保單條款中，則後成被保險人之契約義務。倘有違背或怠於遵行，致生損失或使既有之損失擴大，保險人將據以抗辯，從而影響被保險人之求償權益，被保險人不可不加注意。至於被保險人為履行義務所生之合理費用，如損害防止費用或單獨費用，可獲補償，已如前述，茲不贅。

（三）損失之理算：被保險人循上述程序查勘貨損，作成公證報告，上示貨損理算之步驟及其結果，俾供被保險人憑以向保險人請求補償。茲舉若干貨損理算實例供作參考：

〔例1〕某商品100箱，保險條件為協會新條款(A)式，保險金額為US$11,000，短卸10箱。若100箱全部損失，則可獲得之補償為保險金額之全部，即US$11,000；10箱之損失當可獲得全部保險金額之10/100，即US$1,100。

〔例2〕汽車零件乙批，其中後視鏡1,000只，發票金額US$20,000（即單價US$20），方向燈500組，發票金額US$5,000（即單價US$10），總保險金額為US$27,500；保險條件為協會新條款(A)式。今有後視鏡100只與方向燈50組短少，則可請求之補償金額如下：

$$\frac{US\$20 \times 100 + US\$10 \times 50}{US\$20,000 + US\$5,000} \times US\$27,500 = US\$2,750$$

〔例 3〕某商品 200 箱，投保協會新條款 (A) 式，保險金額與發票金額均為 US$10,000，今有 20 箱遭水漬，受損 20％，則可請求之補償為：

$$US\$10,000 \times \frac{20}{200} \times 20\% = US\$200$$

〔例 4〕上例 2，如後視鏡有 100 只各受損 30％，方向燈 50 組各受損 20％，則理算方式為：

(i) 後視鏡：US$20×100×30％＝US$600

(ii) 方向燈：US$10×50×20％＝US$100

可請求之補償：$US\$27,500 \times \dfrac{US\$600 + US\$100}{US\$25,000} = US\$770$

〔例 5〕100 袋等值貨物，商業發票金額為 US$10,000，保險金額為 US$11,000，保險條件為協會貨物險全險 (All Risks) 或協會新條款 (A) 式。該批貨物運抵目的地時，80 袋完好售得 US$9,600，20 袋因水漬僅售得 US$1,200，可請求補償之損失理算方式如下：

80 袋完好者既可賣得 US$9,600，20 袋應可售得 US$2,400；故就上述受損之 20 袋言，其價值貶損之比率為：

$$\frac{US\$2,400 - US\$1,200}{US\$2,400} \times 100\% = 50\% \text{ Depreciation}$$

今已知 100 袋之保險金額為 US$11,000，則 20 袋之保險金額應為 US$2,200，其損失可以獲賠者為：

$$US\$2,200 \times 50\% = US\$1,100$$

在上例 5 之情況，保險人往往將 20 袋受損貨物售得之價金，自與該 20 袋相應之保險金額（即 US$2,200）中扣除，而補償其差額──US$1,000。此種理算方式，僅於貨物運抵目的地前，在中途港將其出售

時有其適用，稱為施救損失 (Salvage Loss)；在貨物已運抵目的之場合，仍應採取例 5 之方式理算，方屬正確。

以上各例，僅顯示貨物本身之毀損與滅失之理算，其他因承保之危險事故而發生之各項費用，亦可計入一併向保險人請求。

（四）補償請求之提出：補償請求應以書面為之，輸出貨載，多由保險人所指定之代理人受理，就求償案件為初步之審查後，轉交保險人複核。輸入貨載，則多由被保險人逕向保險人或其代理人提出。

向保險人請求貨損補償，應提供下列文件：

1.請求函；

2.保險單正本；

3.提單（即載貨證券）正本；惟全損時須提供全套正本；

4.商業發票 (Commercial invoice)；

5.裝箱單 (packing list)；

6.公證報告；

7.向運送人或海關請求賠償之函電副本，及渠等之覆函或覆電正本；

8.運送人或海關所開具之損失證明；

9.有關各種費用之帳單或收據。

二、共同海損之處理

共同海損理算，牽涉廣泛，步驟複雜，常須經年累月才能完成。如令貨主等到共同海損理算完畢，始行支付「共同海損分攤」並受領貨物，顯然不切實際；對被犧牲之船舶與貨物，尤欠公平。實務上，船東為確保日後共同海損分攤不致落空，恆要求受貨人於提貨前簽署共同海損保證 (G. A. Bond)，並繳交保證金 (Cash Deposit)。有時救助費用甚高，船東常應救助公司之要求，令受貨人另行繳納救助費用保證金 (Salvage

Security)。此等保證金於理算完成後，視實際情況，多退少補。

應分攤共同海損貨物，若購有保險，船東通常願意接受保險公司簽署之共同海損分攤保證書 (G. A. Guarantee)，以代替前述各項保證金。此時，被保險人必須提供下列文件給保險公司：

　　1.保險單；

　　2.提單、商業發票及裝箱單副本；

　　3.共同海損聲明 (G.A.Declaration)。

保險人簽署共同海損分攤保證書之後，或將之交給被保險人（即受貨人）連同其他文件持送，或逕交船東或共同海損理算師 (G. A. Adjuster)，以便提貨，並供共同海損理算師憑以理算。

三、損失通知及請求賠償與補償時效

　　(一) 保險契約部份

　　1.保險單通常約定，被保險人於知悉承保之危險事故發生後，應「立即」通知保險人。我海商法第一百九十條即作此規定。

　　2.被保險人自受領貨物之日起一個月內，不將貨物所受損害通知保險人時，視為無損害（我海商法第一百九十二條）。

　　3.基於保險契約所生之權利，經兩年不行使而消滅（保險法第六十五條參照）。

以上時效之適用，自以契約之約定為優先；契約無約定時，則適用海商法與保險法之規定。

　　(二) 運送契約部份

　　1.貨物受領權利人於提貨前或當時，若發現貨物有毀損或滅失，應以書面通知運送人。毀損或滅失不顯著時，應於提貨後三日內，以書面通知運送人，否則視為❶無損失（參見我海商法第一百條）。

---

❶　縱有反證，亦不能推翻。

2.貨物受領權利人之損害賠償請求權，自受領貨物或應受領之日起，一年內不行使而消滅（參見海商法第一百條）。

以上所揭各種時效之規定，被保險人如能多加留意，及時採取適當行動，必有助於補償或賠償請求權之行使。

附件一

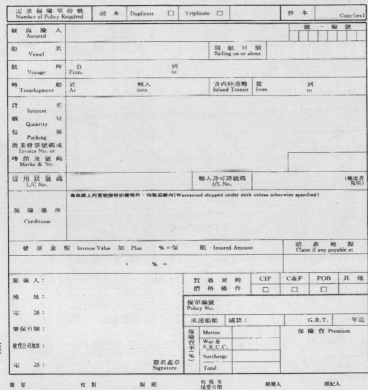

附件二

國華產物保險公司
KUO HUA INSURANCE CO., LTD.

Head Office: 166, Chang An East Road, Section 2, Taipei, Taiwan, R. O. C.
TLX: 22554 SURETY Cable: SURETY TAIPEI TEL: (02)751-4225 FAX: (02)7817801

THE SCHEDULE

① Policy No.

⑬ **ORIGINAL**

② The Assured

③-a Amount Insured

⑤ Ship or Vessel/Conveyance　　⑦ Sailing on or about

⑥ From

④ Subject-matter Insured

(Goods and Merchandises)

⑧ Clauses, Endorsements, Special Conditions and Warranties

Subject to the Marine Risks as per back hereof:
(The word "Underwriters" where used therein is synonymous with "Assurers")
Institute Radioactive Contamination Exclusion Clause
Institute Replacement Clauses (applying to Machinery)
Label Clause (applying to Labelled Goods)

⑨ Claim, if any, payable at　　　　in

⑩ **Claim Agent:**

⑪ Signed at　　　　on

Marks & Numbers as per Invoice No. specified above.

Rate of Premium: as arranged.

⑫ **CARGO POLICY** ③-b Valued at the same as Amount Insured.

For KUO HUA INSURANCE CO., LTD.

PRESIDENT

Examined ....

附件三

國華產物保險公司
KUO HUA INSURANCE CO., LTD.

Head Office: 166, Chang An East Road, Section 2, Taipei, Taiwan, R. O. C.
TLX: 22564 SURETY Cable: SURETY TAIPEI TEL: (02)751-4225 FAX: (02)717801

THE SCHEDULE

ORIGINAL

Policy No.

The Assured

Amount Insured

Ship or Vessel/Conveyance   Sailing on or about

From

Subject-matter Insured

SPECIMEN

Clauses, Endorsements, Special Conditions and Warranties

Subject to the Marine Risks as per back hereof:
(The word "Underwriters" where used therein is synonymous with "Assurers")
　Institute Radioactive Contamination Exclusion Clause
　Institute Replacement Clauses (applying to Machinery)
　Label Clause (applying to Labelled Goods)

Claim, if any, payable at　in

Signed at　on

Marks & Numbers as per Invoice No. specified above.
Rate of Premium: as arranged.   Valued at the same as Amount Insured.

CARGO POLICY

WE, THE COMPANY, hereby agree, in consideration of the payment to us by or on behalf of the Assured of the premium specified in the Schedule hereto, to insure against loss damage, liability or expense to the extent and in the manner provided in the said Schedule.

For KUO HUA INSURANCE CO., LTD.

PRESIDENT

IMPORTANT
PROCEDURE IN THE EVENT OF LOSS OR DAMAGE FOR WHICH ASSURERS MAY BE LIABLE

In the event of loss or damage which may involved a claim under this insurance, no claim shall be paid unless immediate notice of such loss or damage has been given to and a Survey Report obtained from the Company's office or Agents specified in this policy or the nearest Lloyd's Agent, where this Company has no Agent.

LIABILITY OF CARRIERS, BAILEES OR OTHER THIRD PARTIES

It is the duty of the Assured and their Agents, in all cases, to take such measures as may be reasonable for the purpose of averting or minimising a loss and to ensure that all rights against Carriers, Bailees or other third parties are properly preserved and exercised. In particular, the Assured or their Agents are required:
1. To claim immediately on the Carriers, Port Authorities or other Bailees for any missing packages.
2. In no circumstances, except under written protest, to give clean receipts where goods are in doubtful condition.
3. When delivery is made by Container, to ensure that the Container and its seals are examined immediately by their responsible official. If the Container is delivered damaged or with seals broken or missing or with seals other than as stated in the shipping documents, to clause the delivery receipt accordingly and retain all defective or irregular seals for subsequent identification.
4. To apply immediately for survey by Carriers' or other Bailees' Representatives if any loss or damage be apparent and claim on the Carriers or other Bailees for any actual loss or damage found at such survey.
5. To give notice in writing to the Carriers or other Bailees within 3 days of delivery if the loss or damage was not apparent at the time of taking delivery.
NOTE: The Consignees or their Agents are recommended to make themselves familiar with the Regulations of the Port Authorities at the port of discharge.

FAILURE TO COMPLY WITH THESE INSTRUCTIONS MAY PREJUDICE ANY CLAIM UNDER THIS POLICY

DOCUMENTATION OF CLAIMS

To enable claims to be dealt with promptly, the Assured or their Agents are advised to submit all available supporting documents without delay, including when applicable:
1. Original policy or certificate of insurance.
2. Original or certified copy of shipping invoices, together with shipping specification and/or weight notes.
3. Original or certified copy of Bill of Lading and/or other contract of carriage.
4. Survey report or other documentary evidence to show the extent of the loss or damage.
5. Landing account and weight notes at port of discharge and at final destination.
6. Correspondence exchanged with the Carriers and other Parties regarding their liability for the loss or damage.

Examined ....

附件四

一九八二年協會貨物險條款承保災害比較表

承　保　災　害	(A)	(B)	(C)
火災、爆炸	○	○	○
承運船舶擱淺、觸礁、沉沒或傾覆	○	○	○
陸上運輸工具翻覆或出軌	○	○	○
承運船舶或運輸工具與水以外之他物碰撞或接觸	○	○	○
在避難港卸貨	○	○	○
地震、火山爆發或閃電	○	○	○
共同海損犧牲	○	○	○
投棄	○	○	○
(甲板上)貨物被浪掃落海	○	○	
海水、湖水或河水侵入船舶、駁船、船艙、運輸工具、貨櫃或儲藏處所	○	○	
裝載或卸貨時，掉落或落海所致之整件損失	○	○	
任何其他的風險	○		

註：本表係依據各條款之第一條內容作比較，至其第二及三條內容則完
　　全相同。

附件五

一九八二年協會貨物保險條款除外不保事項比較表

除 外 不 保 事 項	(A)	(B)	(C)	罷工險	戰爭險
被保險人故意之不法行為所致損失	✕	✕	✕	✕	✕
通常之滲漏、重量與容量之減少或自然耗損	✕	✕	✕	✕	✕
包裝不固或不當，或貨物處理不良或不當所致之損失，（「包裝」係包括危險開始前，被保險人或其受僱人，將貨物積載於貨櫃或箱型車作業）	✕	✕	✕	✕	✕
保險標的物之固有瑕疵或其性質	✕	✕	✕	✕	✕
遲延所致損失，縱使遲延係因承保之災害所引起	✕	✕	✕	✕	✕
因船舶所有人、管理者、僱船人、營運者債務不履行或失卻償債能力	✕	✕	✕	✕	✕
任何人惡意行為致標的物受毀損或滅失		✕	✕		
核子武器之使用	✕	✕	✕	✕	✕
航程受阻				✕	✕
戰爭、內亂、革命、叛亂等	註	註	註	✕	
罷工、工潮等所致勞動力欠缺	註	註	註	✕	

註：條款第六及七條將之除外。

附件六

一九六三年與一九八二年主要協會貨物險條款承保保災害比較表

承保或除外 承保災害 \ 條款	1963			1982		
	FPA	WA	AR	A	B	C
	下列危險之承保與否視MIA 1906不保而定 ICC 1963是否將之除外不保而定			下列危險之承保與否視MIA 1906及1906ICC不保而定 1982 Cls. 4~7是否將之除外不保而定		
惡劣氣候	保 (SG保單— 海上危險)	保 (SG保單— 海上危險)	保 (SG保單— 海上危險)	承保 (cl. 1)	不保 (cl. 1.2.2及 1.2.3例外)	不保
承載船舶擱淺、觸礁、沉沒、翻覆	保 (SG保單— 海上危險)	保 (SG保單— 海上危險)	保 (SG保單— 海上危險)	承保 (cl. 1)	承保 (cl. 1)	承保 (cl. 1)
陸上運輸工具翻覆或出軌	不保	不保	承保 (cl. 5)	承保 (cl. 1)	承保 (cl. 1)	承保 (cl. 1)
承運船舶或運送工具與水以外之他物碰撞撞接觸	承保 (cl. 5) (合理諉因)	承保 (cl. 5) (合理諉因)	保 (SG保單— 海上危險)	承保 (cl. 1)	承保 (cl. 1)	承保 (cl. 1)
在避難港卸貨	承保 (cl. 5)	承保 (cl. 5)	承保 (cl. 5)	承保 (cl. 1)	承保 (cl. 1)	承保 (cl. 1)
地震、火山爆發或閃電	不保	不保	承保 (cl. 5)	承保 (cl. 1)	承保 (cl. 1)	不保
火災	保 (cl. 5)	保 (cl. 5)	保 (SG保單)	保 (cl. 1)	保 (cl. 1)	保 (cl. 1)
爆炸	承保 (cl. 5)	承保 (cl. 5)	保 (cl. 5)	保 (cl. 1)	保 (cl. 1)	保 (cl. 1)

危險事故	S.G.保單			協會貨物條款(A)	協會貨物條款(B)	協會貨物條款(C)
攻擊性之竊盜	承保（SG保單）	承保（SG保單）	承保（SG保單──海上危險）	承保（cl.1）	不保	不保
竊盜	不保	不保	承保（SG保單）	承保（cl.1）	不保	不保
共同海損犧牲	承保（SG保單）	承保（SG保單）	承保（SG保單）	承保（cl.1）	承保（cl.1.2.1）	承保（cl.1.2.1）
投棄	承保（SG保單）	承保（SG保單）	承保（SG保單）	承保（cl.1）	承保（cl.1.2.2）	承保（cl.1.2.2）
甲板上貨物被浪捲入海中	承保（SG保單──海上危險）	承保（SG保單──海上危險）	承保（SG保單──海上危險）	承保（cl.1）	承保（cl.1.2.2）	不保
除海盜行為外之戰爭危險	不保（cl.12）	不保（cl.12）	不保（cl.5）	不保（cl.6）	不保（cl.6）	不保（cl.6）
海盜行為	不保（cl.12）	不保（cl.12）	不保（cl.12）	承保（cl.1）	不保	不保
船長及船員之惡意行為	不適用	不適用	不適用	承保（cl.1）	不適用	不適用
海上捕獲（戰爭危險除外）	承保（SG保單）	承保（SG保單）	承保（SG保單）	承保（cl.1）	不保	不保
海水侵入船舶、駁船、船艙、運輸工具、貨櫃或儲存處所	承保（SG保單──海上危險）	承保（SG保單──海上危險）	承保（SG保單──海上危險）	承保（cl.1）	承保（cl.1.2.3）	不保
除上述情況外之海水侵入	承保（SG保單──海上危險）	承保（SG保單──海上危險）	承保（SG保單──海上危險）	承保（cl.1）	不保	不保

危險種類							
河水或湖水侵入上述之船舶、駁船、船艙、運輸工具、貨櫃或儲存處所	不保	不保	承保(cl.5)	不適用(因AR承保所有之危險)	承保(cl.1)	承(cl.1.2.3)	不保	保
除上述情況外之海水、河水侵入	不保	承保(cl.5)	承保(cl.5)	承保(cl.1)	承保(cl.1)	不保	不保	保
裝、卸貨時貨物掉落或落海(sling loss)	承保(cl.5)	承保(cl.5)	承保(cl.1)	承保(cl.1)	承(cl.1.3)	不保	承(cl.1.3)	保
與上述類似之危險	承保(SG保單—所有其他危險)	承保(SG保單—所有其他危險)	不適用(因AR承保所有之危險)	承保(cl.1)	不保	不保	不保	保
任何非上述之危險	不保	不保	承保(cl.1)	不保	不保	不保	不保	保

註：本表係參考 J. H. Minet & Co., Ltd. 出版之 A. D. 1982 Marine Cargo Clauses (A)(B)(C)表II與表III，並予簡化而成。

第十五章　貿易保險（二）
—— 輸出保險

第一節　前　言

在國際貿易上，最主要之保險有二大類：一為海上貨物保險 (Marine Cargo Insurance)，另一則為輸出保險 (Export Insurance)。海上貨物保險如前章所述，乃係保障被保險人因保險標的遭遇航海中之一切事變或災害所致之毀損或滅失；而輸出保險則為保障輸出廠商因貨物輸出遭遇各項政治或信用危險事故所致之損失。簡言之，輸出保險之承保範圍係為海上貨物運輸保險所未能承保的危險，與後者非但無衝突或重複之處，且能補充其不足，使輸出廠商在整個輸出過程中更能獲得完整的保障。茲就海上貨物保險與輸出保險相異之處比較說明如下：

一、保險標的不同：海上貨物保險之保險標的可分為有形之貨物與無形之預期利潤等；而輸出保險之保險標的則以輸出貨款之收取為主。

二、承保範圍不同：海上貨物保險乃承保航海中之一切事變與災害；而輸出保險則承保輸出之各項政治與信用危險事故。

三、被保險人不同：海上貨物保險之被保險人或為輸出廠商、或為國外進口廠商；而輸出保險之被保險人則以輸出廠商或銀行為主。

四、保險機構不同：海上貨物保險業務無論公民營保險機構皆可承

保；而輸出保險因屬政策性保險，其業務多由政府直接或間接加以承保。

五、保險金額不同：海上貨物保險之保險金額，原則上以貨物之保險價額為準，亦即採足額保險；而輸出保險通常採不足額保險，即保險金額為保險價額之若干百分比。

六、營業性質不同：海上貨物保險因屬商業性保險，故利潤之追求為其業務經營目的之一；而輸出保險旨在鼓勵拓展輸出貿易，配合貿易政策之施行，因此不以營利為目的。

第二節　國際貿易之重要性

一、近年來世界主要國家（地區）貿易值之比較

世界各主要國家皆致力於推展輸出入貿易，莫不將其進出口總值之增減，視為各國經濟實力之消長。從表中之比較可知，各主要先進國家長久以來之經濟優勢，以及開發中國家之急起直追。

單位：億美元

年度	國家（地區）別	金　額	順位
1990	美　　　國	9,106	1
	德　　　國	7,789	2
	日　　　本	5,231	3
	韓　　　國	1,346	13
	中華民國	1,219	15
	中國大陸	1,162	16

1991	美　　　國	9,301	1
	德　　　國	7,921	2
	日　　　本	5,525	3
	韓　　　國	1,532	12
	中華民國	1,390	13
	中國大陸	1,357	14
1992	美　　　國	10,021	1
	德　　　國	8,386	2
	日　　　本	5,732	3
	中國大陸	1,647	11
	韓　　　國	1,584	13
	中華民國	1,535	14
1993	美　　　國	10,682	1
	德　　　國	6,950	2
	日　　　本	6,039	3
	中國大陸	1,954	11
	韓　　　國	1,660	12
	中華民國	1,622	13
1994	美　　　國	12,017	1
	德　　　國	7,873	2
	日　　　本	6,729	3
	中國大陸	2,367	11
	韓　　　國	1,981	13
	中華民國	1,784	14

資料來源：a. 根據一九九六年一月份聯合國統計月報資料彙編。
　　　　　b. 根據 IMF 編印 D.O.T. 資料。
　　　　　c. 根據一九九七年二月份財政部統計處編印進出口貿易統計月報彙編。

二、近年來亞洲主要國家（地區）出口值及貿易順（逆）差之比較

單位：億美元

年度	國家（地區）別	出口值	順（逆）差
1990	日　　本	2,876	522
	香　　港	822	(3)
	中華民國	672	125
	韓　　國	649	(48)
	中國大陸	624	86
	新 加 坡	527	(81)
1991	日　　本	3,152	779
	香　　港	986	(17)
	中華民國	762	133
	中國大陸	719	81
	韓　　國	717	(98)
	新 加 坡	590	(71)
1992	日　　本	3,399	1,066
	香　　港	1,195	(39)
	中國大陸	846	44
	中華民國	815	95
	韓　　國	766	(52)
	新 加 坡	634	(87)
1993	日　　本	3,623	1,206
	香　　港	1,352	(35)
	中國大陸	917	(121)
	中華民國	851	80
	韓　　國	822	(16)
	新 加 坡	740	(112)
1994	日　　本	3,974	1,219
	香　　港	1,514	(104)
	中國大陸	1,210	53
	新 加 坡	965	(61)
	韓　　國	959	(63)
	中華民國	930	77

資料來源：a. 根據一九九六年一月份聯合國統計月報資料彙編。

　　　　　b. 根據 IMF 編印 D.O.T. 資料。

　　　　　c. 根據一九九七年二月份財政部統計處編印進出口貿易統計月報彙編。

　　亞洲各主要國家或地區，多年來無不致力於拓展輸出貿易，以期帶動國家（地區）之經濟成長。臺灣地處海島，資源有限，政府乃制定各項鼓勵出口之政策，加上民間業者之全力衝刺，「一切為輸出」，期能賺取更多之外匯。

第三節　輸出貿易之危險分析

一、我國主要輸出國家（地區）之國勢概況

　　請參閱第562，563頁。

二、輸出貿易之主要付款條件（方法）❶

　　（一）L/C（信用狀）

　　係國外進口廠商依照買賣契約之規定，請求銀行開給本國輸出廠商之文書。在此文書內，銀行保證兌付輸出廠商在特定條件與規定下所開發之匯票。因之，通常輸出廠商只要履行信用狀之規定，即可獲得付款。以信用狀為付款方法之輸出，對輸出廠商而言，並非絕對安全，因信用狀若非為頗具知名度之銀行所開發，則仍有相當之危險。

　　（二）D/P（付款交單）

　　係本國輸出廠商於貨物裝運後開發匯票，連同提單與其他貨運單據，委託銀行或他人，代向國外進口廠商收取貨款，規定於進口廠商付清貨款後始交付貨運單據，屬託收方式之一種。以付款交單為付款方法之輸出，對輸出廠商而言，因缺乏銀行之付款保證，只能依賴進口廠商之信用，其不獲付款之危險遠比信用狀方法為高。

---

❶　參閱拙撰：現階段貿易危險與保險管理，淡江大學保險與危險管理學術研討會論文集，淡江大學保險學系印行，民國八十六年五月，第83～96頁。

國名	面積（千平方公里）	人口（百萬人）	語言	首都	新成立國獨立日期	加入聯合國日期	GNP（億美元）	平均每人GNP（美元）	貿易額（百萬美元）出口	進口
印尼	1,905	189.14	印尼語	雅加達	1945.8	1950.9	1,369.9	730	40,054	31,985
阿曼	212	1.99	阿拉伯語	馬斯開特	—	1971.10	96.31	5,600	5,545	3,915
韓國	99	ⓑ44.85	韓國語	漢城	1948.8	1991.9	ⓑ4,495.7	ⓑ10,076	ⓑ125,058	ⓑ135,119
沙烏地阿拉伯	2,150	17.12	阿拉伯語	利雅德	—	1945.10	①1,263.6	①7,780	ⓐ42,395	23,338
*新加坡	1	ⓑ3.0	馬來語、英語、華語、坦米爾語	新加坡	1965.8	1965.9	ⓒ689	ⓒ23,531	ⓑ118,184	ⓑ124,392
泰國	513	58.58	泰語	曼谷	—	1946.12	1,202.4	2,040	45,261	54,459
香港	1.1	ⓑ6.2	粵語	—	—	—	ⓑ1432	ⓑ23,270	ⓑ173,750	ⓑ192,770
日本	378	ⓑ125.57	日語	東京	—	1956.12	ⓑ51,579.1	ⓑ41,076	ⓑ441,959	ⓑ315,488
菲律賓	300	ⓑ68.42	英語、他加祿語	馬尼拉	1946.7	1945.10	ⓑ766.3	ⓑ1,120	13,304	22,546
越南	332	71.32	越南語	胡志明市	1945.9	1977.9	120.0	170	ⓐ2,985	ⓐ3,924
馬來西亞	330	19.25	馬來語	吉隆坡	1957.8	1957.9	600.61	3,160	58,756	59,581
英國	244	ⓒ58.4	英語	倫敦	—	1945.10	ⓑ11,084.2	ⓒ17,533	ⓑ240,991	ⓑ259,223

義大利	301	ⓒ 57.2	義大利語	羅馬	－	1955.12	11,349.8	19,620	189,805	167,685
荷蘭	41	15.30	荷蘭語	阿姆斯特丹	－	1945.12	3,164.0	20,710	155,554	139,795
德國	357	ⓒ 81.41	德語	柏林	－	1973.9	ⓒ181,495	22,294	ⓑ510,948	ⓑ447,394
*法國	552	ⓒ 58.00	法語	巴黎	－	1945.10	ⓒ13,298.8	ⓒ13,299	ⓑ286,207	ⓑ265,483
美國	9,373	ⓒ260.65	英語	華盛頓	－	1945.10	ⓒ6,726.9	ⓒ25,808	ⓑ583,863	ⓑ743,515
加拿大	9,976	ⓑ29.61	英語、法語	渥太華	－	1945.11	ⓑ5,479.8	ⓑ18,507	165,376	155,072
澳大利亞	7,713	17.66	英語	坎培拉	－	1945.11	3,099.7	17,510	47,538	53,425

資料來源：聯合國 *Population and Vital Statistics Report*（第45卷 第3號）；IMF, *International Financial Statistics* (1996. Feb)；世界銀行 *The World Bank Atlas* (1995)。

經濟訊計處編印：主要國家經濟統計指標（一九九六年五月）。

經濟訊計處編印：國內外經濟統計指標速報（一九九七年一月）。

註：1. ①九二年資料

貿易額：ⓐ九三年資料，其餘為九四年資料，

ⓑ九五年資料，ⓒ係為GDP資料。

ⓑ九三年資料，ⓒ九四年資料（其餘均為九三年資料）。

2. *係為GDP資料。

3. 香港於一九九七年七月一日由英國移交中國大陸。

（三）D/A（承兌交單）

係本國輸出廠商於貨物裝運後開發匯票，連同提單與其他貨運單據，委託銀行或他人，代向國外進口廠商收取貨款，規定於進口廠商承兌匯票後即交付貨運單據，而進口廠商俟匯票到期時再付款，亦屬託收方式之一種。以承兌交單為付款方法之輸出，對輸出廠商而言，因進口廠商可能拒絕承兌匯票或承兌匯票到期時拒不付款，其所承擔之危險實較前述付款交單方法為高。

（四）Consignment（寄售）

係本國輸出廠商將貨物運達進口地，委託當地代理商或代銷商代為銷售，俟貨物售出後，再由代理商或代銷商將扣除寄售佣金與有關費用後之餘額以電匯、信匯或票匯等方式匯付輸出廠商。以寄售為方法之輸出，對輸出廠商而言，因貨物運達進口地後，可能找不到買主，或委託之承銷商如不可靠，則亦可能有貨款無法收取之虞，其危險又較承兌交單方法為高。

（五）Installment（分期付款）

係本國輸出廠商同意於貨物裝運後，按契約所訂之期限（通常視交易金額之大小而有中期與長期分期付款兩類）， 由國外進口廠商分期償付貨款。以分期付款為付款方法之輸出，對輸出廠商而言，因信用期限較長，使得進口廠商之信用狀況亦隨期限之愈長而愈不穩定，故其所負之危險誠較前述各種付款方法為甚。

（六）O/A（記帳）

係本國輸出廠商於貨物裝運後，即將提單與其他貨運單據直接寄交國外進口廠商提貨，至於貨款則以應收帳款科目記入進口廠商帳戶借方，俟約定期限（如每半年或一年）屆滿時，再行結算。以記帳為付款方法之輸出，除了總分支機構間之交易外，對輸出廠商而言，除非進口廠商為重要交易對手且信用絕對可靠，否則其所承擔之危險實在太大。

由上分析，可知目前貿易契約之各種付款方法，對輸出廠商而言，皆或多或少存在著若干商業信用上之危險，且政治上之危險亦始終威脅著輸出廠商，使得廠商對此類危險之管理日益重視。

第四節　輸出保險之沿革與功能

一、輸出保險之沿革

輸出保險於十九世紀末葉起源於德、英等國。二十世紀初年，各國有以公司組織或相互組織辦理輸出信用保險業務者。迨第一次世界大戰後，各國亟謀產業復興，復以海外市場競爭日趨激烈，為全力拓展本國輸出，增強國際商場競爭能力，乃先後建立輸出保險制度。英國政府首先於西元一九二六年設立輸出信用保證局 (Export Credit Guarantee Department；ECGD)，直接承辦業務，會計獨立，完全由政府經營，與民間保險業者並無關聯。尤其於第二次世界大戰後，更特別致力於對美國與加拿大之輸出，並為擴展與鼓勵外銷計，乃陸續創辦各種新興保證業務，總稱之為「爭取美元保證」(Dollar Drive Guarantee) 制度，英國政府對鼓勵其本國的輸出，可謂已盡協助之能事。其後德國、荷蘭、瑞士、比利時、法國、斯堪的那維亞諸國與義大利等國，亦相繼採行，均有輸出信用保險或保證制度之實施。迨一九五○年，日本始仿傚英國的輸出信用保證制度，開辦輸出保險，並先承辦普通輸出保險，由民營財產保險公司接受業務，而由政府為全額之再保險；至於其他各種輸出保險，則由政府直接承保，其業務由通商產業省貿易局輸出保險課辦理，分支機構遍佈全國各大港埠，業務鼎盛。另者，美國由於其在戰前為世界最大債權國，輸出貿易原已發達，且其國內輸出廠商與保險公司大多資力雄厚，實無再求政府保障之必要，故此項保險遲遲未予採行，迄一

九六一年十月為順應世界潮流，配合實際需要，始正式實施輸出保險，由美國輸出入銀行 (Export-Import Bank of The United States) 與國外信用保險協會 (Foreign Credit Insurance Association；FCIA) 負責辦理，規模宏大。至於香港，也於一九六六年十二月完成立法，成立香港輸出信用保險公司 (Hong Kong Export Credit Insurance Corporation)，辦理輸出保險業務。而南韓亦於一九六九年責成韓國再保險公司代辦輸出保險業務，其後於一九七七年轉由韓國輸出入銀行接辦。我國輸出保險業務則係於民國四十九年末由前行政院外匯貿易審議委員會委託中央信託局辦理，五十七年底外匯貿易審議委員會奉令結束後，業務遂由經濟部國際貿易局繼續委託中央信託局辦理，六十一年間，中央信託局產物保險處與中國產物保險公司合併改組，業務乃轉由中國產物保險公司輸出保險部負責辦理。六十八年一月十一日中國輸出入銀行正式開業，輸出保險業務亦於三月間由其接辦，十餘年來，頗有起蔽振衰之勢，然由於種種因素的限制，致使輸出保險業務仍未能蓬勃發展，今後盼能排除困難力求改進，貫徹鼓勵輸出貿易之最終目的。

二、輸出保險之功能

輸出保險之功能可就本國輸出廠商與國外進口廠商二方面言之，茲分別詳述如下：❷

(一) 對本國輸出廠商之功能

1.保障輸出廠商對於國外進口廠商因商業信用上與政治上的因素以致無法償付貨款所遭受之損失：就輸出廠商而言，在貨款收取方面，外銷之危險性遠較內銷為高，諸如國外進口廠商因種種商業上的因素違約不付貨款，或因其本國缺少外匯，發生罷工、暴動或戰爭等政治上的

---

❷ 參閱 *Foreign Credit Insurance Association, Export Credit Insurance*, FCIA, 1981, pp. 3–4。

因素，致使其無法履行原訂貿易契約。凡此種種，均為輸出廠商所難以控制與無法預知者。尤其近年來國際貿易對長期信用之需求，更加深此種情勢的嚴重性。輸出廠商可利用輸出保險之功能，使上述各種危險事故所致之損失獲得補償。

2.鼓勵輸出廠商對國外進口廠商提供較有競爭性之付款條件：當前國際貿易之局勢，已由過去的賣方市場 (Seller's market) 趨向今日的買方市場 (Buyer's market)，國外進口廠商對付款條件之需求亦由現金買賣改為信用交易，且進而發展至中長期信用交易。輸出廠商因有輸出保險之保障，故能配合實際需要，對國外進口廠商提供更具競爭性之付款條件。

3.支援輸出廠商對危險性較高之國外市場加以審慎地選擇：在未有輸出保險時，輸出廠商對危險性較高之國外市場，通常多不敢貿然予以輸出，以致坐失許多貿易機會。現因有輸出保險之支援，輸出廠商可獲得安全保障，只要對國外市場審慎選擇，即可予以輸出，從而得以迅速擴展並加強其營運，接納新顧客，開拓新市場。

4.給予輸出廠商在處理其國外應收款項時具有較大之流動性與伸縮性：因有輸出保險之存在，輸出廠商在資金融通方面，易於獲得金融機構的信任而予以適度之融資，復因危險性之降低，從而得以全力拓展業務。如此循環運用，遂可進而提供更多或更長期之信用，俾能與他國競爭者相抗衡。

5.協助輸出廠商解決各項有關問題：輸出保險機構基於長時期與廣泛業務處理而累積之經驗、技術與知識，當較個別輸出廠商對不同的國外市場或進口廠商有較為完整之資料與瞭解，故可隨時協助輸出廠商解決因國際貿易與經濟發展趨勢所發生之種種問題。

（二）對國外進口廠商之功能

1.協助國外進口廠商獲得運用本國資金之機會：因有輸出保險之存

在，本國輸出廠商易於獲得資金之融通，進而敢對國外進口廠商授信，使國外進口廠商在付款時能獲得緩和的機會,從而充分運用本國之資金。

2.使國外進口廠商獲得較低利率之利益：設若進口國家之利率較本國為高，因有輸出保險之保障，國外進口廠商得以利用本國低廉的資金，因而能獲得較低利率之利益。

3.促使國外進口廠商獲得較為優厚之付款條件：因有輸出保險之支援，使本國輸出廠商敢放寬對於國外進口廠商的信用，國外進口廠商因此獲得較為優厚之付款條件。

第五節　輸出保險之種類

在我國，輸出保險為一政策性保險，現階段由中國輸出入銀行承辦，目前其業務項目計有：❸

一、普通輸出綜合保險。

二、輸出融資綜合保險。

三、託收方式 (D/P、D/A) 輸出綜合保險。

四、中長期延付輸出保險。

五、海外工程保險。

六、海外投資保險。

七、記帳方式 (O/A) 輸出綜合保險。

八、中小企業安心出口保險。

茲將各險種之業務內容分別介紹如下：

一、普通輸出綜合保險

---

❸　參閱中國輸出入銀行編撰：中國輸出入銀行業務要覽，編者印行，民國八十四年四月，第57~82頁。

（一）保險內容

1. 承保對象

國內輸出廠商從事信用狀輸出交易，而於裝船前發生國外政治危險或信用危險，致貨物無法輸出，或於裝船後發生國外政治危險以致貨款無法匯回本國者。

2. 承保要件

⑴國外進口廠商必須非為國內輸出廠商之關係企業；但僅投保政治危險者，不在此限。

⑵買賣契約應包括下列事項：

a. 貨物之名稱、規格等。

b. 貨物之數量（訂明計量單位及容忍偏差之數量）。

c. 貨物之品質及狀態（附詳細說明書及產地證明書）。

d. 單價、幣別、契約價款。

e. 價格條件（加 CIF 或 FOB 等）。

f. 詳細之貨物運送方式。

g. 付款方式為 L/C。

h. 裝船日（或各期裝船日及可否分批裝船等）。

i. 簽約日期及買賣雙方之有效簽字。

⑶以同一國內輸出廠商於保險期間內之所有信用狀輸出交易為對象。

3. 要保人及被保險人

⑴依法設立登記之國內輸出廠商。

⑵要保附加信用危險者，需前一年（曆年）之出進口實績達美金一百萬元以上。

4. 承保範圍

⑴政治危險：

a. 輸出目的地政府實施禁止或限制進口或外匯交易。

b. 輸出目的地國家或地區發生戰爭、革命、內亂或天災，以致中止貨物進口或外匯交易。

c. 輸出目的地國家或地區以外，與本保險所承保之交易有關之政府實施禁止或限制外匯交易。

d. 輸出目的地國家或地區以外，與本保險所承保之交易有關之國家或地區發生戰爭、革命、內亂或天災，以致中止外匯交易。

e. 輸出目的地國家或地區以外，與本保險所承保之交易有關之國家或地區發生戰爭、革命、內亂或天災，以致輸出貨物中止運輸至目的地。

f. 由於本國外匯或輸出法令限制或禁止貨物輸出者，但在簽訂保險契約時，應取得輸入許可或外匯許可而未能取得或簽訂保險契約時，雖曾取得輸入許可，因其所附條件或期限致其效力喪失者，雖有前述各款情事，亦不承擔保險責任。

(2)信用危險：

A. 簽訂輸出契約之對方為外國各級政府或公營機構：因其片面取消輸出契約或因下列事由致輸出廠商取消輸出契約者。但以不可歸責於輸出廠商者為限。

a. 對方要求變更輸出契約規定之條件者。但以因該項變更致輸出廠商為因應其變更而改造等預計所需增加之費用超過依該輸出契約予以輸出貨物應可取得利益之金額足可認定者為限。

b. 對方要求將輸出契約規定之清償日期或裝船日期予以延長而達一年以上者。

c. 其他有可準用 a. b. 所列事由之事實者。

B. 輸出契約之對方為民營機構：因破產或其同類事由者，但以經外國公家機構查明事實，並經我國駐外公家機構或輸銀認可之機構確認者為限。

⑶附加信用危險：

買賣契約採信用狀交易方式者，對輸銀經核保認可之國外民營進口廠商（例如信用等級為一、二級者），加保進口廠商不履行契約所致損失。

5.保險責任期間

以輸出契約簽訂日為保險責任期間之始期。

政治危險保險責任期間之終期以包含貨款清償日為準。

信用危險及附加信用危險保險責任期間之終期以包含裝船日為準。

6.保險價額與保險金額

保險價額以買賣契約約定之貨價為準。

保險金額由被保險人自由訂定。但政治危險之保險金額以保險價額之 90％為限；信用危險之保險金額以保險價額之 60％為限；附加信用危險之保險金額以保險價額之 50％為限。

二、輸出融資綜合保險

（一）保險內容

1.承保對象

本保險以融資銀行（要保人及被保險人）憑不可撤銷跟單信用狀或託收方式 (D/P、D/A) 輸出綜合保險保險證明書辦理之輸出融資為承保對象。

2.要保人及被保險人

融資銀行（外匯銀行）。

3.保險標的

以輸出融資金額為保險標的。

4.承保範圍

融資銀行依保險契約之規定辦理輸出融資後，因下列危險發生，致融資不能收回之損失，輸銀依保險契約之規定，負賠償責任：

普通輸出綜合保險作業手續流程圖

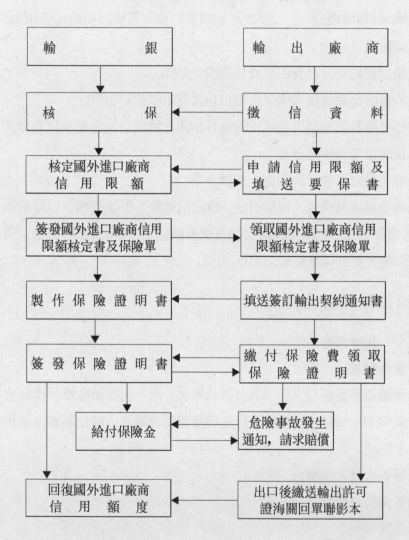

⑴輸出廠商信用危險。

⑵國外政治危險。

⑶國外信用危險。

5.承保方式

⑴授權案件：

擬向輸銀申請投保個別輸出廠商之融資額度未達新臺幣一千萬元者，輸銀按其融資額度逕依承保成數訂定保險額度，銀行在該保險額度內逐件送保。

⑵專案申請案件：

a. 擬向輸銀申請投保個別輸出廠商之融資額度在新臺幣一千萬元（含）以上者，輸銀依據銀行檢附之輸出廠商徵信調查報告，核定保險額度，銀行在該保險額度內逐件送保。

b. 同一融資銀行（各營業單位）送保之授權案件，自輸銀承保日起，連續二年申請理賠金額超過其總授信金額百分之十者，第三年起輸銀對該融資銀行暫停授權。暫停授權期間，輸銀對該行送保之案件，改用專案申請案件受理。

6.保險責任期間

輸銀對每筆融資承擔保險責任之期間，以融資銀行撥付輸出融資日起至融資到期日止。

7.保險價額與保險金額

⑴憑信用狀融資者，以每件輸出融資金額為保險價額。

⑵憑託收方式 (D/P、D/A) 輸出綜合保險保險證明書融資者，以該保險證明書所記載保險金額為保險價額。但其輸出融資金額低於輸出保險證明書所記載保險金額者，以輸出融資金額為保險價額。

本保險以保險價額之 90％為保險金額，但授權案件以保險價額之 85％為保險金額。

（二）作業流程

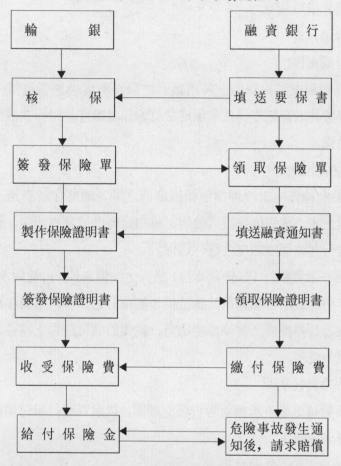

輸出融資綜合保險作業手續流程圖

輸　　銀	融　資　銀　行
核　　保	填　送　要　保　書
簽　發　保　險　單	領　取　保　險　單
製作保險證明書	填送融資通知書
簽發保險證明書	領取保險證明書
收　受　保　險　費	繳　付　保　險　費
給　付　保　險　金	危險事故發生通知後，請求賠償

三、託收方式 (D/P、D/A) 輸出綜合保險

（一）保險內容

1.承保對象

　　本保險以一年期以下付款交單 (D/P) 或承兌交單 (D/A) 方式由本國或由第三國輸出貨物之交易為保險對象。貨物如由第三國出口供應，該

出口供應商須為我國廠商經政府核准或核備之對外投資設立（限大陸以外地區），且其投資比率計達百分之五十以上者。

2.要保人及被保險人

輸出廠商。

3.保險標的

以輸出貨款為保險標的。

4.承保範圍

被保險人在保險責任期間內，因發生下列政治危險或信用危險所致損失，輸銀負賠償責任。

⑴政治危險：

a.輸出目的地政府實施禁止或限制進口或外匯交易。

b.輸出目的地國家或地區發生戰爭、革命、內亂或天災等，以致中止貨物進口或外匯交易。

（貨物由第三國裝運出口者，因輸入目的地或轉口地政府禁止或限制進口所致損失，輸銀不負賠償責任。）

⑵信用危險：

a.進口廠商宣告破產者。

b.國外受託銀行憑輸出匯票向進口廠商為付款之通知（付款交單）或為承兌之提示或承兌後之付款通知（承兌交單）時，進口廠商行蹤不明，經當地政府機關證明屬實者。

c.以付款交單方式 (D/P) 輸出，進口廠商不付款。

d.以承兌交單方式 (D/A) 輸出，進口廠商不承兌輸出匯票或承兌輸出匯票後，到期不付款。

5.保險責任期間

自輸出貨物裝船日起至預計貨款收回日止。

6.保險價額與保險金額

以輸出匯票金額為保險價額，但輸出匯票金額大於輸出貨物總價時，以輸出貨物總價為保險價額。保險金額以不超過保險價額之 90％為限。

（二）作業流程

託收方式（D/P、D/A）輸出綜合保險作業手續流程圖

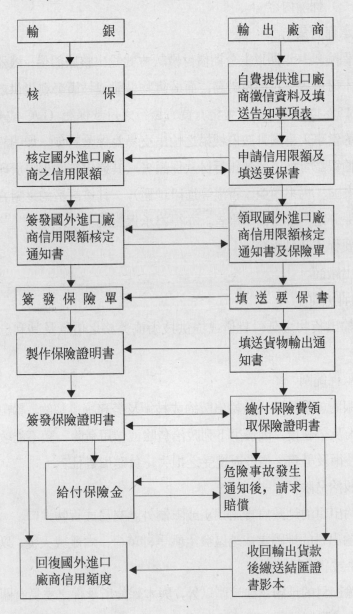

四、中長期延付輸出保險

（一）保險內容

1.承保對象

本保險以一年期以上分期償付價款方式輸出整廠設備、機器產品或其他資本財或提供技術及勞務，而於貨物裝船或技術勞務提供前，收取總價金15％以上預付款，並持有買方銀行之付款保證（L/C 或 L/G）或輸出契約當事人為國外政府機構之輸出交易為保險對象。如開證銀行資信未達輸銀認可標準或無銀行付款保證者（其適用範圍侷限於印尼、新加坡、泰國、馬來西亞、香港等進口地區）， 其簽訂契約之對方信用經輸銀核保評定為第一、二級者，亦得為承保對象。

2.要保人及被保險人

輸出廠商。

3.保險標的

以輸出貨物之延付貨價或提供技術或勞務之價款及其利息為保險標的。

4.承保範圍

輸銀對於被保險人依輸出契約或技術及勞務提供契約，輸出貨物或提供技術及勞務後，因發生下列政治危險或信用危險，致不能收回貨款或提供技術及勞務之價款而遭受之損失，負賠償責任。

⑴政治危險：

a. 輸出目的地政府實施禁止或限制外匯交易或貨物進口。

b. 輸出目的地國家或地區發生戰爭、革命、內亂或天災，以致中止外匯交易或貨物進口。

c. 輸出目的地國家或地區以外，與本保險所承保之交易有關之政府實施禁止或限制外匯交易。

d. 輸出目的地國家或地區以外，與本保險所承保之交易有關之國家或地區發生戰爭、革命、內亂或天災，以致中止外匯交易。

e. 輸出目的地國家或地區以外，與本保險所承保之交易有關之國家或地區發生戰爭、革命、內亂或天災，以致輸出貨物中止運輸至目的地。

⑵信用危險：

a. 簽訂契約之對方於本保險成立後宣告破產者。

b. 簽訂契約之對方遲延履行其債務在六個月以上者，但以不可歸責於被保險人之情事者為限。

5. 保險期間

依照輸出貨物裝船日或開始提供技術及勞務之日起至其延付貨款或價款結帳日期止，另加上貨款或價款實際收回之預計期限訂定之。

6. 保險價額與保險金額

輸出貨物總價或提供技術及勞務價款總額經扣除預付款或裝船時可收取貨款後，以其分期償付部分之金額及其分期償付利息為保險價額。

至於保險金額之訂定，則分別規定如下：

⑴持有輸銀認可銀行付款保證者以分期償付貨價（包括利息）部份之90％為限。

⑵開證銀行資信未達輸銀認可標準或無銀行付款保證者：

a. 付款期限在三年以下，輸出價額美金三十萬元以下且其簽訂契約之對方信用經輸銀核保評定為第一、二級者，以分期償付貨價部份之80％為限。

b. 付款期限在二年以下，輸出價額美金二十萬元以下且其簽訂契約之對方信用經輸銀核保評定為第三、四級者，以分期償付貨價部份之75％為限。

（二）作業流程

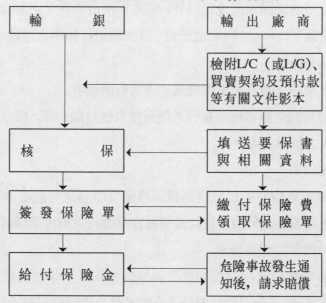

中長期延付輸出保險作業手續流程圖

五、海外工程保險

（一）保險內容

1.承保對象

⑴海外工程之承包者，係經我國主管機關核准設立登記之本國公司。

⑵工程發包國或地區及清償價款國或地區，其政治及經濟情勢無顯著問題存在，在交易上無明顯重大危險之虞者。

⑶海外工程契約或技術提供契約訂明下列事項者：

A. 仲裁條款或同類條款。用以約定工程施工有關問題或契約之解釋等發生紛爭時，由第三者仲裁，並以其裁定為最終之解決。

　　B. 戰爭條款或同類條款。用以約定技術及勞務提供者，因戰爭、革命、內亂、暴動、騷亂或天災等不可抗力之事故所致之損害或損失，應由簽訂契約之對方負擔之。

　　C. 除工程發包人為政府機構外，工程價款之清償附有下列任一種清償保證者：

　　a. 輸銀認可之銀行所開發或保兌之不可撤銷信用狀。

　　b. 有政府機構或有輸銀認可之銀行提供之保證。

　2.要保人及被保險人

本保險以海外工程承包者或技術提供者為要保人及被保險人。

　3.保險標的

　⑴海外工程或技術提供中經驗收部份之價款（以下簡稱價款）。

　⑵該工程已完成未經驗收前或進行中或未開始進行而支出之成本（以下簡稱支出成本）。

　⑶為進行該工程或提供技術而搬運至工地之設備（以下簡稱設備）。

　4.承保範圍

　⑴價款及支出成本部分：

　a. 外國政府實施限制或禁止外匯交易。

　b. 輸出目的地國家發生戰爭、革命或內亂。

　c. 其他發生於國外不可歸責於契約雙方當事人者。

　d. 海外工程契約或技術提供契約之對方破產。

　e. 海外工程契約或技術提供契約之對方依工程或技術提供契約規定有付款義務時起算，逾六個月不付款。但以不可歸責於被保險人所致者為限。

　　前項第一款事由發生時，輸銀僅對價款或盈餘中擬匯回本國部分經載明於保險單者，負賠償責任。

　⑵設備部分：

　　a. 設備上權利為外國政府或其類似組織之沒收、徵用、國有化等行為所奪取。

　　b. 由於戰爭、革命、內亂、暴動或民眾騷擾使設備之權利受侵害，致不能使用者。

　　前項設備限於置存於海外工程契約或技術提供契約履行地者。

　5.保險期間

　(1)價款及支出成本之保險期間，自開始進行工程或開始提供技術、勞務之日起至最終一期清償日止。

　(2)設備之保險期間，自設備運送至施工處所之日起算，以一年為一期，期數由被保險人依折舊標準酌定之。

　6.保險價額與保險金額

　(1)價款及支出成本之保險價額，為被保險人所估計之最大損失額。最大損失額，以各期預定取得之價款及可能支出之成本合計金額中之最高者為準。

　(2)設備之保險價額，以取得該設備上之權利所支出之對價，扣除折舊所得金額為準。

　　至於保險金額則為在保險價額之 90 ％範圍內，由被保險人自由訂定。

（二）作業流程

海外工程保險作業手續流程圖

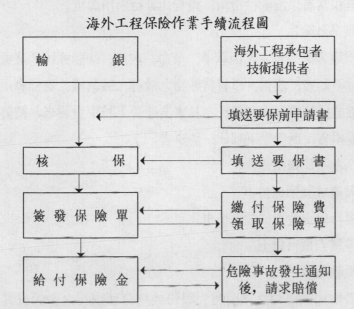

六、海外投資保險

（一）保險內容

1.承保對象

以本國公司經經濟部投資審議委員會核准或核備，並取得被投資國許可者之海外新投資案件為承保對象。

2.要保人及被保險人

以符合承保對象規定之本國公司為要保人及被保險人。

3.保險標的

以海外投資之股份或持分或其股息或紅利為保險標的。

4.承保範圍

(1)沒收危險：

被保險人作為投資之股份或持分或其股息或紅利之請求權，被外國政府或其相當者以沒收、徵用、國有化等行為所奪取。

(2)戰爭危險：

被保險人之投資企業因戰爭、革命、內亂、暴動或民眾騷擾而遭受損害：或不動產、設備、原材料等物之權利、礦業權、商標專用權、專利權、漁業權等權利或利益，為其事業經營上特別重要者，被外國政府侵害遭受損害，而發生下列任一情事者：

a. 企業不能繼續經營。

b. 破產或其類似情事。

c. 銀行停止往來或類似情事。

d. 停業六個月以上。

(3)匯款危險：

由於前兩款以外之事由喪失股份或持分而取得之金額或其股息或紅利，因下列 a. 至 e. 任一事由發生，致逾二個月以上不能匯回本國者：

a. 外國政府實施限制或禁止外匯交易。

b. 外國發生戰爭、革命或內亂致外匯交易中止。

c. 外國政府控管該項取得金。

d. 該項取得金之匯款許可被取消，或外國政府經事先約定應准予匯款，卻不予許可。

e. 於上述 a. 至 d. 任一事由發生後，被外國政府沒收。

5.保險期間

自匯付投資股份或持分之日或輸出機器等之日起算，以不超過七年為原則。但經輸銀同意者，可延長為十年。

被保險人於上述期間內，得自由選定保險期間之長短。

6.保險價額與保險金額

(1)股份或持分之保險價額：以被保險人匯付被保險投資企業之金額

或輸出機器等之價額作為股份或持分之投資金額為保險價額。

　　⑵股息或紅利之保險價額：以股份或持分之保險價額之 10％為準。

　　保險金額在保險價額 85％之範圍內，由被保險人自由訂定。

　　（二）作業流程

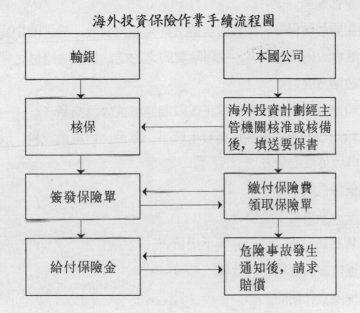

海外投資保險作業手續流程圖

輸銀	本國公司
核保	海外投資計劃經主管機關核准或核備後，填送要保書
簽發保險單	繳付保險費領取保險單
給付保險金	危險事故發生通知後，請求賠償

七、記帳方式（O/A）輸出綜合保險

　　近年來，貿易往來頻繁之進出口廠商，漸多採用記帳 (Open Account) 方式處理貨款，針對此種付款條件所伴隨之危險，輸銀乃於民國八十六年三月開辦「記帳方式 (O/A) 輸出綜合保險」以提供保障。

　　（一）保險內容

　1.承保對象

　　本保險由本國輸出廠商以 Open Account（簡稱 O/A）記帳方式與國外進口廠商簽訂買賣契約，由本國輸出貨物者。

2.要保人及被保險人

輸出廠商。

3.保險標的

以輸出貨款為保險標的。

4.承保範圍

輸銀對於被保險人依買賣契約之約定輸出貨物，於保險期間內，因下列保險事故所致之損失，依保險契約之約定，負保險給付之責任。

⑴政治危險：

a. 輸出目的地政府實施禁止或限制進口或外匯交易者。

b. 輸出目的地國家或地區發生戰爭、革命、內亂或天災，以致中止貨物進口或外匯交易者。

⑵信用危險：

a. 進口廠商宣告破產者。

b. 貨物輸出後，進口廠商不提貨者。

c. 進口廠商到期不付款者。

5.保險責任期間

自貨物裝運日起至貨款預計收回日止。

6.保險價額與保險金額

以買賣契約所訂貨物價金為保險價額，但買賣契約所載貨物價金大於輸出貨物總價時，以輸出貨物總價為保險價額。

至於保險金額則以不超過前項保險價額之 90％為限。

（二）作業流程

記帳方式（O/A）輸出綜合保險作業手續流程圖

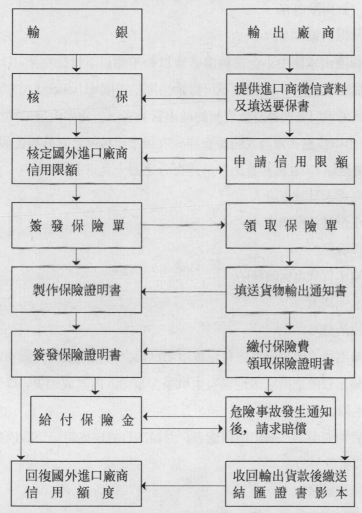

輸　　　　　銀	輸　出　廠　商
核　　　　　保	提供進口商徵信資料及填送要保書
核定國外進口廠商信用限額	申　請　信　用　限　額
簽　發　保　險　單	領　取　保　險　單
製作保險證明書	填送貨物輸出通知書
簽發保險證明書	繳付保險費　領取保險證明書
給　付　保　險　金	危險事故發生通知後，請求賠償
回復國外進口廠商信　用　額　度	收回輸出貨款後繳送結匯證書影本

八、中小企業安心出口保險

臺灣中小企業居多，根據資料顯示，在所有與輸出入銀行有業務往來之廠商中，中小企業佔了 2/3。為了扶植中小企業拓展輸出並加強其

競爭能力，實應提供予較為優厚之投保條件。基此，輸銀乃於民國八十六年七月開辦「中小企業安心出口保險」。

（一）保險內容

1. 承保對象

本保險由本國中小企業輸出廠商以一年期以下付款交單 (D/P) 方式、承兌交單 (D/A) 方式或不可撤銷遠期信用狀 (Usance L/C) 方式付款，與國外進口廠商簽訂買賣契約輸出貨物者。貨物如由第三國出口供應者，該出口供應商須為我國廠商經政府核准或核備之對外投資設立(限大陸以外地區)，且其投資比率計達百分之四十九以上者。

2. 要保人及被保險人

中小企業輸出廠商。

3. 保險標的

以輸出貨款為保險標的。

4. 承保範圍

(1)政治危險：

a. 輸出目的地政府實施禁止或限制進口、禁止或限制外匯交易。

b. 輸出目的地國家或地區發生戰爭、革命、內亂或天災，以致中止或停止進口、外匯交易。

（貨物如由第三國出口供應者，因輸出目的地或轉口地政府禁止或限制進口者除外。）

(2)信用危險：

a. 進口廠商破產或無力償還債務。

b. 以付款交單方式 (D/P) 輸出，進口廠商不付款。

c. 以承兌交單方式 (D/A) 輸出，進口廠商不承兌輸出匯票或承兌輸出匯票後，到期不付款。

d. 以一年期之內不可撤銷遠期信用狀方式輸出，開狀銀行於其承兌

之匯票到期不付款。

5.保險責任期間

⑴以 D/P、D/A 方式輸出者：

自貨物裝運日起至貨款預計收回日止。

⑵以遠期信用狀方式輸出者：

自開狀銀行承兌匯票之日起至貨款預計收回日止。

6.保險價額與保險金額

以輸出匯票金額為保險價額，但輸出匯票金額大於輸出貨物總價時，以輸出貨物總價為保險價額。

至於保險金額在政治危險方面得為前項保險價額之 100％；而在信用危險方面則以不超過前項保險價額之 90％為限。

（二）作業流程

中小企業安心出口保險作業手續流程圖

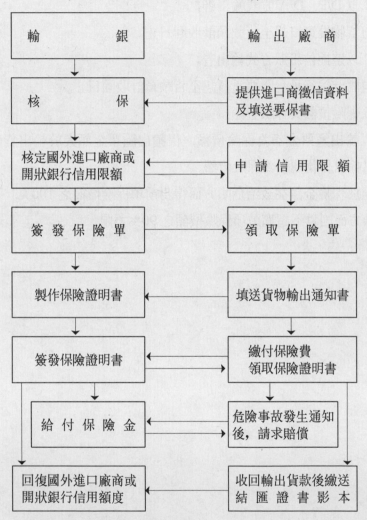

輸　　銀	輸 出 廠 商
核　　保	提供進口商徵信資料及填送要保書
核定國外進口廠商或開狀銀行信用限額	申 請 信 用 限 額
簽 發 保 險 單	領 取 保 險 單
製作保險證明書	填送貨物輸出通知書
簽發保險證明書	繳付保險費領取保險證明書
給 付 保 險 金	危險事故發生通知後，請求賠償
回復國外進口廠商或開狀銀行信用額度	收回輸出貨款後繳送結匯證書影本

第六節　輸出保險之業務經營

一、輸出保險之核保

　　危險一詞係指「事故發生之不確定性」或「某種特定偶發事故之發生與否、發生時間及發生結果均不確定」。　正因其為不確定，故不僅威脅著從事貿易的廠商之生存，且與承保危險的保險機構之健全經營息息相關。因之，保險機構對承保與否之各類輸出業務，應加以認識、分析以及衡量其危險，然後審慎選擇，以符合保險經營之健全原則，此乃核保工作之中心任務所在。輸出保險的承保範圍，主要為國外進口廠商之信用危險與該地區之政治危險，故承保機構於接受業務時，除就要保人輸出廠商之資格予以審查外，尤應針對進口廠商之信用條件及其所在地區政治、經濟等情況，詳加評估，以憑取捨。茲將核保時必須考慮之要項，申述如下：❹

　　（一）輸出廠商資格審查

　　承保機構對要保人輸出廠商之投保資格，通常根據下列項目加以調查分析並評定之：

　　1.國外銷售市場之大小。

　　2.往來進口廠商之經驗。

　　3.輸出危險之分散性。

　　4.交易條件之競爭性。

　　5.輸出貨物之獲利率。

---

❹　參閱陳景昀撰：奉派赴美國「海外輸出信用保險協會 FCIA」考察研習輸出保險業務報告書，中國輸出入銀行印行，民國七十一年九月六日，第 34 ～ 63 頁。

6.產品之售後服務。

此外，承保機構針對輸出廠商國外市場危險分散性以及國外應收貨款週轉率更加以具體分析，以決定是否達到安全標準。

（二）進口廠商信用條件

進口廠商之信用條件，乃信用危險之所繫，為核保的重要工作對象，其應注意之要點如下：

1.徵信所調查報告之重要內容摘要。

2.商業銀行徵信調查報告之內容摘要。

3.承保機構以往之承保紀錄、保險金額與付款情形。

4.洽詢與該進口廠商曾有交易往來之國內其他輸出廠商的意見。

5.付款保證人之徵信資料摘要。

6.進口廠商之財務狀況分析：摘錄重要財務數字，如流動資產、流動負債、營運資金、資產總額、負債總額以及資本淨值等。另外，亦列出流動比率、速動比率、負債比率與淨利率，以測驗進口廠商之財務結構及短期償債能力，並與以往年度比較，分析其未來營業趨勢。

7.進口廠商之營業方式與銷售市場。

（三）輸入地區政治環境

政治危險之大小，自以輸入地區之政治環境為決定因素。承保機構對各國政治及經濟發展情形應密切注意，分析研究。通常評估一國政治危險所依據之項目如下：

1.政治穩定性。

2.通貨膨脹。

3.償付外債比率。

4.國際流動資金。

5.外國收款經驗。

6.經常帳餘額。

7.官價匯率與市價匯率差額。

輸出保險經營的成敗，在於核保作業之是否週全；而核保作業的得失，則端賴徵信工作之是否健全。辦理輸出保險著有成效的國家，皆有完善徵信制度之建立。承保機構在核保時，必先針對所獲得的徵信資料詳加研判，亦須注意要保人有無危險逆選擇之情事，始作決定。

二、輸出保險之承保與費率

（一）輸出保險之承保

輸出保險之承保方式，因輸出保險業務種類的不同，未盡一致。大體而言，可分為下列二種：

1.綜合保險 (Whole turnover basis insurance)

或稱整批保險，即由輸出廠商將業務條件相同之全部輸出金額向承保機構投保，而由承保機構以總括保險方式予以統保。採用此種承保方式，可使優良業務與不良業務互相平均，且由於輸出廠商業務性質、輸出目的地、付款條件、投保危險之不同，而有彼此調節的功效。對承保機構言之，採用此種統保方式最為有利。茲歸納其優點如下：

(1)業務量穩定且持續，從而費率得以降低。

(2)輸出廠商每次輸出貨物時，僅須將輸出情形通知承保機構，手續簡便，省時省力。

(3)由於危險分散及業務量之增長，承保機構當能提供較佳的承保條件及擴大承保之範圍。

(4)由於平均律之作用，對不良的輸出目的地與進口廠商，得以放寬核保條件而接受投保，以達成拓展輸出之目的。

2.個別保險 (Case-by-case basis insurance)

或稱個案保險，即由輸出廠商就每筆輸出業務向承保機構投保。因為綜合保險較適用於次數頻繁及市場分散之貨物輸出，而對次數較少與

種類不一之貨物輸出，則宜採個別保險方式辦理。雖然個別保險所承保之危險，其範圍大致與綜合保險相似，但多數皆為特殊需要而個別約定，因此保險契約應儘量與輸出契約相配合。再者，個別保險乃由輸出廠商逐筆要保，每易將危險性較高之業務投保，即有危險逆選擇之發生，因而其保險費率亦較同類的綜合保險為高。

　　（二）輸出保險之費率

　　輸出保險之本質，與一般商業保險不同，其保險費率之計算，自亦與商業保險有異。輸出保險所承保的危險事故，如政治危險及信用危險等，皆屬動態危險，並無一定之損失機率可循；且多數輸出保險業務具有保證性質，其保險費之計收，實即保證業務的對價。輸出保險費率之計算，主要以下列各項因素為基礎，分述如下：❺

　　1.徵信資料

　　輸出保險之承保機構，釐訂保險費率時，通常根據國際徵信組織所提供的資料，將全世界各地區劃分為若干市場，視其信用之優劣，而訂定費率等級的高低。因此，保險費率之計算，亦隨信用等級的不同而有高下。此外，辦理輸出入融資及輸出保險之機構，每年皆編列鉅額預算，從事徵信調查工作，直接保障輸出廠商使能避免損失之發生，間接亦可減少承保機構補償責任的負擔。

　　2.政治情況

　　國際政治、經濟等因素之變動，將隨時直接或間接影響國際貿易的進行，因而在承保輸出保險業務時，必須對國際局勢之演變、各地政治情況之異動以及貿易國家法令規章之修訂等，密切加以注意，以避免損失之發生。是故，對於政治環境不安定的國家或地區，其費率自亦有所差別，又如向危險地區輸出者，另有危險地區增加費率之規定。

<hr />

❺　參閱袁宗蔚著：保險學，增訂二十八版，三民書局印行，民國七十七年七月，
　　第 814～815 頁。

3.保險期間

保險期間之長短與進口廠商的信用條件、輸入地區的政治環境，皆有密切關係。保險期間愈長，其信用條件與政治環境變動之可能性愈多，亦即承保責任之危險性愈大，因而保險費率也愈高。通常輸出保險的保險費率，依照期間長短而增減調整。

原則上，承保機構根據上列因素決定費率。然對採用綜合保險方式的業務，其費率之擬訂則較為繁複，除訂定其基本費率外，亦須考慮自負額與保險總金額之大小，另針對被保險人以往之輸出損失、付款遲延、賠案，以及承保機構之作業負荷、輸出廠商信用交易研判方式與經驗、輸出廠商類別、輸出危險之分散性等因素作通盤考量並調整決定適用費率。

三、輸出保險之理賠

輸出保險之承保機構於接到被保險人通知保險事故發生時，應即請其提供出險詳細資料，調查分析事故發生原因及目前情況，以便採取適當的保全措施，預防損失之發生或減少損失之擴大，進而確定賠償責任，給付補償金額。茲將理賠作業之細節，分述如下：❻

（一）出險調查

1.研判事故發生之證明文件：依據被保險人所提供之出險證明文件，例如國外託收銀行來電指出進口廠商不付貨款，而進口廠商來函說明因財務困難或市場滯銷，致無法償付貨款或提貨；或自新聞報導與政府公報得知輸出目的地國家發生戰爭、動亂、外匯管制或禁止輸入等，均須詳加研判分析，以確定保險事故是否發生。

2.理賠人員主動調查：除可供參考之客觀新聞、商業情報資料及相關證明文件外，對於進口廠商不履約付款等情事，承保機構尚直接去函，

❻　同❹所列書名，第64～71頁。

查詢不付款之原因與解決辦法，並請填覆函內所附查詢表，其主要項目如下：

⑴貨物發票號碼、貨款總金額及付款到期日。

⑵貨物是否已收到；如尚未收到，則貨物現存放何處、倉租費用多少。

⑶不付款之原因何在。

⑷預定何時可以履約付款。

⑸如不擬付款，請說明原因，並請檢附與輸出廠商往來信函或電報影本。

⑹進口廠商保證以上所述內容均屬事實。

承保機構並在函中強調，進口廠商若不履約付款之嚴重性。如進口廠商於查詢表中同意將在近日內付款，則請被保險人暫緩索賠。另者，承保機構亦可自進口廠商方面，發現是否係因貨物品質不合規定，或與賣方之間尚有其他爭執，致其不付貨款，凡此皆可供理賠作業之參考，以避免聽信一面之辭。又如進口廠商請求延長付款期限，承保機構即須調查其為何有此要求，理由何在，並瞭解如何取得貨款及其付款之詳細計畫。

（二）保全措施

1.一般原則：減輕損失之義務，為任何保險之被保險人所通有，然在輸出保險方面，尤應重視。當保險事故發生後，被保險人應立即通知承保機構，並共同洽商處理輸出貨物或貨款之適當措施，以期損失得以儘量減輕。有關減輕損失之處理辦法，因輸出保險種類的不同而有所差異，惟一般言之，主要有下列二種情形：

⑴對於貨物之處理：被保險人應透過託收銀行或被保險人在輸入地之代理人，對輸出貨物迅速採用合宜措施，通常處理辦法包括：

a.另行簽訂輸出契約。

b. 轉運至其他適當地點銷售。

c. 當地銷售。

d. 運回本國處理。

(2)對於貨款之追收：被保險人應立即洽請有關單位協助進行貨款損失之追收事宜，主要可有下列各項途徑：

a. 洽請託收銀行轉請國外代理行繼續催促進口廠商依約付款。

b. 輸出交易如有付款保證人者，應即要求其履行保證義務代為付款。

c. 洽請本國政府駐外商務機構代向進口廠商交涉賠償。

d. 逕向進口廠商提起清償貨款及損害賠償之訴訟。

上項減輕損失之義務，如被保險人無正當理由怠忽而未履行，致未能減輕損失或甚至增加損失時，承保機構對因此所受之損失可不予補償，或在補償金額中予以扣除。然而，對於財務狀況或銷售市場發生困難的進口廠商，承保機構多不願過分迫使其作成拒絕付款證明，因在有些國家，規定進口廠商正式拒絕付款，將移交法院宣告破產，而在拉丁美洲國家更有明文訂定，此項法律費用須由債權人負擔，如該項費用超過貨款金額時，將得不償失。所以，承保機構如要查明進口廠商確實無意付款，通常會直接去函向其詢問。

2.特殊安排：如進口廠商在約定付款期限屆滿後，由於一時財務發生困難、銷售市場滯銷或其他原因，而要求延長付款期限時，被保險人在經過慎重考量並徵得承保機構之書面同意後，可與進口廠商重新安排付款期限。

（三）審核賠案

1.保險費：審查檔案資料，瞭解被保險人索賠之案件是否已按保單規定時間，向承保機構申報輸出並繳清所需保費。

2.買賣契約或進口廠商訂單：比較實際交易條件是否與買賣契約規

定條款相符。

3.發票：查核發票日期，進口廠商名稱與地址，輸出貨物規格、數量與價格，貨物是否本國製造，以及貨物性質是否合乎保險契約規定可承保者。

4.提單：審查提單之收貨人名稱，貨物內容、重量，並查核輸出廠商為何人。

5.保全措施證明：確認被保險人所提出之追索書信、電報及其他通訊資料，包括長途電話談話紀錄。

6.分類帳簿：查核被保險人在賠案發生前一年內，與承保輸出交易有關之分類帳簿，以便瞭解在賠案發生前進口廠商是否已有遲延付款之情事。

7.進口廠商徵信調查報告：審查輸出交易所依據之進口廠商徵信調查報告，包括調查日期、報告份數以及報告內容是否與付款條件及貨款金額相稱。

8.逾期未付款報告：查核檔案資料，確認被保險人於進口廠商逾期未付款時是否在保單規定期限內，向承保機構提出報告。

9.債權證明文件：瞭解債權證明文件現在何處，匯票應由進口廠商簽名承兌或經由銀行通知已經承兌，本票則應依承保機構規定之格式並由有關人員簽名。

10.遵守特定條款辦理之證明：審查保險單或背書規定條款，如需要付款保證人或抵押品等，被保險人是否已遵照辦理。

11.損失證明：查核被保險人之損失證明文件，包括輸出損失之事實與內容。

（四）核計補償

1.部份損失之自保或自負：為避免保險制度之濫用，以防止損失頻率及其幅度反因保險而增加，故輸出保險之保險金額，通常僅佔保險價

額的一定百分比，亦即被保險人自行負擔一部份之損失。被保險人對部份損失之自保或自負，其方式有二：

(1)比例補償制：乃以保險金額與保險價額（輸出金額或融資金額）之比例，乘損失金額，即屬承保機構應支付的補償金額。

(2)實損補償制：此即補償金額按實際損失金額之一定百分比（如 80％或 90％）計算，超過部份則不予補償。

2.未損失部份之扣除：輸出保險之補償金額，應按實際損失覈實計算，故須將下列各項金額予以扣除：

(1)收回金額：輸出廠商因履行減輕損失義務，將輸出貨物全部或部份轉售所得之價款；或對第三人行使損害賠償請求權所取得之金額，皆須自補償金額中扣除之。但其為履行收回義務而支出的費用，仍應由承保機構償付之。

(2)未支出費用：輸出廠商因輸出受阻而未支出之費用，如貨物以 C.I.F. 價格訂立輸出契約，在貨物裝運前，因保險事故發生，以致中止生產或無法輸出時，所有未支出之運費、保險費或生產、加工、集運等費用，皆應自補償金額中扣除之。

(3)預期利益：輸出廠商在因保險事故發生造成中止生產或無法輸出時，如保險金額中包括一部份預期利益在內，則在計算補償金額時，亦應扣除之。❼

茲舉例說明如下：

例：根據下列輸出契約及相關資料，若發生無法輸出之情形時，承保機構如何計算其補償金額？

輸出金額：$500,000

轉售所得之價款：$250,000

處分時所發生之費用：

---

❼　同❺所引書名，第 818～821 頁。

倉租費等: $20,000

運　　費: $30,000

供給貨款: $300,000

事故確定日: 10 月 1 日

處分契約日: 10 月 20 日

利率: 年息 6 分

解:

{$500,000－ [($250,000－$20,000－$30,000－$936)＋$200,000]}

輸出金額　轉售所得價款 倉租費等　運費　　　利息　預期利益與

未支出費用

×90％＝$90,842❽

補償率 補償金額

---

❽　參閱日本輸出保險協會編印: 輸出保險制度の解說，十一版，編著發行，昭和五十三年十月六日，第 36～37 頁。

第十六章　汽車保險（一）
——汽車損失險與任意責任險

第一節　概　述

一、我國汽車保險的發展概況

　　汽車保險是產物保險的一種，民國六十年代車險在整體產物保險只居於配角地位，火險與水險才是主角，當時車險業務量只佔全體產險總合的四分之一不到，加上經營車險又有不少令人頭痛問題，例如修車業的核價及作假不易管制，汽車業務員侵佔保險費，甚至保險公司內部理賠人員素質不齊為人詬病；於是有的產險公司對車險採消極經營，只為了配合水火險客戶的承保需求，也有的公司甚至抑制車險業務過度成長（一般在百分之卅以下），深恐一旦損失率失控會影響整體績效，當然也有的公司純粹基於資金流程而大量吸收車險保費以用於資金運用，在當時產險公司大多視汽車保險為賠錢貨，損失率高時更視為是禍害，處在種種矛盾因素下卻缺乏有效及積極的對策下，以致車險逐漸走向不健康的發展。

　　民國七十年代經濟發達，社會轉型，汽車數目成長迅速，不斷成長的汽車保險費收入使產險業者無法拒絕，可是孱弱的車險體質愈來愈無

法應付快速增加的汽車使用及社會大眾對車險的需求。向來缺乏合理規範的汽車修理業良劣不一的經營手法，甚至勾結汽車業務員、保險公司理賠人員利用不當的估價大敲保險公司竹槓，加上民國七十一年前後治安一度發生問題，盜賊橫行，汽車失竊成為犯罪交通工具，甚至解體汽車出售零件等，使保險公司招架無力，損失率上升幾達百分之百，不少產險公司才驚覺到車險的虧累有可能拖垮整個公司，隨後在「一清專案」政府整頓了治安，也讓產險公司喘了一口氣。七十年代中期因為汽車數量在政府鼓勵本國車業之發展也開放進口車的雙重政策下，汽車業界達到前所未有的榮景，也帶動了車界周邊事業發展，不少進口車及本國車之總代理開始相繼成立保養修理廠，初期為了售後服務為目的，漸漸演變成售車後另一利潤壟斷及回收的工具，在各車種競爭厲害時，更形成賣車削價少賺而從回廠維修及專屬零件上大賺一筆。

　　七十年代的後期許多車商更紛紛成立保險代理公司，從新車承保控制、修理合約的掌控以至三年以內的到期續保，儼然扮演專業保險代理人的功能，只是其立場基本是站在汽車公司或代理商的利益，而保險公司在業務的考量下，不得不低頭，也只能被牽著鼻子走，而一再演變的結果下，產險公司對修理費用、理賠作法逐漸失去自主的能力，車商的不合理索求也迫使損失率節節上升。

　　民國七十年代整整十年間是我國汽車保險發展史上一個值得深思檢討的階段，汽車增加，帶動汽車工業及汽車業界的發達，也促進汽車保險的發展。原本值得高興，如果車界與保險業界能共同創造合理經營空間，則將是雙贏的局面，只可惜各打各的算盤，不但阻礙了進步的發展，更令汽車業與車險的服務能力形成惡質循環，其影響之深遠不可言喻。民國七十六年底車險保費突破百億，佔有全體產險業務也超過百分之五十以上，從所附之統計可見一斑。

單位：新台幣元

年度	簽單保費合計	賠款金額	賠款率%
70	4,146,755,000	2,488,526,000	60.01
71	4,702,954,027	3,230,393,374	73.93
72	5,502,935,569	4,887,958,150	95.93
73	6,439,137,145	4,414,860,842	72.03
74	6,727,612,084	4,293,868,035	66.09
75	7,829,173,493	4,494,718,504	67.10
76	10,586,994,958	5,444,038,582	70.68
77	15,495,826,973	10,468,846,958	81.40
78	20,529,147,011	14,889,170,381	81.65
79	22,864,655,592	18,235,468,529	82.64
80	25,137,705,068	17,347,407,622	72.03
＊81	27,444,522,211	17,050,674,092	63.99
＊82	29,800,941,102	20,444,827,360	72.43
＊83	35,258,247,198	26,942,010,356	83.06
＊84	37,974,756,836	31,589,649,881	84.76
＊85	35,034,110,870	26,460,199,110	71.64

＊表不含強制保險。

＊資料來源──產物保險公會汽車險委員會提供。

　　而從上述統計資料中看出民國七十年間車險業務年年成長，但損失率卻呈不規則的升降，事實上在此十年間曾有二次的費率調升，為的是解決因虧損而造成的經營困難，而每次調整保費確能維持一年左右的經營績效，然後隨著修理費用的上升，出險理賠的失控，再加上為了業務成長不擇手段的惡性競爭又會使虧損重現；在這個時期產險業界過度依賴調整保險費為唯一改善虧損的手段，致使汽車業務員對佣金索求一天一天上升。

　　汽車修理廠或車商的保修廠的胃口變得更大，而車商成立的保代公司挾業務為後盾及對保險業界的充分瞭解，更加予取予求。產險業界至此才覺悟只憑一再調整保費不但對保險消費大眾不利，也無法解決水漲船高的損失率及虧損問題，更嚴重的是對被保險人及保險從業工作人員都形成負面的引導，在惡性循環體質下，車險經營的方向及定位已面臨嚴格的挑戰及考驗。

　　民國八十年第二次全國保險會議中，車險的各項經營問題被廣泛的討論，成為熱門主題之一，會中尤其針對我國車險的過去、現在及未來作全面檢討，遂有諸多針對經營時弊，擬定不少短中長期的措施，這是我國汽車保險發展史上的一個重要里程碑。而經過七十年代的經驗及教訓後，產險業界學習到車險的整體經營要達合理化就必須使各種相關法令規章齊備，也要健全週邊的協力機構如修理業，零件商，社會治安及警方的配合，而車險從業工作人員不論核保、行銷、理賠工作的專業化及合理化更不容忽視，所以第二次全國保險會議之後，在財政部保險司的積極推動下，集合保險學者及保險業界精英成立多個專案小組，陸續於之後的五年中作出了一系列的改革修正。

　　民國八十一年四月一日強制汽車第三人責任保險成為獨立制度，並大幅提高基本人身傷亡的保障金額，而隨後經過五年的立法研商終於民國八十六年確定為公辦民營並正式通過立法。而有鑑於臺灣汽車修理業

界長期處於缺乏規範以致車體損失險中修理費用無法合理化，遂由產物保險公會組成專案小組於民國八十三年就世界上先進國家制度中的所謂「汽車修護研究訓練中心」的可行性研究提出報告，該中心之設立雖尚在努力的階段，惟產險業界已大致有所共識，未來的車體損失險應會有較過去正確的經營方向。繼民國七十年初期歷經約二年間國內汽車失竊嚴重而飽受虧累的惡夢，產險業於七十年代末期及八十年代初再度經歷大批高級進口車如賓士、寶馬、富豪……等車系被竊運往大陸，而由產險公會配合檢警方大力防阻才漸漸控制住此一巨大的損失漏洞，雖然至今竊車之犯行仍然存在，但產險業界已成立專屬窗口──在公會常設「防竊小組」長期與警方配合以達防杜之效。而從民國八十三年三月一日起修法施行車體損失險及竊盜險適用廠牌車系差別損失率的減加費辦法，又使車險的保險費精算踏出公平合理化的第一步，而於八十五年七月一日經過三年的努力，新制汽車保險費率規章終於出爐正式實施，其中最重要的一項變革就是變更過去只「從車」成為「從人兼從車」，從此以後汽車保險的被保險人資料將可能成為永久檔案以利承保時追蹤參考，未來更將計劃與公路監理及警方連線配合對交通違規記點及警方之犯罪資料作成核保上的參考，這項從人的制度將使不同被保險人在使用相同汽車時可能會有很大保險費的差別，不但可以使好壞駕駛人付出保險費較公平合理，而且經由被保險人的參與約束，有助於長久以來對不明車損或修理的爭議，而能走入良性循環。

二、汽車保險的特質及未來展望

　　汽車保險在所有產險中是最和個人、家庭及社會全體息息相關，今日我們不能一日無車，使用車子會有和車險有關的意外，個人不開車，仍有其他親友會遭遇與車子有關之車險問題，所以車險和社會民生的接觸頻繁是車險第一個特質。車險第二個特質是保險單位雖小但活動性及

出險率之高為所有產險之冠，所以人力物力的資源管理成效是經營成敗的絕對關鍵。

　　參考自歐美日等汽車保險，比較先進的國家地區在初期發展都有陣痛及混亂的努力過程。我國車險從六十、七十以迄八十年代，如果考據這廿五年間的發展，就能充分看出因果循環的階段變革，因為六十年代的輕忽，在七十年代大量車險的成長，原本是產險業的利卻成為弊，八十年代已過大半雖然各項改革修正已經上路，然而未來我國的汽車保險是否能健全發展，仍有待對許多制度的落實及鍥而不捨的努力，諸如承保理賠查詢資訊中心的加強，汽車修護研訓中心的成立，車險經營有關各項週邊機構的健全合理化,而有鑑於汽車保險與社會民生之密切關連，產險業界更應重視對社會的積極回饋來彰顯保險的社會責任，舉凡交通事故的防治，汽車事故的傷殘復健，酗酒駕車的防阻等等活動及制度的積極參與，在直接及間接，相信都會產生與保險消費大眾的良性互動。期待我國汽車保險的經營在走入九十年代時能有更優良健全的體制，對整體產險業界的經營績效及形象建立絕對是正面的影響。

第二節　承保實務

一、汽車保險提供什麼保障

　　（一）車體損失險──針對被保險車輛本身的損害，自民國八十五年七月一日起，分為甲式與乙式二種，乙式承保範圍包括碰撞、傾覆、火災、閃電、雷擊、爆炸、……，而甲式除了有全部乙式承保範圍之外，尚包括了第三者非善意行為及不屬本保險契約特別載明為不保事項之任何其他原因所致的損失。

　　（二）竊盜損失險──提供被保險汽車因偷竊、搶奪、強盜所致之

毀損滅失的保障。

（三）第三人責任險（任意部份）——因使用被保車而致第三人傷害或損失，依法律規定應負的賠償責任，所以實務上亦稱「第三人意外責任險」，包括了對每一事故發生時的體傷、死亡及財物損失之賠償金額。

（四）第三人責任險（強制性）——我國交通法明定要求每一部掛牌行駛的汽車都必須投保第三人責任險，目的在於一旦發生事故，車主無能力或有其他原因而不能履行賠償責任時，至少能由保險公司提供賠償保障。民國八十一年四月一日由財政部會同交通部重新明定強制第三人責任險之各項基本保障範圍、保險金額，並把本強制第三人責任險規劃成為一個獨立運作的險種，且為達強制之目的，任何汽車必須備齊強制第三人責任險之保險證，才可以順利辦理監理單位各項牌照手續。值得注意的是本強制險僅提供在核定限額內對第三人之人身傷害部份保障，如體傷、死亡等，並不涵蓋財損責任，車主若要得到財損責任或更高的人身傷害保障，則需加保任意部份的第三人責任險。

除了上述三大主險之外，車主尚可視其實際需要投保特約保險，比較普遍的特約保險有：「零件配件被竊損失險」提供裝置於車上之音響設備及其他易被竊之零件單獨被竊所致損失之保障；「酗酒駕車汽車第三人責任險」❶提供駕駛人因酒類或藥物之影響而致第三人傷害或財損之賠償責任之保障；「乘客責任險」則提供了包含駕駛人及被保險人在內乘坐或上下被保險汽車之人發生傷害所致賠償責任之保障，所以一般人常在投保車損險及第三人責任險頂多再加入零件、配件被竊損失險，就誤以為是「全險」，這個在實務上的說法是有待商榷的，甚至誤導被保險人以為他已得到全部的保障。以下列述車險承保項目以供參考。

❶　現產險公會正研擬更名為「酒類或藥物影響駕車第三人責任險」。僅適用於任意第三人責任險。

汽車保險提供的保障列示：

1.車體損失險　　　甲式（承保範圍較大）

　（任意性）　　　乙式（承保範圍較小）

2.竊盜損失險

　（任意性）

3.第三人責任險　　人身傷害（超出強制範圍之體傷及死亡）

　（任意性）　　　財損

4.第三人責任險（只保體傷及死亡）

　（強制性不可選擇）

及各種特約保險：

①颱風、地震、海嘯、冰雹、洪水或因雨積水險。

②罷工、暴動、民眾騷擾險。

③供教練開車汽車綜合損失險。

④汽車經銷商汽車綜合損失險。

⑤零件、配件被竊損失險。

⑥供教練開車汽車竊盜損失險。

⑦汽車經銷商汽車竊盜損失險。

⑧汽車運送損失險。

⑨汽車經銷商汽車第三人責任險。

⑩汽車製造業汽車第三人責任險。

⑪汽車修理業汽車第三人責任險。

⑫供教練開車汽車第三人責任險。

⑬酗酒駕車汽車第三人責任險。

⑭醫藥費用。

⑮汽車乘客責任險。

⑯汽車僱主責任險。

⑰汽車貨物運送人責任險。

⑱汽車綜合損失險限定駕駛人特約保險。

⑲陸續新開創的保險範圍：

(1)重大車損險 —— 只針對重大車損之承保。

(2)竊盜損失險附加高爾夫球具。

(3)竊盜損失險附加尋車期間之租車或代車費用。

(4)竊盜損失險之強制自負額從 20%批減至 10%或 0%。

二、如何購買及選擇汽車保險

您是否曾關心一部交到您手上的新車是否有保險?保的是什麼險? 當汽車銷售員或代辦保險人員告訴您「全險」二字時，您是否確定自己 是花了最划算的保費得到最恰當的保障? 有太多的例子中說明了很多投 保人繳了保費買到了保險單，卻在事故發生時才發現他的保障是不完整 的，遇到這種情形，有的並不能完全怪罪為您代辦保險的汽車銷售人員 或保險經紀人，被保險人（車主）本身因欠缺對自己保險需求的正確認 識，也是主因之一；以下我們即來探討一些保險需求的基本認識：

(一) 您究竟需要多少第三人責任險的保障

以往一般人常以為購買第三人責任險只是為了取得保險證（卡）來 應付監理手續之用，近來大家對於保險的認識增加了，對於「危險」的 感受也較為強烈了，甚至已有人深切的體認到保險的重要性，對一部沒 有保險的車輛根本就不敢開著上路；但對於自己究竟需要多少第三人責 任險的保障，卻很少人有明確的概念，或許有人認為政府既然強制投保 第三人責任險，我若按規定投保該強制險也就應該夠了，但並不知現行 作法強制第三人責任險只提供每一人傷害（體傷或死亡）六十萬元，每

一事故總額一百二十萬元的基本保障，且不包括財物損失，因此您若希望在萬一發生事故時，自己可不必再承擔「危險」，則應該要再購買任意部份的第三人責任險，而在購買第三人責任險的時候有二點要特別注意到，第一個是有關於保額的區分，它是按不同的損失劃分不同的限額，譬如說，任意第三人責任險所說的保額一百萬，是代表了每一次事故中人身傷害總額八十萬元加上財損總額二十萬元，而人身傷害中對每一人體傷或死亡的限額則為四十萬，千萬不要誤以為保了一百萬，不論發生任何事故都能得到一百萬的賠償。第二個是縱然您投保了額度很高的任意第三人責任險之前，您仍然必須先投保強制第三人責任險，因為任意第三人責任險對於在強制險範圍內的第三人傷害損失是不負賠償責任的。

（二）您需要為您的愛車投保什麼樣的保險

除了上述第三人責任險，要選擇怎樣的險種來投保，才能讓您的愛車獲得真正需要的保障，也是您必須關心的事，若您為剛取得駕照的新手，則車體損失險應是一個對您非常有幫助的險種；或是您的愛車也是很多人的最愛，投保竊盜損失險，可能幫您晚上睡個好覺，反過來說，若您有的是一部在市場上並不搶手的車子，或是上下班均有車庫或僱有司機專人使用管理的車輛，或許您可以考慮省下這部份的保費，除了對於車輛的保障外，若您還要兼顧到駕駛或乘坐您愛車的人，投保乘客險則能為您提供這方面萬全的準備。總而言之，仔細評估您的愛車所有的「危險」，是您決定投保什麼保險的重要依據。

（三）有什麼方法可以使您節省一些保險費，又能得到最大的保障

保險費的負擔，除了綜合損失險外，都跟保險金額有相當的因果關係，也就是說，保額愈高所需繳的保費愈多，但如果為了要節省保費而刻意把保額壓低，更會造成保障不足，因此擬定適當的保險金額能使自己的保費負擔在一個合理的範圍內。再者，如您極為小心開車而且願意

自行承擔小額的修護或理賠的損失，並只希望在發生重大損失時能獲得保障，則可選擇適宜的自負額條件來投保，將能大幅的降低保費。

（四）車主在購買汽車險時需要提供的資料

1.車主名稱：也就是被保險人姓名，通常以行車執照上之登記為準。

2.被保險人地址：應能作有效的通訊連繫用，如有變更亦應隨時通知保險公司。

3.保險起迄時間：除了自小客車於新車領牌時須投保三年期之強制責任險，其他保險期間均為一年，起迄日期若能配合驗車日期，可避免遺忘漏保。

4.車輛種類：為適用費率之基礎，不同種類之車輛各有不同之保險費率，若種類或使用性質有所變更時，亦應儘快通知保險公司。

5.車輛製造年份、原始發照年月、廠牌車型等：為辦理逾齡減費或廠牌加費之依據，若為期貨車或註銷後重新領牌之車輛，應特別註明。

6.引擎號碼、牌照號碼：為辨明是否為被保險汽車之重要資料，應避免誤填。

7.駕駛人之駕照號碼、出生年份、性別、婚姻狀況：為「從人」計費之準備，提供統計分析之用。

8.要保險種、適用條件、特約保險。

9.保險金額的多少，尤其是責任險部份。

10.前一年投保之保險公司名稱及保單號碼：如為新車則此項可免，續保或轉保車輛則為計算肇事加費或無賠款減費之依據。

上列事項均應據實詳細填明，否則或將影響保險人對危險之評估，或因告知不實而遭解除契約，或因費率適用錯誤而影響契約效力等，實不可不慎。

（五）什麼時候您需要向保險公司要求更改保險單資料

1.車輛過戶的時候。您除了要向監理機構辦理過戶手續之外，還要

記得向保險公司辦理保險權益轉讓的過戶手續。

2.地址變更的時候。地址為通訊連繫之用，更為履行通知義務的重要依據，遇有地址變更，應確實通知保險公司更正，以免影響您的權益。

3.使用性質變更的時候。通常保險公司比較在意的是危險增加的情況，例如自用車變更為營業車，若不通知保險公司，將使保險契約的效力受到影響，但若有危險減少的情形，通知保險公司後並可要求重新核定保費。

4.車籍資料變更的時候。車籍資料的變更，主要在車身（引擎）號碼及牌照號碼。此二者為辨認是否為被保險汽車的重要資料。若遇有更換車身或引擎而改變號碼或者更換牌照號碼時，應通知保險公司亦作更改。

5.承保內容變動的時候。如欲增減投保險種、保險金額條件等，甚或欲終止保險契約。

換言之，也就是契約上所載明之事項，遇有變動時都需要通知保險公司更改保險單資料。

三、汽車保險的保費是如何計算出來的

目前所用的汽車保險費率規章所參考計費因素中，強制第三人責任險以車輛種類來定保費，保險金額是固定的每一人傷害六十萬，每一意外事故之總額一百二十萬，不可增減保費後予以變更，即車主不得任意選擇。任意第三人責任險則依車輛種類及保險金額個人資料、肇事記錄來定保費，車主可依個人意願選擇適合之保障。在車體險方面則以車輛種類之基本保費再參考年份、廠牌係數、自負額及個人資料，肇事記錄後定出，而保險公司所根據的費率公式是須經財政部核准，而該計算公式將是根據實際經營的統計資料在綜合實務經驗及實際市場上的需求而定出；而竊盜損失險之保險費計算，則以車輛種類及車子之重置價格再

參考年份、廠牌係數、自負額後定出，即是竊盜損失險保險費，可是車
體損失險保費的計算就比較複雜，以基本保費、再套上不同廠牌、年份
的係數，當然自負額的高低及從人資料係數亦要計算在保費中，有關各
種加減費及自負額的作法及意義將於下個單項加以討論，在此不擬詳談，
以上保險費的計算不論責任險或車體險，也不論主險或附加險，若考究
其費率公式，除了是新創的險種缺乏過去統計經驗者外，可以總歸所有
的計算率都要以統計資料作為基礎，大體而言，保險費的結構可區分為
預期損失、費用、及保險公司利潤，三者加起來就是百分之百的保險費
結構，例如強制責任險為政策性保險，規定保險公司的利潤為零，預期
損失率為 75％，其它各種費用及稅負為 25％，但車損險的費率結構則
是利潤允許有 5％，預期損失率為 65％，其它費用為 30％，由此可知汽
車保險的經營盈虧是會反映在保險費的結構上，但所有這些保險費的調
整及制定是必須報財政部經核准才能施行的。

四、為什麼汽車保險的保險費要有加減費及自負額的作法

汽車保險的保險費收入是以基本費率計算為主，增加有加減費作法
並非巧立名目希望多收保費或有差別待遇的作風，其實因加減費的運用
而於標準公式外所能調整的保費畢竟相當有限，但卻可以因為在基本計
算公式中無法兼顧公平的方面以加減費去平衡，例如綜合損失險部份，
滿一年無賠款者，於續保時可依基本保險費減收百分之二十，連續滿二
年者減收百分之四十％，連續滿三年或以上者可減收到百分之六十％，
反之，賠款多的，亦有一套加費的作法以為警惕，除了能達到真正公平
外，保險費的如此作法對全體社會大眾才不致有肇事賠款多的人，其保
險費強迫肇事優良者來負擔之不公平現象；由於汽車保險特質中有損失
頻率特高，自負額的引用是能使保險人減繳保費，而保險公司省去一些

小金額賠款的繁瑣文書工作，其實以汽車保險的實務觀點探討自負額的運用是有重大意義，例如竊盜損失險規定保車失竊除了按標準折舊率外尚強制被保險人自行負擔百分之二十自負額後，汽車的竊盜儘管仍會發生但其中牽涉到的道德危險已能排除到最小，而在社會治安不良的時期也免得社會大眾必須負擔保險公司的提高保險費，其實該竊盜自負額還是民國七十二年時，警政機關有鑑於竊車嚴重而發現一般車主不作防範措施，因為有保險公司全額理賠，警方尋回失車無人認領，因為被保險人寧可坐等領保險賠款，如果社會大眾保險觀念已淪於如此錯誤，保險的保障就不是鼓勵公平合理了。

五、汽車保險中較常見的不保項目是什麼

本保險除了與一般大多數產物保險除外不保項目如戰爭、核子等之無可抗力危險外，另外如因故意之行為例如故意開車撞人，或車主故意破壞保車，或自行改變汽車使用性質，例如將自用車出租等是會被排除於保險範圍；但個別險種中尚有其特定不保事項，例如在綜合損失險中特別列明被保車如因自然耗損或非因外來意外事故致機件損壞是不在承保範圍，實務上就有些笑話，曾經有位車主打電話到保險公司述說車子電瓶沒電，希望派員處理，更常見到用了三年的車子要求保險公司將全車自然鏽蝕的部分加以整理；再如本項特定不保中也將輪胎因單獨損失排除於承保範圍，主因輪胎為消耗性物品，無德的車主會以此製造道德性危險的困擾，所以在每一個承保範圍之後也應該會有不保項目，目的也在平衡保險的需求。

六、保險公司與被保險人於汽車保險承保實務中常發生什麼問題

常常會聽到有一些車主抱怨，保險公司只顧推銷保險，卻不盡到對

保戶權益保障之情事，從不少的事實中發現，大多數的保險糾紛是種因於一開始的承保作業上的瑕疵，有些車主對保險範圍沒有概念，很容易誤解保險的效力是無所不包括，而當時保險的「仲介人」如果又疏於解說清楚，將來發生問題時就不容易取得諒解，也有些車主的誠信不夠，於車子出險後才買保險，或於投保之前隱瞞車子的資料，希望以較低的或較高的不實保險金額，以期減少保險費支出或謀圖高額賠償金之作法，一旦理賠發生就容易引致雙方面的爭執，凡此種種可說是絕大數的保險糾紛，保戶與保險公司雙方面都應該檢討，被保險人至少對如何投保要有基本認識，而摒除貪小便宜之心態，以誠信之心透過優良的保險仲介人將可獲得最合理的保障，而保險公司也應重視保戶權益，主動對仲介人──經紀人、代理人及業務員施以完善的教育，加強經紀代理制度的完整化，才可有效提昇保險品質，真正有效去化解與被保險人間的問題。

第三節　理賠實務

一、汽車保險的理賠實務是如何作法

　　汽車險的理賠在原理上是很簡單，但是每當有汽車事故發生後，各種「人」、「事」、「環境」，以及「風俗民情」就促使理賠的工作變得很複雜，不過基本上汽車險的理賠在我國是以法律為主幹，而非以無過失主義之作法，所以不論意外責任險或車損險的理賠都應與法律之訴求相合，保險公司在理賠實務上可區分為三個步驟；從接受報案，進行處理，而到結案等三個階段都需要被保險人、保險公司人員及各有關的諸如警方，修車廠或與案情有所牽涉之人的密切配合，而對於一個理賠案件的初步階段，最重要的是證實這個肇事的所有相關的資料，譬如說警方的現場處理記錄，或其他足以證明事實發生的相片、人證、提供給保險公

司的報告，保險公司會根據所有的資料加以蒐集，並勘驗計算合理的損失金額，最後再將所有手續程序總結後，對全案作理付，整個過程中只有保險公司單方面努力是很難盡全功，總是需要所有有關的分子都能提供合作，整個理賠工作才能完整。

二、被保險人與保險公司之間常見的理賠糾紛

整個汽車保險理賠實務中因為牽涉不少人事物，只要其中有某一環節有疏誤，一句話沒有溝通好，很可能保戶與保險公司之間就會有糾紛，常常可以聽到車主在事故現場枯等交通警察二小時，卻因交通阻塞或其它原因而未果，事後保險公司以缺乏警方處理而拒賠；也有車主因追撞前車，也許金額不大遂賠付幾千元了事，但也可能被保險公司以擅自和解而拒賠；也曾經有車主撞斷機車騎士的腳，而因在各種人情及形勢之下匆匆和解息事，事後發現醫療單據不全，警方之現場分析雙方同有過失，而變成保戶轉過來要雇律師向保險公司交涉，都只能達成部分理賠之給付；也曾有車主將車子借給朋友使用，因朋友的駕駛過失而撞損，保險公司於賠付後轉向其朋友求償，致引起極大的不諒解；更常見者，有車主明明是撞牆壁，卻因面子問題而將出險報告寫成是被不明車撞損，結果保險公司以拒賠處理。綜合大多數的糾紛例子，可以認定汽車保險的理賠實務中首重誠信及溝通，以這二個手段去配合過程，比較容易得到圓滿的結果。

三、汽車保險在理賠實務中常見的拒賠情形及原因

報案不實是最易被保險公司拒賠的情形之一，常見車主隱瞞肇事某些事實，一旦被保險公司查出不但拒賠而且很沒面子，私下和解再轉向保險公司索賠也是常見的情形，車主其實已拿了他人的賠償卻希望保險公司再予修車，這些都是很不誠信的作法，但是在非故意的情況下有些

事實也仍會構成保險公司拒賠的情形，就如喝得爛醉而將車子撞毀，雖非故意，但保險公司一定會拒賠，因為在規章中是除外不保範圍的，應注意而未注意的過失如車子機油因故漏失必須即時停駛，但卻為了便利勉強再開一段距離，致使引擎機件燒損所引起的擴大損失，保險公司會拒賠，因為一個合格的駕車人是應該具備基本合理的維護車輛常識及共同防止因意外發生之損壞再度擴大。由於理賠案例的繁多無法一一例舉，然歸納而言，拒賠的情形常是發生在違反規章的承保範圍，或保戶的故意、道德性風險之作法，或應注意而未注意致損害保險公司之能減少損失擴大可能性，或甚至其合法的求償權益時，身為被保險人是不可因有保險而疏於認識本身之合法權利義務呢！

四、汽車保險理賠實務與全體社會的關係

車險理賠工作涉及社會面很廣，一個汽車意外事故單一而言也許很小，可是要牽涉的人也許就已經包括了警察、律師、法院、醫院、修車廠……等，社會上有缺乏道德者，當車禍發生時傷者送到醫院就被成為斂財的機會，有些不良的醫生藉傷者危急任意冠以高貴針藥大敲竹槓，也有警方在處理車禍現場時為了省事，而勸雙方自找保險公司賠付了事，社會上不重視對保險概念的加強，也沒有鼓勵制裁「黑店」不良風氣的作法，為數不少的駕駛人毫無喝酒不駕車的認識，等到事故發生悔已晚矣，無辜的生命被犧牲，引發連鎖性的不幸事件，對保險公司經營管理不力，而使保障未趨合理，自應由社會力量給予糾正，然而社會整體性如果不能有心要求健全，即使汽車保險具有端正社會正確用車風氣亦勢單力薄的。

五、保險公司如何能將汽車保險理賠工作做得更好

保險公司如果有心使車險之理賠效果發揮正面的影響，就應該隨時

配合時代及社會的情形做規章的修正，例如都市交通不良，停車狀況及條件差，不應姑息部分車主每年索賠為數驚人的不明車損之理賠，針對某部分的嚴格限賠也自然會促使有關政府單位必須重視日益嚴重的情形，所減低的賠款率也可分享優良的保戶不受漲保費的負擔，甚至可由保險公司撥付基金防止社會上酗酒駕車的惡習，不但可防止無辜性命喪生亦可節省不少的賠款，另一方面應確實將汽車保險的工作人員專業化，有優良的管理才能使理賠工作的成效品質優良，現今社會普遍對車險理賠人員的品德操行有所猜疑，甚至指為理賠率偏高之因，雖然有欠公平，但不良修車廠得以混跡保險理賠服務之間，也令人相當費解保險公司之形象如何維持，如果這一切都能被逐步列為改良的方向，車險理賠的服務工作沒有理由做不好的。

附　件

壹、汽車保險共同條款

第一條　契約之構成與解釋

本保險契約之條款、批註或批單以及有關之要保書與其他約定文件，均係本保險契約之構成部分。

前項構成本保險契約之各種文件若有疑義時，以作有利於被保險人之解釋為原則。

第二條　承保範圍類別

本保險契約之承保範圍得經雙方當事人就下列各類別同時或分別訂定之：

一、第三人責任保險。

二、車體損失保險。

　　　　車體損失保險甲式。

　　　　車體損失保險乙式。

　　三、竊盜損失保險。

第三條　自負額

　　本保險契約承保範圍內之任何一次損失，被保險人均須先負擔本保險契約所約定之自負額。本公司僅對超過自負額之損失部份負賠償之責。被保險汽車重複保險如有不同自負額時，以較高之自負額計算。

第四條　被保險汽車

　　本保險契約所稱「被保險汽車」係指本保險契約所載之汽車，並包括原汽車製造廠商固定裝置於車上且包括在售價中之零件及配件。但下列各項物品，若未經被保險人聲明並加保者，不視為承保之零件或配件：

　　一、汽車電話。

　　二、固定車內之視聽裝置（如電視機、碟影機及揚聲器等）。

　　三、衛星導航系統。

　　四、非原汽車製造廠商裝置，且不包括在售價中之其他設備。

　　被保險汽車依規定附掛拖車時，按下列約定辦理：

　　一、於發生汽車第三人責任保險、承保範圍內之賠償責任時，視為同一被保險汽車。但該拖車已與被保險汽車分離時則不視為被保險汽車。

　　二、於發生汽車車體損失保險（包括甲式或乙式）或汽車竊盜損失保險承保範圍內之毀損滅失時，除經特別聲明並加保者外，被保險汽車不包括該拖車。

第五條　告知義務與本保險契約之解除

　　要保人、被保險人或其代理人於訂立本保險契約時，對於所填寫之要保書及本公司之書面詢問，均應據實說明。如有故意隱匿，或因過失遺漏或為不實之說明，足以變更或減少本公司對於危險之估計者，本公司得解除本保險契約，但要保人證明危險之發生未基於其說明或未說明之事實時，不在此限。前述解除契約權，自本公司知有解除之原因後，經過一個月不行使而消滅。

本公司依前項規定解除本保險契約時，已收之保險費不予退還，倘賠償金額已給付，得請求被保險人退還之。

第六條 保險費之交付

要保人應於本保險契約訂立時或約定期限內，向本公司交付保險費。交付保險費時應以本公司所掣發之收據或繳費憑證為憑。未依約定交付保險費者，本保險契約自始不生效力。

第七條 保險契約之終止

本保險契約得經被保險人通告終止之，自終止之書面送達本公司之日起，本保險契約失其效力。其已滿期之保險費，應按短期費率表（詳如下表）計算並不得低於最低保險費之規定。如同一汽車仍由本公司另簽一年期保險契約承保時，則本保險契約之未滿期保險費改按日數比例退還之。

本公司亦得以書面通知送達被保險人最後所留之住址終止本保險契約，書面應記載下列事項：

一、終止保險契約之保險項目。

二、終止生效之日期。

本項通知應於終止生效十五日前送達。

本保險契約生效已逾六十日，除保險法另有規定外，非有下列原因之一者，本公司不得終止本保險契約：

一、要保人未依約定期限交付保險費。

二、被保險人對本保險契約之理賠有詐欺行為或記錄者。

本公司依第二項終止本保險契約時，其未滿期保險費按日數比例退還之。

短期費率表如下：

期　　　　　間	按全年保險費百分比（%）
一個月或以下者	15
一個月以上至二個月者	25
二個月以上至三個月者	35
三個月以上至四個月者	45
四個月以上至五個月者	55
五個月以上至六個月者	65
六個月以上至七個月者	75
七個月以上至八個月者	80
八個月以上至九個月者	85
九個月以上至十個月者	90
十個月以上至十一個月者	95
十一個月以上者	100

第八條　全損後保險費之退還

被保險汽車發生保險事故而致毀損滅失，經本公司以全損賠付後，保險契約即行終止，其他各險未滿期保險費按日數比例退還之。

第九條　暫停使用

被保險汽車因暫停使用或進廠駐修或失蹤期間，被保險人不得申請減費或延長保險期間。

第十條　不保事項

因下列事項所致之賠償責任或被保險汽車毀損滅失，本公司不負賠償之責。

一、因敵人侵略，外敵行為、戰爭或類似戰爭之行為（不論宣戰與否）叛亂、內戰、軍事訓練或演習或政府機關之徵用、充公、沒收、扣押或破壞所致者。

二、因核子反應、核子能輻射或放射性污染所致者。

三、被保險人或被保險汽車所有人、使用人、管理人或駕駛人之故意或唆使之行為所致者。

四、被保險汽車因出租與人或作收受報酬載運乘客或貨物等類似行為之

使用所致者。

五、未經列名被保險人許可或無照（含駕照吊扣、吊銷期間）駕駛或越級駕駛之人，駕駛被保險汽車所致者。

六、被保險人因吸毒、服用安非他命、大麻、海洛因、鴉片或服用、施打其他違禁藥物，駕駛被保險汽車所致者。

七、從事犯罪或唆使犯罪或逃避合法逮捕之行為所致者。

因下列事項所致之賠償責任或被保險汽車之毀損滅失，非經本公司書面同意加保者外，本公司不負賠償之責：

一、因罷工、暴動或民眾騷擾所致者。

二、被保險汽車因供教練開車者或參加競賽或為競賽開道或試驗效能或測驗速度所致者。

三、被保險人或駕駛人因受酒類影響駕駛被保險汽車所致者。

第十一條　其他保險

被保險汽車發生意外事故，如有其他保險時，本公司按下列規定負賠償責任：

一、該其他保險為責任保險者屬於財損責任部份，按合計之保險金額與實際應賠金額比例分攤之。於體傷責任就超過強制汽車責任保險所規定之保險金額部份按比例分攤。

二、該其他保險為社會保險者，於超過該保險賠付部份或該保險不為賠付部份。

前項所稱「其他保險」，係指被保險汽車因意外事故致發生賠償責任或毀損滅失同時有其他不同險別的保險契約亦承保同一事故之損失而言。

第十二條　保險契約權益移轉

被保險汽車之行車執照業經過戶，而保險契約在行車執照生效日起，超過十日未申請權益移轉者，本保險契約效力暫行停止，在停效期間發生保險事故，本公司不負賠償責任。但被保險人已向本公司申請保險契約權益移轉，而行車執照尚未辦妥過戶者，仍予賠償，惟須俟辦

妥新行車執照後，方得賠付。被保險人死亡或被裁定破產者，被保險人之繼承人或破產管理人，應於三個月內以書面通知本公司辦理權益之移轉。

倘未於前項期限辦理者，本公司得予終止保險契約。其終止後之保險費已交付者，本公司應按日數比例返還之。

第十三條　防範損失擴大義務

被保險汽車發生本保險契約承保範圍內之賠償責任或毀損滅失時，被保險人均有防範維護之義務，倘被保險人未履行其義務，其因而擴大之損失概由被保險人自行負責。

要保人或被保險人為履行前項義務，防止或減輕損害為目的而採取措施所支付合理而必要費用本公司同意償還之，並不因被保險人無肇事責任而免除。被保險人亦無須負擔約定之自負額亦不影響無賠款減費。

第十四條　被保險人之協助義務

被保險汽車發生本保險契約承保範圍內之賠償責任或毀損滅失時，被保險人應協助本公司處理，並提供本公司所要求之資料及文書證件。

第十五條　危險發生之通知義務

被保險汽車遇有本保險契約承保範圍內之賠償責任或毀損滅失時，要保人、被保險人或受益人應立即以電話或書面通知本公司及當地憲兵或警察機關處理，並於五日內填妥出險通知書送交本公司。

第十六條　被保險人之詐欺行為

被保險人或其代理人於請求賠償時，如有詐欺行為或提供虛偽報告情事，本公司不負賠償責任。

前項損失雖經賠付，本公司亦得請求返還，被保險人不得拒絕。

第十七條　代位求償

被保險人因本保險契約承保範圍內之損失而對於第三人有損失賠償請求權者，本公司得於給付賠償金額後，於賠償金額範圍內代位行使被保險人對於第三人之請求權。被保險人不得擅自拋棄對第三人之求償權利或有任何不利於本公司行使該項權利之行為，否則賠償金額雖已

給付,本公司於受妨害未能求償之金額範圍內得請求被保險人退還之。要保人或被保險人為保全本公司之求償權利所支出之必要費用本公司同意償還並視為損失之一部份。

第十八條　解釋及申訴

要保人或被保險人對於本保險契約內容或理賠有疑義時,得以書面或電話直接向本公司保戶服務部門要求解釋或申訴。

要保人或被保險人亦得依法向有關單位請求解釋或申訴。

第十九條　調解與仲裁

本公司與被保險人對於賠款金額發生爭議時,被保險人經申訴未獲解決者,得提經調解或交付仲裁,其程序及費用等,依有關辦法或商務仲裁條例規定辦理。

第二十條　通知方法及契約變更

有關本保險契約之一切通知除經本公司同意得以其他方式為之者外,雙方當事人均應以書面送達對方最後所留之住址。

本保險契約之任何變更,非經本公司簽批不生效力。

第廿一條　時效

由本保險契約所生之權利,自得為請求之日起,經過二年不行使而消滅。有下列情形之一者,其期限之起算依各該款之規定:

一、要保人或被保險人對於危險之說明,有隱匿遺漏或不實者,自本公司知情之日起算。

二、危險事故發生後,利害關係人能證明其非因疏忽而不知情者,自其知情之日起算。

三、要保人或被保險人對於本公司之請求係由於第三人之請求而生者,自要保人或被保險人受請求之日起算。

第廿二條　適用範圍

本共同條款均適用於汽車第三人責任保險、汽車車體損失保險(包括甲式或乙式)或汽車竊盜損失保險及其他特約保險。

第廿三條　管轄法院

因本保險契約發生訴訟時，約定以要保人或被保險人居住所在地之地方法院為管轄法院。但要保人或被保險人住所在中華民國境外者，則以本公司總公司或臺灣（臺北）分公司所在地之地方法院為管轄法院。

貳、汽車第三人責任保險條款

第一條　承保範圍

汽車第三人責任保險分為傷害責任保險及財損責任保險，其承保範圍如下：

一、傷害責任險

被保險人因所有、使用或管理被保險汽車發生意外事故，致第三人死亡或受有體傷，依法應負賠償責任而受賠償請求時，本公司於超過強制汽車責任保險金額以上之部份對被保險人負賠償之責。意外事故發生時，被保險人未投保強制汽車責任保險或已投保而保險契約已失效，不給付及保險人可追償時，本公司之賠償責任仍比照強制汽車責任保險所規定之保險金額扣除之，但經書面約定批改加保者不在此限。

二、財損責任險

被保險人因所有、使用或管理被保險汽車發生意外事故，致第三人財物受有損害，依法應負賠償責任而受賠償請求時，本公司對被保險人負賠償之責。

被保險人因本保險承保範圍內應負之賠償責任所為之抗辯或訴訟，事先經本公司同意者，其支出之費用本公司同意支付之，並不受保險金額之限制。

第二條　被保險人之定義

本保險所稱之「被保險人」，其意義包括列名被保險人及附加被保險人：

一、列名被保險人係指本保險契約所載明之被保險人，包括個人或團體。

二、附加被保險人係指下列之人而言：

㈠列名被保險人之配偶及其同居家屬。

㈡列名被保險人所僱用之駕駛人及所屬之業務使用人。

㈢經列名被保險人許可使用或管理被保險汽車之人。

第三條　保險金額

本保險契約所載「每一個人」之保險金額係指在任何一次意外事故內，對每一個人傷害於超過強制汽車責任險保險金額以上之部份所負之最高賠償責任而言。如同一次意外事故體傷或死亡不祇一人時，本公司之賠償責任以本保險契約所載「每一意外事故」傷害保險金額為限，並仍受「每一個人」保險金額限制。

本保險契約所載「每一意外事故財物損失」之保險金額，係指本公司對每一次意外事故所有財物損失之最高責任額而言。

第四條　不保事項

因下列事項所致之賠償責任，本公司不負賠償之責：

一、因尚未裝載於被保險汽車或已自被保險汽車卸下之貨物所引起之任何賠償責任，但在被保險汽車裝貨卸貨時所發生者，不在此限。

二、乘坐或上下被保險汽車之人死亡或受有體傷或其財物受有損失所致之賠償責任。

三、被保險人、使用或管理被保險汽車之人、駕駛被保險汽車之人、被保險人或駕駛人之同居家屬及其執行職務中之受僱人死亡或受有體傷所致之賠償責任。

四、被保險人、使用或管理被保險汽車之人、駕駛被保險汽車之人、被保險人或駕駛人之同居家屬及其執行職務中之受僱人所有、使用、租用、保管或管理之財物受有損害所致之賠償責任。

五、被保險汽車因其本身及其裝載之重量或震動，以致橋樑、道路或計量臺受有損害所致之賠償責任。

六、被保險汽車因汽車修理、停車場（包括代客停車）、加油站、汽車經銷商或汽車運輸等業在其受託業務期間所致之賠償責任。

因下列事項所致之賠償責任，非經本公司書面同意加保者外，本公司不

負賠償之責：

一、被保險人以契約或協議所承認或允諾之賠償責任。

二、被保險汽車除曳引車外，拖掛其他汽車期間所致者。

第五條　和解之參與

被保險人發生本保險承保範圍內之賠償責任時，除共同條款第十三條所規定之費用外，被保險人對於第三人就其責任所為之承認、和解或賠償，未經本公司參與者，本公司不受拘束。但經被保險人通知而本公司無正當理由拒絕或遲延參與者，不在此限。

第六條　直接請求權

被保險人依法應負賠償責任時，損害賠償請求權人得依下列規定，在被保險人依法應負之損害賠償金額範圍內，直接向本公司請求支付賠償金額：

一、被保險人依法應負之損害賠償金額，經法院判決確定者；或

二、肇事責任已確定，並經當事人雙方以書面達成和解，並經本公司同意者；或

三、依法應負賠償責任之被保險人，因破產、清算、失卻清償能力或死亡、失蹤者。

第七條　求償文件之處理

被保險人於被請求賠償或被起訴時，應將收受之賠償請求書或法院書狀等影本立即送交本公司。

損害賠償請求權人依本保險條款第六條第一、二、三款規定申請給付保險金時，應檢具和解書或法院判決書。

第八條　和解或抗辯

被保險汽車在本保險契約有效期間內因意外事故致第三人受有損害而應負賠償責任時，被保險人如受有賠償請求或被起訴，本公司得應被保險人之要求，以其名義代為進行和解或抗辯，其所需費用由本公司負擔，並不受保險金額之限制，被保險人有協助本公司處理之義務。本公司以被保險人之名義代為和解或抗辯時，倘可能達成之和解金額超過本保險

契約所載明之保險金額或被保險人不同意本公司所代為之和解或抗辯時，則本公司代為和解或抗辯之義務即為終了。

第九條　理賠範圍及方式

體傷死亡理賠範圍及方式：

一、急救或護送費用：緊急救治或護送傷亡者，所必需之實際費用。

二、醫療費用：須具有執照之中西醫院所開具之醫療費用單據，包括掛號、醫藥、X光檢查等必需費用，如向藥房購買藥品等單據並應由主治醫師簽證。

關於醫療費用單據，倘傷者係於私立醫院就醫者，應請院方就治療之經過將手術費、藥品費、住院費、檢查費等分項開列清單，貴重藥品應加註藥品名稱、廠牌及數量、單價始准核銷。

三、交通費用：受傷者在治療期間來往醫院所必需之實際交通費用為限。

四、看護費用：傷情嚴重確實必要者為限，但僱用特別護士時，須有主治醫師認為必要之書面證明。

五、診斷書、證明書費用：診斷書須由合格醫師所開立，並儘量要求醫師在診斷書上填寫該治療期間需否住院，住院日數以及療養方法與時間並作詳確之估計。

六、喪葬費用及精神慰藉金：參照被害者之工作收入、受扶養之遺屬人數、生活程度及當地習慣等給付合理金額。

七、自療費用：得視受傷情形，病癒程度，並參照已支用之醫藥費及醫師診斷書所註之應繼續治療時間，給予必需之自療費用。

八、其他體傷賠償：以第三人依法可請求賠償者為限。

財損理賠範圍及方式：

一、運費：搬運第三人財物損壞所必需之實際費用。

二、修復費用：修復第三人財物所需費用。但以該第三人受損財物之實際現金價值為準。

三、補償費用：第三人之寵物、衣服、家畜、紀念品等因遭受損害，無法修理或恢復原狀得按實際損失協議理賠之。

四、其他財損賠償：以第三人依法可請求賠償者為限。

第十條　理賠申請

被保險人遇有本保險承保範圍內之賠償責任或損害賠償請求權人依本保險條款第六條行使直接請求權向本公司提出理賠申請時，應分別檢具下列文件：

一、汽車第三人傷害責任險體傷：

㈠理賠申請書（由本公司提供）。

㈡應本公司要求，應提供憲警單位處理證明文件或肇事責任鑑定書。

㈢診斷書。

㈣醫療費收據。

㈤療養費收據或其他補助收據。

㈥和解書或判決書。

㈦除戶戶口名簿影本。

㈧賠償金領款收據。

㈨行車執照、駕駛執照影本。

二、汽車第三人傷害責任險死亡：

㈠理賠申請書（由本公司提供）。

㈡應本公司要求，應提供憲警單位處理證明文件或肇事責任鑑定書。

㈢死亡證明書。

㈣除戶戶口名簿影本。

㈤和解書或判決書。

㈥死者遺屬領款收據及被保險人領款收據，但受害第三人依第六條行使直接請求權時毋需提出被保險人領款收據。

㈦行車執照、駕駛執照影本。

三、汽車第三人責任險財損：

㈠理賠申請書（由本公司提供）。

㈡應本公司要求，應提供憲警單位處理證明文件或肇事責任鑑定書。

㈢估價單或損失清單。

㈣發票或其他收據。

㈤照片。

㈥和解書或判決書。

㈦賠償金領款收據。

㈧行車執照、駕駛執照影本。

本公司於接到上列相關文件齊全後應於十五日給付之。但另有約定者，依其約定。

本公司因可歸責於自己之事由致未能在前項規定期限內為給付者，應給付遲延利息，其利率以年利一分計算。

叁、車體損失保險甲式條款

第一條　承保範圍

被保險汽車在本保險契約有效期間內，因下列危險事故所致之毀損滅失，本公司對被保險人負賠償之責：

一、碰撞、傾覆。

二、火災。

三、閃電、雷擊。

四、爆炸。

五、拋擲物或墜落物。

六、第三者之非善意行為。

七、不屬本保險契約特別載明為不保事項之任何其他原因。

第二條　被保險人之定義

本保險所稱之「被保險人」，其意義包括列名被保險人及附加被保險人：

一、列名被保險人係指本保險契約所載明之被保險人，包括個人或團體。

二、附加被保險人係指下列之人而言：

㈠列名被保險人之配偶、其同居家屬、四親等血親及三親等姻親。

㈡列名被保險人所僱用之駕駛人及所屬之業務使用人。

第三條　不保及追償事項

　　因下列事項所致被保險汽車之毀損滅失，本公司不負賠償之責。

一、被保險人因被保險汽車之毀損滅失所致之附帶損失包括貶值及不能使用之損失。

二、被保險汽車因窳舊、腐蝕、鏽垢或自然耗損之毀損。

三、非因外來意外事故直接所致機件損壞或電器及機械之故障。或因底盤碰撞致漏油、漏水所衍生之毀損滅失。

四、置存於被保險汽車內之衣物、用品、工具、未固定裝置於車上之零件或配件之毀損滅失。

五、輪胎、備胎（包括內胎、外胎、鋼圈及輪帽）單獨毀損或受第三人之惡意破壞所致之毀損滅失。

六、被保險汽車因竊盜損失險所承保事故所致之毀損滅失。

七、被保險汽車於發生肇事後逃逸，其肇事所致之毀損滅失。

　　因下列事項所致被保險汽車之毀損滅失，非經本公司書面同意加保者外，本公司不負賠償之責。

一、被保險汽車在租賃、出售、附條件買賣、出質、留置權等債務關係存續期間所發生之毀損滅失。

二、被保險汽車因颱風、地震、海嘯、冰雹、洪水或因雨積水所致之毀損滅失。

　　列名被保險人許可他人使用或管理被保險汽車所致之毀損滅失，本公司於賠付後得向該使用人或管理人追償。

第四條　自負額

　　被保險汽車發生本保險第一條承保範圍內之損失，第一次被保險人應按實際修理費用負擔基本自負額新臺幣三千元，第二次為五千元，第三次以後為七千元，如被保險人選擇較高之自負額時，從其約定，本公司僅對超過自負額之損失部份負賠償之責。

　　被保險汽車發生前項之毀損滅失，可完全歸責於確定之第三人者，本公司於取得代位求償權後，被保險人無須負擔自負額，且該次賠款紀錄，

不適用賠款加費之規定。

第五條　理賠範圍及方式

被保險汽車發生本保險承保範圍內之毀損滅失時，本公司依下列範圍及方式對被保險人負賠償之責：

一、理賠範圍：以本保險契約所載之保險金額為限，其理賠範圍如下：

㈠救護費用：為維持損害之現狀或為防止損害之擴大所需之保護、搶救、搶修之正當費用。

㈡拖車費用：移送受損車輛至本公司同意之最近修理工廠所需之正當費用。

㈢修復費用：包括修復工資、材料、裝配零件及訂購零件材料等所需之費用。

二、理賠方式：本公司得修復或現款賠償，並依下列方式辦理。

㈠修復賠償：

1.毀損可以修復者，以修復至毀損發生前與原狀相似之狀況所必要之修理費用及零配件材料費用，但不包括加班費、趕工費、加急運費、空運費、特別運費等。

2.前款所謂修復至毀損發生前之狀況，係指合理可能範圍內與原狀相似而言，並非指與原狀絲毫無異。

3.必須更換之零件、配件概以新品為準，且不適用折舊比率分攤，如國內市場上無法購得時，本公司得以其他廠牌之零件、配件更換之。

㈡現款賠償：

1.修理材料或零件在國內無法購得者，可根據經本公司認可之當時市場價格，以現款賠付。如經本公司同意由被保險人或受害人自行向國外訂購時，則照國外發票日價格按掛牌賣出外匯匯率，折算新臺幣賠付之。

2.以協議方式賠付現款自行修復者，其修復完成後，被保險人應通知本公司檢驗，否則本公司對於以後該車同一部份之損失不負賠償責任。

㈢被保險汽車發生承保範圍之毀損滅失而其修理費用達保險金額扣除本

保險條款第八條折舊後數額四分之三以上時，依本保險條款第八條、
第九條規定辦理。

第六條　複保險

被保險汽車發生本保險承保範圍內之毀損滅失，如同一被保險汽車同時
訂有其他相同汽車保險契約承保同一保險事故時，不問其契約之訂立，
由要保人或被保險人或他人所為，本公司對該項毀損滅失，僅就其所保
金額負比例分攤之責。

要保人或被保險人應將其他保險人之名稱及保險金額通知本公司，故意
不通知或意圖不當得利而為複保險者，本保險無效。

第七條　修理前之勘估

被保險汽車之毀損滅失，在本公司勘估前，不得逕行修理，但經被保險
人通知後廿四小時內（假日順延）本公司未處理者，不在此限。

第八條　全損之理賠

被保險汽車發生本保險承保範圍內之毀損滅失而其修理費用達保險金額
扣除下表折舊後數額四分之三以上時，本公司按保險金額乘以下列賠償
率後所得之金額賠付之。被保險人無須負擔約定之自負額。

本保險單生效日至保險事故發生時本保險年度經過月數	折舊率（%）	賠償率（%）
未滿一個月者	3	97
滿一個月以上未滿二個月者	5	95
滿二個月以上未滿三個月者	7	93
滿三個月以上未滿四個月者	9	91
滿四個月以上未滿五個月者	11	89
滿五個月以上未滿六個月者	13	87
滿六個月以上未滿七個月者	15	85
滿七個月以上未滿八個月者	17	83
滿八個月以上未滿九個月者	19	81
滿九個月以上未滿十個月者	21	79
滿十個月以上未滿十一個月者	23	77
滿十一個月以上至十二個月者	25	75

本公司以全損賠付後，本保險契約即行終止，本保險及其特約保險之未滿期保費不予退還，本公司並即取得對該殘餘物之處分權，但該殘餘物如仍有未了之責任或義務應由被保險人自行處理，本公司並不因取得該殘餘物之處分權而隨同移轉予本公司承受。

第九條　車輛之報廢

被保險汽車發生本保險承保範圍內之毀損滅失而無法加以修復，或其修理費達保險金額扣除折舊後數額四分之三以上時，被保險人應依規定向公路監理機關辦理報廢繳銷牌照後，本公司始予賠付。

第十條　理賠申請

被保險人向本公司提出理賠申請時，應檢具下列文件：

一、理賠申請書（由本公司提供），並由被保險人親自填寫其所載內容。如被保險人死亡或受重大傷害時，得由其配偶或同居家屬代為填寫。

二、汽車行車執照及駕駛人駕駛執照影本。

三、修車估價單及修妥後發票。

四、實際全損或推定全損者，加附公路監理機關報廢證明文件。

本公司於接到上列文件齊全後，應於十五日內給付之。但另有約定者，依其約定。

本公司因可歸責於自己之事由致未能在前項規定之期限內為給付者，應給付遲延利息，其利率以年利一分計算。

肆、車體損失保險乙式條款

第一條　承保範圍

被保險汽車在本保險契約有效期間內，因下列危險事故所致之毀損滅失，本公司對被保險人負賠償之責：

一、碰撞、傾覆。

二、火災。

三、閃電、雷擊。

四、爆炸。

五、拋擲物或墜落物。

第二條　被保險人之定義

本保險所稱之「被保險人」，其意義包括列名被保險人及附加被保險人：

一、列名被保險人係指本保險契約所載明之被保險人，包括個人或團體。

二、附加被保險人係指下列之人而言：

㈠列名被保險人之配偶、其同居家屬、四親等血親及三親等姻親。

㈡列名被保險人所僱用之駕駛人及所屬之業務使用人。

第三條　不保及追償事項

因下列事項所致被保險汽車之毀損滅失，本公司不負賠償之責：

一、被保險人因被保險汽車之毀損滅失所致之附帶損失包括貶值及不能
　　使用之損失。

二、被保險汽車因窳舊、腐蝕、鏽垢或自然耗損之毀損。

三、非因外來意外事故直接所致機件損壞或電器及機械之故障。或因底
　　盤碰撞致漏油、漏水所衍生之毀損滅失。

四、置存於被保險汽車內之衣物、用品、工具、未固定裝置於車上之零
　　件或配件之毀損滅失。

五、輪胎、備胎（包括內胎、外胎、鋼圈及輪帽）單獨毀損或受第三人
　　之惡意破壞所致之毀損滅失。

六、被保險汽車因第三者之非善意行為所致之毀損滅失。

七、被保險汽車遭不明車輛或物體碰撞所致之毀損滅失。

八、被保險汽車遭不明刮損或其他不明原因所致之毀損滅失。

九、被保險汽車因竊盜損失險所承保事故所致之毀損滅失。

十、被保險汽車於發生肇事後逃逸，其肇事所致之毀損滅失。

因下列事項所致被保險汽車之毀損滅失，非經本公司書面同意加保者外，
本公司不負賠償責任：

一、被保險汽車在租賃、出售、附條件買賣、出質、留置權等債務關係
　　存續期間所發生之毀損滅失。

二、被保險汽車因颱風、地震、海嘯、冰雹、洪水或因雨積水所致之毀
　　損滅失。

列名被保險人許可他人使用或管理被保險汽車所致之毀損滅失，本公司
於賠付後得向該使用人或管理人追償。

第四條　自負額

被保險汽車發生本保險第一條承保範圍內之損失，第一次被保險人應按
實際修理費用負擔基本自負額新臺幣三千元，第二次為五千元，第三次
以後為七千元，如被保險人選擇較高之自負額時，從其約定，本公司僅
對超過自負額之損失部份負賠償之責。

被保險汽車發生前項之毀損滅失，可完全歸責於確定之第三人者，本公
司於取得代位求償權後，被保險人無須負擔自負額，且該次賠款紀錄，
不適用賠款加費之規定。

第五條　理賠範圍及方式

被保險汽車發生本保險承保範圍內之毀損滅失時，本公司依下列範圍及
方式對被保險人負賠償之責：

一、理賠範圍：以保單所載之保險金額為限，其理賠範圍如下：

㈠救護費用：為維持損害之現狀或為防止損害之擴大所需之保護、搶救、
　搶修之正當費用。

㈡拖車費用：移送受損車輛至本公司同意之最近修理工廠所需之正當費
　用。

㈢修復費用：包括修復工資、材料、裝配零件及訂購零件材料等所需之
　費用。

二、理賠方式：本公司得修復或現款賠償，並依下列方式辦理。

㈠修復賠償：

1.毀損可以修復者，以修復至毀損發生前與原狀相似之狀況所必要之修
　理費用及零配件材料費用，但不包括加班費、趕工費、加急運費、空
　運費、特別運費等。

2.前款所謂修復至毀損發生前之狀況，係指合理可能範圍內與原狀相似

而言，並非指與原狀絲毫無異。

　3.必須更換之零件、配件概以新品為準，且不適用折舊比率分攤，如國
　　內市場上無法購得時，本公司得以其他廠牌之零件、配件更換之。

㈡現款賠償：

　1.修理材料或零件在國內無法購得者，可根據經本公司認可之當時市場
　　價格，以現款賠付。如經本公司同意由被保險人或受害人自行向國外
　　訂購時，則照國外發票日價格按掛牌賣出外匯匯率，折算新臺幣賠付
　　之。

　2.以協議方式賠付現款自行修復者，其修復完成後，被保險人應通知本
　　公司檢驗，否則本公司對於以後該車同一部份之損失不負賠償責任。

㈢被保險汽車發生承保範圍之毀損滅失而其修理費用達保險金額扣除本
　保險條款第八條折舊後數額四分之三以上時，依本保險條款第八條、
　第九條規定辦理。

第六條　複保險

　　被保險汽車發生本保險承保範圍內之毀損滅失，如同一被保險汽車同時
　　訂有其他相同汽車保險契約承保同一保險事故時，不問其契約之訂立，
　　由要保人或被保險人或他人所為，本公司對該項毀損滅失，僅就其所保
　　金額負比例分攤之責。

　　要保人或被保險人應將其他保險人之名稱及保險金額通知本公司，故意
　　不通知或意圖不當得利而為複保險者，本保險無效。

第七條　修理前之勘估

　　被保險汽車之毀損滅失，在本公司勘估前，不得逕行修理，但經被保險
　　人通知後廿四小時內（假日順延）本公司未處理者，不在此限。

第八條　全損之理賠

　　被保險汽車發生本保險承保範圍內之毀損滅失而其修理費用達保險金額
　　扣除下表折舊後數額四分之三以上時，本公司按保險金額乘以下列賠償
　　率後所得之金額賠付之。被保險人無須負擔約定之自負額。

本保險單生效日至保險事故發生時本保險年度經過月數	折　舊　率 （%）	賠　償　率 （%）
未滿一個月者	3	97
滿一個月以上未滿二個月者	5	95
滿二個月以上未滿三個月者	7	93
滿三個月以上未滿四個月者	9	91
滿四個月以上未滿五個月者	11	89
滿五個月以上未滿六個月者	13	87
滿六個月以上未滿七個月者	15	85
滿七個月以上未滿八個月者	17	83
滿八個月以上未滿九個月者	19	81
滿九個月以上未滿十個月者	21	79
滿十個月以上未滿十一個月者	23	77
滿十一個月以上至十二個月者	25	75

本公司以全損賠付後，本保險契約即行終止，本保險及其附加保險之未滿期保費不予退還，本公司並即取得對該殘餘物之處分權，但該殘餘物如仍有未了責任或義務應由被保險人自行處理，本公司並不因取得該殘餘物之處分權而隨同移轉予本公司承受。

第九條　車輛之報廢

被保險汽車發生本保險承保範圍內之毀損滅失而無法加以修復，或其修理費達保險金額扣除折舊後數額四分之三以上時，被保險人應依規定向公路監理機關辦理報廢繳銷牌照後，本公司始予賠付。

第十條　理賠申請

被保險人向本公司提出理賠申請時，應檢具下列文件：

一、理賠申請書（由本公司提供），並由被保險人親自填寫其所載內容。如被保險人死亡或受重大傷害時，得由其配偶或同居家屬代為填寫。

二、汽車行車執照及駕駛人駕駛執照影本。

三、修車估價單及修妥後發票。

四、實際全損或推定全損者，加附公路監理機關報廢證明文件。

本公司於接到上列文件齊全後，應於十五日內給付之。但另有約定者，

依其約定。

本公司因可歸責於自己之事由致未能在前項規定之期限內為給付者，應給付遲延利息，其利率以年利一分計算。

伍、汽車竊盜損失保險條款

第一條　承保範圍

被保險汽車因遭受偷竊、搶奪、強盜所致之毀損滅失，本公司對被保險人負賠償之責。

第二條　不保事項

因下列事項所致被保險汽車之毀損滅失，本公司不負賠償之責：

一、被保險人因被保險汽車之毀損滅失所致之附帶損失（包括貶值及不能使用之損失）。

二、被保險汽車因窳舊、腐蝕、鏽垢或自然耗損之毀損。

三、非因外來意外事故直接所致機件損壞或電器及機械之故障。

四、置存於被保險汽車內之衣物、用品、工具、未固定裝置於車上之零件或配件之毀損滅失。

五、輪胎、備胎（包括內胎、外胎、鋼圈及輪帽）非與被保險汽車同時被竊所致之損失。

六、被保險汽車因被保險人之同居家屬、受雇人或被許可使用之人或管理之人等竊盜、侵佔行為所致之毀損滅失。

七、被保險汽車因車體損失險甲式或乙式所承保事故所致之毀損滅失。

因下列事項所致被保險汽車之毀損滅失，非經本公司書面同意加保者外，本公司不負賠償之責。

一、裝置於被保險汽車之零件、配件非與被保險汽車同時被竊所致之損失。

二、被保險汽車在租賃、出售、附條件買賣、出質、留置權等債務關係存續期間所發生之毀損滅失。

第三條　自負額

被保險人於保險契約有效期間內，發生本保險承保範圍內之損失時，對於每一次損失，應負擔基本自負額百分之十。如被保險人選擇較高之自負額時，從其約定。

第四條　理賠範圍及方式

被保險汽車發生本保險承保範圍內之毀損滅失時，本公司依下列範圍及方式對被保險人負賠償之責：

一、理賠範圍：以保本保險契約所載之保險金額為限，其理賠範圍如下：

㈠救護費用：為維持損害之現狀或為防止損害之擴大所需之保護、搶救、搶修之正當費用。

㈡拖車費用：移送受損車輛至本公司同意之最近修理工廠所需之正當費用。

㈢修復費用：包括修復工資、材料、裝配零件及訂購零件材料等所需之費用。

二、理賠方式：本公司得修復或現款賠償，並依下列方式辦理。

㈠修復賠償：

1.毀損可以修復者，以修復至毀損發生前與原狀相似之狀況所必要之修理費用及零配件材料費用，但不包括加班費、趕工費、加急運費、空運費、特別運費等。

2.前款所謂修復至毀損發生前之狀況，係指合理可能範圍內與原狀相似而言，並非指與原狀絲毫無異。

3.必須更換之零件、配件概以新品為準，且不適用折舊比率分攤，如國內市場上無法購得時，本公司得以其他廠牌之零件、配件更換之。

㈡現款賠償：

1.修理材料或零件在國內無法購得者，可根據當時市場價格，經本公司同意以現款賠付。如經本公司同意由被保險人或受害人自行向國外訂購時，則照國外發票日價格按掛牌賣出外匯匯率，折算新臺幣賠付之。

2.以協議方式賠付現款自行修復者，其修復完成後，被保險人應通知本

公司檢驗，否則本公司對於以後該車同一部份之損失不負賠償責任。

㈢被保險汽車發生承保範圍內之毀損滅失而其修理費用達保險金額扣除
　本保險條款第七條折舊後數額四分之三以上時，依本保險條款第七條、
　第八條規定辦理。

第五條　複保險

被保險汽車發生本保險承保範圍內之毀損滅失，如同一被保險汽車同時
訂有其他相同汽車保險契約承保同一保險事故時，不問其契約之訂立，
由於要保人或被保險人或他人所為，本公司對該項毀損滅失，僅就其所
保金額負比例分攤之責。

要保人或被保險人應將其他保險人之名稱及保險金額通知本公司，故意
不通知或意圖不當得利而為複保險者，本保險無效。

第六條　修理前之勘估

被保險汽車之毀損滅失，在本公司勘估前，不得逕行修理，但經被保險
人通知後廿四小時內（假日順延）本公司未處理者，不在此限。

第七條　全損之理賠

被保險汽車發生本保險承保範圍內之毀損滅失而其修理費用達保險金額
扣除下表折舊後數額四分之三以上時，本公司按保險金額乘以下列賠償
率後所得之金額再扣除第三條所約定之自負額後賠付之。

本公司以全損賠付後，本保險契約即行終止，本保險及其特約保險之未
滿期保費不予退還，本公司並即取得對該殘餘物之處分權，但該殘餘物
如仍有未了責任或義務應由被保險人自行處理，本公司並不因取得該殘
餘物之處分權，而隨同移轉予本公司承受。

本保險單生效日至保險事故發生時本保險年度經過月數	折 舊 率 (%)	賠 償 率 (%)
未滿一個月者	3	97
滿一個月以上未滿二個月者	5	95
滿二個月以上未滿三個月者	7	93
滿三個月以上未滿四個月者	9	91
滿四個月以上未滿五個月者	11	89
滿五個月以上未滿六個月者	13	87
滿六個月以上未滿七個月者	15	85
滿七個月以上未滿八個月者	17	83
滿八個月以上未滿九個月者	19	81
滿九個月以上未滿十個月者	21	79
滿十個月以上未滿十一個月者	23	77
滿十一個月以上至十二個月者	25	75

第八條　理賠申請

　　被保險汽車發生本保險承保範圍內之損失時，自被保險人通知本公司之日起，逾三十日仍未尋獲者，被保險人應辦理牌照註銷手續，並將該車之一切權益及下列有關物件等移轉本公司後，本公司應於十五日內賠付之：

一、理賠申請書（由本公司提供），並由被保險人親自填寫其所載內容。

二、警方之失竊證明書正本。

三、汽車鑰匙。

四、汽車出廠證明或進口證明書及貨物完稅證明正本。

五、繳稅收據（牌照、燃料使用費）正本或副本。

六、汽車註銷牌照登記申請書（須辦妥註銷手續）。

七、汽車新領牌照登記申請書。

八、讓渡書兩份（須蓋妥車主印鑑章）。

九、汽車過戶登記申請書二份（須蓋妥車主印鑑章）。

十、保險單。

十一、抵押貸款車輛應向監理單位辦妥抵押註銷手續。

十二、車主身份證影本或公司營業執照影本。

十三、汽車異動證明書二份（須蓋妥車主印鑑章）。

本公司因可歸責於自己之事由致未能在前項規定之期限內為給付者，應給付遲延利息，其利率以年利一分計算。

第九條　尋車費用

被保險汽車發生本保險承保範圍內之損失時，被保險人除自願負擔外，擅自承諾或給付尋回原車之任何費用，本公司不負給付之義務。

第十條　失竊車尋回之處理

被保險汽車發生本保險承保範圍內之損失，賠付後經尋獲者，被保險人得於知悉後七日內領回被保險汽車並退還原領之賠償金額。逾期本公司得逕行辦理標售尋回標的物，其所得之價款，本公司按約定自負額之比例攤還。

被保險人倘於領取賠款後接到尋獲被竊盜汽車或零、配件之通知，應立即以書面通知本公司，並有協助領回之義務。

第十七章　汽車保險（二）
—— 強制汽車責任保險

第一節　概　述

　　自十九世紀末二十世紀初，汽車發明並量產以來，帶來交通的便捷，並對二十世紀的經濟發展帶來極大的貢獻。但這會吞雲吐霧的傢伙，亦造成生命、身體及財產的損害，該類的悲劇，漫延的結果，造成很多社會問題，影響既深且遠。在一九三〇年代以後，各國陸續通過保障第三人的強制性實施保險制度法律，來解決相關的社會問題。

　　英、日、美等三國的強制責任險均影響本國強制汽車責任保險制度之訂立甚深，擬分別概述如下，以為參考：

一、美國

　　1.早於一九一九年麻州通過賠償能力擔保法 (Financial Responsibility Laws) 規定汽車所有人於註冊登記時，必須提出賠償能力之擔保，此為強制汽車責任險之根源，但此僅為規範駕駛人對未來駕車發生事故可能負賠償責任，但未能有法律規範強制履行。

　　2.一九二七年麻州率先通過強制汽車責任保險法，一九五六年紐約州跟進，迄今已有 38 州實施。此亦為一種賠償責任擔保形式，但偏向

規範汽車所有人。

3.依各州立法之不同，保額自數萬美金～無限大均有，少數州亦訂有自負額。

4.一九七○年麻州通過實施無過失汽車保險制度立法，約有過半數的州跟進，但程度略有不同。

5.一九五九年全美各州均採行分派市場計劃，將高危險群之被保險人納入計劃，採聯營或共保。

二、日本

1.一九五五年完成「自動車損害賠償保障法」(Automobile Liability Security Law) 立法以體傷責任為限，未參加者，處六個月以下有期徒刑或五萬日圓以下罰金。保險公司亦相對有承保義務。

2.採過失傷害責任制，但採過失推定制，即肇事人應負舉證其行為無過失，否則應負損害賠償之責。

3.車上乘客、路人、家屬、配偶均視為第三人。

4.採聯營制度，運輸省承受百分之六十，其他由保險業者共保。

5.無自負額，可支付佣金、代理費。

6.訂有國家汽車損害賠償制度，對車禍發生，未能獲得強制保險規定賠償者，給予補償。

7.一九六六年同意以非營利性質共濟組織，主要承保農業共濟組合及農業共濟聯合會之成員車輛。

三、英國

1.一九三○年制訂「道路交通法」(Road Traffic Act 1930) 為實施強制汽車第三人責任保險之法律依據。為世界上最早實施此一制度的國家。

2.承保範圍不包括受僱人及乘客。

3.上述法律通過後,立即通過受害第三人直接向保險公司求償法,規定被保險人破產、合併、或死亡,受害第三人得直接向保險人求償。

4.參與歐洲大陸之綠卡制度 (Green Card System),依據 E.E.C. Directive 之規定,各國修法強制規定汽車所有人必須投保最低限額的傷害及財損責任保險。

四、強制汽車責任保險之爭議

強制汽車責任保險主要的目的在提高投保率,期使車禍發生時受害人均可獲得補償,然而反對者亦不在少數,理由如下:

1.強制保險實施,保險公司難以核保,優良駕駛人必須分擔不良駕駛人的保險成本,造成不公平。

2.強制保險承保範圍較寬,管理成本高於任意保險,增加被保險人的保險費負擔。

3.被保險人為逃避或減輕保險費負擔,致可能透過政治影響力迫使保險費下降,隨之可能必須調整承保範圍,調降保險金額,而導致補償不足,社會問題仍然存在。

4.強制投保,是否真使投保率提高? 有人持悲觀看法。

第二節　我國的強制汽車責任保險

我國強制汽車責任保險之法律依據,最早係源自一九五四年十二月二十三日行政院所頒佈「汽車投保意外責任險辦法」,配合一九五九年六月交通部公佈公路法第五十七條即正式規範汽車應先投保責任保險才得發給行車執照,強制汽車責任保險於是有了正式法律根據。

一九七〇年起,政府指定由交通、財政兩部籌辦研擬「強制汽車責

任保險辦法」改進方案，並研究立法之可行性，歷十餘年，於一九九二年六月始將「強制汽車責任保險法」草案函送立法院審議，在立法院歷經數個會期，無數的爭議，於一九九六年十一月李總統受車禍受難者協會柯媽媽不辭萬難，熱心推動本案之感念，予以召見。受此影響，該法案於同年十二月十三日正式由立法院三讀通過，使我國亦擁有正式法律來執行類似社會保險之汽車強制責任保險。

第三節　強制汽車責任保險法

該法案採取公辦民營方式，使政府免於受制類似「全民健保」的強大財務、人員壓力，可謂政府瘦身的一大福音。另本法案採單軌制，可讓昔日採保證金制度之少數營業車輛面對車禍賠償，較具有法律之規範，對不幸之受害者之保障亦較周全合理。

該保險並將汽機車同時納入強制汽車責任保險範圍，對於機動車輛產生交通事故所發生的問題之解決較具全面性。

此次強制汽車責任保險法分為六章，其特色為：

（一）加強對車禍受害人權益的保障：

1.採限額無過失保險，免除受害人之舉證責任。

2.擴大受害人及被保險人範圍。

3.設置特別補償基金，務求保障所有車禍受害人，減少社會問題。

4.將所有汽、機車納入保險，較具全面性。

5.限制除外不保事項減至最低。

6.受害人得直接向保險公司求償。

以上均符合社會保險精神。

（二）貫徹落實強制保險之政策目標：

1.採單軌制，公辦民營。

2.保險公司之拒絕承保與終止保險均有限制。

（三）保險給付採列舉方式，其中死亡、殘廢均為定額給付。

（四）保險費之訂定採從人兼從車因素，並採無盈無虧之經營原則。

（五）訂有保險公司及汽車所有人違反本法之罰鍰及處分。

此法令與現有之強制汽車責任保險間有顯著之差異，其比較表如附表一。

而依據該法律所產生之強制汽車責任保險，如何保障交通意外事故受害人以及各相關單位之關聯性如附表二。

法律通過以後，強制汽車責任保險將在一九九八年元月一日開始實施，政府主管機關在一年的籌備期間有很多的工作要做：

（一）首要是訂立本法之施行細則，本項法律是由立法委員就社會上的必要性原則所訂立，但還有待細則來補足實際實施上的配合性，並以為其他工作項目之準則。

另對允許承保強制汽車責任保險之保險業建立資格審核辦法，由於本法採單軌制，為保障社會大眾消費者，有審視是否為合格保險業之必要。

（二）次要的為訂立保險費率，依本法規定，保險費率訂定，須考慮下列因素：

1.採從人因素。

2.理賠保險金給付分項為：傷害醫療、死亡、殘廢三項。

3.應為無盈無虧原則。

4.成立費率審議委員會，經常性、專業性的試算費率。

5.精算過程透明化。

附表一

新舊強制汽車責任保險制度的不同

	新制	舊制
法源	強制汽車責任保險法	交通部公佈「汽車投保責任險辦法」
責任基礎	限額無過失保險	1.自用車：過失責任制 2.營業車：過失推定制
受害人範圍	加害人以外因汽車交通事故而遭受體傷、殘廢或死亡之人	僅限車外第三人
每一事故給付限額	每一交通事故無傷害人數限制	有限制
保險金額	採分離責任限額 每一事故理賠無上限	採單一責任限額
無盈無虧原則	有，但基礎不同	有
主管機關	財政部	交通部
理賠給付範圍	死亡、殘廢採定額給付	死亡及醫療損失
強制投保對象	所有汽車、機車一律須向保險公司投保	汽車；但運輸業可採保證金制度
保證金制度	無（單軌制）	有（雙軌制）
特別補償基金	有	無
罰鍰（未投保）	明訂	未訂
給付賠款（保險公司）時限	保險金於文件齊全後十日內	理賠款於相關之文件齊全後十五日內
保險人（公司）	財政部審查合格之保險業	經營汽車保險之保險業

附表二

受害人與各相關單位之關聯性

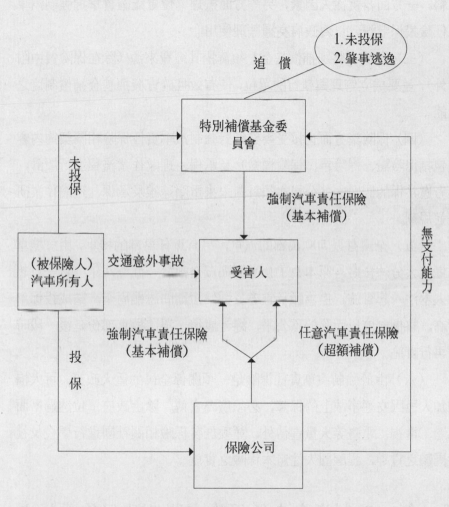

由於採取從人因素，特由關貿網路出面整合建立保險業之保險承保、理賠紀錄網路系統，並和交通部所屬數據公司網路連線，提供承保資料，一方面落實從人因素，另一方面監理單位更能確實掌握強制汽車責任險投保狀況，以為政府交通監理使用。

（三）對於「特別補償基金」須籌措其經費來源（除在保險費中附加外），並要成立管理與執行的單位，使有效且確實發揮基金補償制度之功能。

（四）保險業方面也接受委託針對強制汽車責任保險相關契約內容（包括保險證、保險單、保險標幟）及承保、理賠作業流程進行設計，並考慮共保的問題。各公司亦須針對未來電腦連線及承保、理賠作業研究並規劃。

（五）全國有近 500 萬部的汽車，另有近仟萬部的機車，由於機車數量龐大分佈極廣，原本為了公平原則擬全數於一九九八年一月一日起納入本法一起實施，但為顧及宣導及通知短期間恐難周全，造成投保率不高，整個制度反而陷於不公平，經考慮後，擬將機車部份延後一段時間再行實施。

（六）由於強制汽車責任保險是一項關係全民的重大政策，可大幅增加人民因交通事故上的保障，必須廣為宣傳。除由政府單位透過平面媒體、電視、電臺等大量宣傳外，並委託各保險相關社團進行學校及社會團體之宣導，提醒國人注意本保險之實施。

第四節　強制汽車責任保險有關的承保作業規定

（一）於投保時應於要保書內填具下列重要事項：

1.列各被保險人姓名、出生年月日、性別、住所（通訊處）及駕照（身份證）號碼。

2.保險期間。

3.汽車種類及使用性質：依公路監理機關所發行車執照之記載為準，包括動力機械（依道路交通安全規則第八十三條規定應領用臨時通行證之動力機械）及軍用車輛。

4.廠牌型式。

5.製造年份。

6.牌照號碼、引擎／車身號碼。

7.原廠發照年份。

8.排氣量（C.C.數）。

9.有無重覆投保。

10.行照記載之乘載人數。

（二）強制汽車責任保險預訂於一九九八年一月一日起正式實施：

1.本法實施前已領有牌照之汽車：

⑴接獲監理機關或保險公司通知，送達所有人填載於監理機關車籍資料之地址，或留於保險公司登記之通訊地址，依通知所載限期投保。

⑵未接獲通知者，遇有驗車、換發牌照或申請過戶，應同時辦理投保（生效日追溯自一九九八年一月一日起）。

2.本法實施後所領牌照之汽車：

應於申請發給牌照或換發行照前，辦妥本保險投保。

（三）強制汽車責任保險給付項目及金額標準：

1.給付項目：

⑴傷害醫療給付：對全民健保已給付部份不再給付。

⑵殘廢給付：採定額給付。

⑶死亡給付：採定額給付。

2.給付金額標準：

依照財政部會同交通部擬定保險金額，報請行政院核定。

保險費應於投保時一次付清，保險費計算費率由財政部會同交通部決定。無多輛折扣優待。

（四）保險公司除非有下列情形，不得終止契約：

1.被保險人對投保時，應提供事項說明不實。

2.繳交之保費非以現金支付，而事後未能兌現者。

上述事項，保險公司應於確定後三天內通知交通監理機關。

（五）被保險人除非有下列情形，不得終止契約：

1.被保險汽車牌照繳銷、吊銷、註銷而有事實足以證明停駛者或因停駛而繳存，經公路監理機關核准者。

2.被保險汽車報廢者。

3.因重覆投保而終止其中保險期間先屆滿之保險契約者。

（六）汽車所有權移轉：

被保險汽車所有權移轉後，保險契約在原保險期間內仍維持效力，若在該期間內發生汽車交通意外事故，則被保險人需辦理保險契約變更手續後，方可請求保險公司給付保險金。

（七）被保險人完成投保手續，保險公司應簽發：

1.保險契約（條款）。

2.保險證：隨身攜帶，證明用。

3.保險費收據。

4.保險標章：貼飾於被保險車輛，供識別用。

（八）保險證經簽發後，如有下列事項，被保險人得申請換（補）發，並不得收取工本費：

1.保險證因使用磨損、污損無法辨識者。

2.保險證遺失者，申請補發應填寫申請書並切結。

（九）強制汽車責任險之承保、理賠資料，保險公司應於規定時間內彙送財政部指定之電腦中心，以供查核。

　　（十）強制汽車責任險不支付任何佣金、代理費，但如係經由保險代理人、經紀人或其他機關代為辦理者，保險公司得對其支付手續費。

第五節　強制汽車責任保險有關的理賠作業規定

　　（一）交通意外事故發生應注意要點：

　　出險通知：

　　⑴被保險人或加害人應立即報請當地憲兵或警察機關處理。

　　⑵立即或請他人將受傷者送當地或附近醫療院所急救。

　　⑶得以電話先行通知保險公司，但被保險人、受害人或受益人仍須於五日內親自填寫理賠申請書（如上述之人死亡或受重大傷害不克自行辦理時，得由其配偶或同居家屬為之）。記載下列事項：

　　1.保險證號碼。

　　2.被保險人名稱。

　　3.駕駛人姓名、住址、年齡、已未婚、駕照號碼、駕駛年資、電話號碼、與被保險人之關係等。

　　4.出險時間、地點。

　　5.出險經過及原因。

　　6.對方投保之保險公司及其保險證號碼。

　　7.第三人受傷者姓名、性別及受傷情形、就醫醫院名稱、地址。

　　8.處理憲警單位名稱、經辦人員姓名、電話。

　　9.申請人簽章、填報日期。

　　（二）保險公司查核承保資料：

　　本公司於接到理賠申請書後，應於理賠申請書上加蓋收件章，載明收件年月日時分，並應就條款之規定確定對該事故是否應負賠償責任。倘事故原因顯非屬承保範圍者，須立即予以婉釋拒賠。

（三）重複保險之處理：

被保險汽車於發生賠償責任時，如同一被保險汽車另訂有其他強制汽車第三人責任保險契約，不問其契約之訂立，係由於被保險人或他人所為，本公司與他保險公司於保險金額負連帶責任。

（四）新舊保單之效力：

汽車所有人依強制汽車責任保險法投保本保險契約成立後，基於該法施行前已投保而仍有效力的強制汽車責任保險及非強制汽車責任保險，如發生汽車交通事故，依下列規定處理：

1.強制汽車責任保險法所定之強制汽車責任保險為基本保險。

2.強制汽車責任保險法施行前所投保之強制汽車責任保險為第二保險。

3.強制汽車責任保險法施行後所投保之非強制性汽車責任保險為第三保險。

4.強制汽車責任保險法施行前所投保之非強制性汽車責任保險為第四保險。

（五）被保險汽車未涉及它車（人）而自行肇事所生傷害之處理：

1.被害人或受益人直接向被保險汽車之保險公司給付保險金。

2.倘發生意外事故當時，被保險汽車搭載人數超過行車執照所載人數，保險人對每一受害人或受益人僅按行車執照所載人數與實際搭載人數之比例負賠償責任。

（六）數輛汽車共同肇事之處理：

汽車交通事故係由數輛汽車所生或涉及數輛汽車時，因受害人或受益人得在本保險之承保範圍內，請求各被保險汽車之保險公司連帶給付保險金，故應查明各該被保險汽車之保險公司。

（七）發生交通事故之車輛產生下列範圍情形，其受傷者，可請求特別補償基金賠償：(申請辦法俟基金委員會成立後，再行擬訂)

1.肇事汽車無法查究者（肇事逃逸）。

2.肇事汽車非被保險汽車者（未投保者）。

3.肇事汽車之保險公司無支付能力者。

（八）依照強制汽車責任保險法投保之車輛，發生交通意外事故，依照無過失限額保險理賠，但對未投保車輛涉入肇事行為，仍以過失責任相抵原則處理。

（九）被保險人或受益人領受特別補償基金之權利，仍未經繼承人具領之基金，不得扣押、讓與或提供擔保。

（十）勘查事實真相：

1.本公司經初判須予理賠給付者，應派員至現場勘查道路情形，交通標誌、雙方駕駛人有無駕照；並應加以拍照、繪圖，以作理賠之依據。如現場已破壞者，依治安單位查證之肇事報告，以憑辦理。

2.查訪肇事人員傷亡情形及醫療費用之多寡。

3.向證人及治安單位查證肇事內容，索取證言或洽抄現場圖、筆錄。

4.損失係由第三人之故意或過失行為所致者，應請被保險人協助保全其求償權。

5.如發現被保險人有不實報告或詐欺行為，應設法取得事實證據。

（十一）估計損失金額：

勘查事實真相後，除確定非在承保範圍，被保險人、受害人或受益人無求償權利之情形應予拒賠外，即應從事損失金額之估計，作為理賠給付之依據。理賠人員於案情未確定之前，不得對理賠金額預告或承諾。但如有急迫情形者，不在此限。

（十二）出險調查報告書之填寫：

理賠人員勘查現場後立即填寫出險報告，除載明肇事之原因及其他保險情形外，應特別加註治安單位對本案肇事事故發生原因及責任之分析，並說明該理賠人員處理經過及意見。

（十三）保險公司得直接與受益人達成和解，但以保險給付金額為限。

（十四）因汽車交通事故死亡，其受益人經提出證明文件，可申請保險金額 1/2 範圍之暫時性給付。

（十五）除外不賠事項或得追償事項：

1.除外不賠事項：

⑴交通意外事故發生雙方有串通、作偽行為。

⑵發生交通意外事故的受害人或受益人故意行為。

⑶受害人或受益人從事犯罪行為。

2.向事故發生之加害人追償事項：

⑴酒醉、吸毒、吃迷幻藥後開車。

⑵犯罪行為或逃避合法拘捕行為。

⑶自殺或類似的故意行為。

⑷違反道路交通管理處罰條例第二十一條規定（無照或越級駕駛）。

⑸未經被保險人允許開車。

第六節　結　論

強制汽車責任保險法意業經立法院通過，政府主管機關亦花費了很大的精力動員可使用的人力，結合學者、業界、相關社會團體、相關部會的共識，擬妥實施細則、條款、作業要點……等的草案。並已備妥廣知社會各階層的宣導計劃，只待行政院最後的核定即可蓄勢待發，不妨拭目以待。

基本上，雖然同為社會保險的一部份，強制汽車責任保險採取公辦民營的措施，較諸全民健保，可說是一種新的嘗試，若施行成功，可為政府節省大量的公帑及人力、物力，當可為政府施政建立一新模式。

　　此次強制汽車責任保險立法考量已全面顧及所有車禍受害者的權益，對於協助社會安定的層面將有相當程度的貢獻。雖然有人質疑保險金給付額度是否不夠充份，但因較高給付金額亦須面對較高保險費的支付，如此可能引致投保比率不高，更將引起社會公平性的問題。所以此次強制汽車責任保險保險金額的高低以基本的保障為原則，若被保險人需要較高額之保障，建議可投保商業性質的任意責任保險來獲取保障。

　　最後要強調的是：強制汽車責任保險是一種社會保險，也是一種政策性的保險，任何擁有機動車輛的人均有投保的義務，也因此在本法裡訂有未投保應處罰鍰的規定，以達到公平的效果。在此也希望提醒每位駕駛人，保險的保障只是針對毀損他人身體產生的民事賠償，所採取的補償措施，也是對第三人的保障，而唯有大家重視道路交通安全的共同維護，才是積極作為不發生交通意外事故的不二法門。

第十八章　工程保險

第一節　工程保險類別

工程保險 (Engineering Insurance) 依據保險法分類，屬於財產保險中的其他財產保險。在保險公司裡，有隸屬於火災保險，或意外保險，或新種保險部門中辦理。其究竟包含那些保險呢？就字義而言，即泛指與工程有關之保險，但工程應並非僅指建設工程而言，可涵蓋任何具有專業技術性之工作及相關設備。由此，各種工程保險可試就以下類別予以歸納：

一、工程建設類

（一）營造綜合保險 (Contractors' All Risks Insurance)。

（二）安裝工程綜合保險 (Erection All Risks Insurance)。

（三）土木工程完工保險 (Civil Engineering Completed Risks Insurance)。

（四）海上工程保險 (Offshore Engineering Insurance)。

二、機械設備類

（一）營建機具綜合保險 (Contractors' Plant & Machinery Insurance)。

(二) 鍋爐保險 (Boiler & Pressure Vessel Insurance)。

(三) 機械保險 (Machinery Insurance)。

(四) 電子設備保險 (Electronic Equipment Insurance)。

(五) 貯槽保險 (Storage Tank Insurance)。

三、附帶損失類

(一) 機械故障利益損失險 (Loss of Profit Following Machinery Breakdown Insurance)。

(二) 冷藏庫內物品腐壞保險 (Deterioration of Stock in Cold Storage Insurance)。

以上所列舉之工程保險計有11種，但目前國內開辦的有 6 種，即營造綜合保險 (CAR)、安裝工程綜合保險 (EAR)、營建機具綜合保險 (CPM)、鍋爐保險 (BPV)、機械保險 (MI)、電子設備保險 (EEI)，各險於五～十節中將逐一介紹。

第二節　工程保險的起源和發展

工程保險的歷史約有一百四十年，它可以說是起源於英國的工業革命，其中以鍋爐保險的發展為最早。十九世紀初，英國已開始廣泛的使用鍋爐以產生蒸汽，用來發電、暖房、消毒、洗染或做為火車之動力。當時，因為製作及操作上的缺失，常發生爆炸造成生命財產的損失。因此有識之士乃會集曼徹斯特共商改進之策，並成立了曼徹斯特鍋爐使用者協會，提供鍋爐檢查服務，但仍不免鍋爐發生爆炸，於是其中會員乃於西元一八五八年組成鍋爐保險公司承保鍋爐災害，並聘請工程師為使用者定期檢查。嗣後隨著各種工業的發展，逐漸發展出各類機械保險。

營造工程保險及安裝工程綜合保險則發展於二次世界大戰之後，當時對各種工業廠房的重建，各項工程的建設，及對落後國家地區的開發計畫，使得土木工程蓬勃發展，加以英國土木工程師協會將保險有關條款納入標準工程合約中，於是乎促進了營造及安裝工程保險之興起。

我國之工程保險係由德國慕尼黑再保險公司引進，發展之時間甚遲，且發展之程序與歐美不同，保險單條款及特約條款皆以慕尼黑再保險公司的條款為藍本，另外再參酌英國及日本保單的長處，及配合國情與現實需要制定而成。民國五十三年首先開辦營造工程保險，由於缺乏經驗且鑒於工程保險的技術性，乃於民國五十五年成立「營造綜合保險聯合小組」，協助保險公司推展業務、釐定費率，並辦理再保安排及理賠的工作。民國六十一年，為了配合國家工業建設，接而開辦安裝工程綜合保險。十大建設工程於民國六十二年以後次第展開，促進了社會進步繁榮，也間接助長了營造及安裝工程保險的成長。此後於民國六十五年、六十六年、六十九年、七十一年，保險界陸續地開辦了鍋爐保險、機械保險、營建機具保險及電子設備保險。

臺灣位處亞熱帶之颱風路徑上，每年遭受颱風侵襲的次數平均約3.5 次，且臺灣位於地震帶上，隨時有遭受大地震的威脅，另外因山多河流短促，遇雨即容易洪水泛濫，天災的危險性高對工程保險的經營是非常艱苦的。目前公家發包之工程，大部份皆於工程合約上規定投保營造或安裝工程保險，這兩種業務的總和幾占全部工程保險的 90％，單是營造保險即佔 60％左右而成為工程保險中最重要的一個險種，其保費雖然年年成長，但由於危險性高，損失率極不容易控制穩定，由此可知國內工程保險經營之不易。

較進步的歐美國家，其機械保險佔整個工程保險的比例，皆在 40％左右，而在我國僅佔約 1 ％，可知市場的潛力還相當的大。機械類保險為續保性業務，保費收入較穩定，金額大時則損失率可以控制在合理的

範圍。電子設備保險是最晚開辦的險種，但由於電子設備在資料處理及工廠生產的運用日益普遍，目前已有成為第三大險種的趨勢，而且仍將是最有潛力的保險。

工程保險的發展應借助專業工程師的知識，國外保險公司很多設有技術部門，由學有專精的工程師負責協助各種保險有關工程的技術問題，或者是由工程師專門負責工程保險的核保理賠及業務的推廣工作，甚至工程師還對客戶提供技術服務，對危險性高之機械如鍋爐、吊卸機械等做定期檢查服務。歐美較具規模的保險公司，其聘用的工程師往往在百名以上，德國慕尼黑再保險公司的工程保險部門，從上至下除秘書外，每個職位皆由工程師擔任。反觀國內保險公司所聘僱的工程師，合計起來亦寥寥無幾，可知工程保險除了公家指定必須投保的業務外，其他實未開始推廣，也遑論對客戶能有技術上的回饋。

第三節　工程保險的特性

一、保險期間長

營建機具保險、鍋爐保險、機械保險、電子設備保險，其保險期間雖然皆是以一年為原則，但實務上，保期亦有配合租賃契約而長達數年。營造綜合保險及安裝工程綜合保險則視工程實際所需施工期間而定，另可再加上工程之保固期間 6 個月至 24 個月，因此合計之保險期間相當長。以明潭抽蓄發電廠工程為例，保期便長達 8 年半，目前正在施工之臺北市捷運系統工程亦長達數年。

二、保險金額大

營建機具以碼頭貨櫃起重機及捷運系統施工用之地下潛遁機之金

額較高，有接近 1～2 億元左右。一棟大樓所使用的電子設備往往超過大樓本身結構的價值，如臺灣證券交易所的電腦設備，價值即達數十億元。鍋爐及其他機械之金額則以發電廠所使用者較高，以臺中火力發電廠為例，一部發電機組之金額即將近 100 億元。至於工程建設，中鋼第三階段擴建工程達到 400 多億元，臺中火力發電廠工程高達 500 多億元，臺灣高速鐵路之工程預算目前更高達 4,000 億元。保險金額大，保險費自然相對提高。臺中火力發電廠安裝工程保險，保費即高達 2 億 9 千 3 百多萬元；核四廠安裝工程保險之保險費更高達 5 億 4 千 8 百萬元。

三、危險性高

營造綜合保險、安裝工程綜合保險、營建機具綜合保險及電子設備保險的保險單，皆所謂「綜合保險單」，即採綜合承保方式，以一張保險單承保若干危險事故的方式，颱風、洪水、地震皆可能全面在整個地區造成重大損失，尤其是水利工程及海事工程，天災的危險性非常的高。

危險性的高低又可以可能最大損失（簡稱 PML）的大小來做判斷，工程保險雖然保額大，但 PML 的估計很多仍相當於 100％，如營建機具、電子設備、鍋爐，及機械中之渦輪機、變壓器、化學反應器等。單獨機器吊裝的 PML，亦常以 100％來估計。

四、核保專業技術

工程保險的承保範圍較廣，所牽涉的專業知識非常廣泛，每一險種均有其特殊性，一位成功的核保人員除了必須具備豐富的工程知識外，還需要多年實際從事承保及理賠工作的經驗。

核保資料之獲得，除了詳細閱讀工程合約、施工規範及機器說明書外，實地查勘往往是最好的方式，工程計劃、工地環境、人員素質、安

全設施等，在未經實地查勘是無法了解的。

五、無固定費率公式

各種工程保險影響費率的因素於下面幾節中將會談到，除了營建機具及鍋爐外，其他都難制定固定的費率表。目前科技之發展日新月異，新的機器及新產品的製造，在尚未普及使用或不了解其生產流程及設計原理時，危險評估很容易發生錯誤，新的工程亦復如是。

由於營造及安裝工程保險為綜合保險，加以其保期特別長，暴露於天災的危險是短期間不容易觀察得到的，非有長達 20 年以上的統計資料，是無法得到初步計算基礎的。即使如此，同樣的工程的費率又會因承包商的經驗、核保人的主觀判斷、或者再保人的接受意願而有很大的差別，是以目前並沒有一套可適用於工程保險的費率計算公式。

第四節　共保組織介紹

財團法人工程保險協進會 (Engineering Insurance Association)，簡稱 EIA，其前身即營造綜合保險聯合小組。EIA 是民國七十二年由國內十四家產物保險公司和中央再保險公司、德國慕尼黑再保險公司、美國美亞保險公司和海外保險公司，及財政部共同捐助基金組成，辦理有關工程保險之研究與改進事宜，其業務範圍為：

（一）資料之蒐集、調查、研究與提供。

（二）核保理賠技術之研究、改進、訓練、協助與提供。

（三）再保險之聯繫與安排之協助。

（四）新種保險之研究與發展。

（五）會員委託辦理共保業務及其他有關事項之處理。

共保業務的方式為某一業務由某一家保險公司承保,在承做之前,

保險公司可洽請 EIA 協助查勘現場並開具費率、自負額等承保條件，業務成功後由簽單公司按納入共保部份自留 44％，其餘 56％由 14 家共保會員公司按同比例 4％共保（自八十七年起，共保分進業務比例擬按會員公司納入之業務量調整）。業務若由保險公司自行安排而其承保條件為 EIA 可接受者，亦可納入共保，但每一筆業務共保會員公司應至少納入 10％共保。工程保險經由共保方式可達到：一、危險分散。二、擴大承保能力。三、大數法則。四、安定市場。五、節省費用。六、交換經驗等目的。

　　EIA 前後累積了三十餘年的經驗，已具有相當的權威性，在國外亦已獲得再保險人的認同。除了工程保險以外，EIA 也開辦了相關的雇主意外責任險與工程保證保險的共保，為國內工程保險邁進了新的領域。

第五節　營造綜合保險

一、前言

　　營造綜合保險自民國五十三年開辦以來，至今已有 30 年以上歷史，為工程保險中發展最早也最成功的險種，其成功可說得力於各級政府單位的採用，目前保費收入約佔全部工程保險的 60％左右。營造綜合保險所累積的承保經驗最為豐富，所收集的資料也最完整，再者因其承保之各類型土木建築工程，皆與我們日常生活息息相關，實為學習工程保險的最佳門徑。

二、保險標的物

　　（一）營造工程及其臨時工程：營造工程即各種建築土木工程，建築工程如住宅、店鋪、辦公廳、餐旅館、醫院、娛樂場、會堂、停車場、

廠房、倉庫等工程；土木工程如灌溉、防洪、排水、港灣、管線、水壩、機場、橋樑、道路、隧道等工程。

　　臨時工程係指為建造永久性結構物所使用之輔助性工程，將於該永久性工程部分或全部完成後廢棄、拆除或移作他用者，如臨時擋排水、便道、便橋、鷹架及臨時支撐擋土設備等工程。

　　（二）施工機具設備：為營建工程施工所使用之機械、設備、器具、支撐物、模型及其附屬配件，如挖土機、起重機、模板等。

　　（三）拆除清理費用：為工程發生承保事故後為進行修理或置換時，拆除運棄毀損殘餘物、外來物（如土石、泥砂、水、雜物等）或未受損承保標的物所發生之費用。

三、承保範圍

　　（一）營造工程財物損失險

　　本保險採承保危險不列舉式之綜合保險，凡保險標的物在施工處所，於保險期間內，因突發而不可預料之意外事故所致之毀損或滅失，需予修理或重置時，除保險單載明為不保事項外，皆為承保範圍。主要承保事故如下：

　　1.火災、雷擊、閃電、爆炸、航空器墜落。

　　2.颱風、洪水、淹水。

　　3.地震、海嘯、山崩、地陷、落石。

　　4.偷竊、強盜、第三人惡意行為。

　　5.材料瑕疵、工藝品質不良所致其他保險標的物的損失。

　　（二）營造工程第三人意外責任險

　　被保險人在施工處所或毗鄰地區為營建承保工程，於保險期間內發生意外事故，致第三人死傷或財物損害依法應付之賠償責任。

四、主要不保事項

（一）戰爭、政治危險、核子危險、被保險人之故意或重大過失。

（二）工程之一部份或全部連續停頓超過三十日曆天所致之損失。

（三）因工程規劃、設計或規範之錯誤或遺漏所致之損失。

（四）材料材質瑕疵、使用不合規定材料或工藝品質不良所需之置換、修理及改良費用。

（五）清點或盤存時所發現任何保險標的物之失落或短少。

（六）施工機具設備之機械、電子或電氣性故障、斷裂、失靈之損失。

（七）因震動、土壤擾動、土壤支撐不足、地層移動或擋土失敗損害第三人財物之賠償責任。

五、保險金額

（一）承保工程：應為完成該工程所需之總工程費，並應包括定作人供應之材料。

（二）施工機具：應為新品重置價格。所謂新品重置價格係指重新置換與保險標的物同一廠牌、型式、規格、性能或相類似機具之新品價格，包括出廠價格、運費、關稅、安裝費用及其他必要費用。

（三）拆除清理費用：為約定之賠償限額。

（四）第三人責任險：可視需要分別約定每一個人及每一事故人員體傷死亡之賠償限額，每一事故財物損害之賠償限額，及保險期間內累積之最高賠償限額。

六、保險期間

一般是以工程合約所訂之起迄期間或預定之施工期間為保險期間，

但保險公司的保險責任係於工程開工或是工程材料卸置於施工處所後開始，而終止於工程啟用、接管、驗收或保期屆滿之日，並以其中先屆期者為準。

七、費率因素

（一）工程類別：從工程類別可以判斷危險性高低，例如平地房屋工程較橋樑工程危險性低，費率自然較低。

（二）工程設計：設計時考慮耐震因素或使用之安全係數較高，則危險性較低。新型設計的工程或實驗性質者，危險性一定較高。

（三）施工方法：同樣工程有不同的施工方法，如管線工程有明挖、推進、潛遁等三種施工方法，其危險性不一。

（四）施工地點：主要是評估工程暴露於天災的危險性，如水利工程的危險性特別高，而低窪地區也較容易發生水災。至於施工地點地質的情況，對工程進行或地震的影響也是有差異的。另外工地的環境也會影響第三人意外責任險的費率。

（五）最大可能損失 (PML) 的高低：大型工程雖然保險金額高，但費率未必便宜，主要是 PML 的估計，如PML高則費率亦高。

（六）承包商的經驗：管理良好或是有豐富類似工程經驗的承包商，費率應可考慮酌予降低。

（七）施工季節：臺灣每年6～10月為颱風季節，於颱風季節施工的工程，危險增加很多。

（八）保期的長短：保期長之工程，危險性自然較高，但保期如因趕工而使期間縮短，危險反而增加。

（九）承保範圍的大小：保單不保事項有些是可以加費承保的，原承保範圍也是可以減費而予縮小的。

（十）自負額的高低：自負額一般分為天災及其他原因兩項，自負

額提高則費率可以降低。

（十一）損失率統計：損失率高則費率自應調高，但營造險保期有長有短，再因天災等不確定性因素很難控制，因此長期的損失率統計是比較正確的。

第六節　安裝工程綜合保險

一、前言

隨著工業高科技的發展及工廠的投資建設，安裝工程保險應日益重要。從民國八十一～八十五年五年的工程保險統計（見附表）中，發現安裝工程保險的保費約佔整體的 25.58％，但損失率卻高達 133.59％，其中包含燁聯鋼鐵廠於八十三年八月十三日水災約 24 億元的賠案。華邦電子三廠擴建工程於八十五年十月二十四日發生火災，賠款金額更高達 56 億元以上，可見安裝工程隨著科技發展，危險管理與控制愈趨重要。

二、保險標的物

（一）安裝工程：各類型整廠的生產製造機器設備，或是各種鋼鐵金屬構造物，或是單獨的機器安裝工程。相關的土木建築等附屬工程亦可包括在內。

（二）拆除清理費用。

（三）鄰近財物：為定作人所有或交由被保險人保管、管理或使用之財物，置存於施工處所或毗鄰處所。鄰近財物並不包括施工機具及各型機動車輛、船隻或飛行器。

（四）施工機具設備。

三、承保範圍與不保事項

承保範圍分為安裝工程財物損失險及第三人意外責任險兩部份，承保範圍和不保事項與營造綜合保險大致相同，其主要相異之處如下：

（一）安裝險對機器設備之試車或負荷試驗以30天為限，所謂試車是指測試機器設備之性能、運轉或生產能力是否達到設計要求。機器設備一旦完成試車或負荷試驗，不論保期是否屆期，其保險效力即告終止。

（二）材料瑕疵及工藝品質不良所致其他保險標的物的損失，安裝須經特別約定後加費承保之，營造險基本保單則承保在內。

四、保險金額

（一）承保工程：保險金額應為安裝標的物在安裝完成時之總工程費，包括運費、稅捐、安裝工資及管理費等，並應包括臨時工程之工程費及定作人供給之工程材料費。其中若有舊機器設備，其保險金額仍應為其新品重置價格。

（二）拆除清理費用：為約定之賠償限額。

（三）鄰近財物：為約定之賠償限額。

（四）施工機具設備：應為機具之重置價格。

五、保險期間

一般是以工程合約所訂之起迄期間或實際所需之安裝期間為保險期間，但保險公司之保險責任自保險標的物卸置於施工處所後開始，至定作人接收或至第一次試車或負荷試驗完畢時終止，以先屆期者為準。試車或負荷試驗以 30 天為限。

六、費率因素

除營造綜合保險所列舉外，影響安裝工程費率之因素尚有：

（一）生產流程

從流程圖可以了解從原料到產品之間各階段的過程或化學反應情形，反應的壓力溫度較高則危險性必高，如石油化學工程。火力發電廠工程之蒸氣渦輪機是靠鍋爐所產生之高壓蒸汽推動，故其費率亦高。

（二）試車期間之長短

試車為安裝工程最危險的階段，試車期間的長短影響費率很大，超過 30 天者須特別約定加費承保。大型工程往往需要 1～6 個月或更長的試車期間，雖然保額大但費率亦高。

第七節　營建機具綜合保險

一、前言

營建機具（施工機具）於營造綜合險或安裝工程綜合保險中皆可加保，但因有的工程施工期間較短，或一部機具於數個工地來往施工，不如以一張保單承保一年期間的危險，反而方便恰當。民國六十九年營建機具保險開辦後頗受歡迎，保費成長很快。但此種業務並不容易經營，究其原因，乃因逆選擇業務太多，多屬山區、河床、溪底等危險地區或隧道挖掘之施工機具，且監理單位對此種機具並無管理措施，致偷竊損失佔相當大的比例。

二、保險標的物

工程上所用於挖掘、搬運、裝載、輾壓、起重、碎石、打樁、混凝土、電氣、動力等之機械、設備、工具等皆是。上述各類機具使用於工廠、倉庫、碼頭等處所，亦得為營建機具保險之保險標的物。

三、承保範圍

分為機具綜合損失險及第三人意外責任險,機具險主要承保颱風、洪水、地震、閃電、火災、坍塌、碰撞、傾覆、竊盜、破壞等外在因素所致之損失。其承保地點一般限制在工地,即施工處所,除非是事先約定加保內陸運輸,不然保險公司對於行駛在一般道路過程中發生之損失是不負責賠償的。

四、機具綜合損失險主要不保事項

(一) 戰爭、政治危險、核子危險、被保險人之故意或重大過失。

(二) 機具本身之機械性或電氣性故障。

(三) 可替換之零配件如鑽頭、皮帶、鏈條等之損失。

(四) 燃料、冷卻劑、潤滑油料等之損失。

(五) 運輸途中所發生之損失。

(六) 使用於地面之下或載浮於水上時發生之損失。

五、保險金額

機具之保險金額應為其新品重置價格。所謂重置價格係指重新置換與保險標的物同一廠牌、型式、規格、性能或相類似機具之新品價格,包括出廠價格、運費、關稅、安裝費用及其他必要費用。

六、費率因素

費率主要視機具使用人、廠牌、年份、型式、使用處所、工作性質、投保金額而定。一般而言,吊車(起重機)類機具常發生吊臂碰撞、斷落,費率最高,活動式機具如挖土機、卡車常發生傾覆、竊盜,費率次之,固定或軌道行走之機具如鋪料機、滾壓機則較安全,費率較低。

第八節 鍋爐保險

一、前言

鍋爐是危險性機械的一種，它是將水加熱變成熱水或轉變成蒸汽的一種高溫高壓裝置，它的形狀不一，小如常見的油筒，大如二、三十層樓房模樣的龐然怪物，通常裝置於工廠、醫院、學校、旅館等地方。鍋爐保險僅承保鍋爐或壓力容器最危險的爆炸與壓潰，在國外多以承保範圍較廣之機械保險承保。在國內鍋爐保險雖較機械保險推廣成功，但鍋爐投保率仍不及十分之一，尤其是壓力容器種類繁多、數量龐大，正是鍋爐保險推展的最好標的。

二、保險標的物

（一）鍋爐：可分為熱水鍋爐、蒸汽鍋爐及特種鍋爐三類，特種鍋爐如廢熱鍋爐、熱媒鍋爐。蒸汽鍋爐依其構造又分為煙管式（火管式）鍋爐及水管式鍋爐兩種。

（二）壓力容器：具有蒸汽或氣體壓力之密閉容器。

（三）鄰近財物：如鍋爐房、管線、水處理設備或工廠生產設備。

三、承保範圍

分為鍋爐損失險及第三人意外責任險。鍋爐損失險承保鍋爐的爆炸與壓潰，所謂爆炸係指鍋爐或壓力容器受內部蒸汽或液體壓力所致形體之突然破裂，所謂壓潰係指鍋爐或壓力容器之任何一部份受外部蒸汽或液體壓力所致形體之突然彎曲變形。

四、鍋爐損失險主要不保事項

（一）因工作停止所致之損失。

（二）未經檢查單位檢查合格而使用所致之損失。

（三）試驗壓力超過檢查單位准許之最高使用壓力所致之損失。

（四）直接或間接因天災、火災、閃電、電擊或墜落物所致之損失。

五、保險金額

鍋爐及壓力容器之保險金額應為其新品重置價格，鄰近財物則為約定之賠償限額。

六、費率因素

費率按鍋爐或壓力容器之種類、使用壓力、蒸發量、使用性質、製造年份、燃料種類、保險金額及操作經驗而訂。大抵水管式鍋爐較煙管式鍋爐費率低，燃燒式壓力容器較非燃燒式壓力容器費率高，燃料為天然氣者費率最高，重油類次之，煤類較低。

第九節　機械保險

一、前言

一個工廠的機械設備若已購買機械保險和火災保險包括附加險，則除了竊盜及某些一般不保事項如戰爭、政治危險、核子危險等，幾乎已有完全保障。火災保險保障火災所造成嚴重的損失，機械保險則是為了保障機械能正常運轉。於今傳統式機器已漸為自動化、數值控制、電腦輔助控制的精密機器取代，人力上雖可節省，但操作卻益趨複雜，因操

作疏忽所造成的機械故障損失，佔了最大比例。機械保險在我國自民國66年開辦以來，至今仍舊停滯不前，竊以為保險業缺乏專業人才以及被保險人未能預期從保險中得到技術性之回饋服務，為最主要的因素。

二、保險標的物

　　舉凡各種原動機械設備、生產製造設備、大樓機械設備、工作母機、施工機具等皆是，但均限於已完工經試車或負荷試驗合格並經正式操作者。

三、承保範圍

　　(一) 由於操作或保養設備時的疏忽，或不良技術造成的損壞。

　　(二) 員工或第三人的惡意破壞。

　　(三) 設計、製造、材質、或安裝上的瑕疵所造成意外事故的損壞。

　　(四) 電力系統的超壓或過載。

　　(五) 因爆炸或離心力作用造成之破裂損壞。

四、主要不保事項

　　(一) 戰爭、政治危險、核子危險、被保險人之故意或重大過失。

　　(二) 直接因閃電、雷擊，或直接或間接因火災、撲滅火災所致損失。

　　(三) 颱風、洪水、地震、山崩等天然災害所致損失。

　　(四) 可替換性之工具、高損耗需定期更換之材料或燃料、潤滑油之損失。

　　(五) 機械供應商或製造商依法或依合約規定應負責賠償之損失。

五、保險金額

保險金額為機械之新品重置價格，亦即承保之機械其廠牌規格相同，則無論購置年份的新舊，其保險金額皆應相同。

六、費率因素

費率按機械之種類、廠牌、製造年份、運轉速度、操作溫度和壓力、從事工業種類、保險金額、人員素質、及維護管理情形而訂定。整廠的機械一併投保，費率當較個別機械為低。

第十節　電子設備保險

一、前言

電子設備產品包羅萬象，發展非常迅速，趨向於功能多、速度快且體積小的設計，由於其價值高昂，使用人較有保險的需求，再者，其由於電子的特性，對環境的選擇較為嚴格，因而發展出承保各種危險的綜合性保單，目前電子設備保險的重要性漸成為工程保險中僅次於營造及安裝保險的險種。電子設備不堪耐火及煙薰，遠東百貨大樓、臺塑大樓及華邦電子火災均對電子設備造成嚴重的損害。保險公司因為業務上的惡性競爭，有的以比火險還低的費率，或是以無自負額，或是以任意擴大承保範圍的方式來爭取業務，對於剛起步發展的保險而言，無異扼殺了前途。

二、保險標的物

電子設備如電腦及周邊設備、電腦輔助設計或製造設備、監視控制設備、通訊設備等，其他精密設備如光學儀器、醫療儀器、實驗器材，以及電腦外在資料儲存體如磁帶、磁碟、打孔卡片等，均可為保險標的

物。

三、承保範圍

(一) 電子設備損失險

承保事故除機械故障外包含操作疏忽、碰撞摔落、惡意破壞、火災、雷擊等，其他如天然災害及竊盜均可約定承保。

(二) 電腦外在資料儲存體損失險

保險標的物遇有前（一）項之承保事故後 12 個月內，保險人賠償被保險人為回復原狀所需費用，即材料置換和資料複製費用，但不包括系統或程式之設計費用。

(三) 電腦額外費用險

電子設備發生前（一）項之承保事故後，保險人賠付被保險人為繼續原有作業而租借替代電子設備，於約定之賠償期間內所需增加之租金、人事費用及材料之運費。

四、不保事項

(一) 戰爭、政治危險、核子危險、被保險人之故意或重大過失。

(二) 直接或間接因氣體、水電供應之中斷或不正常所致之損失。

(三) 電腦病毒或排除一般作業障礙之費用。

(四) 機器功能衰退、老化或缺失所為之修理、矯正。

(五) 維護保養合約所必須提供之清潔、潤滑、調整及更換零組件。

(六) 電腦外在資料儲存體因程式設計錯誤、磁場干擾所致資料之損失。

五、保險金額

(一) 電子設備：應為其新品重置價格。

（二）外在資料儲存體：為約定之賠償限額，包含材料及資料複製費用。

（三）額外費用：應為使用替代電子設備12個月內所需增加支出之租金、人事費用及文件或外在資料儲存體之運費，保額亦為約定之賠償限額。

六、保險期間

一般是以一年為原則，但為配合租賃合約，保險公司亦有承保長期的業務，惟必須特別注意設備廠牌及維護制度。

七、費率因素

電子設備保險亦為綜合性保險，影響費率因素除機械保險所列舉者外，應特別注意：

（一）天災的危險性：置存於戶外者費率較高，一樓或地下室應特別考慮水災的危險，結構物的種類對費率也是有影響的。

（二）火災的危險性：電子設備不堪耐火及煙燻，消防設施如採用海龍或二氧化碳自動滅火系統均可降低費率。建築物的種類、使用性質、附近環境狀況皆有影響的。

（三）竊盜的危險性：電子設備價值高且體積小，非有適當的管理措施不能承保竊盜，實務上皆有 25％損失的自負額。

（四）空氣調節設備：大型電腦對溫度及濕度的變化是很敏感的，應配置偵測感應設備並能發出警鈴或警示訊號。

（五）維護保養合約：維護合約有很多種，其提供服務的廣泛或狹窄也影響費率的高低。

第十一節　理賠實務

　　工程與機械牽涉多方面之專業技術，承保時由於不了解危險性會有錯價之問題，理賠時亦然，每多發生事故之鑑定與理算之爭議。

　　根據保險單基本條款有關理賠事項之規定，六種工程保險大致相同，理賠方式保險公司得選擇以現金、修復或置換等方式，賠償金額之計算則分兩種情況：

　　（一）可修復者：以修復保險標的物至毀損瞬間前之狀況實際所需費用為限，並應扣減殘餘物之價格。修復所需之材料、零件，原則上皆使用新品，並不扣減折舊。

　　（二）全損者：以保險標的物在毀損瞬間前之實際價值為限，並應扣減殘餘物價格。所謂全損係指不堪修復或修復費用超過保險標的物之實際價值，而實際價值係指保險標的物之重置價格扣減使用折舊後之金額。

　　工程保險的賠案，大部份由保險公司委託公證公司理算，其實被保險人亦可主動委託或參與協商選定公證人，以免喪失自己權益並可避免公證人立場上的偏頗。在賠案的實務處理上，常發生以下問題：

　　（一）保險事故之認定：意外事故是否合於承保範圍？如有懷疑工程設計錯誤或材料瑕疵時，必然發生爭議，因為營造險及安裝險對於設計錯誤所致損失，均不承保。

　　（二）重置價格之認定：營建機具、鍋爐、機械、電子設備保險之保險金額，皆規定為保險標的物之新品重置價格，一般廠商多半不願對保險公司報價，在查證上常有困難。

　　（三）搶救費用：搶救費用不同修理費用甚且會超過保險金額，依據新修訂之保險法規，被保險人於事故發生時為避免或減輕損害所生費

用，保險人應予賠償。實務上，被保險人為避免搶救之困難亦往往放棄施救而以全損請求賠償。

（四）部份損失與全損之爭議：電子設備一旦損壞，最常發生爭議，被保險人常以修理後之性能差異為由，而以全損請求賠償。

（五）折舊之計算：全損之賠償必須扣除折舊而以實際價值為限，但會計帳面之折舊與實際使用之折舊往往不同，而且機器扣除折舊後之價值，有時比市面之價值還高。

（六）複保險之比例分擔：一項工程建設有不同承包商參與時，複保險時有所聞。保險標的物之認定有爭議時，或是自負額有差異時，損失金額之分擔很難公正計算。

第十二節　工程保險之統計

工程保險因第三節所述之各種特性，致各式各樣的統計分析對其費率條件的合理化與損失率的控制有很大的幫助，茲概述目前之資料統計系統：

一、保費與損失金額的統計類別

（一）保險種類：分營造、安裝、營建機具、鍋爐、機械、電子設備等6種保險。

（二）保險標的物種類

1.營造工程分為30類：

(1)一般房屋工程。(2)大會堂及特殊建築物工程。(3)基礎工程。(4)平地鐵路、道路工程。(5)山區鐵路、道路工程。(6)飛機場土木工程。(7)市地重劃工程。(8)農地重劃工程。(9)土方、擋土牆、整地工程。(10)水橋工程。(11)陸橋、地下道、交流道工程。(12)陸地管線工程。(13)過水管線工程。

⒁區域排水、運河工程。⒂下水道、箱涵工程。⒃發電廠、抽水站、加壓站、變電所工程。⒄防洪工程。⒅灌溉工程。⒆水壩及附屬設施工程。⒇隧道工程。(21)海堤工程。(22)防波堤、碼頭、其他海事工程。(23)造地工程。(24)淨水廠、廢水處理廠工程。(25)水池、配水塔、游泳池工程。(26)高塔、煙囪、圓倉工程。(27)傳輸架線工程。(28)鑽井、鑽探、油庫工程。(29)水土保持、植草綠化造景工程。(30)拆除工程及其他。

2.安裝工程分為 24 類：

⑴交通運輸系統工程。⑵礦業工程。⑶印刷業工程。⑷化學工業工程。⑸金屬類安裝工程。⑹電機類工程。⑺金屬生產工業工程。⑻食品工業工程。⑼建築物設備工程。⑽木材工業工程。⑾貯藏設備工程。⑿農產工業工程。⒀皮革工業工程。⒁造紙工業工程。⒂通訊系統工程。⒃建材工業工程。⒄紡織工業工程。⒅水處理工程。⒆發電廠工程。(20)鑽探工程。(21)光學工業工程。(22)資訊、研究、實驗設備安裝工程。(23)管線工程。(24)其他工程。

3.營建機具分為 4 類：

⑴吊車類：如塔式吊車、爬升式吊車、貨櫃吊車、活動式吊車、纜式吊車等。

⑵無一定軌道活動式機具：如挖土機、推土機、鏟裝機、堆高機、滾壓機、振動機、傾卸車、卡車等。

⑶固定或軌道式機具：如舖料機、舖軌機、發電機、載貨火車、水泥拌合場、碎石場等。

⑷其他機具：如農業機具。

4.鍋爐及壓力容器分為 7 類：

⑴蒸發量每小時 50 噸以上之大型水管式鍋爐。

⑵蒸發量每小時 20～50 噸之中型水管式鍋爐。

⑶蒸發量每小時 2～20 噸之小型水管式鍋爐。

⑷蒸發量每小時 2 噸以下之小型水管式鍋爐。

⑸熱媒鍋爐。

⑹煙管式鍋爐。

⑺有加熱、化學反應之壓力容器。

⑻無反應之壓力容器。

5.機械之分類與安裝工程相同。

6.電子設備分為 10 類：

⑴電腦及周邊設備。⑵通訊設備。⑶傳送接收設備。⑷照明設備。⑸試驗研究設備。⑹電子醫療設備。⑺信號顯示設備。⑻辦公室電子設備。⑼觀測紀錄設備。⑽其他電子設備。

（三）保險公司：目前計有臺產、中產、太平、航聯、富邦、華僑、泰安、明台、中央、第一、國華、友聯、新光、華南、東泰等十五家產物保險公司參加共保。

（四）保險標的物處所（施工處所）： 分為臺北、桃園、新竹、苗栗、臺中、南投、彰化、雲林、嘉義、臺南、高雄、屏東、臺東、花蓮、宜蘭、澎湖等16個縣及臺灣地區、外島地區，每個縣再按重要都市細分。

（五）損失原因分析：區分為 19 種： 1.火災、閃電、化學性爆炸。2.物理性爆炸。 3.機械、電氣性故障。 4.地震、火山爆發。 5.水災、洪水、豪雨。 6.暴風、颱風、霜雪。 7.竊盜。 8.惡意行為。 9.人為疏忽、錯誤、技術不良。 10.材料瑕疵。 11.設計錯誤。 12.試車、負荷試驗。 13.鄰近財物。 14.第三人非善意行為。 15.山崩、岩崩、落石。 16.倒塌、震動。 17.裂縫。 18.碰撞、傾覆。 19.其他原因。

（六）損失發生時間：按 1～12 月份區分。

（七）保險金額：按金額大小區分為 10 級： ⑴1 百萬以下。⑵1 百萬～5 百萬。⑶5 百萬～1 千萬。⑷1 千萬～2 千萬。⑸2 千萬～5 千萬。⑹5 千萬～1 億。⑺1 億～2 億。⑻2 億～5 億。⑼5 億～10 億。⑽10 億

以上。

以上所介紹之統計類別可單項或合併多項使用，統計表格中可視情況包括保單號碼、保額、保費、費率、保單件數、損失金額、自負額、公證費用、賠付金額、損失件數、未決賠款等。

二、統計分析

從各類別的統計中可以求得：

（一）損失率

1.曆年度實付與簽單損失率 (Calender Year Paid-To-Written Loss Ratio)＝實付賠款／簽單保費。

其特點為方便簡單，可於年度結束時立即統計，了解當年盈虧，但不了解當年核保水準。長期統計如合併 3 年、5 年、10 年或 20 年，則對各類別統計分析非常有用。

2.保單年度發生與滿期損失率 (Policy Year Incurred-To-Earned Loss Ratio)＝(保單年度已付賠款＋未決賠款)／保單年度滿期保費。

其特點為可立即了解年保單業務當年之核保水準，而即時於次年改進，但長期之營造及安裝工程保險則需等待所有保費滿期後，方能得知。

任何單獨一種損失率的統計，皆無法滿足核保上的需求，必須相互對照觀察。

（二）保費分配比例：即各類別保費佔全部保費之比例。

（三）賠款分配比例：即各類別賠款佔全部賠款之比例。

（四）損失發生頻率：即損失件數／保單件數。

（五）賠款保額比例：即賠款金額佔保額的比例。

（六）平均保額、平均保費、平均費率。

（七）平均賠款、平均賠款保額比例。

（八）合理費率之調整：以統計之損失率和預期合理損失率相較而

求出合理費率。

　　（九）費率與自負額之間的關係：調高或降低自負額以觀察損失率之變化，進而求出調整後之費率。

附　表

工程保險 81-85 曆年度各類別保費賠款統計表
(Calender Year Paid-To-Written)

險別	保費及賠款	81 件數	81	81 比例%	85 件數	85	85 比例%	81-85	81-85 比例%
營造險	保費	10,033	1,155,632,477	63.57	25,161	1,455,621,308	57.78	7,343,134,746	63.08
	賠款	431	245,547,290	51.47	2,492	1,174,012,986	67.39	3,315,808,216	42.87
	損失率		21.24%			80.65%		45.16%	
安裝險	保費	2,511	483,199,482	26.57	1,945	761,496,019	30.23	2,977,973,515	25.58
	賠款	357	200,005,734	41.92	782	423,991,444	24.34	3,978,384,159	51.44
	損失率		41.39%			55.68%		133.59%	
營建機具險	保費	600	78,204,893	4.30	1,203	142,569,298	5.66	635,528,820	5.46
	賠款	32	18,960,518	3.97	252	92,363,794	5.30	296,243,011	3.83
	損失率		24.24%			64.79%		46.61%	

險種	項目								
鍋爐險	保 費	336	14,645,475	0.81	406	13,355,441	0.53	82,180,746	0.71
	賠 款	0	0	0	4	1,363,644	0.08	9,300,173	0.12
	損 失 率		0			10.21%		11.32%	
機械險	保 費	40	14,698,240	0.81	148	34,808,800	1.38	124,382,927	1.07
	賠 款		170,430	0.04	26	22,584,366	1.30	50,437,167	0.65
	損 失 率		1.16%			64.88%		40.55%	
電子設備險	保 費	1,244	71,750,337	3.95	2,086	111,322,519	4.42	478,693,867	4.11
	賠 款	27	12,376,432	2.59	128	27,689,961	1.59	83,948,904	1.09
	損 失 率		17.25%			24.87%		17.54%	
合計	保 費	14,764	1,818,496,773		30,949	2,519,173,385		11,641,894,621	
	賠 款	848	477,060,404		3,684	1,742,006,195		7,734,121,630	
	損 失 率		26.23%			69.15%		66.43%	

第十九章　產品責任保險

第一節　概　述

　　民國六十八年發生於彰化、臺中地區的多氯聯苯中毒事件，當時受到政府重視，社會關切，多方給予救助，政府並且指定臺大醫院、榮民總醫院及省立中興醫院免費醫療，社會各界亦紛紛伸出援手。但事隔一年半以後，根據衛生署最近完成的統計，因多氯聯苯中毒之受害者，共有一千六百七十名，至今治療效果不理想。中毒事件之主因，係因彰化油脂公司製造之米糠油，因其中摻雜多氯聯苯化學品，致使食用者發生中毒。食品中毒事件在我國亦時有所聞，惟受害人數之眾，受害程度之嚴重，則以多氯聯苯為首次。不僅引起消費大眾對於食品污染感到惶恐，同時也引起民法上一項極端重要而迫切的問題；即如何使得類此的受害者，能夠迅速而有效地依法請求損害賠償。就我國現行民法體系而言，除非受害者能夠證明行為人之故意或過失，別無迅速求得賠償之依據。而且即使受害者依據民法進行追訴，基於保護消費者利益的觀念，仍未普遍，以及有關立法仍欠缺等原因，非但曠廢時日，往往亦無法獲得滿意的結果。

　　我國社會經濟之急速發展，人民生活水準之不斷提高，使得「保護消費者利益」的問題受到普遍之重視。我們知道先進國家中，因經濟發

展必然產生一些不良之副作用，諸如劣質商品、不實廣告、專利標準冒用、交易條件不公平等等，在在都足以影響消費者的利益。至於在我國有關以上問題亦時常發生，近年來更有變本加厲之勢，已嚴重影響消費者的利益，甚至損害消費者的健康。最近中華民國消費者文教基金會，在大力推動如何保護消費者運動，已引起社會普遍的注意與響應。

一、產品責任之概說

（一）「產品」之概說：所謂「產品」包括天然及工業之產品，不論其為新產品或加工品，亦不論其為動產或不動產❶。

（二）產品責任之概說：何謂「產品責任」，茲摘其有關之概說如下：

「所謂產品責任 (Products liability) 是指商品製造與出售人對於無契約關係之第三人可能涉及的責任問題。」❷

「指產品製造者或其他人（包括修理及倉庫管理人等與產品之生產或與銷售有關之人），因其產品所致損害之責任，包括因產品說明錯誤或未將產品品質、特性或使用方法作適當說明所致損害之責任。」❸

"The liability may be incurred for death, bodily injury or illness can be caused by a wide range of products or goods are sold or supplied." ❹

"All liabilities for bodily injury and property damage arising out of adefect in a product after the manufacturer has relinguished physical to

---

❶ *Convention on the Law Applicable to Products Liability*, Article 2, a. 1972. 本公約於西元一九七二年經海牙國際私法會議通過。

❷ 參見陳適庸先生〈美國法上產品責任之形成與演變〉一文，載於民國六十九年二月二十五日《中國時報》二版。

❸ 同❶，Article 1.

❹ 參閱 Batten and Dinsdale, *Public Liability Insurance*, 5th ed., p. 128.

exercise any direct control over it." ❺

　　綜合以上之概說，所謂產品或商品責任，係指產品製造人或出售人，因其製造或經其出售之產品，引起使用者身體傷害或財物損失時，依法應負之損害賠償責任而言，其依法應負損害賠償責任之關係人，除製造者 (manufacturer) 外，仍包括裝配者 (assembler of component products)、批發商(whole-saler)、經銷商 (distributor)、零售商 (retailer)、加工廠商 (processor) 及進口商 (importer)❻

二、產品責任之法律依據

　　依據一九七二年，海牙產品責任適用法律公約 (Convention on the Law Applicable to Products Liability) 規定，適用之法律應為損害地國或直接受害人習慣居住地國之國內法❼。各國產品責任之適用法律基準 (legal basis of products liability)，大致分為絕對責任 (strict liability)、契約責任 (liability in contract) 以及侵權責任 (liability in tort) 三種主義，除美國多數州適用絕對主義外，其他國家多數適用其國內有關法上之契約責任及侵權責任規定。我國亦同。

　　（一）契約責任：所謂契約責任者，並非基於當事人之直接契約關係為必要，而係因某項法律之規定，使產品製造人必須負擔相當之責任，

---

❺　　Claims Service of the Swiss Reinsurance Company, *Products Liability*, Special ed., Part 1, p. 6.

❻　　參閱 *Convention on the Law Applicable to Products Liability*, Article 3.

　　Claim Service, *Products Liability*, Special ed., Part 1, p. 6.

　　Batten and Dinsdale, *Public Liability Insurance*, 5th ed., p. 136.

　　Gene Sullivan, *Products Liability: Who Needs It?* p. 5.

　　我國產品責任保險承保辦法第二條承保對象。

❼　　同❶，Article 4, 5.

包括因對產品品質及用途之錯誤說明或不實廣告 (Misdescription or misadvertisements) 之明示保證及無產品說明 (no statements about its product) 之默示保證應負的責任。違背以上保證事項時，受害人得依據請求身體傷害、財物損失及其從屬損失之損害賠償。

（二）侵權責任：所謂侵權責任者，乃以過失 (negligence) 主義為原則，即製造人因於其產品未能盡到應有的注意 (reasonable care) 以致引起損害，而負損害賠償之責。

（三）絕對責任：所謂絕對責任者，即產品製造人對於最後消費者 (Ultimate consumer)，因產品缺陷所造成的損害應負絕對責任。此為美國多數州法院對產品責任所採用之法律原則，亦即所謂「責任溯及產品 (liability follows the product) 原則」。採用此一原則的理由，認為一般消費者極難證明產品製售人的過失，或不當的保證之事實，因而契約（保證）責任及過失責任，仍不足以達到有效保護消費者之目的。因此，促使產品製售人，負絕對的損害賠償責任，遂為美國社會學者與法界人士的共同期望。

三、美國產品責任之演變趨向

（一）由契約（保證）責任及過失責任至絕對責任主義：美國自一九六三年加州法院對於 Greenman V. Yuba Power Products, Inc. (1963), 377, pac. 2nd 897 一案之判例，確立了產品製售人須負絕對責任的法律原則。此案判決法院認為：「構成絕對責任的理由有三點：1.產品製售人既然推出其產品供社會消費大眾購用，一旦發生危害，自應負擔賠償責任。2.產品製售人為了推銷其產品，必然會透過廣告等媒體，加強使消費大眾對其產品良好與安全的信賴，故消費者有權利要求商譽良好的廠商提供完美的產品，並為其品質保證。3.就經濟觀點而言，產品製售人基於因其產品缺陷而須負擔之意外損失，能夠利用責任保險方式，透過

成本與售價計算，將之轉嫁於最後消費者。」❽

　　數年後，絕對責任原則即為美國各州法院所採行。

　　依據絕對責任原則訴請損害賠償者，原告消費者僅須證明其所受傷害或財物損失係因產品之缺陷而引起者，即可成立，亦就是所謂的無過失責任主義。其目的在促使產品製造人負起高度的責任及注意。

　　（二）由絕對責任至折衷主義：自一九七七年起，美國有二十餘州已通過產品責任訴訟中，關於侵權責任修正法案。新法案將融合現為各州法院採行的過失 (negligence)、保證 (warranty) 及絕對責任 (strict liability) 之法律原則，俾建立單一產品責任法則。雖曰建立單一產品責任規定，但各州規定並不完全相同，惟主要共同規定，旨在減輕產品製造商或銷售商應負之法律責任，可歸納為下列各點：

　　1.限制產品法律責任之期限：新州法將產品製造者或銷售者對其產品之潛在責任 (potential liability) 限制為自產品製成、或出售，或對第一次使用時起，經過 6～12 年（視各州規定）為止，逾此期限，可不予負責。例如阿拉巴馬州規定，對產品責任賠償之訴訟，除非主張之理由為產品製造者或銷售者違反明示保證 (express warranty)，必須於該產品首次出售後起算十二年內為之。南達科塔州則規定，自產品被送交達第一個使用者之日起算，六年內為之。

　　2.貿易習慣及標準之採行：新州法另項重要規定為關於產品責任之訴訟，允許製造商或銷售商，得以依據當時情況、標準、條件等為其抗辯之理由。不過各州法律對於這項抗辯理由之採證程度，則大有不同。某些州是充分支持的，例如亞里桑那州，關於產品設計缺陷責任 (defective design product liability) 方面之訴訟，被告廠商得以其設計與製造已符合該產品出售時之「當時情況；……等」為絕對抗辯之理由。這項「當時情況；……等」當然包括產品製造時的安全標準。其他州之新法

❽　參閱 Gene Sullivan, Ibid., pp. 32–52. 同❷。

則不然，但允許可以「當時情況；……等」辯詞列為被告抗辯之理由。肯塔基州法律規定，如果被告產品之設計已符合當時一般工業標準，或產品設計時之「當時情況；……等」者依據為抗辯理由，則其產品設計無缺陷當可推定成立。不論各州對新產品責任立法之演變為何，有一點至為明顯，即規定允許可以「當時情況；……等」為被告抗辯理由之州，法律在審理有關產品設計缺陷責任訴訟案件時，易於迅速作成判例。尤以產品未能依照工業習慣或政府標準之被告，法院即迅予不利的判決，至於已依照工業習慣或政府標準之被告，雖得以其產品已依照工業習慣或政府標準之理由作為抗辯，但實際被法院採證之判例迄今仍不多見。這說明了一個原則——每位產品製造商應對其產品負法律責任。

　　3.製造商或銷售商無法控制情況下產品責任之免除：有些州法規定，如果產品使用人之傷害，係發生在製造商或銷售商無法控制之情況下，免負其責任。例如，多數州之新立法規定，產品脫離其製造商或銷售商之手後，經他人修改或變造者，可免負以後之責任。某些州法甚至規定，產品經他人修改或變造後引起之傷害，視為產品責任訴訟中被告抗訴之絕對理由。惟在俄勒岡州則屬例外，除非能證明製造商或銷售商無法預知其產品可能被修改或變造之情事，不得依據為產品責任抗訴之理由。

　　4.產品銷售商產品責任之適當限制：有學者認為，產品責任立法之主要對象，為產品製造商，而其他關係人如產品銷售商或分配商等乃是次要對象，因而某些州之新立法中，特別規定，非製造業之銷售商，對其所經售之產品，如果沒有機會檢查，或非由其加工，或根本不知產品有缺陷……等情事，則無須負該產品之責任。

　　引起產品責任之其他問題，如消費者之誤用，或相當的疏忽，或產品之標示不當等等，均為產品責任新立法討論之問題。

　　綜合以上各州有關產品責任新立法之趨向，乃在於建立產品製造

者、銷售者及消費者三方面對於產品責任與義務之共同觀念。

　　5.統一產品責任法案之訂定：美國商務部 (the Department of Commerce) 已經完成「統一產品責任法」草案 (the Uniform Product Liability Act)，俾為各州個別訂定產品責任立法之模範法 (model law)，並已送往國會討論。統一產品責任法案，由美國商務部邀集消費者、製造者、銷售者及保險人團體之代表研商擬定，內容兼顧消費者與製造者及銷售者三方面之利益，除包括上述四點外，重要者另歸納為以下兩項：

　　⑴建立產品製造商產品責任之基本標準，規定製造商僅對其產品經證明，因為下列之缺陷原因而引起之體傷或財損，始負責任：

　　①構造上之不安全。

　　②設計上之不安全。

　　③沒有適當之標示或說明。

　　④與銷售者之明示保證不符合。

　　⑵保險設計上之配合，包括擴大現行產品責任保險之承保範圍❾。

第二節　產品責任保險

一、產品責任保險之定義

　　產品責任保險 (products liability insurance) 屬於公共責任保險 (public liability insurance) 之一種，責任保險誕生後二十年，於一九一〇年，有了第一張產品責任保險單❿，依據美國學者所著 *"Principles of Insurance"* ⓫及 *"Products Liability; Who Needs It?"* ⓬二書中之定義可

---

❾　參閱 *Product Liability: More relief on the way*, the John Liner Letter, January, A. D. 1980.

❿　Mehr and Cammack, *Principles of Insurance*, 6th ed., p. 326.

知此種保險，承保被保人因製造、發售、處理或分配其產品或貨物，在他人消費或使用時受到損害而應負之損害賠償責任。但只以產品或貨物已離開原來之製造或發售之處所為限。我國產品責任保險基本條款第一條：本保險單對於被保險人因被保險產品之缺陷在保險期間內發生意外事故，致第三人身體受有傷害或第三人財物受有損失，依法應由被保險人負損害賠償責任，而受賠償請求時，對於被保險人負賠償之責。

二、產品責任保險之承保對象

（一）成品或合成品之製造者。

（二）天然物之生產者。

（三）成品或合成品之銷售、供應者。

（四）其他參與產品之生產或上市銷售之人。

三、產品責任保險之承保範圍

產品責任保險單之基本承保範圍，即為承保因被保險產品之缺陷引起意外事故，而發生第三人之身體傷害或財物損失之賠償責任。所謂「被保險產品之缺陷」即指經載明於產品責任保險單，並由被保險人從事製造、發售、處理或分配產品之瑕疵 (vice) 或缺點 (defect) 或具有不能預知 (unexpected) 的傷害性質。所謂「身體傷害」即指在保險期間內任何人遭受之體傷、疾病及因而導致之死亡 (death)。所謂「財物損失」即指在保險期間內有形財產 (tangible property) 之毀損或滅失，或因而不能使用 (loss of use) 之損失。

四、產品責任保險之不保事項

⓫　Ibid., p. 327.

⓬　Gene Sullivan, Ibid., p. 128.

　　所有保險單均載明不予承保之事項 (exclusions)，究其理由大致可
以歸納為下列三點❸：

　　（一）一般保險（尤指商業性保險）不能承保的巨災危險損失。

　　（二）可由他保險單以較優之條件承保者。

　　（三）雖然在危險性質上仍屬可予以承保，但基於保險成本之負擔
必須另收附加保險費始予承保者。

　　產品責任保險單之不保事項可歸納為下列四項❹：

　　（一）因被保險產品全部或部份之缺陷而引起產品本身之毀損或滅
失。

　　（二）因被保險產品之收回、檢查、修理、替換或不能使用而須負
擔之損失。

　　（三）被保險產品因設計、製造程式、規格錯誤，或說明不當而發
生之損失。此純屬管理之缺失，故又稱「管理錯誤」。

　　（四）被保險人以契約方式承認履行之賠償責任。

五、產品責任保險金額之約定

　　舉凡責任保險之保險金額，要保人與保險人大都均按照下列條件約
定之，產品責任保險亦不例外，即：

　　對於每一個人身體傷害之保險金額；

　　對於每一意外事故身體傷害之保險金額；

　　對於每一意外事故財物損失之保險金額；

　　對於每一保險期間內之累計保險金額。

六、產品責任保險之費率及保費

---

❸　參閱 Gene Sullivan, Ibid., pp. 140–141.

❹　同❺, Part 1, pp. 18–26.

（一）保險費率：在核保實務上對個別要保危險單位之評估結果及該同類危險事故之經驗法規，乃保險費率計算之基礎❺。產品責任保險所承保之危險，乃因產品之缺陷引起意外事故，而發生第三人之身體傷害或財物損失之賠償責任，與產品之銷售額有著密切的關聯，故產品責任保險費率習慣上多係按照銷售總金額 (gross turnover) 之百分比或千分比計算，但有時對於某些產品之責任保險亦有按照其工資總額 (wages) 或噸位 (tonnage) 或加侖 (gallonage) 或數量 (number) 之百分比或千分比計算者。

（二）保險費：保險費 (premium) 為保險人承負給付保險金責任之對價 (consideration)。一般性保險，通常以費率或保險金額為計算保險費之依據，而產品責任保險則以費率與銷售總金額計算保險費，但因銷售總金額於要保之時僅為預計金額，其實際銷售總金額須俟保險期間屆滿之時始予確定，故實務處理上分為下列四種性質之保險費：

1.預收保險費 (deposit premium)，即於保險單生效時按全年預計銷售總金額乘保險費率計算之保險費。

2.實際保險費 (actual premium)，即於保險單所載期間屆滿後，按實際銷售總金額乘保險費率計算之保險費。

3.調整保險費 (adjusted premium)，即保險期間所載期間屆滿或終止後，預收保險費與實際保險費之差額，應退還被保險人或應由被保險人補繳之保險費。

4.最低保險費 (minimum premium)，即每一保險單保險人應向要保人或被保險人收取之基本保險費。

七、產品責任保險通常所採用之計算保費方法

（一）按營業額 (turnover) 計算方法：就產品責任保險而言，此法

---

❺ 袁宗蔚著,《保險學》, p. 183.

比較採用按工資總額或員工人數計算方法更適當，因為同一個被保險人之不同產品，所具有之引起損害潛在性 (loss potential) 亦互異，因而宜採用不同之費率，按各類產品之營業額計算保險費。

（二）按生產量或銷售量計算方法：此法適用於生產量或銷售量以噸為單位者如液體油類，或以立方公尺為單位者如碎石等產品，此法僅考慮產品量的變動而對足以影響賠償成本之產品價格因素不予考慮是其缺點。但此法可以避免影響危險之間接因素如原料價格或營業稅等之變動。

（三）按工資總額計算方法：如按工資總額計算方法，則必須同時考慮與其相關的增加因素。例如保險期間內，營業額增加幅度大於薪資額時，其所計收之保費與實際產品責任危險相比較，將產生保費不足之後果。如被保險人是從事安裝作業，如冷暖氣設備、天線等之安裝工作者，則其責任保險費之計算，以工資總額基礎為最適當。

（四）提高補償限額：對於責任保險因提高補償限額而予增收之額外保險費，很難採用標準方法，因為在提高補償限額條件下，個別危險狀況之因素，遠較其在正常補償限額條件下，更具重要性。核保人員必須對有關之危險狀況，作綜合性之調查，從而確定屬於平均危險或大於平均危險，如為大於平均危險，則其程度又如何。核保人員必須牢記的一點，即補償限額對承保危險之特別危險因素而言，乃反映保費之計算基礎。因此，若依照基本保險費之某一固定百分比作為提高補償限額增收額外保險費之方法，實際上將產生不同加費之效果。例如基本保費為營業額千分之六 (6‰)，按其百分之五十 (50％) 增收額外保費時，即相等於同樣危險程度，基本保費為營業額千分之三 (3‰)，按其百分之五十 (50％) 增收額外保費之兩倍。因此，當計算因提高補償限額而增收額外保險費時，對其特別危險因素之主要損失或巨災損失之或然率及其可能之大小程度 (probability and possible size of a major or catastrophic loss) 必須予以考慮。連續損失或個別性巨災損失程度應被列為責任保險之嚴重危險。對產品責任而言，連續損失乃被視為最嚴重之危險，特別指西藥、化妝品及其他化學品製造業、金屬、塑膠及橡膠製造業、食品、飲料及飼料製造業、建材製造業等。至於個別性的巨災損失，當以火災或爆炸為其嚴重危險。例如營建或電焊工作，或易引起大火可能之場所如百貨公司、倉庫、製造或儲存高度燃燒或爆炸性物體之處所。此時，建築業因建築物之倒塌而引起對第三人之損害賠償責任，出口輸往美國之產品常附帶嚴重之產品責任。這些因素無出於計算基本保險費及提高補償限額之額外保險費時，均須予以估計。

另外體傷及財損補償限額之分配，亦為計算額外保險費之考慮因素。蓋兩者以何者孰優亦是危險之因素。如果僅提高體傷或財損之補償限額，則對於醫生及醫院，旅館及餐館，戲院及娛樂場所，纜車及學校，製藥等業之體傷責任之嚴重性，應予相當之估計。如果提高補償限額僅以危險優先為因素，不論對體傷或財損，該項危險應視為嚴重危險[16]。

八、產品責任保險之期間

產品責任保險單之有效期間多為一年，且大都為事故發生制 (on occurence basis)，又稱為溯及保險 (back coverage)，即只要因被保險產品缺陷引起意外事故發生之身體傷害或財物損失是在保險單有效期間內，不論該產品於何時製造或出售，或已使用多久，保險人就須負賠償之責。

九、產品責任保險賠償之限制

舉凡責任保險保險人之賠償額均有限制，以策經營之安全，產品責

---

[16]　參見〈公共責任保險研討會要義〉，載於臺北市產險公會業務發展委員會編印之《保險資訊》，民國七十年六月出版。

任保險亦不例外。通常對於每一受害人，每一意外事故或事件，以及每一保險期間都有最高賠償額之限制，如上述任一賠償額未達最高時，則以被保險人依法必須賠償之金額為限，而並非以最高賠償為賠償限度。

十、產品責任保險單之內容

產品責任保險有以綜合責任保險單 (comprehensive general liability policy) 承保或以獨立保險單 (independent policy) 承保者。使用獨立保險單承保者，其主要內容如下 ❶ ：

（一）保險單號碼 (Policy No.)。

（二）被保險人姓名、住所、營業所 (Insured's name, address and business address)：通常即為要保人之姓名、住所及營業處所。

（三）產品名稱 (Goods supplied)：指要保產品之名稱。

（四）保險金額 (Amounts of indemnity)：指保險人承負責任之最高金額。又分為：

1.每一意外事故每個人之身體傷害及費用最高金額；

2.每一意外事故之身體傷害及費用最高金額；

3.每一意外事故之財物損失及費用最高金額；

4.每一保險期間之累計最高金額。

（五）自負額 (Deduction)：指每一意外事故被保險人自行負擔之金額。

（六）保險地區 (Territorial scope of insurance)：指本保險單效力所及於被保險產品之銷售地區。

（七）保險期間 (period of insurance)：指保險人所負責任開始至終

---

❶　參閱 Claim Service, *Products Liability*, Special ed., Part.III.

　　Batten and Dinsdale, *Public Liability Insurance*, 5th ed., pp. 139–140.

　　我國產品責任保險單。

止之期間。

（八）保險費 (Premium)：指保險人承負責任之對價。

（九）保險費率 (Premium rate)：指計算保險費之標準。

（十）最低保險費 (Minimum Premium)：指每一保險單應收取之最低保險費，與保險金額無直接關聯。

（十一）預收保險費 (Deposit Premium)：指於保險單生效時按預計銷售額計算預收，於保險期屆滿時多退少補。

（十二）簽發地點及日期 (Place and date of issuing)：指簽發本保險單之處所（即保險人之營業處所）及日期。

（十三）保險之標的 (Subject-matter of the insurance)：指保險人載明其對被保險人之何種賠償責任予以負責。

（十四）承保範圍 (Scope of cover)：指保險人對被保險人應予補償 (indemnity) 的責任範圍。

（十五）除外事項 (Exclusions)：指保險人載明其對被保險人之那些賠償責任不予負責。

（十六）一般規定事項 (General provisions)，包括：

1.保險費之計算 (Calculation of premium)；

2.保險費率之增減 (Changes in rating)；

3.發生本保險單承保之賠償事故時被保險人之義務事項 (Insured's obligations in the event of loss)；

4.危險變更時之通知 (Modification of risk)；

5.不履行義務時保險效力之規定 (Breach of conditions)；

6.保險效力之開始與終止之日期 (commencement and duration of the insurance)。

十一、產品責任保險之特性

綜合歐美及我國產品責任保險單之承保與不保範圍，產品責任保險具有下列各項特性：

（一）保險人所承保之責任，均為被保險人由於過失或侵權行為依法對第三人所負的民事賠償責任，其可能為身體傷害責任，亦可能為財物損失責任，或二者兼而有之。身體傷害通常包括因此引起的疾病及死亡責任在內。

（二）所保者係因過失或侵權行為而負有之賠償責任，則因被保險人故意行為之賠償責任，不在承保之列。

（三）所承保者係為依法應負之賠償責任，則被保險人依據契約應負的賠償責任，亦不在承保之列。

（四）所承保者係為對第三人應負之賠償責任，則被保險人或其受雇人之身體傷害或財物（包括租用、代管或受其控制的財物）毀損不在承保之列。不但如此，如第三人未向被保險人請求賠償時，則被保險人亦不能向保險人請求賠償。

除具有上述責任保險之共同特性外，另具有下列之特性：

（五）國際性頗濃厚，蓋產品責任保險之承保地區，多以產品之銷售地區為其範圍，雖限制於某地區如本國者為限，但在多數情形下之產品責任保險是因應國外購買者之要求而投保者。

（六）危險之因果關係，與產品製造或加工過程中之設計欠缺、原料瑕疵、製造或加工不良、品質管理、檢驗機能等因素至為密切。

（七）危險程度受產品使用地區之權利觀念，求償意識及法院對此類訴償案件的執行情形之影響甚大。

（八）同一原因可能造成一連串的賠償事件，故訂定保險期間內的責任限額尤須審慎。

（九）保險事故發生時間及賠償請求期間甚難估計，故實務上有採發生基礎 (occurrence basis) 與索償基礎 (claims-made basis) 之分。

（十）保險費率之釐訂較其他責任保險複雜。

第三節　我國產品責任保險

（一）承保方式

配合國家經濟政策，適應工商企業需要，於民國六十八年五月一日開辦產品責任保險，以特別保險單承保。

（二）承保範圍 (coverages)

依保險單條款第一條約定，承保範圍如下：

「本保險單對於被保險人因被保險產品之缺陷在保險期間內發生意外事故，致第三人身體受有傷害或第三人財物受有損失，依法應由被保險人負損害賠償責任，而受賠償請求時，本公司對於被保險人負賠償之責。」

按本條款約定，承保公司對被保險人負賠償之責，必須同時具備五項要件：

1.須因被保險產品之缺陷而發生意外事故

依保險單條款定義，所謂「被保險產品」係指經載明於本保險單，由被保險人生產、製造、裝配、加工、處理或採購，並銷售於本保險單「地區限制」欄所載明之地區範圍內之產品，包括該產品之容器。而「被保險產品之缺陷」係指被保險產品之瑕疵或缺點、或具有不可預料之傷害或毒害性質，或因被保險人之疏忽而供應錯誤之產品，足以導致身體傷害或財物損失者。

2.須在保險期間內發生意外事故

承保公司負賠償之責，須意外事故之發生在保險有效期間內；而此處所指之「意外事故」在保險單中並無明確定義，應可作一般解釋，通指發生被保險人不可預料亦非故意而造成第三人財物損害或身體傷害之

事故。

3.須第三人受有「身體傷害」或「財物損失」

依保險單條款定義,「身體傷害」係指任何人所遭受之體傷、疾病及因而導致之死亡。「財物損失」係指有形財產之毀損或滅失，並包括因而不能使用之損失。而所謂第三人，除另有約定外，係指被保險人及保險人以外的任何人，例如產品買受人及其他第三人。

4.須被保險人依法應負之賠償責任

「依法」即依據法律規定而言；承保公司應負賠償責任，係依法律規定應由被保險人負賠償責任時；惟目前我國並無產品責任法規之制定，所謂「依法」，　僅援用民法中有關侵權行為之規定；但自八十三年消費者保護法公布實施以後，另可依消費者保護法之規定作為依循，該法未規定者，仍援用民法侵權行為之有關規定。

5.須被保險人受賠償請求

損害補償是保險經營原則之一，有意外事故的發生，倘受害人不向被保險人請求賠償，則被保險人並無損失，承保公司自不必賠償，是故，第三人遭受損害依法應由被保險人負賠償責任，須該受害第三人向被保險人請求賠償時，承保公司始須負賠償之責。另外，受害人於保險單期滿後始向被保險人請求賠償，凡意外事故發生於保險期間，縱然保險單期滿後未續保，承保公司亦須負賠償之責，惟受害人向被保險人請求賠償須受民法第一百九十七條二年時效之限制，而被保險人亦須依保險法第六十五條之規定，自意外事故發生日或自受第三人請求之日起算兩年內向承保公司請求賠償。一般而言，保險單通常會有被保險人應於知悉後立即通知承保公司之約定。

（三）除外不保事項

承保公司對於下列事項不負賠償責任：

1.被保險人以契約或協議所承受之賠償責任。但即使無該項契約或

協議存在，亦應由被保險人負賠償責任者不在此限。

　　本條之約定以契約承受之責任除外不保。蓋依據契約自由原則，契約當事人雙方只要不違反法律強制規定及公序良俗之原則下，可自由擬訂契約內容；因而，形成立於強勢之一方（買方市場）可能以含有某些特殊條款（例如：免責條款 Hold Harmless Clause）之契約要求他方接受；例如，今有一產品製造商與一產品批發商簽訂買賣契約，產品批發商立於強勢一方，在買賣契約中約定：「凡因產品發生意外事故導致第三人之身體傷害或財物損失概由製造人負賠償責任」，在此情況下，若產品出售後對第三者（買受人或其他第三人）產生傷害，經由查明證實係由於產品製造或設計時缺陷所致者，應由製造人（即被保險人）依法負賠償責任，承保公司自應負責賠償，應無問題；若事故造成之原因並非產品製造或設計缺陷所致，係由於批發商處理錯誤或疏忽，或未經製造人同意私自將產品改造所致者，依法應由批發商對受害第三人負賠償責任，倘受害人向供應商請求賠償，供應商將依據先前契約約定，將賠償責任移轉給製造商，此時製造商不能將此賠償責任移轉給承保公司，依本款約定此責任為除外不保。

　　2.被保險人於意外事故發生前以契約或協議向依法應負賠償責任之人拋棄追償權，因而不能追償之損失金額。

　　本款之約定與前款類似，但立場相反；本款係由被保險人以契約拋棄他人最終依法應負賠償責任，致增加自己責任；例如，今有產品製造商（為強勢一方，即賣方市場）與產品經銷商簽訂一含有棄權條款買賣契約，經銷商拋棄對製造人或供應人之追償權，即製造商將產品責任移轉給經銷商（買方）負擔，倘意外事故發生，依法承保公司賠付後，由於被保險人對製造商有棄權約定，不能行使代位求償之損失，概由被保險人自行承擔，本款將以契約拋棄追償權所致損失，除外不保。

　　3.被保險產品因設計、製造程式、規格錯誤或使用說明不當所發生

之賠償責任。

產品設計、製造程式係屬被保險人之科技技術 (know-how)，原則上保單設計應將設計、製造等錯誤所產生賠償責任除外；另外「使用說明不當」亦列為不保項目，因每種產品各有其特性，若其產品可能具有特殊危險性或需特殊使用方法，均需由被保險人作適當說明或警告，若因使用說明不當或未作適當警告，致使用人發生意外事故，亦視同產品設計瑕疵、錯誤，故列為不保。

4.被保險產品尚未離開被保險人之經營業務處所，或雖已離開其處所，但該產品尚在被保險人或其代理人或受雇人之控制或管理時所發生之賠償責任。

產品責任保險係以被保險產品已離開被保險人之處所並已脫離被保險人之控制管理後所發生之意外事故為承保範圍；若被保險產品尚在被保險人處所內或管理控制中發生意外事故，所致損失皆不在產品責任保險承保範圍內；另屬其他責任保險領域。

5.被保險產品已被發現有缺陷或有缺陷之可疑時，為檢查、修理或替換該產品所發生之任何費用；或為收回該產品所需退還之價款及所發生之任何費用。

本款約定，被保險產品經發現有瑕疵缺陷時，被保險人為履行契約瑕疵擔保責任，對被保險產品進行檢查，修理或替換或退還價款收回該產品，所發生任何之費用皆在不保之列。

6.被保險人或其代理人或受雇人於出售或移轉被保險產品之所有權於他人時，已知悉該產品已有缺陷，因而所發生之賠償責任。

保險係以承保不可抗拒、不可預料事故所致之賠償責任，倘被保險人於出售時，已知被保險商品有缺陷即應停止出售，已出售者亦應立即回收，免意外事故發生，釀成不幸，若被保人已知有缺陷而仍繼續出售，其行徑近乎故意，因其所致之損失，自應由其負擔，列為不保項目。

7.被保險人或其代理人之重大過失、故意或違法行為所致之賠償責任；或因被保險產品所致被保險人所有、管理或控制之財產之損失。

本款約定被保險人所有或管理不當所致財產之損失，不在承保範圍之內。產品責任保險係以承保被保險人對於第三人之身體傷害或財物損失依法應負之賠償責任，因此產品缺陷導致被保險人所有財產之損失，自不在賠償範圍內，另雖非被保險人之財產，但由被保人管理或控制之財產，亦視同被保險人之財產而除外。

8.因被保險產品全部或一部份之缺陷而引起該產品本身全部或部份毀損或滅失。

被保險產品因有缺陷及因缺陷而引起該產品本身之毀損或滅失，依契約約定被保險人可能須負賠償責任，此種契約責任須由被保險人自行承擔，不在承保之列。

9.被保險人之受雇人或與被保險人有服務契約關係之人，因執行職務而其身體受有傷害或其財物有損失所發生之賠償責任。

本款約定，被保險人之受雇人於執行職務時發生身體傷害或財損責任，予以除外不保；若被保險人欲保障受雇人執行職務之安全責任，可另行投保雇主責任保險，避免兩者重複。

10.在本保險單「地區限制」欄所載地區以外所發生之賠償責任。

由於各國地區之索賠意識及索賠金額高低不同，潛在賠償責任風險因而也有所差異，因此必須訂明地區限制，在保單中約定「地區限制」欄以外地區所發生之賠償責任，承保公司不予賠償。內銷產品通常在保險單「地區限制」欄內訂明「中華民國臺灣地區」，惟需注意者，縱使產品全部內銷，仍需加以「地區限制」，因產品可能經由觀光客購買攜至國外，或由國內顧客郵寄贈送國外親友，倘該產品到達國外後，產品缺陷導致第三人傷害，若不在保險單中加以限制，承保公司即應負責賠償。

11.直接或間接因下列原因所致之賠償責任：

⑴戰爭、類似戰爭行為、外敵行動（不論宣戰與否）、叛亂、內戰、強力霸佔或被征用。

⑵罷工、暴動、民眾騷擾。

⑶地震、颱風、洪水及其他氣象上之災變。

⑷核子反應、核子輻射或放射性污染。

本款約定因天災人禍所引起之意外事故，所致之損失，除另有約定外，保險單皆列予除外不保項目。

（四）賠償限制：對於每一事故及每一保險期間之賠償額皆有限制。

（五）保險金額限制，分為：

1.每一個人身體傷害保險金額。

2.每一事故身體傷害保險金額。

3.每一事故財物損失保險金額。

4.每一保險期間累計保險金額。

（六）承保地區限制：以被保險人銷售在國內之產品責任為限。

（七）保限期間限制：採用損失發生基礎。

（八）承保對象

1.甲類：生產者、製造者、裝配者、加工廠商、進口商。

2.乙類：批發商、經銷商、零售商。

（九）承保產品：各種農產品（包括穀類、蔬菜、水果）； 蔬菜及水果罐頭食品；肉類罐頭食品；魚類及其他海產罐頭食品；牛奶及各種奶製品；玻璃裝汽水及各種不含酒精之飲料；金屬罐裝汽水及各種不含酒精之飲料；各種速食麵；傢俱；各種家用電氣產品；紡織品及成衣產品；各種鞋類；汽車輪胎；自行車。

（十）保險費率計算範例：今有甲類的水果生產者，以基本保險金額 2 倍投保產品責任險，其自負額約定為 2,000，則其總費率之計算如

下：

基本保險費×增加保險金額後之費率倍(1－提高自負額減費)＝總費率

$$0.15‰ \quad × \quad 1.4 \quad × \quad (1-7.5\%)= \quad 0.194\%$$

(001 號產品　(增加 1.5 倍　(提高為　(0.1943)
之基本費率)　基本保險金額)　2,000 元)

（十一）保險費之預收、調整與優惠

1.預收保險費之計算

於保險單生效時按全年預計銷售總金額乘費率以計算全年保險費，並按下列標準預收：

⑴保險期間訂為一年者，按全年保險費之100％預收。

⑵保險期間訂為六個月者，按全年保險費之75％預收。

⑶保險期間訂為三個月者，按全年保險費之50％預收。

⑷保險期間訂為一個月者，按全年保險費之25％預收。

2.實際保險費之計算

⑴一年期之保險單於保險期間屆滿後，按全年實際銷售總金額乘費率計算之。

⑵不滿一年之短期保險單或被保險人中途要求退保者，其計算方式如下：

①以保險單有效期間之實際銷售總金額乘費率以計算實際保險費。

②在短期費率表（如下表）內查出該保險單有效期間相關之實際保險費應乘倍數，以該倍數乘前①項所算得之實際保險費。

⑶保險單由承保公司主動中途退保或因保險單第十九條之規定而終止者，以保險單有效期間之實際銷售總金額乘費率計算之。

3.保險費之調整

保險期間屆滿或終止後，預收保險費與實際保險費之差額，應按下

列方式調整：

(1)預收保險費超過實際保險費者，其超過部份應由承保公司退還被保險人，但應受最低保險費規定之限制。

(2)實際保險費超過預收保險費者，其超過部份應由被保險人補繳之。

4.大額保費優待

凡總保費超過新臺幣拾萬元者，超過部份視金額大小有 5％至 20％不等保費優惠。

5.短期基數計算表

保　險　期　間（月）	計　算　公　式	短　期　基　數
0～1	$\frac{12}{1} \times 25\%$	3
1～3	$\frac{12}{3} \times 50\%$	2
3～6	$\frac{12}{6} \times 75\%$	1.5
6～12	$\frac{12}{12} \times 100\%$	1

第四節　美國產品責任保險近年發展之趨向

自一九七○年起，產品責任的賠償案件即有逐年增加趨勢，保險人面對著產品責任保險業務索賠案件及賠償金額的增加與增大，且又缺乏可靠的損失資料的情形開始感到緊張，但除提高其保險費及限制承保範

圍外，別無其他更佳的因應之道。

　　一九七〇年代中期，是美國產品責任保險的危機，因為在這段期間內，就企業的危險管理經理們 (risk managers) 而言，彼等所面臨的迫切問題，是買不起產品責任保險，某些企業危險管理之財務企劃 (risking financial program) 面臨破產。另方面，由於大眾報導或報告等刊物對於產品責任保險方面所作的誇大性報導；如保險費增加百分之一千 (1,000%)；預計一九七六年賠案將達百萬件等，使得保險人大為恐慌。這段被喻為美國產品責任保險之危機，持續約二年之久，至今已成過去。

　　美國產品責任保險近年來之發展趨向，可歸納如下：

一、由保險人市場趨向於被保險人市場

　　依據事後正確的統計資料顯示，產品責任保險實際訴賠案件並沒有預期的嚴重，市場情況已開始緩慢而穩定的改善。同時保險人亦開始不重視那些對產品責任保險市場情況所作之預測性報導，而密切注視實際的損失經驗。由於損失情況的好轉，市場出現減費競保的情形。首先蒙受其利者當為企業大眾。在三、四年前，企業者要保產品責任保險，是處於一種要保險者就必須照條件；否則就請便之劣勢，對於高昂的保險費與不理想的承保條件，毫無選擇的餘地。如今已轉變為可與保險人講價討價的優勢。

二、增加承保產品責任之有關費用

（一）收回產品費用保險

　　美國的一般責任綜合保險單 (Liability Policy)，包括承保產品責任保險，惟載明僅承保被保險產品引起第三者體傷或財損之賠償責任，而對於被保險產品因收回 (recalling)、檢查 (inspection)、修理 (repair)、替換 (replacing) 所需支付的費用，則除外不負責任，但可以另外加保。早

在二十年前美國保險業已推出「收回產品費用保險」，惟當時企業之投保意願不大，以致空有其名。迄至七〇年代初期，由於美國消費者主義的升高，以及消費者產品安全法 (Consumer Product Safety Act) 於一九七二年公佈實施，並成立消費者產品安全委員會 (Consumer Product Safety Commission)，該委員會依據聯邦法的授權，可以對引起或有可能引起消費者傷害之產品予以查禁、命令收回或予修理或予替換，自斯乃促進了企業主對收回產品費用保險之需要。

收回產品費用保險今尚無標準保險單，多以現行承保產品責任保險單格式，依據個別要保情形，將承保內容予以適度之修改。收回產品責任保險，一般保險單只承保因產品製造或標示上的錯誤或過失而需要收回該產品時之費用為限，但亦有少數之保險單承保因設計錯誤而收回產品之費用。

收回產品費用保險所包括之費用，通常為自世界各地收回有缺陷之被保險產品因而發生之直接成本及因而發生之額外人工成本。依規定被承保之有關費用必須載明於保險單內，特別是屬於下列之成本費用：

1.通信費用：包括電視廣播、新聞廣告等。

2.事務費用：包括文具紙張、電訊郵資等。

3.額外工資：包括必要的加班費用等。

4.額外薪資：包括雇用額外人員等。

5.有些保單亦可包括派員出差調解、額外租用倉庫等費用。

（二）收回產品運費保險 (shipping expenses)

多數情況下，收回產品費用中之大部分，係屬補償消費者或經銷者運返產品之運費，這些費用基本上不包括在收回產品費用保險之範圍內，但可以約定方式承保之，通常在收回產品費用保險承保事項內添附下列之文字為之：「將產品自購買者、經銷者、或使用者處送達至被保險人指定之處所之運費」(the cost of shipping the Insured's products from any purchaser, distributor user to the place or places designated by the Insured)。

（三）收回產品費用保險之限制

1.不包括收回根本不能使用產品之費用。

2.引起使用者體傷、疾病或死亡及財損之事實必須經被保險人或政府機關之證明。

3.自被保險人之親友間收回產品之費用不包括在內。

4.分批方式收回已經證實有缺陷產品之費用及其從屬損失不予賠償。

5.其他除外之費用，如產品之再經銷或替換，故意未依照產品品質保證等情事之收回費用。

（四）自負額

絕大部份收回產品費用保險，皆訂有每一次賠償被保險人自負額，藉以減少小額理賠件數。自負金額自最低之 1,000 美元至 5,000 美元不等。另外尚有每一保險期間之累積賠償額之限制。

（五）被保險人收回產品計劃

保險人通常均要求要保人提出一項有效的收回產品計畫 (an effective withdrawal program)，並提出下列有關之資料：

1.收回產品費用之估計最高金額。

2.產品品質管制計畫說明。

3.產品經銷區域。

4.產品經銷方式。

5.估計收回產品之數量。

6.收回產品使用之方式。

7.適用何種產品責任法。

以上資料為保險人決定保險費率、保險金額及保險條件之依據，同

時亦為要保人獲得最適當保險之要件。

三、產品保證保險

產品保證保險 (Product Guarantee Insurance) 為新興之保險，承保企業主對其缺陷產品依法所應負之修理或替換責任。由美國國際保險團體 (AIG) 於一年前推出，以溢額保險 (surplus lines) 方式辦理。主要針對承保一般責任綜合保險單除外不保事項，如因缺陷引起產品本身之毀損或因產品不能使用之損失。

四、產品責任危險自留法案

一項產品責任危險自留法案 (Product Liability Risk Retention Act) 已經美國眾議院通過，並送往參議院審議中，該法案規定產品製造商或銷售商得組成保集團 (Self-insured Pool)，或以團體名義 (on a group basis) 投保產品責任保險，有助於企業主獲得較經濟實惠的產品責任保險[18]。

五、法律制度成為美國責任保險業務發生不合理大幅損失之肇因

例如輕度傷害都可能索賠百萬美元之鉅額損失之不合理情事，迫使保險公司拒絕接受較易引起上述鉅額賠款之責任保險業務，諸如製藥業責任保險等等。業者有鑑於責任保險賠款累累，乃發動修改綜合責任保險單 (Comprehensive General Liability Policy) 承保規定，主要有以下各項：

---

[18]　參閱 *Products: A different look at the exposure*, the John Liner Letter, November, A. D. 1980.

Products Recall Expense, *Japan Insurance News*, May, 1980.

（一）保險人責任改採「索賠基礎」(claim made basis)，以取代現行採用之「事故發生基礎」(accident occurrence basis)，由於責任保險如採事故發生基礎，一旦發生賠償，其責任往往可追溯至以往年度之承保公司，例如投保人服用某種西藥連續若干年後突然因副作用而產生某種病況，該投保人不但可向當年度之承保公司索求賠償，且因此項副作用經過去若干年之日積月累終於致病，其疾病之肇因及責任可追溯至以往年度甚至包括製造商之產品責任在內，其連鎖追溯既往所形成之影響使各年度承保之保險公司均遭波及，因而賠款累積金額倍增使承保人不勝負荷，因而發動同業共同改採賠償發生基礎，以限制在承保當年承擔賠償責任；同時亦可縮減保留保險單檔案之期間；並可精確估算保險公司應負賠償責任（含未了責任）之限額。

（二）法律訴訟費用包括在保險單限額內：現行責任保險單多數規定，法律訴訟費用不包括在保險金額內。依據保險公司的統計，多數理賠案件，不論賠案金額大小，法律訴訟費用遠超過其實際賠款額，並已成為近數年的惡性膨脹，保險人不得不採取限制方式，促使被保險人將法律訴訟費用列為總保險金額之一部份。

（三）新責任保險單仍可選擇採用事故發生基礎或賠償發生基礎簽單，惟無論採用何一基礎簽單均明訂累積限額以資限制。

（四）新責任保險單對污染危險 (pollution exposure) 除外不予承保。

（五）一般責任保險單可予加保契約責任 (contractual liability)、醫療過失 (incidental malpratice liability)、宴客主人酒精法律責任 (host liquor law liability) 及火災法律責任 (fire legal liability) 之保險。

（六）簡化保險單語文 (simplify the policy language)：目前新責任保險單已有若干州核准自一九八六年一月一日起實施，其餘各州尚在繼續研究審查之中。

第五節　產品責任保險與消費者保護

一、我國之情況

　　各國對於消費者之保護措施，無不從立法著手。我國在這方面之立法，經政府陸續制訂之單行法計有：標準法、藥物商管理法、商品檢驗法、農藥管理法、商標法、化妝品衛生管理條例及食品衛生管理法等七種。綜合我國以上七種單行法中之有關罰則規定，無不都是偏重於處負責人有期徒刑、拘役或罰金為其宗旨，而對於受害人損害賠償之規定法則付之闕如。因此，若就保護消費者利益而言，缺乏實質上之效用。從民國六十八年發生於彰化縣之米糠油中毒事件受害者仍須依靠政府給予免費醫療，而無從請求損害賠償之事例可為證明。

　　保護消費者利益，必須從立法、行政及司法等方面研討及尋求對策，除對以上原有法律整理加強外，並對於危險商品管理之法律應盡速制定。行政院研考會鑒於保護消費者權益問題愈來愈重要，曾委託學者專家組成研究小組進行專案研究，完成「消費者保護的研究」報告，並邀集經濟部、衛生署及新聞局等有關機關，以及消費者協會代表研商，獲致多項結論與建議，其重點包括[19]：

　　（一）從速訂定「公平交易法」、「商品標示法」，並收集資料，研擬「消費者保護基本法」，以防止壟斷獨占，並使消費者獲知商品品質。

　　（二）加強對消費者的司法保護。

　　（三）加速編修商品國家標準，作為生產及商品檢驗之依據，尤其對於食品、藥物、化妝品及危險品等應優先編訂。

　　（四）嚴格取締仿冒商標，鼓勵創立優良商標，並加強保護商標專

---

[19]　參閱民國六十九年二月二十二日《中央日報》一版。

用權。

（五）加強輔導生產者推行品質管制工作及擴大內外銷產品檢驗，嚴格實施廠商品管分級，尤應強化食品、藥物、化妝品檢驗工作。

（六）加強藥物的廣告管理。

（七）繼續嚴格推行公開標價及不二價運動。

（八）強化地方至中央的食品衛生管理及檢驗工作。

（九）加強輔導民間保護消費者組織。

綜合以上結論及建議，乃保護消費者利益應有的具體措施，若能儘速經由立法或行政規定一一付諸實施，將是我國消費大眾的一大福音，另方面對於優良廠商而言，亦是一種保護。爾今我國國家賠償法制已經建立，並於民國七十年七月一日開始實施，然而對於私人企業之損害賠償法制，較諸歐美工業先進國家仍有不如，似有加速制定的必要。

就社會意義而言，保險為分散危險，消化損失之制度，也即是將不幸集中於一人之意外損失，透過保險而分散於社會大眾，使之消化於無形[20]。易言之，危險轉嫁（分散）(transfering or distribution of risks) 與損失分擔 (sharing of losses) 乃保險設計之宗旨，另方面設計新種保險以配合社會需要，亦為保險經營之必然趨勢。隨著保險制度的發展與社會需要，以不法行為所生損害賠償責任為承保標的之責任保險 (liability insurance) 繼而問世。另方面由於資本主義之成長與發展，所有權之絕對不可侵犯及契約自由之原則，因社會公共性之思潮漸次被修正，個人與企業之損害賠償責任亦由過失責任主義擴大至無過失（絕對）責任主義，因而使責任保險之社會效用更形顯著，就加害人而言，因無過失而須負擔責任，發生負擔不能預期之損害，妨害自由活動之危險極大，即可以責任保險作為自求保護之手段，再就被害人而言；採取無過失責任主義之制度，雖曰對被害人已給與充分之保護，但若遇加害人應負無過

[20] 桂裕著，《保險法論》，p. 1.

失責任而無資力履行時，則並不能得到損失賠償，無過失責任亦成為無意義。為了確實保障被害人權益，即須求之於責任保險。因此，責任保險問世以來，由於其必然之需要，特別是現今多數國家主張無過失責任主義（按指公共責任），　更增加其使命與重要性，亦增大其存在價值，不僅個人民事賠償責任有所轉嫁，企業上之責任如產品責任亦可藉以轉嫁❷。

　　我國產品責任保險，於民國六十八年五月奉財政部核准產險業可以經營，亦為最新之責任保險，然發售以來，要保者並不踴躍，且要保者以外銷產品為主，究其原因，除我國現行產品責任保險單承保條件過於嚴格外，主要仍與我國保護消費者利益之法不足有關連，因為產品之製造或銷售人既然無須負擔損害賠償責任，自亦無須藉產品責任保險來轉嫁其對消費者可能負擔之損失賠償責任。近聞政府已決定採具體措施，保護消費者利益，並從立法著手。基於深為工業社會大眾所接受的一項觀念 ——「危險轉嫁」之原則，必然會對產品責任保險需求增加，我國保險亦宜積極研究配合，俾消費者及生產者均露其利。

　　經濟部為了配合政府宣導機車配戴安全帽運動，以保障騎士的生命財產安全，該部工業主管單位最近正積極推動生產機車安全帽之廠商投保「安全帽商品責任險」。洽定由明台產物保險公司於民國七十年四月十五日起統一承保坤成、勝冠、金永隆、東和興及永康玻璃膠公司等五家正字標記廠商安全帽之商品責任保險。規定於安全帽出廠時辦理保險，並由廠商負責交付保險費，駕駛人只要在實施日期起購買正字標記安全帽，凡正確戴用時駕車發生事故，而致腦震盪死亡者，可獲新臺幣十萬元的保險給付，每頂安全帽有效使用期限一年半，過期取消資格。歸納這項措施目的有二：駕車人方面：鼓勵戴用安全帽並可獲得實質保障。廠商方面：以保險方式來保證戴用正字標記安全帽之「安全性」，　與加

❷　參閱郭文秀先生《責任保險與無過失責任主義》。

強駕車人對安全帽之信心。這項經藉行政手段以期達到保護消費者利益之措施，值得我們稱讚，惟若能將「安全帽商品責任險」對每一駕車人死亡給付金額提高至新臺幣一百萬元，則對達成駕車人「獲得實質保障」及保證戴用正字標記安全帽之「安全性」將更具積極的效用與意義。

二、美國之近況

按美國為對保護消費者權益較周全的國家，我國輸往美國之產品，買方多數要求我國出口廠商投保產品責任保險。茲引述《經濟日報》民國七十三年九月十七日第三版一段報導：

經濟部國貿局的一位高級官員指出，我國外銷歐美產品被控牽涉「產品安全責任賠償」的案件，近來有急速增加的趨勢；而目前歐美的大進口商為確保自己權益，已經紛紛要求我出口廠商簽署「互免責任協定」或買「產品安全責任保險」；不過，我出口廠商這方面的知識多半不足，經常簽署一些不合理的條款，需嚴加注意防範。

「產品安全責任賠償」是歐美國家為保護消費者使用安全而制定的一項法律。該項法律規定凡是產品銷售後，購買者或使用者在持有或使用中，因產品品質不良、警告標示不明或設計缺失而致人身傷害與財物毀損時，產品製造廠商應負賠償責任。

根據我駐外單位的反映，目前我國出口到歐美地區的產品，尤其是機器機械、自行車、運動用品、鞋類、五金器具、玻璃器皿等被當地購買者、使用者控訴產品安全責任賠償的案件，每月平均在十件左右。

我駐歐美經濟單位指出，我國出口廠商為配合買方需要，購買「產品責任險」(products liability insurance) 時常發生的困擾是，因為對於歐美的「產品責任法規」缺乏了解，又沒有投保經濟，因此簽署了保險公司提出的不合法規的保單尚不自知，不但沒有辦法確保自己購買保險應有的權益，結果還經常遭遇到無數的賠償控訴問題，甚至因為不合理的

賠償判定，而付了比正常情形高出很多的賠償損失。

至於買賣雙方片面簽署的「互免責任協定」(Hold Harmless Agreement)，在法理上更是站不住腳，賣方不可能藉這項協定，來免除自己因產品缺失應負賠償的各項責任。

據國內法律界人士指出，「產品責任保險」在我國雖然是一項新的保險項目，不過，按照合理的國際產品安全保險標準，國內廠商在購買這項保險時最起碼要注意下列事項：①承保範圍應包括產品因其缺失而引起意外事故致對第三人的身體傷害及財產損失，但負責賠償項目應包括訴訟費用、賠償廠商應付的賠款；②保險期間採事故發生基礎，即不論產品於何時製造或銷售或已使用多少，只要在保險期間內發生意外，保險人均需予以賠償；③對不保項目要保險人詳細列出，保費及賠償金額計算方式也要嚴加訂定，簽署時如屬必要應請專家過目。

綜觀以上報導，是以對美國產品責任之有關法令規定，宜有所了解與因應❷。

---

❷　本章係由拙著《產品責任及產品責任保險之研究》之修訂與補充，臺北市產險公會業務發展委員會印行於中華民國七十年十二月初版。

第二十章　保證保險（一）
──員工誠實保證保險

我國保證制度由來已久，在商場上，為確保商業行為能夠順利進行，因而尋求第三人連帶保證對方之信用，此種情形相當普遍。企業在任用新人，亦要求新進員工必須提供適當的保證人，以確保新進員工在受僱期間若有侵害僱主之行為時，可以從保證人方面得到賠償。

早期之保證方式，是以個人保證較多。個人簽訂保證書同意當被保證人或債務人有違法侵害，或不履行債務時，保證人必須代為賠償或代為履行債務。然而，此種個人保證方式，已逐漸因社會之變遷，以及過去諸多因保證行為引發之不良結果，而難以維繫。

就保證人之立場而言，許多人因為提供保證而終至財務遭遇重大損失，甚至破產之事例，俯拾即是。因此呆人才作保之觀念已深入人心，目前個人保證已不易尋求。

就被保證人之立場而言，為尋求適當之保證人，可能因而積欠道義與人情，未來可能亦必須相對為他人提供保證。同時覓保困難，可能因此使個人放棄極佳之工作機會，如此對個人或企業均是重大損失。

就受益人立場而言，個人作保雖然能夠滿足表面之需求，但是保證人之實際財力如何，是否有能力履行保證，而保證人本身之存亡，或財力異動亦將影響未來執行求償能否成功之因素，因此受益人對於個人保證仍是無法完全依賴。

儘管個人保證已漸形困難，但是保證制度卻是無法廢棄，為因應此種需要，我國產物保險業，發展出「員工誠實保證保險」，其目的即在於取代舊式人保舖保制度，配合政府經濟建設計劃，建立現代人事制度，確保業主權益。

第一節　沿　革

我國員工誠實保證保險，最早係民國四十二年以「行庫員工信用保證保險」之名稱，以金融行庫員工為承保對象，開始辦理此項保險。民國五十三年保險名稱修訂為「員工信用保證保險」，擴大承保對象為各公司行號。至民國七十五年再修訂承保辦法及保險單條款，並更名為「員工誠實保證保險」，沿用至今。

同時我國保險法過去對於保證保險並無專章說明，僅列為「其他財產保險」之項下，法律依據較為薄弱。自民國八十一年二月保險法部份條文修正並公佈實施，其中增列「保證保險」乙節，計有三個條文，即第九十五條之一、之二、之三。第九十五條之一規定：「保證保險人於被保險人因其受僱人之不誠實行為或其債務人之不履行債務所致損失，負賠償之責。」其中被保險人因受僱人之不誠實行為所致之損失即為員工誠實保證保險之承保範圍。

第二節　員工誠實保證保險單內容分析

一、承保範圍

我國現行員工誠實保證保險之承保範圍規定如下：「1.本公司對於被保險人所有依法應負責任或以任何名義保管之財產，為任一被保證員

工，在其被保證期間內，因單獨或共謀之不誠實行為所致之直接損失負賠償之責。前項所稱『財產』包括貨幣、票據、有價證券及有形財物在內；所稱『被保證員工』應以接受被保險人聘僱，受有人事管理約束，並領有薪資者為限；所稱『不誠實行為』係指被保證員工之強盜、搶奪、竊盜、詐欺、侵佔或其他不法行為而言。2.本公司對於任一被保證員工，在其被保證期間內所負之保證責任，以本保險契約所載各該員工之保險金額為限。任一被保證員工，不論其保險金額有否增減，本公司對該員工所負之保證責任，以不誠實行為當時之保險契約所載該員工之保險金額為限，但不誠實行為係連續發生時，則以最後一次不誠實行為發生當時之保險契約所載該員工之保險金額為限。」

　　根據以上之承保範圍，茲就保險標的、保險事故、被保證員工、保險金額、保險期間等事項分析如下：

　　（一）保險標的：本保險單之保險標的為僱主所有，依法應負責任或以任何名義保管之財產。其中對於「財產」又特別說明為包括貨幣、票據、有價證券及有形財物在內。

　　企業因營業性質不同，其可能經營管理之財產亦不盡相同，因此保單僅做原則性之規定，並未以列明式之定義說明。被保險人只要能證明其財產有直接之損失，而此項財產並不限於其自身所擁有；其代人保管如倉儲管理或依法應負責任如對運送貨物負責等方式存在之財產均為保險標的。

　　（二）保險事故：本保險單之保險事故為被保證員工單獨或共謀之不誠實行為。所謂「不誠實行為」，保險單亦加以明確之定義為，被保證員工之強盜、搶奪、竊盜、詐欺、侵佔或其他不法行為。此項不誠實行為之定義，包含之範圍甚廣，除了明顯之犯罪行為，如強盜、搶奪、竊盜、詐欺和侵佔外，另外尚以其他不法行為將各種可能之其他違法行為均包含在內，使得被保險人之保障能夠更充分。

　　　　事實上，員工之不誠實行為，仍以侵佔財物、挪用公款最為普遍，尤其是經手現金或管理帳務之人員更容易發生。至於強盜、搶奪僱主財物幾乎未曾聽聞。

　　　　同時保險事故之發生包括單獨和共謀之行為。所謂單獨行為，係指個別員工獨立之行為，沒有任何其他人牽涉在內。而共謀行為，則是至少兩人以上共同協商，甚至是多人集體行為。共謀之對象，可能同為被保證員工，亦可能只有一名被保證員工與外界之人員串通共謀，無論以何種方式共謀，均為保險單之承保範圍。

　　　　（三）被保證員工：本保險單所稱「被保證員工」規定為應以接受被保險人聘僱、受有人事管理約束、並領有薪資者為限。本項被保證員工之規定，並無特殊之限制，只要有聘僱關係、受有人事管理之規範、並有受薪之證明者均屬之。由於我國員工誠實保證保險的承保方式包括列名、列職和混合三種方式。若採列名方式，則被保證員工均為保單所載明之特定員工，較無爭議。而列職方式或混合方式，則保單並不對被保證員工逐一列名，所以一旦事故發生，被保險人必須提出證明，發生不誠實行為之人員是符合被保證員工之定義。

　　　　（四）保險金額：保險金額為保險人在保險期間內所負之保證責任。員工誠實保證保險對於每一被保證員工均載明個別之保險金額，若被保證員工是以列名方式投保，則每一個別員工均須記載保險金額。若是採列職或混合方式投保，則所承保的職位必須詳細記載保險金額。

　　　　若有任一被保證員工犯有詐欺或不誠實行為，則保險人對此項保險事故的賠償責任是以該員工犯有詐欺或不誠實行為當時，保險單記載該員工之保險金額為最高賠償金額。如果在保險單有效期間內，被保證員工的保險金額有所變動時，不論其增加或減少，保險人之賠償責任均是以被保證員工犯罪當時之保險金額為限。

　　　　若被保證員工是連續發生詐欺或不誠實行為，此種情形相當普遍，

每一次發生之時間間隔亦不相同，保險人之賠償責任則是以該被保證員工最後一次發生詐欺或不誠實行為當時，保險單記載該員工之保險金額為最高賠償限額。

若被保證員工發生共謀之詐欺或不誠實行為，保險人之賠償責任是對所有共謀員工所造成之損失均負責，但是每一個員工所牽涉之金額可能各不相同，保險人是針對個別員工之保險金額為其個別之賠償限額。例如，某公司甲、乙、丙三名員工共謀挪用公款一千萬元，其中甲分得捌佰萬元，乙分得壹佰伍拾萬元，丙分得伍拾萬元，而某公司投保員工誠實保證保險是採所有員工完全投保，每一個人保險金額均為一百萬元，則此一案例保險公司對某公司之賠償為甲賠償一百萬元，乙賠償一百萬元，丙賠償伍拾萬元。

（五）保險期間：員工誠實保證保險之保險單是一種連續性之保險契約，雖然保險期間是訂明自生效日起一年，但是在期滿續保時，通常以批單方式延長，每次延長亦是以一年為限，期滿再繼續延長。有時因應特殊之需要，在續保時亦得以簽發新保險單方式為之，但是必須在新保險單註明前後保單保險期間之連續性。保險期間之延續性是員工誠實保證保險之特色，主要目的在於對任何一個被保證員工，不論承保的期間有多長，亦不論其連續發生不法行為而造成被保險人之損失有多少次，被保險人僅能提出一次賠償請求，而保險人亦依該不法員工最後一次行為當年度之保險金額為最高之賠償金額，並不是以該員工過去發生不法行為年度之保險金額累積為最高賠償限額。

二、不保事項

現行員工誠實保證保險有下列五項為不保事項：

（一）被保險人故意行為所致之損失：任何保險均以被保險人不可預料之事故為承保之範圍，被保險人故意行為之損失並不屬於無法預料

之結果，故為不保事項。

（二）被保證員工之疏忽或過失所致之損失：被保證員工之疏忽或過失與被保證員工之詐欺或不誠實行為是兩種不同性質之危險事故，因此本保險單特予除外，以使承保範圍更為明確。但是被保險人若考慮員工之疏忽或過失而造成其財物之損失，可以附加險方式加保疏忽短鈔保險。

（三）被保證員工向被保險人所為之借貸或使用財產所致之損失：被保證員工借貸或使用被保險人財產之行為，乃是被保險人知道而且同意之事實，若有任何損失亦不同於詐欺，與不誠實行為所導致之損失性質並不相同。

（四）點查財產不符之損失；但確係由被保證員工之不法行為所致者不在此限：點查財產不符之損失，乃是不明原因所造成之損失。若最後發現財產不符之原因，乃是員工之不誠實行為所造成者，則依舊是保險單所承保之範圍。

（五）承保範圍內之損失結果所致之任何附帶損失：附帶損失是指例如員工挪用公款之後被保險人之利息損失，或者員工侵佔被保險人之財產後，財產無法使用之損失，此種損失承保公司不負賠償之責。

三、理賠事項

員工誠實保證保險之特性乃在於其理賠之規定，茲將理賠規定說明如下：

（一）出險通知及索賠資料：被保險人發現任一被保證員工有不誠實行為而導致保險單承保範圍內之損失時，應按下列規定辦理。

1.立即以書面通知承保公司，並於三個月內提出詳細損失情形及損失金額。

2.經保險公司之要求，應儘速控告該不法之員工，並協助承保公司

辦理有關理賠事宜。

　　通常保險公司會堅持控告該不誠實之員工，主要原因是員工被控時為減輕其刑責，多數均會將侵佔之公款予以償還，或部份償還，因此有減少損失之功效。另外員工一旦發生不法行為，其發生之時間可能已經相當長久，而實際之損失金額認定亦常有困擾，因此若提出控訴，被保險人必定自行準備詳細資料釐清事件之原委及損失金額，有助於保險人之理賠處理，甚至法院若判決確定，更是保險人賠償之明確依據。

　　3.提供保險公司所需之有關帳冊、資料及文件，必要時提供承保公司認可之執業會計師有關損失之證明，所需之費用，經保險公司書面允諾者，可由保險公司負擔。

　　（二）本保險為連續契約，對每一個被保證員工僅能提出一次賠償請求：員工誠實保證保險單係一種連續性之保險契約，在保險契約有效期間內，被保險人對任一被保證員工，不論被保證年度之多寡，其連續所發生之損失，僅能提出一次賠償請求，保險公司之賠償責任則是以最後一次發生不誠實行為當時之保險契約所載該員工之保險金額為限。

　　（三）損失發現期間：任何損失自發生之日起二年內未被發現者，保險公司不負賠償責任。但金融業之員工得以批單延長其發現期間為三年。被保證員工在就職期間若發生侵佔或挪用公款之類似事件，通常被保險人不容易立即發現，因此保險單容許被保險人於發現損失時始提出賠償請求。同時員工之不法行為亦有連續犯罪之特性，一旦員工盜用公款，經常會一而再，再而三之持續累犯，因此若發現時間漫長毫無限制，則保險人將承擔長期累積之未了責任。為了使承保公司之責任明確合理，並且促使被保險人保持適當且必要之檢查制度以防止損失或早日發覺損失，員工誠實保證保險單僅承保自損失發生日起二年內所發現者為限。損失發生後，被保險人超過兩年才發現者，保險公司不負賠償責任。

　　（四）賠償請求期間：任何損失在連續契約之期間內發生，且在保

險單有效期間內發現，並提出賠償請求者，只要未超過兩年之發現期間，保險公司負賠償之責。

若保險契約經全部終止或對於部份被保證員工終止保證責任時，其在保險有效期間所發生之損失，自終止之日起六個月內發現，被保險人亦得提出賠償請求，逾期保險公司不負賠償責任。此項保證責任終止後，六個月之賠償請求權，仍受自損失發生之日起至發現之日止兩年之限制。

（五）索賠金額：被保險人向保險公司提出賠償請求時，其求償金額應以員工不法行為所產生之損失金額扣減應付未付有關員工之薪資、報酬或其他款項，以及在保險公司賠付前已收回之任何財產，作為抵償損失之一部份。

（六）代位求償權：遇有保險單承保範圍內之損失發生，保險公司得於給付賠款後，代位行使被保險人對於有不誠實行為員工或第三人之損害賠償請求權。保險公司行使代位求償權時，被保險人應提供一切資料並協助保險公司辦理。

前項所稱第三人，不包括有不誠實行為之員工之人保或舖保。亦即承保公司不得向被保證員工之保證人追償損失，因為員工誠實保證保險開辦之目的即在取代人保、舖保制度，一旦此項保險普遍化，人保、舖保將不復存在。

（七）追回款項之分配：被保險人之實際損失超過保險公司之賠償金額時，保險人依法訴追之所得，應先扣除一切訴訟有關費用後，再與被保險人按損失比例分配之。

當損失發生時，保險契約可能僅提供部份損失之補償給被保險人，因此本項規定若有任何追回款項時，扣除為追回款項所發生之所有費用外，其餘之所得應該由保險人和被保險人，依其所損失之金額比例攤回。

（八）複保險：保險人依照保險單之規定應負賠償責任時，如果同一賠償責任訂有其他保險契約，承保公司對該項賠償責任僅負比例分攤

之責。通常比例分攤是以保險金額為基礎計算各自應承擔之比例。

（九）禁止被保險人自行妥協：保險單承保範圍之損失，被保險人如與有關員工有所折衷妥協或自行了結情事，承保公司對上述損失不負賠償責任。但事先經承保公司書面同意者，不在此限。

被保險人發生承保範圍內之損失，其基本處理原則應是與沒有任何保險時完全一樣，不能因為有了保險而有所不同。所以與被保證員工折衷妥協，然後將不足額之部份轉向保險人求償，已違反此項原則。

四、一般事項

員工誠實保證保險單一般事項之規定，除了與其他產物保險單相同之外，茲將較重要者說明如下：

（一）內部稽核制度之規定：被保險人對於被保證員工經管財產之程序、帳務覆核抽查之手續，以及其他內部監督，均應切實依照被保險人任何書面所陳述之情形予以執行。倘有任何重大變更，應以書面通知承保公司。

被保險人之內部稽核制度是保險人判斷危險、決定承保條件最重要之依據，若內部稽核制度改變，會立刻變更本項保險之危險評估，所以任何變更應立即以書面通知保險人，否則影響保險人對於實質危險之估計者，可能導致保險人之解除契約。

（二）經管財產員工之規定：在保險單有效期間內，被保險人如發現任一被保證員工有不誠實行為時，不得繼續交託該員工經管財產，否則因此所發生之損失，保險公司不負賠償之責。

本項規定要求被保險人確實履行損害防止之義務，若違反本項規定，保險人不負賠償責任。以經驗判斷，員工若發生不誠實行為，其累犯之情形相當普遍，因此如果被保險人已知某一員工有不誠實行為時，仍然未予防患，繼續託管財產於該員工，增加損失發生之機會，保險人

對此種情形將不負賠償責任。

（三）保險人保證責任終止之規定：在保險契約有效期間內，任一被保證員工死亡、停職、解職、退休或經被保險人通知終止保證責任時，保險單對於各該員工之保證責任即告終止。

保險人對於被保證員工保證責任之終止可分為兩項，一為自然終止。即被保證員工之死亡、停職、解職、退休以上四種情況，不需要由被保險人通知，保險人之保證責任，自上述情況發生之日起即自然終止。一為被保險人通知終止，被保險人得隨時通知保險人終止任一被保證員工之保證責任。

被保證員工之保證責任一旦終止後，若六個月內被保險人未發現任何損失，則保險人即對該被保證員工不再負任何賠償之責任。

五、員工誠實保證保險之承保辦法

我國現行員工誠實保證保險是民國七十五年三月修訂核准實施，其承保辦法規定如下：

（一）承保對象：本保險之承保對象以金融機構、政府機關、公私企業及人民團體為對象。個別員工直接要保暫不接受。所有被保證員工，應以接受聘僱，受有人事管理約束，並領受薪資者為限。

（二）承保方式：依照現行員工誠實保證保險規章之規定，承保方式可以分為下列三種：

1.列名方式：以明細表載明被保證員工之姓名、職務及個別之保險金額，附貼於保險單上。

2.列職方式：以明細表載明被保證職位之在職人數及每人之保險金額，各該職位之員工必須全部投保。以列職方式承保時，應簽發批單變更部分條款，附貼於保險單上。

3.混合方式：被保險人之全部員工，除經管財物人員依照列名、列

職方式辦理外，其他非經管財物人員，得按其總人數統保之，每人之保額均應一律，並須全部投保。

以列名方式承保者，被保險人之選擇性最高，可以依據其不同危險程度，選擇被保證員工投保，並分別訂明不同之保險金額。保險人之責任，僅以保險單列名之被保證員工為限。以列職方式承保者，被保險人可以選擇投保之職位，但是在同一職位上之每一個員工則必須全部投保。例如：出納科長一人，出納員三人，出納科長保險金額三百萬元，出納員每人保險金額一百萬元。只要被保證之職位人數不增減變動，不論是何人擔任該職位，被保險人不必通知承保公司有關負責該職位人員名單之變動，但如果人數增加或減少則必須通知變更。以列職方式承保時，保險單必須批明以下事項：⑴被保證職位人數之變動，或任一職位保險金額之調整，均應以書面通知，並經承保公司簽批，才生效力。⑵被保證職位之任一員工，若同時兼任一個以上之職位，而各職位之保險金額有所不同時，保險人所負之賠償責任，是以其最高之保險金額為準。⑶若發生損失，被保證職位之實際在職員工人數超過保險單所載明之人數時，保險人對該職位之任一員工，僅負比例分攤之責。

以混合方式承保者，被保險人可以依不同職位選擇不同的保險金額，但是該企業之所有員工均應全部投保。

（三）保險費率：依現行之規章，保險費率分為全部員工投保及部份員工投保二類：

1.全部員工投保費率

⑴金融業：包括銀行（庫、局）、信託投資公司、票券金融公司、信用合作社、農漁會信用部。

①公營金融業：月費率萬分之 0.665。

②民營金融業：月費率萬分之 1.425。

⑵政府機關及公營企業機構：月費率萬分之 1.425。

⑶民營企業機構及人民團體：月費率萬分之 1.90。

2.部份員工投保費率

⑴直接與財務有關人員：包括主管或經辦財務人員、出納人員、事務人員、財產管理人員、購料人員、投資貸款人員、外勤收款人員、外勤推銷人員：月費率萬分之 2.375；

⑵間接與財務有關人員：主管或經辦主計人員、業務人員：月費率萬分之 1.425；

⑶其他人員：月費率萬分之 0.95。

員工誠實保證保險，保險費率是以每月為基礎計算，主要是被保證員工之流動性考慮，及因應被保險人隨時變動承保人員之需要。

（四）保險費率之優待

1.全部或部份員工投保時將全年保險費一次交付者，得按總保險費給予百分之五之優待折扣。

2.投保員工人數於起保時，達一百人或以上者，得按下列規定分別予以優待折扣：

⑴達一〇〇人者：百分之三；

⑵達三〇〇人者：百分之六；

⑶達五〇〇人者；百分之十；

⑷達一〇〇〇人者：百分之十五；

⑸達二〇〇〇人者：百分之二十二‧五；

⑹達三〇〇〇人或以上者：百分之三十。

前兩項保險費優待得合併適用。

六、附加保險

員工誠實保證保險可以附加承保「疏忽短鈔保險」及「超額保證保險」。

（一）疏忽短鈔保險：員工誠實保證保險是以員工故意之侵佔或詐欺等不法行為造成僱主之財產損失為承保之範圍，然而員工之疏忽或過失行為同樣亦極易造成僱主之財產損失，但是此種損失並不屬承保責任範圍，因此為使被保險人之損失得以完全補償，保險人以「疏忽短鈔保險批單」擴大承保。

1.承保對象：以金融業員工為限，其他公民營機構員工，得由擬承保公司提請公會審查通過後，比照辦理。

2.承保範圍：以被保證員工因執行職務之疏忽致被保險人遭受直接損失（包括短鈔）時，由承保公司對被保險人負賠償責任。

3.不保事項：⑴被保證員工未依規定之作業程序所致之損失。⑵印鑑型式、規格、字體、字數與原印鑑不符而未加識別所致之損失。⑶收受偽造變造之貨幣、票據或有價證券所致之損失。⑷兌付經掛失、拒絕往來或存款不足之票據所致之損失。⑸經營業務虧損或辦理證券交易、押匯、結匯、貸款之錯誤或疏忽所致之損失。⑹財產在運送中之損失。

4.保險金額：以保險單所載每一員工誠實保證保險金額百分之十為準，但最高不得超過新臺幣二十萬元。

5.自負額：每一次損失，被保證員工對每一次損失應先行負擔損失金額之百分之十，最低不得少於新臺幣五仟元。

6.保險費率：月費率萬分之 1.3。

7.保險效力終止：被保證員工在原保險單每一保險年度內，如損失發生兩次者，除第二次之損失仍依約賠付外，該被保證員工之疏忽短鈔保險，應於第二次損失發生之日起效力終止，其已收受之保險費不予返還。

8.提高自負額：被保險人過去三年疏忽短鈔保險之損失率超過預期損失率時，保險人得酌予提高自負額。

（二）超額保證保險：本項批單係承保超過原員工誠實保證保險單

之保險金額部份之損失，亦即原員工誠實保證保險為基層之保障，任一損失均由基層之保障先行賠付，不足賠付時，再由超額保證保險賠付。

1.承保對象：暫以銀行之員工全體投保原員工誠實保證保險，並以全體員工加保者為限。其他公民營機構，其員工總人數在一百人以上者，得由擬承保公司提請公會審查通過後，比照辦理。

2.加保金額：由被保險人視實際需要自行決定，但應受下列各項之限制：

⑴每一員工之加保金額必須相同。並以該加保金額為保險人對每一事故保險期間應負之最高賠償責任。

⑵本附加險之保險金額不得超過新臺幣一千萬元。

⑶本保險單原員工誠實保證保險金額不得少於下列金額：

①直接與財物有關人員：新臺幣五十萬元。

②間接與財物有關人員：新臺幣二十五萬元。

③其他人員：新臺幣十萬元。

3.賠償責任：承保公司對每一事故之賠償金額，不論牽涉員工人數多寡，最高以批單所載之保險金額為限。

4.保險費率：每人每年每萬元 1.2 元。

5.優待費率：加保人數超過五百人以上者，分別予以折扣優待：

⑴五〇一人至一〇〇〇人部份：百分之二十。

⑵一〇〇一人至二〇〇〇人部份：百分之四十。

⑶二〇〇一人至四〇〇〇人部份：百分之六十。

⑷四〇〇一人至八〇〇〇人部份：百分之八十。

⑸八〇〇〇人以上按八千人計算。

6.最低保險費：每一批單最低保險費新臺幣一萬元。

7.收費方式：加保超額保證保險時，應自加保日起原保證保險單訂明之保險年度終了日止，依上項費率按日計算一次收取加保費。其在中

途退保者，不予退費。

　　8.恢復保險金額：在每一保險年度內，承保公司依據本批單之規定賠付任何損失時，應將賠付之金額，自本批單約定之保險金額內扣減之，扣減後之餘額，仍適用本批單承保範圍之損失。上項扣減之金額，應自被保險人向承保公司通知損失之日起生效。但被保險人亦得通知承保公司加繳保險費後恢復保險金額。

第二十一章　保證保險（二）

──工程保證保險

　　我國自民國六十年代起，政府陸續推動了十大建設、六年國建、亞太營運中心建設等重大公共工程建設案件，一時之間，營建業蓬勃發展。營建業素有「火車頭工業」之美譽，營建業的蓬勃發展進而帶動了材料業、製造業、運輸業、專業技術服務業、金融業、保險業……等各行各業的發展。營建業不僅帶動各行業的發展，更與各行業密切配合而形成所謂的「營造市場」。

　　初級的營造市場僅是勞力的提供，但隨著營建業與建築師、工程師、專業技師等專業技術行業的密切合作，營造市場已由初級步入中級。現今，營造市場要向高級領域邁進，就必須再結合財務資源運用不可。工程保證保險即是財務資源運用中的一環。

第一節　工程保證保險之起源與發展

一、工程保證保險的起源

　　依民法第七三九條規定：「稱保證者，謂當事人約定，一方於他方之債務人不履行債務時，由其代負履行責任之契約」。於是，「人保」、「舖保」的保證制度便應運而生。但是，人保、舖保大都基於人情壓力且多

未收取任何的對價或報酬，而往往為人作保的下場都沒有好結果，故社會上人人談「作保」而色變，即有人謔稱「人呆為保」也。

但是，隨著經濟愈發蓬勃，保證制度在商場、職場上也愈發顯得重要，伴隨而來的保證金額也越來越高，這樣的保證已非以往的人保或舖保可以承擔得起，故，專業的保證人行業或業務便隨之興起，如銀行、信託公司、合作社的保證便是。此外，依據保險法第九十五條之一的規定：「保證保險人於被保險人因其受僱人之不誠實行為或債務人之不履行債務所致損失，負賠償之責。」因此，保險公司便得經營保證保險業務。

目前國內產物保險公司所經營的各種工程保證保險業務便是上述「保證保險」其中的一環。它的起源是民國五十八年間臺灣產物保險公司與中央產物保險公司聯合共同承保加拿大商所承攬「中山科學研究院反應爐安裝工程」之工程履約保證保險開始，當時係以批單方式附加於安裝工程綜合損失險的條款之後。自此，便開啟了我國產物保險公司經營工程保證保險的大門。

二、工程保證保險的發展

自從民國五十八年第一張工程履約保證保險以批單的形式出現後，隨即我國六十年代便陸續邁入十大建設的高峰建設時期，當時所謂的「一機」、「二港」、「三路」、「四廠」等，皆與工程保險產生莫大的關係。至民國六十三年高速公路工程局陸續接受工程承攬人投保工程保險附加工程保證保險後，工程保證保險便慢慢的普遍開來。

但是，工程保證保險以批單方式附加於工程保險的保單之上，卻造成保險公司與工程發包單位（即工程定作人）間對「保證」與「保險」在認知上產生嚴重分歧的看法，保險公司與工程定作人間的糾紛時有所聞，於是保險業者為求一勞永逸，於民國七十五年間委託財團法人工程保險協進會研訂六種工程保證保險保單、條款、承保辦法一併送財政部

審查，經財政部核准後獨立成為保險單銷售，而不再以批單之形式出現。

至六年國家建設時期，公共建設工程如雨後春筍般的冒出，保險業者為配合公共工程之進行，再度委託財團法人工程保險協進會對各種工程保證保險單進行研修，並於民國八十一年取得財政部之核准販售，以符合實際上公共工程之需要。

民國八十七年政府採購法經立法院三讀通過，同年五月二十七日總統公布，並於次（民國八十八）年五月二十七日正式實施。保險業者秉持配合政府之態度，再度研修各種工程保證保險之保單及條款，於民國九十年透過中華民國產物保險商業同業公會報請財政部審核，待財政部審核通過並經行政院公共工程委員會之同意使用，新的工程保證保險單即可完全符合「政府採購法」之需求而加入公共工程財務資源運用的行列。

第二節　工程保證保險之核保與費率

一、工程保證保險核保資料的蒐集

產物保險業者在承保各種工程保證保險業務時皆須事先辦理核保的作業及徵信的工作。工程承攬人（即要保廠商）必須事先提供下列的核保資料供保險公司審核。

（一）要保書：各項欄位資料皆須翔實填列。

（二）承攬人之各項基本資料，包括：

1.公司執照、營利事業登記證影本。

2.公會會員證影本。

3.廠商信用調查表或廠商基本資料表。

4.廠商最近三年工程實績表、目前在建工程明細表（須包含預定完

工日期及目前完工比例)。

　　5.廠商最近三年之資產負債表、損益表、存借款明細表或經會計師簽證之財務報表。

　　6.廠商最近一期營利事業所得稅繳款收據聯影本及票據交換所退票資料查詢申請單。

　　7.廠商印鑑證明及負責人印鑑證明。

　　8.負責人個人信用調查表。

　　9.廠商之董、監事名單，主要股東名單，經理人及技師名單。

　　(三)承攬人之連帶保證人的各項基本資料。承攬人之連帶保證人至少須有一位法人及二位自然人，法人須為同等級以上且能執行相同承攬工程之廠商；自然人一位為要保廠商之負責人，另一人為要保廠商之主要股東或連帶保證廠商之負責人。這些連帶保證人須提供的各項基本資料，在自然人部份為：

　　1.個人印鑑證明。

　　2.個人信用調查表。

　　在法人部份為：

　　1.公司執照、營利事業登記證影本。

　　2.公會會員證影本。

　　3.廠商信用調查表或廠商基本資料表。

　　4.廠商最近三年之資產負債表、損益表、存借款明細表或經會計師簽證之財務報表。

　　5.廠商最近一期營利事業所得稅繳款收據聯影本及票據交換所退票資料查詢申請單。

　　6.廠商印鑑證明及負責人印鑑證明。

　　7.負責人個人信用調查表。

　　(四)工程合約的有關資料，包括：

1.投標須知。

2.合約條文內容。

3.開標記錄或議（比）價記錄。

4.工程單價分析。（主項部份，非細項分析）

二、工程保證保險核保3C原則

工程保證保險的核保係按要保廠商及連帶保證人的特質(Character)、能力(Capacity)及財務狀況(Capital)等三項因素來審核，三者密不可分，通常可概稱為工程保證保險核保3C原則。茲簡述如下：

（一）特質(Character)：

廠商之營業記錄、個人記錄、付款記錄、社會地位、交易習慣、道德操守、負責人的個性是否揮霍、喜歡酗酒、沉溺賭博等惡習等，均可視為特質之具體表徵。

（二）能力(Capacity)：

廠商的能力可以從其過去的工程實績、性質、規模、工程監督能力、估價師的資歷、員工數量多寡、在建工程明細內容、施工機具設備的多寡與完整來了解。

（三）財務狀況(Capital)：

廠商的財務狀況主要須透過財務報表分析來了解。財務報表分析的主要目的有三：

第一：評估過去的經營績效。

第二：衡量目前的資金狀況。

第三：預測未來的營運發展。

一份完整的財務報表必須包括資產負債表、損益表、保留盈餘表及財務狀況變動表（又稱資金變動表或現金流量表）。依據完整的財務報表及使用財務分析工具，即可了解廠商之償債能力、財務結構、獲利能力

及經營績效。分述如下：

 1.償債能力：

 A.流動比率＝流動資產÷流動負債

 B.速動比率＝速動資產÷流動負債

 2.財務結構：

 A.負債比率＝負債總額÷淨值

 3.獲利能力：

 A.稅前淨利率＝稅前純益÷營業收入

 B.淨值純益率＝稅前純益÷淨值

 4.經營績效：

 A.應收帳款週轉率＝營業收入÷應收帳款

 B.固定資產週轉率＝營業收入÷固定資產

 C.總資產週轉率＝營業收入÷總資產

三、工程保證保險發生理賠之重要原因

造成工程承攬人不履行工程契約而致使工程保證保險產生賠案之重要原因一般有十項，在國外稱之為「工程保證保險之十大死因」。分列如下：

（一）承包工程過多，業務過度擴張。

（二）缺乏良好制度，包括財務、會計及管理制度。

（三）投標錯誤，標價偏低或不足。

（四）工程經驗不足。

（五）經營不善，連年虧損。

（六）工程契約之訂定未基於公平正義之原則。

（七）從事投機取巧之事業或生意。

（八）企業遭逢危險時管理不當或遭遇不可抗力事件。

（九）負責人個性之缺陷，如喜歡酗酒、沉溺賭博、剛愎自用。

（十）次承包商或分包商之違約或拖延。

四、工程保證保險費率之釐定

工程保證保險之費率係參照國外著名再保險業者之費率水準並依據下列因素逐案釐定：

（一）工程之類別、大小、性質、繁簡及難易程度。

（二）工程契約之內容與條件。

（三）承攬人之財務、信用狀況及工作能力。

（四）擔保品之有無及其種類、性質、價值及提供成數。

一般而言，工程保證保險之年費率為保險金額之百分之一至百分之一點五（1.0%-1.5%），超過兩年者得減費百分之十，超過三年以上者得減費百分之十五。

本險種之純保險費占總保險費之百分之七十，其餘賠款準備、佣金、發展基金、其他費用及利潤等占百分之三十。

第三節　工程保證保險之相對保證

保證保險一般均有相對保證制度，即所謂的「沒有補償，就沒有保證」之說。目前國內產險業者在承保工程保證保險業務時，均會要求要保廠商簽發「償還同意書」以確認彼此之權利義務關係；此外，也會要求要保廠商另行簽發與保證保險金額同額之「本票」作為債權憑證；更重要的一點，亦請要保廠商提供部份「擔保品」以擔保債權，此即所謂之「相對保證」。

一、償還同意書

債務之發生應由債務人償還給債權人，在工程保證保險的關係裏面，保證保險人（即保險業者）僅係對主債務提供擔保，因此保證保險人於履行保證保險責任後有向債務人行使追償權利為原則。但因保險法第五十三條之規定，保險人行使代位求償權僅限於對「第三人」之代位求償，故於保證保險上有適用之困難，因此，保險公司在承保工程保證保險之實務上，均會要求承攬廠商另行簽發「償還同意書」，請廠商承諾如發生承保範圍內之保險事故時，保證保險人依保險單條款之約定賠償被保險人（即定作人）後，會如數清償保證保險人所致之損失。而保證保險人依償還同意書之約定，以民法之一般債務關係行使追償權。

二、本票

依票據法第三條之規定：「稱本票者，謂發票人簽發一定金額，於指定之到期日，由自己無條件支付與受款人或執票人之票據」。在實務上，保證保險人均會要求要保廠商簽發與保證保險金額同額之商業本票或銀行本票作為債權憑證，如發生承保範圍內之保險事故而本票未獲兌現時，保證保險人可依票據法行使權利，向法院取得執行名義後，聲請對發票人之財產強制執行。

三、擔保品

保證保險的擔保品一般分為質押品與抵押品二類，分述如下：

（一）質押品：

在實務上，保證保險人徵提之質押品多限於較易變現且容易處理者為主，較常接受之質押品有：現金、政府公債、國庫券、銀行定期存單、金融機構或票券公司保證發行之商業本票。此類的質押品皆為現金和約當現金，除現金外，保證保險人對於各類的約當現金，如票、券、單、債等，會視實際需要要求提供人辦理質權設定手續。

（二）抵押品：

因質押品的徵提以現金或約當現金為主，直接影響要保廠商之營運週轉，因此，質押品徵提之成數不宜過高。抵押品則因抵押權人不佔有抵押物，抵押人仍可繼續使用、收益，較不影響要保廠商之營運，對於必須徵提較高成數擔保品之廠商，保證保險人可要求要保廠商辦理不動產抵押。惟，不動產抵押涉及不動產的鑑價、多層的法律權利義務關係且不動產抵押手續較為複雜，除非委託專業的不動產代書或律師代為處理，一般較少採用。

第四節　工程保證保險之保單簡介

我國工程保證保險制度依國內工程發包模式與工程契約規定及一般工程慣例可區分為：工程押標金保證保險、工程履約保證保險、工程預付款保證保險、工程支付款保證保險、工程保留款保證保險、工程保固保證保險等六種工程保證保險單。各保險單之重要內容分述如下：

一、工程押標金保證保險(Bid Bond)

工程押標金保證保險乃保證保險人向工程發包單位　（即工程定作人）擔保，如投標廠商得標後，未按投標文件之規定於一定期限內與定作人簽訂工程契約，而定作人受有損失時，保證保險人對被保險人（即工程定作人）負賠償之責。其保險單之重要內容如下：

（一）承保範圍：

投標人於保險期間內，參加保險單所載之工程（以下簡稱工程）投標，於得標後不依投標須知或其他有關投標規定與被保險人簽訂工程契約時，保險公司依保險單之約定對被保險人負賠償之責。

（二）不保事項：

1.投標人因下列事項未能簽訂工程契約時， 保險公司不負賠償責任：

A.戰爭（不論宣戰與否）、類似戰爭行為或叛亂。

B.核子反應、核子輻射或放射性污染。

C.可歸責於被保險人之事由。

2.保險公司對下列損失及費用不負賠償責任：

投標人不簽訂工程契約所致利息、租金或預期利潤損失，及重新招標、催告履行或訴訟之有關費用。

（三）保險期間：

保險單之保險期間為自工程投標之日起至投標人簽訂工程契約之日止。但如保險單所載開標日期之標為廢標時，則保險單之效力即行終止。

（四）理賠事項：

被保險人於投標人得標後，不依投標須知或其他有關投標規定簽訂工程契約時，應立即以書面通知保險公司，並檢具賠償申請書、有關資料及文書證件，向保險公司請求賠償。

保險公司之賠償金額，以投標人之得標金額與該工程同次開標之次低得標金額或依原投標條件重新招標之得標金額之差額為準。但保險公司最高賠償金額以保險單所載之保險金額為限。

二、工程履約保證保險(Performance Bond)

工程履約保證保險的目的是為使工程定作人能獲得依原工程契約條件完成該工程的保障，由保證保險人擔保承攬廠商忠實履行工程合約。倘非因可歸責於工程定作人之事由，工程承攬人不能履行工程契約義務時，由保證保險人代負履行之責。至於履行契約責任的方法，因工程業為特殊行業，需有特殊施工方法與技術，故非由保證保險人直接進行施工，而是

由保證保險人代洽經工程定作人認可之合格廠商按原工程合約條件完成該工程或由工程定作人就未完成部份重新發包,保證保險人賠償工程差額及相關費用,但以保險單所載之保險金額為限。其保險單之重要內容如下:

(一) 承保範圍:

承攬人於保險期間內,不履行保險單所載之工程契約 (以下簡稱工程契約),致被保險人受有損失,而承攬人依工程契約之規定應負賠償責任時,保險公司依保險單之約定對被保險人負賠償之責。

(二) 不保事項:

1.承攬人因下列事項未能履行工程契約時, 保險公司不負賠償責任:

A.戰爭 (不論宣戰與否)、類似戰爭行為、叛亂或強力霸佔。

B.依政府命令所為之徵用、充公或破壞。

C.罷工、暴動或民眾騷擾。但承攬人或其代理人或與本工程有關廠商之受僱人所為者, 不在此限。

D.核子反應、核子輻射或放射性污染。

E.可歸責於被保險人之事由。

2.保險公司對承攬人不償還預付款所致之損失不負賠償責任。

(三) 保險期間:

保險單之承保期間為自承攬人與被保險人簽訂工程契約之日起,至工程完工經被保險人驗收合格並報經有關機關核准之日或被保險人書面通知解除保證責任之日止,以兩日期中先屆期者為準。

前項所稱驗收係指工程合約所訂保固或稱養護期間開始前之驗收。

於保險期間內,非經被保險人同意,保險公司不得逕行終止保險單。

(四) 賠償方式:

保險公司於接獲被保險人通知承攬人不履行工程契約之情事後,得選擇下列任一方式, 對被保險人負賠償之責:

　　　　1.由保險公司代洽符合原投標資格並經被保險人同意之廠商依照原工程契約完成該工程。

　　　　2.由被保險人依照原工程契約發包方式及契約條件而就未完成部份重新發包。保險公司按重新發包之總金額超過原工程契約總金額扣除實際已付承攬人工程費之差額，對被保險人負賠償之責。

　　承攬人不履行工程契約致所受損失，包括利息、登記、運費、違約金、訂約費、稅捐、訴訟費及重新招標費用，保險公司亦負賠償責任。

　　保險公司對於前兩項之賠償責任合計以不超過保險單所載保險金額為限。

三、工程預付款保證保險(Advanced Payment Bond)

　　工程預付款保證保險，係由保證保險人擔保承包廠商於領取工程預付款之後，將遵照工程契約之規定如期完工。倘工程承攬人不履行工程契約，致工程定作人無法自依工程進度發給之工程估驗款中扣回工程預付款且無法獲得償還時，由保證保險人負賠償責任。其保險單之重要內容如下：

　　（一）承保範圍：

　　工程承攬人因不履行保險單所載工程契約（以下簡稱工程契約），致被保險人對工程預付款無法扣回，而受有損失時，由保險公司依保險單之約定對被保險人負賠償責任。

　　（二）不保事項：

　　1.被保險人對工程預付款不依工程契約規定，自應付之工程款中扣回，或因其他可歸責於被保險人之事由，無法收回所致之損失，保險公司不負賠償責任。

　　2.工程契約所訂工程預付款以外之任何損失，保險公司不負賠償責任。

（三）保險期間：

保險單之保險期間為自承攬人領取工程預付款時起，至被保險人依工程契約規定扣清或承攬人還清全部工程預付款時止。

於保險期間內，非經被保險人同意，保險公司不得逕行終止保險單。

（四）賠償金額之計算：

保險公司之賠償金額，以保險單所載之保險金額減被保險人已抵扣或可抵扣及承攬人已償還工程預付款之差額為限。

四、工程支付款保證保險(Payment Bond)

工程支付款保證保險即工程承攬人支付工資與材料費予分包商、工人、材料供應商之保證，此工程保證保險雖非對工程定作人直接保障，但工程定作人卻間接受益。其保險單之重要內容如下：

（一）承保範圍：

承攬人不支付保險單所載工程契約（以下簡稱工程契約）範圍內應付之酬勞或材料費，發生債務糾紛，經債權人依法定程序請求，致工程之全部或任一部份受假扣押或扣押處分，被保險人為維護其權益，代承攬人償付而受有損失時，保險公司依保險單之約定對被保險人負賠償之責。

（二）不保事項：

承攬人因下列事項，未能支付酬勞或材料費時，保險公司不負賠償責任。

1.被保險人不依工程契約規定支付工程預付款或工程估驗款。

2.可歸責於被保險人之事由。

（三）保險期間：

保險單之保險期間為自承攬人簽訂工程契約之日起，至工程契約所訂保固或養護期滿之日止。

（四）賠償金額之計算：

保險公司之賠償金額以被保險人之實際損失金額為準，並以保險單所載之保險金額為限。

五、工程保留款保證保險(Retention Bond)

工程保留款保證保險的目的是為擔保工程承攬人在領取工程保留款後，承攬人能依約定繼續完成承包工程，以保障工程定作人。其保險單之重要內容如下：

（一）承保範圍：

被保險人對於承攬人依保險單所載工程契約（以下簡稱工程契約）規定領取之工程保留款，因不履行工程契約而受有損失時，保險公司依保險單之約定對被保險人負賠償之責。

（二）不保事項：

1.承攬人依工程契約規定應提供工程保固保證或投保保固保證保險者；不論提供或投保已否，保險公司對於工程保固保證或保固保證保險承保範圍內之損失，不負賠償責任。

2.因可歸責於被保險人之事由所致之任何損失，保險公司不負賠償責任。

（三）保險期間：

保險單之保險期間為自承攬人領取工程保留款之日起，至工程契約所訂保固或養護期滿之日或被保險人解除工程保留款保證責任之日止。並以兩者中孰先屆期者為準。

於保險期間內，非經被保險人同意，保險公司不得逕行終止保險單。

（四）賠償金額之計算：

保險公司之最高賠償金額，以承攬人領取之工程保留款或保險單所載之保險金額兩者中較低者為限。

六、工程保固保證保險(Maintenance Bond)

工程保固保證保險係由保證保險人擔保承包廠商於工程契約規定之保固期間內，對施工不良或材料瑕疵之缺陷，將負責改正與修繕。若工程承攬人不履行保固責任，保證保險人須賠償工程定作人因此所承受之損失。其保險單之重要內容如下：

（一）承保範圍：

被保險人對於承攬人不履行工程契約規定之保固或養護責任而受有損失時，保險公司依保險單之約定對被保險人負賠償之責。

（二）不保事項：

承攬人因下列事項未能履行保固或養護責任時，保險公司不負賠償責任：

1.戰爭（不論宣戰與否）、類似戰爭行為、叛亂或強力霸佔。

2.依政府命令所為之徵用、充公或破壞。

3.罷工、暴動或民眾騷擾。但承攬人或其代理人或與本工程有關廠商之受僱人所為者，不在此限。

4.核子反應、核子輻射或放射性污染。

5.可歸責於被保險人之事由。

（三）保險期間：

保險單之保險期間為自工程契約所訂保固或養護責任開始之日起，至工程契約所訂保固或養護期滿之日止。

於保險期間內，非經被保險人同意，保險公司不得逕行終止保險單。

（四）賠償金額之計算：

保險公司之賠償金額，以被保險人代承攬人依工程契約履行保固或養護工作所需費用為準，並以保險單所載之保險金額為限。

第五節　工程保證保險之再保與理賠

一、工程保證保險之再保險

工程保證保險業務係由產物保險業者所經營，是為財產保險的一種，其再保險的方式與一般財產保險並無兩樣。惟，值得注意的是，工程保證保險的再保市場非常狹小，國內產險業者初期在經營此類業務時，由臺灣產物保險公司、中國航聯產物保險公司、泰安產物保險公司、華南產物保險公司……等國內七家產險業者共組一個共保集團，以共同承擔此類業務的風險。

民國七十五年工程保證保險單奉財政部核准販售後，國內產險業者為因應業務之需要，透過財團法人工程保險協進會（Engineering Insurance Association簡稱EIA）籌組「工程保證保險共保集團」，並由產險業者授權EIA統一與再保險人簽訂比率再保險(Quota Share)再保合約，以集中事權，簡化作業，並分散風險。

民國八十一年，配合公共工程適用的新工程保證保險單奉財政部核准販售，工程保證保險業務亦隨之增加，共保集團承保業務之能量亦隨之擴增。至此，工程保證保險共保集團已奠定良好的再保基礎。

除了工程保證保險共保集團外，其餘的工程保證保險業務均仰賴保險業者與再保人簽訂的保證保險再保合約及臨時再保險以分散業者所承擔之風險。

二、工程保證保險之理賠

現行各種工程保證保險單對於賠償之請求規定極為簡單明確，除工程押標金保證保險外，其餘各種工程保證保險之規定幾近相同，其主要

內容為：

「被保險人於知悉承攬人不履行工程契約時（或遇有保險單承保範圍內之損失時），被保險人應於六十日內檢具下列資料，向保險公司求償：

（一）賠償申請書。

（二）損失金額估算書。

（三）其他有關資料及文書證件。

保險公司應於損失金額確定後十五日內給付賠償金。」

至於工程保證保險各險之賠償方式或賠償金額之計算，前於工程保證保險之保單簡介章節中已提及，於此不再贅述，如有需要，敬請參考工程保證保險各險保險單基本條款之規定。

第六節　工程保證保險債權保全與追償

一、債權保全

債權保全係為保全將來之請求權及強制執行所為之法律行為或法律程序。故，債權保全在整個承保過程乃至於整個理賠過程都應詳加以注意。

一般在工程保證保險之債權保全上須注意到的有：

（一）擔保品的質押或抵押手續是否完整無誤？

（二）本票之應記載事項是否依票據法之規定辦理，並且發票人（及共同發票人／及連帶保證人）的票據印鑑是否確實無誤？

（三）償還同意書之內容及記載是否翔實完整？立同意書人及連帶保證人之印鑑是否確實無誤？

（四）理賠發生後，對債務人及連帶保證人其財產移轉的限制。

二、債權追償

債權的追償係以實現債權、獲得清償為目的所為之各種催討行動。保證保險人於賠償被保險人所受損失後，便可向債務人或其連帶保證人進行債權追償。

在債權追償方面，保證保險人可利用本票依票據法行使權利，向法院取得執行名義後，聲請對發票人之財產強制執行。強制執行須經法院以判決宣示許可其執行者為限。原則上強制執行應由債權人向法院聲請，經執行法院就書面調查後開始執行。但，利用本票依票據法行使權利時，須注意本票的時效消滅問題。本票之時效期間分為：

（一）執票人對本票發票人：

自到期日起算三年間；見票即付之本票，自發票日起算三年間。

（二）執票人對前手：

自作成拒絕證書日起算一年間；免除作成拒絕證書者，自本票到期日起算一年間。

（三）背書人對前手：

自為「清償」之日或「被訴」之日起算六個月間。

除了利用本票來做債權追償外，保證保險人也可以利用「償還同意書」以民法之一般債務關係行使追償權。

不管是債權保全亦或債權追償，一般實務上保證保險人均指定有法學素養之承保人員、理賠人員或法務人員來處理，以確保公司之債權。

第七節　工程保證保險常用範本文件

在工程保證保險領域之運作實務上，有許多的表格、文件來加以使用，以確保在承保、簽單、再保、理賠、債權保全與追償等各個環節均

能有效掌控。

　　一般常用的表格、文件有：要保書、商業本票、償還同意書、質權設定通知書、拋棄行使抵銷權同意書、銀行覆函、實行質權通知書、質權消滅通知書、在建工程明細表、工程實績明細表、存借款明細表、廠商信用調查表、個人資料表（個人信用調查表）等。另檢附現行六種工程保證保險單之式樣及基本條款內容以供參考。

工程押標金保證保險單

財政部核准文號：75.3.11
台財融第7502546號

保險人　　　　　　　　　　　　　　（以下簡稱本公司），因

　　　　　（以下簡稱投標人）參加後開工程投標，與要保人訂立工程押標金保

證保險契約，特立本保險單存證。

保險單號碼	字第		號	險 別	保單性質	要保性質
要 保 人		住　所				
被保險人		住　所				
工程名稱		施工處所				
定 作 人	名稱	投標人	名稱			
			住所			
	住所		開標日期 民國　　年　　月　　日			
保險期間	依照保險單條款第三條規定辦理					
保險金額	新台幣	保險費	新台幣			

注意：

一、本保險單須蓋有本公司印信，並經總
　經理及副署人簽章始生效力。

二、本保險單之記載如有與原約定不符者
　，請卽通知本公司更改之。

總經理

副署

中華民國　　　年　　　月　　　日立于台北市　覆核

工程押標金保證保險單條款

第一條：承保範圍

投標人於保險期間內，參加本保險單所載之工程（以下簡稱工程）投標，於得標後不依投標須知或其他有關投標規定與被保險人簽訂工程契約時，本公司依本保險單之約定對被保險人員賠償之責。

第二條：不保事項

一、投標人因下列事項未能簽訂工程契約時，本公司不負賠償責任：

1. 戰爭（不論宣戰與否）、類似戰爭行為或叛亂。

2. 核子反應、核子輻射或放射性污染。

3. 可歸責於被保險人之事由。

二、本公司對下列損失及費用不負賠償責任：

投標人不簽訂工程契約所致利息、租金或預期利潤之損失，及重新招標、催告履行或訴訟之有關費用。

第三條：保險期間

本保險單之保險期間為自工程投標之日起至投標人簽訂工程契約之日止。但如本保險單所載開標日期之標為廢標時，則本保險單之效力即行終止。

第四條：理賠事項

被保險人於投標人得標後，不依投標須知或其他有關投標規定簽訂工程契約時，應立即以書面通知本公司，并檢具賠償申請書、有關資料及文書證件，向本公司請求賠償。

本公司之賠償金額，以投標人之得標金額與該工程同次開標之次低得標金額或依原投標條件重新招標之得標金額之差額為準。但本公司最高賠償金額以本保險單所載保險金額為限。

第五條：協助追償

本公司於履行賠償責任後，向投標人追償時，被保險人對本公司為行使該項權利之必要行為，應予協助，其所需費用由本公司負擔。

第六條：其他事項

一、本保險單之批單、批註暨工程投標須知或其他有關投標規定均為本保險契約之一部份。

二、本保險單之任何變更，需經本公司簽批始生效力。

三、本保險單未規定事項，悉依照保險法及其他有關法令辦理。

工程履約保證保險單

財政部核准文號：81.4.15
台財保第810983795號

　　保險人　　　　　　　　　　　　　（以下簡稱本公司）因
　　　　　　（以下簡稱承攬人）承攬後開工程（以下簡稱工程），與要保人訂立
工程履約保證保險契約，特立本保險單存證。

保險單號碼		字第		號			險別	保單性質
							240	1
要 保 人				住 所				
被保險人				住 所				
工程契約內容述要	契 約 號 碼			施 工 處 所				
	名 稱			施 工				
	定作人	名稱						
		住所		期 限				
	承攬人	名稱						
		住所		契約總金額		新台幣		
保險期間		依照保險單條款第三條規定辦理						
保險金額		新台幣						
保險費		新台幣						

注意：

一、本保險單須蓋有本公司印信、並經總
　　經理及副署人簽章始生效力。

二、本保險單之記載如有與原約定不符者
　　，請即通知本公司更改之。

中華民國　　　　年　　　　月　　　　日立于台北市　覆核

工程履約保證保險單條款

第一條：承保範圍
承攬人於保險期間內，不履行本保險單所載之工程契約（以下簡稱工程契約），致被保險人受有損失，而承攬人依工程契約之規定應負賠償責任時，本公司依本保險單之約定對被保險人負賠償之責。

第二條：不保事項
一、承攬人因下列事項未能履行工程契約時，本公司不負賠償責任：
　1.戰爭（不論宣戰與否）、類似戰爭行為、叛亂或強力霸佔。
　2.依政府命令所為之徵用、充公或破壞。
　3.罷工、暴動或民眾騷擾。但承攬人或其代理人或與本工程有關廠商之受僱人所為者，不在此限。
　4.核子反應、核子輻射或放射性污染。
　5.可歸責於被保險人之事由。
二、本公司對承攬人不償還預付款所致之損失不負賠償責任。

第三條：保險期間
本保險單之承保期間為自承攬人與被保險人簽訂工程契約之日起，至工程完工經被保險人驗收合格並報經有關機關核准之日或被保險人書面通知解除保證責任之日止，以兩日期中先屆期者為準。
前項所稱驗收係指工程合約所訂保固或稱養護期間開始前之驗收。
於保險期間內，非經被保險人同意本公司不得逕行終止本保險單。

第四條：工程契約之變更
工程契約遇有變更時，本公司之保證責任以變更後之工程契約為準。但承攬人不履行契約應由本公司負賠償責任，而由被保險人按本保險單第六條第一項第二款規定，就未完成部分重新發包時所為之變更不在此限。

第五條：發生不履行工程契約情事之通知
被保險人於承攬人不履行工程契約時，應立即以書面通知本公司。

第六條：賠償方式
本公司於接獲前條通知後，得選擇下列任一方式，對被保險人負賠償之責：
一、由本公司代洽符合原投標資格並經被保險人同意之廠商依照原工程契約完成該工程。
二、由被保險人依照原工程契約發包方式及契約條件而就未完成部分重新發包。本公司按重新發包之總金額超過原工程契約總金額扣除實際已付承攬人工程費之差額，對被保險人負賠償之責。
承攬人不履行工程契約致所受損失，包括利息、登記、運費、違約金、訂約費、稅捐、訴訟費及重新招標費用，本公司亦負賠償責任。
本公司對於前兩項之賠償責任合計以不超過本保險單所載保險金額為限。

第七條：賠償之請求
被保險人於知悉承攬人不履行工程契約時，應於六十日（如係依工程契約規定交付仲裁者，於裁定後三十日）或經本公司書面同意之期間內檢具下列資料，向本公司請求賠償，並隨時接受本公司指派人員之勘查：
一、賠償申請書。
二、損失金額估算書。
三、其他有關資料及文書證件。
本公司應於損失金額確定後十五日內給付賠償金。

第八條：協助追償
本公司於履行賠償責任後，向承攬人追償時，被保險人對本公司為行使該項權利之必要行為，應予協助，其所需費用由本公司負擔。

第九條：保險契約之終止
本保險單所載之承攬人變更時，本保險契約之效力即行終止。但中途由工程契約之保證人繼續承攬經被保險人同意並書面通知本公司者，本公司仍依本保險單約定對被保險人負保險之責。

第十條：放棄先行就承攬人財產為強制執行之主張
本公司不得以被保險人未就承攬人財產強制執行尚無結果為由，拒絕履行對被保險人之賠償責任。

第十一條：第一審管轄法院
倘因本保險而涉訟時，本公司同意以本保險單所載被保險人住所所在地之地方法院為第一審管轄法院。

第十二條：其他事項
一、本保險單之批單、批註暨工程契約均為本保險契約之一部分。
二、本保險單之任何變更，需經本公司簽批始生效力。
三、本保險單未規定事項，悉依照保險法及其他有關法令辦理。

中央產物保險股份有限公司

CENTRAL INSURANCE CO. LTD. 保產央中

總　公　司：台北市忠孝西路一段六號
總　　機：3819910(16線)
意外保險部：3314817
郵　撥帳號：0005101-5
中壢分公司：中壢市明德路176號六樓
電　　話：(03)4913151(6線)

高雄分公司：高雄市中正三路61號十樓
電　　話：(07)2712136(5線)
台南分公司：台南市公園路25號三樓
電　　話：(06)2255111(4線)
台中分公司：台中市英才路396號十二樓
電　　話：(04)3231277(4線)

財政部核准文號：81.4.15
台財保第810983795號

工程預付款保證保險單

保險人　中央產物保險股份有限公司　（以下簡稱本公司）因
　　　　　　（以下簡稱承攬人）承攬後開工程（以下簡稱工程），與要保人訂立
工程預付款保證保險契約，特立本保險單存證。

保險單號碼		字第　　　　　　　號			險別 250	保單性質 1
要 保 人			住　　所			
被保險人			住　　所			
工程契約內容述要	契約號碼		施工處所			
	名稱		施工期限			
	定作人	名稱	保留款			
		住所				
	承攬人	名稱	抵扣方式			
		住所	契約總金額	新台幣		
保險期間		依照保險單條款第三條規定辦理				
保險金額		新台幣				
保險費		新台幣				

注意：
一、本保險單須蓋有本公司印信，並經總
　　經理及副署人簽章始生效力。
二、本保險單之記載如有與原約定不符者
　　，請即通知本公司更改之。

中央產物保險股份有限公司

總經理　曾　明　仁

中華民國　　　　　年　　　　月　　　　日立于台北市　　覆核

工程預付款保證保險單條款

第一條：承保範圍

工程承攬人因不履行本保險單所載工程契約（以下稱工程契約），致被保險人對工程預付款無法扣回，而受有損失時，由本公司依本保險單之約定對被保險人負賠償責任。

第二條：不保事項

一、被保險人對工程預付款不依工程契約規定，自應付之工程款中扣回，或因其他可歸責於被保險人之事由，無法收回所致之損失，本公司不負賠償責任。

二、工程契約所訂工程預付款以外之任何損失，本公司不負賠償責任。

第三條：保險期間

本保險單之保險期間為自承攬人領取工程預付款時起，至被保險人依工程契約規定扣清或承攬人還清全部工程預付款時止。

於保險期間內，非經被保險人同意本公司不得逕行終止本保險單。

第四條：工程預付款變更之通知

工程契約所載工程預付款事項遇有變更時，被保險人應以書面通知本公司。

被保險人違反前項通知義務時，本公司之賠償責任仍以原工程契約為準，其因變更所增加之損失與費用，本公司不負賠償責任。但經本公司書面同意者，不在此限。

第五條：發生不履行工程契約事故之通知

被保險人於承攬人不履行工程契約時，應立即以書面通知本公司。

第六條：賠償之請求

遇有本保險單承保範圍之損失時，被保險人應於六十日內以書面通知本公司，並檢具賠償請求書、有關資料及文書證件向本司請求賠償。本公司應於損失金額確定後十五日內給付賠償金。

第七條：賠償金額之計算

本公司之賠償金額，以本保險單所載保險金額減被保險人已抵扣或抵扣及承攬人已償還工程預付款之差額為限。

第八條：協助追償

本公司於履行賠償責任後，向承攬人追償時，被保險人對本公司為行使該項權利之必要行為，應予協助，其所需費用由本公司負擔。

第九條：放棄先行就承攬人財產為強制執行之主張

本公司不得以被保險人未就承攬人財產強制執行尚無結果為由，拒絕履行對被保險人之賠償責任。

第十條：第一審管轄法院

倘因本保險而涉訟時，本公司同意以本保險單所載被保險人住所所在地之地方法院為第一審管轄法院。

第十一條：其他事項

一、本保險單之批單、批註暨工程契約均為本保險契約之一部份。

二、本保險單之任何變更，需經本公司簽批始生效力。

三、本保險單未規定事項，悉依照保險法及其他有關法令辦理。

工程支付款保證保險單

財政部核准文號：81.4.15
台財保第810983795號

保險人 　　　　　　　　　　　　（以下簡稱本公司）因
　　　（以下簡稱承攬人）承攬後開工程（以下簡稱工程），與要保人訂立
工程支付款保證保險契約，特立本保險單存證。

保險單號碼		字第 　　　　　號				險別	保單性質
						280	1
要保人			住　所				
被保險人			住　所				
工程契約內容述要	契約號碼		施工處所				
	名稱		施工期限				
	定作人	名稱	承攬人	名稱			
		住所		住所			
	契約總金額	新台幣					
保險期間		依照保險單條款第三條規定辦理					
保險金額		新台幣					
保險費		新台幣					

注意：
一、本保險單須蓋有本公司印信、並經總
　　經理及副署人簽章始生效力。
二、本保險單之記載如有與原約定不符者
　　，請即通知本公司更改之。

中華民國　　　　年　　　　月　　　　日立于台北市　覆核

工程支付款保證保險單條款

第一條：承保範圍

承攬人不支付本保險單所載工程契約（以下稱工程契約）範圍內應付之酬勞或材料費，發生債務糾紛，經債權人依法定程序請求，致工程之全部或任一部分受假扣押或扣押處分，被保險人爲維護其權益，代承攬人償付而受有損失時，本公司依本保險單之約定對被保險人負賠償之責。

第二條：不保事項

承攬人因下列事項，未能支付酬勞或材料費時，本公司不負賠償責任。

一、被保險人不依工程契約規定支付工程預付款或工程估驗款。

二、可歸責於被保險人之事由。

第三條：保險期間

本保險單之保險期間爲自承攬人簽訂工程契約之日起，至工程契約所訂保固或養護期滿之日止。

第四條：工程契約變更之通知

工程契約如有變更時，被保險人應以書面通知本公司。

被保險人違反前項通知義務時，本公司之賠償責任仍以原工程契約爲準，其因變更所增加之損失及費用，本公司不負賠償責任。但經本公司書面同意者，不在此限。

第五條：發生不履行工程契約事故之通知

被保險人於知悉承攬人不支付其應支付工程契約範圍內之酬勞或材料費時，應立即以書面通知本公司。

第六條：賠償之請求

遇有本保險單承保範圍之損失時，被保險人應立即以書面通知本公司，並檢具賠償請求書、有關資料及文書證件向本公司請求賠償。

第七條：賠償金額之計算

本公司之賠償金額以被保險人之實際損失金額爲準，並以本保險單所載保險金額爲限。

第八條：協助追償

本公司於履行賠償責任後，向承攬人追償時，被保險人對本公司爲行使該項權利之必要行爲，應予協助，其所需費用由本公司負擔。

第九條：保險契約之終止

本保險單所載之承攬人變更時，本保險契約效力即行終止。但中途由工程契約保證人繼續承攬並經被保險人書面通知本公司者，本公司仍依本保險單約定對被保險人負賠償之責。

第十條：放棄先行就承攬人財產強制執行之主張

本公司不得以被保險人未就承攬人財產強制執行尚無結果爲由，拒絕履行對被保險人之賠償責任。

第十一條：第一審管轄法院

倘因本保險而涉訟時，本公司同意以本保險單所載被保險人住所所在地之地方法院爲第一審管轄法院。

第十二條：其他事項

一、本保險單之批單、批註暨工程契約均爲本保險契約之一部份。

二、本保險單之任何變更，需經本公司簽批始生效力。

三、本保險單未規定事項，悉依照保險法及其他有關法令辦理。

工程保留款保證保險單

財政部核准文號：81.4.15
台財保第810983795號

保險人　　　　　　　　　　　　（以下簡稱本公司）因
　　　　（以下簡稱承攬人）承攬後開工程（以下簡稱工程），與要保人訂立
工程保留款保證保險契約，特立本保險單存證。

保險單號碼	字第			號		險　別	保單性質
						270	1
要保人				住　所			
被保險人				住　所			
工程契約內容述要	契約號碼			施工處所			
	名稱			施工期限			
	定作人	名稱		保留款			
		住所					
	承攬人	名稱		計扣方式			
		住所		契約總金額	新台幣		
保險期間	依照保險單條款第三條規定辦理						
保險金額	新台幣						
保險費	新台幣						

注意：
一、本保險單須蓋有本公司印信，並經總
　　經理及副署人簽章始生效力。
二、本保險單之記載如有與原約定不符者
　　，請即通知本公司更改之。

中華民國　　　　年　　　　月　　　　日立于台北市　覆核

工程保留款保證保險單條款

第一條：承保範圍

被保險人對於承攬人依本保險單所載工程契約（以下簡稱工程契約）規定領取之工程保留款，因不履行工程契約而受有損失時，本公司依本保險單之約定對被保險人負賠償之責。

第二條：不保事項

一、承攬人依工程契約之規定應提供工程保固保證或投保保固保證保險者；不論提供或投保已否，本公司對於工程保固保證或保固保證保險承保範圍內之損失，不負賠償責任。

二、因可歸責於被保險人之事由所致之任何損失，本公司不負賠償責任。

第三條：保險期間

本保險單之保險期間為自承攬人領取工程保留款之日起，至工程契約所訂保固或養護期滿之日或被保險人解除工程保留款保證責任之日止。并以兩者中孰先屆期者為準。

於保險期間內，非經被保險人同意本公司不得逕行終止本保險單。

第四條：工程保留款變更之通知

工程契約所載工程保留款事項遇有變更時，被保險人應以書面通知本公司。

被保險人違反前項通知義務時，本公司之賠償責任仍以原工程契約為準，其因變更所增加之損失及費用，本公司不負賠償責任。但經本公司書面同意者，不在此限。

第五條：發生不履行工程契約事故之通知

被保險人於承攬人不履行工程契約時，應立即以書面通知本公司。

第六條：賠償之請求

遇有本保險單承保範圍之損失時，被保險人應立即以書面通知本公司，並檢具賠償請求書、有關資料及文書證件向本公司請求賠償。

第七條：賠償金額之計算

本公司之最高賠償金額，以承攬人領取之工程保留款或本保險單所載之保險金額兩者中較低者為限。

第八條：協助追償

本公司於履行賠償責任後，向承攬人追償時，被保險人對本公司為行使該項權利之必要行為，應予協助，其所需費用由本公司負擔。

第九條：放棄先行就承攬人財產為強制執行之主張

本公司不得以被保險人未就承攬人財產強制執行尚無結果為由，拒絕履行對保險人之賠償責任。

第十條：第一審管轄法院

倘因本保險而涉訟時，本公司同意以本保險單所載被保險人住所所在地之地方法院為第一審管轄法院。

第十一條：其他事項

一、本保險單之批單、批註暨工程契約均為本保險契約之一部分。

二、本保險單之任何變更，需經本公司簽批始生效力。

三、本保險單未規定事項，悉依照保險法及其他有關法令辦理。

工程保固保證保險單

財政部核准文號：81.4.15
台財保第810983795號

保險人　　　　　　　　　　　　　（以下簡稱本公司）因
　　　　　　（以下簡稱承攬人）承攬後開工程（以下簡稱工程），與要保人訂立
工程保固保證保險契約，特立本保險單存證。

保險單號碼		字第		號		險別	保單性質
						260	1
要　保　人				住　所			
被保險人				住　所			
工程契約內容述要	契約號碼			施工處所			
	名稱			施工期限			
	定作人	名稱		保固			
		住所					
	承攬人	名稱		期限			
		住所		契約總金額	新台幣		
保險期間	依照保險單條款第三條規定辦理						
保險金額	新台幣						
保險費	新台幣						

注意：
一、本保險單須蓋有本公司印信，並經總
　　經理及副署人簽章始生效力。
二、本保險單之記載如有與原約定不符者
　　，請即通知本公司更改之。

中華民國　　　　年　　　　月　　　　日立于台北市　覆核

工程保固保證保險單條款

第一條：承保範圍

被保險人對於承攬人不履行工程契約規定之保固或養護責任而受有損失時，本公司依本保險單之約定對被保險人負賠償之責。

第二條：不保事項

承攬人因下列事項未能履行保固或養護責任時，本公司不負賠償責任：
一戰爭（不論宣戰與否）、類似戰爭行為、叛亂或強力霸佔。
二依政府命令所為之徵用、充公或破壞。
三罷工、暴動或民眾騷擾。但承攬人或其代理人或與本工程有關廠商之受僱人所為者，不在此限。
四核子反應、核子輻射或放射性污染。
五可歸責於被保險人之事由。

第三條：保險期間

本保險單之保險期間為自工程契約所訂保固或養護責任開始之日起，至工程契約所訂保固或養護期滿之日止。
於保險期間內，非經被保險人同意本公司不得逕行終止本保險單。

第四條：保固或養護責任變更之通知

工程契約所載有關保固或養護責任遇有變更時，被保險人應以書面通知本公司。
被保險人違反前項通知義務時，本公司之賠償責任仍以原工程契約為準，其因變更所增加之損失及費用，本公司不負賠償責任。但經本公司書面同意者不在此限。

第五條：發生不履行工程契約事故之通知

被保險人於承攬人不履行保固或養護責任時，應以書面通知本公司。

第六條：賠償之請求

遇有本保險單承保範圍之損失時，被保險人應於六十日內以書面通知本公司，並檢具賠償請求書、有關資料及文書證件向本公司請求賠償。本公司應於損失金額確定後十五日內給付賠償金。

第七條：賠償金額之計算

本公司之賠償金額，以被保險人代承攬人依工程契約履行保固或養護工作所需費用為準，並以本保險單所載保險金額為限。

第八條：協助追償

本公司於履行賠償責任後，向承攬人追償時，被保險人對本公司為行使該項權利之必要行為，應予協助，其所需費用由本公司負擔。

第九條：保險契約之終止

本保險單所載之承攬人變更時，本保險契約之效力即行終止。但中途由工程契約保證人繼續承攬並經被保險人書面通知本公司者，本公司仍依本保險單約定對被保險人負保險之責。

第十條：放棄先行就承攬人財產為強制執行之主張

本公司不得以被保險人未就承攬人財產強制執行尚無結果為由，拒絕履行對被保險人之賠償責任。

第十一條：第一審管轄法院

倘因本保險而涉訟時，本公司同意以本保險單所載被保險人住所所在地之地方法院為第一審管轄法院。

第十二條：其他事項

一本保險單之批單、批註暨工程契約均為本保險契約之一部分。
二本保險單之任何變更，需經本公司簽批始生效力。
三本保險單未規定事項，悉依照保險法及其他有關法令辦理。

第二十二章　其他意外保險

第一節　意外保險

　　較之傳統海上保險及火災保險而言，意外保險 (Casualty Insurance) 起步較晚，其溯源約可至一七二〇年英國之竊盜保險。隨後工業革命澎湃於十八及十九世紀之際，波瀾所及帶動生產方式之變革並同時衍生許多新的社會問題。新種保險如鍋爐保險，健康保險，玻璃保險，僱主意外責任保險，公共意外責任保險，汽車保險等乃於當時之歐洲應運而生，並統稱其為「意外保險」。逮至二十世紀中葉，此等所謂之意外保險更倚其豐富多樣，不斷求新求變之特質廣納百川，儼然匯成產物保險中最大一支巨流。其簽單保費至今已穩居各險之冠。

　　意外保險因仍在不斷發展演化過程，其範圍原本難有一清晰明確界線。晚近由於複合保險 (Multiple Line) 之發展，意外保險與其他產物保險之界線更形模糊。但以今日歐美國家通稱之意外保險則多包含「責任保險」、「保證保險」、「犯罪保險」、「偶發事件保險」(Contingency Insurance) 等險種，並以此與「財產保險」(Property Insurance)，「海上保險」，「汽車保險」，及「人身傷害暨健康保險」(PersonalAccident& Health) 等險種，並立於產物保險 (Non-Life Insurance) 中。

　　我國保險法上並無「意外保險」一辭。實務上則將「陸空保險」、「責

任保險」、「保證保險」、及「其他財產保險」納入意外保險範疇。依我國保險業管理辦法,保險單條款及費率均應先報經財政部核准始得出單。迄今已經核准之意外保險約略如下:

（一）責任保險

一公共意外責任保險 (Public Liability Insurance)

一營繕承包人意外責任保險 (Contractors' Liability Insurance)

一電梯意外責任保險 (Elevator Liability Insurance)

一僱主意外責任保險 (Employer's Liability Insurance)

一意外污染責任保險 (Accidental Pollution Liability Insurance)

一產品責任保險 (Products Liability Insurance)

一高爾夫球員責任保險 (Golfers' Liability Insurance)

一醫師業務責任保險 (Physicians', Surgeons', Dentists' Professional Liability Insurance)

一會計師責任保險 (Accountants' Professional Liability Insurance)

一律師責任保險 (Lawyers' Professional Liability Insurance)

一建築師工程師專業責任保險 (Architects' & Engineers' Professional Liability Insurance)

一保險代理人經紀人責任保險 (Insurance Agents' and Brokers' Professional Liability Insurance)

一保全業責任保險 (Security Service Companies' Liability Insurance)

一旅館綜合責任保險 (Hotels Comprehensive Liability Insurance)

一醫院綜合責任保險 (Hospital Comprehensive Liability Insurance)

一飛機場責任保險 (Airport Owner and Operator Liability Insurance)

一金融業保管箱責任保險

—綜合責任保險 (Comprehensive General Liability Insurance)

（二）保證保險

—員工誠實保證保險 (Fidelity Bond)

—工程押標金保證保險 (Bid Bond)

—工程預付款保證保險 (Advance Payment Bond)

—工程履約保證保險 (Performance Bond)

—工程支付款保證保險 (Labor and Material Payment Bond)

—工程保留款保證保險 (Retention Bond)

—工程保固保證保險 (Maintenance Bond)

—限額保證支票信用保險 (Guaranteed Check Credit Insurance)

—消費者貸款信用保險 (Consumer's Loan Credit Insurance)

—住宅抵押貸款償還保證保險

（三）其他財產保險

—竊盜損失保險 (Burglary Insurance)

—現金保險 (Money Insurance)

—玻璃保險 (Glass Insurance)

—電視機保險 (TV Set Insurance)

—藝術品綜合保險 (Art Insurance)

—銀行業綜合保險 (Bankers' Blanket Bond)

—資訊系統不法行為保險

—商店綜合保險

以下各節謹就主要險種做分項介紹。

第二節　公共意外責任保險 (Public Liability Insurance)

(一) 企業風險

近年來屢屢發生於海鮮餐廳、保齡球館、KTV、三溫暖等之火災，先後造成數十名顧客葬身火窟，其業者除了財產損失之外，另需支付傷亡者及其家屬鉅額損害賠償，雙重打擊之下，有的財務困難，企業無以為繼，有的官司纏身，責任不知何時了。相對的，受害者所引頸企盼的實質補償也懸於業者之賠償能力與誠意。許多實例顯示，業者依法應負的責任很可能會遠高於業者財產損失，雖有部份業者縱已將其財產投保火險，卻常忽略對那看不到的法律賠償責任也預先買妥保險。

同樣的人為災變事故更可能發生在製造及營造等行業，最有名的一個案例是一九八四年發生在印度波帕地區的聯合碳化工廠毒氣外洩事件，一個意外事故導致三千餘人死亡及數萬人輕重傷。由此可見企業主對其依法對第三人可能遭受的賠償責任足可使辛苦經營之企業毀於一夕，豈可不預做風險管理。而風險管理方法中以保險為最常見。當然，若以石油工業、化學工業觀之，一旦發生災害可能波及甚廣，若單以保險為轉嫁，成本可能過高，故另應配合其他風險管理方法如分隔危險 (Separation) 將生產流程分段或將危險品貯存分區隔離以降低事故發生時之最大損失。又如採取損害防阻方法 (Loss Prevention) 增設防火、防爆、防災之公共安全及衛生設施，期以減少災變發生之頻率及嚴重性。

以下謹就自民國五十六年起適用於我國，並於民國七十六年修訂後之公共意外責任保險略予介紹：

(二) 承保對象

依適用費率不同，約可分為三類：

甲類：辦公處所

乙類：行號店舖、學校

丙類：工廠、旅館、餐廳、百貨公司、超級市場、醫院、電影院、育樂遊藝場所及其他公共場所

至於營造業，因性質特殊，應改以「營繕承包人責任保險」，或以「營造綜合保險」或「安裝綜合保險」中之附加「第三人責任保險」方式承保為佳。至於個人或一般住家，得以「住家安全保險」承保，但實務上保險業者有以特別約定方式將公共意外責任保險適用於個人或住家，並可考慮將其飼養動物所致意外事故以批單加保。

（三）承保範圍

被保險人應在保險期間內發生下列意外事故致第三人體傷、死亡或財物損失，依法應負賠償責任，而受賠償請求時，保險公司對被保險人負賠償之責。

1.由於被保險人或其受僱人因經營業務之疏忽或過失在保險單所載明之營業處所內發生之意外事故。

2.由於被保險人營業處所之建築物、通道、機器或其他工作物，因設置、保養或管理有所欠缺所發生之意外事故。

此險主要目的在於補償被保險人依民法 184 條、188 條及 191 條所可能承受的賠償責任。「因故意或過失不法侵害他人之權利者負損害賠償責任。」「違反保護他人之法律者，推定其有過失。」「受僱人因執行職務不法侵害他人之權利者，由僱用人與行為人連帶負賠償責任。」「土地上之建築物或其他工作物因設置或保管有欠缺，致損害他人之權利者，由工作物之所有人負賠償責任。」被保險人的賠償是採取過失責任主義，並以填補受害人實際損失及回復原狀為目的。本保險則依保險契約所載承保條件與限額補償被保險人支付之損失。

（四）不保事項

（甲）共通適用於責任保險之「一般不保事項」：

1.因戰爭、內亂或被征用所致損失。

2.因颱風、地震、洪水或其他天然災變所致損失。

3.因罷工、暴動、民眾騷擾所致損失。

4.因核子分裂或輻射作用所致損失。

5.因被保險人經營或兼營非保險單所載之業務，或執行未經主管官署許可之業務或從事非法行為所致賠償責任。

6.因被保險人之故意行為所致賠償責任。

7.各種形態之污染所致賠償責任（應另投保意外污染責任保險）。

8.被保險人因所有或使用或管理飛機、船舶及領有牌照之車輛所致賠償責任（應另以航空險、船舶險或汽車險承保）。

9.被保險人以契約或協議所承受之賠償責任。

10.被保險人向人租借、代人保管、或管理控制下的財物所受毀損滅失之賠償責任（例如停車場、修理廠對其保管或待修中汽車，百貨公司對其所託售之商品，倉庫管理人對倉庫中之貨物等應另以內陸運輸險或特別約定之責任保險另行承保）。

11.被保險人或其受僱人因執行醫師、律師、會計師、建築師或其他專門職業所生之賠償責任（應另以專業責任保險承保）。

12.於中華民國臺閩地區以外所發生之賠償責任。

（乙）公共意外責任保險「特別不保事項」：

1.因售出之商品或貨物在離開被保險人營業處所後發生之意外事故（應另以產品責任保險承保）。

2.因所有或管理使用電梯、電扶梯所致之賠償責任（應另以電梯意外責任保險承保）。

3.被保險人之家屬，或在執行職務之受僱人發生體傷、死亡或財損之賠償責任（執行職務之受僱人之傷亡應另以僱主意外責任保險承保）。

4.因工作發生之震動或支撐設施薄弱或移動,致第三人之建築物、土地或其他財物遭受毀損滅失之賠償責任（如因工程之施工鄰屋之龜裂或倒塌得以工程保險之附加險另行投保）。

（五）保險金額

1.基本保險金額：

每一個人傷亡	NT$200,000
每一意外事故傷亡	NT$400,000
每一意外事故財損	NT$100,000
保險期間內累計最高賠償金額	NT$1,000,000

2.增加之保險金額：按基本保險金額各項逐項各乘以 1.5 倍、或 2 倍、或 2.5 倍、或 3 倍、或 4 倍、或 5 倍等。

3.針對特別需求,可自行設計更高額度,或改變各項金額間之比率。例如對於某一戲院之公共意外險可以設計較高之每一事故傷亡賠償金額如：

每一個人傷亡	NT$500,000
每一意外事故傷亡	NT$5,000,000（提高）
每一意外事故財損	NT$500,000
保險期間內累計最高賠償金額	NT$5,500,000

又例如對於某一經常有外國人出入之小餐飲店,可以設計較高之每人賠償金額如：

每一個人傷亡	NT$5,000,000（提高）
每一意外事故傷亡	NT$5,000,000
每一意外事故財損	NT$500,000
保險期間內累計最高賠償金額	NT$5,500,000

4.實務上偶有保險業者會採用「事故單一保額」(Combined Single Limit) 以因應一些外商在華企業所需,例如：

每一意外事故（體傷或財損或兼有之）：NT$10,000,000

保險期間內累計最高賠償金額：可另行約定一金額

此事故單一保額之優點在於被保險人可獲得較高之每人賠償金額，而保險公司對每一事故之賠償金額也還保留一相當的限度。因此對於事故可能賠償金額偏高，而事故發生頻率較低之企業及地區，頗為適用。

5.至於保險金額需訂多高方為足夠，則應衡慮其營業性質及往來第三人數而訂，通常而言火災及爆炸所造成之人員傷亡及財物損失最大，可以做為設計保額之參考。同時尚需考慮保險費負擔能力及效益。實務上每一個人傷亡保險金額以新臺幣五十萬元至二百萬元之間者較為常見，也較能發揮實際補償作用。

（六）自負額

每一意外事故之基本自負額為 NT$2,500，得依約定提高以節省保險費之負擔。

（七）保險費

我國之規章費率係採取表列費率，考慮因素主要如下：

A. 承保對象：以丙類最高、乙類甲類依次降低

B. 保險金額之高低

C. 自負額是否提高

D. 建坪加費（超過 2,000 平方公尺以上者適用）

E. 受僱人數加費（超過 100 人以上者適用）

F. 危險設施（如游泳池、機械遊樂場），及危險品（製造、供應、貯存）加費

（八）承保注意事項

1.應蒐集充分的核保資料，其中較必要者為：

A. 被保險人經營業務種類、產品、原料、半成品名稱。

B. 辦公處所、工廠、倉庫（含臨時租用者）之所在地，面積及四周

環境。

　　C. 過去有無承保事故之損失發生，如有，其損失發生原因、頻率、損失情形及改善措施如何。

　　D. 年營業總額，年產量，及員工總人數。

　　E. 安全防護設施，如防火及防爆設施，對化學藥品毒物之貯存與運送是否採取特別安全措施。

　　F. 業主經營理念、管理心態、員工士氣、公司盈虧等。

　　2. 現場查勘之需要：對要保金額高、或過去損失率差、或危險性偏高之營業處所，於承保之前及承保後每隔一適當期間應派員前往查勘，以供核保人員參考之用。

　　3. 再保險市場上對於下列風險，均限以臨時再保險方式洽接，故若要求保額高於出單公司法定自留額者，必須事先妥為安排：

　　A. 以溢額 (Excess of Loss) 方式安排之保險或再保險。

　　B. 承保臺澎金馬以外地區發生之事故。

　　C. 體育館、大舞臺、遊樂場、馬戲、遊行、慶典活動。

　　D. 危險品、有毒物質、爆裂物、液態瓦斯之製造、運送、貯存。

　　E. 警察、消防隊、瓦斯公司、自來水廠、石油公司、廢水處理廠。

　　4. 實務上針對客戶需求，常見之批單加保事項大略如下：

　　A. 將營業處所擴大至實際營業之場所而不僅限於其辦公處所。例如因業務所需經常派員工至客戶處取貨送貨、維護修理、甚至清潔、外燴等，應可考慮將其保單之營業處所加保其客戶之處所。

　　B. 加保食物及飲料中毒：承保被保險人因其供應來賓咖啡、茶水或自助餐致發生食物中毒之賠償責任。

　　C. 加保火災責任保險 (Fire Legal Liability)：承保被保險人承租他人之不動產房屋，因被保險人重大過失起火焚毀，而依法需對屋主負擔之賠償責任。

（九）理賠注意事項

1.被保險人於事故發生後，應立即通知保險公司，並採取必要合理措施以防止損失擴大。

2.體傷及殘廢之賠償應包含急救費用，及必要之醫療、手術及住院費用。如能證明尚有喪失或減少勞動能力或增加生活上之所需，甚至適額的精神損失，亦可請求賠償。

3.死亡之賠償則可包括：必要之急救費用、醫療、手術、住院費用、殯葬費用，對負有法定扶養義務人之扶養費，及精神損失之慰撫金。

4.因人身無價，故而對體傷死亡之賠償金額計算需考慮當事人雙方責任比率、傷害程度、扶養義務、受害人所得、被保險人經濟能力等諸多因素而計算，不能僅依死亡或殘廢等級予以定額給付。

5.財物損失則以回復原狀為原則，回復原狀有困難者，折算金錢為賠償。因財物損失所致間接損失（例如計程汽車受損而失去營利所得）亦得於合理範圍內請求賠償。

6.民事訴訟所生之費用亦得於賠償保險金額之外，另加請求賠償。

7.賠償不以經過訴訟程序為必要。實務上多數賠案均係庭外和解，但和解需經保險公司參與或事先同意。

8.保險公司於對被保險人賠償後，取得對侵害受害者另有肇事責任第三人之「代位求償權」。 被保險人未得保險公司同意，不得與受害人逕行和解，或對該有肇責之第三人放棄代位求償權。

9.保險公司可於被保險人對受害人已為給付後將保險金給付被保險人，也可經被保險人同意後直接給付受害人或其家屬。

10.責任保險如經訴訟程序，通常耗費時日，尾巴常拖延數年甚至十餘年，因此對損失率 (Loss Ratio) 之估算務必將此等未決賠案足額預估，才不致使誤認損失率偏低而誤導核保人員及再保險人之判斷。

第三節 僱主意外責任保險(Employer's Liability Insurance)

(一) 企業風險

職業災害已是今日勞工問題上一個重要課題。對災害之補償不但直接關係到受傷害員工之福利，也密切牽連著勞資關係之和諧。故針對職業災害所設計之各種保險已是各國公民營企業不可缺少之制度。其間最為大眾所知曉之公務人員保險（俗稱公保）、 勞工保險（俗稱勞保）及軍人保險（俗稱軍保）均已運作多年，並已發揮其社會保險功能。此外，產物保險公司推出「僱主意外責任保險」， 人壽保險公司推出各種型態之「團體傷害保險」。 各險功能並不完全一致，卻起互補作用。三種類型保險就其功能上及保費負擔上也各有所長，尚不能以任一種保險完全取代他二種保險。就僱主意外責任險而言，其功能在針對僱主之法定賠償責任為彌補，故當事故發生而僱主依法應負賠償責任時，此保險能於保險單限額內為充分之補償，但若事故之發生完全是第三者之故意或過失或其他不可歸責於僱主之事由所造成者，僱主依法不必負責賠償，則此保險自然也不必賠償。因此僱主意外責任險是以移轉企業體（僱主）之風險為主要目的，故保險費也完全由僱主負擔。公保、勞保及軍保則屬於社會保險，由政府特定主管機關負責辦理，是全民保險的先鋒。旨在提供廣大勞動人口生活的保障，並促進社會安定。故其不以營利為目的，且不以意外事故之發生，或過失責任之歸屬為賠償之條件。觀其保險內容則包括普通事故（生育、傷病、醫療、殘廢、失業、老年、死亡）及職業災害（傷病、醫療、殘廢、死亡）等給付，而保險費則多由僱主與受僱人共同負擔。

至於團體傷害保險則承保被保險人（受僱員工）因意外傷害事故所

受傷害、殘廢或死亡。除死亡全額給付外，殘廢依程度差別而分為六級二十八項，自保險金額百分之十至百分之百定額給付。意外傷害之醫療費用及住院日額償金可以附加投保，並採取限額或定額方式給付。關於殘廢之定義多要求該受傷部位永久完全喪失機能或缺失為要件，故對嚴重傷害但尚未能符合殘廢之定義者，只能依所附加之醫療住院金額請求補償。此險之優點在於賠償之標準明確給付迅速，但缺點在於未能將僱主之法定賠償責任完全抵充，若受僱員工尚能舉證僱主依法有過失時，僱主仍需另行對受僱員工及其家屬依法支付賠償。

綜上所述，僱主意外責任險雖亦以補償受僱員工之傷亡為間接目的，但其主要功能仍在保障企業財務之健全，而預先將職業災害可能造成僱主財務上損失移轉給保險公司。以下就此險分項介紹如後：

（二）承保對象

以企業為被保險人，依其營業性質之差異可分為三類：甲類：政府機關、學校、金融業、公私企業、事務所、教堂、寺院。乙類：店舖、診所、醫院、旅社、俱樂部、招待所。丙類：工廠、營造商、農場、礦場、遊藝及娛樂場所。

（三）承保範圍

承保被保險人因其受僱人在保險期間內因執行職務發生意外事故遭體傷或死亡，而依法應由被保險人負賠償之責且受賠償請求時，本保險對被保險人之損失負賠償責任。但受害之受僱人同時若有公保、勞保或軍保時，本保險僅對超過上述保險之給付所不足部分為賠償。另外一般事故承保與否之關鍵常繫於受僱人是否在「執行職務」。一般而言，員工加班、出差、工作中必要之休息用餐、或教育訓練，甚至必要之公務應酬均可解釋為執行職務。相反地，若於上班時間外出辦私事或兼差為自己或他人做事則難以解釋為正在為被保險人執行職務。

另一主要爭論點在於被保險人依法是否應負賠償責任。依照工廠

法、勞工安全衛生法等法令規定，僱主應提供安全及衛生之工作環境，應提供足夠之職前訓練及在職訓練，對童工、女工不得要求夜間工作或超時工作，對機器設備要求定期檢修維護，對危險化學品及放射性物質之保管及運輸亦設安全作業規範。若僱主違反這些保障他人之法律，而受僱人之受傷害又與此等缺失有相當因果關係時，僱主依法推定其有過失，並應負賠償責任。我國之民法雖然採取過失責任主義，且對過失之舉證常落在要求賠償之受害者身上，但近年來有關保障勞工之法令漸趨健全，對僱主提供安全衛生的要求較從前更趨嚴格，故僱主於職業災害發生時之依法賠償責任也多數會成立。

至於賠償以超過公保、勞保或軍保給付之部份為限，其用意在防止受害人於醫療住院費用上，雙重求償之不當得利。受僱人若尚有自費購買之各種保險或可領有其公司給付之退休金、撫卹金，因與本保險無關，保險公司不得主張抵充以減少賠付金額。

（四）不保事項

除責任保險之「一般不保事項」外（請參考公共意外責任保險第（四）項（甲）），本保險尚適用下列特別不保事項：

1.受僱人之任何疾病或因疾病所致之死亡。因本保險所承保為突發且不可預期之意外事故，對日常風寒疾病或慢性疾病則不在承保之列。但受僱人若因意外事故摔傷骨折致傷口感染急性肝炎終因病不治，若此病故與意外事故間有相當因果關係則仍可獲得賠償。

2.受僱人之故意或非法行為所致傷亡。例如受僱人自殺或與人鬥毆受傷屬之。

3.受僱人因受酒精或藥劑之影響而致傷亡。

4.除非另行批單加保，否則對於被保險人之承包人或轉包人，及該承包人或轉包人之受僱人之傷亡不負賠償責任。因為承包人與轉包人執行該職務係因其與被保險人之「承攬契約」而來，其與被保險人間並無

「僱傭契約」之關係，依法除非定作人（在此即指被保險人）指示有過失，否則承攬人應為其自身及其受僱人之傷亡負起責任。但實務上我國企業界使用大量承攬契約，因而滋生許多轉包人之工人受傷事故而賠償無保障的實例，故保險業多允許僱主以批單方式加保其轉包人及其受僱人，並於費率上做適當之加費。

5.被保險人依勞動基準法規定之賠償責任，但保險契約另有約定者不在此限。

因為勞基法已具社會衡平觀念，並不認真追究僱主過失之有無，而強令經濟上較強勢之僱主對於經濟上較弱勢之受僱人提供基本保障，並負擔相當程度無過失責任賠償。此種無過失責任觀念與僱主意外責任保險既有之侵權行為責任並不一致。因此，除非另行約定並加收適當之保費予以加保外，一般均將此種勞基法賠償責任排除在外。

（五）保險金額

基本保額為：

每一個人身體傷亡	NT$200,000
每一意外事故傷亡	NT$1,000,000
保險期間內累計最高賠償金額	NT$2,000,000

此基本保額可依實際需要做等比例之提高或任意比例之提高。

（六）自負額

基本自負額為每一意外事故 NT$2,500，可以約定提高。已投保公保、勞保或軍保之受僱人，其基本自負額免除之。未投保公保、勞保或軍保之受僱人，其基本自負額不得以加費方式免除。

（七）保險費

保險費按被保險人受僱人於保險期間內所領受全年度薪資總額（包括薪資、津貼、加班費、獎金、及其他所得）乘以費率而得。保險費可於投保時按預估薪資額估算預收，而於保單期滿後按實際領受薪資

額調整，多退少補。至於費率之核訂，則考慮下列因素：

1.承保對象：以甲類最低，乙類次之，丙類最高

2.保險金額之高低

3.自負額之提高

4.被保險人之受僱人是否從事特殊危險工作，例如：高空、地下、潛水、消防、爆破、危險品製造、現金押運等

5.受僱人是否已投保公保、勞保或軍保

（八）承保注意事項

1.核保時應瞭解被保險人安全衛生管理情形，機器設備是否定期維護，工人是否需要特殊作業執照或職前訓練，員工流動率，臨時工人及外籍勞工所占比率，過去發生職業災害情形等。

2.與被保險人議訂保險金額時可參考過去職災賠償額度，被保險人營業處所發生職業災害之最大損失預估額 (PML)，被保險人為其員工安排之其他保險或提存基金額度，被保險人之保費負擔能力等因素。

3.保險金額若高於保險人之自留額及合約再保險額度時，保險公司多需事先洽妥臨時再保險，通常對下列風險因危險程度較高，再保險人多要求事前以臨時再保險安排：

A. 臺澎金馬以外地區發生之事故

B. 航空、航海人員

C. 地下、水下、海上、隧道、爆破等工程

D. 建築高塔、煙囪、橋樑、水壩工程、及拆除工程

E. 造船、修船、拆船工程

F. 探油、採油、煉油工程

G. 瓦斯、爆炸物之製造、貯藏、裝填、運輸

H. 消防隊、警察

（九）理賠注意事項

請參考公共意外責任保險理賠注意事項中有關體傷、死亡部份。此外因為本保險承保範圍中明載本保險之賠償以超過勞保、公保、軍保之給付部份為限，故對於醫療、手術、住院等給付若有重覆部份自得予以扣除。

第四節　綜合責任保險 (Comprehensive General Liability Insurance)

本保險係採美國 ISO (Insurance Service Office, Inc.) 之英文保險單樣式，其先後有一九七三年及一九八六年版本，通用於世界各地之美商跨國企業及其他外商企業。在我國也已由數美商保險公司在臺分公司及本地保險公司引進使用多年，並曾於民國七十四年由某美商保險公司臺北分公司向財政部報備合法使用於我國。惜目前尚未普遍為所有保險公司所採用。

此險係以工商企業為對象所設計之綜合性保險單，除僱主意外責任保險及勞工補償計劃 (Workers' Compensation) 外，將企業所有其他責任保險大多合併成一張綜合性保險單，供客戶統合投保或選擇其中部份投保。因使用便利且承保範圍寬廣，故頗受市場喜愛。以下謹就此保單簡略介紹：

（一）保單型態

以一張載明責任保險一般條款、名詞定義等之保險單封套 (Policy Jacket) 為主，加上一張明細表 (Declarations)，再加上所欲承保險種的「承保單張」(Coverage Part 或 Coverage Form) 而成。各種承保單張中則載明所欲承保險種之承保範圍、不保項目、被保險人及保險金額適用情形等規定。針對不同對象採用不同之承保單張，如製造業及營造業用 M&C Form，如服務業、商店、辦公室用 O.L.&T. Form。如只保產品責

任險之客戶則使用 Completed Operations AND Products Liability Form。
但近來多數企業已採用 CGL Form，因其範圍更加涵蓋，以下即是 CGL
Form 主要承保範圍。

（二）承保範圍

第 1 至 4 款是 CGL 基本承保選項，其餘數款則可以另行加保。

1.Premises-Operations Liability：承保由於被保險人營業處所設置
保養不當或受僱人過失致生意外事故所發生第三人體傷死亡或財損，略
同一般「公共意外責任保險」。

2.Escalator Liability：承保電梯電扶梯所致第三人意外體傷死亡或
財損。

3.Independent Contractors Liability：承保被保險人發包出去之承攬
合約於工作中致第三人意外體傷死亡或財損，而依法被保險人所應負之
賠償責任。例如大樓所有人因清洗窗戶承攬人之疏失擊傷路人，而大樓
所有人可能依法應負之賠償責任。此種被保險人應負之責任常於其對承
攬人指示錯誤時發生。

4.Products Liability/Completed Operations：承保由於被保險人製造
或出售之產品或提供之勞務於產品離開被保險人處所或勞務已完成後發
生意外事故，致第三人體傷、死亡或財損而依法可歸於被保險人之責任。
例如被保險人為客戶裝設吊扇，因施工過失，裝設好之吊扇於兩天後脫
落擊傷用戶，致須付賠償醫療費用若干，即屬應提供勞務責任保險之範
圍。若事故發生純係由於吊扇產品製造上瑕疵，致扇葉飛出擊傷用戶，
則屬產品責任保險範圍。

5.Contractual Liability：承保被保險人以契約方式須先將對方可能
對第三人之賠償移轉承擔——HOLD HARMLESS（如房屋承租人於租
約中同意對房東依法對第三人之賠償予以移轉承擔）後因發生意外事故
對第三人所負之賠償責任。惟需注意在此所適用對第三人之賠償責任仍

以契約對造（前例中之房東）之侵權行為所致之賠償為限，並非指當事人雙方契約不履行之賠償責任（如積欠房租）。

6.Personal Injury Liability：對第三人因受非法扣留、妨害自由、誹謗、侵害隱私權、非法侵入等，雖非造成肌膚傷殘亦可以加保。

7.Premises Medical Payments：加保因意外傷害所支付之醫療費用。此費用之支付不以被保險人依法負有責任為條件。

8.Fire Legal Liability：承保被保險人對其承租之不動產因火災毀損滅失而被保險人依法應負之賠償責任。

9.Comprehensive Automobile Liability：承保被保險人因所有、維護、或使用汽車發生意外事故致第三人體傷死亡或財損，依法應負之賠償責任，此款略同汽車責任保險，但採取「從人主義」。 此所謂汽車可包括自有、租用、或向他人借用之汽車。

（三）承保注意事項

1.本保險以 Occurrence 基礎取代 Accident 基礎，所謂 Occurrence 除指一般所稱突發且不可預期之意外事故 (Accident) 外，尚包括由一連串連續且重覆的原因造成不可預期體傷、死亡或財損結果的事件。例如滴水穿石即屬 Occurrence。工廠每日排放灰塵，累積多年竟腐蝕壓垮鄰房屋頂亦屬之。

2.本保險對所有訴訟費用、急救費用等之花費係在保險事故賠款給付之外另加上去，所以保險公司可能損失保險金額全額加上鉅額附帶費用 (Supplementary Payment)。但一九八六年新保險單已作修改，而將此等費用改成內含於保險金額之趨勢。

3.第三人只要受有體傷、死亡或財損，縱然其言之不成理 (Groundless)，假造或偽詐 (False or Fraudulent)，保險公司仍要花費去為被保險人抗辯。

4.一九八六年新保單條款採用索賠基礎 (Claims-Made Basis) 以取

代事故發生基礎 (Occurrence Basis)，並對環境污染所致損失予以除外。此新保險單迄今仍未被普遍接受，但對化學工業及要保產品責任險之客戶，保險公司多已改採此新保單條款予以承保。

（四）保險金額

除了傳統式體傷、死亡或財損分項訂定金額外，不少保險單已改採單一保險金額 (Combined Single Limit)，亦即是損失只訂定每一意外事故之單一限額，即使只有一個人傷亡，也可適用該單一限額。

此外保險單另訂有十二個月期間內累計最高賠償限額 (Aggregate Limit)。

（五）保險費

因為承保範圍可能包括多項風險，故保費多先分項計算然後再加總。各項計算基準不盡相同，例如汽車責任險按汽車數量或使用汽車之人數計，產品責任險按產品銷售總金額計算，公共意外責任險依營業性質不同，可依坪數、年營業額，或員工年薪總額等擇一計算。費率之訂定則考慮保險金額，營業性質，管理經營情形，過去損失紀錄等因素而訂。

第五節　醫師業務責任保險 (Physicians, Surgeons, and Dentists Liability Insurance)

（一）風險

專業技術人員於其執行業務時，可能會因其業務上之錯誤或疏忽 (Errors and Omission) 或業務過失 (Malpractice) 而致其執行業務對象受有體傷、死亡或財損。此種專屬於個人專業技術之責任事故有別於企業

一般性之公共意外責任事故，常需要經過專家鑑定責任才可判定賠償責任之有無與應承擔責任之比率。在一些歐美國家此類專業責任事故已經造成不少高額賠償案例，其中最常見者為醫師業務過失。在我國雖然此等醫事糾紛正方興未艾，索賠情況尚不至像歐美國家離譜。但因近來民眾法律知識普遍，求償意識逐漸高漲，加以醫生一直被視為高所得族群，較易被受害者索求高額賠償。因此可發現近來有些醫生對醫師業務責任保險之需求程度日增。保險公司也希望藉此保險能確實移轉醫生執業之風險，使醫生能更安心承接一些危急之病人或困難度較高之案件，而不必耽心被訴以業務過失後，必須以自己財力擔負賠償。對病人而言，有此保險也可使其所應獲得之賠償得以落實。

（二）承保對象

領有醫師證書並經主管機關發給執業執照且加入醫師公會而於醫院、診所或衛生所執業之醫師，在主管官署認可之醫院並在醫師指導下實習之實習醫師（醫科高年級學生）亦得做為承保對象。

（三）承保範圍

承保被保險人因執行醫師之診療業務發生意外事故，直接引起病人體傷或死亡，經醫事鑑定後，依法應負賠償責任，而在保險期間內受賠償請求時，保險公司對被保險人負賠償之責。

由此可知此保險係採「索賠基礎」(Claims-Made Basis)，意指保險公司所受理之賠償案件，必須由受害人在保險單期滿之前向被保險人提出賠償請求，並由被保險人在保險單期滿後一定期限內（此保單限六個月之內）向保險公司提出賠償請求。此有別於一般責任保險所採之「事故發生基礎」(Occurrence Basis)，主要原因在防止一些長尾巴 (Long Tail) 賠案所造成之困擾，尤其醫學上某些醫療行為會產生一些副作用或後遺症，若拖延多年才提出賠償請求，對案情的瞭解，證據的調查，及保險公司風險的估算均產生甚大困擾，因此我國及歐美多數國家對專業

責任保險之承保多已改成索賠基礎。

（四）主要不保事項

1.醫師資格或開業執照被撤銷，或接受停業處分，而仍繼續執業所生賠償責任。

2.被保險人所僱用醫師因執業所生賠償責任。

3.被保險人由於不正當治療，或濫用鴉片、嗎啡等毒劑所生賠償責任。

4.被保險人使用放射性器材治療所生賠償責任（可以另行加保）。

5.被保險人執行職務時因受藥劑或酒類之影響而生之賠償責任。

6.被保險人之故意或主唆行為所發生之賠償責任。

7.被保險人執行未經主管官署許可之業務或其他非法行為所生之賠償責任。

8.被保險人執行業務中之受僱人的傷亡。

（五）保險金額

基本保額：

每一個人傷亡	NT$200,000
每一意外事故傷亡	NT$1,000,000
保險期限內累計最高賠償金額	NT$2,000,000

此基本保額得依約定按等比例或自由比例提高。基本自負額：每一意外事故 NT$10,000。

（六）保險費

我國之費率規章採表列保險費，其考慮因素如下：

1.科別：甲類：內科（最低）

乙類：耳鼻喉科、眼科、皮膚科、泌尿科、神經科（次之）

丙類：婦產科、外科、整型科、精神科、小兒科、牙科、性病科、骨科（最高）

2.保險金額及自負額之提高

3.加保放射器材治療之賠償責任

（七）承保與理賠注意事項

1.此險係以醫師個人為承保對象，如遇有醫院欲為其所有醫師投保此險者，仍應以所有醫生列名冊為共同被保險人，而不可以醫院為被保險人。醫院若因其建物、通道、儀器設備，或其他非專門職業之受僱員工疏失所致火災或滑倒等事故，則應另由醫院購買公共意外責任保險。

2.至於護理人員、藥劑師、檢驗人員等專業人員，因非醫師身份，尚不能以醫師業務責任保險承保，但公共意外責任保險又將所有專業責任除外不保；所幸市場上對此類專門職業人員的保險需求尚不殷切，否則應可暫以醫師業務責任險附加方式承保，或改以「醫院綜合責任保險」承保。

3.此險之理賠涉及專業技術，故常需要委由醫師公會或主管機關做醫事責任鑑定以為理賠之基礎。至於賠償金額之認定，若對方當事人索償甚高時自然是以法院裁判金額最為公允，但因訴訟則無隱私可言，對醫生而言可能造成更大名譽損失，故而處理時不可不慎，尤其是小額賠案，總以和解為上策。此外理賠人員對於涉案當事人之案情，因涉及隱私權，應守口如瓶以善守職業道德。

第六節　竊盜損失保險 (Burglary Insurance)

（一）風險

住宅或企業之財產，一般而言除了火災之外，竊盜是最需要納入保障事故。竊盜雖然未必會造成財產全損或鉅額損失，卻可能發生頻繁的中小型損失。因之我們可以在各種類型保險中都發現到竊盜保險的存在，例如：火災保險，海上保險，內陸運輸險，汽車保險，工程保險等均可

以附加險方式或自動承保方式將竊盜保險涵蓋進去。至於本保險則是以獨立保險單型態出現，不依附於任何險種，乃是歷史最悠久之傳統險種之一。

(二) 承保對象

甲類：住宅

乙類：機關學校、醫院診所、辦公處所

丙類：店舖、展示場所、旅館、餐廳、娛樂場所

(三) 承保範圍

承保被保險人或其家屬所有，置存於保險單所載處所內之保險標的物，因竊盜直接所致之損失。置存保險標的物之房屋及裝修因遭竊盜而致之毀損，保險公司亦於限額內予以賠償。

保險標的物因物之性質與價值不同分為二大類：

1. 普通物品：住宅之家具衣李，家常日用品，機關學校、辦公處所等之生財器具屬之。但不包括商品、樣品、金銀器、珠寶首飾、鐘錶、皮貨等貴重物品。普通物品之賠償金額以被竊時實際價值計算，但每件賠償最高額不得超過普通物品總保險金額百分之二，且不得超過新臺幣壹萬元之上限。

2. 特定物品：於保險單內列明名稱及其單項保險金額之物品，賠償時依該件物品之保險金額與實際價值中較低者為準。但如遇商品、樣品、金銀器、珠寶首飾、鐘錶、皮貨等貴重物品，每件賠償不得超過新臺幣壹拾萬元之上限。

置存保險標的物之房屋及裝修，如因竊盜所致損失，保險公司之賠償限額以恢復原狀之必要費用為限，且不得超過總保險金額百分之十或新臺幣伍萬元，二者以孰低者為準。

(四) 不保事項

1. 因戰爭、罷工暴動、民眾騷擾、恐怖份子之行為所致損失。

2.因火災、雷閃、爆炸所致損失。

3.因颱風、地震、冰雹、洪水或其他天災所致損失。

4.置存標的物處所連續七天以上無人居住或使用時發生之竊盜。

5.因被保險人或其家屬、受僱人，或同住人主謀或共謀所致之竊盜損失。

6.清點或盤存時所發現之短少。

7.扒竊或其他非因不法侵入置存保險標的物處所所致損失，但搶奪、強盜所致者不在此限。因此顧客於營業時間光臨被保險人店舖時之順手牽羊即未承保在內。

8.損失無法證明確係由於竊盜所致者。

9.貨幣、有價證券、印花、郵票、稿本、圖案、模型、權利證書、契據、帳簿、憑證、機動車、家禽、牲畜、及食品之損失。

10.勛章、古董、雕刻品、書畫、藝術品等之竊盜損失，但經約定加保者不在此限。

（五）保險金額

1.特定物品：每件物品應採列舉方式按其實際價值足額投保，以免於出險時因不足額投保而需按比例分攤賠償。

2.普通物品：應就特定物品以外之所有合於普通物品條件之物品按其實際價值總額為投保。

（六）保險費

本保險採取表列費率方式，費率之高低決於下列因素：

1.特定物品費率較普通物品高。

2.承保對象：甲類較低，乙丙類較高。

3.加保字畫藝品等：另行約定並適當加費。

（七）自負額　無。

（八）承保及理賠注意事項

1.本保險單含有比例分攤條款 (Average Clause)，故本保險仍應視為不定值保單，而不應視為限額賠償方式 (First Loss) 之定值保單，因此被保險人足額投保應屬必要。

2.依保險法 75 條，保險標的物不能以市價估計者，得由當事人約定其價值，賠償時從其約定。故而保險標的物若是珠寶首飾、古董字畫時應可以約定方式，改採定值方式承保，可免不足額保險懲罰之顧慮，也可解決賠償金額核算之困擾。

3.保險單所稱之「竊盜」， 其定義源自英美法之「夜盜罪」(Burglary)，並類似於我國刑法 321 條之加重竊盜罪，其構成要件是行為人企圖獲取不法利益而毀越門窗、牆垣、或其他安全設備並侵入他人處所 (Forcible Entry)，而從事竊取、搶奪或強盜之行為。此有別於未承保在內的順手牽羊行為，或自未關閉房間或露天處所為之偷取行為。

4.承保之考慮要點在於標的物置存處所是否經常有人住宿，其防竊設施如何——例如 24 小時警衛、保全系統、門窗是否堅固或加裝鐵欄杆等，此外置存物品是否吸引竊盜，附近鄰居及要保處所是否曾經遭竊等均是考慮要點。

5.理賠則以報警並取得報案證明做為理賠之必要程序。

第七節　現金保險 (Insurance of Money)

(一) 企業風險

企業營運期間常有大額現金及有價證券之運送、庫存或櫃臺交易過程，此時曝露在偷竊及搶劫之風險極大，雖然作業過程警衛嚴密，但千密一疏致運鈔車被搶或金庫被盜，甚而白晝持槍搶劫銀行等案件仍偶有所聞，且每每涉及現金額度鉅大，故凡平日現金交易額度鉅大之金融業，或逢發薪日或年節有大筆現金運送及發放之企業，除加強其防盜措施之

外，購買此保險誠屬必要。

（二）承保對象

以政府機關、金融事業、學校、團體，及公民營企業為對象。不以個人或住宅為對象。

（三）承保範圍

承保被保險人所有或負責管理之現金因下列保險事故所致之損失：

1.現金運送保險：運送途中之現金遭竊盜、搶奪、強盜、火災、爆炸，或運送人員、工具發生意外事故。

2.庫存現金保險：存放於倉庫或保險櫃中之現金遭竊盜、搶奪、強盜、火災、爆炸。

3.櫃臺現金保險：櫃臺現金於營業時間內遭受竊盜、搶奪、強盜、火災或爆炸。

（四）現金定義

國內現行通用之紙幣、硬幣及外幣，如經約定加保，可包含支票、本票、匯票、債券、印花及其他有價證券。

（五）不保事項

1.戰爭、叛亂所致損失。

2.罷工、暴動、民眾騷擾所致損失（可以加保）。

3.颱風、地震、洪水或其他天災所致損失（可以加保）。

4.被保險人或其受僱人、運送人員之詐欺、侵佔等不誠實行為所致損失。

5.被保險人之受僱人、運送人員之故意或重大過失行為所致損失。

6.點鈔員疏忽、錯誤或點查不符所致損失。

7.現金損失所致之附帶損失。

8.適用於現金運送保險者：

(A) 未經被保險人指派二人以上負責運送者（但書面另有約定者從

其約定)。

(B) 以郵寄或托運方式運送者。

(C) 運送人員於運送途中受酒類或藥劑之影響所致損失。

(D) 運送途中無人看管時所發生之損失。

9.適用於庫存現金保險者:

(A) 置於金庫或保險櫃以外之現金損失。

(B) 於被保險人營業或辦公時間以外,而金庫、保險櫃未予鎖妥所致損失。

10.適用於櫃臺現金保險者:

(A) 櫃臺無人看守時所發生之損失。

(B) 現金在櫃員未收受前或已交付後所發生之損失。

(C) 被冒領或票據、存摺、存單等被偽造變造所致損失。

(D) 被保險人營業或辦公以外時間所發生之損失。

(六) 保險金額

應以一事故可能致最大損失金額為保險金額,例如現金運送險以每月中最大的一次運送額為保險金額,但如遇年節等尖峰時日,運送金額可能為平常日之數倍,此時可於保險單中分別載明平常日與特定日之各別保險金額,現金運送險除設有每一意外事故之保險金額外,另設有保險期限內累計最高賠償金額,後者約為前者之二倍至五倍不等。至於庫存及櫃臺現金保險,則以每一保險櫃、金庫及櫃臺分別設定保險金額。

(七) 保險費

以費率分別乘以全年運送現金總金額,及庫存及櫃臺投保現金總保險金額而得。至於費率之核訂,則考慮下列因素而訂:

1.現金運送方式:陸運較廉,海、空運送較高。

2.被保險人處所所在地及運送路線所經:院轄市及省轄市較廉,跨越其他地區者較高。

3.防盜措施之減費：如武裝警衛，裝設自動警報系統，專用運鈔車之使用等均有減費。

4.加保颱風、地震、洪水等天災加費。

5.加保罷工、暴動、民眾騷擾加費。

6.無賠款減費。

7.大額保費減費。

（八）自負額

每次損失百分之十，最高以新臺幣一百萬元為限。自負額不得加費免除。

（九）承保理賠注意事項

1.本保險採取限額賠償方式(First Loss)，不適用不足額保險之比例分攤。但投保仍以依據其最大可能損失金額足額投保為妥。

2.現金運送保險之保費依預估全年運送總金額乘以費率預收，並於保單終止後依實際運送總金額計算調整保費，多退少補，但退還保費以預收保費三分之一為限。

3.承保金融業因涉及金額鉅大，故對金融業之安全維護作業要求高於一般行業，乃設有「現金保險金融業特約條款」以為特約條款。對運鈔車輛，金庫及櫃臺之防盜裝置均設最低要求標準。

4.一般企業投保此險，則應審查其安全管理措施是否完備，公司營運是否健全，帳冊及會計制度是否清楚可靠，過去損失率等因素後加以評估，以杜絕道德風險之發生。

第八節　銀行業綜合保險 (Bankers Blanket Bond)

（一）企業風險

銀行業因營業性質特殊,營業時有鉅額現金及有價證券經手交易,因而現金及其他財產之被竊盜、搶奪、強盜的風險一直存在,同時員工不誠實行為侵占公款也是企業應顧慮的風險,此外銀行業尚有收受偽鈔、偽造有價證券等風險。大部份風險固然可以既有之現金保險、竊盜保險、員工誠實險等分別予以承保,而國內於民國七十五年針對銀行業所開辦之銀行業綜合保險則提供更為涵蓋之綜合保險單,給予銀行業者更佳產品選擇。

（二）承保對象

公民營銀行、郵政局、信託投資公司、票券公司、信用合作社、農漁會信用部及其他經營銀行業務之金融機構。

（三）承保範圍

承保被保險人於承保期間內發現由於下列事故所致之財物損失：

1.員工之不忠實行為：被保險人之員工單獨或與他人串謀,以不忠實或詐欺行為所致於被保險人財產之損失。

2.營業處所之財產：

(A)置存於被保險人營業處所內之財產,因竊盜、搶劫、誤放、或其他原因之失蹤或毀損所致之損失。

(B)顧客或其代表所持有之財產,於被保險人營業處所內因前項危險事故所致之損失。

3.運送中之財產：被保險人之財產於其員工或專責運送機構運送中所遭受之毀損滅失。

4.票據及有價證券之偽造或變造：支票、本票、匯票、存款證明、信用狀、取款憑條、公庫支付令之偽造或變造,及就經偽造或變造之票證付款所致之損失。

5.偽造通貨：被保險人善意收受經偽造或變造之我國貨幣而生之損失。

6.營業處所及設備之損毀：被保險人營業處所及其內部之裝潢、設備、傢俱、文具、供應品、保險箱及保險庫（電腦及其有關設備除外）因竊盜、搶劫、惡意行為所致之毀損滅失。

7.證券或契據之失誤：被保險人於正常營業過程中，善意就本保險單所規定之證券或契據為行為，而該項證券或契據曾經偽造、變造或遺失、盜竊所致之損失。

（四）不保項目

1.於保險單有效期間內未發現之損失。

2.於保險單所載「溯及日」前發生之損失。

3.被保險人董事之詐欺或不誠實行為所致之損失。

4.出納員因錯誤致正常現金發生短少之損失（可以附加疏忽短鈔險批單加保）。

5.信用卡或記帳卡所致損失。

6.被保險人董事或員工被綁架勒贖之損失。

7.由於對資訊系統為不法輸入、竄改、銷毀等所致損失。

8.附帶損失。

9.天災、戰爭或放射性污染所致損失，及火災所致營業處所損失。

（五）保險金額

依被保險人營業所需分項投保適當之金額。

（六）保險費

多由國外首席再保人核訂，其保險費之高低主要決於承保項目、保額、自負額、銀行之規模、人數、分支單位多寡、管理制度是否健全、過去損失紀錄等因素而定。

（七）承保及理賠注意事項

1.我國現採用之保險單條款，係全盤自倫敦勞依茲（Lloyd's）引進，產品獨特，故僅有倫敦及少數專業再保險人有能力承保。因此費率及再

保容量大多操於其手。屬於賣方市場業務。加以此險要保金額較高，保險公司核保人於再保險完全確認前，不應擅自做主報價或承保為宜。

2.此險核保甚嚴格，要保人於投保前被要求填寫一份極詳細的要保書，其間諸多涉及被保險人營運管理及危險防範措施與制度事宜，此外並詢及過去五年之損失紀錄。要保人誠實填寫此要保書是保險成立之要件，若有任何隱匿或誤報情事，可能會影響到保險契約之效力。

3.此險往往採用高額自負額，其目的一則在節省被保險人保費負擔，再則要求被保險人相當程度分擔損失金額，以促使其加強管理，降低道德風險。此等自負額不宜免除，更不得以另一張低額保險單，將該自負額再承保回來。如有此做法，不但違反對再保險人告知義務，也違反保險法之規定。

4.本保險僅對於在保險期間「發現」之損失予以賠償，並同時限定此等損失之行為必須「發生」在保險單所載「溯及日」之後，並在保險單期滿日之前者為限，係採「索賠基礎」為賠償標準。

5.櫃員之疏忽造成溢付與短鈔並非銀行業綜合險之原有承保範圍，但為因應市場需求，保險業多數已同意以批單方式加保。

6.本保險單所承保之「財產」，除現金、有價證券外，尚包括金銀條塊，貴重金屬與玉石珠寶及其製品等，範圍甚廣，核保時不可不慎加評估其價值及風險。

第九節　其他意外保險

因為篇幅關係，無法將所有險種一一討論。本節謹就本章第二節至第八節未做介紹之重要險種就其承保內容大略介紹如次：

1.營繕承包人意外責任保險：係針對工程承包人設計之公共意外責任保險。承保被保險人或其受僱人於保險期間內，在保險單所載之施工

處所內，因執行承包之營繕工程發生意外事故，致第三人體傷、死亡或財物損害，依法應負之賠償責任。此險對鄰屋龜裂倒塌予以除外不保。

2.電梯意外責任保險：承保被保險人因所有、使用或管理被保險電梯在保險期間內發生意外事故，致乘坐或出入被保險電梯之人體傷、死亡或財物受損，依法應負之賠償責任。凡載客之昇降梯及電扶梯均可依此投保。（被保險人之受僱人並未除外不保）

3.意外污染責任保險：承保被保險人各廠、礦區、設備在煉製、生產、鑽探等作業過程中；或各項產品、原料在儲存中或經由內陸運輸工具、輸送管線在運輸、輸送途中，發生突發而不可預料之意外污染事故，致第三人身體受有傷害或第三人財物受有損失，依法應由被保險人所負賠償責任。此險對於海上污染及逐漸發生的污染並未承保。

4.高爾夫球員責任保險：以參加高爾夫運動之球員為承保對象，承保下列項目：

A. 第三人意外責任保險：承保包括體傷、死亡及財損；第三人則包含球僮在內。

B. 球具衣李之損失：置於球場保管處所之球具衣李因火災或竊盜所致損失。

C. 球桿於運動或比賽時折斷。

D. 一桿進洞所支付之費用。

E. 球僮醫療費用。

5.會計師責任保險，律師責任保險：以執業之會計師或律師為被保險人。承保被保險人於執行會計師業務時，因過失、錯誤或疏漏行為而違反其業務上應盡之責任及義務，致第三人受有損失，依法應由被保險人所負賠償責任。其賠償係針對第三人之財務損失，故對體傷、死亡及一般有形財產之毀損滅失不在承保之列。

6.旅館綜合責任保險：承保內容包括旅館之公共意外責任，投宿旅

客攜帶物品之毀損滅失，旅客食物中毒，旅客因使用旅館提供汽車所致體傷財損，寄放於停車場內汽車之毀損滅失等項。

7.醫院綜合意外責任保險：以醫院為被保險人，承保醫院之公共意外責任保險及醫療過失責任保險，後者包含醫師及其他醫護人員之醫療業務過失。

8.金融業保管箱責任保險：以金融業為承保對象。承保被保險人在保險期間內，因經營出租保管箱業務，發生竊盜、搶奪、強盜、火災、爆炸或保險單「不保事項」所列舉不保者以外之意外事故，致承租人之置存物毀損、滅失，依法應由被保險人所負賠償責任。前項所謂：「置存物」係指放置儲存於租用保管箱內之一切物品，包括金銀、珠寶、飾物、有價證券及其他貴重物品、重要文件等，但不包括任何危險品、違禁品、爆炸物及潮濕有臭味暨容易腐敗變質之物品。

9.玻璃保險：承保被保險人於約定處所之固定裝置玻璃（含框架），或桌面玻璃,因意外事故所遭毀損滅失之拆除及重新裝置之成本及費用。但對因火災、爆炸、天災、罷工、暴動所致損失除外不保。

10.電視機保險：承保裝置於被保險人處所之電視機，因火災、雷閃、爆炸、竊盜、或碰摔墜落所致毀損滅失。

11.藝術品綜合保險：針對固定陳列場所及運送途中之藝術品，以定值方式提供全險，或火險及列舉之附加險以承保所致毀損滅失。

12.資訊系統不法行為保險：承保被保險人因下列承保事由所遭受之損失：

A. 資訊之不法輸入、竄改或銷毀

B. 電腦指令之偽造或變造

C. 電子資料及媒體之毀損滅失

D. 電子訊息之誤傳或竄改

E. 資訊系統服務之失誤

F. 電子傳送之誤導

G. 口頭撥款指令之偽造

此險多用於金融業，於其已投保銀行業綜合保險後才予以加保此險。

第二十三章 人壽保險

第一節 緒 論

天有不測風雲，人有旦夕禍福，由於人類在日常生活當中隨時隨地面臨著不同之危險，為了尋求彌補因此所造成經濟損失之方法，因而有人壽保險之產生。「人壽保險」乃是以被保險人之生命為保險標的，並以被保險人死亡或生存為保險事故，當保險事故發生時，保險人須依照契約之約定，給予一定金額之保險給付。

一、人壽保險事業之經營組織

根據我國保險法之規定，「保險人」指經營保險事業之各種組織，又「人壽保險事業者」指依保險法組織登記，以經營人壽保險為業之機構。人壽保險事業之組織，依經營主體而言，可分民營人壽保險公司及公營人壽保險公司，依經營目的而分，則有營利及非營利之別，不論其為民營或公營，營利或非營利，人壽保險事業之經營組織大致相同，若以國內民營之保險公司為例，最高權力機構為股東會，下設董事會，總經理則由董事會所推舉，總經理之下設有副總經理、協理、各部室經理、副理、襄理、主任、科長等，而部室之劃分可依經營業務之不同分為意外險部、個人壽險部、團體險部等，或依地區分為北、中、南區等，或

依職能之不同分為精算、業務、承保等，亦有三者併用。以下僅就職能劃分加以說明。

（一）精算部門 (acturial department)：或稱企劃部。主要負責保單之設計、保險費率之計算、責任準備金之提存、紅利之計算等。此外，由承保部門所承保之業務，或因保險金額超過該公司之承保能力，或因該被保險人之身體狀況未能符合該公司之承保條件，而須將其承保之危險責任之一部分或全部向其他保險公司再保時，倘若該公司並未另設立再保部門，則此安排再保之工作，亦有由精算部門負責者。

（二）業務部門 (agency or sales department)：或稱展業部，為壽險公司發展業務之部門。主要負責保單之銷售，外勤人員之雇用、管理、訓練，業績之統計，業績成長之預估等。有些公司將廣告之刊登，書刊之編印，市場資訊之收集、研究等工作由業務部門負責，有些公司則另成立市場部門 (marketing department)。

（三）承保部門 (underwriting department)：或稱契約部。並非所有願意參加保險之被保險人均能為壽險公司所接受，保險公司有權選擇適合承保之被保險人，承保部門即負責所謂「危險選擇」之工作，將不適合於壽險公司所承保之業務排除。承保部有時亦擔任保單製作及客戶資料建檔之工作。

（四）醫務部門 (medical department)：協助承保部門作體檢案件之審核，核保人員之教育訓練，特約體檢醫師之選定，體檢標準之設定等。有體檢設備之壽險公司，其醫務部門亦須擔任部份之體檢工作。

（五）保戶服務部門 (policyowner services department)：又稱保全 (conservation) 部。續期保險費之催繳、收取，保險契約之變更，保險單借款，自動墊繳保費、失效、解約、復效之處理，所有與保險契約之保全相關的事項均為該部門所負責之事。

（六）理賠部門 (claim department)：主要負責於保險事故發生後，

審核經由要保人、被保險人或受益人所提供之理賠申請文件，符合給付條件者，給予理賠給付，不符合者，則告知不給付之原因。

（七）投資部門 (investment department)：保險公司也可算是金融機構，尤其是人壽保險公司，有雄厚之資金，因此須有專門之人負責資金運用之工作，投資部即是擔任此項任務之部門。

（八）會計部門 (accounting department)：負責紀錄每天之交易情況，編製財務報表，編列預算，內勤員工及外勤人員薪資之發放等。

（九）法務部門 (law department)：負責處理與投保人間之糾紛或訴訟，注意壽險公司之經營是否合乎政府法令，處理所有有關法律之問題。

（十）電腦部門 (management information system department)：愈來愈多的企業使用電腦處理部份作業，壽險公司也不例外，電腦部門即負責電腦系統之設計及管理。

（十一）其他：除了上述各部門外，尚有負責內勤員工錄用、管理、在職訓練及制訂員工福利之人事部門 (personal department)，負責採購之總務及負責公司大樓管理之工程人員，專為客戶提供電話諮詢的服務中心等。

二、壽險公司經營業務之簡介

壽險公司之業務型態可分為兩大類，一為以個人為銷售單位之個人人身保險，一為以團體為銷售單位之團體人身保險，其可保障之內容大同小異，不外乎一般之壽險、傷害險、健康險及癌症險，而兩者最大不同之處在於，個人險之承保與否完全決定於被保險人之個人因素，團體險則較不重視個別被保險人之情況，而就投保團體整體考慮其可保性。目前國內壽險公司所經營之業務項目大略包括下列幾種：

（一）人壽保險：包括

1. 死亡保險：以被保險人於契約規定年限內死亡為條件之定期保險 (term) 及終身保險屬之。

2. 生存保險：以被保險人於契約規定年限內仍生存為條件之保險。

3. 生死合險：又稱養老險，不論被保險人生存或死亡，契約規定之年限到達時，保險人即須給付定額之保險金。保險金之給付方式可以一次支付或以年金方式領取。

4. 教育年金：配合被保險人之特殊需要，於特定時間給予定額之教育基金。

（二）傷害保險：或稱意外保險，保險人須於被保險人遭受意外傷害及其所致殘廢或死亡時，給予保險金額之給付。而目前壽險公司已將傷害保險擴展至意外醫療部份。

（三）健康保險：被保險人因疾病而致死亡、殘廢、不能從事工作以及就醫所支付之醫療費用，保險人須負給付之責。

（四）防癌保險：為了提供被保險人更安全之保障，近年來各家壽險公司紛紛設計防癌保險，對於被保險人因罹患癌症及其他惡性疾病時，給予一定金額之門診及住院醫療給付，而於被保險人因而死亡時，有些防癌保險之設計亦給予死亡保險金。

（五）重大疾病保險：被保險人因罹患某些重大疾病，例如癌症、心肌梗塞、中風、慢性腎衰竭等，當病癥經診斷確認後，保險人即須負給付之責。

第二節　精算部之職能

人壽保險契約乃是約定要保人交付保險費，而人壽保險公司於保險事故發生時，給予一定金額之保險給付。然而，保險公司該收取多少保險費才算公平合理，又保險人收取之保險費是否足以應付未來之保險給

付之需，是否提供了投保者最需要之保障，所提供之產品是否能與同業競爭等，諸如此類之問題均須於事先研究決定，而此重要任務則為精算部門之工作。精算部之主要職能如下：

一、保險單之設計

吾人知道，企業之經營，必為產品之提供，不論其為有形或無形，而人壽保險公司所提供之有形產品即為保險單。人壽保險既為彌補被保險人因保險事故發生所造成之經濟損失，故必須對被保險人可能發生之經濟損失作一研究，再就被保險人之最需要，設計出符合被保險人需求之保險單，精算部門即擔任了此項研究設計之任務。由於產品之好壞，關係著未來經營之績效，因此，於設計保單之時，須考慮被保險人之需要外，還須考慮市場之競爭性，是否符合政府法令之規定等。

二、保險費之釐定

保險費之結構包括純保險費 (net premium) 及附加保險費 (loading) 合計稱之為總保險費，亦即要保人所實際交付之保險費。純保險費乃是依據死亡率 (mortality rate) 及利率 (interest rate) 兩項因素計算而得，而附加保險費則通常包括各項新契約費用、維持費用、收費費用等。雖然，總保險費計算之因素很多，但必依公平、合理、充足三原則來制訂。保險費之計算基礎如下：

（一）預定死亡率 (assumed mortality rate)：指未來保險期間，被保險人可能發生死亡之機率。死亡率愈高，對死亡保險而言，保險費將愈高，但對生存保險而言，保險費將愈低，對生死合險而言，則視其生存與死亡給付之比例而定。壽險公司儘可能選擇與實際情形相近之生命表來計算死亡率，而目前臺灣之壽險公司所用之生命表為「臺灣壽險業第三回經驗生命表 (1989 T. S. O.)」。

（二）預定利率 (assumed interest rate)：依保險法施行細則第十一條規定，人身保險計算責任準備金所依據之利率不得低於年息四釐，高於年息一分。壽險公司可於法令規定範圍內自行訂定利率，而預定利率之高低則會影響到費率之高低，預定利率愈高者，其保費將愈低，繳費期間愈長者，其保費亦將愈低。

（三）預定費用率 (assumed expense rate)：保險費結構中之附加費用，可分為第一年度費用 (initial expense)，及續年度費用 (renewal expense) 兩者。前者包括招攬契約之一切必要費用，諸如外勤人員之佣金、體檢費用、發單費用、內勤員工之薪資等，後者包括第二年度以後至契約終止間之一切費用，諸如續年度佣金、繳費通知、收費員之獎金等，而保險公司之利潤亦屬於附加費用之一項。

預定費用率依財政部之規定，倘為生存保險者，未滿 10 年之保單不得高於總保費之 8％，未滿 20 年之保單不得高於總保費之 12％，滿 20 年以上之保單不得高於總保費之 14％，保險費採一次交付之保單則不得高於總保費之 5％。若為死亡保險者，一年以上定期保險不得高於總保費之 32％，保險費採一次交付之保單則不得高於總保費之 25％。終身保險不得高於總保費之 32％，繳費期間未滿 10 年之終身保險不得高於總保費之 19％，繳費期間未滿 20 年之終身保險不得高於總保費之 25％，繳費期間滿 20 年以上之終身保險不得高於總保費之 31％，保險費採一次交付之終身保險則不得高於總保費之 16％。而生死合險者，繳費期間未滿 10 年之保單不得高於總保費之 17％，繳費期間未滿 20 年之保單不得高於總保費之 23％，繳費期間滿 20 年以上之保單不得高於總保費之 29％，保險費採一次交付之保單不得高於總保費之 14％。預定費用率愈高者，其保費將愈高。

當壽險公司之精算人員決定好死亡率、利率、費用率後，則依收支相等之原則來計算純保險費，先計算未來保險金支出之現值，再計算未

來保險費收入之現值，於兩者相等之情況下決定出純保費，加上預定之費用後，即為壽險公司向要保人收取之實際保險費。由於計算總保險費之技術性相當高，影響亦很大。倘保費太低，固然可以吸引較多之要保人，提高市場之佔有率，但也可能危及壽險公司之財務基礎，導致將來無法履行契約責任，影響被保險大眾；而保費太高，可能獲取較高之利潤，但卻阻礙業務之推展，因此，須審慎計算釐訂。

三、責任準備金之計算

由生命表顯示，人類之死亡率除了於嬰兒時期甚高外，一般情形係隨年齡之增加而提高，故純保險費也應隨著年齡之增長而逐漸增加，此種每年增加之保險費即所謂之「自然保費」(natural premium)。然而，保險公司為了避免投保人於晚年收入較少卻又須繳付較多之純保費時，造成繳費之困難，也為了收費之方便，大多採用平準保險費 (level premium) 制，亦即要保人每年均繳付同樣之保險費。由於初期之死亡率較低，因此，要保人初期所繳之保險費必然超過實際年齡所應繳之保險費，其超收部份之保險費，以複利運用之終值即稱之為「責任準備金」(reserve)，目的在於確保未來保險公司所須負之責任。責任準備金之計算通常依下列兩種方式：

（一）平準保費責任準備金制

1.將來法 (prospective method)：以將來保險金額之現值與將來可收取之未繳保費之現值計算而得，其兩者間之差額即為責任準備金。

2.過去法 (retrospective method)：就過去所繳保費之複利終值與過去所付保險金之終值計算而得，其兩者間之差額即為責任準備金。

（二）修正責任準備金制 (modified reserve)

由於第一年度之營業費用頗大，往往超過實際收取之附加保險費，因而第一年度所收取之總保費中，扣除各項營業費用後之餘額，已不足

以提存責任準備金，故有「修正責任準備金制」之需要，此法乃就平準保費責任準備金制予以修改，而將第一年度所收取之部份純保費暫時移作第一年度營業費用，而於往後各年之附加保費中攤還。

依保險法施行細則第十二條之規定，除生存保險外，凡保險期間超過一年之人壽保險契約，其契約訂立於八十七年十二月三十一日以前者，倘其純保費較 20 年繳費 20 年滿期生死合險為大，則最低責任準備金之提存，採 20 年滿期生死合險修正制。八十八年一月一日以後訂立之契約，倘其純保費較 25 年繳費 25 年滿期生死合險為大，則最低責任準備金之提存，採 25 年滿期生死合險修正制。九十二年一月一日起訂立之契約，倘其純保費較 20 年繳費終身保險為大，則最低責任準備金之提存，採 20 年繳費終身保險修正制。

四、保單紅利之計算

前已提及，保險費之計算基礎乃是依據預定死亡率、預定利率及預定費用率，而於假設未來之情況將與預期完全一致之條件下所決定，為了避免預估錯誤而造成損失，保險公司通常採用較保守之估計，較高之預定死亡率、較低之預定利率及較高之預定費用率，也因此所訂出之保險費多超過實際所需費用，而此種因預估與實際間之差額，即為保單紅利之來源。

（一）死差益 (mortality surplus)：實際死亡率低於預定死亡率之差額，亦即該營業年度內收入之危險保費與所支付之危險保額間之差額。依財政部八十年十二月之規定，死差益以「計算保險費之預定死亡率(臺灣壽險業第三回經驗生命表之死亡率的百分之九十）與經財政部核備適用於該年度的業界實際經驗死亡率之差『乘以』該保單年度一般身故保險金與期末保單價值準備金之差」計算之。

（二）利差益 (interest surplus)：實際投資利率高於預定利率之差額，

亦即資金運用之實際收益大於責任準備金計算所採用之利率時所產生之利益。現行之利差益亦依財政部規定，以「該保單年度臺灣銀行、第一銀行、合作金庫與中央信託局四家行庫局每月初（每月第一個營業日）牌告之二年期定期儲蓄存款最高利率計算之平均值與計算保險費之預定利率之差『乘以』期中保單價值準備金」計算之。

（三）費差益 (expense surplus)：營業年度內收入之附加保險費大於實際支出之營業費用之差額。

五、再保之安排

保險公司將超出本身所能承擔之危險責任之一部份或全部，移轉由他人來承擔，謂之「再保險」(reinsurance)，而由本身所承擔之危險責任部份稱之為「自留額」(retention)。再保之方式很多，有視臨時需要而逐次辦理之臨時再保險，有依預先訂立之合約事先安排之合約再保險，諸如比率再保險 (quota share)、溢額再保險 (surplus reinsurance)、超額損失再保險 (excess of loss reinsurance) 均屬之。國內之人壽保險公司多採溢額再保險之方式，將超過自留額部份之危險責任之一定比率由中央再保險公司承擔，再將餘額部份轉由國內或國外其他保險公司安排再保。

六、其他

除了以上所提之主要任務外，精算部門通常還須負責作研究工作，例如：由解約率、失效率之研究，以瞭解是否因業務人員沒有提供給要保人最完整且正確之資訊，以幫助要保人選擇最適宜之保險單，使要保人不願意繼續繳付保險費，或因保險費太高要保人負擔不起等，以作為將來設計新種保單之參考，也可以作為加強業務人員訓練之依據。精算人員於設計新種保單之時，應以其專業知識及經驗，依據公司經營政策，協同業務部門訂定適合之佣金標準，使該產品在市場上既能符合客戶的

需要，而業務人員也願意銷售。

第三節　業務部之職能

業務部或稱展業部，為壽險公司推展業務之部門。由於壽險公司所簽發者不過是一紙契約，對於未來保障之承諾，而要保人所支付者，卻是實質可見之金錢，由經驗顯示，事實上很少人會主動至保險公司表示投保意願，倘若真有其人，保險公司還會懷疑其投保動機，是故，人壽保險保單，勢必得於外在因素之推動下才能順利銷售，而最直接之外在因素，則是壽險公司外勤人員之招攬，進而從招攬過程中激發社會大眾之購買慾。由此可知，健全之外勤組織，乃是壽險公司業務推展之首要條件，而如何建立有效之銷售組織，又如何協助外勤人員作更有效之業務推展，則是業務部門最重要之任務，今說明於下。

一、保單之銷售

保險公司之銷售途徑，通常經由下列三者：

（一）保險代理人：依保險法第八條規定，指根據代理契約或授權書，向保險人收取費用並代理經營業務之人。保險代理人可雇用本身之業務人員進行業務之招攬，而其業務人員之雇用、訓練、管理、報酬之支付，均由代理人自行負責。

（二）保險經紀人：依保險法第九條規定，指基於被保險人之利益，代向保險人治訂保險契約，而向承保之保險業收取佣金之人，因而保險經紀人，可視為要保人之代理人。

（三）壽險公司聘雇之業務人員：由壽險公司對外招募業務人員，與之簽訂合約書或授權書，其權限之規範均於合約書或授權書內訂明，凡於合約書或授權書所授權範圍內之行為，對外即代表該公司，因此，

壽險公司須審慎選用及管理所屬之業務人員。依財政部八十一年十月十五日公佈之業務員管理規則規定，任何壽險公司之業務人員均須經由所屬公司向財政部指定之各有關公會報名，參加其舉辦之業務員資格測驗，經測驗合格者，由其所屬公司為其辦理登錄，領得登錄證者，始得為其所屬公司招攬保險。

　　壽險公司業務人員之工作報償，通常依其所招攬業務量給予佣金，但亦有於初期給予固定薪資以保障新進業務人員，再視其業績給予業績獎金，等一段時間後，則僅依業績給予佣金。

　　壽險公司不論其所採為代理人制、經紀人制或自行招募業務人員，抑或兼採三者中之二者，甚至三者並用，均為達成保單銷售之目的。

二、外勤人員之雇用、訓練、管理

　　目前我國壽險公司之外勤組織採聘雇業務人員者居多，其業務人員之來源都靠對外招募，素質良莠不齊，為確保壽險公司之信譽及業務品質之提升，除了依業務員管理規則在業務員參加資格測驗前給予基本教育訓練外，於在職期間，依其職位給予不同課程的教育訓練，訓練課程通常包括行銷術、產品介紹、條款說明、基本之保險知識、保險費計算等。由於業務人員收入之多寡視其業績量來決定，因此難免會有業務人員搶業績之情況發生，此時，業務部門則須居於中間協調之地位，訂立合理之解決方法。另業務人員晉升辦法、獎懲制度之訂立，協同精算部門訂立佣金標準等，均為業務部門之工作。

三、協助外勤人員推展業務

　　(一)市場調查分析：繼美商保險公司之開放，國內保險公司的設立也於八十二年解禁，可以預見的，未來的保險市場將是個競爭激烈之市場，而如何在激烈競爭中有效的掌握顧客，則有賴市場之調查分析，

有道是，知己知彼百戰百勝，透過市場調查分析，可以瞭解目前顧客之偏好、購買者之年齡層，甚至將同業產品與本身產品作一利弊分析，而將此資料提供給業務人員，作為推展業務之參考，引導業務人員走往正確之展業方向。

（二）廣告之刊登：透過公眾傳播媒體之介紹，例如：報紙、廣播、電視、海報、傳單、簡介等，引起社會大眾之注意，雖然，不一定能絕對激發其購買慾，但至少在外勤人員登門拜訪介紹產品時，排斥心理會較小，也較能夠接受外勤人員之建議。

（三）刊物之編印：為了提供業務人員更多有關保險的知識及保險市場之動態，業務部門會透過刊物之編印，讓業務人員也有機會瞭解隨時變化之保險市場，而有關業績之統計資料，亦可透過刊物之報導，作為業務人員發展業務之參考。此外，經由刊物提供給保戶新產品的資訊，或讓保戶瞭解公司業務發展的狀況，亦是維繫保戶與公司良好關係以提高持續率的方法。

（四）舉辦業績競賽：於壽險市場不景氣時，適時舉辦業績競賽，激發業務人員之榮譽心，提高其銷售意願，並給予適當之鼓勵，以達業務推展之效。

四、業績之統計、預估

由於業務人員之收入全靠其招攬業務量，因此，業績不佳之業務人員，可能連最起碼維持生活之收入都無法達到，為了瞭解業務人員之活動情況，業務部門須於每個月業績結束後，就個別業務人員之招攬件數、保額、收取之首期保費作一統計資料，評估其是否符合一般之要求，還須就個別營業單位之業績量作一比較，評估其是否達到預定之目標，並將所有之業績統計資料刊登於公司之刊物上，以便於激發業務人員之榮譽心，進而更加努力推展業務。除此之外，業務部門更須於年終結算後，

就該年度之業績量核算其成長率，以作為預估下年度業績成長之參考，並訂定下年度所希望達成之業績標準。

第四節　個人壽險之核保

「核保」又稱「危險選擇」(selection of risk)，並非所有願意投保之被保險人均能為保險公司所接受，因此須有核保部門來作危險選擇之工作。

當業務人員將有投保意願之準被保險人之投保申請書送交壽險公司時，壽險公司即根據該被保險人之年齡、職業、健康狀況等因素來決定是否承保該被保險人，及以何種費率來承保該被保險人，此種過程稱之為「危險選擇」，而擔任此項工作之人即稱之為「核保人員」。

一、核保之目的

我們知道「保險」乃是將個人之危險，透過保險而分散於社會大眾，使之消失於無形，倘若社會上所有高危險群之人均參加保險，而壽險公司又沒有有效之方法來限制此類逆選擇時，將會造成社會大眾之損失，而核保便是壽險公司用來控制被保險人品質之方法，壽險公司可經由審慎之核保，將不適合承保之對象排除，使逆選擇降至最低，同時可以透過核保給予每一位被保險人最合理之費率，更可以於核保之過程中，有效的防止道德危險。

二、核保之工具

對一位完全陌生之被保險人，核保人員將如何決定是否承保該被保險人，及該以何種體位來承保，下列資料來源即是核保人員作承保與否決定之依據。

（一）要保書 (application form)：要保書為被保險人之投保申請書，內容除了記載被保險人之姓名、性別、年齡、出生年月日、地址等個人基本資料外，還包括了被保險人之職業、工作性質、健康狀況等之告知事項，核保人員可以由要保書之告知事項，瞭解被保險人之身體狀況，以評估其危險程度。

（二）業務人員報告書：壽險公司之業務人員是最先與被保險人聯繫之人，也可能是唯一直接與被保險人接觸之人，業務人員不僅是保險人與被保險人間之溝通橋樑，還須擔任第一層核保之任務，核保人員可以透過業務人員對被保險人的認識，更深入的瞭解被保險人之情況，以作為核保之參考。業務人員報告書事項通常包括有被保險人之財務狀況、外觀情形、客戶來源、投保目的等。

（三）體檢報告書：壽險公司通常會依據被保險人之年齡、投保金額、既往病症等因素，於必要之情況下要求被保險人身體檢查，而體檢報告書即為此類體檢案件重要之核保根據，核保人員可以經由被保險人之體檢資料來瞭解被保險人之健康情形，以決定承保與否。

（四）其他：

1.調查報告：對於鉅額保險案件或核保人員對被保險人之投保動機有所懷疑時，壽險公司通常會派員實際瞭解被保險人之情況，以避免道德危險之發生。調查人員之調查報告，即可幫助核保人員作更正確之決定。

2.病歷資料或診斷報告：核保人員對於被保險人所曾患過之疾病瞭解不夠清楚時，可要求被保險人提供診斷報告，或經由被保險人之同意調閱被保險人之病歷資料，以作為承保決定之參考。

3.補充聲明：倘核保人員認為被保險人之告知事項不夠詳細有補充聲明之必要時，可要求被保險人就該項事實補充說明，以為核保之根據。

三、核保之重要因素

（一）性別：一個家庭中最需要保險的人通常為家庭中之收入來源者，而這個收入來源者絕大部分為家庭中之男性，雖然，社會型態的改變，使很多女性也分擔了家庭的經濟責任，但對於女性投保高保額，或家庭主婦投保，壽險公司通常會有特別之限制。

（二）身高及體重：身高體重為核保人員作為判斷被保險人身體狀況之最基本資料，由於肥胖者較易引起高血壓、糖尿病及心臟血管方面的疾病，而體重過輕者，可能隱藏著其他身體方面的問題，因此，身高體重之比率超出一般標準而屬於過重或過輕時，通常會有比一般人較高之死亡率。核保人員可依據被保險人之身高體重，決定是否須要求更進一步之檢查，或以較一般人高之費率來承保。

（三）目前身體狀況：被保險人目前之身體狀況如何，是核保人員所最重視之問題。由被保險人的告知事項或體檢報告書上，核保人員可以瞭解被保險人目前之健康情形，倘若由上述資料顯示，被保險人正處於某些疾病治療中，例如，高血壓、糖尿病、消化性潰瘍等，均會有高於一般人之死亡率。

（四）過去病史：倘若被保險人告知曾患過某些疾病，雖然，目前並無該疾病之症狀顯示，但並不表示此疾病已完全痊癒無復發之可能，因此，短期間內死亡率仍然比一般人高，核保時仍應考慮此因素。

（五）家族病史：有些疾病之發生可能與遺傳有關，因此，家族中之近親若曾患有此類疾病時，則須考慮被保險人被遺傳之可能性，而要求被保險人作必要之檢查，糖尿病便是一例。

（六）職業及工作性質：被保險人之職業及工作性質，除了可以作為意外發生之估計外，某些特殊之職業可能會造成身體某些器官之傷害，例如，石棉瓦工人罹患肺部疾病之比率較一般人高，因此，核保人員於

決定被保險人之職業危險程度之同時，還須考慮是否有職業傷害之可能性。

（七）嗜好及興趣：不良之嗜好會增加疾病之罹患率及意外發生之可能性，而喜好從事危險運動之被保險人，亦會有高於一般人之意外死亡率。例如，有飲酒習慣之人，造成肝硬化之可能性會比一般人為高，而酒後發生意外之可能性亦比一般人高。核保人員於核保時，須特別注意此種額外之死亡率。

（八）生活環境：經濟情況較差或居住環境不佳，均會影響人之健康狀況，因此，被保險人之生活環境，亦是核保所須考慮之因素。

（九）保險利益：「保險」乃是為彌補因被保險人之死亡而對他人所造成之經濟損失，保險利益即存在於被保險人與遭受損失之一方，要保人與被保險人之間固然須有保險利益存在，為避免道德危險及不當得利，壽險公司於實務上通常亦會要求被保險人與受益人間須有保險利益。根據保險法第十六條規定：要保人對於「本人或及其家屬」，「生活費或教育費所仰給之人」，「債務人」，「為本人管理財產或利益之人」之生命或身體，具有保險利益。

（十）財務狀況：由於要保人財務狀況的好壞會影響到將來繳付保費之能力，亦即保單之持續率，因此，評估要保人之財務狀況以確定其繳費能力，瞭解要保人之投保動機以避免道德危險。

四、核保之結果

（一）標準體承保 (standard accept)：經由核保人員之危險估計，確定該被保險人之危險程度符合壽險公司所定之標準，可以依一般費率承保者稱之。

（二）次標準體承保 (substandard accept)：又稱弱體承保，此類被保險人之危險程度比壽險公司所定之標準為差，壽險公司無法以一般費

率來承保，但可依特別條件承保者稱之。壽險公司對於此類次標準危險通常以下列三種方式來承保：

⑴削減給付：被保險人仍按一般費率繳付保險費，但危險事故發生時之保險給付，於投保後之前幾年，不予全額給付，而以削減給付之方式。例如，第一年為保額之80％，第二年為75％等。

⑵提高年齡層：被保險人不以投保時之年齡繳付保險費，而以比實際年齡高之保險費率來繳付保險費。

⑶加費：以高於一般費率之方式來承保。此種方式須透過數理查定費率制 (numerical rating system)，以確定加費之程度，該費率制乃假定可為壽險公司按一般費率承保之標準危險為 100％，再將各種危險因素依其影響死亡率之程度與標準危險作一比較，而以數字之比值來表示，由 100％開始，不利之危險因素加點 (debit)，有利之因素亦可以減點 (credit)，合計後以決定保險費率。

（三）延後承保 (postpone) 或拒保 (decline)：由於被保險人目前之身體狀況不明確，核保人員無法估計其危險程度，壽險公司則暫時不予承保，或被保險人之危險程度已超出壽險公司所能承擔之範圍，壽險公司沒有能力承保，則予以拒保。

五、醫務部門於核保過程中之地位

（一）協助核保人員處理有關問題：雖然，壽險公司之核保人員均須具備基本的醫學常識，但其所能知道之醫學知識畢竟有限，因此，醫務人員須擔任醫學顧問之職，適時幫助核保人員解答醫學問題，並給予承保之建議。

（二）參與體檢工作：與特約體檢醫院一樣擔任體檢醫師之職，尤其是大保額之案件或特殊情況之案件，由醫務部體檢，更能掌握被保險人之身體狀況。

（三）體檢標準之訂定：協同承保部門訂定體檢標準。規定保額到達多少，年齡超過幾歲之被保險人須作那些檢查，通常年齡愈高保額愈大者，所須作之體檢項目愈多。

（四）特約體檢醫院之選定：透過對醫院之瞭解，選定可以信任之醫院，作為公司之特約體檢醫院，並隨時與體檢醫院保持聯繫，將壽險公司之體檢要求隨時轉達。

第五節　人壽保險契約之保全

人壽保險契約乃是長期之契約，要保人須繼續不斷的繳付保險費，才能維持契約之有效，以發揮人壽保險之效用。然而，在這段長時間之內，要保人難免會發生種種問題，保戶服務部門之任務，即是為維持保險契約持續有效所作之保全工作。

一、契約內容變更之處理

契約內容之變更較常見者有下列幾種：

（一）要保人、受益人、地址、職業及工作性質：於保單有效期間，要保人可以隨時變更受益人或要保人，而地址之變動，亦須隨時照會壽險公司，以確保壽險公司所有之通知均能順利到達要保人。另被保險人之職業及工作性質有所更改時，會影響到意外發生之可能性，故亦有通知之義務。

（二）繳費方式：繳費方式通常分為年繳、半年繳、季繳、月繳，要保人可依其財務狀況及實際需要，要求繳費方式之變更。

（三）保險金額：要保人可能會因經濟能力之改變而要求變更保險金額，壽險公司通常會規定於一定之期限內，允許保額之提高，倘超過期限，則須另購新保單，而保額之降低，則視為部份契約之終止，可依

要保人之要求隨時辦理。

（四）減額繳清保險：要保人於繳足保險費達一年以上積有保單價值準備金時，倘若發生經濟能力不足以繼續繳付保險費，但又希望能繼續擁有保障，得以當時之保單價值準備金作為一次繳付之保險費，向壽險公司申請購買險種及期間與原契約相同，但保額降低之保險。

（五）展期定期保險：要保人於繳足保險費達一年以上積有保單價值準備金時，倘若發生經濟能力不足以繼續繳付保險費，但又希望能繼續擁有保障，得以當時之保單價值準備金作為一次繳付之保險費，向壽險公司申請購買保險金額與原契約相同之定期保險，而以被保險人當時之年齡為計算基礎來決定可能購買之期間，但最長不得超過原保險年限。有時因保單價值準備金累積甚大，足夠展期至滿期還有剩餘之保單價值準備金時，可將其餘額部份用來購買生存保險。

（六）保險種類：壽險公司為應投保者之需要，設計多種保單，但投保者之需要會隨時間而改變，有些壽險公司會給予要保人變更險種之權利，但須經壽險公司同意，要保人可以視其實際需要要求變更。

二、續期保費之收取

首期保險費之收取，壽險公司通常會授權予招攬業務之外勤人員代勞，而續期保費則有由壽險公司派員收取，或由業務人員收款，或透過金融機構自動轉帳，或由要保人自動匯款。不論其為收費員、業務員前往收費或自動轉帳、自動匯繳，壽險公司可預先通知要保人，以安排收費時間，避免因時間錯過造成不必要之損失。為了提高保單之持續率，壽險公司之收費制通常採獎金方式，收費員除了有固定底薪外，依其收費件數給予收費獎金，而由金融機構自動轉帳或由要保人自動匯款者，壽險公司通常會給予固定百分比的折扣。

三、保費逾期未繳之處理

依保險法第一一六條規定：人壽保險之保險費到期未繳付者，除契約另有訂定外，經催告到達後逾三十日，仍不交付時，保險契約之效力停止。又第一一七條規定：保險契約終止時，保險費已付足二年以上者，保險人應返還其責任準備金。而實務上，壽險公司於不違反保險法之規定下，有所謂「保險費自動墊繳條款」之約定，於保單之保單價值準備金扣除借款本息後之淨額，足以墊繳應繳保險費及利息時，除要保人事前另有書面反對之聲明外，壽險公司得自動墊繳其應繳保險費及利息，使保險契約繼續有效，直至保險費之本息超過保單價值準備金時，保險契約之效力即行停止。

四、保單借款之處理

要保人於保單有效期間且繳費達有保單價值準備金時，倘有金錢之需，可於保單價值準備金之範圍內，填妥借款申請書，向壽險公司申請保單借款。要保人可隨時償還全額之借款本息，亦可依其能力償還部份之借款本息，但倘若未償還之借款本息超過其保單價值準備金時，保險契約之效力即行停止。

五、保險契約復效之處理

逾期未繳保險費或借款本息超過保單價值準備金以致停止效力之保單，要保人可於停止效力起兩年內，填妥復效申請書，並依壽險公司之規定，檢具被保險人之體檢報告書或健康聲明書，向壽險公司申請復效，而經壽險公司同意後，應繳清欠繳之保險費扣除停效期間的危險保費金額後，自翌日上午零時起，保險契約始能恢復效力。

六、契約終止之處理

於要保人要求終止保險契約時，倘該保險契約繳費達有解約金，則壽險公司應依保單內所附之解約金表償還解約金，倘解約當時仍有借款本息未償還者，得就扣除借款本息後之淨額償還之。

第六節 理賠之處理程序

保險人之主要義務為保險金之給付，根據保險法第一○一條規定，人壽保險人於被保險人在契約規定年限內死亡，或屆滿規定年限而仍生存時，依照契約，負給付保險金額之責，而理賠部之職責便是在替壽險公司履行此項給付義務。壽險公司所能提供給投保人最好的保障即是，當保險事故發生時，給予最迅速且最公平合理的理賠。而所謂最公平合理的理賠，當指該賠的一毛錢都不能少，不該賠的連一毛錢也不能給，至於如何使理賠公平合理，就有賴理賠人員審慎的處理。理賠之處理程序如下：

一、收到理賠申請文件

保險法規定，要保人、被保險人或受益人，遇有保險人應負保險責任之事故發生，除契約另有訂定外，應於知悉後五日內通知保險人。事實上，一般壽險公司均要求要保人或受益人於知悉保險事故時，10日內以書面通知，並於通知後儘速檢具所需文件，申請給付保險金。當壽險公司收到理賠申請文件於進行審核之前，須先確定下列三者。

（一）申請文件是否齊全：申請不同之保險給付，須檢具不同之申請文件。

1.申請「滿期保險金」時，須檢具：

⑴保險單及保險金申請表。

⑵受益人之身分證明書。

　2.申請「一般身故保險金」時，應檢具：

⑴死亡診斷書。

⑵保險單及保險金申請書。

⑶被保險人除戶戶籍謄本。

⑷受益人之身分證明書。

　3.申請「意外事故死亡或殘廢保險金」時，應檢具：

⑴相驗屍體證明書或死亡診斷書，或殘廢診斷書。

⑵意外傷害事故證明文件。

⑶保險單及保險金申請書。

⑷被保險人除戶戶籍謄本。

⑸受益人之身分證明書。

　（二）事故發生時保險契約是否有效：無效之保險契約，保險人當不負給付保險金之責，理賠人員於接到理賠申請時，須先確認該保險契約是否仍為有效契約。然，於寬限期內所發生之保險事故，保險人仍應負保險給付之責。

　（三）是否為所承保之事故：保險人所應負之責任僅限於契約約定之保險事故，不為保險人所約定承保之事故發生，保險人當不負給付保險金之責。

二、進行審核

　　當要保人、被保險人或受益人所檢具之理賠申請文件無誤，而保險事故確實發生於保險契約有效期間之內時，理賠人員即開始進行審核之工作，其重點有二：

　（一）確定危險事故是否為除外責任：由於某些危險事故之發生率

很難預估，或則為了維護公序良俗，壽險公司對於若干死亡原因申明不負給付保險金之責，此乃稱之為「除外責任」。壽險公司之除外責任通常包括下列幾項：

1. 要保人故意致被保險人於死者。

2. 受益人故意致被保險人於死，但其他受益人仍得申請全部保險金。

3. 被保險人在契約訂立或復效之日起二年內故意自殺或自成殘廢。

4. 被保險人在契約訂立或復效之日起二年內因犯罪處死或拒捕或越獄致死者。

5. 戰爭（不論宣戰與否）、內亂及其他類似的武裝變亂致死者。但倘契約另有約定時，則依契約約定。

6. 因原子或核子能裝置所造成之爆炸灼傷或輻射致死者。

被保險人之死亡原因若屬於上述除外責任之一時，壽險公司則不負給付保險金之責，因而理賠人員須先確定被保險人之死亡原因不為除外責任時，始能給付保險金。

（二）確定要保人於訂約之時有無違反告知之情事：保險法第六十四條規定，訂立契約時，要保人對於保險人之書面詢問，應據實告知。要保人故意隱匿，或因過失遺漏，或為不實之說明時，其隱匿遺漏或不實之說明，足以變更或減少保險人對於危險之估計者，保險人得解除契約，其危險事故發生後亦同。但倘要保人能證明危險之發生未基於其說明或未說明之事實時，則不在此限。此解除契約權，自保險人知有解除之原因後，經過一個月不行使而消滅，或契約訂立後經過二年，即有可以解除之原因，亦不得解除契約，此乃謂之「不可抗辯期間」(incontestable period)。因此，當危險事故發生於契約訂立後之二年內時，理賠人員必先經由調查之過程，瞭解要保人於訂約之時，有無違反告知之情事，以確定該理賠申請是否為保險人該給付之責任。

三、審核後之決定

（一）給付保險金：經理賠人員審核後，確定為保險人所應負責任之案件，保險人須就保險契約所約定之保險金額給付之，倘保險契約另有削減給付之規定時，則依規定辦理。

（二）退還保單價值準備金：倘被保險人之死亡原因為除外責任所致，保險人依契約之規定，不負給付保險金之責，但依規定可退還保單價值準備金時，則須依照規定退還保單價值準備金。

（三）拒賠：經理賠人員審核結果，或因不為契約約定之事故，或因要保人有不實告知之情事，保險人得以拒絕賠償。當壽險公司決定拒賠案件時，通常須通知要保人，告知對方此件理賠申請無法給付，並說明拒賠之原因，其方式則以存證信函居多。

四、法務部於理賠處理中所扮演之角色

法務部之職能，主要為處理壽險公司所有有關法律之問題，而處理涉訟之理賠案件即為其中之一。雖然，所有拒賠之案件，壽險公司必將其原因告知，但仍然會有糾紛產生，而於雙方無法達成協議之情況下，要保人之一方可能會訴之以法，此時，法務部門必須代表壽險公司於法庭上為公司爭取最有利之結果。

無論對壽險公司或對要保人而言，訴訟總是件不愉快且費時費財之事，因此，於理賠糾紛產生而未達訴訟之前，通常會有第三者出面協調，此第三者一般是由壽險同業公會所組成之協調委員會，居於超然之地位，進行協調工作，而於協調無效時，才由法院來判決。

五、核保與理賠之關係

壽險公司之任何部門均有其特殊之職能，但各部門間卻都有其相關

性，尤其是核保與理賠。依保險法第六十二條規定，當事人之一方對於下列各款，不負通知之義務。

（一）為他方所知者。

（二）依通常注意為他方所應知，或無法諉為不知者。

（三）一方對於他方經聲明不必通知者。

因此，核保人員於核保過程中之疏忽，將會造成未來理賠之困難，而審慎之核保，可將非良質被保險人排除於先，則必無理賠糾紛於後，又透過理賠之經驗，更可以訂出最公平合理之核保標準。

第七節　壽險公司之投資業務及會計職能

一、壽險公司之投資業務

壽險公司之可運用資金大部份為其責任準備金，屬壽險公司之負債，是為將來給付責任之準備，而投資利率亦為純保費計算之因素，因此，如何有效且穩當的運用壽險公司之龐大資金，實為重要課題。

（一）資金運用之原則

1.安全性：由於壽險公司之責任準備金屬被保險人所有，為壽險公司將來給付之用，不當之投資風險，會影響壽險公司之財務狀況，造成將來給付之困難，使被保險大眾蒙受損失，因此，壽險公司之資金運用首重安全性，而為達安全之目的，通常會採分散投資之方式。

2.收益性：任何企業之投資目的均為獲取最大之利潤，但獲利性較高之投資，相對的風險也較大，投資者如何在安全性最高下選擇最有利之投資，則有賴投資者之經驗及多方面之知識，因此，壽險公司通常會設立投資部門，由專門人才來擔任此項任務。

3.流動性：雖然，壽險公司之給付責任隨時會發生，但就業務正常

經營下之壽險公司而言，每天均會有一定之收入，於無重大意外事故發生之情況下，每天之收入應足以支付所須之保險給付，但為了防患於未然，壽險公司亦須保有部份資金之流動性。

（二）資金運用之法律限制

為了使保險公司之資金運用能導入適當之途徑，以保障被保險人之權益，各國政府均以法令來限制保險公司資金之營運方式，而我國保險法第一四六條就資金運用之方式規定如下：

1.存款。但存放於每一金融機構之金額，不得超過該保險業資金百分之十。

2.購買公債、庫券及儲蓄券。

3.購買金融債券、可轉讓定期存單、銀行承兌匯票、銀行保證商業本票及其他經主管機關核准保險業購買之有價證券。但其總額不得超過該保險業資金百分之三十五。

4.購買經依法核准公開發行之公司股票及公司債，其購買方式須依下列規定辦理：

⑴該發行公司最近三年課稅後之淨利率，平均在百分之六以上者。

⑵每一保險業購入之公司股票及公司債總值，不得超過該保險業資金百分之三十五。

⑶每一保險業購買每一公司之股票及公司債總額，不得超過該保險業資金百分之五及該發行股票或公司債之公司資本額百分之五。

5.經依法核准公開發行之證券投資信託基金受益憑證，但其投資總額不得超過該保險業資金百分之五及每一基金已發行之受益憑證總額百分之五。

6.對不動產之投資，以所投資之不動產即時利用並有收益者為限。其投資總額，除自用不動產外，不得超過其資金百分之十九。但購買自用不動產總額不得超過其業主權益之總額。

7.銀行保證之放款、有價證券為質之放款，及以不動產為抵押之放款。每一單位放款金額，不得超過其資金百分之五。其放款總額，不得超過其資金百分之三十五。

8.以各該保險業所簽發之人壽保險單為質之放款。

除了上述所列之投資管道外，壽險公司之資金亦得辦理國外投資，但其範圍及內容須由主管機關定之。而經主管機關核准後，保險業之資金也可辦理專案運用及做公共投資。

壽險公司之投資部門，須於法令規定範圍內之資金運用方式，選擇安全性最高，收益性較大，且能適時變現之投資項目。有效之資金運用，能使壽險公司於正常經營下獲取最大之利潤外，還可以透過保單紅利之分配，將利益分享於社會大眾。

二、會計部之職能

任何企業均設有會計部門進行每日交易之記錄及年終報表之編製，以作為企業決策之參考。壽險公司之會計部門其主要工作如下：

(一)收支之記錄：壽險公司之收入來源主要為保險費之收入。由於正常經營下之保險公司，每天必然會有新契約承保和舊保單到期，因此，會有首期保費及續期保費之進帳。除此之外，要保人因保險單借款所繳之利息，可運用資金之投資收益等，均為壽險公司之收入來源。而死亡給付、滿期給付、殘廢給付等之保險給付，契約解除後之返還保單價值準備金，要保人不願意繼續繳付保險費而作之現金解約等，則屬於壽險公司之支出項目。會計部門須將此等收支情形作帳登錄。

(二)外勤人員佣金及內勤員工薪資之發放：業務人員佣金之核算，內勤員工薪資之支付，為每個月會計部門應做之工作。

(三)財務報表之編製：壽險公司之會計部門除了須登錄每日之收支情形外，於每年年度終了時，還須編製資產負債表、損益表等財務報

表，而由財政部核准聘用之會計師查核簽證，提經股東大會承認後，再報請財政部查核審定。

（四）預算之編列：預算之編列雖由會計部門所負責，但事實上卻須公司所有部門之參與。業務部門須先預估下一年度希望達到的業務量，會計部門依據預估的業務量可估計可能的佣金支出，承保、理賠部門則可決定是否須增加人員來處理所有的業務，電腦部門也可以評估是否須增加新的設備等。

（五）稽核：稽核之目的在於查核公司各部門之作業情形，是否有違反規定或失職之處。故稽核工作，通常須單獨設立部門由專人執行，倘公司之規模還不夠大，設立部門不太經濟時，則可考慮由指定會計人員擔任，而其查核結果，須直接報與總經理。

第八節　結　論

人壽保險業務之經營，從最初之保單設計、銷售至最終之給付保險金，其中須經由各部門之配合處理，才能使作業順利完成，前面各節已介紹過壽險公司重要部門之主要工作，今就壽險業務之作業程序說明於下，以利更進一步瞭解壽險公司各主要部門之相關性。

程序（一）：由精算部設計新保單，協同有關部門訂定保單條款，決定保險費率後送財政部審核，經核准銷售之保單交由業務部處理。

程序（二）：透過業務部所任用外勤人員之推銷，有投保意願之被保險人，將其要保申請書送交業務部，轉至承保部進行核保。

程序（三）：承保部接獲要／被保險人之要保書後，協同醫務部進行審核，核保通過之案件須通知業務部收取首期保費，待保費繳足後，則製作保單送交要保人。而被拒絕或延期承保之案件，通常須通知壽險同業公會。於核保過程中，倘該案件須尋求再保時，則將資料送交精算

部安排再保事宜。

　　程序（四）：　承保部將核保過之案件，不論是否承保，要／被保險人之個人資料及核保結果輸入電腦或編製索引卡，再將原始資料製成檔案歸檔。

　　程序（五）：　承保部將承保後之案件通知業務部及照會會計部，發放業務人員之佣金。

　　程序（六）：　於保險契約有效期間，投保人申請任何契約內容之變更，則由保戶服務部負責處理，而續期保費之收取亦由該部門負責。

　　程序（七）：　於保險契約有效期間，投保人申請任何保險給付，則由理賠部負責審核，審核通過之案件，通知會計部支付保險金，而遇涉訟之案件，則協同法務部辦理。

　　程序（八）：　於會計年度終了時，會計部須編製財務報表，精算部須核算責任準備金，而其所需資料則由業務部、承保部、理賠部、保戶服務部等提供。

　　由以上之說明，我們可以知道，壽險公司各部門雖有其獨立之職能，但卻須互相配合才能有效推展業務。

參考資料

1.《人壽保險的理論與實務》，三民書局，陳雲中編著。

2.《壽險經營》，華昌印刷行，李家泉編著。

3.《實用壽險數理》，興豐印刷廠，李家泉編著。

4.《保險法令彙編》，財政部保險業務發展基金管理委員會。

5.Operations of Life and Health Insurance Companys, Kenneth Huggins, FLMI, FLMI Insurance Education Program Life Management Institute LOMA.

第二十四章　年金保險

第一節　前　言

　　年金保險是老年經濟安全制度的一環，在歐美已有近百年的發展歷史，而在臺灣由於現有的勞動基準法之退休金制度及勞工保險的老年給付等。老年經濟安全制度並沒有穩固的財政基礎，所以定位為老年經濟安全制度之補充，由於年金保險在作為退休收入之規劃工具上，從購買到退休收入之接受，經常須要經過三十、四十年，所以在日本的退休金保險與年金保險搭配販賣，早在老年人口（指65歲以上人口）占率4％左右，即開始籌備，而在日本老年人口占率達7％（昭和45年，1970年占率7％）以前，昭和37年（即1962年），從團體年金保險開始販賣，主要是日本當時預估日本人口老化速度將較歐美工業先進國家快很多，結果如以老年人口占率從7％提高到14％所需經過的年數作為人口老化速度指標，法國為115年，美國為70年，日本為25年這也表示日本能為老年人口籌備年金資源的時間非常短促大約只有美國所需的時間之1/3，法國的1/5時間，因此為爭取時間，提早在老年人口占率只有4％時即開始籌備，但以當時日本預估須費時30年，結果只有25年可供準備。臺灣的人口老化速度預計為27年（以行政院主計處及經建會的「中華民國統計月報」及「人力研究規劃報告」為依據）較日本當時的30年

預估快，以此來看，實際上可用於籌備老人年金資源的時間可能比日本的 25 年短，而臺灣老年人口占率現已超過 7％以上（1995 年占率 7.6％）， 是值得我們加快腳步的時候，況且配合臺灣現階段經濟發展，年金保險所能提供的外部經濟功能及稅源擴充功能更值得政府各相關主管單位及財政部賦稅暨稅務稽徵單位來加以促成。第二節針對這些功能及政府相關方面之需求將年金保險的需求背景，開發過程、現況瓶頸、未來努力方向、逐一論述，以供政府相關單位施政及政策訂定之參考。第四節則提供年金商品設計及報部核准等實務上所需要的依據，以供壽險界從業人員及學術界等有實務需要之相關人士參考。

第二節　需求及努力方向

需求背景

（一）老年經濟安全制度之功能補充

由於臺灣社會人口已經進入老化階段，而在老年經濟規劃上，目前有勞動基準法的退休金規定及勞工保險之老年給付，可以照顧上班族群，然而此種照顧是非常表面的，並沒有良好的財務基礎——財務基礎已有惡化的現象，而財務基礎越晚落實，只是令問題擴大，而成為社會運動的溫床，而付出社會安全敗壞的慘痛代價。屆時此種制度性安全問題，不是傳統的警察部隊可以維持。

（二）外部經濟功能

年金保險是一種可以用來創造對價性社會福利制度的商業性專業化制度，而國家、社會企業、員工個人，不同世代間不必付出慘痛的代價。而在創造過程中政府居於關鍵地位，主要的過程為政府基於憲法賦予人民生存、人身安全等社會安全性維護義務，而以保費的稅賦豁免作

老年經濟	安全規劃	給付月數	財　務　基　礎	未　來　可　能　發　展
國民年金之所得附加年金	勞動基準法之退休金規定	45個月	退休金的提撥制度沒有落實：應計給付與提撥同步化 1.大部份企業 　仍處於無提撥狀態 2.有提撥的企業 　大部份處於提撥比例不足的狀態	同步化沒有落實對員工之影響 1.將使越晚退休的員工，越沒有保障 2.員工領不到退休金，越容易發生社會運動，付出慘重的社會代價 3.越晚實施，社會運動越激烈，社會代價越慘重
國民年金之生存基礎年金	勞工保險之老年給付	45個月	長期處於虧損狀況 債務 　(1)依賴世代移轉來延後 　(2)隨世代移轉，延後時間越長，債務越為擴大	債務世代移轉時間越久 1.後面世代的負擔越重 2.後面世代越貧窮 3.世代間關係越惡化 4.企業對員工的保費負擔越重 5.企業對員工的薪資負擔越重（員工可支用薪資減少，被迫提高薪資） 6.越容易發生社會運動，隨著時間越久社會運動越激烈，社會代價越慘重

誘因來鼓勵個人提早於個人年輕時，對於三十年、四十年後的退休收入及早規劃，並以保費來購買對價性的退休後收入，政府藉著保費的稅賦豁免來免除個人、企業、社會及國家的此種不安因素，避免社會安全敗壞的慘痛代價，及治安成本。另外年金保險的商業化制度，可以轉化現行的勞保老年給付及規劃中的國民年金制度之社會保險對國家財政之沉重負擔，而使年金保險的資金具有長期性金融功能。如果加計輾轉進入銀行所產生的金融性乘數效果，各位可以想像以現在整個壽險業資金對國家經濟、金融資金、企業創造、工作機會的可能貢獻，而政府對壽險

保費的稅賦豁免卻相對的創造了更多的稅賦來源,應可擴充政府的稅收,相對於壽險資金,年金保險的龐大資金所產生的稅收擴大效果將更為巨大,同時亦可協助國家進入資本密集技術密集的發展階段,加上臺灣地理上的經濟優勢,政府可以提早完成亞太營運中心的長期目標。

第三節　示範條款開發過程（參考年金小組、保險司年金保險示範條款研商會議資料）

作為保險的主管機構,財政部保險司長期以來,在歷任司長指導下,配合臺灣人口老化之需要,積極的對年金保險的開辦進行各種保險技術之開發,同時配合年金保險的特質進行保險法修正立法案之推動。

筆者民國六十九年起初入壽險公司服務即開始研究退休金制度及年金保險;七十八年考上財政部壽險從業人員出國進修考試;八十年在美國東西部考察退休金制度及年金保險;八十一年回國奉當時年金小組召集人中國人壽經理余紹賢先生之邀,為年金小組列席委員。很榮幸有機會參與年金保險示範條款之研訂,並於八十四年有幸代表國泰人壽參加由保險司長主持的示範條款研商會,茲將年金保險示範條款開發過程恭錄如下,限於時間若有疏漏,敬請相關人士惠予指正。

（一）公會年金保險研究小組（簡稱年金小組）研發階段

在保險司壽險科（第三科）透過公會通知,年金小組對年金保險示範條款進行規劃的指示下,八十一年由當時的年金小組召集人中國人壽經理余紹賢主持。從美日年金保險的契約條款之收集、翻譯、內容之研究、到年金保險之保險原理探討,示範條款之草擬,為了解年金保險可能運作,相關法令的配合調整,除了透過公會夏總幹事及洪祕書來作指示外,另外壽險司更派趙秋燕小姐直接參與示範條款研訂。

（二）保險司內年金保險示範條款研訂階段

八十四年五月起由保險司壽險科主辦，趙秋燕小姐研擬示範條款草案，條款研商會由當時的陳司長沖主持，列席指導的有當時的鄭副司長濟世（現為保險司長）陳副司長源勳、沈專門委員臨龍、曾科長玉瓊。與會參與研討的有消基會代表林麗銖、壽險公會代表夏總幹事、洪祕書、國泰人壽、中國人壽、安泰人壽代表及保險學者：陳履潔精算師、方明川教授、保險博士江朝國教授、陳雲中教授等產官學各界代表參加。

（三）年金保險稅賦優惠方案（簡稱稅賦優惠方案）

八十四年八月年金小組的兩次會議研訂完成稅賦優惠方案，於八十四年八月十六日轉呈公會第十一屆理監事聯席會議決後作成向財政部之建議案。

（四）年金保險保險法相關條文立法修正階段

由財政部保險司轉由行政院送立法院立法修正，八十六年立法院三讀通過。財政部宣布各壽險可以開辦年金保險商品，並公布年金保險示範條款、年金保險費率相關規範、年金生命表，以供壽險業界設計年金保險商品及報部核准之依據。

一、現況瓶頸

在財政部集合那麼多專家學者，前後的發展經歷 5 年之久，壽險業界終於有年金保險可以開辦，並且亦提供年金商品開發上實務之依據，可以說是在壽險發展史上向前跨上了一大步，然而年金保險就如同一部精密的機器，雖然各部份的結構均已完成，亦有願意操作的壽險公司，然而年金保險的商業化機制之長期金融、新的企業、新的工作機會、新的稅源等經濟性外部功能之創造，尚有待年金、保費、稅賦豁免來啟動，年金保險的商業化機制，而使這部機器可以正常運作。

二、未來努力方向

（一）年金保險的稅賦優惠方案之推動

基於年金保險所具有的經濟性外部功能，及國家長期性經濟發展目標——亞太營運中心之提早達成，作為國家稅賦規劃及執行單位之財政部賦稅署及國稅局，若能接受年金保險能夠有益於經濟發展及稅源擴增的事實，那麼年金保險的稅賦優惠，遲早都會實施；也許稅賦主管單位會主動積極的來推動年金保險的稅賦優惠方案。

（二）年金保險商品之多樣化

與壽險商品比較，年金保險商品更為多樣化，不論是未來的市場空間，商品的專業化領域都值得壽險公司及壽險的從業人員投入更多的心力來開發及學習。

第四節　商品設計及報部核准實務依據技術法規：（揭自第 133 期壽險研究）

一、依據法規：中華民國八十六年六月三十日臺財保第 862397037 號

二、實施日期：中華民國八十六年七月一日起

三、說明

（一）年金保險單示範條款之文字，各公司得依所設計商品特性予以增減，惟以對保戶有利者為限。

（二）擬開辦年金保險者，應加強其業務員在年金保險方面之訓練課程，自八十七年一月一日起並需通過臺北市人壽保險商業同業公會年金保險測驗者，始得招攬年金保險業務。

（三）保險公司開辦年金保險業務者，其簽證精算人員每年應向財政部提報並簽署其對該公司決算時資產與負債之配合情形、責任準備金之適足性及保單分紅之適當性之意見。

四、示範條款（傳統型）

（一）個人即期年金保險單示範條款（含保證給付）

所　擬　條　文	說　　明
（保險契約的構成） 第一條　　本保險單條款、附著之要保書、批註及其他約定書，均為本保險契約（以下簡稱本契約）的構成部分。 　　　　本契約的解釋，應探求契約當事人的真意，不得拘泥於所用的文字；如有疑義時，以作有利於被保險人的解釋為準。	一、為配合消費者保護法第十一、十四條及參考保險法第五十四條訂定本條。 二、同人壽保險單示範條款。
（名詞定義） 第二條　　本契約所稱「保證期間」係指依本契約約定，不論被保險人生存與否，本公司保證給付年金之期間。 　　　　本契約所稱「保證金額」係指依本契約約定，不論被保險人生存與否，本公司保證給付年金之總額。 　　　　本契約所稱「年金金額」係指依本契約約定之條件及期間，本公司分期給付之金額。 　　　　本契約所稱「生存年金金額」係指被保險人於本契約約定之期間內仍生存時，本公司分期給付之年金金額。	一、公司得依所設計的年金險種性質明確訂定給付年金週期為每年或其他週期。 二、可依各公司所設計年金險種性質，增減名詞定義。

（保險公司應負責任的開始） 第三條　　本公司對本契約應負的責任，自本公司同意承保且要保人交付全部保險費時開始，本公司並應發給保險單作為承保的憑證。 　　　　要保人在本公司簽發保單前先交付相當於全部保險費而被保險人身故時，本公司無息退還要保人所繳保險費。	一、參考人壽保險單示範條款訂定。 二、年金保險之保險事故為生存，為免保戶損失並簡化作業，第二項「……發生應予給付之保險事故時，本公司仍負保險責任」改為「被保險人身故時無息退還所繳保險費」。
（契約撤銷權） 第四條　　要保人於保險單送達的翌日起算十日內，得以書面檢同保險單親自或掛號郵寄向本公司撤銷本契約。 　　　　要保人依前項規定行使本契約撤銷權者，撤銷的效力應自要保人親自送達時起或郵寄郵戳當日零時起生效，本契約自始無效，本公司應無息退還要保人所繳保險費。	一、訂定契約撤銷權，俾要保人欲撤銷契約時得於規定期間內為之。 二、因即期年金多採躉繳方式繳保費，其金額頗大，因此，其契約撤銷權之行使期間可由各保險人依險種性質自行訂定，但至少為十日，且以自收到保單為起算日。 三、契約撤銷係要保人主動行為，非可歸責於保險人，故保險人無支付法定利息之責；如保險人願支付利息，可於條款中另行訂定。
（契約的終止及保險單借款之限制） 第五條　　本契約生效後，進入年金給付期間，要保人不得終止契約或申請保險單借款。但保證期間年金（或保證金額年金）部分，受益人得申請提前給付，其計算之貼現利率為○○。	一、依據保險法第一百三十五條之四但書訂定。 二、至附帶保證期間年金或保證金額年金部分係保險公司必須給付與受益人者，應允許於該確定給付金額內提前給付，惟其係屬保險事故發生後（已進入清償期間），　提前給付之申領屬受益人之權益，各公司得視需要加以明訂，並應將其計算一次提前給付所用之貼現利率明訂於保單條款。

	三、無論可否解約、借款，均應依保險法第一百十九條第二項之規定，將其條件及金額載明於保險契約，為使保戶充分瞭解並保障其權益，保險公司除應將其明確規範於要保書與保險單條款外，於販售時，保險公司並應充分將此項保單性質告知保戶，並由保戶簽署充分瞭解。
（被保險人身故的通知） 第六條　　被保險人身故後，受益人得於知悉被保險人發生身故後通知本公司，若仍有未支領之年金額時，本公司應給付與被保險人身故受益人或其他應得之人。	一、附有保證期間年金或保險人付滿保證金額前，被保險人身故後保險公司仍有給付餘額之責。 二、「未支領之年金額」各公司於設計時應自行定義。
（失蹤處理） 第七條　　被保險人在本契約有效期間內失蹤者，經法院宣告死亡時，除有未支領之保證期間之年金額外，本公司根據判決內所確定死亡時日為準，不再負給付年金責任；但於日後發現被保險人生還時，本公司應依契約約定繼續給付年金，並補足中間未付年金。	參考人壽保險單示範條款並依年金保險性質而作文字修正。
（年金的給付） 第八條　　被保險人於生存期間每年第一次支領年金給付時，應提出可資證明被保險人生存之文件。 　　　　被保險人身故後仍有未支領之年金餘額時，被保險人身故受益人申領年金給付時，本公司得要求檢具下列文件： 一、保險單或其膳本。 二、被保險人死亡證明書。 三、受益人的身分證明。	規定給付年金時，被保險人或受益人應檢具之文件及逾期給付時逾期利息之計算。

本公司逾應給付日未給付時，應按年利一分加計利息給付。但逾期事由可歸責於要保人或受益人者，本公司得不負擔利息。	
（年齡的計算） 第九條　　被保險人的投保年齡，以足歲計算，但是未滿一歲的零數超過六個月者加算一歲，要保人在申請投保時，應將被保險人出生年月日在要保書填明。	規範投保年齡計算之原則。
（受益人的指定及變更） 第十條　　本契約受益人於被保險人生存期間為被保險人本人，本公司不受理其指定或變更。 　　　　要保人於訂立本契約時被保險人身故前，得指定或變更被保險人身故受益人。 　　　　第二項受益人的變更於要保人檢具申請書、保險單及被保險人的同意書送達本公司時生效，本公司應即批註於本保險單。受益人變更，如發生法律上的糾紛，本公司不負責任。 　　　　第二項受益人同時或先於被保險人本人身故，除要保人已另行指定受益人外，以被保險人之法定繼承人為本契約受益人。	一、參考保險法第一百三十五條之三及人壽保險單示範條款訂定。 二、若為連生年金受益人應於條款中明訂。
（變更住所） 第十一條　　要保人的住所有變更時，應即以書面通知本公司。 　　　　要保人不做前項通知時，本公司按本契約所載之最後住所所發送的通知，視為已送達要保人。	一、本條規定要保人住所變更時，應以書面通知保險人。 二、同人壽保險單示範條款。
（時效） 第十二條　　由本契約所生的權利，自得為請求之日起，經過兩年不行使而消滅。	一、本條依保險法第六十五條規定契約權利之請求時效為自得為請求之日起算二年。 二、同人壽保險單示範條款。

（批註） 第十三條　　本契約內容的變更，或記載事項的增刪，除第十條另有規定外，非經要保人與本公司雙方書面同意且批註於保險單者，不生效力。	參考人壽保險單示範條款訂定。
（管轄法院） 第十四條　　本契約涉訟時，約定以要保人住所所在地地方法院為管轄法院，但要保人的住所在中華民國境外時，則以（　　　　）地方法院為管轄法院。	一、管轄法院依國內公司或外商分公司分別訂定。 二、國內公司以本公司總公司所在地地方法院為管轄法院，外商分公司則以臺北地方法院為管轄法院。 三、同人壽保險單示範條款。
（保險單紅利的計算及給付）	一、本條由各公司自行擬訂。 二、年金保險單可採分紅或不分紅方式，若採分紅方式者，應於條款中明訂紅利計算方式、基礎及給付方式，俾利保戶瞭解，其分紅保單之紅利計算公式由各公司自訂。 三、保單是否分紅、費率計算基礎、紅利計算方式、基礎及給付方式，保險公司於販售時應於簡介及要保書充分揭露，並由保戶簽署充分瞭解。

（二）個人遞延年金保險單示範條款（含保證給付）

所　擬　條　文	說　明
〔保險契約的構成〕 第一條　　本保險單條款、附著之要保書、批註及其他約定書，均為本保險契約（以下簡稱本契約）的構成部分。 　　　　本契約的解釋，應探求契約當事人的真意，不得拘泥於所用的文字；如有疑義時，以作有利於被保險人的解釋為準。	一、為配合消費者保護法第十四條，刪除原條文部分內容，列為第一項。 二、參考保險法第五十四條第二項及消費者保護法第十一條第二項，增列第二項。
〔名詞定義〕 第二條　　本契約所稱「保證期間」係指依本契約約定，不論被保險人生存與否，本公司保證給付年金之期間。 　　　　本契約所稱「保證金額」係指依本契約約定，不論被保險人生存與否，本公司保證給付年金之總額。 　　　　本契約所稱「年金金額」係指依本契約約定之條件及期間，本公司分期給付之金額。 　　　　本契約所稱「生存年金金額」係指被保險人於本契約約定之期間內仍生存時，本公司分期給付之年金金額。	一、公司得依所設計的年金險種性質明確訂定給付年金週期為每年或其他週期。 二、可依各公司所設計年金險種性質，增減名詞定義。
〔保險公司應負責任的開始〕 第三條　　本公司對本契約應負的責任，自本公司同意承保且要保人交付第一期保險費時開始，本公司並應發給保險單作為承保的憑證。 　　　　要保人在本公司簽發保單前先交付相當於第一期保險費而被保險人身故時無息退還要保人所繳保險費。	一、參考人壽保險單示範條款訂定。 二、年金保險之保險事故為生存，第二項「……發生應予給付之保險事故時，本公司仍負保險責任」改為「被保險人身故時無息退還要保人所繳保險費」。

〔契約撤銷權〕	一、訂定契約撤銷權，俾要保人欲撤銷契約時得於規定期間內為之。
第四條　　要保人於保險單送達翌日起算十日內，得以書面檢同保險單親自或掛號郵寄向本公司撤銷本契約。 　　　　要保人依前項規定行使本契約撤銷權者，撤銷的效力應自要保人親自送達時起或郵寄郵戳當日零時起生效，本契約自始無效，本公司應無息退還要保人所繳保險費。	二、因遞延年金之保單價值準備金累積期間可能長達數十年後才開始給付年金，因此，其契約撤銷權之行使期間可由各保險人依險種性質自行訂定，但至少為十日，且以自收到保單為起算日。 三、契約撤銷係要保人主動行為，非可歸責於保險人，故保險人無支付法定利息之責；如保險人願支付利息，可於條款中另行訂定。
〔第二期以後保險費的交付〕	一、規範分期契約的第二期以後保險費的交付。
第五條　　　　分期契約的第二期以後保險費，應照本契約所載交付方法及日期，向本公司所在地或指定地點交付，或由本公司派員前往收取，並交付本公司開發之憑證。	二、催告之目的在確定「寬限期間」，而寬限期間係為提供被保險人於該期間發生保險事故(死亡、殘廢、傷害、疾病)之保障；年金保險主要係生存給付，因此並無規定催告及寬限期間之必要。但各公司得基於實務作業需要加訂有關催告之規定及配合以減額繳清年金保險處理等條款。 　　另各公司設計之商品如有併同死殘傷病應給付保險金之規定者，亦得配合實際需要修正。 三、依保險法第一一七條第二項及第四項規定，保險費如不交付時，保險人僅得減少保險金額或年金。

〔契約的終止及其限制〕

第六條　要保人得於年金開始給付前終止本契約，本公司應於接到通知後一個月內償付解約金。逾期本公司應按年利一分加計利息給付。

前項契約的終止自本公司收到要保人書面通知開始生效。

年金給付期間，要保人不得終止本契約。但保證期間年金（或保證金額年金）部分，受益人得申請提前給付，其計算之貼現利率為○○。

一、依據保險法第一百三十五條之四但書訂定。

二、至附帶保證期間年金或保證金額年金部分係保險公司必須給付與受益人者，應允許於該確定給付金額內終止，惟其係屬保險事故發生後（已進入清償期間），提前給付之申領屬受益人之權益，各公司得視需要加以明訂，並應將其計算一次提前給付所用之貼現利率明訂於保單條款。

三、無論可否解約，均應依保險法第一百十九條第二項之規定，將其條件及金額載明於保險契約，為使保戶充分瞭解並保障其權益，保險公司除應將其明確規範於要保書與保險單條款外，於販售時，保險公司並應充分將此項保單性質告知保戶，並由保戶簽署充分瞭解。

〔身故的通知與返還已繳保費（或解約金或保單價值準備金）的申請時間〕

第七條　被保險人身故後，受益人得於知悉被保險人發生身故後通知本公司。

被保險人之身故若發生於年金開始給付前者，本公司將返還已繳保費（或解約金或保單價值準備金）。本公司應於收齊前項文件後十五日內給付之。逾期本公司應按年利一分加計利息給付。但逾期事由可歸責要保人或受益人者，本公司得不負擔利息。

被保險人之身故若發生於年金開始給付後者，如仍有未支領之年金餘額，本公司應將其未支領之年

一、因本險係生存保險，在年金開始給付前身故或殘廢係僅返還已繳保費、解約金或保單價值準備金，其遲延利息依新修訂保險法第三十四條規定修訂為年利一分。

二、在年金開始給付後身故或殘廢者於附有保證期間年金或保險人付滿保證金額前，保險公司仍有給付餘額之責。其申領文件於第十條規定。

金餘額給付與被保險人身故受益人或其他應得之人。	
〔失蹤處理〕 第八條　　被保險人在本契約有效期間失蹤且年金給付開始前，如經法院宣告死亡時，本公司根據判決內所確定死亡時日為準，依本契約第七條規定返還已繳保費（或解約金或保單價值準備金）；但日後發現被保險人生還時，應將本公司所返還已繳保費（或解約金或保單價值準備金）於一個月內返還本公司，並清償該期間欠繳之保險費及利息，使本契約繼續有效。 　　被保險人在本契約有效期間失蹤且年金開始給付後，如經法院宣告死亡時，除有未支領之保證期間之年金額外，本公司根據判決內所確定死亡時日為準，不再負給付年金責任；但於日後發現被保險人生還時，本公司應依契約約定繼續給付年金，並補足其間未付年金。	一、規範被保險人在本契約有效期間失蹤，並經法院宣告死亡時之處理。 二、區分年金開始給付前後之處理不同，增訂第二項。
〔返還已繳保費（或解約金或保單價值準備金）的申領手續〕 第九條　　要保人依第七條及第八條之規定申領「返還已繳保費（或解約金或保單價值準備金）」時，應檢具下列文件： 一、保險單或其膳本。 二、被保險人死亡證明書或除戶戶籍膳本。 三、申請書。 四、要保人的身分證明。	因本險係生存保險，而身故或殘廢係僅返還已繳保費、解約金或保單價值準備金（在年金開始給付前），故參照人壽保險單示範條款並配合第七條及第八條規定修正。

〔年金的給付〕 第十條　　被保險人於年金開始給付後生存期間每年第一次支領年金給付時，應提出可資證明被保險人生存之文件。 　　　　被保險人身故後仍有未支領之年金餘額時，受益人申領年金給付應檢具下列文件： 一、保險單或其膳本。 二、被保險人死亡證明書。 三、受益人的身分證明書。 　　　　本公司逾應給付日未給付時，應按年利一分加計利息給付。但逾期事由可歸責於要保人或受益人者，本公司得不負擔利息。	規定給付年金時，被保險人或受益人應檢具之文件及逾期給付時逾期利息之計算。
〔未還款項之扣除〕 第十一條　　繳費期間（或遞延期間），本公司給付解約金，返還保單價值準備金（或已繳保險費）時得先扣除本契約保險單借款及其應付利息後給付。 　　　　年金開始給付時，如有保險單借款本息尚未償還，本公司得就其當時保單價值準備金，扣除保險單借款及其應付利息後之數額，重新計算年金金額。	一、增訂本條款以明確給付保險金時得扣除之項目，俾免爭議。 二、保險公司可依險種性質訂定。
〔減少年金金額〕 第十二條　　要保人在繳費期間且本契約有效期間內，得申請減少年金金額，但是減額後的年金金額，不得低於保險最低承保金額，其減少部分視為終止契約。 　　　　要保人在年金開始給付後，不得申請減少年金金額。	訂定減少年金金額規定，俾要保人依其需要調整其契約內容。

〔減額繳清保險〕 第十三條　　要保人得以當時保單價值準備金的數額作為一次繳清的躉繳保險費，向本公司申請改保同類保險的「減額繳清保險」，其年金金額如附表。要保人變更為「減額繳清保險」後，不必再繳保險費，本契約繼續有效。其給付條件與原契約同，但年金金額以減額繳清保險金額為準。	一、配合保險法第一百十七條及第一百十八條規定訂定。 二、至配合實務作業之需要，各公司得自行訂定減額繳清保險之年金金額的最低標準，並且對低於該標準時之處理方式，或原則一併明訂於條款中。
〔保險單借款〕 第十四條　　年金開始給付前，要保人得在保單價值準備金範圍內向本公司申請保險單借款，借款到期時，應將本息償還本公司，未償還之借款本息，超過其保單價值準備金，本契約效力即行停止。 　　　　年金給付期間，要保人不得以保險契約為質，向保險人借款。但年金保證期間或本公司付滿保證金額前不在此限。	一、參照保險法第一百三十五條之四但書訂定。公司得視需要自行增訂復效及保費墊繳條款。 二、在遞延期間，係保單價值金之累積，尚未開始給付年金，故應仍有保險單借款的權利。 三、如在年金保證期間或保證金額付滿前，因有保單價值，故仍有保險單借款之權利。
〔年齡的計算〕 第十五條　　被保險人的投保年齡，以足歲計算，但是未滿一歲的零數超過六個月者加算一歲，要保人在申請投保時，應將被保險人出生年月日在要保書填明。	規範投保年齡計算之原則。
〔受益人的指定及變更〕 第十六條　　本契約受益人於被保險人生存期間為被保險人本人，本公司不受理其指定或變更。 　　　　要保人於訂立本契約時被保險人身故前，得指定或變更被保險人身故受益人。 　　　　第二項受益人的變更於要保人檢具申請書、保險單及被保險人的同意書送達本公司時生效，	一、參考保險法第一百三十五條之三及人壽保險單示範條款訂定。 二、若為連生年金受益人，應另於條款中明訂。

本公司應即批註於本保險單。受益人變更,如發生法律上的糾紛,本公司不負責任。 　　　　第二項受益人同時或先於被保險人本人身故,除要保人已另行指定受益人外,以被保險人之法定繼承人為本契約受益人。	
〔變更住所〕 第十七條　　要保人的住所有變更時,應即以書面通知本公司。 　　　　要保人不做前項通知時,本公司按本契約所載之最後住所所發送的通知,視為已送達要保人。	一、本條規定要保人住所變更時,應以書面通知保險人。 二、同人壽保險單示範條款。
〔時效〕 第十八條　　由本契約所生的權利,自得為請求之日起,經過兩年不行使而消滅。	一、本條依保險法第六十五條規定契約權利之請求時效為自得為請求之日起算二年。 二、同人壽保險單示範條款。
〔批註〕 第十九條　　本契約內容的變更,或記載事項的增刪,除第十六條另有規定外,非經要保人與本公司雙方書面同意且批註於保險單者,不生效力。	參考人壽保險單示範條款訂定。
〔管轄法院〕 第二十條　　本契約涉訟時,約定以要保人住所所在地地方法院為管轄法院,但要保人的住所在中華民國境外時,則以(　　)地方法院為管轄法院。	一、管轄法院依國內公司或外商分公司分別訂定。 二、國內公司以本公司總公司所在地地方法院為管轄法院,外商分公司則以臺北地方法院為管轄法院。 三、同人壽保險單示範條款。

（保險單紅利的計算及給付）	一、本條由各公司自行擬訂。 二、年金保險單可採分紅或不分紅方式，若採分紅方式者，應於條款中明訂紅利計算方式、基礎與給付方式，俾利保戶瞭解，其分紅保單之紅利計算公式由各公司自訂。 三、保單是否分紅、保費計算基礎、紅利計算方式、基礎及給付方式，保險公司於販售時應於簡介及要保書充分揭露，並由保戶簽署充分瞭解。

五、費率相關規範

（一）預定危險發生率

年金保險計算保險費以年金生命表死亡率之100％～120％為基礎。

年金保險商品審查時，送審公司應檢附計算保險費所用預定危險發生率之依據等相關資料。

（二）預定利率

年金保險計算保險費率所依據之利率不得低於年息四厘，高於年息一分。

送審年金保險商品時，送審公司應檢附計算費率所用之預定利率之依據等相關資料。

（三）預定附加費用率

1.躉繳者：費用率不得超過總保費之5％。

2.繳費期間未滿十年者：費用率不得超過總保費之8.5％。

3.繳費期間未滿十五年者：費用率不得超過總保費之9.5％。

4.繳費期間滿十五年者：費用率不得超過總保費之11％。

5.送審年金保險商品時，送審公司應檢附計算費率所用預定附加費用率之依據等相關資料。

（四）責任準備金

1.提存方式

年金保險最低責任準備金之提存，以平衡準備金制為原則。

2.發生率

應提存之最低責任準備金應以年金生命表死亡率之100％為基礎計算。

3.預定利率

計算年金保險保費預定利率、前一日曆年度之十二個月臺灣銀行、

第一銀行、合作金庫與中央信託局等四行庫每月初牌告之二年期定期儲蓄存款最高利率之平均值減一碼後之利率，與年息五‧七五厘，三者之最小值。

當前四家行庫利率走低時，該預定利率大於前一日曆年度之十二個月臺灣銀行、第一銀行、合作金庫與中央信託局等四行庫每月初牌告之二年期定期儲蓄存款最高利率之平均值時，應調整新契約責任準備金提存之預定利率。

當前四家行庫利率走高時，該預定利率小於或等於前一日曆年度之十二個月臺灣銀行、第一銀行、合作金庫與中央信託局等四行庫每月初牌告之二年期定期儲蓄存款最高利率之平均值減二碼時，得調整新契約責任準備金提存之預定利率。

（五）解約金

1.保單價值準備金

⑴計算方式：平衡制。

⑵預定發生率：採與計算保費相同之死亡率。

⑶預定利率：計算保費之利率。

2.解約金之計算

⑴年金開始給付前之解約金不得低於依下列計算公式所得之金額：

解約金＝保單價值準備金×K

$K = 0.92 + 0.08 \times t/10$，當 $t \leqq 10$　t：保單經過年度數

$K = 0.96 + 0.04 \times t/10$，躉繳件

$K = 1$　　　　　　　　，當 $t \geqq 10$

⑵年金保險保單辦理變更為減額繳清保險時，應以其保單價值準備金作為一次支付之保險費（即不扣除任何費用）。

六、年金生命表

年齡 x	女性 (1) 責任準備金 死亡率	女性 (2)＝(1)×120％ 保險費訂價用 死亡率上限	男性 (3) 責任準備金 死亡率	男性 (4)＝(3)×120％ 保險費訂價用 死亡率上限
0	0.003406	0.004087	0.003724	0.004469
1	0.000735	0.000882	0.000786	0.000943
2	0.000507	0.000608	0.000611	0.000733
3	0.000358	0.000430	0.000474	0.000569
4	0.000267	0.000320	0.000384	0.000461
5	0.000228	0.000274	0.000318	0.000382
6	0.000202	0.000242	0.000286	0.000343
7	0.000182	0.000218	0.000267	0.000320
8	0.000169	0.000203	0.000260	0.000312
9	0.000156	0.000187	0.000253	0.000304
10	0.000156	0.000187	0.000241	0.000289
11	0.000156	0.000187	0.000234	0.000281
12	0.000176	0.000211	0.000247	0.000296
13	0.000202	0.000242	0.000305	0.000366
14	0.000241	0.000289	0.000429	0.000515
15	0.000280	0.000336	0.000611	0.000733
16	0.000318	0.000382	0.000826	0.000991
17	0.000351	0.000421	0.001001	0.001201
18	0.000384	0.000461	0.001066	0.001279
19	0.000390	0.000468	0.001027	0.001232
20	0.000390	0.000468	0.000962	0.001154
21	0.000390	0.000468	0.000930	0.001116
22	0.000390	0.000468	0.000955	0.001146
23	0.000403	0.000484	0.001027	0.001232
24	0.000422	0.000506	0.001092	0.001310
25	0.000436	0.000523	0.001118	0.001342
26	0.000449	0.000539	0.001131	0.001357
27	0.000468	0.000562	0.001144	0.001373
28	0.000494	0.000593	0.001164	0.001397
29	0.000507	0.000608	0.001190	0.001428
30	0.000514	0.000617	0.001235	0.001482
31	0.000533	0.000640	0.001294	0.001553
32	0.000566	0.000679	0.001345	0.001614

年齡 x	女性 (1) 責任準備金 死亡率	女性 (2)=(1)×120% 保險費訂價用 死亡率上限	男性 (3) 責任準備金 死亡率	男性 (4)=(3)×120% 保險費訂價用 死亡率上限
33	0.000611	0.000733	0.001398	0.001678
34	0.000643	0.000772	0.001456	0.001747
35	0.000670	0.000804	0.001541	0.001849
36	0.000702	0.000842	0.001625	0.001950
37	0.000760	0.000912	0.001736	0.002083
38	0.000826	0.000991	0.001839	0.002207
39	0.000891	0.001069	0.001963	0.002356
40	0.000942	0.001130	0.002099	0.002519
41	0.000975	0.001170	0.002243	0.002692
42	0.001034	0.001241	0.002425	0.002910
43	0.001144	0.001373	0.002698	0.003238
44	0.001307	0.001568	0.003023	0.003628
45	0.001476	0.001771	0.003335	0.004002
46	0.001645	0.001974	0.003608	0.004330
47	0.001788	0.002146	0.003842	0.004610
48	0.001911	0.002293	0.004043	0.004852
49	0.002080	0.002496	0.004297	0.005156
50	0.002275	0.002730	0.004641	0.005569
51	0.002470	0.002964	0.005044	0.006053
52	0.002678	0.003214	0.005460	0.006552
53	0.002906	0.003487	0.005863	0.007036
54	0.003146	0.003775	0.006299	0.007559
55	0.003426	0.004111	0.006838	0.008206
56	0.003724	0.004469	0.007475	0.008970
57	0.004141	0.004969	0.007943	0.009532
58	0.004602	0.005522	0.008469	0.010163
59	0.005116	0.006139	0.009055	0.010866
60	0.005694	0.006833	0.009711	0.011653
61	0.006331	0.007597	0.010446	0.012535
62	0.007046	0.008455	0.011265	0.013518
63	0.007846	0.009415	0.012175	0.014610
64	0.008729	0.010475	0.013195	0.015834
65	0.009718	0.011662	0.014332	0.017198

年齡 x	女性	女性	男性	男性
	(1)	(2)＝(1)×120％	(3)	(4)＝(3)×120％
	責任準備金 死亡率	保險費訂價用 死亡率上限	責任準備金 死亡率	保險費訂價用 死亡率上限
66	0.010823	0.012988	0.015600	0.018720
67	0.012051	0.014461	0.017024	0.020429
68	0.013416	0.016099	0.018603	0.022324
69	0.014937	0.017924	0.020364	0.024437
70	0.016634	0.019961	0.022328	0.026794
71	0.018519	0.022223	0.024518	0.029422
72	0.020618	0.024742	0.026962	0.032354
73	0.022952	0.027542	0.029679	0.035615
74	0.025545	0.030654	0.032702	0.039242
75	0.028431	0.034117	0.036068	0.043282
76	0.031629	0.037955	0.039813	0.047776
77	0.035185	0.042222	0.043966	0.052759
78	0.039130	0.046956	0.048581	0.058297
79	0.043498	0.052198	0.053697	0.064436
80	0.048334	0.058001	0.059371	0.071245
81	0.053690	0.064428	0.065643	0.078772
82	0.059612	0.071534	0.072586	0.087103
83	0.066151	0.079381	0.080249	0.096299
84	0.073366	0.088039	0.088692	0.106430
85	0.081309	0.097571	0.097994	0.117593
86	0.090044	0.108053	0.108206	0.129847
87	0.099639	0.119567	0.119405	0.143286
88	0.110149	0.132179	0.131651	0.157981
89	0.121648	0.145978	0.145015	0.174018
90	0.134186	0.161023	0.159543	0.191452
91	0.147830	0.177396	0.175298	0.210358
92	0.162630	0.195156	0.192316	0.230779
93	0.178633	0.214360	0.210626	0.252751
94	0.195878	0.235054	0.230230	0.276276
95	0.214376	0.257251	0.251121	0.301345
96	0.234136	0.280963	0.273247	0.327896
97	0.255132	0.306158	0.296543	0.355852
98	0.277310	0.332772	0.320885	0.385062

年齡 x	女性 (1) 責任準備金 死亡率	女性 (2)＝(1)×120％ 保險費訂價用 死亡率上限	男性 (3) 責任準備金 死亡率	男性 (4)＝(3)×120％ 保險費訂價用 死亡率上限
99	0.300599	0.360719	0.346125	0.415350
100	0.324900	0.389880	0.372098	0.446518
101	0.350010	0.420012	0.398492	0.478190
102	0.375751	0.450901	0.425048	0.510058
103	0.401880	0.482256	0.451436	0.541723
104	0.428113	0.513736	0.477295	0.572754
105	0.454129	0.544955	0.502243	0.602692
106	0.479580	0.575496	0.525897	0.631076
107	0.504100	0.604920	0.547892	0.657470
108	0.527323	0.632788	0.567903	0.681484
109	0.548905	0.658686	0.585672	0.702806
110	1.000000	1.000000	1.000000	1.000000

第二十五章　健康保險

第一節　概　述

　　人壽保險最主要之功能在於保障被保險人，尤其是一家之主，死亡造成家庭經濟來源中斷之危險。然而人生難免會遭遇意外傷害或疾病，輕微之傷病大多不致影響家計，但若不幸遭逢重大災難或罹患惡疾，可能必須承擔龐大之醫療費用；至於因而喪失工作能力，甚或必須長期由他人照料者，更將使家庭陷入困境。

　　近半世紀以來由於衛生環境之改善，以及醫療技術之進步，延長人類之壽命。另一方面，第二次世界大戰後的嬰兒潮及其後出生率之下降，造成人口結構之改變及人口之老化，尤以老年人口增加，工作人口 (working population) 之比率相對減少，在未來年老體衰之照顧將益形重要。

　　為提供上述各項保障，健康保險包括醫療費用保險 (medical expense insurance)、失能保險 (disability income insurance) 及長期看護保險 (long-term care insurance)。茲將各種保險之主要功能略述如下：

保險種類	功　　　能
醫療費用保險	補償因疾病或傷害發生之醫療費用。
失能保險	因疾病或傷害致暫時或永久喪失工作能力，補償其造成收入中斷之損失。通常到達退休年齡時，保險給付即終止。
長期看護保險	因疾病、傷害或由於年老體衰致成慢性或退化性病症，提供長期必須看護之費用。其保障通常為終身。

實務上健康保險之經營較人壽保險複雜與困難，二者之差異如下：

一、承保之危險

人壽保險主要承保之危險為死亡，係依據死亡率 (mortality) 而定；健康保險則按罹病率 (morbidity) 而定，其危險之發生較不明確，且應考慮發生之頻率及期間，故統計上亦較複雜。

二、保險事故之認定

除少數情況外，死亡之認定較為單純；而疾病則較困難，疾病之治療、醫療費用是否合理，被保險人是否喪失工作能力、是否能處理日常生活之例行基本活動 (activities of daily living, 簡稱 ADLs)，均極易產生爭議。

三、保險金額之訂定

人壽保險為定額保險，保險契約訂立時，雙方當事人約定一定數額為保險金額，當保險事故發生時，保險人即依照約定金額給付保險金。健康保險之保險金額除部份定額型給付為事先確定外，補償金額之多寡

通常按被保險人之傷病程度及實際發生之醫療費用，或喪失工作能力期間損失之所得而定。

四、理賠之處理

人壽保險由於事故明確、單純，若無契約效力或除外責任問題者，理賠之處理較為簡單。健康保險則分多次或長期給付，除應考慮醫療費用是否正當、合理外，失能保險及長期看護保險由於被保險人時常會有誇大其病症之傾向，故應確認是否具契約條款規定之理賠要件，以及不定期追蹤，查證被保險人是否仍持續符合此項要件。

第二節 醫療費用保險

醫療費用保險補償被保險人因疾病或傷害住院治療之醫療費用支出，補償之項目及限額均明訂於保單，包括以下兩種費用：

一、住院費用 (hospital expense)

住院費用補償之項目包括：

（一）病房及膳食費 (room and board)

包括醫師診察費、護理費及住院期間之膳食、宿費等。病房及膳食費訂有每日補償限額，有時亦可按病房等級訂定，此外，此項費用之補償亦規定最高給付日數。

（二）住院醫療雜費 (miscellaneous expense)

補償之醫療費用項目均列舉於保單，一般包括：

1.主治醫師對症處方之藥品。

2.手術室、診療室及其設備之使用。

3.敷料、外科用夾板及石膏整形。

4.化驗室檢驗、心電圖及基礎代謝率檢查。

5.對症所必要之物理治療。

6.麻醉劑、氧氣之使用。

7.X 光檢查。

8.靜脈輸注費及其藥液。

9.必要輸血之輸注費。

10.來往醫院之救護車費。

此項費用除按被保險人住院期間實際支付之費用補償外，並訂有最高補償限額，其限額之訂定有時與病房及膳食費有倍數關係。

加護病房 (intensive care units) 費用雖較高,但住入加護病房者均為病情嚴重者，且為醫療上必要之設備，患者別無選擇，故仍可按病房及膳食費給付，有時甚至可加倍給付。

被保險人因意外傷害而須急救者，於事故發生後之一特定期間，如 48 小時之門診治療費用 (outpatient treatment expense) 有時亦可獲得給付。

二、外科手術費用 (surgical expense)

外科手術費用之補償均以保單訂定之「手術費用表」為準，手術費用表明訂各項外科手術費用給付之百分比，保險人係按保單規定之「外科手術費用保險金」乘以各該項手術之給付百分比，做為補償之最高限額。例如，保單規定每次外科手術費用保險金之最高限額為 5,000 元，闌尾切除術之給付百分比為 58％,則該項手術之補償限額為 2,900 元。

由於手術費用表僅列出常見之手術項目，未包括於表列項目之手術，則按其難易程度或特性參酌表列相類似之項目給付。

此外，有些保單規定延續看護治療費用 (extended-care services) 及生育費用 (maternity care costs) 亦可獲得給付。

　　給付延續看護費用之目的在於鼓勵病情轉輕，但仍須專業護理人員照顧之被保險人使用費用較低之看護設施，而不必繼續停留在醫院，其補償項目包括病房及膳食費，且有最高金額之限制。

　　生育費用多為附加方式附加於醫療費用保險主契約，故應另收保費，一般須於保單生效後懷孕者，始能獲得給付，此項費用按約定之額度給付，而不考慮實際之醫療費用。

　　對於嚴重或長期之疾病，或重大傷害，所發生之巨額醫療費用，基本醫療費用保險對於提供被保險人財務損失之保障，可能微不足道，針對此種需求，而有高額醫療保險 (major medical insurance) 之產生。

　　高額醫療保險大多附加於醫療費用保險，給付超過此種保險補償限額之醫療費用，或不包括於此種保險之補償範圍，例如，門診、特別護士費、租用或購買昂貴醫療設施之費用等。

　　醫療費用保險之理賠限制規定通常有以下幾項：

一、自負額 (deductibles)

　　保險人補償醫療費用前，應由被保險人先行負擔一特定金額，超過自負額部份，保險人依實際支付之費用並按限額補償，若實際醫療費用低於自負額，則保險人不予補償。訂定自負額之目的除在控制危險外，另可免除許多小額且手續繁雜之理賠，因而節省之支出並可反映於保險費，自負額可按每次事故 (per cause) 或按年度 (calendar year) 訂定。

　　在高額醫療保險有時另訂一個自負額（即 corridor deductibles），被保險人於獲得基本醫療費用保險之補償後，亦應再負擔一固定額度之費用，超過部份再由高額醫療保險補償。例如，基本醫療費用保險之補償限額為 2,000 美元，另購買高額醫療保險約定 corridor deductibles 為 200 美元，當醫療費用逾 2,200 美元時，才能獲得高額醫療保險之補償。

二、等待期間 (waiting period) 或觀察期間 (probationary period)

自保單生效日起持續有效一段期間，例如 30 天後發生之疾病，保險人才補償其醫療費用，在等待期間內發生之醫療費用保險人不予給付。等待期間僅適用於疾病，意外傷害通常無等待期間之限制。

等待期間之訂定係為避免被保險人於投保時可能已知悉或自覺罹患疾病，為了尋求保險之補償而投保，另亦可免除某些保單剛生效時所發生之醫療費用在認定上之困擾。

三、既往症 (pre-exisiting conditions)

既往症為被保險人在投保前一段期間，例如五年內所罹患之疾病或傷害，被保險人因既往症所發生之醫療費用，保險人不予補償該部份之醫療費用。若被保險人於投保時已明白告知，保險人亦得以附條件方式承保，例如，延長等待期間，或對該項病症所發生之醫療費用批註除外不予給付。

四、同一次事故之補償限制

被保險人因同一疾病或傷害，或因而引起之併發症，必須住院治療者，若在一定期間，例如，90 天內住院二次以上時，視為同一次事故，其醫療費用即應合併計算，並按保單規定之各項醫療費用限額補償。但不屬於同一疾病、傷害，或與疾病、傷害不相關之醫療費用，仍按每次住院分別計算其限額。

五、共保條款 (coinsurance)

某些高額醫療保險規定被保險人申請給付時，除應承擔自負額外，

超出之部分並應分攤一定比率之醫療費用。例如,高額醫療保險之自負額為 500 美元,並有 20％共保條款,若醫療費用為 2,000 美元,則被保險人應承擔之醫療費用為 500＋(2,000－500)×20％＝800 美元,保險人補償之金額為 2,000－800＝1,200 美元。

由於醫療費用保險均按實際發生之醫療費用補償,因此,被保險人住院醫療所致各項費中,已獲社會保險給付之部份保險人即不再給付。我國自實施全民健康保險後,各壽險公司販賣之醫療費用保險對於被保險人是否具社會保險身份,並訂定不同之費率。因此,若被保險人具有社會保險身份,而投保非社會保險型,並提出以社會保險身份就診之證明時,保險人對於病房及膳食費除按每日限額給付外,另外加計一定之百分比,例如每日加計 50％。

另一方面,被保險人之社會保險身份異動時亦應通知保險人,保險人並按規定比例退還或增收未到期之保險費差額。若被保險人喪失社會保險身份而未通知保險人,其後住院發生之醫療費用,保險人得按其原繳保險費與應繳保險費之比例折算給付限額。另外,被保險人以具有社會保險身份之優惠費率投保,而未能提供使用社會保險之住院醫療證明者亦同。

醫療費用保險之被保險人因以下原因引起疾病或傷害之醫療費用為除外責任:

1.要保人、被保險人之故意行為。

2.被保險人之犯罪行為。

3.戰爭(不論宣戰與否)、內亂及其他類似之武裝變亂。

4.因原子或核子能裝置所造成之爆炸、灼燒、輻射或污染。

5.精神病、酒精中毒、吸食毒品。

6.法定傳染病。

7.懷孕、流產或分娩所引起之併發症。

8.美容手術、外科整形。

9.一般牙齒治療、鑲補或裝置義齒。但由意外引起之牙齒治療不在此限。

10.一般健康檢查、療養或特別護理。

11.以捐贈身體器官為目的之醫療行為。

第三節　失能保險

失能保險係補償被保險人因疾病或傷害，致喪失工作能力造成收入中斷之損失，故失能保險不是補償醫療費用，而在於保障被保險人喪失工作能力期間，不能從事有報酬之工作，導致經濟上之損失。

失能不像死亡有客觀之標準或事實可資證明，雖然一般規定被保險人須為完全喪失工作能力 (total disability)，但被保險人是否符合收入補償之要件，仍應依據保單條款之規定。

一般失能保險對完全失能之規定，可分為以下三種情況：

（一）一般條款 (general clauses)

完全失能意指被保險人因疾病或傷害致完全不能執行任何工作或從事有報酬之職業，其重點在任何工作或職業，此類條款可稱為任何職業型條款 (any occupation type of clauses)。由於此類條款規定極為嚴苛，且實務上亦不能完全按照字面處理，現已廢棄不用。

（二）自己的職業條款 (own occupation clauses)

被保險人失能後若不能再從事其原來之工作，即符合完全失能之要件。此類條款係針對某些有特殊技能之專業人員而訂定的，例如，一位外科醫師若因傷害導致右手機能喪失，無法再為病人手術，依照此類條款規定，即使被保險人往後擔任教學工作，亦屬於完全失能。

（三）綜合條款 (combination clauses)

　　綜合上述兩種類型之條款規定，並加入失能期間而訂定之條款，即完全失能經過一特定期間後，被保險人可從事之工作由自己的職業條款轉變為一般條款之規定。

　　此類條款規定被保險人在事故發生初期若不能從事任何工作或職業，仍為完全失能；但經過一定期間，通常為二年後，若依照其接受之教育、技能訓練或經驗，可從事適當之工作並獲得報酬者，即不屬完全失能。依照上例，外科醫師在右手機能喪失初期，若不能從事任何有報酬之工作，根據綜合條款規定，可視為完全喪失工作能力，兩年後若能在醫學院擔任教職，即不屬於完全失能，亦不能繼續獲得完全失能之補償。

　　此外，大部份失能保險對於失明、言語或咀嚼機能喪失、四肢缺失 (dismemberment) 或機能喪失者，通常為一級殘廢，雖然仍可從事少數有限之工作，亦可獲得失能所得補償，此為推定失能 (presumptive disability)。

　　失能保險之給付有以下幾種：

　　（一）完全失能之給付 (total disability benefits)

　　被保險人完全失能時，保險人自免責期間 (elimination period) 結束之翌日起，於其完全失能狀態持續中，定期（通常為每月或每週）按保單約定之完全失能保險金給付。由於此項給付為定額基礎 (valued basis)，因此，約定之給付金額應與被保險人工作所獲得之報酬儘量維持一定比例，避免被保險人於喪失工作能力後降低重返工作崗位之意願，故額度之訂定不得不審慎。

　　（二）部份失能之給付 (partial disability benefits)

　　為了鼓勵被保險人於受領完全失能給付期間再從事有報酬之工作，失能保險亦提供部份失能給付，部份失能給付通常緊接著完全失能給付期間之後，給付金額較低，例如，完全失能給付之50％，給付期限亦較

短，一般為二年。

（三）殘餘失能給付 (residual disability benefits)

根據被保險人於事故發生後與事故前之薪資所得比例計算出來，給付金額不固定，僅於保單明白列出計算公式。

殘餘失能給付特別適用於可自由逐漸調整工作之被保險人，如自營事業者或專業人員合夥組織，給付金額隨薪資收入之增加而逐漸減少，被保險人並應提出損失證明，且損失達一定百分比，如20％或25％才符合給付條件。

失能保險之給付限制有以下幾項：

（一）等待期間：被保險人於保單生效日後三十天內罹患之疾病，保險人不負給付之責任，此三十天為等待期間。

（二）免責期間 (elimination period) 或遞延期間 (deferred period)：自被保險人完全失能之日起，完全失能狀態持續達保單約定期間後，保險人才開始給付完全失能保險金，此項約定期間即為免責期間，免責期間通常於訂約時由要保人選定，期間一般為十五天至一年。

被保險人於完全失能期間從事任何有報酬之工作時，完全失能期間即終止，其後若被保險人因同一或相關之原因再度致成完全失能時，應重新計算免責期間。

（三）每次失能期間之計算：完全失能期間及其後部份失能期間均屬同一次失能。

要保人、被保險人因以下原因造成完全失能時，在失能保險為除外責任：

1.要保人、被保險人之故意行為。

2.被保險人之犯罪行為。

3.戰爭（不論宣戰與否）。

4.因原子或核子能裝置造成之爆炸、灼燒或輻射。

5.吸食毒品、迷幻劑等違法藥品。

6.精神分裂、精神官能症等精神病症。

7.罹患後天免疫不全症候群 (AIDS)。

8.懷孕、流產或分娩所引起之併發症。

9.從事車輛競賽、特技表演、潛水、滑水、駕駛滑翔機具、跳傘、角力、摔角、空手道、跆拳道、馬術、拳擊之行為。

第四節　長期看護保險

長期看護保險對於因年老體衰致不能完全照顧自己日常生活基本之例行活動，而必須仰賴他人從旁協助之被保險人提供其看護費用。此種保險保障被保險人不致因長期接受看護服務，而減少甚至耗盡其資產之危險。

設計長期失能保險商品有兩個不同之法則，此二法則亦是決定是否符合給付之條件。

一、失能保險法則 (disability insurance approach)

根據客觀的醫療證明，若被保險人在沒有任何人之協助下，不能行使日常生活基本之例行活動 (activities of daily living—ADLs)。ADLs為衡量一個人在日常生活中處理一些基本、例行的工作能力，依據此一法則設計之保單，所訂定之 ADLs 通常包括以下幾項：

（一）上下床及行走或行動性 (mobility)：即有能力起坐床、椅子（包括輪椅），或走路，若可藉由輔助用具如枴杖、支架、步行輔助器之幫忙即可行走，則視為可行動性。

（二）穿、脫衣著：即有能力穿脫衣服、褲子之吊帶或義肢。

（三）飲食：即有能力吃、喝，或使用適當之飲食用具。

（四）清洗：即不論是否在有無裝備之情況下，有能力在浴室淋浴、或使用用具清洗自己，包括梳洗頭髮及刮鬍子。

（五）如廁：即不論在有無裝備之輔助下，有能力上下馬桶及維持正常合理的個人衛生。

（六）自制力：即有能力控制大小便及清洗。

二、健康保險法則 (health insurance approach)

根據健康保險法則被保險人符合以下兩項規定，保險人才予以給付：

（一）醫療之需要性應由醫師認定。

（二）事前必須住院治療3天。

依照此一法則決定是否符合保單給付要件，有兩大缺失：

（一）太過於主觀

相同情況的兩個人由不同之醫師診察後，其診斷結果未必一致，另外，被保險人家屬之施壓，亦可能影響醫師之診斷。

（二）對於患有認知障礙 (cognitive impairment) 的人

例如，阿茲海默氏疾病 (Alzheimer's Disease) 患者在接受長期看護之前不一定需要事先住院治療，由於此為慢性而非急性病症。因此，若按此一法則，由於事前的住院治療是給付之必要條件，罹患認知障礙者即不符長期看護保險之給付要件。

長期看護保險之給付及其限制規定如下：

（一）初始的等待期間 (initial waiting period)

初始的等待期間為自保單生效日起被保險人因疾病引起之事故，保險人不負給付責任之期間，初始的等待期間通常為一至三年，其目的在防止逆選擇。

（二）遞延期間 (deferred period)

　　遞延期間（或免責期間）類似失能保險中相當的期間，被保險人雖然符合保單給付要件，在遞延期間仍不能獲得理賠，而必須自行承擔看護費用，遞延期間後即可獲得全額給付。遞延期間自一個月至一年不等，一般為三個月。

三、聯結期間 (linked period)

　　聯結期間為被保險人痊癒不須長期看護後，短期間內又復發必須遞延給付之期間，由於重新適用一個新的遞延期間似乎不公平，可能發生之案件不多，對保險給付之節省亦不大，訂定聯結期間為較合理之做法。

四、給付水準 (level of benefits)

　　若保單之給付規範以 ADLs 為基準，可訂定各種不同情況之給付水準，例如，不能處理 ADLs 全部項目者，給付 100％；不能處理五項 ADLs 者，給付 75％；不能處理四項 ADLs 者，給付 50％；不能處理 ADLs 為三項以下者，不予給付。

　　給付水準亦可按看護之種類而訂，例如，在療養院看護 (nursing home care) 之給付水準較居家健康看護 (home health care) 高。

五、給付期間

　　給付期間為保險人對每一保單給付之最長期間，通常為二年至終身給付。雖然給付水準會因給付種類而異，但給付期間不會因此而有任何差別。

六、終身最高給付 (lifetime maximium)

　　保單終身最高給付可以日數或金額表示，現行有延長給付期間之趨勢，如訂定二、三、四、五或六年之給付期間，甚至不限制給付期間。

以期間表示終身最高給付者,每給付一天應自終身最高給付期間內扣除；以金額表示終身最高給付者, 僅自終身最高給付限額中扣除實際支付於長期看護服務之給付金額。

長期看護保險提供之服務項目最初在美國僅限於療養院 (nursing home care) 看護, 隨著時間之經過以及配合每一被保險人之實際看護需要, 擴充到各種類型之看護, 最近推出之長期看護保險, 可能提供之服務項目種類眾多, 包括:

（一）療養院或看護機構之看護 (nursing home / nursing facility care)

（二）專業看護 (skilled care)

（三）中間看護 (intermediate care)

（四）監護看護 (custodial care)

（五）成人安養看護 (adult foster care)

（六）協助日常生活 (assisted living)

（七）支配看護 (managed care)

（八）居家健康看護 (home health care)

（九）個人看護 (personal care)

（十）居家看護 (home care)

（十一）成人日間看護 (adult day care)

（十二）中斷看護 (respite care)

（十三）生命末期看護 (hospice care)

（十四）救護車看護 (ambulance care)

（十五）醫療警示看護 (medical alert system)

（十六）永久性之醫療設備 (durable medical equipment)

長期看護保險之給付方式亦可分為補償式 (indemnification) 及定額式 (fixed benefits) 兩種:

（一）補償式：保險人補償被保險人必須之看護費用，當被保險人提供其實際發生之費用及需要長期看護證明時，保險人即給付保險金。

此種方式之主要優點為僅按實際費用補償，被保險人無法因保險給付而獲取財務上額外之利益；其缺點則為保險人必須仔細規劃制訂理賠管理規範及程序，以確保被保險人僅能獲取其應得之保險金。

（二）定額式：定額式給付於被保險人符合保單規定給付要件時，保險人即按約定額度給付，而不論及實際費用之多寡。定額式之優缺點與補償式正好相反。

長期看護保險之除外責任通常包括以下幾項：

1.被保險人耽溺、濫用或誤用藥物、麻醉劑或酒精，但由於醫療上必須對症下藥並由醫師指定使用藥物之耽溺者不在此限。

2.被保險人之犯罪行為。

3.戰爭（不論宣戰與否）或任何戰爭行為。

4.被保險人故意自殺或自殘行為。

5.無可證明之器官疾病、心理或精神疾病（但不包括阿茲海默氏疾病或其他型態之老衰，不可復原之痴呆或器官腦性疾病之看護服務）。

6.已罹患後天免疫症候群 (AIDS) 或感染人體免疫不全病毒 (HIV)。

7.拒絕合理之醫療行為。

第五節　健康保險之核保

核保又稱危險選擇是在估計、衡量準被保險人之危險程度，並據以收取保費、訂定公平合理之承保條件，以及排除不可保之危險，以促進保險之正常經營。

健康保險在核保上所考慮之因素為影響疾病或傷害之發生頻率以及損失之幅度，因此，核保人員通常以被保險人之年齡、性別、健康狀

況、職業、業餘之嗜好與休閒活動、收入與經濟狀況，以及生活習慣為主要考慮重點。

（一）年齡

死亡率及罹病率均隨年齡之增加而提高，由於年齡愈大生理及心理功能逐漸退化，愈容易罹患疾病，遭受意外事故之可能性亦愈高，且不易復原，因此，無論人壽保險或健康保險，年齡高的被保險人之費率自較年輕人高。

（二）性別

在人壽保險方面，由於女性之死亡率低於男性，故女性之費率低於男性。在健康保險則相反，由於女性之罹病率高於男性，故女性之費率高於男性乃屬正常。

（三）健康狀況

被保險人過去及目前之健康狀況均為核保上重要之考慮因素，許多疾病常有復發之傾向，一般而言，過去及目前健康狀況不良者，將來罹患疾病之可能性較身體健康者高。而核保係根據過去經驗統計，預估未來可能發生之損失，故被保險人之可保性 (insurability) 與其健康狀況有密切之關聯。

另一方面，某些疾病對死亡之影響不大，在人壽保險可不必太過於顧慮，但在醫療費用保險方面未來可能會產生理賠，例如，關節炎、背部傷害及輕度神經官能疾病等。

在失能保險方面，由於疾病導致喪失工作能力之機率遠高於因意外事故所造成，故在失能保險之核保尤應注意被保險人之健康狀況，造成失能之疾病一般可歸納為三類：

（甲）嚴重之疾病：此類疾病在人壽保險及醫療費用保險之核保亦是同等重要的，如心臟血管疾病，惡性疾病等。

（乙）會影響工作能力之疾病：雖較不影響死亡，但會影響工作能

力之喪失，例如，肌肉與骨骼之疾病、聽力及視力障礙及神經疾病等。

（丙）與職業相關之疾病：如過敏症，特別是皮膚之疾病。

在長期看護保險方面，通常慢性病症較會增加長期看護需要之可能性，而可以完全治癒且無後遺症之急性病症對長期看護需要之可能性則較小，會導致需要長期看護之疾病主要有下列四種：

1.心臟血管疾病。

2.神經系統疾病。

3.運動脊髓系統疾病。

4.代謝系統疾病。

此外，對於某些慢性或退化性病症，可能逐漸失能並需要長期看護者亦應予注意，例如，阿茲海默氏疾病、神經性及神經肌肉之患者、帕金森症 (Parkinsonism)、關節炎、中風、慢性呼吸系統疾病，如支氣管炎、肺氣腫。

（四）職業

職業之性質與危險對罹病率之影響極大，操作危險性機械、處理重物，或工作場所易遭遇災變之職業，發生意外傷害之危險較高。而長期暴露於塵埃、濕氣、有毒物品、氣壓變化大之工作環境，產生疾病或造成傷害之可能性亦較高，以上均為醫療費用保險在核保上之重要因素。

在失能保險方面，職業危險不高並有良好之工作紀錄者為良好之危險，而工作環境易導致疾病或傷害、或季節性、不規則性之職業，以及工作場所在家者均為不良之危險，例如，演員、音樂家、藝術家等。此外，「職業要件」之因素亦極為重要，例如，同樣是動過心臟手術者，從事建築、搬運工作者可能較一般文書事物處理人員容易喪失工作能力。又如牙醫師與事務主管較不會受到喪失工作能力之威脅，但手腕之傷害即可能使牙醫師無法工作，而相同的傷害對事務主管之影響不大。為了反應職業對事故之重大影響，保險人均按職業危險程度區分類別，並按

被保險人所屬職業類別收取保費。

（五）職業或嗜好與休閒活動

在健康保險核保人員亦會考慮被保險人業餘消遣或休閒活動之危險，愛好從事某些運動者必然較易受到傷害，例如，喜歡登山、賽車或足球的人比集郵者易遭受意外傷害，因此，對於閒暇時間安排之活動方式與健康危險因素，如醫療、失能亦有關聯，甚至造成癱瘓而必須長期之醫療看護。

（六）收入及經濟狀況

在失能保險方面，保險人對於被保險人喪失工作能力之收入補償係以其收入之一定比例為限，因此，收入之穩定性及金額在失能保險之核保為重要之考慮因素，保險人對於季節性之所得或不勞而獲之收入佔總所得之比例極高者通常不予承保。

（七）生活習性

濫用藥物或酗酒成性者，其健康危險自然高於常人，由於這些習慣或行為不但危害身心，且易引發意外事故。

此外，應考慮之道德危險因素包括被保險人是否從事不法職業或不正當之行為，例如，賭博、參加黑社會幫派組織等，對於自身之健康及生命不僅有較高之危險，發生理賠時，亦會產生較多之困擾。

與人壽保險之核保程序相同，在健康保險核保人員經過危險評估與選擇後，除了準被保險人之危險在一定範圍內可以標準體承保，以及因上述因素之危險太高，無法承保者外，對於次標準體危險 (substandard risks) 之處理一般有下列幾種方式：

（一）加收額外危險保費。

（二）縮短給付期間。

（三）延長等待期間或免責期間。

（四）針對身體健康缺陷部份除外不予給付。

第二十六章　團體保險

第一節　團體保險的歷史及其核保演進

　　西元前一千年左右人類就已懂得以分散風險的方式來輸送貨物，譬如我國黃河流域，先民自青康藏高原將動物的毛皮經由黃河，以皮筏運送至黃河下游，為減少損失而將毛皮等雜貨分裝在幾艘皮筏上，其損失則由參加運貨之商人共同承擔。

　　到了十九世紀，由於美洲新大陸的開發，五月花號所帶來的清教徒，或自英格蘭來的移民，配合當地開發需要，自非洲運送奴隸，這些人口販子，把奴隸（大部分是黑人）當作貨物一樣運輸，有些黑人在運送過程因暈船、或遭遇天災、疾病而死亡，因此人口販子將他們投保海上保險。這可能是最古老的團體保險。

　　二十世紀初，由於工業革命帶來人類經濟結構的一大改變，許多家庭工業逐漸消失變成合夥或企業型態的工業；早期由於工業安全並不十分完善，人類對於工業所帶來的污染及職業災害所知相當有限，因此造成許多員工提早謝世 (Premature Death)，或喪失工作能力等危險。

　　是故歐美先進國家，由社會學家開始提倡社會安全，呼籲政府以社會立法，運用保險方式解決社會安全的問題，其間較著名的社會學者如美國哥倫比亞大學教授 Henry R. Seager。另一方面，雇主鑑於員工的安

全不僅是政府的責任，也是他們所不能推託的，因為員工的工作效率與員工本身的安全息息相關，工作效率低落也直接影響到雇主經營企業的績效。

團體保險計劃就在社會安全法案的推動之下，使雇主考慮到風險管理的需要，必須建立在員工福利的基礎上方能使企業生存，產生利潤，而歸結到雇主的福利。因此而發展出一種特殊體系的人壽保險計劃。

本文重點在於團體保險的核保，因此有必要提到其早期發展的背景，及其核保的演變情況。

一、團體保險先驅

二十世紀初期的團體保險計劃包含三項特質：

（一）整個團體保險計劃只有一張保單，稱為主契約 (Master Contract)。

（二）全體投保人員每人持有一張保險證。

（三）投保人員每人須填一份要保書。

（四）投保人員每人強制體檢。

最典型的例子要屬一家煙草公司 (United Cigar Stores Company) 所投保之團體保險計劃 (Equitable Life Assurance Society)。

初期團體保險的核保仍偏重在個體的核保上。

二、第一張團體保險單

第一張團體保險單稱為「每年續約團體員工定期保險契約」(Group Policy Employees' Yearly Renewable Term Contract) 由紐約保險官署於西元一九一二年六月一日核准該張保單契約。該保單之項目包含定期壽險、失能保險 (Disability Insurance) 及退休保險。

該保單由 Equitable Life Assurance Society 承保，要保單位為：

Mont-gomery Ward and Company。

該保單的特點為：⑴只有一張保單；⑵每位被保險人持有一張保險證；⑶免體檢。

三、國內團體保險發展歷史

國內團體保險發展的先驅應屬中央信託局壽險處所簽發之團體彙繳保險。真正引進團體保險的要屬南山人壽保險公司，於民國六十年三月一日簽訂第一張團體定期壽險保單，投保公司為 Motorola Taiwan Electronics Corporations。隨後幾家壽險公司陸陸續續於民國六〇年代中期發展團體保險迄今。

第二節　團體保險商品種類

團體保險發展與企業的員工福利計劃息息相關，同時受到社會保險，社會安全法案等的影響很深。因此團體保險的承保對象，產品的內容就與一般的個人人壽保險不盡相同。

一、團體定期壽險

團體定期壽險是一種一年期的定期保險，每年可續保，提供身故保障，保險本身並無具有現金價值。被保險人於投保期間無論因疾病或意外所致的身故，保險公司以約定的保險金額給付給受益人。此種保險為目前最常見的團體保險，通常當作企業的員工福利之一。團體定期壽險的被保險人，有時延伸至被保險人的配偶。

二、團體信用保險

團體信用保險也是一年定期保險的一種。每年續保，續保時隨著被

保險人貸款額的償還而逐年降低。要保單位均為銀行或信託公司等金融機構。被保險人為債務人，即貸款的人。受益人為債權人，即要保單位。團體信用保險的保額通常均有限制，不得超過貸款的額度。

三、團體長期保險

由於團體定期壽險只保障員工於員工的工作期間，到了員工退休年齡 60 歲或 65 歲就停止。因此為了彌補這點不足，有些企業的員工福利計劃，提供退休時能有一筆額外的退休金，或延長保障的需要。保險公司根據前述市場的需求而發展出團體長期保險，通常以平準保費的方式提供滿期給付；終身的保障及65歲退休時每年年金給付。團體長期壽險的種類不外乎團體養老壽險，團體終身保險及團體年金保險等。團體長期保險的保費大部份由被保險人自付，或由事業單位依被保險員工的年資由雇主與員工共同負擔。

四、團體意外傷害保險

團體意外傷害保險提供被保險人因意外事故所致的死亡或殘廢（殘廢是指被保險人身體的四肢某部份的斷離而無法連接縫合）。 保險公司依照被保險人所投保的金額給付死亡保險金或依保單所約定的殘廢給付比率給付殘廢保險金。

五、團體住院醫療保險

團體住院醫療保險提供被保險人於保單有效期間因疾病或意外傷害需住院醫療。保險公司依其所投保的等級，給付①病房及膳食費，②醫療雜費，③手術費用（若有手術），④診查費等。團體住院醫療保險通常配合社會保險安排其保險利益，例如彌補社會保險給付的差額。有些保險公司為節省醫療給付的成本，甚至於發展出社會保險型的團體住院

醫療保險，其給付方式通常要求被保險人必須先使用勞保等社會保險給付，否則其保險給付依 70％或 65％的保險利益理賠。

六、團體失能保險

團體失能保險的目的在於被保險人因疾病或意外而致被保險人無法工作致所得損失，提供部份所得的給付。通常團體失能保險包括兩種產品：

1.團體短期失能保險，被保險人遭遇疾病或意外短期間內（通常定為6個月），無法工作，則由保險公司依其投保的金額按月給付。

2.團體長期失能保險，被保險人遭遇疾病或意外致二年以上，甚至終身不能工作時，保險公司每半年依其所約定的金額給付保險金。

第三節　團體保險核保的基本原理

一、危險選擇

人壽保險的核保選擇是將要保的個體劃分為適合投保的個體、可投保但需加上某些條件的個體及不能投保的個體等三種。保險公司的核保選擇的標準不外乎依據：(1)當地保險法令的規定；(2)公司的政策；(3)市場的競爭情況；及(4)科學化的核保技術。

本段所強調的係指核保技術而言。個人壽險的危險選擇或核保選擇，大部分需要投保個體的身體狀況，家庭父母壽命歷史，財務狀況等資料。換言之仍需經過體檢，然後依據體檢報告來判斷要保的個體是否適合投保。反觀團體保險的危險選擇，其核保的理念剛好大異其趣，只有極少部分需要體檢，大多數均免體檢。因此有些核保人員在接觸到團體保險件核保時，內心總不免有些顧慮，因為若不體檢又怕發生短期死

亡事件；如果要體檢，則眾多員工少者五、六十位，多者上千位，體檢費用如何應付才好？

團體保險的核保係在尋求可適保的團體及其團體內每位可保性的個體。大體而言，針對一個團體來核保，而非著重在個體的核保，其核保考慮的因素有下列幾點：

（一）團體的定義：要保團體必須是合法的團體。一般而言係指企業團體、職工會團體、公會團體、青商會團體等。

（二）團體的大小：係指團體的人數而言。通常團體的全部成員與團體的實際投保人數，均有一些差異。譬如某家公司全體人數一百人，實際投保人數只有八十人。此與整個團體保險計劃是強制性計劃或自由參加性計劃有關。因此吾人在考慮要保團體的大小時必須要求該團體的全體人數達到某一定人數方考慮團體保險。國外的核保條件由最初的二十五人，降到十人，再降至五人，最少的有二人。目前國內一般的核保條件是十位。

（三）團體的成立原因：考慮要保單位的成立原因有二個好處：一是可避免要保單位為謀求團體保險的給付而臨時組成團體，另一是可了解並預測出要保單位將有一良好的繼續率。為了解要保團體的成立原因，首先必須知道其創始的時間。有些公司，尤其是優良的企業均會標明該公司成立的年代，創始者為……等。由於國內近年來經濟成長突飛猛進，同時經濟犯罪的案件有逐漸昇高的趨勢，故虛設公司行號，詐取保險金等保險犯罪也有蔓延的可能，因此在核保上，對於有些無明確的公司行號，同時對於其服務的項目、產品等交待不清楚之要保團體，務須格外謹慎，以免上當而造成道德性的危險，致使一些無辜者喪失生命！

（四）團體成員的流動率：團體成員的流動率影響管理費用甚鉅，如加保、退保等，及經驗費率的釐訂。一般正常的企業其員工的退休、離職及病故等大約在 5％～15％之間，端視該企業的工作性質。專業性

較高的行業，若競爭同業不多時則流動率較低；而勞力密集的工業或較普遍性的行業，其員工之流動率偏高。

（五）團體成員參加率：團體保險計劃因是員工福利項目之一，有些要保單位尊重員工的選擇方式，有些則完全由要保單位決定，費用也全部由雇主或要保單位負擔；故整個保險計劃分成兩種：⑴自由參加制(Contributory)，如前者所述，其成員參加率必須達到有資格投保員工之75％，保費由要保單位與被保險人共同負擔。⑵強迫參加制 (Noncontributory)，如後者所述，所有符合投保資格的員工均須參加，保費完全由要保單位負擔。

（六）團體成員不得自由決定投保的金額：整個團體保險由於核保上著重於團體危險的評估，因此其團體內每位成員之保險金係由一種科學性或規則性的方法來決定其保額。一般而言，根據該要保單位的制度、每位成員的年薪、成員的年資、成員的職位等來訂定。

（七）保費由誰支付：百分之百由雇主支付的團體，其團體成員投保較無逆選擇，相反的百分之百由員工支付的團體，其成員或多或少均會有道德性的逆選擇。一般而言，自由參加制的團體保險計劃，每位成員至少須負擔百分之五十。

（八）要保單位團體保險計劃管理上的配合：團體保險計劃在行政作業上的特色是必須要有要保單位承辦人員的作業上配合。而承辦人員之配合須仰賴保險公司的技術指導與售後服務的搭配，兩者不可缺一。否則必影響核保上的效果、續保率及管理費用的成本。

二、團體保險契約的特性

團體保險契約的特性是整個團體成員只有一張保單。整個保險契約包含要保書、契約條款、團體成員名冊等三部分。

（一）純危險保障且成本低：團體保險契約大部分是一年定期保險，

其費率採自然保費,均按團體成員之實際年齡來計算,充分反應其實際年齡的費率;而無傳統性保險採平準保費的缺失,因此其純危險保費之成本低。

(二) 採用經驗費率:團體保險契約,除團體壽險外,大部分是一年定期契約,其費率如前述,並採用經驗費率。換言之,係依據團體的投保經驗而調整其費率。例如要保團體按團體成員實際年齡計算出整個團體的單一平均費率,經過一年或一般期間之後(期間之長短視保險公司的決策而定),依據該團體的費用及理賠額度,而計算出過去承保經驗之盈餘或損失,決定是否應經驗償還或者攤回損失;然後再預估該要保單位未來的費率。

三、合格團體

在團體保險的承保範圍中,所謂「團體」係指企業單位,或是社會上一切合法之組織或機構。可分為雇傭關係團體、債權債務關係團體、職工會團體及其他社會團體。

(一) 僱傭關係團體:分為單一雇主團體及複合雇主團體 (Multiple-Employer Group)。

1.單一雇主團體:所謂雇主係包含獨資經營者、合夥人或是股份有限公司。而其團體內成員除一般公司行號之員工外尚包括:①獨資及合夥之員工;②分支機構之員工;及③退休員工。團體定期保險契約中百分之九十以上均承保該類團體。

2.複合雇主團體:複合雇主團體包括下列三種情況:①同業中兩個或兩個以上雇主所組成的團體。②一個或一個以上之公會所組成的團體。③一個或一個以上之雇主及一個或一個以上之公會所組成的團體。

複合雇主團體其保單持有人係為雇主或公會所推舉之託管人。該種團體保險契約保費均由雇主或公會之基金負擔。

（二）債權債務人團體：此種團體係由債權人和其債務人所構成。其團體保險的要保人為債權人，被保險人為債務人，受益人亦為債權人。投保金額為債務人向債權人所貸款的金額。該種保險主要目的在保障債權人因債務人於貸款償還期間內不幸謝世或喪失工作能力未能償還貸款金額時，由保險公司給付保險金額給債權人，同時也可保障債務人之抵押品如房屋、汽車等債務人財產，使免於被拍賣之損失。

（三）職工會團體：職工會團體係由職工所組成之團體。保費由職工會之基金或由職工會與會員共同負擔。

（四）其他社會團體：除上述團體外，尚有許多不同的團體，例如教師協會、律師公會、醫師及牙醫協會、友愛社、校友會、儲蓄互助社及退役軍人組織等。

四、團體成員投保資格

團體保險被保險人的投保資格是相當重要的一環，也是團體保險核保的重心之一。團體保險被保險人不需體檢，並不表示保險公司的核保單位放棄體檢，或是由於人數多而懶得去體檢，相反的是根據其投保資格，並經由投保資格的定義與限制，達到節省費用，同時亦滿足核保選擇的功能，使要保單位與保險公司雙方皆滿意。

團體成員的投保資格包括下列三要件：

（一）正常在職工作：要保單位的投保成員在投保時必須正常在職工作。企業團體大部分在徵選員工時均要求應徵人員提供健康資料，或體檢報告，因為沒有一家企業願意聘請一位生病的員工來上班。但是經過一段期間之後，有些員工難免會有一些身體不適之情事發生，因此團體保險業務同仁在招攬過程中為避免這些微恙員工在投保之初就發生申請醫療理賠，或其他理賠，均強調員工必須正常在職工作。

（二）試用期間：新進員工由於流動率高，要保單位通常設有試用

期間以觀察新進人員的能力、個性等是否適合該公司之需要，其試用期間自一個月至六個月不等，視企業單位的需要而定。要保單位為減輕該公司之員工福利成本，通常俟新進員工經過試用期滿之後方加保團體保險。有些員工福利計劃為避免要保單位之新進員工於適用期間萬一不幸身故，同時為減輕雇主的撫恤責任，通常也將適用期間之新進人員納入團體保險計劃，但是只投保幾項簡單的項目，例如定期壽險、意外險等。

（三）合格期間 (Eligibility Period)：所謂合格是指要保單位的成員符合投保資格，包含新進員工已經過適用期間，及已投保員工由於陞遷、調薪、或變更工作職位而達到其團體保險計劃某一投保等級之資格等。通常人壽保險公司均設有合格期間，一般為三十一天，由要保單位將員工的投保資料，於獲得投保資格後一個月內送達保險公司。倘要保單位未能於合格期間內送達或超過此一期間才要求加入或變更團體保險計劃，通常保險公司將會要求要保單位提供該員工其他可保性證明文件，以避免逆選擇。

五、團體保險保費的負擔方式

保費的支付方式計有：由雇主支付及由雇主與員工共同支付兩種。

（一）保費支付方式的趨勢

1.西元一九一七年：團體保險計劃發展初期，大約在西元一九一一年至一九一七年左右，大部分由雇主負擔全部團體保險保費。西元一九一七年美國標準法案 (Model Bill) 規定所有團體保險保費可選擇全部由雇主負擔或是由雇主與員工共同分擔兩種方式。

2.西元一九二〇年至一九三〇年：西元一九二〇年左右至往後十年期間，由於世界性經濟不景氣，同時員工對於健康保險的需要增加，團體保險計劃開始增加團體健康保險，其保費係一部分由員工負擔。

3.西元一九四〇年至第二次世界大戰：第二次世界大戰期間，整個

員工團體保險計劃又歸回全部由雇主負擔，甚至於韓戰（西元一九五〇年）或越戰期間，大部分團體保險計劃均由雇主負擔全部保費。在這些戰爭期間，由於戰爭帶來民生必需品及軍火工業的蓬勃發展，美國經濟因而蓬勃成長，大部分企業均有優渥的利潤，因此無形中也提高員工的福利。

4.西元一九五六年標準法案重新修訂團體保險的付費方式，如果百分之百由員工支付保費，則雇主算是違法，此項法案的修訂使員工福利的意義及精神更為確定。同時強調對於員工撫恤金方面的成本，雇主是無法推卸責任的。

5.目前的團體保險計劃：由於企業團體所面臨的競爭日益加重，企業單位為求生存，一方面不斷的開拓財源，開發新產品，另方面也節約能源以減少經營成本，因此員工的團體保險計劃慢慢偏向於由雇主與員工共同付費的方式。

（二）兩種支付方式的優點

1.由雇主與員工共同分擔

⑴符合員工福利計劃的目的：由於員工的參與支付保費，可使整個團體保險計劃更為踏實，充分滿足員工福利的需要。

⑵可以增加保障的項目與投保金額：雇主與員工分擔團體保險費用，除了雇主支付部分所能購買的項目與額度外，員工所支付的部分也可以增加其項目，而同時提高保障的額度。

⑶提高員工對於團體保險計劃的關注：由於傳統員工福利計劃均由雇主付費，員工無法過問太多。自從員工參與分擔費用之後，無形中，員工對自身福利的關心會加以注意，對於整個團體保險計劃也將會提出適當的建議。

⑷減輕雇主對員工福利成本的負擔：團體保險計劃由雇主與員工分擔保費成本之後，可舒解雇主成本負擔壓力，進而提高產品的競爭力，

對於整個企業的經營有正面的助益，不但能充分保障員工的緊急災難，穩定員工的情緒，同時幫助企業成長。

2.全部由雇主負擔

(1)員工無負擔保費的困擾：由於整個團體保險計劃全部由雇主付費，員工可減少保費負擔。

(2)要保單位在團體保險行政作業上較易管理：由於整個團體保險計劃全部由雇主付費，所有符合投保資格的員工均需參加，在投保名冊的建立上不會掛一漏萬，員工之加保或退保資料較易整理，同時在員工的薪資發放程序中也省略扣除保費的手續。

(3)團體保險計劃的設計簡化：該方式之團體保險計劃設計均由要保單位百分之百決定，要保單位只要根據當地有關員工福利法令的規定，在責任內設計保障的項目與額度即可，並不需要加入其他的意見，因此整個計劃的作業手續相當簡便。

(4)減少團體保險逆選擇：此種團體保險計劃，將使來自員工方面的逆選擇減少至最低程度。此外，由於員工無法要求加買或提高其保障的額度，無形中減少許多道德性逆選擇。

(5)要保成員調整保額或保障項目須由要保單位決定：整個保險計劃的調整或變動基本上勿須與員工協商。（不過這必須以不違反員工福利法令規章為前提。）要保單位的雇主可依據其整體經營的需要與公司的政策而決定整個員工福利計劃的修訂。

第四節　團體保險的核保

一、團體選擇的原理

團體保險的核保，除前述所談的基本原理或稱基本特質外，尚須考

慮到某些總體的核保原理。有關團體選擇方面具有下列幾點要件：

（一）符合當地法令的規定：團體保險要保書的規定，或者限定的項目必須符合當地法令的規定。例如美國大部分州法規定，如果要保員工之受益人為公司或要保單位則屬違法。因此在核保要保團體時，倘要保單位在要保書上以要保單位作受益人，則屬違法，應該避免核准類似團體投保。另外有關要保員工投保年齡的限制，一般最高投保年齡至 60 歲，最多投保至 65 歲，如果因法令的修訂其投保年齡則必須放寬，例如美國於一九六七年公佈之僱傭關係年齡不得歧視法案，規定僱傭關係由65歲延長至 70 歲。故在此情況下，團體保險的核保最高年齡必須延長。

（二）依據保險公司的核保政策：人壽保險公司面臨團體保險市場的競爭，因此各壽險公司訂有自己核保的準則。有些保險公司提高免體檢保額的額度；有些公司強調「從嚴核保、從寬理賠」；有些公司則著重在費率及保險條款等方面的降低及放寬等。

（三）預估要保團體未來的投保經驗：團體保險所採用之費率係為經驗費率，因此對於要保團體危險的計算均依據職業分類、要保員工的年齡及工作性質等作一估算。俟投保一年至三年或五年之投保資料作一分析，始能擁有一些可靠的經驗。實際理賠經驗足以影響往後團體危險核保時之嚴格或從寬。

（四）影響團體危險評估的因素：影響團體危險核保因素最主要的為職業分類、被保險員工工作的性質與工作環境、要保單位成立的歷史及要保單位的財務狀況等。

二、要保單位的配合

要保單位是否願意配合並協助整個團體保險計劃的管理是非常重要的。此點決定整個團體保險計劃費用的成本。倘要保單位配合相當好，

不僅可減低經營費用，同時也減少許多加保、退保及理賠方面的困擾。因此在國外有些團體保險計劃中，保險公司甚至於授權該公司某種程度的加退保核保權利，其原因就是要保單位擁有相當良好的管理制度，誠信度也夠，能充分與保險公司配合，可使投保經驗良好，因而降低保費成本。要保單位的配合也必須考慮到其保費支付的時效及保費繳費別與支付的方式。有些自動匯款、有些年繳，並按時繳費，則其保費有折扣優惠，或有較優惠的費率等。

三、 保險金額的決定方式

要保單位每位被保險人保險金額的決定方式計有下列幾種方式：

（一）依薪資所得來決定：每位被保險人之保額由其月薪決定，例如按月薪之 24 倍或 30 倍或 48 倍月薪等多種方式，目前我國採24倍者居多。而國外則有高達 48 倍月薪。該種方式較公平，保額的調整亦較合理，薪水一變動，保額也跟著調整。

（二）依團體成員的職位而決定保額：被保險人依其目前工作之職位決定其保額，換言之，保額大小將依被保險人在公司之貢獻程度及影響力而定，保額之決定計算上並不繁瑣。

（三）依團體內成員的年資而決定保額：按年資決定保額與按職位決定保額兩種方法類似。例如年資高的保障福利多，年資低的最少有一定程度的保險。

（四）統一保額制：每位被保險人保額均相同，不考慮職位、年資等。在整個團體保險計劃的管理上簡單經濟。

（五）混合制：依前者任兩項而決定其保額，例如年資一年以下之員工保額為 12 倍月薪，一年以上三年以下之員工，保額為 24 倍月薪等。

（六）依勞基法與勞保之差額：自一九八四年七月一日勞動基準法公佈之後，有關員工職業傷害方面之保障要高於勞保之保障額度，因此

可按此法之規定，將薪水倍數扣除勞保之保障額度後的差額做為每位員工團保的保額，以符合現行法令的規定，達到保障員工的福利，並且分散雇主承擔該方面撫恤風險的責任。

四、特殊情況的研討

（一）小團體的核保：目前由於企業型態、工作性質等不同，有些要保單位並非全是十人以上的團體。而十人以下的團體又比比皆是，保險公司如不承保，則無形中白白喪失某些市場的佔有率。因此小團體也變成不可忽視的潛在客戶。就展業而言，應招攬多數小團體，使成為一個具有共同性質的團體。就核保上而言，小團體的承保偏重於被保險人個人的危險選擇，並且有保額的限制，保費的費率亦偏重於個人費率的計算，必要時每位要保員工必須體檢。

（二）高年齡的投保：自從二次世界大戰後迄今，全世界無論開發中或已開發中國家均面臨高年齡社會來臨的問題，有些國家延長其退休年限，有些國家延長其社會保險之保障年齡。我國企業由於本身文化的特質──敬老尊賢，許多企業的高級主管不僅超過六十歲，甚至於超過七十歲者大有人在。因此團體保險的承保產生了一個問題：是否必須延長承保年齡？延長至幾歲？一般而言，必須考慮幾個重點，如團體的大小、高年齡成員的比率、要保單位投保的經驗、該團體是否有投保本公司其他保險、保費多寡、是否位居要職並對整個保險計劃擁有決定權等。一般而言，針對高年齡的問題除了必須要有一明確的最後投保年齡，同時其保額應只是象徵性的需要，最多不超過整個計劃再保的自留額度。

（三）團體內短期工作人員的投保：美國之員工退休收入安全法(The Employee Retirement Income Security Act) 認定，員工全年工作時數達到一千小時即享有此法令的保障資格。換言之，低於此工作時數的員工可認定為短期勞工或季節性勞工。關於這些短期工作人員之投保，

一般而言，僅投保避免員工生命直接喪失所帶來經濟損失的危險，例如傷害保險等。

（四）由同業轉來的團體：由同業移轉過來的團體通常投保的經驗不是良好，同時繼續投保率偏低。因此在核保方面必須謹慎，並注意其原因。

（五）高保額的處理：要保團體通常其負責人，或高級主管的投保金額大部分偏高，因此在高保額的核保方面最好依團體人數制定其高保額的限額。決定此限額的同時尚須考量保險公司承擔風險的能力及其核保的技術等。一般而言，要保單位其成員的投保額最高不得超過其平均保額的二點五倍。

五、續次契約的核保

續次契約的核保仍需採用新契約核保時所考慮的因素。如是保費分攤制，其續保人員之投保比例是否達到百分之七十五，雇主是否正確的紀錄新進員工及退掉已退休之員工，雇主是否完全了解整個團體保險的計劃，是否滿意整個團體計劃的保障項目等。因此續次契約的核保，不僅包含與新契約相同的核保步驟，並且尚須考慮到要保單位對整個團體計劃的管理、使用、及調整；同時更應衡量保險公司對整個團體保險計劃的經營績效。

（一）核算經驗費率：在重算要保單位的單一費率時，應根據已投保年度的經驗，觀察其流動率及加退保人員之年齡，並儘可能地預估未來一年的費率。通常續次契約除非其理賠經驗相當不好，否則很難調高續年度的費率。因此在計算費率時通常必須先預估兩年至三年的經驗，且除非是在市場競爭的情況下，否則應儘量使費率維持正常，並且儘量減低費用率。如必須提高費率，亦只能在保戶願意接受的範圍內逐漸提高。

（二）調整保險利益：要保單位在續保時會因某些項目的保障額度不足而於續保時增加，反之因某些項目的超過而於續保時降低其保險成本。整個團體保險計劃的調整，跟整個團體的理賠經驗有密切的關係。

（三）變更契約的受益人等事宜：續保時除了對保障內容重新審核，對於保險利益及費率重新計算調整外，也必須對要保單位被保險人的受益人是否必須變更，加入卡是否需要登錄等作一核對，並提醒要保單位的經辦人通知被保險人是否需要變更受益人，以使整個團保計劃能充分發揮其實質上的效果，減輕理賠時額外的行政作業的困擾。

第五節　團體保險理賠的程序

團體保險的理賠對於整個保險公司的形象，保戶的投保是否滿意有直接的影響。壽險公司理賠服務的不理想會變成該公司的保險理念不理想或者顯示出該公司的保障不良。

一、理賠程序應考慮的事宜

處理團體保險任一項目理賠時均必須回答幾點問題：

（一）團體保險契約是否仍有效？

（二）申請理賠的員工是否為被保險人？

（三）該申請理賠的員工是否剛剛投保？

（四）申請理賠的證明文件是否齊備，收據、診斷證明書等？

（五）是否所有的資料都已收集，而保險公司能因這些文件決定是否應予理賠？

（六）如果可以給付，則理賠金額給誰？

二、死亡件之理賠

　　團體保險之死亡理賠，包含被保險人疾病死亡或意外死亡兩個因素，在理賠處理上必須先確定要保單位是否投保定期壽險並附加意外傷害保險或僅是投保意外傷害保險。除外理賠人員在整個理賠作業上尚須考慮幾點：

　　（一）保險金額的給付方式：是一次付清或是採用其他理賠的方式，如改用分期給付或以年金方式給付。

　　（二）受益人的年齡：如受益人為未成年小孩，則需參考民法等法規之規定，是否需要有監護人。

　　（三）受益人的指定：是否為要保單位或是被保險人指定之家屬。國外的團體保險受益人大都禁止公司當受益人，原因是員工福利保險，則被保險人家屬為受益人是天經地義的事。我國礙於員工與資方雙方對於員工福利尚有某些觀念上的差異；員工的家屬往往視團保或勞保之死亡給付為資方應該作的，因此往往都提出其他給付要求。使得雇主在某些狀況下不得不購買團保時盡量不讓員工知道，而在理賠申請時，可將保險公司的理賠金作為雇主額外再給的福利。如果員工家屬當受益人，則於被保險員工身故時，受益人必須仍活著，如受益人在當時已身故，並且無第二位受益人，則保險金額通常被視為被保險人的遺產。

　　（四）給付方式的決定：國外的保單通常有「給付方式的條款」(Settlement Option)，讓要保人或受益人選擇保險給付的方式，而於理賠發生時，由保險公司根據受益人所決定的給付方式，再作理賠處理。給付選擇方式計有：

　　1.一次給付：保險公司一次將保額給付。

　　2.利息給付：保險金由保險公司保留，受益人按月領取利息。

　　3.固定金額給付：保險金分期付款，一直到本金和利息用盡為止。

　　4.固定期間給付：保險金保留於保險公司，而約定在若干年度內，按每年、半年、季、或月來分期支付定額。

5.終身年金支付：受益人之保險金依其性別，年齡換算為年金給付。受益人每月領取保險金之部分本金及利息。有些契約規定固定的給付期限為五年、十年或二十年等。

（五）理賠申請書：理賠申請書通常由保險公司提供。保單條款內均有註明，受益人必須提供醫師的死亡證明書，如是意外身故，尚須提供官方的證明文件及法院的驗屍證明。

（六）眷屬的理賠申請：團體保單，如附加眷屬定期壽險，意外傷害保險及醫療保險等。倘被保險人之眷屬──配偶或子女身故，則被保險人自動為受益人。通常其保額低，為員工的百分之五十及百分之二十五等。由於保額低，因此給付方式均採用一次給付。

三、信用壽險之理賠 (Credit Life Insurance)

信用壽險，融資機構為要保單位。債務人身故時，融資機構必須提供理賠申請書及相關證明書等資料。

團體信用壽險，其保額為債務人（被保險人）之貸款金額。要保單位於申請理賠時必須附上債款金額。信用壽險身故理賠申請書如下：

理賠申請書

ABC人壽保險公司

身故者：□被保險人　□眷屬（與被保險人關係：　　　　　）

主治醫師之死亡證明（如係意外事故須附上官方證明書）

名字：　　　　　　年齡：　　　　　性別：

地址：	眷屬名字：　　　　　性別：

要保單位：

醫師是否有查驗屍體？ 　□有　　□沒有	死亡時間： 　年　　月　　日 　上午　　下午	死亡地點：

死者死亡時已多久沒工作？	死亡原因： 　□自殺　□被謀殺　□疾病 　□意外

直接導致死亡的原因？	間接導致死亡的原因？

如係意外請述明事故經過？

是否有官方之驗屍證明？

主治醫師簽章：　　　　　　　　　　日期：

醫院名稱：

　地址：

信用壽險理賠申請書
（正　面）
ABC人壽保險公司
醫師診斷書

死者姓名：		地址：	
出生日：	身故日：	死亡地點：	死亡原因：
病故期間或傷害致死期間：		死者最後一次治療時間：	
直接致死原因：			
以上所述均屬實：			
醫師簽章： 醫院名稱： 　地址：		日期：	

要保單位說明

被保險人姓名：		保單號碼：	
地址：			
貸款目的：		職業：	
貸款日期：	貸款項目：	每月分期償還金額：	
第一次償還日期：	上次還款日期：	尚未還款金額：	
此保險採用： □遞減保額　　□平準保額	□投保時保額： □投保時貸款額：	□已還金額： □未還餘額：	

第二受益人：
以上所言均屬實：
要保單位：　　　　　　　　　　　　　　負責人簽章：
地　　址：　　　　　　　　　　　　　　日期：

信用壽險理賠申請書

（背　面）

最後工作時應還金額：$ ＿＿＿＿＿＿

最後工作至死亡時最低應付的餘額：$ ＿＿＿＿＿

	日　期	金　額
55 歲生日時應還金額	＿＿＿＿＿＿	$＿＿＿＿＿
55 歲至 59 歲最低應付額	＿＿＿＿＿＿	$＿＿＿＿＿
60 歲生日時應還金額	＿＿＿＿＿＿	$＿＿＿＿＿
60 歲至 64 歲最低應付額	＿＿＿＿＿＿	$＿＿＿＿＿
65 歲生日時應還金額	＿＿＿＿＿＿	$＿＿＿＿＿
65 歲至 69 歲最低應付額	＿＿＿＿＿＿	$＿＿＿＿＿
70 歲生日時應還金額	＿＿＿＿＿＿	$＿＿＿＿＿
70 歲以上至死最低應付金額	＿＿＿＿＿＿	$＿＿＿＿＿

分攤額帳目表

（身故前 6 個月或 12 個月）

日　期	已收金額	應付金額	餘　額
＿＿＿＿	＿＿＿＿	＿＿＿＿	＿＿＿＿
＿＿＿＿	＿＿＿＿	＿＿＿＿	＿＿＿＿
＿＿＿＿	＿＿＿＿	＿＿＿＿	＿＿＿＿
＿＿＿＿	＿＿＿＿	＿＿＿＿	＿＿＿＿
＿＿＿＿	＿＿＿＿	＿＿＿＿	＿＿＿＿
＿＿＿＿	＿＿＿＿	＿＿＿＿	＿＿＿＿

本人證實以上之帳目均依本公司實際帳目登錄，倘有多報本公司將無條件接受法律處置並償還多報金額。

要保單位：　　　　　　　　　　　　經管人簽章：

地址：　　　　　　　　　　　　　　職稱：

團體信用壽險之保額均依照一定的方式設計，如不得超過其債之總額。

四、醫療保險之理賠申請

醫療保險之理賠給付要比壽險理賠給付繁雜。首先醫療給付申請的次數要高出死亡理賠的次數甚多。醫療保險之理賠包括三種基本的理賠。第一是員工或員工眷屬之醫療給付。第二是喪失工作能力所得的給付。第三是信用壽險附加醫療保險的給付。

（一）醫療保險給付的作業方式

壽險公司之醫療保險給付大致分三種：1.由總公司負責給付，2.由各分公司直接處理，3.由顧問公司或保戶直接處理。

1.總公司負責給付：通常大部分團體險的理賠均由總公司團保部門直接受理，或者有些壽險公司為節省開支，由總公司理賠部門之團保理賠科受理。

2.由分公司直接受理：由分公司或授權外野分支機構理賠的最大好處是時效快，同時容易掌握實際狀況，與保戶作直接的溝通。大部分壽險公司不可能全部授權於分公司處理給付。因此採用金額限制；換言之，於某額度以內，分公司全權處理，超過某一額度則將理賠資料寄至總公司處理。

3.由經紀公司或顧問公司，或要保單位直接受理：通常要保單位是一個相當大的團體，譬如一萬人以上；同時要保單位之人事部門必須經由保險公司的訓練，認定合格之後方授權。此種第三者負責理賠，保險公司必須與第三者再簽訂一個合約，規定雙方理賠的權限，理賠錯誤的調整，並且要保單位、經紀公司等授權理賠的第三者，每年必須接受保險公司的稽核。

（二）醫療理賠的程序

醫療費用之給付過程是比較繁雜。首先必須確定申請何種費用，發生日期的確定，在那家醫院或診所治療等。另外，理賠作業員須審查被保險人是否有保險資格，是否保單有提供這方面的保障。被保險人是否有其他保險？

被保險人申請理賠時必須檢具醫院的住院證明單，醫療費用收據正本，以及醫師之診斷證明書等。通常保險公司於理賠申請書上備註：倘有醫療調查需要時，被保險人必須授權保險公司派員至醫院查閱病歷。

第六節　結　論

核保係人壽保險公司經營的原則之一，核保哲學太鬆，則理賠率上升；核保太緊，保險公司沒有業務。因此如何在不影響業務發展並兼顧整個公司的獲利績效下研擬出一套可行的核保哲學與技術，的確是值得壽險公司不斷去探討的課題。個人謹針對團體保險方面的核保扼要提出幾點作為本文的註腳：

（一）依據保險公司的經營策略訂定一套核保的準則：此套準則應包含免體檢額度、體檢額度及最高保額等。

（二）建立完整的理賠資料：理賠經驗可充分反映整個要保單位經驗費率的釐訂。國外先進的人壽公司不惜花費巨資建立起屬於自己公司的理賠經驗，而掌握精確的費率結構，使團體保險在市場上之競爭能力處於較有利的地位。

（三）建立更精確的職業分類資料：目前現有的職業分類一般而言可適用於個人及團體保險的核保，但是對於各行各業的危險分類仍有待進一步去分類，因為有些行業由於科技不斷改良，許多危險的機械已不用人力操作改用自動化；再則有些新興的行業是以前所無，應加以歸類。此點對於職業災害的費率評估甚具價值。

（四）不斷加強外勤人員核保的基本理念：個人認為最佳的核保時機應是在外勤人員招攬業務當時。由其所見、所聞方是內勤人員核保時的資訊。為使核保能配合展業，外勤同仁應具備最基本、且豐富的核保知識，以免掛一漏萬枉費展業的時效。

（五）核保人員應有良好的溝通能力：一般而言，展業與核保在某些方面是互相對立、互相牽制。核保人員如具有良好的溝通能力與態度，則能化解雙方工作立場的對立與挫折感，進而使團體保險業務的推展能夠順暢。

（六）印製團體保險手冊或簡便團體保險作業說明文件，使要保單位之經辦人員了解團體保險的基本內容，將有助於減少要保單位的逆選擇與提高售後服務的品質。

（七）團體保險核保人員必須具備一些個人險核保經驗：由於團體保險仍有體檢保額的規定，因此這方面的核保仍必須參考個人壽險核保的知識與經驗。

參考資料

1. Burton T. Beam, Jr.: *Group Insurance: Basic Concepts and Alternatives*, A. D. 1982.

2. Burton T. Beam, Jr. & John J. McFadden: *Employee Benefits*, A. D. 1985.

3. Robert W. Batten & George M. Hider and Others: *Group Life and Health Insurance*, A. D. 1979.

第二十七章　保險市場展望

第一節　前　言

　　隨著經濟成長，保險事業在產業結構上愈形重要，尤其近年來我國經濟突飛猛進，人口增加迅速，保險業在保障安全、承擔與分散風險，以及促進社會安定上，遂成為不可或缺之要件，而其整個經濟發展過程中所扮演之角色，亦絕不遜於銀行或其他金融業務。蓋保險事業一方面給與經濟事業經營之安全，刺激投資與生產，他方面由於資金及責任準備金之聚集與運用，增進資本形成。而經濟發展之結果，工商發展、社會繁榮、國民所得提高，其對保險之需要及參加能力因而增加，兩者可謂互為因果，相得益彰。

　　我國保險業自政府遷臺後，因臺灣市場狹小，業務有限，政府為顧及機構增多，可能引起惡性競爭，乃暫停新公司之申請設立，以鞏固各保險業之基礎，並注意加強其承保、理賠之督導，惟近年來，隨著國內外經濟、金融環境之顯著改變，促使金融、保險改革之要求更見迫切。一方面，在國際經濟的衝擊下，國內正全力促進工業升級，以謀經濟持續成長，更因而極須金融、保險全力支援與配合，俾能滿足工商活動之需要。另一方面，在國民所得持續增加，國民生活水準顯著提高，消費者保護運動蓬勃發展，社會大眾對保險品質及層次之提昇日益重視之情

況下，保險運作自需謀求改進以迎合其需要。

展望未來，保險市場將有何種變遷，倘遽作肯定之預測，似屬誇張，惟可就某些在保險經營上、政府監理上、消費者反應上，予以觀察，或可對未來之發展變遷，尋找蛛絲馬跡。

先就影響保險業經營之因素而言，一般可包括二部份❶：

（一）外界環境之影響 (External Influence)：由於經營環境變化莫測，尤其近年來自由化、國際化高倡，對未來壽險業具有重大影響之因素有：人口趨勢、婦女就業、經驗死亡率、經濟景氣、所得分配及消費行為。

（二）內部變遷之影響 (Internal Changes)：由於受外來因素之影響及與日俱增之批評，壽險業從本身內部之改進以相互呼應，內部之改進有：保單持有人服務、行銷技巧之講求、新種保險商品之趨勢、公司營運之成本，以及對外之公共關係之建立。

無疑地，展望未來，保險業將面臨更多之挑戰，對未來可預測或不可預測之變化將尋求何種因應對策，以提供更多之保障，更多之服務，俾改善員工福利，創造安和樂利社會，達成企業生存與成長之目標，均為保險業今後努力之方針。

第二節　保險業經營之展望

一、企業形象之建立

依據簡明心理學辭典之解釋「形象 (Image) 是一種對範圍廣泛事務

---

❶　FLMI Insurance Education Program Life Office Management Association: *Life Company Operations*, Atlanta, Fourth Printing, October 1980, pp. 507–528.

之觀念、判斷、喜好和態度之總和體，強調心境、感想上之認識，雖然這些認識並不很有系統」❷。學者貝頓 (James A. Bayton) 認為「人們常將公司『人性化』(humanize)，即以形容人類個性之名詞來形容公司，例如『成熟』、『慷慨』、『友善』等，而這些意義之總和體，即形成所謂之企業形象」❸。因此，企業形象具有主觀性、累積性、總和性、互動性，可以說它是人們心目中各種印象之綜合體，加上保險業它提供的是一種無形商品，顧客享受的時間不能確定，從 AIDA 的行銷過程中與一般購買過程實在有別❹，因此只能從企業建築外觀，顧客心中印象找尋企業形象之建立。

　　在我國，保險業形象欠佳，乃為不爭之事實，因此如何提昇服務品質、改善企業形象，可從全國金融會報保險業務討論之宗旨看出端倪❺。諸如：

(一) 如何使保險契約內容合理化，以維護保戶權益。

(二) 如何簡化投保作業，以提高經營效率。

(三) 如何簡化理賠作業，以落實保障功能。

(四) 如何加強服務保戶，以建立保險業之新形象。

(五) 如何加強人才培訓，以提昇保險經營水準及服務品質。

二、多樣化商品時代之來臨

❷　Terms *A Comprehensive Dictionary of Psychological & Psychoanalytical*, pp. 251–252.

❸　James A. Bayton, "*Researching the Corporate Image*", PR, Vol. 4 (Oct. 1959), pp. 3–8.

❹　陳定國，《現代行銷學——行銷管理之策略應用》，修訂四版，臺北華泰書局，民國七十一年。

❺　財政部，全國金融會報保險業務組會議議程，民國七十六年三月二十七日。

以人壽保險為例，民國七十年以後，臺灣地區物價趨於穩定，國民生活水準提昇，壽險業在商品推出上為迎合晚婚及社會高齡化之來臨，除原有之增值分紅型保單外，先後有子女教育年金、退休年金等商品陸續問世。純粹以保障為主之定期保險，亦由附加險改為單獨出單。今後對萬能保險 (Universal Life Insurance)、變類保險 (Variable Life Insurance) 之新種保險推出，當為時不遠。在產險方面，由於社會結構的改變，環繞著國民生活之危險日趨增加，企業面臨之風險如工業污染、中毒、停工、停業所造成之產品責任險、意外污染責任險，雖然市場性不足，難以發揮大數法則之經營，惟為因應顧客之需要，仍具有其開發之潛力，尤其今後當視社會經濟科技及環境之變化情況，在商品的創意上將顯得益形重要。

三、企業管理化之推動

在企業管理中計劃 (Planning)、組織 (Organizing)、用人 (Staffing)、指導 (Directing)、控制 (Controlling) 為管理之最大機能，其中「計劃」為企業經營之主導，更為控制之準繩，亦即唯有完善之規劃、明確之目標，不斷地修正執行，才能達成企業經營最終「生存」與「成長」之目標。為因應未來市場之變化，在觀念上除應具備上述管理機能外，在作法上亦應考慮下列四方面之企業機能：

（一）在人事方面：加強專業人才之培育，以提昇服務品質。由於保險之專業化，尤其負責人或重要職員資格應予限制，因其身繫於企業經營成敗重責。其次董監事酬庸性質之安插，未能將所有權與經營權明確劃分，亦應全面改善，俾健全運作、強化經營，適應外界環境之改變。使公司之成敗與本身利益結合為一體，進而貢獻一己之才智。

（二）在行銷方面：鑑於經營環境改變，競爭者壓力增加，保險業應針對本身有限資源，研訂各種不同策略。一般而言，行銷的應用不僅

適用實體之物品，即使無形之商品規劃與發展、訂價、促銷與配銷通路等基本行銷工具，亦可適用於保險業。今就 4 p's 之觀點分析如下：

1.產品策略 (product strategy)：保險業應先選擇目標市場，針對市場需求、市場特性，決定設計何種商品、提供何種服務。例如在壽險方面，過去儲蓄保險、養老保險、增值分紅保險時代將為現有之定期保險、終身保險、健康保險、傷害保險等保障性需求之商品而取代，甚至對於紅利與保險給付選擇權亦須被引進。在產險方面，過去統一保單、統一批單將為近來綜合保單、獨立保單商品因被保人之需求組合而取代。

2.價格策略 (price strategy)：保險商品之價格與品質應相對稱，易言之，保費之高低與承保範圍之大小應合理化。保險業在決定價格時，除成本、市場、競爭者、政府法令因素外，市場秩序與自由化之來臨，亦應及早因應。鑑於推動自由化與國際化為我國未來經濟發展之既定策略，使得政府推動費率自由化勢在必行。惟為確保公司經營之穩健與消費者負擔之公平性，推動費率自由化，需以循序漸進方式辦理。在具有清償能力，高承保數量基礎上，作費率彈性化之運作，始能兼顧雙方權益。

3.推廣策略 (promotion strategy)：保險業應針對市場需求，決定以何種方法、何種廣告、何種展示活動，使消費者多瞭解保險知識，提高消費者購買慾望。

4.配銷通路策略 (place strategy)：保險業應針對市場需求，決定銷售商品，並決定透過何種外務員、代理人或經紀人，來促銷其商品。惟目前保險代理人、經紀人素質參差不齊，時有租借簽署人執照從事招攬情事，加以代理人經紀人管理規則不合時宜。例如資格大多僅憑掛名經若干年之助理名義而獲得，未舉辦考試，形成劣幣驅逐良幣之現象。展望未來，保險代理人、經紀人、公證人之管理規則修改，已刻不容緩。同時亦可仿照日本業務員登錄制度，進而建立教育訓練、資格考試、發

照管理之一貫作業，藉以發揮輔助監理功能，提高招攬人員之社會地位。

（三）在財務方面：強化資本結構，改善經營體質，鑑於其新進市場之美商保險公司財力雄厚，競爭力強。我保險業極須早日改善經營體質，逐步辦理增資，有效累積準備金，以提高承保能量。因為保險之功能一方面能提供安全保障、刺激投資生產，一方面由於資金及準備金之聚集運用，增進資本形成，也有助於經濟成長，而經濟發展之結果，國民所得提高，投保能力又復增加，彼此互為因果，相輔相成。

（四）在經營分析方面：針對外界環境之改變，今後保險業之經營不論工作計劃、工作目標之訂定均應符合實際，避免空談，流於形式，即使在成本利潤規劃上，諸如損益平衡分析、機會成本分析、資金流量分析、資產負債分析上亦宜配合電腦化作業之實施，並加以擴大應用。

四、經營管理哲學之改變

過去，保險業經營政策一直受大眾批評，忽視大眾期望，不熱衷於照顧消費者之利益。換言之，保險業曾在過去政府保護政策下毫無困難地成長，但近年來，在消費者意識抬頭，經濟自由化、國際化衝擊下，保險業必須面臨產業內外激烈之競爭。為解決當前環境所引起之各項問題，保險業必須先改變其基本之管理哲學，在行為態度上宜由被動保守轉為積極進取，在社會觀念上，不再視保險業為投資者私人之財產。亦即，除了謀求投資者之利益外，同樣也要顧及增進社會中其他人群或整體社會之福利。因此，保險管理者在追求最大利潤之同時亦需考慮社會的需要和社會責任。

近年來，受到外界環境改變，促使保險業了解，長期策略規劃之重要性，彼等亦開始了解，未來市場環境，將不會經常有利於業者，且須藉著預期商業環境之變化與某種策略計劃之建立，以應付不確定之未來。因為現在所面臨的，不僅是美商保險業來臺設立，可預見的未來，其他

外商保險業，亦將接踵而至，國內保險市場將持續開放，凡此均將使現有之保險業面臨更艱苦之挑戰，否則將失去過去的光采而只能維持勉強生存。

第三節　政府監理保險業之展望

保險業不似一般商業僅涉及少數人，蓋保險事業係由多數被保險人共同繳納保費，為一公眾利益 (public interest) 之事業，其經營良否直接關係多數人利益，因此，各國政府莫不加以適當之監督與管理，雖然監理之程度與內容或有不同，但其目的則一。各國政府對於保險業之監理因其國情、政治、社會、經濟等外界環境不同而有公告方式、準則方式與實體監督方式❻。我國採實體監督方式，從保險業申請設立、營業期間乃至清算結束均予嚴格管理。惟近年來，金融改革求新求變，保險亦不例外，況且多年來我國保險體系一直缺乏完整之架構藍圖，法令不合時宜，法律規範力量日漸式微，在眾多預期改變中，展望未來，政府對保險業之監理項目略述如下：

一、保險業自由化之推動

所謂自由化係指政府儘量減少干預，儘量開放市場，俾市場機能充分發揮，因為在自由經濟之體系裡，只有適度之競爭，才能提昇服務品質，增加適應能力，茲就推動保險自由化之方向簡述如下：

（一）保險費率自由化：由於目前市場如產物保險或人壽保險之團體險之費率競爭，造成錯價放佣情事，於法既未能杜絕於前，主管機關每年檢查或由業者訂定自律公約，過去經驗亦無法彌補於後。因此，部份險種如工程險，其費率即取決於市場供需，再保需求，故費率逐步趨

---

❻　白杉三郎，《保險學總論》，日本千倉書房，昭和三十三年，p. 222.

向自由化，只不過是時間遲早而已。惟推動費率自由化之前提必須考慮保險市場之秩序與國內承保數量。又在實施費率自由化之前，應先檢討現行費率結構，予以適當之反應調整，並確保保險業之清償能力，以保障消費者權益及業者之合理利潤。

（二）保險投資自由化：目前保險業資金運用依法受到項目與比率上之限制，如保險法一百四十六條規定，購買股票或公司債，必須係核准公開發行之生產事業，且其最近三年稅後淨利均在百分之六以上。雖經修改放寬不限於生產事業及三年稅後淨利平均在百分之六以上，但購買有價證券，放款總額仍受百分之三十五之限制，加以不動產訂為百分之十九怪異之現象。相信未來提供業者可行之投資環境，尊重其自主性，減少主管機關不必要之干預乃為必然之趨勢。

（三）保險市場開放：按目前我國保險市場開放，雖係受中美貿易談判壓力而形成，先是核准美商保險業設立分公司，接著而來，在國人不斷要求政府准予新公司設立外，似難有正當理由不予核准，易言之，市場開放，再接著其他外商公司之設立將無法避免。

二、保險業國際化之推動

所謂國際化，係指儘量減少或清除有礙於國際間資金交流、運用，從而擴充國際間資金活動，俾一方面擴大國內機構參與國際金融活動，一方面放寬各種金融管制，藉市場競爭機能之發揮，促使國內金融市場更具效率，因此，保險業國際化應有之作法有如下述：

（一）協助國內業者拓展海外設立分支機構：目前我國既已開放美商保險公司進入我國市場，在互惠要求下，自應採取主動，俾使國際化、自由化更趨落實，並可就近了解國際市場，爭取直接業務或再保業務，以促進我國保險事業之壯大與發展。

（二）放寬海外投資：過去我國為外匯管制國家，自管理外匯條例

修訂後，保險業資金及各種責任準備金，雖可投資國外股票及共同基金，惟需透過臺銀等五行局辦理指定用途之信託基金以投資國外有價證券❼，並受不超過資金及各種責任準備金總額百分之五之限制❽，此種國外風險之上限，固在維護國內金融安定，惟展望未來，其比率將逐漸放寬，投資標的將不以有價證券為限。

（三）加強再保運作：我國保險市場承保容量不大，但因經濟成長，保險之需要相應增加，尤其產物保險所面臨之危險將趨於巨大化，為消化危險、分散危險，保險業對於再保險之依賴，與日俱深。故各保險人有必要與再保險人建立關係，並努力與優良之再保人保持連繫。惟近年來，國際再保險市場業務競爭，核保利潤偏低，嚴重削弱再保險之經營基礎，從而觸發再保險安全與清償能力問題，若再保險人喪失清償能力，必將連帶影響保險人之清償能力，使被保險人權益受損，甚而危及國家經濟活動，影響社會安定，因此，如何選擇優良之再保險人將成為重要課題。而在我國，優先再保險制度之建立，旨在擴大保險業之經營基礎，提昇國內承保及自留能量，從而建立自立自主之保險市場，此點，實為我國保險業者今後所應建立之共識。

三、保險法配合修正

我國現行保險法係民國六十三年修正公布，實施以來，由於社會結構改變、經濟型態轉變，部份條文已不能適應實際需要，為促進保險業之健全發展，修訂現行保險法實有必要，乃於民國八十一年二月二十六日修正部份條文，茲就其中修正重點說明如下：

（一）增列保險業負責人之資格條件：近年來金融事件不斷，負責

---

❼　財政部民國七十七年一月二十日，臺財融第 770936081 及民國七十七年一月二十二日，臺財融第 770742463 號函。

❽　財政部民國七十六年七月十四日，臺財融第 760818240 號函。

人對公司之營運影響甚大,現行法有關保險業負責人應具備之資格條件,除「公司法」第三十、一九二、二一六條僅有消極之規定外,並無積極之規定。保險業經營成敗關係社會安定,主管機關自應針對經營者之品德、經歷及專業能力作適當之規範。因此,擬於現行保險法第一百三十七條之一條文中增列「負責人應具備之資格其資格由主管機關訂之」。

(二)建立保險業資產評估制度:為充分表達保險業財務狀況,維持其清償能力。於現行保險法第一四三條第二項增訂「保險業認許資產之標準及評價準則」,以穩健其經營。

(三)設置安定基金:為保障被保險人權益,並維護金融安定,產壽險業應分別提撥資金,乃於保險法第一百四十三條之一設置安定基金。

(四)適度調整保險業資金運用之範圍:其要點如下:

1.增訂存放銀行或金庫外之「金融機構」。

2.增訂購買公債、庫券外之「或經政府認可之金融債券」。

3.修訂稅後淨利以三年平均為基準:鑑於經濟景氣持續衰退,一般生產事業之稅後淨利減少時,為符實際,將原訂「股票或公司債之生產事業最近三年課稅後之淨利,均在百分之六以上。」改為三年平均,並不限於生產事業。

4.增加放款總比例:以彌補不動產交易不景氣時,疏解保險業資金之出路,並確保保單紅利財源。將放款總額不得超過資金及各種責任準備金總額百分之三十增加為百分之三十五。

5.增訂核准公開發行之證券投資信託基金受益憑證:但其總額不得超過資金及各種責任準備金總額百分之五,及每一基金已發行之受益憑證總額百分之五。

6.增訂政府核可之其他用途:為配合國家經濟發展需要,主管機關得依業者申請,特准專案運用及公共投資,例如大汽車廠之設立。

(五)加強監理處分,調整適用順序:保險法第一四九條保險業經

營業務有違法令或其資產不足清償債務時，主管機關之處分，實務上以失卻清償能力較為嚴重，而補足資本或增資最為有效，因此，將原條文「令其補足資本或增資」優先於「限制其營業範圍或新契約額」之適用特予提列為第二款。同理將「撤換其負責人或其他有關人員」優先適用於「限期改組」「派員監理」「命其停業或解散」。

（六）增訂保證保險、年金保險，俾資適用：前者保證保險業務，在國內已逐漸推廣，而無法定地位，後者年金保險在實務上亦已實施，為求立法體系之完整，乃予增訂。

（七）其他：如保險法第一百三十七條保險業之設立標準，由主管機關定之，俾使新公司設立有所遵循。

四、統一會計制度之訂定

保險業統一會計制度有訂定之必要性，由於我國保險業各公司背景不同、組織規模互異，兼以各主辦會計人員觀點不一，以致彼此處理方式差距甚大，其中尤以會計科目繁簡編排不一，會計報表格式內容參差分歧，在在影響主管機關統計分析，擬議中之保險業統一會計制度，雖經數年仍未完成，但仍為未來必走之方向，該草案之主要重點特敘述如下❾：

1.總說明：包括設計之主旨及根據、實施之範圍及業務概要等。

2.會計基礎採權責發生制。

3.財務報表之種類、格式、編製期限、編製原則、附註事項等均作適當之規定。

4.會計科目之設置予以規範，並逐一說明各科目之內涵，最後並作分錄之例舉以供參考。

---

❾　財政部產物保險業統一會計制度編審委員會編輯，產物保險業統一會計制度，民國七十二年度第一次草案。

5.會計簿籍之種類，包括序時簿、分類帳及備查簿，分別例示其格式。

6.會計資料之電腦處理，程式及代號之設計，資料之控制，檔案之處理等均有所說明。

7.內部稽核及管理會計之介紹，以提供建設性及保護性之建議，達到有效之管理。

五、預警制度之建立

保險監理之目的，在健全保險制度，以維護保險人清償能力。但欲評定保險人之清償能力，事先似應設定評估標準，在歐洲共同市場國家有所謂邊際清償能力提存標準 (Solvency Margin)❿，在美國保險監理官協會（National Association of Insurance Commissioners，簡稱 NAIC）則訂有一套保險監理資訊制度 (Insurance Regulatory Information System，簡稱 IRIS) ⓫，一般人稱之早期預警制度 (Early Warning System)。在我國保險法規雖有保險公司定期向主管機關提供各種業務財務報表之規定⓬，但並無明文規定保險公司之財務測定標準。因此，保

---

❿ 係指歐洲共同市場國家於一九七三年頒布之 "First Council Directive 73/239 of July 24, 1973, On the Co-ordination of Law, Regulations and Administrative Provisions Relating to the Taking-up and Pursuit of the Business of Direct Insurance other than Life Assurance" 及一九七九年頒布之 "First Council Directive 79/267 of March 5, 1979, On the Co-ordination of Laws, Regulations and Administrative Provisions Relating to the Taking-up and Pursuit of the Business of Direct Life Assurance" 兩項規定。

⓫ 係指美國保險監理官協會 (National Association of Insurance Commissioners) 於 1986 年頒布之 Using the NAIC Insurance Regulatory Information System.

險業清償能力預警制度之建立實有必要。因為：

（一）保險業清償能力預警制度之建立，在健全保險事業之發展，它不但能及早發覺問題公司，避免保險人失卻清償能力，並可充分利用有限資源，促使保險人經營效率化。

（二）利用保險監理資訊制度之同時，應對各項財務比率深入了解其內涵伸進一步追查弊端之原因。且並考慮其限制因素。因此，原始報表之準確、稽核人員之睿智與解釋分析技巧，均將左右該制度之成果。

（三）測定項目與正常範圍之設定常受外界環境因素影響致應隨實際情況加以調整，並就市場整體分析以符實際。

（四）各種應有之配合措施，諸如統一會計制度、資產評估制度、準備金提存標準之建立，乃至稽核人員培訓乃至機關法令配合，才能使該項制度發揮其功能。

（五）保險監理資訊制度，以數量方式表達，較科學化並具客觀性，在應用上，它不僅能提供主管機關作為監理參考最有效的訊息，更能提供保險業經營者作為內部管理之指標，亦可說是管理藝術之一環。

第四節　被保險人權益之保護

自西元一九六〇年源自美國之消費者保護運動興起以來，逐漸傳至其他國家，在開始時，彼等抨擊某些奸商推銷低劣產品，並要求政府立法，而後有關保護消費者之法律和條例急劇增加，反觀我國，在「消費者文教基金會」推動下之消費者保護運動，亦迫切地呼籲政府制訂「消費者保護法」，展望未來，消費者保護運動將逐漸興起，以共締一個安全、健康之社會，乃是必然趨勢。

就市場經濟觀點而言，消費者與廠商之關係是密切的，然而雙方立

---

❷　保險業管理辦法第十五，十九條規定。

場卻顯然不同，雙方各有其目標，各有其動機與態度，而且常忽略對方之意見甚至加以誤解，因此，如何增加溝通，如何避免誤解，均為廠商應努力之方向，在保險業方面，亦是如此，如何簡化契約條款避免混淆不清，如何從速理賠提高保戶信心，以期「顧客滿意」應為消費者所關心。

（一）保單條款力求簡化：保險為契約行為，條款為契約之依據，訂約雙方均須遵守履行，目前我國所使用之保單條款，文句艱澀，專有名詞更難理解，甚至部分險種所採英文條款，即使專攻英文者，亦無法瞭解，更遑論大多數未具備保險專業知識之一般保戶。似此情形，難免讓被保險人產生保險之疑竇，妨礙彼此互信之基礎，為取信於被保險人，保單條款之簡化，文字用語之通俗易懂，字體之適度放大，甚至必要時予以套色，以提醒被保險人之注意，使被保險人具有安全便利之感覺，才能使被保險人易於接受其商品，保險人易於推廣其業務。

（二）理賠糾紛力求減少：保險業之經營以誠信為主，並以此為發展業務之張本，倘迭有糾紛情事發生，將影響整個保險業之信譽與前途，因此，對以往糾紛之原因，應徹底檢討，無論引用法令或條款解釋，均應使被保險人徹底了解契約內容與雙方之權益，在過去，常有壽險公司因被保險人未盡告知義務，於事故發生後，發現既往診病記錄而予解約造成理賠糾紛者，今後為求業務發展，則應以「從嚴核保，從寬理賠」作為處理業務之準則，並以「技術招攬」取代「人情招攬」， 俾增加公司之經營效果。因此，如何簡化理賠作業，以落實保障功能，宜朝下列方向努力❸：

1.為保障被保險人之權益，督促保險公會編印投保指南，俾加強保戶對購買保障之認識，避免引起理賠糾紛。

2.保險業應普設理賠服務處及理賠專線，並印製理賠手冊，將流程

---

❸ 財政部，全國金融會報保險業務會議討論結論，民國七十六年三月二十七日。

圖及所須理賠文件一併納入，俾供保戶參考。

　3.建議由保險事業發展中心、產壽險公會及消費者代表，共同組成超然理賠糾紛調處小組，提供保險爭端處理之服務。

第五節　結　論

　（一）提昇服務品質，建立保險形象：近年來，我國經濟成長快速，工商繁榮，人民生活水準提高，無論企業、家庭或個人對危險之安全保障需求日益增加，使得消費者與保險人之溝通更需加強。回顧這些年來，我國保險事業雖已奠定基礎，成長迅速，但進一步加以檢討，有待改進之處仍多。依據統計，民國七十六年底，我國產、壽險保費收入 1.017 億元，僅占國民生產毛額 3.29％，較之歐美先進國家仍屬偏低，不過也正因為如此，才顯示我國保險市場充滿潛力，前途大有可為。因此，簡化保單條款，減少理賠糾紛，加強保戶服務，建立企業形象，均為當務之急。又近年來，保險觀念已由「損害填補」之消極功能，擴及至「損害預防」之積極功能。鑑於危險事故之發生、個人損失，或可從保險得到補償，但社會整體損失則無法彌補。因此，如何加強損害預防，如何使企業或個人尋求降低與排除損失發生之機會，以減低損害發生，發揮保險積極功能，應為今後雙方共同努力之方向。

　（二）保險業自由化、國際化之推動：自由化與國際化已為我國未來經濟發展之既定策略，推動保險業自由化、國際化，不論就保險費率競爭、投資環境放寬、保險市場開放、設立海外據點、加強再保運作等，均將使政府對保險業之法令政策，保險業之經營策略發生重大影響，尤其過去在政府保護政策下，保險業能於保護下安然地成長，然而近年來鑑於消費者主義高漲與自由化、國際化之潮流日趨澎湃，保險業無論對內或對外，無可避免地勢將面對激烈之競爭。

（三）建立公平、合理之競爭環境：建立公平、合理之競爭環境，以促進保險市場之健全發展，乃為政府應盡之責。有競爭才有進步，惟惡性之競爭，反將阻礙保險市場之安定與成長，為使保險業在同一基礎上公平競爭，保險法令之修正、統一會計制度之訂定、預警制度之建立均應即速推行，儘量尊重保險業之自主性、減少主管機關不必要之干預，甚至排除民意代表不當之干擾，俾使保險業運作得以彈性應用，經營效率得以充分發揮。

（四）經營哲學之改變：為解決外界環境變遷所產生之問題，首先，保險業之經營者，必須改變其基本之管理哲學，因為做為一個優秀的經營者，不僅需要具備某些知識或技巧，尤其要具有某種態度、信念與價值觀念。因此，其對人性看法、人生目標、公司規模、社會責任，應具有高度人性化 (Humanization) 及信任感 (Trust)，透過組織發展 (Organizational Development) 之理論❶來增進彼此間之互助合作與信任，使經營方式從保守轉為積極，從被動易為主動，進而發揮組織效能，以激勵部屬發揮創新改進之潛力，在新環境中，完成有效經營，俾兼顧消費者、股東、員工之三重利益。

---

❶　Ross A. Webber, *Management: Basic Elements of Managing Organizations*, Homewood, Illions Richard D. Irwin, Inc., A. D. 1979, p. 512.

書名	著者	服務機構
經濟學新辭典	高　叔　康　編	
經濟學通典	林　華　德　著	國際票券公司
經濟思想史	史　考　特　著	
西洋經濟思想史	林　鐘　雄　著	臺　灣　大　學
歐洲經濟發展史	林　鐘　雄　著	臺　灣　大　學
近代經濟學說	安　格　爾　著	
比較經濟制度	孫　殿　柏　著	前政治大學
通俗經濟講話	邢　慕　寰　著	香　港　大　學
經濟學原理	歐　陽　勛　著	前政治大學
經濟學（修訂版）	歐　陽　勛　德　著　黃　仁　德	前政治大學　政　治　大　學
經濟學（上）、（下）	陸　民　仁編著	前政治大學
經濟學（上）、（下）	陸　民　仁　著	前政治大學
經濟學（上）、（下）（增訂版）	黃　柏　農　著	中　正　大　學
經濟學導論（增訂版）	徐　育　珠　著	南康乃狄克州立大學
經濟學概要	趙　鳳　培　著	前政治大學
經濟學概論	陸　民　仁　著	前政治大學
國際經濟學	白　俊　男　著	東　吳　大　學
國際經濟學	黃　智　輝　著	前東吳大學
個體經濟學	劉　盛　男　著	臺　北　商　專
個體經濟分析	趙　鳳　培　著	前政治大學
總體經濟分析	趙　鳳　培　著	前政治大學
總體經濟學	鍾　甦　生　著	西　雅　圖　銀　行
總體經濟學	張　慶　輝　著	政　治　大　學
總體經濟理論	孫　　震　著	工　研　院
數理經濟分析	林　大　侯　著	臺灣綜合研究院
計量經濟學導論	林　華　德　著	國際票券公司
計量經濟學	陳　正　澄　著	臺　灣　大　學
經濟政策	湯　俊　湘　著	前中興大學
平均地權	王　全　祿　著	考　試　委　員
運銷合作	湯　俊　湘　著	前中興大學
合作經濟概論	尹　樹　生　著	中　興　大　學
農業經濟學	尹　樹　生　著	中　興　大　學

稅務法規概要	劉	代	洋	著	臺灣科技大學
證券交易法論	林	長	友	著	臺北商專
證券投資分析	吳	光	明	著	臺北大學
——會計資訊之應用	張	仲	岳	著	臺北大學

三民大專用書書目——國父遺教